AMERICAN CRIMINAL
LAW CASES

美国
判例刑法

江溯 主编

图书在版编目(CIP)数据

美国判例刑法/江溯主编.—北京:北京大学出版社,2021.3
ISBN 978-7-301-31940-6

Ⅰ.①美… Ⅱ.①江… Ⅲ.①刑法—判例—美国 Ⅳ.①D971.252

中国版本图书馆CIP数据核字(2021)第015464号

书　　　名	美国判例刑法 MEIGUO PANLI XINGFA
著作责任者	江　溯　主编
责任编辑	杨玉洁　王欣彤
标准书号	ISBN 978-7-301-31940-6
出版发行	北京大学出版社
地　　　址	北京市海淀区成府路205号　100871
网　　　址	http://www.pup.cn　http://www.yandayuanzhao.com
电子信箱	yandayuanzhao@163.com
新浪微博	@北京大学出版社　@北大出版社燕大元照法律图书
电　　　话	邮购部 010-62752015　发行部 010-62750672　编辑部 010-62117788
印刷者	大厂回族自治县彩虹印刷有限公司
经销者	新华书店
	650毫米×980毫米　16开本　31.25印张　496千字 2021年3月第1版　2021年12月第2次印刷
定　　　价	98.00元

未经许可,不得以任何方式复制或抄袭本书之部分或全部内容。
版权所有,侵权必究
举报电话:010-62752024　电子信箱:fd@pup.pku.edu.cn
图书如有印装质量问题,请与出版部联系,电话:010-62756370

序

陈兴良＊

江溯主编的《美国判例刑法》一书即将出版,这是我国学者编撰的第一部美国刑法判例著作,对于我国读者了解和学习美国刑法具有重要的参考价值,这是值得肯定的。

美国承继了英国的普通法传统,存在大量对于法官行为具有拘束力的判例;同时,美国各州又创制了大量成文法。刑法可以说是美国各个部门法中成文化程度最高的一个部门法。例如,美国各州都依照《模范刑法典》制定了成文的刑法典。因而,不成文的普通法和成文的刑法典共同构成美国刑法的规范体系。学习美国刑法,既不能只知其判例而不知其法典,也不能只知其法典而不知其判例,必须两者均有所知,才能真正掌握美国刑法。

对于美国刑法,我国学者做了大量的介绍和研究。其中,储槐植教授于1987年初版的《美国刑法》(北京大学出版社出版)一书可谓经典之作。该书从一位中国刑法学者的观察视角出发,参照大陆法系的刑法体系,对美国刑法的主要内容做了简明扼要的介绍,为我国读者了解美国刑法提供了范本。该书出版以后,深受欢迎,大获好评,先后在1996年、2006年以及2012年出版了第二、三、四版。在新版中,储槐植教授根据美国刑法的发展,又做了资料和内容上的增补,使之与时俱进。尤其值得一提的是,该书第四版的作者,已经不是储槐植教授一个人,增添了江溯副教授,新版《美国刑法》也成为二人合著的作品。随着储槐植教授年事增高,修订《美国刑法》一书越来越困难。在这种情况下,储槐植教授邀请江溯副教授承担该书接下去的修订工作。江溯副教授具有在美国留学的经历,并且英语运用

＊ 北京大学法学院教授。

能力强,对美国刑法的最新发展资料和趋势了如指掌。储槐植教授选择同在北京大学法学院任教的江溯副教授承担《美国刑法》一书的修订工作,可谓慧眼识人。江溯副教授没有辜负储槐植教授的厚望,对该书的内容作了较大规模的增补,尤其是在刑罚制度部分充分发挥了其专长。

《美国刑法》一书主要是介绍美国刑法的基本理论和制度,重点在于美国刑法中的成文法部分,尤其是以《美国刑法典》为中心线索。考虑到美国刑法的普通法传统,如果只了解美国成文刑法的知识,是远远不够的;还需要了解美国刑法的普通法知识。在这种情况下,江溯副教授主编了《美国判例刑法》一书,本书以《美国刑法》一书提供的基本理论框架为经线,以美国司法判例为纬线,为我们展示了美国判例刑法的全貌。在这个意义上,《美国判例刑法》一书是《美国刑法》一书的姊妹篇,两书互相补充,成为我国读者了解美国刑法的一个重要窗口。

我认为,本书的判例评述具有以下三个特点:

第一,刑法判例筛选合理。

美国刑法判例堆积如山,浩如烟海,而一本书的篇幅是十分有限的。在这种情况下,如何选择重要而适当的刑法判例,就显得十分重要。在本书中,每个刑法判例都是精选的,因为一个专题一般只有一个判例。该判例必须反映该专题的核心问题。在这方面,本书做了充分的筛选工作,收入本书的刑法判例都能够充分说明相关主题。

第二,案情介绍繁简得当。

案情是判例的事实部分,也是判例规则得以成立的载体。因此,本书中的案情介绍虽然只是陈述已经查明的事实,但对于读者理解判例规则是极为重要的。不同判例的繁简程度有所不同,有的判例案情介绍较为简单,有的判例案情介绍较为详细,但都能够反映该判例的基本状况。考虑到本书的篇幅,收入本书的大部分刑法判例的案情都是较为简单的,减轻了读者的阅读负担。例如,本书第一章第三节"比例原则"中的尤因诉加利福尼亚州案,该案是一个盗窃案件,因为该案主要涉及对被告人的量刑问题,因而对其盗窃事实本身基本没有展开陈述,而只是对被告人作为一名惯犯,前后数次盗窃犯罪以及受到刑罚处罚的情况作了叙述。该案的案情介绍虽然十分简洁,但考虑到在该案中讨论的主要是如何减轻刑罚裁量的问题,因而这种简洁是完全正确的。最为简洁的案情介绍是第四章第四节"严格责任"中的密歇根州诉纳西尔案,案情介绍只有一句话:

"1999年4月,两名密歇根州警察对里奇韦派对便利商店进行了行政检查,纳西尔是这家商店的经理也是唯一的雇员。在检查过程中,其中一名警察发现该商店许多待售的烟草商品上都贴有伪造的印花税票。"因为这个判例讨论的是严格责任,涉及对被告人犯罪意图或者主观过错这一要件的认定,而与客观行为没有太大的关联。因此,案情介绍就变得非常简洁。

第三,案例评述说理充分。

《美国判例刑法》一书并不是一本美国刑法判例的介绍性著作,而是美国刑法判例的研究性著作。这种研究性,主要体现在刑法判例的评述部分。这里的评述,是指从刑法理论上对美国刑法判例进行论述,这是本书的学术部分,对于美国刑法判例的理论研究具有重要的参考价值。应该说,本书的案例评述都在一定程度上反映了作者较高的理论研究水平,因而使本书的学术性大为提升。在案例评述中,作者不是就案论案,也不是就法论法,而是从一定的争议问题出发,涉及美国司法制度、刑事政策,甚至宪法等各个内容,本书具有较为宽阔的学术视野,对于读者具有吸引力。事实上,读者在阅读本书的时候并不是仅仅了解某些刑法判例,而是通过这些刑法判例,进入美国法律的整个场景,从中获益。例如在尤因诉加利福尼亚州案中,虽然争议的是量刑问题,但涉及比例原则、"三振出局法"(three strikes)和《美国宪法第八修正案》等主题。其中,"三振出局法"是美国某些州实行的对于三次以上犯罪的犯罪分子采取的一种从重处罚的刑事政策。"三振出局法"是否违反比例原则?是否违反《美国宪法第八修正案》?这些问题都是在该刑法判例中展开讨论的重要理论问题。

最后我还想说,本书的作者大多是北京大学法学院刑法专业的硕士研究生和博士研究生,在北京大学法学院接受了刑法专业的严格学术训练。他们在江溯副教授的组织下,经过分工合作,顺利地完成了本书的写作。本书的写作既需要较高的英语水平,又需要相应的刑法专业写作能力,对于在读的学生来说,完成本书的写作并不是一件容易的事情。但从本书的内容来看,同学们在江溯副教授的悉心指导下,十分出色地完成了本书的写作任务,这是值得嘉许的。本书的出版将为我国读者了解美国刑法提供一个窗口,特此推荐。

是为序。

谨识于海南三亚领海寓所
2020年2月7日

目　录

第一章　刑罚的原理 ……………………………………………（1）
　　第一节　刑罚理论 …………………………………………（1）
　　第二节　量刑原理 …………………………………………（11）
　　第三节　比例原则 …………………………………………（19）
　　第四节　死刑问题 …………………………………………（31）

第二章　刑法的解释 ……………………………………………（45）
　　第一节　界定犯罪 …………………………………………（45）
　　第二节　明确性原则 ………………………………………（56）

第三章　犯罪客观要件 …………………………………………（63）
　　第一节　作为 ………………………………………………（63）
　　第二节　不作为 ……………………………………………（73）
　　第三节　持有 ………………………………………………（80）
　　第四节　身份或状态 ………………………………………（88）

第四章　犯罪主观要件 …………………………………………（95）
　　第一节　普通法：一般意图与特殊意图 …………………（95）
　　第二节　《模范刑法典》犯罪心态 …………………………（100）
　　第三节　转移意图 …………………………………………（125）
　　第四节　严格责任 …………………………………………（136）
　　第五节　事实错误 …………………………………………（146）
　　第六节　法律错误 …………………………………………（154）

第五章　因果关系 ………………………………………………（165）
　　第一节　事实因果关系 ……………………………………（165）
　　第二节　法律因果关系 ……………………………………（186）

第六章　犯罪未遂 …………………………………………（193）
　　第一节　客观要件 ……………………………………（193）
　　第二节　主观要件 ……………………………………（203）
　　第三节　不能犯 ………………………………………（210）
　　第四节　中止犯 ………………………………………（217）

第七章　犯罪教唆 …………………………………………（222）
　　第一节　教唆未遂 ……………………………………（222）
　　第二节　区分教唆与未遂 ……………………………（232）

第八章　犯罪共谋 …………………………………………（243）
　　第一节　犯罪协议 ……………………………………（243）
　　第二节　主观要件 ……………………………………（248）
　　第三节　单一共谋与多重共谋 ………………………（253）
　　第四节　共谋与实体犯罪的责任 ……………………（264）

第九章　共同犯罪 …………………………………………（274）
　　第一节　客观要件 ……………………………………（274）
　　第二节　主观要件 ……………………………………（283）

第十章　正当防卫 …………………………………………（293）
　　第一节　自我防卫 ……………………………………（293）
　　第二节　受虐妇女综合征 ……………………………（301）
　　第三节　为他人防卫 …………………………………（312）
　　第四节　财产防卫 ……………………………………（326）
　　第五节　逮捕 …………………………………………（335）

第十一章　紧急避险 ………………………………………（345）

第十二章　公民不服从 ……………………………………（351）

第十三章　胁迫 ……………………………………………（359）

第十四章　警察圈套 ………………………………………（367）
　　第一节　主观检验法 …………………………………（367）
　　第二节　客观检验法 …………………………………（377）

第十五章	精神病	(385)
第十六章	减轻责任	(393)
第十七章	醉态	(403)
第十八章	证明标准	(409)
第十九章	杀人罪	(415)
第一节	预谋杀人罪	(415)
第二节	非预谋杀人罪	(434)
第三节	重罪谋杀规则	(440)
第二十章	强奸罪	(449)
第二十一章	财产罪	(459)
第一节	盗窃罪	(459)
第二节	侵占罪	(467)
第三节	抢劫罪	(476)
第四节	夜盗罪	(483)

第一章　刑罚的原理

第一节　刑罚理论

案例：女王诉达德利和斯蒂芬斯案*

(*The Queen v. Dudley and Stephens*)

陈尔彦**

【关键词】

谋杀罪；紧急避险；特别裁决；刑罚；报应主义；功利主义

【争议焦点】

一个人为了不被饿死，杀死并吃了另一个人，在当时的情形下他完全可以合理地相信这是他保命的唯一机会，其杀人行为是否成立谋杀罪并因而应受刑罚处罚？

【诉讼进程】

1884 年 7 月 5 日，两名被告人托马斯·达德利（Thomas Dudley）和爱德华·斯蒂芬斯（Edward Stephens）在公海上剥夺了被害人理查德·帕克

---

* *The Queen v. Dudley and Stephens*, LR 14 Q.B.D. 273（Queens Bench Division 1884–1885）.
** 北京大学法学博士，德国弗莱堡大学博士研究生。

(Richard Parker)的生命。1884年11月7日,在德文郡和康沃尔(Devon and Cornwall)巡回法庭,赫德尔斯顿法官(Huddleston J.)听审了本案,并建议陪审团以特别裁决(special verdict)①的形式对案件事实作出认定。法官在听审后,决定休庭,并定于11月25日在皇家法院开庭。根据女王的申请,庭审又被延期至12月4日。1884年12月4日,五位法官组成合议庭,对本案进行审理。1884年12月9日,法院宣告了判决,认定被告人成立谋杀罪,对被告人处以死刑。根据当时的法律,死刑是对谋杀犯罪的唯一制裁方式。

1884年12月15日,女王根据内政部部长的建议,赦免了两名被告人的死刑,附加的条件是令他们服6个月不并处苦役的监禁刑。

【案件事实】

本案被告人达德利和斯蒂芬斯是体格健壮的海员,被害人帕克是一名十七八岁的英国男孩,他也是一名船员。本案还涉及一个名叫布鲁克斯(Brooks)的船员。

1884年7月5日,他们乘坐的游艇在距离好望角1 600英里远的公海上遭遇风暴侵袭,他们被迫逃到了一艘敞篷小船上。这艘小船上除两罐11磅重的萝卜之外,再没有其他食物和水。在随后的3天里,他们没有其他东西吃。第四天,他们抓住了一只小海龟,靠着这只小海龟,他们又坚持了几天,这是直到第二十天——即案发之时——他们唯一的食物。在第十二天,这只海龟就被全部吃完了,在接下来的8天里,他们没有吃任何东西。除偶尔用防水油布制的披风接下的一点儿雨水外,他们就再没有水喝。

小船在离陆地超过1 000英里的大海上飘摇。到第十八天时,他们已经有7天没吃东西、5天没喝水了。被告人向布鲁克斯建议,如果再没有救援,那么他们应该牺牲某个人来拯救剩下的其他人。布鲁克斯表示

---

① 特别裁决是指陪审团就其认定的案件事实作出裁断,但不确定案件的哪一方胜诉,而是将此问题留给法官,令法官依据陪审团所认定的事实作出判决。本案中,由于担心陪审团可能畏于对达德利和斯蒂芬斯定罪,赫德尔斯顿遂建议陪审团作出特别裁决,然后由伦敦的资深法官基于陪审团认定的事实,得出法律上的结论。参见〔英〕A.W.布莱恩·辛普森:《同类相食与普通法》,韩阳译,商务印书馆2012年版,第231—238页。

反对。被告人认为应该牺牲那个男孩,因此也没有征求男孩的意见。7月24日,案发的前一天,被告人达德利向斯蒂芬斯和布鲁克斯建议,他们应该采取抽签的方式,决定杀死某个人来拯救剩下的人。布鲁克斯依旧表示反对。最后,抽签也并没能够进行。当天,被告人还谈起了他们的家庭,被告人认为他们都是有家室的人,因此,最好的办法就是牺牲那个男孩,这样他们便都能得救。达德利表示,如果第二天早上还是没有救援船出现,那么就应该杀掉这个男孩。

第二天,救援船还是没有出现。达德利让布鲁克斯去睡觉,并且示意斯蒂芬斯和布鲁克斯,最好还是杀掉那个男孩。斯蒂芬斯表示同意,但布鲁克斯还是反对。那个男孩此时正无助地躺在船尾,由于饥饿和喝了海水的缘故虚弱不堪,无力抵抗,而他自始至终都没有同意牺牲自己。被告人达德利做了个祈祷,请求上帝原谅他们的鲁莽行径、拯救他们的灵魂。在斯蒂芬斯的同意下,达德利走向那名男孩,将刀子插进他的喉咙里,当场杀死了他。

三个男人以这名男孩的血肉为食,度过了接下来的4天。案发后的第四天,一艘路过的船发现了他们,被告人在奄奄一息之中得救了。他们被带到法尔茅斯港(Falmouth),在埃克塞特受审。

如果被告人不吃那个男孩的肉,他们可能无法幸存并获救,而是会在那4天里饿死。而那个状态更差的男孩很有可能比他们更先死。在案发当时,他们没有看到任何船只,也看不到任何获救的希望。在当时的状况下,对于被告人来说,除非他们吃掉——并且是尽可能快地吃掉——那个男孩或他们中的一个,否则他们都会饿死。除了杀死某人并吃掉他,在当时他们再也看不到其他活下来的希望。但是,即便假定有必要杀死某个人,他们也并不是一定要杀死那个男孩——而不是其他三个人中的一个——不可。

根据上述事实,陪审团无法确认,达德利和斯蒂芬斯是否构成针对帕克的谋杀重罪。陪审团请求法院基于上述事实给出建议。

【控辩观点】

控方:

第一,国王同意将"游艇在英国注册,被告人们案发时乘坐的小船隶属于游艇"这一点从诉讼材料中删除,因此,律师提出的形式问题并不存在。

第二,裁决结论依据的特别裁决形式在过去已有若干先例,本案同样可以适用。

第三,调卷令对于本案而言根本就是不必要的,因为巡回法院现在也属于高等法院的一部分。

第四,法律规定,一个人根据自己的判断剥夺他人生命,该行为只有基于自我防卫的理由,才可能具有正当性。自我防卫是为了保护自己的生命不被他人剥夺。本案不适用自我防卫原则,因为帕克并没有对被告人实施攻击,被告人的行为并非为了保护自己免受帕克伤害,因此也就不成立自我防卫。

辩方:

第一,在陪审团的特别裁决中,"本案中几名当事人乘坐的游艇是一只在英国注册的船只,被告人在案发时乘坐的小船隶属于这只游艇",这一点不属于陪审团发现的事实。①

第二,裁决的正式结论——"根据全部事实,陪审团无法确定被告人是否构成谋杀罪"——也不属于陪审团发现的事实。陪审团仅仅发现了与帕克死亡有关的事实。

第三,该诉讼是通过命令(order)而非调卷令(certiorari)的形式提交到法庭的,故诉讼无效。

第四,在实质方面,本案涉及的实质问题是被告人杀害帕克的行为是否构成谋杀罪。就此,辩方指出,一方面,从正当化事由的角度看,尽管被告人杀害了帕克,但是他们的行为是一种生存压力之下的紧急避险。紧急避险可以成为豁免犯罪的理由。接着,柯林斯大律师引用了各种经典著作中的观点,试图论证基于紧急避险的杀人不构成犯罪。例如,培根勋爵(Lord Bacon)指出,当两个落水的人爬到一块仅能承载一个人的木板上时,其中一

---

① 在原始的特别裁决文本中,陪审团将涉案船只描述为一艘"英国商船",但赫德尔斯顿法官却将其改成了"在英国注册的游艇"(an English yacht, a registered English vessel)。这一修改可能影响管辖权的归属。但赫德尔斯顿并没有询问陪审团是否赞同这一修改。参见〔英〕A. W. 布莱恩·辛普森:《同类相食与普通法》,韩译,商务印书馆2012年版,第242—243页;Michael G. Mallin, "In Warm Blood: Some Historical and Procedural Aspects of Regina v. Dudley and Stephens", *The University of Chicago Law Review*, Vol. 34, No. 2, 1967, pp. 387–407。

个人为了保全自己的生命,有权把另一个人推下去。① 这种杀人行为是一种建立在自我保护原则基础之上的(upon the great universal principle of self-preservation)不可避免的紧急避险(unavoidable necessity),这一原则确保了每个人都可以将保全自己的生命置于保护他人生命之前,因此,此种行为是可以被原谅的(excusable)。类似的,在 United States v. Holmes 案②中,美国法院也认可了"为挽救船上的其他人而将乘客扔下水"的做法。另一方面,从谋杀罪的构成来看,谋杀罪在本质上要求行为人具有谋杀的意图和目的,但本案中,被告人的目的仅仅在于保全自己的生命。

【法庭观点】

12月9日,法院宣告了判决,判决内容如下:

法院首先对陪审团在特别裁决中认定的事实予以重申,认可两名被告人在案发时的确面临着肉体和良心上的严酷考验和绝望处境。但与此同时,他们也的确杀死了一个极度虚弱、毫无反抗能力的男孩,并通过食其血肉而维生。这是不容置疑的事实,这一事实说明了,杀害这个男孩显然是一种毫无必要的无益之举(unnecessary and profitless act)。

接着,法院对辩方提出的前三点涉及形式的问题进行了回应。首先,关于特别裁决中"英国注册的游艇"这一表述,法院认为这确实是陪审团的意思,只是转用了法律术语进行描述。其次,关于"特别裁决"这一形式本身,已经存在大量的先例,因此在本案中也不成问题。最后,由于在 1873 年《司法法》(Judicature Act)通过后,巡回法院已经成为了高等法院的一部分,因此,调卷令在本案中也就不再必要了。

随后,法院集中对辩护律师提出的"当他人既不企图也未威胁要剥夺行为人的生命,也没有对行为人或其他人实施任何不合法行为时,行为人仍然可以为了拯救自己的生命而合法地剥夺他人生命"这一观点进行了回应和批评。在法院看来,根据现有的各种经典著作和权威观点,被告人的行为都不可能成立紧急避险。

例如,布莱克顿(Bracton)指出:"采取暴力进行反抗,只有这种暴力

---

① 这正是经典的"卡尔奈德之板"案,也即康德所称的"溺水者的木板(或救生圈)"假说。
② *United States v. Holmes*, Circuit Court, E.D. Pennsylvania, 26 F. Cas. 360 (1842).

是反抗任何针对自己身体的非法暴力所必需的,暴力才具有正当性。"反之,如果紧急避险是可避免的,行为人可以不受伤害地逃避来自于他人的非法暴力,那么其暴力"反抗"行为就属于杀人。

黑尔勋爵(Lord Hale)亦认为,从古至今,证明杀人行为具有正当性的唯一理由就是紧急避险。在此,他将自我防卫归类为一种私人性质的紧急避险(necessity of a private nature)。黑尔勋爵认为,"如果一个人面临残酷攻击,被逼至死亡边缘,除当场杀死其他无辜的人以满足施暴者的暴虐脾性之外便无从逃脱时,他的恐惧心理和实际上实施的杀人行为并不能阻却其谋杀罪的成立,因为他应当牺牲自己,而不是滥杀无辜。但是,如果他为了保护自己的生命,面临别无选择的困境时,法律允许他基于防卫的理由杀死施暴者。因为自然法和紧急避险的原理许可行为人在此种场合下,基于施暴者的暴力侵害和其对行为人实施的犯罪行为,采取适度的保护措施"。与此相适应的是,既然极度饥饿的紧急状况并不能将盗窃行为正当化,那么这种恶劣处境当然也不能用于证明谋杀行为的正当性。

对于辩方的柯林斯大律师(Collins)提及的联邦诉霍尔姆斯案①,法院则尖锐地指出,美国法院的判决理由十分奇怪,因为美国法院认为,只要采取抽签的方式决定牺牲者,那么船员就有权为了保全自己的生命而将乘客扔下水。这不可能成为英国法院审判案件的权威依据。

这样看来,唯一支持被告人不构成谋杀罪的权威观点,似乎就只剩下培根勋爵针对前述"木板案"所作出的"自我保护原则"论断。就此,法院指出,司法裁判不应盲信权威,尽管培根勋爵十分伟大,但其观点的可靠性仍是存在值得质疑的空间的。如果将这种观点的适用面无限地扩大化——甚至上升为一项法律原则——那么无疑会带来严重的问题。

在对权威观点进行了逐一评述后,法院进一步引用了《刑法典》(Criminal Code)起草委员会委员的看法,他们认为:"我们当然不打算建议紧急避险在任何情况下都可以成为一个正当化事由。我们同样也不打算建议在任何情况下紧急避险都不能作为一个辩护理由。我们的看法是,应当将紧急避险的问题留待实践解决。如果紧急避险在实践中确实发生了,就应该根据当时的特定情况,具体问题具体分析。"

---

① *Commonwealth v. Holmes*, 17 Mass. 336 (1821).

法院对上述观点表示赞同,并将其运用到本案中。首先,在本案中,除非能用一些法律上公认的理由来证明杀人行为的正当性,否则被告人的行为无疑构成谋杀。而在这个案件中,除所谓的"紧急避险"之外,不存在其他法律上公认的理由。但是,本案中,杀人行为并非由紧急避险所诱发。

接着,法院从法律和道德的关系入手,论证了基督教传统之下个人的牺牲义务,指出如果认为被告人的行为不构成谋杀,那么这将成为"放纵激情和恶意犯罪的合法借口"。虽然法律不同于道德,但法律也不能完全脱离道德。若法律认可了本案中这种毫无必要性的谋杀行为,那么法律就完全丧失了道德性,这会导致十分危险的后果——因为没有人有权力来衡量不同生命之间的价值,并最终选择牺牲那个最弱小、最无力反抗的孩子。

但与此同时,法院亦对其主张予以适度的缓和,指出如果在某些特殊情况下,法律的后果过于严苛了,那么案件可以被呈递给国王,由国王根据宪法授予的宽宥权,对被告人给予最妥当的处置。

基于上述分析,法院最终作出结论:没有任何证据证明被告人杀死这个男孩的行为是正当的,因此,被告人成立谋杀罪,应处死刑。

【案例评述】

本案是普通法历史上最著名的案件之一,也是刑法历史中尤为引人注目的一个案件。在实体法技术层面,本案的核心问题是紧急避险的认定。

紧急避险在普通法上缺乏普遍公认的定义,人们通常将其描述为"一个人面临两种恼人的选择时的情况:一种情况是违反刑法条文的字面规定,而另一种则是对自己或他人造成某种危害。如果后一种危害超过了隐含在违反法律中的危害,那么就可以论证行为人有紧急避险的辩护理由"[①]。作为一种兜底性的正当化事由,紧急避险通常只有在其他可能的正当化事由被穷尽之后,才有可能被援引。但紧急避险究竟在何种程度

[①] 〔英〕J.C.史密斯,B.霍根:《英国刑法》,李贵方等译,法律出版社2000年版,第280页。

上能够被作为辩护理由而得到法院的承认,这在英国法中也是不确定的。[①] 判例法通过列举要件的方式,对紧急避险的适用进行了一定的限定,例如,紧急避险的核心是"两害相权取其轻"(choice of evils),适用的前提是恶害具有紧迫性,行为人必须合理地相信其行为能够减轻该恶害,且通常而言行为人对于恶害的发生不能具有过错。

本案中,法院认为不适用紧急避险的理由主要可以归纳为如下三点:第一,如果认为被告人可以援引紧急避险为自己脱罪,那将会引发极大的道德风险;第二,如果说本案存在适用紧急避险的空间,那么谁有权力来决定应当用何种标准衡量生命的轻重大小?第三,杀死这个孩子并不比杀死其他三个成年人中的一个更为必要(more necessary)。换句话说,这里存在着选择的问题。

在本案的基础上,普通法进一步发展出了"杀人罪不适用紧急避险"的规则。正如著名的本杰明·N.卡多佐大法官(Benjamin N. Cardozo J.)所言:"当两个或更多的人遭受灾难突然袭击时,他们当中的任何人都没有杀死他人以保护一些人生命的权利。不存在抛弃人类生命的法则。"

尽管从法律技术上看,根据普通法的一般规则,本案被告人不能援引紧急避险的法理逃脱对其谋杀罪的指控,法院也据此判定被告人成立谋杀罪,但从最终的处理后果上看,女王还是赦免了他们的死刑,并代之以6个月的监禁刑。在更为实质的意义上,这一最终裁断结果实际上关涉着刑罚目的的问题,也即对于两名被告人施加刑罚是否能有效地实现刑罚的目的,这样一种刑罚是否是正当的。

刑罚是国家有目的地给犯罪人施加的一种痛苦或损失。因而,刑罚目的理论讨论的就是国家对犯罪人施加痛苦的正当性问题。对此,理论上可以归纳出功利主义和报应主义两种取向。功利主义认为,刑罚的正当性基础建立在某种功利目的的实现之上,当刑罚所带来的痛苦可以减少可能发生的犯罪所带来的损害时,刑罚就是正当的。在功利主义之下,又可以细分出威慑(deterrence)、改造(rehabilitation)、隔离(incapacitation)等几种具体理论。与功利主义相对,报应主义认为,刑罚是犯罪人为其不法行为赎罪的正当化手段。报应的正当性着眼于过去发生的已然之罪,而

[①] 参见〔英〕J.C.史密斯,B.霍根:《英国刑法》,李贵方等译,法律出版社2000年版,第280页。

非将来可能发生的未然之罪,其目的在于让每个意志自由的主体得到其所应得的。由此观之,报应主义中不可避免地带有道德主义乃至道义论的色彩。报应理论通常被认为与刑事程序中追求正义的绝对命令相关,道义论者将报应的正义性建立于"报应能够附带性地确证犯罪人的尊严"这一点之上。对犯罪人的报应意味着将犯罪人作为能够自我负责的人格主体来对待,他们理应为所实施之犯罪承受刑罚。①

依据上述刑罚目的理论反观本案:本案中,是否有必要对被告人达德利和斯蒂芬斯发动刑罚?对二被告人处以刑罚,能否切实有效地实现刑法的目的?

从功利主义的角度看,其一,对恶劣处境之下为了保全自己生命而剥夺他人生命的人进行处罚,并不能威慑其未来的紧急避险行为,也无法威慑其他公民在相同处境下不进行自我保护。因为威慑理论的逻辑前提即在于,法律有能力用足够的刑罚来劝阻潜在的犯罪人不实施犯罪;换言之,刑罚所威慑的痛苦,应当大于潜在的犯罪人所认为的、通过犯罪获得的快乐。由此观之,在生命的威胁面前,任何威慑都无法起效。其二,被告人并没有接受改造和再社会化的必要性,因为被告人并不存在道德上的"疾病",任何人在面临生命威胁时都会选择自保。其三,被告人也并没有被隔离、接受无害化处理的必要。因为隔离的目的是为了保护其他守法公民不遭受具有再犯危险性的犯罪人的再度侵害,但本案被告人显然欠缺再犯危险性。

从报应主义的角度看,本案被告人在道德上也缺乏可谴责性,因为在当时的情形下,被告人完全可以合理地相信杀人是他们保命的唯一机会。要求被告人牺牲自己以保全他人,这对他们而言是一种苛求。况且,如果认为报应理论的正当性基础在于全体社会成员之间签订的某种"禁止以不法方式获得利益"的社会契约②,那么,当被告人面临失去生命的严峻威胁时,他便已经脱离了上述社会契约。依据正义原则,对欠缺可谴责性的人施加刑罚,并不能实现正义的要求。

基于上述理由,在本案中,没有必要以刑罚的方式对被告人进行道德

---

① See George P. Fletcher, *The Grammar of Criminal Law*, Oxford University Press, 2007, p. 249.
② See Ellen S. Podgor, Peter J. Henning, Andrew E. Taslitz & Alfredo Garcia, *Criminal Law: Concepts and Practice* (3rd ed.), Carolina Academic Press, 2013, p. 5.

谴责；对其处以刑罚，既不能实现既定的社会目的，也无法反映正义原则的诉求。反过来说，在运用刑法的一般原理对行为人进行定罪量刑时，有必要综合考虑刑罚目的的理论。当刑罚目的无从实现时，将某种行为评价为犯罪并科以刑罚的做法就是缺乏正当性基础的。

第二节 量刑原理

案例:爱达荷州诉简森案[*]
(*State v. Jensen*)

陈琰琳[**]　刘继烨[***]

【关键词】

谋杀罪;量刑情节;犯罪性质;被告人人格;公共利益的保护

【争议焦点】

上诉人就量刑问题提起上诉,通常是基于法庭滥用其自由裁量权。上诉人需要证明原审就量刑的裁判是不合理的,法官明显滥用了其量刑裁判权。要证明量刑的裁判是不合理的,就需要证明该量刑裁判无法实现维护社会秩序的首要目的,也无法实现其他相关的目的,诸如威慑效应、复归目的以及报应目的。当上诉人主张原审法院作出了过于严厉的刑罚裁判时,应当单独重新审查与案件相关的犯罪性质、被告人人格以及公共利益的保护等案卷材料。这些在本案中是如何体现的?

【诉讼进程】

1999年9月9日早晨,维基·A.简森(Vicki A. Jensen)因之前丈夫离开了她并和本案被害人及被害人三岁的女儿共同生活,身为护士的她极力想要挽回丈夫,计划通过给被害人注射致命计量的胰岛素杀害被害人。简森及其同伙共三人趁她的丈夫离开被害人的公寓去上班的时机潜入公寓。在一名同伙成功控制住被害人后,简森给被害人注射了致命剂量的胰岛素。为了掩盖犯罪手段,简森随后又给被害人注射了冰毒,同时将冰

---

[*]　*State v. Jensen*, 46 P.3d 536 (Idaho Ct. App. 2002).
[**]　北京大学法学院硕士研究生,负责案例评述前的部分。
[***]　北京大学法学院博士研究生,负责案例评述部分。

毒放入被害人的皮包中,以营造被害人系死于吸毒过量的假象。简森及其同伙看着被害人因胰岛素过量而痛苦地挣扎了将近一个小时,在最终确定被害人已经死亡之后离开公寓。在随后的司法程序中,简森与控方达成控辩交易,简森就指控的一级谋杀罪表示认罪,而控方也撤销了对其的预谋罪指控和判处死刑的量刑建议。经过法庭听证,爱达荷州第五司法区地区法院根据双方提供的证据,判处简森终身监禁。

简森随后以量刑过重为由提起上诉。爱达荷州上诉法院经审查认为,原审法院并未在量刑环节有滥用权力的情况,简森的上诉请求没有得到支持。

【案件事实】

简森实施了一场有计划的且毫无意义的谋杀。这位六个孩子的母亲,难以承受婚姻的破碎,冷血地制订了谋杀计划。在简森的计划里,她需要潜入被害人的公寓,控制被害人并且给其注射胰岛素和冰毒。作为一名合法注册的护士,简森明确知道给被害人注射其并不需要的胰岛素将完全不会被发现。

为了实施这个计划,简森找到她的侄女和侄女的前男友作为同伙。她指示侄女拿着她的钱去购买给被害人注射用的冰毒,然后指示侄女的前男友去购买枪支用于胁迫和控制被害人。为了防止自己和同伙被认出,简森还购买了面具。在实施计划的前夜,简森和她的同伙还在她的家里对整个犯罪过程进行了预演。

第二天,简森和同伙开车抵达被害人的公寓,并在等到她丈夫离开去上班之后,闯入被害人的家里并控制了她。从案卷中可以看到,被害人当时苦苦哀求简森不要给她注射冰毒,因为她对冰毒过敏,但是简森仍然坚持按照计划对其注射了冰毒和胰岛素。注射之后,简森和她的同伙眼睁睁地看着被害人痛苦地挣扎了近一个小时,这期间她完全有能力且有时间采取措施挽救被害人的生命,然而,简森没有这样做。她在确定被害人已经死亡之后和两个同伙离开了公寓,只留下被害人的尸体和被害人三岁的女儿。

【控辩观点】

辩方：

初审中法庭在量刑阶段过于看重简森丈夫的证词，因而错误地驳回了她要求减轻处罚的主张。

【法庭观点】

地区法院认为简森的手段极其残忍，原终身监禁的量刑裁判是必要的。因为判处简森终身监禁不仅仅是为了惩罚简森和保护社会秩序，简森令人发指的犯罪行径也只有通过终身监禁的量刑才能够恰当地反映出其严重程度。因此，根据案卷记录，简森无法证明原审法院滥用了量刑决定权。

法院对简森的人格进行了评测。关于简森的社会调查报告显示，她成长于一个稳定且温暖的家庭。简森从小就是一个优秀的学生，在初中和高中阶段始终保持中等或者中等以上的成绩。1987年，简森从高中毕业，并与当时的高中男朋友结婚，随后生下了她的第一个孩子。1990年，简森和她的第一任丈夫离婚。

1988年，简森进入护士学校学习，并于1990年获得护理专业的学士学位。随后，她取得护士执照成为一名合法注册的护士。简森的同事认为，她的工作能力很强，是一个乐于助人且值得信赖的人。简森的上司认为，她"对待工作非常主动积极"，对护理工作有敏锐的洞察力，工作积极高效。

简森的家人和朋友形容她是一个幽默的人，也是一个称职的母亲。据她的家人透露，正是简森对她第二任丈夫的忠诚和爱，促使她实施了这次犯罪。1993年，简森和她的第二任丈夫结婚，婚后简森跟随着丈夫改变了自己的宗教信仰，并且频繁出入新的教堂。她的宗教使命之一，便是做童子军的母亲，教堂的管理者评价简森是一个负责任的母亲，尽心尽力地对待她的童子军孩子们。简森虔诚地相信着新教堂的教义，始终将丈夫作为生活的重心，并且排斥他人接近自己。尽管简森非常想要和丈夫生一个孩子，但是她的努力没有成功。所以当丈夫离开她的时候，简森崩溃了。她想要努力挽回丈夫，最终却发现丈夫已经跟受害人生活在一起。

绝望和愤怒之下,她选择谋杀受害人。那些熟悉简森的人都说,虽然她极力想要挽回丈夫,但是就她的性格来说,是不太可能杀人的。

  从简森的神经心理学测试结果来看,简森智力水平正常,并且具有优秀的集中注意力的能力。但是,在某些情形下,简森则没有良好的判断力和决定力。简森更倾向于用自己的直觉而不是通过理性的逻辑分析作判断,同时检测者发现,简森在情绪化的时候通常会作出不利的决定。检测者认为,尽管简森的犯罪性质十分严重,但是没有证据表明简森具有反社会人格。

  和简森的神经心理学测试结果一致,案卷记录也反映出她在面对某些情况时会有威胁的行为表现。在简森的量刑听证会上,她的丈夫作为证人出席,并提供证言称在本案发生两年之前,他的前妻成功争取到了他们孩子的监护权,并且提高了他对孩子的抚养金金额。简森非常愤怒,扬言要用杀害本案被害人的方法杀死他的前妻。简森的丈夫还称,当时简森已经将注射器带回家里准备实施计划,只是后来他将注射器扔进了垃圾桶。

  简森的丈夫还提供证言称,在谋杀案发生前后,简森一直想尽办法和他进行沟通。在谋杀案发生几个月后,简森还曾到他和另一个女子的公寓里找过他,当时因为担心那个女子回来,他和简森就一起开车离开。在车上,简森问他,他们的婚姻是否已经走到了尽头,他回答是的。简森威胁说如果她得不到他,那么她不会让任何人得到他。当时和简森的丈夫在一起的女子也作为证人出席了简森的量刑听证会,她提供证言称本案发生后,简森曾经打电话给她,问她其丈夫在哪里。当该女子拒绝回答时,简森说她有权利知道她的丈夫在哪里干什么。简森又向该女子陈述了对方的个人信息,比如她现在的住址,她之前的住址,她儿子的名字、年龄和学校,而这些信息她从未告诉过简森。接完电话后她感觉受到了威胁,因为她不知道简森怎么得到她的电话号码,这些信息不经过调查是无法得知的。

  在量刑时,该地区法院发现简森对丈夫抛弃自己感到伤心欲绝。在认识到简森的痛苦之后,地区法院讯问简森为什么选择用她的知识和经验实施这样一次残忍的谋杀,她明明非常聪明而且拥有家庭的关爱。关于简森为何利用她的护理和医药知识来实施一场有计划的谋杀仍然没有答案。尽管根据简森的神经心理学报告,她不太可能再犯,并且有希望改过自新,地区法院根据简森的犯罪性质,以及她犯罪前后的表现,仍然判处其终身监禁。

上诉法院指出,严重的谋杀犯罪通常意味着被判处监禁刑。判处实刑反映社会对被告人行为的强烈谴责,同时警示社会成员避免犯罪,起到维护社会秩序的作用。刑罚并不需要实现刑罚的所有目的,或者平衡各个目的。事实上,刑罚的首要目的,一直且可能永远都是,维护社会的良好秩序。其他因素都是处于次要地位的。

本案被告人犯罪行为的严重性,已经达到了骇人听闻的程度,需要严厉的刑罚进行报应和威慑。并且按照原审法院的调查,简森甚至对那些和她丈夫有关系的女子进行威胁和恐吓。根据简森步步升级的暴力行为,必须使之与社会隔离。

法官援引了 State v. Eubank 案①的裁判观点:"终身监禁只有在以下情况能合理地适用:一是该犯罪行为十分恶劣而需要不同寻常的严厉措施实现报应和预防目的;二是犯罪人完全丧失了洗心革面的可能性,而使其在监狱终老是唯一维护社会秩序的方法。遗憾的是,法官在作出这些判断的时候,通常只接触到了关于实现报应和预防目的的信息……法官需要非常努力地预测被告人改过自新的可能性以及若是被告人最终被释放,其可能对社会造成危害的风险程度。"

在重新审查了本案的案卷材料之后,上诉法院得出结论:简森的犯罪行为十分恶劣,需要不同寻常的严厉措施实现报应和威慑目的,虽然她仍有改过自新的可能性。相应地,原审法院作出的终身监禁裁判是合理的,不存在滥用量刑裁量权的问题。

【案例评述】

刑罚裁量是英美法系②和大陆法系③刑法学界共同面临的难题,受益

---

① *State v. Eubank*, 759 P. 2d 926 (Idaho Ct. App. 1988).

② 英美法系虽然出现了诸如量刑指南(美国、英国)制度,但仍然是对核心罪行(felony)的细致规定,不适应英美数量庞杂、罪名林立的刑事法现状。参见 Peter H. Rossi, Richard A. Berk and Alec Campbell, "Just Punishments, Guideline Sentences and Normative Consensus", *Journal of Quantitative Criminology*, 1997, Vol. 12, Issue 1, pp.267-290。

③ 大陆法系关于刑罚目的(原则)的研究于量刑进程中发生了不同于犯罪论的变动。参见 Bernd-Dieter Meier, *Strafrechtliche Sanktionen*, Springer, 2001, S. 33。

于发达的刑法学理,德国专门的量刑指南,也没有对量刑法律进行实质性修订,规范层面上人权的高度保障使得宽缓成为刑罚裁量的优先考量。量刑的关注焦点不同于犯罪论构成体系,为此德国在重罪(核心罪行)的裁量中调整了刑罚目的的排列,实证研究表明量刑对于预防考虑甚少[1],这一方面否定了规范论崛起以来的刑法学理成果,另一方面增强了量刑研究学者对实证方法的依赖性。20世纪80年代,德国学者注意到北欧人性化的刑法文化使积极的一般预防有了"落地"的可能,迄今的趋势也集中在北欧与德国的量刑实证研究上。与之相比,美国开启了庞大的量刑司法改革项目,《联邦量刑指南》(the Federal Sentencing Guidelines,以下简称《指南》)作为主要成果,"要求联邦判例确定量刑起点,上诉法院确定合理的量刑基准"[2],没有考量青少年犯罪、性犯罪、种族犯罪等当今量刑学界主要面对的问题。简森案成为检验《指南》以及既有量刑原则的良好样本,谋杀属于核心罪行,占据了《指南》大量的篇幅,并在"引言,作者和基本适用原则"部分作为范例加以说明;量刑事实中富有争议和标准(规范)程度不足的人格要素并没有在本案中过多呈现,这为深入讨论提供了土壤。

第一,《指南》的当前效力。"虽然在 Booker 案后,《指南》仅具有指导性作用,但法院已经意识到,有时候,《指南》也能运用'否认机制'对量刑法院施加影响"[3],可见,《指南》不再具有强制效力,而具有(类强制)建议效力,具体规则依据以下案例确定:(1) Rita v. United States 案[4]中,上诉法庭可以适用不具有约束力的假定,这些假定是在《指南》确定刑罚的回顾中找寻的。(2) Gall v. United States 案[5]中,上诉法院不能判定超出《指南》范围的、不合理的刑罚,但是可以从《指南》范围内偏差的扩展入手考虑。地区法院在简单地"计算可以适用的《指南》范围"之外,还要

---

[1] Vgl. Franz Streng, *Strafrechiliche Sankitionen*, Kohlhammer, 1991, S. 16-27. Albrecht, "Tatproportionalitat in der Strafzumessungspraxis", in Frisch, von Hirsch, Albrecht, *Tatproportionalitat, Normative und empirische Aspekte einer tatproportionalen Strafzumessung*, Heidelberg, 2003, S. 227.

[2] *Peugh v. United States*, 133 S. Ct. 2072, 2087 (2013).

[3] "Mending the Federal Sentencing Guidelines Approach to Consideration of Juvenile Status", *Harvard Law Review*, Vol. 130, Issue 3, 2017, pp. 994-1015.

[4] *Rita v. United States*, 551 U.S. 338 (2007).

[5] *Gall v. United States*, 552 U.S. 338 (2007).

"给予当事人双方(控辩双方)辩论他们所认为适当的刑罚的机会",并且必须"考虑所有§3553(a)罗列的因素,以确定他们支持哪一方的主张"。(3)*Kimbrough v. United States* 案①中,地区法院有权不同意或者放弃反映在《指南》中的政策选择,可以基于§3553决定《指南》的建议是"明显超出必要性的"。《指南》已经不再具有强制效力,但在美国量刑过程中还是起到重要作用:法院必须首先计算《指南》确定的量刑范围,然后基于§3553以及委员会的意见进行调整。

第二,《指南》落实到各州的问题。简森案有两个涉及《指南》的问题:(1)如何确立各州的量刑指南效力,《指南》不再具有强制效力以及通过对§3553的修正已经尽可能减少了其固有的弊端,州量刑指南反而在存在争议的案件中成为受攻击的对象。② (2)法官是否拥有主动寻找影响刑罚量提升的事实的职权,《宪法第六修正案》不允许法官自行调查有可能提升被告人刑罚的事实,《指南》在具有强制效力时期要求司法调查的事实是所有案件认定的核心,但在 *United States v. Blakerly* 案③后,除对被告人不利的事实之外,司法调查的事实才成为案件认定的核心。简森案一定程度上回避了州量刑指南的问题,触犯了核心罪行的简森并无种族、性别、年龄、职业等围绕《宪法第六修正案》和《宪法第八修正案》的难题④,简森人格上的无缺陷对刑罚量的调整没有超出原则的影响力,量刑最大的依据是简森的犯罪行为,这一精心策划、匪夷所思的谋杀行为导致两级法院均认为终身监禁是恰当且合理的。辩护律师无法基于犯罪构成本身进行辩护⑤,因为简森的每一个行为都符合谋杀的典型构成要件。同样的,维持与原审法院同等的刑罚量并不会引起《宪法第六修正案》的质疑,"Blakely 案限缩了(《指南》)授权刑罚的最大边界,因此 *Apprendi v.*

---

① *Kimbrough v. United States*, 552 U.S. 85 (2007).
② See "California Judge Recalled for Sentence in Sexual Assault Case", *Harvard Law Review*, Vol. 132, Issue 4, 2019, pp. 1369-1372.
③ *United States v. Blakerly*, 542 U.S. 296 (2004).
④ See Reginald Dwayne Betts, "What Break Do Children Deserve? Juveniles, Crime, and Justice Kennedy's Influence on the Supreme Court's Eighth Amendment Jurisprudence", *The Yale Law Journal Forum*, Vol. 128, 2009, p.743.
⑤ See Benjamin E. Fridman, "Protecting Truth: An Argument for Juvenile Rights and a Return to *In re Gault*", *UCLA Law Review*, Vol. 58, 2011, p. 184.

United States 案①及其规则保护的犯罪扩大了。尽管联邦最高法院澄清了这一规则,仍旧会出现大量的不符合 Apprendi 案之规则的案件。这是必然的,因为许多事实并没有将被告人的刑罚增加到超出规范设定的犯罪之外,不论这一边界是如何定义的"②,可见,《宪法第六修正案》的真正适用只限于超出《指南》设定的合理范围的刑罚相关事实的追索,这与简森案完全不同。

虽然我们无法从案件中找到确定的量刑原则,但争论不休的量刑原理在简森案中得到了一个证明:根据现行法,考虑到被害人的个人状况,《指南》和适当的量刑步骤得出的结论是合理的。

---

① *Apprendi v. United States*, 530 U.S. 466 (2000).
② Jason Colin Cyrulink, "Overlooking a Sixth Amendment Framework", *The Yale Law Journal*, Vol. 114, Issue 4, 2005, p. 912.

第三节　比例原则

案例：尤因诉加利福尼亚州案[*]
(*Ewing v. California*)
李　澜[**]

【关键词】

"三振出局法";比例原则;《宪法第八修正案》

【争议焦点】

依据加利福尼亚州的"三振出局法"(three strikes),将重罪累犯判处25年有期徒刑的行为,是否违背了《宪法第八修正案》(所要求的比例原则)?

【诉讼进程】

有多起前科的加里·尤因(Gary Ewing)在2000年因盗窃高尔夫球杆被起诉。加利福尼亚州初审法院判处其犯有重罪盗窃,且确认其曾犯过四项重罪,包括三起盗窃和一起抢劫。根据"三振出局法",被告人被判处25年监禁。

尤因认为量刑因违反比例原则而过重,违反《宪法第八修正案》,提起了上诉。但加利福尼亚州上诉法院和州最高法院都驳回了其主张。

联邦最高法院以调卷令方式再审查,同样维持了原来的判决。

【案件事实】

本案被告人尤因是一名惯犯。他初犯于1984年(当时尤因22岁),尤因当时承认了其盗窃罪行,并获得了6个月的缓刑。1988年,尤因犯

---

[*]　*Ewing v. California*, 538 U.S. 11 (2003).
[**]　北京大学法学院硕士研究生。

重罪盗窃汽车,被判处1年监禁和3年缓刑。1990年,尤因因盗窃罪被判处监禁60天,缓刑3年。1992年,尤因因伤害罪被判处监禁30天。在1993的1—9月里,尤因被判犯盗窃罪、持有毒品罪、侵占罪、非法持有枪支罪以及非法入侵罪;在10月和11月,尤因犯下了他最严重的罪行——在加利福尼亚州长滩市(Long Beach)的公寓里,他犯了一系列盗窃罪和抢劫罪,在那里他偷了钱、电子设备和信用卡;同年12月,尤因在长滩市另一个公寓之内被逮捕。警方在他的身上发现了一种在先前的抢劫中使用的刀,还有一玻璃管可卡因。他被判犯有一级抢劫罪和三宗入室盗窃罪,并被判处9年的监禁。

1999年,尤因被假释。而就在短短的10个月之后,尤因犯下了本案。2000年3月12日,上诉人尤因走进了一家位于洛杉矶市(Los Angeles)的高尔夫专卖店,他把每支价格为399美元的三支高尔夫球杆藏在了自己的裤管里,然后走出商店。当时高尔夫专卖店的一名雇员对尤因一瘸一拐地出门的行为感到怀疑,于是报了警,警方赶到并在停车场逮捕了尤因。随后,他因盗窃私人财产超过400美元而被指控犯了重罪盗窃,尤因最终也认罪了。

【控辩观点】

辩方:

第一,法院应减轻对重罪盗窃的定罪,因为根据加利福尼亚州法律,重罪盗窃被称为"wobbler"①,意味着公诉人和法官可以行使自由裁量权,来减轻犯罪的严重性分类②。据此辩方希望法庭将此项罪名改为轻罪,以避免适用"三振出局法"。

第二,审判法庭应行使自己的自由裁量权,驳回对被告人之前的一些严重或暴力重罪的指控。当然这个主张也是为了回避"三振出局法"。

【法庭观点】

初审法官拒绝了尤因的请求,仍判处其犯有重罪盗窃,当然这很大程

---

① 在加利福尼亚州法律中,"wobbler"是一个模糊性语言,指的是任何既可以重罪(felony)起诉,亦可以轻罪(misdemeanor)追诉的犯罪。

② *Ewing v. California*, 538 U.S. 11, at 17(2003).

度上是因为尤因有大量前科。初审法官还确定了尤因之前所犯下的几宗罪。

联邦最高法院奥康纳法官（O'Connor J.）支持前述判决，并且给出了联邦最高法院的多数意见［首席法官伦奎斯特（Rehnquist C. J.）和肯尼迪法官（Kennedy J.）也加入到她的意见中来］。

奥康纳法官回顾了"三振出局法"的历史，指出"三振出局法"反映的是加利福尼亚州量刑政策的转变，该政策会让那些威胁公共安全的惯犯们有所改变，制定该法律的目的是"给那些犯重罪的人判处更长的刑期和更重的惩罚，并且这些人之前被判犯有严重和（或）暴力重罪"[1]。继而他又认为，《宪法第八修正案》中"禁止残酷和不寻常的惩罚"中包含了"适用于非死刑判决"的"有限比例原则"，并且分析了这些判例中的比例问题：*Rummel v. Estelle* 案[2]、*Hutto v. Davis* 案[3]、*Solem v. Helm* 案[4]和 *Harmelin v. Michigan* 案[5]。

接下来，奥康纳法官阐述了"三振出局法"合宪与合理的理由：

第一，"三振出局法"是一个有针对性的量刑政策。它所指向的是危害公共安全的职业惯犯。奥康纳引用了一名"三振出局法"的主要设计者的话："'三振出局法'的目的不仅仅是让判决变得更严厉。它的目的是要集中精力制定一项量刑政策，该政策将利用司法系统来减少严重和暴力犯罪。"

第二，在全国范围内，"三振出局法"的立法是立法机关经过深思熟虑后的政策选择。即对于那些屡次犯严重或暴力犯罪的人，传统的惩罚手段并不能威慑他们，因此必须把他们与社会隔离以保护公共安全。奥康纳指出："尽管'三振出局法'的法律可能是相对较新的，但我们在制定和执行如此重要的政策方面的传统是长期存在的。"

第三，奥康纳进一步指出，法庭尊重立法政策选择的传统在原则上引出一个必然的结果，即宪法"不强制采用任何一种刑罚学理论"。一个判决可以基于各种各样的刑罚理论而有各种目的，比如剥夺能力、威慑、报

---

[1] Cal. Penal Code Ann. § 667(b) (West 1999).
[2] *Rummel v. Estelle*, 445 U.S. 263(1980).
[3] *Hutto v. Davis*, 454 U.S. 370 (1982).
[4] *Solem v. Helm*, 463 U.S. 277, 279 (1983).
[5] *Harmelin v. Michigan*, 501 U.S. 957, 996-997 (1991).

复或者恢复。所有种类的理论都可能在州的量刑政策中发挥作用。而选择量刑理论通常是由州立法机关作出政策选择,而不是联邦法院。

奥康纳法官把视线从全国缩小到加利福尼亚州,指出:当加利福尼亚州立法机关制定"三振出局法"之时,就已经作出了如下判断:为了保护公共安全,就需要剥夺那些曾经犯过至少一次的、严重的或者暴力性犯罪的而被宣告有罪的人的犯罪能力。而在《宪法第八修正案》里,并没有任何字眼禁止加利福尼亚州作出以上决定。相反,判例确立了这样一点:"各州享有威慑和隔离惯犯的合法利益。"[①]即,对惯犯实施更严厉刑事处罚的做法的合宪性不再受到严重挑战。并且,累犯长期以来都被认为是加重处罚的合法基础。加利福尼亚州乃至全国的累犯问题都是严重的公共安全问题。奥康纳提供了一份最新的报告,报告指出,大约有67%的来自州立监狱的犯人,在被释放后3年内又会被指控至少一项"严重"的犯罪。[②] 特别是像尤因这样的财产型案件的犯罪分子,比起那些在暴力、毒品或公共秩序犯罪中释放的人,在3年后又被指控的概率要更高。1994年公布的数据显示,在财产罪犯中,大约73%的人在3年内再次被捕,相比之下,暴力罪犯的比例约为61%,扰乱公共秩序的罪犯的比例约为62%,毒品罪犯的比例约为66%。

最后,奥康纳提到了国家对打击犯罪的需要也为"三振出局法"提供了一些支持。"长期以来,法院一直把剥夺犯罪能力和威慑作为对累犯法规的合理解释:累犯法令……最初的目的是阻止再次犯罪,在某人生命中的某一时刻,因其反复犯下严重的罪行并且严重到被定为重罪处罚,(那么从那时开始)要将该人与社会的其他成员隔离很长一段时间。"奥康纳还指出了作为累犯法规代表的"三振出局法"的实施效果:在加利福尼亚州的"三振出局法"通过后的4年里,由于新犯罪率的下降,被假释者的重犯率下降了近25%[③]。更加显著的是,"三振出局法"还产生了一个意

---

① *Parke v. Raley*, 506 U.S. 20, 27 (1992); *Oyler v. Boles*, 368 U.S. 448, 451 (1962).

② See U.S. Dept. of Justice, Bureau of Justice Statistics, P. Langan, D. Levin, "Special Report: Recidivism of Prisoners Released in 1994", U.S. Department of Justice, available at https://www.bjs.gov/content/pub/PDF/rpr94.pdf p. 1 (June 2002).

③ See California Dept. of Justice, Office of the Attorney General, "'Three Strikes and You're Out'—Its Impact on the California Criminal Justice System After Four Years" *Crime & Delinquency* 43 (4), 457-469.

想不到的积极结果:对被假释的人造成了影响——"现在加利福尼亚州的假释人员中,离开加利福尼亚州的人,比进入加利福尼亚州的人要多。这一惊人的转变始于1994年。这是自1976年以来,第一次有更多的假释者离开该州。这一趋势还在继续,1997年,超过1 000名的假释者离开了加利福尼亚州"。"洛杉矶的检察官经常报告说,重罪犯告诉检察官,他们正在离开这个州,因为他们害怕在非暴力犯罪中获得第二个或第三个'好球'。"①

在这一系列背景下,奥康纳法官最终回归到本案,认为尤因案的判决并没有违反《宪法第八修正案》。

针对尤因主张的"只是在高尔夫专卖店偷了三根球杆,就依据"三振出局法"将其判处25年有期徒刑是罪刑不均衡的",奥康纳提出了反驳,"我们首先讨论的是犯罪的严重性,而非刑罚的严厉性"。奥康纳认为,尤因错误地解释了该问题,他的罪行的严重性不仅仅是"入店行窃偷了三根球杆"。相反,尤因被判重罪盗窃罪是因为他偷了价值近1 200美元的商品,并且此前被判处了至少两次"暴力"或"严重"的重罪。即便单独来看,对待尤因的偷窃行为时我们也不能掉以轻心。他这次的罪行肯定不是"一个人可以犯的最被动的重罪之一"。恰恰相反,加利福尼亚州最高法院在比例审查的背景下指出了"重罪盗窃"的"严重性"。②在《美国法典》(*United States Code*,U.S.C.)18 § 641的规定中,盗窃财产金额达1 200美元是重罪,并且,绝大多数州的规定也是如此。

奥康纳法官还指出,在衡量尤因的罪行的严重性时,不能只看到他目前所犯的重罪,还要考虑他作为重罪累犯的长期历史。除此以外,其他任何方法,均不能对前文所述的"(加利福尼亚州)立法机构选择制裁中表现出的政策判断"给予适当的尊重。在一个有"三振出局法"的州里,州的兴趣点不再是惩罚犯罪本身,而是那些屡次犯罪的人,因其行为已经表现出他们根本无法遵守刑法所构建的社会规范,因而(州)在处理这些人的问题时,会采取更为严厉的方式。为了使加利福尼亚州在立法时所制

---

① Silva Sanchez, "A Movement Builds Against 'Three Strikes' Law", *Washington Post*, Feb. 18, 2000, p. A3.

② See In re Lynch, 8 Cal.3d 410, 432, n. 20, 503 P.2d 921, 936, n. 20, 105 Cal. Rptr. 217 (1972).

定的上述刑罚目标,能够在实际判决中有所体现,那么,法庭在对尤因的判决进行合比例原则审查时,就必须考虑到这一目标。

尤因的判决,以州公共安全所要求的威慑和剥夺重罪惯犯的犯罪能力为依据。其长期、严重的犯罪记录也从另一方面充分支持了判决。尤因被判犯有许多轻罪和重罪,他曾九次被监禁,并且他的大部分犯罪都是在缓刑或者假释期间犯下的。他的"三振出局",前几"振"都是严重的犯罪,包括抢劫和三起入室盗窃。可以肯定的是,尤因的刑期会很长。这反映了一种理性的立法判断,并且这种立法判断有权被尊重,即对于那些犯下严重的或暴力性重罪的罪犯,以及那些会继续犯下重罪的人,必须剥夺其犯罪能力。

斯卡利亚法官(Scalia J.)也支持判决的结果,他指出:"比例(或曰均衡性)——即刑罚应与犯罪相适应的一个名词——是被捆绑在报应的刑罚目的上的一个固有的概念。""一旦过分看重威慑和恢复的刑罚目的的话,就很难明智地谈'比例'这个词了。"更别提加利福尼亚州的"三振出局法"本身蕴含的就是"剥夺犯罪能力"这样的目的。

同样支持判决的托马斯法官(Thomas J.)甚至认为:"在我看来,《宪法第八修正案》的残酷和不寻常的惩罚条款,并不包含比例原则。"①

史蒂文斯法官(Stevens J.)反对原判决,布雷耶法官(Breyer J.)、苏特法官(Souter J.)和金斯伯格法官(Ginsburg J.)亦然。史蒂文斯法官认为,《宪法第八修正案》简明扼要地指出了"禁止过度的制裁",那么,如果忠实于宪法文本的话,本法院认为,宪法指导法官运用自己的最佳判断来确定刑罚比例性。这"确实是不寻常的",暗示《宪法第八修正案》在保释和罚款的情况下适用比例审查,但不适用于其他形式的惩罚,如监禁。相反,通过广泛的禁止过度的制裁,《宪法第八修正案》在法官们评估各种形式的刑罚的比例时,能指导他们运用自己睿智的判断力。

布雷耶法官也持反对意见,苏特法官、金斯伯格法官和史蒂文斯法官赞同他的意见。布雷耶法官类比了 *Solem v. Helm* 案,指出在 *Solem v. Helm* 案中,法庭认为对累犯触犯较轻犯罪行为却被施加较长刑罚是很不成比例的,并指出,本案虽然与 *Solem v. Helm* 案存在差异,但这些差异并

---

① *Harmelin v. Michigan*, 501 U.S. 957, 967–985, 115 L. Ed. 2d 836, 111 S. Ct. 2680 (1991) (opinion of SCALIA, J.).

不是(能造成推翻先例的)决定性因素,因此法院应当对本案得出与 *Solem v. Helm* 案一样的结论。布雷耶法官将本案和 *Solem v. Helm* 案以及 *Rummel v. Estelle* 案这两个惯犯合宪性判决进行了比较,认为尤因案的主张介于这两案之间:它比 *Rummel v. Estelle* 案里提出的主张更强(在 *Rummel v. Estelle* 案中法院维持了判决,认为对于累犯的判决是合宪的),比 *Solem v. Helm* 案里提出的主张弱(在 *Solem v. Helm* 案中法院驳回了对于累犯的判决,认为它是违宪的)。

布雷耶法官提出,有三个与判决相关的特征指标定义了相关的比较因素:(a)实际刑期长度,即罪犯有可能在监狱度过的时间;(b)触发判决的犯罪行为,如罪犯的实际行为或者其他与犯罪有关的情况;(c)罪犯的犯罪史。① 在 *Rummel v. Estelle* 案中,三个特征指标分别是:(a)被判10—12年的监禁;(b)因诈骗120美元而被判处该罪;(c)之前犯下了两项重罪(涉及少量的资金)。在 *Solem v. Helm* 案中,法院认为原判违背宪法的理由是:(a)判处无期徒刑,不假释;(b)因在一个不存在的银行账户上签发100美元的支票获罪;(c)有6个前科(包括3个盗窃罪)。这三个因素中哪个因素造成了这两个判决的合宪性差异?布雷耶指出,第三个因素无法说明这两者的区别,因为 *Rummel v. Estelle* 案中罪犯的前科比 *Solem v. Helm* 案中罪犯的犯罪记录更重(在 *Solem v. Helm* 案中法院认为原判决所判处的时间太长);第二个因素也没有办法说明区别,因为从实际货币损失来看其差异并不大——只有第一个因素即刑期长短才是关键因素,因为在 *Rummel v. Estelle* 案中罪犯只是被判10—12年监禁而在 *Solem v. Helm* 案中罪犯被判终身监禁。

回到 *Ewing v. California* 案上。首先,布雷耶法官指出第二个因素(在这里进行了通货膨胀价格换算)和第三个因素都不能看出区别,只有第一个因素是关键的——虽然看起来尤因的判决比 *Solem v. Helm* 案中罪

---

① See *Rummel v. Estelle*, 445 U.S. 263, 265-266, 269, 276, 278, 280-281 (1980); *Solem v. Helm*, 463 U.S. 277, 290-303 (1983). Cf. United States Sentencing Commission, Guidelines Manual ch. 1, pt. A, intro., n. 5 (Nov. 1987) (USSG) [empirical study of "summary reports of some 40,000 convictions (and) a sample of 10,000 augmented presentence reports" leads to sentences based primarily upon (a) offense characteristics and (b) offender's criminal record]. 针对近四万份有罪判决的简要报告及一份一万个扩充适用判决前报告样本的实证研究指向了那些主要基于(a)犯罪特征和(b)罪犯的犯罪史的判决。

犯的判决要轻,但尤因的刑期是 *Rummel v. Estelle* 案中罪犯刑期的两倍,并且 25 年的刑期几乎可以消耗罪犯所有的生命(布雷耶指出:这意味着尤因本人在 38 岁时被判入狱,很可能会在监狱里死去)。其次,布雷耶还指出尤因后来犯的罪并不是那么严重,而对其的判决是极其严厉的——"我不否认在商店行窃的罪行的严重性,但是一名友善的法庭之友告诉我们,零售商每年都要损失 300 亿美元。但是,考虑到这一法庭在 *Solem v. Helm* 案提到的因素——对受害者或社会造成的伤害或威胁、犯罪的绝对规模以及罪犯的罪责性——就这三个标准而言,这里触发判决的行为,在犯罪行为严重性尺度上排名很靠后。"最后,布雷耶法官指出,一些客观证据表明,许多有经验的法官会认为对尤因的判决过于严厉。基于这三点,布雷耶法官认为原判违背了比例原则。

【案例评述】

Ewing v. California 案,是关于加利福尼亚州法律中的"三振出局法"的一个重要案例,也反映了《宪法第八修正案》与刑法中比例原则的关系。

首先,所谓的"三振出局"(Three strikes and you're out),原本是个棒球术语。在棒球比赛中,若击球者三次都未击中投球者所投之球,则该击球手在本次比赛中,将不再得到任何机会而必须出局。而将棒球术语引入到刑事司法界的开端,还要从一名叫约翰·卡森(John Carson)的电视评论员说起。作为警察的儿子,他从小了解到了美国刑事司法制度的漏洞,长大后,他成为了美国一个地方电视节目的评论员,在节目里,他曾经表达了自己对政府开支、规章制度改革、教育和犯罪等的一系列观点。1988 年,在一次电视节目中,为了使自己的观点简明、扼要、有力,他引用了棒球术语"三振出局",试图说服人们:之所以有犯罪问题,主要原因是大多数罪犯并不畏惧法律。对此,他也给出了建议:任何人如果被定罪且之前被处罚过两次,那么在其第三次犯罪时,就应该对其作出所有可能的指控,不得缓刑、假释。

之后,1993 年 3 月 3 日,加利福尼亚州议员比尔·琼斯(Bill Jones)和吉姆·科斯塔(Jim Costa)将"三振出局"引入了国会第 971 条法案——后来成为了"三振出局法"的立法版本。但是仅仅几周后,公共安全委员会就否决了该法案。民众对这次立法失败的愤怒,引发了选民倡议,在

1994年11月的大选中,增加了第184号提案并进行投票表决。

1993年10月1日,也就是第184号提案还在宣传的过程中,12岁的波利·克拉斯(Polly Klaas)在加利福尼亚州佩塔卢马(Petaluma)的家中被绑架。杀害她的凶手,理查德·戴维斯(Richard Davis),有着非常长的犯罪史,并且之前也绑架过两个人。戴维斯在他最后一次判决中只服一半刑期(因被绑架、人身攻击和入室行窃而被判16年有期徒刑)。也就是说,如果戴维斯把刑期服满,那么他在波利·克拉斯被绑架的那天仍然还关在监狱里,悲剧也就不会发生了。

戴维斯的谋杀案激起了各界对"三振出局法"的支持。短短几天之内,第184号提案就成为了加利福尼亚州历史上最快通过的预选案。1994年1月3日,大会的发起人再次提交了一份修改后的第971条法案,该法案与第184号提案内容一致。1994年1月31日,第971条法案以63:9的优势在大会中通过。1994年3月3日,参议院以29:7的优势通过了该法案。1994年3月7日,州长签署了这项法案。1994年11月8日,加利福尼亚州选民以72%:28%的优势通过了第184号提案。

加利福尼亚州因此成为第二个颁布"三振出局法"的州。1993年11月,华盛顿州的选民以3:1的优势通过了他们自己的"三振出局法",即第593号提案。① 1993年至1995年间,联邦政府和24个州相继颁布了"三振出局法"。尽管不同的"三振出局法"因各州情况不同,而在内容等方面有所不同,但它们都有一个共同的目标,即为常习重犯提供漫长的刑期,从而保护公共安全。

在讲"三振出局"是如何登上刑事司法的历史舞台之前,不得不提到美国当时的社会背景。在20世纪60年代末、70年代初的时候,美国盲目学习了欧洲的人道主义文明和轻刑化的思想,在宏观层面,采取相对宽缓的刑事政策,具体刑罚措施主要表现为死刑的废除、非犯罪化的实行甚至许多犯罪都不作犯罪处理的情形大量存在,监禁刑被严格控制适用,"医疗模式"的执行方式即自由裁量权很大的假释制度以及不定期量刑制度盛行。经过多年的量刑实践,风靡美国联邦及各州的矫正模式不但未产生预期的效果且弊端不断出现,以致20世纪八九十年代的美国面临着十

---

① See J. Clark, J. Austin, D. Henry, "'Three Strikes and You're Out':A Review of State Legislation 1" National Institute of Justice Research in Brief (Sept. 1997).

分严峻的暴力犯罪问题,民众的生活面临着巨大的恐惧。随着"教育刑无用论"与"教育刑反动"的出现,报应与威慑的惩罚观念又重新受到美国当局的重视,他们从现实统治考虑,及时调整本国的刑事政策,集中有限的资源严厉打击某些犯罪,如暴力犯罪、恐怖活动犯罪、毒品犯罪等。

而显而易见的一点是,"三振出局"只是一个棒球术语,将它引入刑事司法界中来,是非常大胆的,甚至曾经被法学界认为是荒诞、反动的。但是为了简便有效地应对激增的犯罪率、响应民众的呼声,将"三振出局"引入到刑事司法中来确有必要。此外,当时矫正性理论存在缺陷,而又在实践中被滥用,这严重制约着美国司法的进展,而当时的社会背景所要求的刑罚改革,是通过"威慑和剥夺"来有效打击犯罪,而不是缓慢的"矫正"。在这种情况下,"三振出局"可以说是应运而生。

虽然说"三振出局"的起源并不是那么符合法学学者们严谨治学的态度,但是它也不是毫无理论基础的。关于美国"三振出局法"的设置依据主要是绝大多数犯罪是由"一小撮人"实施的调查报告,之后通过大量的实践研究形成了一套理论,此理论被称为"慢性习惯犯"理论。关于"三振出局法"的内在含义被许多人称为"6%的解决之道",明确地说,极少数的罪犯,大约占全体罪犯的6%,实施了70%—80%的犯罪。[①] "慢性习惯犯"理论作为一项研究结论解决的是6%的慢性习惯犯,实施了51.9%的重大罪行,竟是这么"一小撮人"犯了绝大多数的罪,更不可思议的是这些罪行都是严重威胁人们安全的暴力恐怖罪行,如故意杀人、强奸及抢夺等严重伤害人身安全的暴力行为占据罪名的70%以上。美国之所以制定体现严格刑事政策的"三振出局法",其目的在于集中国家有限的司法资源惩罚慢性犯罪人,以达到控制暴力犯罪和降低刑事犯罪率的效果。

具体而言,"三振出局法",又称"三振法",我国也有学者将其译作"严惩惯犯法律",是美国联邦层级与州层级的法律,此法要求州法院对于犯第三次(含以上)重罪的累犯,采用强制性量刑准则(mandatory sentencing),大幅延长其监禁时间:目前所有法案下限皆为25年有期徒刑,最高是终身监禁,而且后者在很长一段时间内不得假释(大多法案规定为

[①] See *The Violent Crime Control and Law Enforcement Act of 1994. Conference Report*, Washington D.C. U.S. GovernmentPrinting Office, 1994, pp. 194–195.

25年)。所谓重罪(felony),在《美国法典》中的定义是:法定刑下限至少为1年以上有期徒刑者。各个州虽然对于暴力犯罪(violent felonies/violent offenses)的法定清单不同,但以现状而言,一致的部分都包含了以下内容:杀人,侵入住宅且使用致命武器或危险武器的强盗,强制性交和其他性犯罪。同样的,虽然各州对于严重犯罪(serious felonies/serious offenses)的法定清单也不同,但是以现状而言,一致的部分除包括上述暴力犯罪外,还包括:出于进一步犯罪目的(通常,但不限于窃盗)而侵入住宅,出于强盗或杀人目的而攻击造成伤害(含未遂)。这样的法案在20世纪90年代极为盛行,至2012年,全美国有27个州以及美国联邦政府都颁布了此类法案。[①] "三振出局法"明显延长了曾有过两次以上暴力犯罪或严重犯罪记录的犯人的刑期,并减少了此类刑事案的被告人被判无期徒刑以外刑罚的机会。

对于"三振出局法",争议最大的无非是其合宪性问题,即它是否符合比例原则的要求。而在尤因案中,作为违宪审查机构的美国最高法院对于加利福尼亚州"三振出局法"违宪的这一类说法是不予认可的,其所持的理由是,各州有权根据控制犯罪、保证公共安全的需要,相应提高对特定犯罪和犯罪人适用的刑期。而有学者认为,如果罪犯没有此前的两个重罪记录,对其三振之罪适用的刑罚不可能如此严厉,大大超出了其所应当承受的刑罚范围;同时,也导致了三振罪犯与一般罪犯在适用刑罚时存在极大的差别。因此,"三振出局法"不符合犯罪与刑罚合比例性原则,实属违反《宪法第八修正案》中的"残酷的和非常的惩罚"。[②]

其实,对于"三振出局法"的非议、反对之声自其制定之日起便未曾停止过。在其被推行十年后的2004年11月,加利福尼亚州对一项旨在对"三振出局法"做较大修改的提案进行了投票表决。尽管最终投票的结果未能通过这一提案,但是47%赞成票的这一结果也暗含了加利福尼

[①] 按照颁布年份,这些州分别是:1974年,得克萨斯州;1993年,华盛顿州;1994年,加利福尼亚州、科罗拉多州、康涅狄格州、印第安纳州、堪萨斯州、马里兰州、新墨西哥州、北卡罗来纳州、弗吉尼亚州、路易斯安那州、威斯康星州;1995年,阿肯色州、佛罗里达州、佐治亚州、蒙大拿州、内华达州、新泽西州、北达科他州、宾夕法尼亚州、南卡罗来纳州、田纳西州、犹他州、佛蒙特州;2006年,亚利桑那州;2012年,马萨诸塞州。

[②] 参见刘君:《美国"三振出局"法案及其理论评析》,载《西部法学评论》2011年第5期,第53页。

亚州民众对该法某些内容的重新评价,尤其是在"25年无假释机会的终身监禁刑"这一点上。其原因可能与当时被适用这一刑罚的案件往往都是非严重、非暴力犯罪的情况有关。由此可见,加利福尼亚州民众对该法已暂时性地产生了情绪上的微小变动,但是,该法在加利福尼亚州、在美国其他数十个州仍有其广泛的适用市场。与此同时,从全球主要国家和地区立法的情况来看,"三振出局法"的影响业已超越国界,成为其他国家和地区修订累犯制度时借鉴的"样板"之一。我国台湾地区在2005年修改其"刑法"时,就借鉴美国"三振出局法"的精神,建立了重罪三犯及性侵害犯罪受刑人治疗无效果者不得假释的制度,即规定"下列有期徒刑受刑人之执行不得假释:(1)曾犯最轻本刑5年以上有期徒刑(如杀人、强盗、海盗、掳人勒赎等罪)的累犯,于假释期间、受徒刑之执行完毕,或一部之执行而赦免后,5年以内故意再犯最轻本刑为5年以上有期徒刑之罪者(即第三犯);(2)性侵害犯罪受刑人于执行有期徒刑期间接受治疗后,经评估其再犯危险未显著降低者"。

最后,还需要指出的是,尽管中美两国在法律制度和刑事政策方面存在较大的差别,但对于我国累犯制度的完善来说,"三振出局法"仍具有其特定的理论参考价值。

第四节 死刑问题

案例:罗珀诉西蒙斯案[*]
(*Roper v. Simmons*)

李 澜[**]

【关键词】

死刑;青少年罪犯;不断发展的道德标准

【争议焦点】

《宪法第八修正案》禁止"残酷和不寻常的刑罚"的条款是否允许对未满18岁的未成年人适用死刑(是否违宪)?对未满18岁的未成年人废除死刑是否达成了全国共识(是否符合"不断发展的道德标准")?

【诉讼进程】

克里斯托弗·西蒙斯(Christopher Simmons)因涉嫌犯盗窃罪、绑架罪和一级谋杀罪被指控。西蒙斯在犯罪时年仅17岁,处于密苏里州的少年法庭系统的刑事管辖范围之外。因此他是以成年人身份受审的。初审法官接受了陪审团的建议并对西蒙斯判处了死刑。

西蒙斯对定罪和量刑提起综合上诉,密苏里州最高法院维持了州法院的判决。[①] 此外法院还驳回了西蒙斯关于人身保护令的请愿书。[②]

但是在西蒙斯案的审理过程中,联邦法院裁定《宪法第八修正案》和

---

[*] *Roper v. Simmons*, 543 U.S. 551 (2005).
[**] 北京大学法学院硕士研究生。
[①] See *State v. Simmons*, 944 S. W. 2d 165, 169 (en banc), cert. denied, 522 U. S. 953 (1997).
[②] See *Simmons v. Bowersox*, 235 F. 3d 1124, 1127 (CA8), cert. denied, 534 U. S. 924 (2001).

《宪法第十四修正案》禁止对智障人士执行死刑。① 西蒙斯因而提出了一份新的请愿书,要求获得州法律规定的定罪后救济(post-conviction remedies)。他认为,宪法规定,宪法禁止对犯罪行为发生时年龄在18岁以下的未成年人执行死刑。密苏里州最高法院对此表示同意。② 因而该院最终驳回了西蒙斯的死刑判决,改判为"终身监禁,不得缓刑、假释或释放,除非州长特赦"。

由于原审控方唐纳德·P.罗珀(Donald P. Roper)不服密苏里州最高法院的判决,此案又于2004年被上诉至联邦最高法院。2005年5月1日,联邦最高法院维持了终身监禁的原判。

【案件事实】

被告人西蒙斯在他17岁时,也就是还在上高中一年级时,犯了谋杀罪。大约9个月后,在他18岁的时候,他被审判并被判处死刑。毫无疑问,西蒙斯是这一罪行的始作俑者。西蒙斯非常冷酷、冷漠地与他的两个朋友,查尔斯·本杰明(Charles Benjamin)和约翰·特斯莫(John Tessmer)(年龄分别为15岁和16岁),谈论着他的计划。西蒙斯提议通过入室行窃、捆绑受害者、把受害者从桥上扔下来,实施入室抢劫和谋杀。西蒙斯向他的朋友保证,他们可以"逃脱惩罚",因为他们是未成年人。

这三名少年约定于案发当日凌晨两点碰面,但是特斯莫在其他两人出发之前就走了(控方本来指控特斯莫共谋犯罪,但最后放弃了指控,以换取他对西蒙斯的证词)。西蒙斯和本杰明通过没关的窗户爬进被害人雪莉·克鲁克(Shirley Crook)的家,并且打开了她家后门。西蒙斯打开了走廊的灯。克鲁克太太被声音吵醒,喊道:"谁在那儿?"西蒙斯走进了克鲁克太太的卧室回应了她,在那里,他认出了她(在此之前发生了一场车祸,牵涉到他们俩)。西蒙斯后来承认,这强化了他谋杀被害人的决心。

两名少年随即用黑胶带蒙住克鲁克太太的眼睛和嘴巴,绑住她的双手,把她扔进她的车后备箱里,开车去国家公园。到达之后,他们加固了绑带,用毛巾罩住她的头,拉着她走到一座横跨梅拉米克河(Meramec

---

① See *Atkins v. Virginia*, 536 U.S. 304(2002).
② See *State ex rel. Simmons v. Roper*, 112 S. W. 3d 397 (2003) (en banc).

River)的铁路栈桥上。在那里,他们用电线绑住她的手和脚,用胶带把她的整个脸包起来,把她从桥上扔下去,将她淹死在了河里。

9月9日下午,被害人的丈夫,史蒂文·克鲁克(Steven Crook)回到家里,发现他的卧室一片混乱。他报警说妻子失踪了。当天下午,渔民从河中找到了被害者的尸体。与此同时,西蒙斯正在吹嘘自己杀了人,告诉朋友他杀了一个女人,"因为那个婊子看见了我的脸"。

第二天,在接到西蒙斯参与了本案的消息后,警方在西蒙斯就读的高中逮捕了他,并将他带到密苏里州芬顿(Fenton)的警察局。他们向他宣读了米兰达权利。西蒙斯放弃了申请律师的权利,并同意回答讯问。在不到两个小时的审讯后,西蒙斯供认了谋杀,并同意在案发地重演犯罪现场并录像。

【控辩观点】

控方:

第一,西蒙斯应被判处死刑,并提出以下几点作为加重刑罚的因素:西蒙斯谋杀的目的是为了获得金钱;有避免、干扰或防止被告人被依法逮捕的目的;这涉及心灵的堕落,而且是令人厌恶的、可怕的、非人性的。州法院传唤了被害人的丈夫、女儿和两个姐妹,他们在法庭上展示了令人动容的证据——她的死亡给他们带来了毁灭性的打击。

第二,关于年龄问题,控方发言如下:"考虑一下他的年龄吧。他都已经17岁了。难道(他的行为)不可怕吗?(17岁的人做出这样的事情)不会吓到你吗?难道要考虑减轻处罚吗?恰恰相反,我提交了反对意见。"

辩方:

第一,在犯罪阶段没有证人来证实西蒙斯有罪。

第二,在要求减刑的时候,律师首先传唤了密苏里州少年司法系统的一名警官,他作证说西蒙斯没有前科,也没有对他提起过任何指控。西蒙斯的母亲,父亲,两个弟弟,一个邻居,一个朋友,站在法官席上,告诉陪审员他们与西蒙斯的亲密关系,并为他请求宽恕。西蒙斯的母亲,尤其证实了西蒙斯在照顾他的两个弟弟和祖母,以及他对他们所表现出来的责任感。

第三,陪审团需要注意,作为未成年人的西蒙斯,他的年龄限制使他不能喝酒,不能成为陪审员,甚至不能观看某些电影,因为"立法机构已经明智地作出了决定,认为特定年龄的人对自己尚不能负责"。西蒙斯的年龄因素,应该会在陪审员在最后抉择到底要对西蒙斯处以什么样的惩罚时,产生巨大的影响。

第四,西蒙斯提出要求撤销定罪和判决,因他在审判中"未能获得有效援助"。为了支持这一观点,新律师请来了西蒙斯原来的辩护律师,西蒙斯的朋友和邻居,以及之前对他进行评估的临床心理学家作为证人。专家称西蒙斯"非常不成熟""非常冲动""非常容易受到操纵和影响"。专家们证实了西蒙斯的背景,包括他艰难的家庭环境和(因此造成的)行为的急剧变化,以及他在青少年时期的糟糕表现。西蒙斯长期不在家,与其他青少年或年轻的成年人一起酗酒吸毒。西蒙斯后请的律师认为,这些问题应该在量刑过程中得到明确。

第五,在密苏里州最高法院维持原判后,西蒙斯提出了一份新的请愿书,要求获得州法律规定的定罪后救济。理由是在西蒙斯案的审理过程中,联邦最高法院裁定《宪法第八修正案》和《宪法第十四修正案》禁止对智障人士执行死刑,这意味着宪法禁止对犯罪行为发生时在18岁以下的未成年人执行死刑。

【法庭观点】

初审法院认为"未得到有效援助"这样的理由不能说明判决违反宪法,并驳回了其获得定罪后救济的申请。

之后,在密苏里州最高法院审理过程中,联邦最高法院在 *Atkins v. Virginia* 案①裁定《宪法第八修正案》和《宪法第十四修正案》禁止对智障人士执行死刑。西蒙斯提出了一份新的请愿书,要求获得州法律规定的定罪后救济。他认为,宪法规定,宪法禁止对犯罪行为发生时年龄在18岁以下的未成年人执行死刑。密苏里州最高法院对此表示赞同。② 自从 *Stanford v. Kentucky* 案③以来,"全国已经对青少年犯执行死刑问题达成了共识。事实证明,现在已有18个州禁止对未成年人执行死刑,加上其他

---

① *Atkins v. Virginia*, 536 U.S. 304 (2002).
② See *State ex rel. Simmons v. Roper*, 112 S. W. 3d 397 (2003) (en banc).
③ *Stanford v. Kentucky*, 492 U.S. 361, 106 L. Ed. 2d 306, 109 S. Ct. 2969 (1989).

执行死刑的 12 个州,没有哪个州自 Stanford v. Kentucky 案后还把执行死刑的最低年龄降低到 18 岁以下的。有 5 个州已经通过立法或者判例确立了执行死刑的最低年龄为 18 岁,并且,对未成年人判处死刑在过去的十年中已经变得不寻常了"。基于此推理,密苏里州最高法院驳回了西蒙斯的死刑判决,改判为"终身监禁,不得缓刑、假释或释放,除非州长特赦"。

由于原审控方的罗珀不服密苏里州最高法院的判决,认为允许州法院根据"演进中的伦理标准"作出判决是危险的,因为州法院可以轻易决定那些美国联邦最高法院所禁止的刑罚根据美国人民观念的改变而变为可行。此案又于 2004 年被上诉至联邦最高法院。最终联邦最高法院维持原判。

肯尼迪法官(Kennedy J.)支持终身监禁的原判,并代表联邦最高法院发布了多数人意见。赞同他的观点的法官包括史蒂文斯(Stevens J.)、金斯伯格(Ginsburg J.)、布雷耶(Breyer J.)和萨特(Souter J.),他们均认为对未成年人适用死刑是违宪的。

肯尼迪法官指出,《宪法第八修正案》规定,"不得要求过多的保释金,不得处以过重的罚金,禁止实施残酷和不寻常的刑罚",该规定通过《宪法第十四修正案》适用于各州。① 正如联邦最高法院在 Atkins v. Virginia 案②中所解释的那样,《宪法第八修正案》保障个人不受过度制裁的权利。对犯罪的惩罚应该是分等级的,与犯罪的比例是相称的。《宪法第十四修正案》通过保护那些犯有滔天罪行的人,重申政府有责任尊重所有人的尊严。而禁止"残酷和不寻常的惩罚",就如同宪法中其他的扩张性语言一样,必须根据其文本,考虑历史、传统和先例,并适当考虑其在宪法设计中的目的和作用。为了实现这一框架,法院已经确立了适当的标准,并肯定了引用"标志着成熟社会的不断演进的道德标准"的必要性,以确定哪些惩罚是不相称的、是"残酷和不寻常的惩罚"。③

接着,肯尼迪法官回顾了在西蒙斯案之前的几个关于死刑的重要判例: Thompson v. Oklahoma 案④、Stanford v. Kentucky 案以及 Atkins v. Virginia 案。

---

① See Furman v. Georgia, 408 U.S. 238, 239 (1972) (per curiam); Robinson v. California, 370 U.S. 660, 666-667 (1962); Louisiana ex rel. Francis v. Resweber, 329 U.S. 459, 463 (1947).

② Atkins v. Virginia, 536 U.S. 304, 311 (2002), quoting Weems v. United States, 217 U.S. 349, 367 (1910).

③ See Trop v. Dulles, 356 U.S. 86, 100-101 (1958).

④ Thompson v. Oklahoma, 487 U.S. 815 (1988).

在 *Thompson v. Oklahoma* 案中,法院的多数意见认为,根据道德标准,对犯罪时在 16 岁以下的人执行死刑是不被允许的。多数意见解释道,那些没有死刑的州已经明确考虑了死刑的最低年龄,规定在 16 岁以下。多数意见还指出,"结论是:对一个不满 16 周岁的人判处死刑,将冒犯道德标准"。并进一步指出,陪审团对 16 岁以下的罪犯处以死刑是极其罕见的;对 16 岁以下的罪犯最后一次执行死刑是在 1948 年,也就是 40 年前。*Thompson v. Oklahoma* 案的多数意见将其独立判断运用在了"是否(宪法)能允许对一个 15 周岁的罪犯判处死刑"的问题上,并强调,"未成年人为什么不受成年人特权和责任的信任,也解释了为什么他们的不作为的道德谴责性是不如成年人的"。根据成本收益分析,对一个 16 周岁以下的未成年人判处死刑并不能达到威慑的效果。最终,法院驳回了对于这名 15 岁少年的死刑判决。

在次年的 *Stanford v. Kentucky* 案中,有四名持反对意见的法官认为,参照当时的道德标准,《宪法第八修正案》和《宪法第十四修正案》并没有禁止对已满 15 周岁未满 18 周岁的未成年人执行死刑。法院还指出,在保留死刑的 37 个州中,有 22 个州允许对 16 岁的罪犯执行死刑,有 25 个州允许对 17 岁的罪犯执行死刑。在法庭看来,这些数字表明了各州并没有达成共识,"足以给特定的惩罚贴上残酷和不寻常的标签"。就在当天,法院对 *Stanford v. Kentucky* 案作出了裁决,认为《宪法第八修正案》并没有规定对智力发育迟缓的人的死刑豁免。① 在得出这个结论的同时,它强调,只有 2 个州已经颁布了法律,禁止对被判死刑的智障人士执行死刑。根据法院的说法,"有 2 个州的法律禁止针对智障人士的死刑,但即使是在已经完全废除死刑的 14 个州中,也没有足够的证据来证明各州达成了一致意见"。

3 年前,借助 *Atkins v. Virginia* 案法院重新反思了这个问题。法院认为,自 *Penry v. Lynaugh* 案②以来,道德的标准已经发生了演进,现在已经能证明,对智障人士执行死刑是残酷和不寻常的惩罚。法庭指出,在立法活动和各州实践中,能表现出社会的客观标准,即(是否能)对智障人士执行死刑。而在 *Atkins v. Virginia* 案发生时,只有少数几个州允许这种做

---

① See *Penry v. Lynaugh*, 492 U.S. 302 (1989).
② *Penry v. Lynaugh*, 492 U.S. 302 (1989).

法(对智障人士执行死刑),而且即便在那几个州里,这种做法也非常少见。基于此,法院认为,对智障人士执行死刑已经变得"非常不寻常了,并且可以说,一个全国性的共识已经发展起来了"。

在这三个案例的回顾之后,肯尼迪法官指出,法院对于"不断演进的道德标准"的调查并未就此结束。*Atkins v. Virginia* 案的法院的判决,既没有重申也没有依赖 *Stanford v. Kentucky* 案的观点,即,法院的独立判决与《宪法第八修正案》规定的特定刑罚的可接受性无关。相反,法院回到了 *Stanford v. Kentucky* 案所建立的规则上来,"宪法已预见到,最终法院的判决会被置于《宪法第八修正案》的可接受性的问题之上"①。法院认为,即便罪犯还能明辨是非,但智力的缺陷这一因素还是会减少他的过失。对于智力有缺陷的人,因其缺陷从而不太可能对其适用死刑,并且对其判处死刑也并不会起到真正的威慑的效果。基于以上考虑,以及全国反对对智障人士执行死刑的共识,联邦最高法院裁定,死刑构成了对整个类别的精神病患者的过度处罚,并且《宪法第八修正案》"对国家的权力进行了实质性的限制,以使有精神病的罪犯能保留生命"。

接下来,肯尼迪法官探讨了死刑对于青少年罪犯而言是否是不均衡的这一问题。

对比 *Atkins v. Virginia* 案的数据,肯尼迪法官提到,在本案中,有 30 个州已经禁止对青少年执行死刑,其中有 12 个州已经完全废除了死刑,另外 18 个州虽然还保留死刑,但是也通过明确的规定或者司法解释禁止对青少年适用死刑。并且,就目前而言,即便是在 20 个没有正式禁止对未成年人执行死刑的州,这种做法也并不常见。自 *Stanford v. Kentucky* 案以来,只有 6 个州对青少年罪犯执行了死刑;在过去的 10 年里,也只有俄克拉荷马州、得克萨斯州和弗吉尼亚州对未成年人犯执行了死刑。② 而且,在 2003 年,肯塔基州州长宣布赦免被告人斯坦福(Stanford),将其刑罚减为终身监禁不得假释,他宣称:"我们不应该处决那些在法律上还是

---

① *Atkins v. Virginia*, 536 U.S. 304, 312, 153 L. Ed. 2d 335, 122 S. Ct. 2242 (2002), quoting *Coker v. Georgia*, 433 U.S. 584, 597 (1977) (plurality opinion).
② See V. Streib, *The Juvenile Death Penalty Today: Death Sentences and Executions for Juvenile Crimes*, January 1, 1973-December 31, 2004, No. 76, p. 4 (2005), available at http://wwwz.law.columbia.edu/fagan/courses/law.socialscience/juvenile_justice/documents/Streib_JuvDeathMar 2004.pdf(visited: Sep. 30, 2020).

孩子的人。"① 虽然比起 *Atkins v. Virginia* 案时各州对智障人士的死刑废除率，*Stanford v. Kentucky* 案以来的青少年死刑废除率的提高要慢得多，即5个允许对青少年执行死刑的州（其中有4个州通过立法，1个通过司法判例）用了15年的时间来废除这一法案。但是对于该情况，肯尼迪法官解释道，这是因为比起禁止对智障人士执行死刑，禁止对青少年执行死刑的历程要更久。

肯尼迪法官通过一系列的论证指出，死刑是最严重的刑罚，它只适用于一种类别非常狭窄的罪犯，而青少年并不包含在内。肯尼迪法官认为有三点青少年与成人之间的差异，能说明青少年不能被归为最严重的罪犯。第一，就像任何父母都知道的，并且科学和社会学的研究者组成的法庭之友也已证实的，"（青少年往往比成年人）不成熟，责任感也欠发达……这些特性往往导致冲动和鲁莽的行为及决策"②，并且法院也注意到，"青少年的几乎所有的轻率行为（的性质和后果）都被夸大了"。而正是因为青少年不成熟、无法负责的特性，几乎所有州都禁止18岁以下的未成年人投票、担任陪审员或未经父母同意而结婚。第二，青少年更容易受到负面影响和外部压力的影响，包括同伴压力。第三，青少年与成年人的性格也不一样，青少年的性格往往是未被固化的、可塑的、暂时性的。肯尼迪法官认为，以上三点能使人怀疑青少年是否是最恶劣的罪犯。青少年仍然难以定义自己的身份，也就是说，即便青少年犯下了令人发指的罪行，也无法证明他们是堕落的、无可挽回的。并且他们也无法正确认识自己的行为所造成的后果。从道德的角度来看，把未成年人的缺点等同于成年人的缺点的做法是错误的，因为未成年人的性格缺陷很可能会改变。

回到死刑的问题上，死刑有两种截然不同的社会目的，一是报应，二是威慑。在肯尼迪法官看来，*Atkins v. Virginia* 案的结论说明，对智障人士用死刑来惩罚其过错是不均衡的，那么同样的结论也适用于青少年罪犯。无论是试图表达道德愤怒，还是试图弥补对被害人的过错，让青少年罪犯受到报应的理由都不那么充足、坚定。如果一个人很大程度上因"年轻、

---

① Lexington Herald Leader, Dec. 9, 2003, p. B3, 2003 WL 65043346.
② *Johnson v. Texas*, 509 U.S. 350, 367 (1993); see also *Eddings v. Oklahoma*, 455 U.S. 104, 115-116 (1982).

不成熟"等原因已经被削弱了其罪责性,还对其适用死刑,那么这样的惩罚就是失衡的。至于威慑,尚不清楚死刑是否能对青少年起到显著甚至是可衡量的威慑作用。肯尼迪法官指出,缺乏威慑效果这一点是特别值得关注的,因为同样的特征使得青少年不像成年人那样易被责难,而且青少年也不那么容易受到威慑的影响。

基于此,肯尼迪法官得出结论:无论是出于报应还是威慑的目的,都没有充分的理由对青少年罪犯实施死刑。

肯尼迪法官还提到,美国几乎是世界上唯一一个批准对未成年人判处死刑的国家。而《联合国儿童权利公约》第37条也明确禁止了对青少年适用死刑。[①] 在缔约国里,除美国以外,只有7个国家自1990年以来对青少年罪犯执行了死刑:伊朗、巴基斯坦、沙特阿拉伯、也门、尼日利亚、刚果民主共和国和中国。而此后,这些国家要么废除了对青少年的死刑,要么公开表态否定了该做法。也就是说,美国是现在世界上唯一一个反对废除青少年死刑的国家。并且,这还只是时间最近的公约,事实上在该公约缔结之前,英国就已经废除了青少年死刑。肯尼迪法官特别指出了英美之间的历史纽带以及《宪法第八修正案》本身的起源与英国的法制经验有着特殊的关系。英国目前已完全废除死刑,而在几十年之前,英国就已经承认了对青少年适用死刑的不均衡性。自英国废除青少年死刑以来的56年里,它的权威已经在国际社会中建立起来了。肯尼迪法官说:"性情浮躁、情绪不稳定往往是导致未成年人犯罪的一个因素,因此压倒多数的国际舆论反对对未成年人判处死刑,我们必须承认这一点。虽然国际社会的意见并不能决定我们的判决,但确实为我们的判决结果提供了令人尊敬的、重要的事实确认。"

综上,肯尼迪法官代表联邦最高法院确认了密苏里州最高法院判处终身监禁而非死刑的判决。

奥康纳法官(O'Connor J.)单独发表了一份反对意见,其观点独树一帜。

她认为,不应该不加区分地废除青少年罪犯的死刑,而应该根据各个案件的具体案情,决定罪犯的生死。奥康纳法官并不认为"禁止对不满

---

① See United Nations Convention on the Rights of the Child, Art. 37, Nov. 20, 1989, 1577 U. N. T. S. 3, 28 I. L. M. 1448, 1468-1470 (entered into force Sept. 2, 1990).

18 岁的未成年人适用死刑"是全国共识。她指出,虽然 18 岁以下的未成年人总体上不够成熟,因而其罪责较小。但是,与此同时,我们有证据表明:在特定案件中,至少某些 18 岁以下的谋杀犯是相当成熟的,因而对其判处死刑并无不当。此外,陪审团也能够正确地判断一个未成年犯是否成熟,并充分考虑对其有利的减轻情节。

斯卡利亚法官(Scalia J.)也发表了反对意见。赞同他的观点的法官有伦奎斯特(Rehnquist J.)和托马斯(Thomas J.)。斯卡利亚法官说道:"如果不到 50% 的有死刑的州的观点可以构成全国性共识的话,那么我的话就没有意义了。虽然我们本国公民的观点与今天法院的决定无关,但其他国家和所谓的国际社会的观点却占据了中心舞台。"他认为,应该由美国各州自主决定是否保留死刑,而不应由联邦最高法院的 5 名(反对未成年人适用死刑)法官和持同样观点的外国人的主观意见来决定。

【案例评述】

Roper v. Simmons 案是美国历史上非常重要的一次判决,它标志着美国彻底禁止了对 18 周岁以下的未成年人适用死刑,并且认为该做法是违宪的。不过,通过梳理本案所援引的几个 20 世纪七八十年代的判例,可以发现美国司法对于死刑的态度也是不断变化的。

在 *Furman v. Georgia* 案①中,辩方上诉律师以死刑判决是一种罕见的、武断的、恣意的以及存在着潜在歧视的适用,违反美国宪法为由提出上诉,他还表示,被告人的精神智力状态未接受适当调查,而对疑似智力缺陷人士适用死刑违反了《宪法第八修正案》禁止的"残酷与不寻常的刑罚"。联邦最高法院的 9 名法官最终以 5∶4 的投票结果判决"本案中死刑的适用违反《宪法第八修正案》"。在 *Gregg v. Georgia* 案②中,联邦最高法院改变了之前在 *Furman v. Georgia* 案中的态度,维持了佐治亚州的死刑判决,并且仍然是以《宪法第八修正案》禁止"残酷与不寻常的刑罚"条款为依据。因为死刑本身并不是固有的、野蛮的或者不能被接受的刑罚,并且死刑也并非常常针对各种罪行进行不平等的适用,所以死刑并不必

---

① *Furman v. Georgia*, 408 U.S. 238 (1972).
② *Gregg v. Georgia*, 428 U.S. 153 (1976).

然是残酷与不寻常的刑罚。换句话说,一项死刑判决是否违反了《宪法第八修正案》是一个适用环境的问题。*Furman v. Georgia* 案与 *Gregg v. Georgia* 案是两个在美国死刑适用史上举足轻重的判决。通过这两个判决,联邦最高法院明确且强化了将审查的重心放在死刑的适用是否合理或者反复无常、有无必要约束,进而是否违反《宪法第八修正案》禁止"残酷与不寻常的刑罚"这初步审查标准上,而不是死刑本身是否违宪(实际上是默认了死刑本身合宪)。美国在强调程序的正当性和公正性的同时,更加注重刑罚的个别化以及罪刑责相适应的原则,而且尤为显著的是,美国通过司法判例将死刑立法规定的适用死刑的罪名限制在涉及故意剥夺他人生命的犯罪之中。到了20世纪80年代,在 *Thompson v. Oklahoma* 案[1]中,检察官当时根据俄克拉荷马州法认为被告人虽属少年,但是犯了重罪,申请转送成人刑事法院审理。成人法院将被告人当作成人审理后判决其死刑。此案最终上诉到联邦最高法院。法官以5∶3(一名法官因刚到职,未参加投票)裁决认定:对16岁以下的谋杀犯判处死刑,显然违反了《宪法第八修正案》中的"不得施加残酷和不寻常的刑罚"的规定。而在 *Stanford v. Kentucky* 案中,由于被告人的罪行的性质十分严重,加上被告人有少年犯罪前科,及曾经经过少年法院处理却屡教不改的情况,他被转送成人刑事法院审理并被判处死刑。被告人以年龄不满18岁不应被判死刑为由上诉到联邦最高法院。联邦最高法院的法官以5∶4的票数通过裁决:"我们查明无论是历史上还是现在,社会公论均不禁止对16岁或17岁的谋杀犯处以死刑。据此,本庭认为本案原判并不违反《宪法第八修正案》中'不得施加残酷与不寻常的刑罚'的规定。"[2]可见严罚主义逐步取得了美国少年司法政策的主导地位。在当时,关于未成年人是否可以适用死刑问题也引起了激烈的争议。通过以上两个判例,可见在严罚主义逐渐占据少年司法政策主导地位的时期,尽管联邦最高法院采取折中的态度,禁止对16岁以下的未成年人适用死刑,但是仍然同意对16岁以上的未成年人可以适用死刑。这样的态度虽然符合美国严罚主义的少年司法政策及应对国内社会治安恶化的需求,但却与国际社会废除死刑尤其是对未成年人不适用死刑的潮流相悖。

---

[1] *Thompson v. Oklahoma*, 487 U.S. 815 (1988).
[2] See *Standford v. Kentucky*, 492 U.S. 361 (1989).

需要补充的是,彻底废除死刑的国家比保留死刑的更多,根据统计,现在世界上有70%以上的国家和地区已在法律上或者是在事实上废除了死刑。美国是西方法治发达国家中唯一保留死刑的国家。① 截至2016年5月,全美51个州级区划中(50个州和哥伦比亚特区),仍然有31个保留死刑。截至2017年3月,全美已经废除死刑的19个州分别是(括号内代表废除死刑的时间):内布拉斯加州(2015.5.27)、马里兰州(2013.5.2)、康涅狄格州(2012.4.25)、伊利诺伊州(2011.3.9)、新墨西哥州(2009)、新泽西州(2007)、纽约州(2007)、马萨诸塞州(1984)、罗得岛州(1984)、北达科他州(1973)、西弗吉尼亚州(1965)、爱荷华州(1965)、佛蒙特州(1964)、阿拉斯加州(1957)、夏威夷州(1948)、明尼苏达州(1911)、缅因州(1887)、威斯康星州(1853)和密歇根州(1846)。此外,哥伦比亚特区于1981年也废除了死刑。众所周知,死刑废除是现今国际社会的一个重要趋势,而作为西方大国的美国却没有废除死刑,笔者认为有以下三个重要原因:

一是宗教原因。美国是主要信奉基督教的国家,而根据《旧约圣经·创世记》:"人类多次犯了不可饶恕的罪行,但均获得上帝特赦,盼望人可以回心转意。"人类不可以僭越造物的天父主持生死的权柄,以报答神赐予人类认罪改过的机会。虽然这并不是死刑未废除的主要原因,但是也可以反映民意。

二是政体原因。美国是一个联邦制的国家,联邦和各州都有自己的制定法,各州对于自己辖区内的刑事司法制度有几乎排他的权力,而联邦法院对各州立法只有有限的约束力。各州通过立法有权决定是否保留死刑,保留死刑的各州有权决定何种行为应被判处死刑以及加重减轻情节的程序,联邦法院均无权干涉;但是联邦法院又拥有审查各州死刑是否合宪的审查权。

三是传统原因。据统计,在美国南方大多数州,适用死刑已经成为了一个传统。这主要是因为美国南部暴力犯罪比较严重,而且种族歧视现象突出。人们为了维护自己的荣誉容易冲动,行为具有攻击性。所以对

---

① 根据 Amnesty International 的统计,2011年有21个国家和地区实际执行了死刑:中国、伊朗、沙特阿拉伯、伊拉克、美国、也门、朝鲜、索马里、苏丹、孟加拉国、越南、南苏丹、中国台湾地区、新加坡、巴勒斯坦、阿富汗、白俄罗斯、埃及、阿联酋、马来西亚、叙利亚。

于那些手段恶劣、罪行极其严重的犯罪行为,只有通过死刑才能平定民心,所以要在短期内在美国南部废除死刑还是比较困难的。

在死刑未完全废除的背景下,青少年死刑在本案之前未被废除也是有其独特原因的。首先,各州的刑事责任年龄不同——这就造成了各州"同罪不同判"——现在美国有半数的州已明文规定了未成年人的最低责任年龄(其余的仍沿用普通法规则),这些明文规定的州中,最低责任年龄各不相同。例如:内华达州为 8 岁,科罗拉多州、路易斯安那州和南达科他州为 10 岁,阿肯色州为 12 岁,采用最多的是 13 岁(如伊利诺伊州和佐治亚州),明尼苏达州和新泽西州为 14 岁,得克萨斯州为 15 岁。因此,没有办法在全国范围内划定一个范围来决定到底在多少岁以下是不适用死刑的。其次,与年龄相关的是,各州量刑轻重主要取决于各州法庭审判时是将犯人视作成年人,还是未成年人。比如本案的西蒙斯,根据密苏里州的规定,他应当在成人法庭受审,因此初审的判决也就很重。

在这样的背景下,联邦最高法院来审查对西蒙斯适用死刑是否违背《宪法第八修正案》,就必须解释什么是"残酷而不寻常的刑罚"。最终联邦最高法院认为,对于"残酷和不寻常的刑罚"条款的解释,要依据其文本之意,即过度过分的、故意施加的、残忍不人道的待遇或惩罚;同时还要考虑其所处的历史、政治背景及先例;最后还要适当考虑宪法的功能和目的。为了实现这一目的,联邦法官援引了"不断发展的道德标准"来对该条款进行解释。由于联邦最高法院将该条款与"不断发展的道德标准"联系在一起,而该标准又需要以客观标准来衡量,客观标准主要来自联邦和各州的立法、陪审团的判决意见以及民众的呼声。具体而言,(1)联邦和各州立法因素:联邦最高法院考察到,完全禁止死刑的有 14 个州,再加上有死刑之州中有 18 个州禁止对 18 岁以下的未成年人执行死刑,所以全国已有 30 个州禁止处决未成年人。(2)遵循先例:在 *Atkins v. Virginia* 一案中,全国也有 30 个州禁止对智障者适用死刑,且在过去 10 年中,只有 13 名未成年人被执行死刑,因此虽然废止未成年人适用死刑的进程比较缓慢,但是起码是朝着同一方向稳步发展的。(3)陪审团因素:在对未成年人适用死刑的州,陪审团判决中也很少适用死刑。(4)民意因素:分析表明,尽管美国国内舆论仍支持死刑,但大部分民众并不主张将死刑适用于未成年人。2002 年盖洛普民意调查的结果也显示,有 72% 的人主张保留死刑,但又有 69% 的人认为死刑只能加之于成年人。综上可以看出,禁止对未成年人适用死刑已经达成了全国共识,符合"不断发展的道德标准",所以对不满18周岁的未成年人适用死刑是违宪的——以上就是本案的判决理由的逻辑。

另外,值得注意的是本案的法庭之友。"法庭之友"(拉丁语:Amicus curiae 或 amicus curiae,复数形为 amici curiae),意指法庭的朋友。法庭之友制度是指案件当事人之外的个人、团体或政府机关在法庭作出裁判(一般限于二审程序)之前就法院所面临的法律等问题向法院提供意见的制度。法庭之友向法庭提交意见的目的在于帮助法庭作出正确的判决,而提交的意见则表现为支持一方当事人的主张或完全从公共利益的角度出发而向法院提交法庭之友意见。在本案中,阿拉巴马州、特拉华州、俄克拉荷马州、犹他州和弗吉尼亚州组成的法庭之友明确支持密苏里州的观点,建议对西蒙斯判处死刑;而美国医师协会和精神病学协会等健康组织组成的法庭之友,以美国前总统卡特为代表的诺贝尔和平奖获得者们以及美国的前大使们所组成的法庭之友,英国及威尔士律师协会人权委员会、人权倡议者协会、人权监督委员会、人权世界组织组成的法庭之友也是立场鲜明,通过多方面的论证反对对未成年人适用死刑。法庭之友向法庭提出详细的陈述书或辩护状,法庭则通过这种方式把各方面的舆论接纳到庭审中来。比较有意思的一点是,事实上,在联邦最高法院作出裁决之前,美国医师协会和精神病学协会等健康组织组成的法庭之友向法院递交了一份文件,支持被告人西蒙斯。这些组织引用了大量的神经科学和行为学研究成果,这些研究成果表明大脑的发育一直持续到25岁左右,那时候最后一块发育的区域是前额叶,而前额叶具有阻止人们作出轻率、冲动决定的功能。也就是说,尽管主要由于社会环境的变化,出现了所谓童年正在消逝的现象,但未成年人与成年人之间存在的差异性,包括在作出犯罪行为决定时的差异性,是客观存在的,未成年人并非与成年人一样具有自由意志。而这种来自法庭之友的意见书,对于判决是有非常积极的参照作用的。

第二章　刑法的解释

第一节　界定犯罪

案例：加利福尼亚州诉洛佩兹案[*]

(*People v. Lopez*)

荆佳杰[**]

【关键词】

劫车罪；未遂；立法原意；文义解释；只含同类；历史解释

【争议焦点】

劫车罪的既遂是否要求将机动车驶离现场？对这一问题的解答应该用怎样的刑法解释方法？

【诉讼进程】

1999 年 7 月 1 日，丹尼尔·洛佩兹（Daniel Lopez）带枪在停车场迫使车主离开汽车，在车主返回时又向车主扣扳机但未击发成功之后逃离现场。初审的弗雷斯诺郡（Fresno）高等法院判决其构成多项重罪（包括劫

---

[*] *People v. Lopez*, 31 Cal. 4th 1051, 6 Cal. Rptr. 3d 432, 79 P.3d 548 (2003).

[**] 北京大学法学院硕士研究生。

车罪和其他一些犯罪),依据"三振出局法"判处其长期监禁刑。

洛佩兹提起上诉,加利福尼亚州第五地区上诉法院维持原判。

2003年11月24日,加利福尼亚州最高法院推翻了对于劫车罪的判决,认为只构成未遂。而与此无关的其他事项的裁判被维持。

【案件事实】

1999年7月1日,当被害人杨万悦(Wa Vue Yang)正坐在自己的车里时,被告人洛佩兹靠近了杨的车,并且要求杨购买他出示的手表,被拒绝之后洛佩兹掏出了一把枪。朝地面开了一枪之后,洛佩兹将枪口指向杨并要求他离开汽车。杨离开了汽车,钥匙却留在了车上,因此洛佩兹便坐进了汽车。杨离开后突然想起他的支票还在车上,而且也意识到洛佩兹所持的枪是气枪,于是杨返回停车场去取支票。这时洛佩兹朝被害人扣动了两次扳机,但是都没能成功击发,遂逃离现场,然而却将装有身份证的包遗落在车上。

【控辩观点】

控方:

第一,从法条的规定来看,劫车罪是立法机关制定的一个新罪名,尽管与抢劫罪类似,但是二者还是具有以下不同:抢劫罪要求永久占有他人财产的意图,而劫车罪中只需要暂时占有他人机动车的意图就已足够;劫车罪将抢劫罪中被害人的范围扩大到机动车占有人或者乘用人;抢劫罪的对象可以是任何种类的财产,而劫车罪的对象仅指机动车。

第二,从劫车罪的立法目的看,劫车罪侵犯的更多是人身权利而不是财产权利,本罪既遂与否与是否移动机动车无关,因此驶离现场的要求不是本罪必要的条件。依照本案事实来说,被告人使用暴力威胁,从而控制了财物和机动车,并且使得被害人遭受了同样程度的危险,这一切都与是否移动机动车无关。从劫车罪的立法材料看,立法者特别强调"考虑到越来越多的人在他们的机动车里遭到劫持",而且特别强调对驾驶员和乘客造成的危险。鉴于劫车罪的暴力性质、严重威胁和对被害人的潜在伤害性,将劫车罪与绑架罪比较发现,立法者并没有逻辑上或者政策上的根据能保护无辜的人不受劫车罪的伤害。

辩方：

既然立法者对劫车罪与抢劫罪使用了同样的词语——"构成重罪的夺取"（felonious taking），那么这个词语在这两个罪中应该具有同样的含义。而在 People v. Hill 案①中，法院已经明确阐明了抢劫罪中夺取因素的构成，即占有受害人的财产并带离现场。因此，劫车罪中被告人必须将机动车驶离现场才能构成既遂。

【法庭观点】

加利福尼亚州的法院一直认为抢劫罪中的"夺取"（taking）因素必须包含将财产抢走或带离现场。但是对于劫车罪是否需要将机动车驶离现场，在司法界还没有形成一致的见解。因此加利福尼亚州援引宾夕法尼亚州的成文法规定作为参照。宾夕法尼亚州规定的劫车罪是指以暴力或威胁，违背他人意愿，以暂时或永久剥夺车辆所有人或者其他人的车辆为目的，从所有人或者乘用人身边夺走他人所有的机动车，或在所有人或者乘用人在车内时夺走机动车的行为。而该州对抢劫罪的定义是违背他人意愿以暴力或者胁迫恶意夺走他人随身携带的财产或他人身边的财产的行为。

加利福尼亚州最高法院认为：

第一，从类比解释的角度出发，法庭同意控方观点，即将劫车和抢劫类比不合适，二者毕竟是立法者制定的两个不同的法律概念。但是从明确性的角度讲，也没有证据证明立法者对劫车罪和抢劫罪的"构成重罪的夺取"的立法意图有不同要求。

第二，从法条文本上看，当一个既定的法规已有了合乎正义的解释，如果新制定的法律使用了与其实质上相同的语言，通常的假设是新的法律与既有的法律应当遵循相同的规则，除非有明确相反的意思表示出现。而且如果在法律条文中使用了一个普通法的术语，却没有规定一个明确的含义，那么就假定该术语的普通法上的意思就是该术语的真正意思表示。由于在抢劫罪中"构成重罪的夺取"在普通法中已经建立了一个先在的意义，同样的"夺取"术语在劫车罪非法开走机动车行为中被使用，

---

① People v. Hill, 17 Cal. 4th 800, 72 Cal. Rptr. 2d 656, 952 P.2d 673（1998）.

那么我们就得假设这样的表述与抢劫罪有同样的意义,除非有明确相反的表述。

第三,法条要求"夺取"机动车。辩方宣称"夺取"的一般含义要求控方必须证明"拿走"(asportation)。然而像"拿走,带走或开走"(carries or drives away)、"移动"(movement)等用语并没有出现在条文中,"夺取"的普通含义并不是必须要将拿走这一要素纳入劫车的要件,相反,有学者讲到,比较"夺取"与"带走",行为人确保对财产的掌控就可以认定为"夺取",而"带走"要求轻微的财产移动。① 因此我们必须寻找原始的素材以确定立法者的意图。

第四,从劫车罪的立法史看,规定一个新的劫车罪的潜在目的是:被劫持者的数量激增,许多人都遭受了暴力抢夺机动车,有些人被杀、受重伤、受到严重惊吓,因此需要严厉打击这类犯罪。另外据执法部门反映,这种新型犯罪成为某些帮会成员入伙的仪式之一,也从一个侧面导致这类犯罪的增多。然而当前的法律规定中没有针对这类犯罪的条文,而劫车行为又不能按照抢劫罪来起诉,因为抢劫罪需要证明(永久占有他人汽车的)犯罪意图,这一点在这类行为中很难得到证明,因此许多帮会成员都实施这种犯罪。

第五,法院认可控方的以下逻辑:行为人无论是驾车离开现场还是使用暴力将被害人拉出机动车后没有驾车离开,都能构成劫车罪的既遂。因为这两种情况下对受害人造成的内在危险和伤害的风险是一样的。在盗窃罪和抢劫罪中立法要求抢走财物是为行为人占有或控制财产提供一个外在可视的表征。在针对个人财产的抢劫中,占有是通过对受害人财产的物理移动实现的,在劫车罪中使用暴力将受害人从其机动车中拉出来,并且由行为人坐入机动车时起就很好地符合了占有的要求,也就不再需要有可视化的行为表征。因此检方设想:对于劫车罪,立法的关切意味着移动机动车是一个充分但不必要条件。

第六,法院认可辩方以下逻辑:基于法条使用的语言和它的立法目的,劫车罪采用并且扩大了抢劫罪的特殊要素,来规制日益严峻的机动车盗窃案件。尽管行为人可能并没有想要永久占有机动车,但是其犯罪行为比单纯的抢劫行为增加了受害者遭受的危险。因此立法者扩大了劫车

---

① See Wayne R. LaFave, *Substantive Criminal Law* (2nd ed.), Thomson Reuters, 2003, p.74.

罪受害者的范围,不仅包括机动车所有人,而且还包括乘用人甚至是婴儿。但是无论是劫车罪的条款用语还是其立法历史都没有表示出立法者考虑到劫走机动车的要求而想要改变恶意取走的含义。立法的历史是对抢劫罪与新型劫车犯罪的比较。立法者正是注意到在抢劫罪的法条之下起诉和指控劫车行为的缺陷,才明确从抢劫罪中调整了劫车罪的要素,将乘客甚至对机动车没有财产利益的人都认定为受害人,将主观意图扩大到意欲短暂地剥夺他人机动车所有权的意图。但是对于是否通过取走机动车这一要求将劫车罪从抢劫罪进一步区分出来,立法的历史并没有明确表述。除非有明显相反的说明,否则同一法律词语适用在不同场合,必须保持相同的含义。由于缺乏相反的表述,法院假设在采用抢劫罪条款中恶意取走的表述时,立法者倾向于有关条文中这些同样的词语被赋予了同样的含义。

最终加利福尼亚州最高法院对被告人以劫车罪未遂予以处罚。

【案例评述】

如何界定一个行为是否是犯罪,以及处于犯罪的哪个阶段,需要法庭给予明确的回答。同时基于自己所处的立场,控辩双方都会有选择地表达本方观点。当某种行为没有法律的明确规定时,需要法律适用者给出合乎情理、事理、法理的解释。本案当中针对犯罪既遂的成立标准问题,控辩审三方都从各自的角度依据不同的解释方法对法律给出了各自的理解。

在普通法的刑事法律体系里,司法者可以接受法律的模棱两可但不能接受法律的模糊不清,针对模棱两可的法律可以通过一系列的解释规则和原理阐述清楚。因此普通法系形成了一套自己的法律推理模式,如先例推理、原则推理、类推推理、专业文献推理、假设推理以及推翻和其他否定模式。这些推理方式在很大程度上使审判结果更加人性化,更加符合社会公理。虽然这些解释规则是在司法实践中逐渐产生、确定下来的,但是在适用的时候也需要遵循一定的先后顺序。当法律条文规定得比较清晰的时候,只能使用文义解释。只有在条文规定得模棱两可的时候才可以先通过法律之内的解释(比如只含同类规则)来阐明,如果法律之内的解释尚不能阐述清晰,则可以再通过法律之外的解释来阐述。如果还是不能明确法律的含义,则宽容规则和合理规则会提供最后的解释方法。

(一) 文义解释

文义解释是根据刑法条文用语的文字意义与语法结构去理解刑法规范的内容和意义的解释方法,文义解释分为字面解释和语法解释两种。字面解释是严格按照法律条文所使用的语词的字面含义所作出的解释。语法解释则是对法律条文的文字排列标点符号等按照语法规则来阐明法律条文的内容和含义。

在 *People v. Lopez* 案中,辩方律师就使用了文义解释来支持本方观点,并认为立法在定义劫车罪时使用了同样的"构成重罪的夺取"短语,因此夺取的一般含义就包括要求控方证明"取走"(caption)或"得到"(gaining)受害者的财物并"带走"或"开走"。这里辩方就是通过对"夺取"的文义解释来得出有利于己的结论。

在成文法的背景下,法律是由立法机关制定的,司法机关只能忠实地执行法律。法律是由法律文本表现出来的,而法律文本又是由文字、词语按照语法逻辑组成的,因此法律的解释首先要遵循文本的基本含义,遵循语法逻辑。这样的解释能够忠实于法律条文的字面含义,以便从法律条文内部探寻立法的真正含义。另外,将解释者的解释范围严格限定在法条文义之内,能够给行为人一个合理的预期,不至于让社会大众手足无措。但是文义解释最大的缺点就是不顾及解释得出的结果是否公正合理,因为法律文本是相对固定的,具体的案情则是变幻多样的。在文义解释者看来,即使解释的最终结果不合理也不是司法机关的责任,解决这种不合理的方法是由立法机关修改法律,但是修改法律之前,仍然要执行文义解释得出的结论,因而这种解释方法不可避免地带有一定的机械性。

由于文义解释存在以上缺点,英国有人提出黄金规则(British rules)以修正文义解释的不足。黄金规则,又称不列颠规则,即法官自由裁量时必须要依据法条的字面原意(ordinary sense)来自由裁量,除非该字面原意会导致与立法原意相违背或者引起显而易见的荒谬结论。根据该规则,如果文义解释得出的结果是极其不合理、令人难以接受的,这时司法者应当采用变通的方法,不能机械地依从字面上的意义,以避免出现与公义不符的结果。

(二) 立法意图解释

在本案中,法官在判决中还写道:"在解释一个条款的时候,我们的作用是查明立法者的意图以便法律真正地实现其作用。在决定立法者意图的时候,我们必须首先关注条文的用语,因为这是立法者意图的最可靠的反映。如果条文的语言是清晰的,那么我们就得到了法规的普通含义。"

立法原意也就是立法文本及其具体的法律条文所表现出的立法者的本意。理论上认为,立法原意有广义和狭义之分:广义的立法原意指立法所要调整的社会关系的所有立法者的意识,包括关于此种社会关系的认识、判断、立法的目的、规律的认识、存在的评价、将来的期望、所设计的目标、改变现状的意志、对风险的考虑、对该社会关系的情感等;狭义的立法原意指条文字面意思所包含的立法者的意思表示,通常表现为立法目的。一般来说将立法原意限定为比较狭义的理解更符合刑法解释的保守性和明确性的要求,即认为:立法原意,是指立法文本及其具体的法律条文所表现出的立法者的本意。

立法者原意解释最大的缺陷在于立法者原意的不可探寻性,以及立法原意相对于层出不穷的新型犯罪的滞后性。由于立法者是通过语言将自己的意图展现在法律条文之上的,但是语言固有的多义性和不确定性,导致立法者的真实目的不一定能够精确地落实在语言文字上,这就为后来的法律解释者探寻原意提供了一个不精确的前提和对象。同时,解释者在解释语言的过程中,也难以避免地会出现语言上的偏差。因而,从语言学这个角度出发,仅就法条的语词内容进行解释和考量,是难以得出真实的立法原意和正确的解释结果的。

但是立法原意解释最大的优点在于能够将解释者限定在既定的立法目的之下,能够有效避免司法人员假借客观解释、实质解释或者能动司法等借口而随意出入人罪的灾难性后果发生,最终有利于维护司法公正并保障人权。

(三) 历史解释

历史解释是根据历史背景以及刑法发展的源流来阐明刑法条文真实含义的一种解释方法。考察对象包括立法的动机与意图、立法资料、会议记录以及立法演变状况等。历史解释旨在保持刑法的安定性与国民的可预测性。

在加利福尼亚州诉洛佩兹案中,法官和检察官都运用了历史解释的方法,检方是通过立法历史说明劫车罪和抢劫罪是不一样的两个罪名,以此得出劫车罪不需要证明"拿走"要素。而法院则充分说明劫车罪立法时面临的犯罪情况,以及控方在利用抢劫罪对劫车行为入罪时面临的困境,最终得出了劫车罪是抢劫罪的一个分支,二者又存在不同的结论。

历史解释的基本方法就是寻找与法律的立、改、废过程有关的资料,一部法律从立项到通过,其间要经历多次的审议和修改,这些审议的报告就能比较完整地反映出立法者的意图。另外立法建议、提案说明、草案说明等都对理解立法含义至关重要。因此历史解释的方法也极大地受制于立法资料的收集和整理。不可否认的是随着时间的推移,立法历史越久远的法律,其相应的材料也越匮乏,对该法律的解释依据也就越狭窄。而且并不是立法过程中产生的一切相关材料都能作为历史解释的依据,比如关于立法审议中那些相反的观点是否能作为历史解释的依据就有极大的争议性。

历史解释的最大问题还是与现实生活的不协调性,由于立法者在立法当时所身处的环境与现代的环境存在极大的出入,社会的发展可能又赋予立法语言新的含义。如果固守立法者立法当时的考虑,极有可能僵化地使用法律,与社会大众的法感相抵触。就像韦塞尔斯说的:"因为把对法律的运用生硬地限制在立法者在历史上所着眼的出发点上,是为法律所不能接受的,因为法律不是僵化的字母,而是在不断发展中有生命的精神;它要求在不突破对它原本设置的形式范围内与当前的生活变化齐头并进,积极适应新的情况而继续有效。"况且立法者的原意是否能够通过历史解释探寻,也是存在争议的。

(四)其他解释工具

在本案中控辩双方主要使用了以上三个解释原则,然而在实际运用法律条文的过程中,以上解释工具是远远不够用的,因此又产生了以下解释工具:

1.只含同类规则(Ejusdem generis)

在一个法律条文中,当几个确定性术语的列举之后以一个总括性词语收尾,在适用该条文的时候就需要对总括性词语予以限缩性解释。只含同类规则就是在限缩该总括性词语时使用的解释规则。由于法律条文必须依靠语言这个载体,而语言所表述的边界又都不那么清晰,因此在适用语言所表述的条文时需要格外慎重。很多时候一个词语需要通过它周围其他同类词语的含义来确定它自己本身的含义,因此当一个外延很广泛的词语单独出现时,考虑到该词语使用的语境,就有必要对其意义进行限缩。①

　　为防止法条效力范围过窄,立法者在制定法律的时候往往会使用概况性的语言。立法技术之一便是在明确列举之外以具有抽象性的词语收尾,以防前面的明确列举不够全面导致挂一漏万。因为无论如何明确列举的术语,都不可能将该法条所规制的行为表述详尽。立法上的表现往往是刑法条文在具体确定地列举几项典型行为或者情形之后,附随一个"以及其他"或者"其他"等总括性语词。但是收尾的总括性词语往往过于抽象,从而导致法律条文开放化,在适用到具体的行为中需要将抽象的词语与具体的行为进行比对,以防止抽象性语言的模糊性导致刑法条文的无边际性,因此必须通过只含同类规则予以限缩。只含同类规则作为体系性解释的基本原则之一,以类比判断为适用边界。对于总括性词语的解释应当根据确定性语词所涉及的同类或者同级事项予以确定。但是只含同类规则属于文本原则的范畴,总体上倾向于限制解释,因此具有天生的局限性。这不仅不利于弥补漏洞,而且也不利于明确兜底条款的规范内容。

　　2.明示其一排除其余(Expressio unius est exclusion alterius)

　　又称明示其一排斥其余规则,该规则经常为辩方所使用。即当法律条文明确规定了一系列的行为或者场景之时,立法者通过这样的规定将未包含在列举范围以内的所有行为或场景都排除在法律条文之外。该解释规则一般适用于采用"明示列举式"立法技术的刑法文本及其语词含义的解释。由于这种列举往往是个别化的、列举式的,所以这种立法方式能够给司法者一个更加清晰明确的指引。但是这一规则的适用不是绝对的,因为这种明示的列举只是一种指导,当我们采用某一特殊的规则或者法律条文时,可能并不预示着必然将与该法条所规制的行为具有普遍相关性的一切其他行为都排除在外。②

　　在 United States v. Cabaccang 案③中,被告人从关岛向加利福尼亚州

---

① See David L. Shapiro, "Continuity and Change in Statutory Interpretation", *New York University Law Review*, Vol. 67, 1992, p. 921.
② See *United States v. Vonn*, 535 U.S. 55 (2002).
③ *United States v. Cabaccang*, 332 F.3d 622 (9th Cir. 2003).

运输甲基苯丙胺。法院认为法律禁止从国外任何地方向美国领土进口麻醉药品。加利福尼亚州位于美国海关之内,作为领土的关岛也是在美国之内,法院认为条款规定的只禁止从非海关领土(关境或税境是关税法实施的范围)到海关领土运输,而并不适用相反情况的麻醉药品贸易。

(五)宽容原则(Rule of lenity)

根据普通法的原则,立法机关有权制定法律,司法机关只能执行法律,这是分权与制衡的最基本要求。因此是立法机关而不是法院才有权确定哪种行为是犯罪并施以刑罚。这就要求法律条文的规定必须明确、清晰,使得法官没有造法的余地,法院也只能根据法律规定的明确的含义解释法律。在一个注重个人权利保护的国家里,任何人都有权被告知自己的哪种行为是法律所许可的,哪种行为是法律所禁止的,法律又是如何制裁违法行为的,否则不得对实施了犯罪行为的人施加惩罚。[①]

但是,并不是所有的法律条文都能够制定得清晰明确。当一部法律不明确或者模棱两可时,法院的重要工作就是探寻立法原意。但是如果经过详细的分析之后立法原意还不能被确定,那么宽大原则就应当被适用。宽大原则的提出是为了应对18世纪英格兰"广泛而不理性的"重罪数量的增加而发明的一个规则。即当对一个刑事法律有两种矛盾的解释,而这两种互相矛盾的解释都合理时,法官应当采信有利于被告人的那种解释。[②] 尽管这一原则的提出被认为是不合宪的,但被认为可以防止法官利用其解释权扩大刑法的适用范围,从实质上支持了罪刑法定原则,因而被保留下来。

宽容原则贯彻了限制解释的精神,以因法律规定模棱两可而矛盾的两种解释都合宪合理为适用前提,如果一个条文规定得清晰明确,则显然不能适用该规则。该规则的适用权归属于法官,法官应该严格解释法条以更有利于被告人。美国的一些州专门制定法规来规定该原则如何操作。但是近年来,宽容原则也面临危机,无论是在联邦层面上还是各州层面上都受到了质疑。由于担心该原则的过分使用会违背立法本意,很多州彻底废除了宽容原则。美国的《模范刑法典》也没有确认宽容原则,而

[①] See *United States v. Wiltberger*, 18 U.S. (5Wheat.) 76 (1820).

[②] See John Calvin Jeffries, Jr., "Legality, Vagueness, and the construction of Penal Statues", *Virginia Law Review*, Vol.71, 1985, p.198.

是规定当遇到模棱两可的情况时,应当根据"公平的含义"进一步阐释"《模范刑法典》的一般目的和相关特定条款的特殊目的"。但是也有学者认为:"抛弃宽容原则的做法是错误的,尽管传统的公平警告原理存在瑕疵,且立法权威性的理由也不够充分,但是一个更为有力的关于刑法政治过程的理论可以为宽容原则提供足够充分的证明,即政府部门之间的结构性关系和法律解释在其中的规制性地位。"[①]可见对于是否坚持宽容原则,美国法律界也存在极大争论,如何让宽容原则继续发挥作用,在激烈变动的世界适应社会的需要,也是法律界面临的重大课题。

(六)域外法

在 *Small v. United States* 案[②]中,加里·舍伍德·斯莫(Gary Sherwood Small)曾经因为在日本非法持枪被判5年监禁,刑满释放之后斯莫回到美国,并且在枪支零售商处购买了一把枪。检察官起诉斯莫非法持有枪支,因此法官不得不解决法律条文中规定的"……因非法持有枪支,被任何法院(any court)判处一年以上监禁刑的……"中的任何法院是否包含外国法院的问题。

当今时代交通便利,人员流动性较大,因此域外的法律不可避免地会与本国法律发生关系。此时是固守主权独立而不承认外国法院判决,还是接受现实将外国法院判决与本国法院判决同等对待,这一点确实考验着司法者的智慧,也考验着立法者的智慧。

在 *Small v. United States* 案中,法官认为这里的"任何"不能通过字面含义理解为世界上任何国家的法院判决,而是应当站在立法者的角度,考虑立法者在制定这一法律条文时头脑中所考虑的国内的情形。这样一种角度的考虑让法院得出结论:立法者制定法律时所说的"任何法院"应当是"任何国内的法院"而不包括司法管辖领域以外的法院。因此在立法者制定法律时所使用的"任何"实际是"所有"的下位概念,即在这个概念上立法者省略了"国内的"这样一个定语。

---

① Zachary Price, "The Rule of Lenity as a Rule of Structure", *Fordham Law Review*, Vol. 72 (4), 2003, pp. 885-942.

② *Small v. United States*, 544 U.S. 385 (2005).

第二节 明确性原则

案例:哥伦布市诉金案*
(*Columbus v. Kim*)

荆佳杰**

【关键词】

主观标准;客观标准;明确性;合理性;过度宽泛

【争议焦点】

"不合理的吵闹"(unreasonably loud)是否符合明确性原则?

【诉讼进程】

2004年5月13日,丽贝卡·金(Rebecca Kim)饲养的动物异常吵闹和扰民。金被哥伦布市初审法庭依据该市法律判定金饲养不合理的吵闹和扰民的动物,罚款100美元外加滞纳金。

随后金以判决依据的法律违宪为由上诉。2006年富兰克林郡(Franklin)上诉法院确认并维持了地方法庭的判决。

2007年12月11日,金向俄亥俄州最高法院提起上诉。2008年4月23日,俄亥俄州最高法院作出判决,维持原判。

【案件事实】

2004年5月13日下午四点半到六点,金的狗一直在狂吠。邻居说狗叫的声音非常大,虽然他关着窗子,开着空调,但是狗叫的声音依然盖过割草机的声音传入屋子。兽医证明:2004年5月13日去这位邻居家为他的狗接种疫苗时,从下午五点到达至六点离开,金院子里的狗一直叫个不停。

---

* *Columbus v. Kim*, 886 N.E.2d 217 (Ohio 2008).
** 北京大学法学院硕士研究生。

【控辩观点】

辩方：

金所判处罚的依据是《哥伦布市法典》(Columbus City Code)§2327.14：如果某动物发出的声音剧烈且长期打扰邻居的平静与安宁或者惊扰任何人的生活与健康，那么任何人都不能饲养这样一个狂吼、嚎叫或者发出异常(不合理)吵闹声音或者扰民的动物。这个法律规定无论在规范本身还是在适用上都违反了宪法的明确性原则。"不合理的"这个表述并没有提供给一个普通人可以理解的标准，以判断自己的行为是否被允许。并且举出 State v. Ferraiolo 案①中法院的观点来支持自己的主张。该案原判决认定当事人违反了哥伦布市法令，此判决被上诉法院改判，上诉法院认定哥伦布市的该项法令是模糊的。上诉法院认为：所有的狗都会时而不时地狂吠或者发出声音。噪声的合理性判断是一个主观性的标准，不同的人敏感性会有不同，听到噪声也会有不同的感受。对于 State v. Ferraiolo 案，法院的疑问是：一个人怎么能料到自己的狗的叫声是密集并且持续打扰邻居的平静和安宁的，并且官方并未提供可适用的标准用以衡量哪种情况的狗吠构成对法规的违反。

【法庭观点】

俄亥俄州最高法院认为：

首先，任何法规都有一个合宪性前提假设。② 提出法规违宪的主张者必须证明法条是模糊的。这种证明不是说法律要求一个人的行为遵守一个不确切的但是能理解的规范性标准，而是说根本就没有一个行为的特定标准。③ 换句话说，挑战者必须证明：在审视条文之时，一个具有普通常识的人不能理解他被要求去做什么。挑战一方的证明标准必须达到超越合理怀疑的程度，以证实法条的规定非常不清晰，以至于他不能合理

---

① *State v. Ferraiolo*, 140 Ohio App. 3d 585, 748 N.E.2d 584(2000).

② 无论是州政府还是市政府，只要其规范性文件的通过符合法律规定的程序，都被假设为符合宪法的规定。

③ See *State v. Anderson*, 57 Ohio St.3d 168, 171, 566 N.E.2d 1224(1991).

地理解他所从事的行为是否被禁止。①

其次,辩方提出的 State v. Ferraiolo 案与 State v. Dorso 案②的判决相冲突。后一个案件中法院最终认定:尽管规定是不精确的,但是宪法没有强制要求所有的规定必须达到事无巨细的程度。噪声的判断涉及个人更好享受权利的合理环境,合理性是一个客观的标准,理性的人也是客观的标准,狗吠是否扰民可以通过理性人的敏感性进行判断。

最后,State v. Ferraiolo 案并不能影响本案作出的决定,因为本案中哥伦布市的法规已经提供了充分的标准,能够让一个具有一般常识的人注意到哪种行为是法规所禁止的。该法规包含一个客观的标准去禁止这种不合理的吵闹和扰乱的噪声。法规也提供了一个具体的标准来衡量扰邻的程度,即纷扰的特征具有"密集性、长期性"。而且有法院认为在英语中关于具体和可感知的界定有一些限制,对法院来说尽管禁令不能满足不惜一切代价找出缺陷的努力,但是他们仍然提出一些普通人通过常识就能够充分理解和使用的法律术语。③ 法庭记录中并未显示金的狗一个多小时的持续狂吠并非不合理地吵闹且令人烦扰,或者并未持续、密集地干扰了街坊四邻的安宁,法院确信一个有一般常识的人都可以理解哥伦布市的法规不允许他的狗不停地吠叫一个小时,况且该吠叫的程度已经压过了割草机的声音。

因此,俄亥俄州最高法院认定哥伦布市的法规无论是从字面上还是在应用中都没有违反宪法的明确性原则,因而维持了原判。

【案例评述】

《宪法第五修正案》和《宪法第十四修正案》分别针对联邦政府和州政府规定了正当法律程序条款,其中"未经正当法律程序,不得剥夺任何人的生命、自由和财产"的规定被看作正当程序条款的核心意义。正当法律程序具有实体和程序上的双重意义,其实体意义在于限制立法权限,程序意义在于执行、审判、实施惩罚时对法律予以限制。但是在一些具体的

---

① See *Coates v. Cincinnati*, 402 U.S. 611, 614, 91 S.Ct. 1686, 29 L.Ed.2d 214(1971).
② *State v. Dorso*, 4 Ohio St.3d 60, 4 OBR 150, 446 N.E.2d 449(1983).
③ See *United States Civ. Serv. Comm. v. Natl. Assn. of Letter Carriers*, AFL-CIO, 413 U.S. 548, 578-579, 93 S.Ct. 2880, 37 L.Ed.2d 796(1973).

领域中,实体和程序上正当程序原则的区分不是那么明确。比如在避免模糊性和避免过度宽泛原则中,就很难区分是程序上还是实体上的正当程序。但是其核心要义就是要避免制定模糊的法律并且被执法者歧视性地执行。正当程序条款在实际运用中又派生出以下正向和反向的原则。

一是明确性原则(Clarity),它是罪刑法定原则的应有之义,通常被认为源自《宪法第十四修正案》正当程序的法理发展起来的"由于不明确性而无效的理论"(void for vagueness doctrine),要求法规必须清晰易懂,模糊的法律是不能被接受的,因为它们没能给予一个守法之人公平的告知,这也给了警察和检察官专制和不公正地作出决定的机会。1891 年的 *United States v. Brewer* 案①中,联邦最高法院首次主张:"规定犯罪的法律必须足够明确,以使所有个人都能了解什么行为是必须避免的"。

在美国,刑法解释非常明显也非常具体地受制于宪法。正当程序的两个重要方面就是公正的预先告知和公正的审判。预先告知意味着任何人有权预先知道某一行为是否非法。联邦最高法院强调:不得要求任何人冒生命、自由或者财产的危险推测刑事法律的意义。过分模糊的刑法就违背了这个原则,按照《宪法第十四修正案》正当程序条款,这样的刑法就是无效的。

明确性要求一个法规不能过于模糊,而让一个有普通常识的人必须通过猜测来理解它的意义,更不能在应用的时候产生分歧。② 当法官考察法规是否模糊的时候,他需要判断一个法规范中所适用的法律术语是否能让一个有普通常识的人理解,而不是依照某种特殊人的认识进行判断。如果一个法条的规定是模糊的,以至于大量的行为都违反该法律规定,这就给了警察和检察官在适用法律时候不受约束的自由决定权,因此是模糊而违宪的。如果一个法定的术语被法院限缩解释,于是警察和检察官知道何种行为是违反法律的,就能够给执法者一个明确的指引。

二是禁止模糊性条款原则。联邦最高法院在 *kolender v. Lawson* 案③中提出了模糊原则提供的三种保护:(1)允许人们安排自己的行为以便避免违法;(2)预防警察、法官、陪审团武断、歧视地实施法律;(3)避免对

---

① *United States v. Brewer*, 139 U.S. 278 (1891).
② See *Connally v. General Construction Co.*, 269 U.S. 385 (1926).
③ *Kolender v. Lawson*, 461 U.S. 352 (1983).

语言和表达自由的限制。在该案件中,联邦最高法院认定加利福尼亚州的法典属于模糊性条款,该州法典规定当治安警察提出要求的时候,在大街上闲逛或者徘徊的人必须提供可信的和可靠的身份,解释并证明自己闲逛的原因。

禁止模糊性原则源自公平概念的基本内涵,公平要求当某些人来到法律所禁止的领域的边缘时,能够得到足够充分的警告,使其遵守法律。如果这个警告是来自制定法,就需要制定的法律规范明确而又清晰。至少不能让民众通过猜测来揣度法律规范的意思,无所适从。同时在现代法治理念中应当避免给执法者过度的裁量权,毕竟只有立法者才有权力决定何种行为是犯罪并且需要施以惩罚。如果法律规范过于模糊,就不可避免地将决定犯罪与否的权力交给警察、检察官或者法官。当执法者手中自由裁量的权力过大的时候,将难以保证他们不恣意滥用这些权力,而唯一避免执法者专横和武断的办法就是制定法律时尽可能地精确。

但是在制定刑事法律的过程中必然面临两大困难:法律需要能够涵盖人们各种各样的行为,因此需要有足够的概括性;同时又要充分具体地指出某种行为是被禁止的。然而立法者很难协调这种规范的概括性和禁止命令的明确性的矛盾。另外,一项法律规定是否模糊的判定标准也是不确定的,大多数学者认为测定一项法律是否模糊只能依据具有普通智识的人通常情况下的认识标准。而这种判断的标准也是一种先验性的假定,当这种抽象的标准落实到具体的民众身上时,同样需要进行具体的判断。因此禁止模糊条款只能是在一定的程度上起作用,而不能被随意地拿来否定现行立法。

三是过度宽泛原则[overbreadth(void for overbreadth doctrine),又称过宽限制原则],设置初衷是法律禁止惩罚那些并非错误的或者会导致伤害的行为。因为这样的规定不仅会使得国家工作人员执法时更加歧视某些人和反复无常,而且会对那些本不值得责备的人施加不公正的对待。① 该原则与《宪法第一修正案》关于言论、表达、集会、结社、旅游的自由相交叉。这些权利被规定在宪法里面,刑法条款不能违背这些被宪法保护的权利。

---

① See Samuel W.Buell, "The Upside of Overbreadth", *New York University Law Review.* Vol. 83, 2008, p. 1491.

该原则要求如果一项制定法可以被适用来对人民受宪法保护的言论或行为加以惩罚,那么就应该宣布该制定法无效。但是违反过度宽泛原则的法律也不是必然会被整体宣布无效。过度宽泛原则发挥作用必须符合两个条件:(1)宪法保障的行为是该法律的调控目标的重要组成部分;(2)没有令人满意的办法可以把该法律运用中合宪与违宪的部分区分开来,以便简单地剔除该法律中违宪的部分。

但是过度宽泛原则却很少成功宣布某一个法律法规无效,如果这些法规没有明确地针对那些需要将语言或行为作为行使权利的必要途径的活动,比如游行或者示威活动。[1] 而且《宪法第一修正案》并非保护一切的言论自由。在某些情况下的言论是不受《宪法第一修正案》保护的,比如"战斗"这个词的一般意义是对某人施以伤害和攻击,但也有可能包含鼓动立即破坏和平的含义。如果刑法规范禁止造成秩序动乱的言论,恰好有人以语言鼓励人们发生冲突,而这一词语可能诱发立刻破坏和平行为的,此时法律对其进行惩罚就不违反过度宽泛原则。[2]

四是合理性原则。与明确性追求的形式正义相反,合理性原则追求规范合乎理性与实质正义,如果说明确性要求的是规范上的正义与抽象的正义,那么合理性则追求的是具体的正义与个案的正义。因此从某种角度来讲,合理性容纳模糊的刑法规范。法官具有忠实于规范和理性的双重职责,而理性无疑是规范的根基。如果二者不能相容,那么判决依据和结果往往由理性决定,模糊性规范虽然表面上不符合形式正义,但是实质上有利于实现实质正义。

合理性是连接法律与道德的路径,刑法规范应当遵循普遍的社会道德和伦理,最大限度地满足社会处罚犯罪的愿望,把真正的当罚行为作为犯罪要优于绝对严格地遵循规范。从这一角度来讲,法律与道德的取向是一致的,在英美法系国家的理念中,更信任以共同道德准则作为犯罪成立的评判标准(所以会把犯罪交给陪审团)。道德作为评判行为对错的标准,法律作为评判行为利弊的尺度,法律与道德不应该有明确的界限,法律责任其实就是道德责任,因此不应该严格区分两者的调整对象。要使定罪量刑符合社会一致性标准,体现合理性,必须考察由道德规范、政

---

[1] See *Virginia v. Hicks*, 539 U.S. 113 (2003).
[2] See *Chaplinsky v. New Hampshire*, 315 U.S. 568 (1942).

策和经验等组成的社会命题。

合理性能够为法官创制先例提供参照标准。即使法院只承担解决纠纷的任务,也难以避免在司法中创设法律规则,因为法院不断面临新的事实、案例,在新的形势下诠释社会现存标准的适用意思和引申含义,不可能不创制出新的法律规则。没有一个规则或原则能具体明确地告诉任何法官,他所处理的那个案子怎样做是最佳的,唯一的指引界限就是良知和理性。所以法官可以在司法实践中通过判例改变法律规范。法官的合乎理性的推理,即使与规范存在冲突,有时也被允许乃至成为先例并获得尊崇。

但是合理性原则的最大问题是缺乏明确性,容易受人为因素影响而背离实质的正义,合理性的标准只能为司法者提供一个大致的参照方向,其对司法者的约束更多来自司法者内心的公正信念。因此合理性原则的落实需要严密而明确的正当程序保证。在这一点上,如果说合理性的核心价值是实质正义,那么程序价值是实现这一核心价值的保障。让合理性在程序正义的轨道上运行,能够最大化地将司法者内在的自律转换为可视的他律。由于正当程序是在宪法中规定的,通常比较明确和详细,这也就给了合理性原则持续运行的长久保障。

第三章 犯罪客观要件

第一节 作为

案例：马丁诉阿拉巴马州案[*]

(*Martin v. State*)

蔡 颖[**]

【关键词】

作为；客观行为；自愿行为；时间范围

【争议焦点】

执法官员在被告人的家中将醉酒的被告人逮捕并带往公共高速公路，被告人是否构成公然醉酒罪？

【诉讼进程】

西法斯·马丁（Cephus Martin）因为在公共高速公路上醉酒而被休斯敦郡（Houston）巡回法院认定为构成公然醉酒罪。

马丁随后提起上诉，1944年1月18日，阿拉巴马州上诉法院宣告撤

---

[*] *Martin v. State*, 31 Ala. App. 334, 17 So. 2d 427 (Ala. Ct. App. 1944).
[**] 北京大学法学院博士研究生。

销原判并赔偿被告人。

【案件事实】

执法官员在被告人家中将其逮捕并带往高速路,被告人被指控在该处实施了禁止行为,其大声讲脏话表明其处于醉态。

【控辩观点】

控方:

被告人被有意地提供了实施犯罪的便利条件并不能成为其犯罪的抗辩事由。能够作为排除犯罪事由的强迫必须发生在现场,具有严重的紧迫性,并明确地以死亡或者身体伤害为威胁。这样的强迫一定不是因为主张者的错误或者疏忽引起的。应当由被告人提出证据证明存在能够排除犯罪的强迫。

辩方:

本案中,起先的逮捕没有逮捕证,是非法的。因此,被告人因为该逮捕而实施的行为不能作为证明被告人构成公然醉酒罪的依据。被告人是被执法官员强制带往公共高速公路的,如果上诉人的行为是他人强迫或者胁迫的结果(the result of compulsion and duress),则可以成为一个合理的辩护理由(good defense)。

【法庭观点】

阿拉巴马州上诉法院指出,相关法律规定:"任何人,在吸毒或醉酒状态下,出现在任何有一人或者多人在场的公共道路……并以狂躁、下流的行为或者喧闹、污秽的语言来显示出这种状态,应当被定罪,处以罚金……"在法律条文的明确规定下,自愿的行为是构成该罪的前提。法庭可以合理地认为,法律已经明确指出,如果被告人在吸毒或者醉酒的状态下被执法官员强行带往特定的公共场所,以此为根据的指控不能成立。

针对上诉人的有罪判决明显有违上述原则,法庭认为该判决存在错误。这样看来,在现有证据下,定罪不能被维持。因此,为了符合普遍的原则,撤销初审法院的判决,并补偿上诉人。

【案例评述】

本案是关于行为的典型案例。行为是犯罪必要要素之一,犯罪要素可以大体分为四个方面:(1)行为(犯罪客观要件)①;(2)心理因素;(3)因果关系;(4)附随情状。一般而言,这些犯罪要素会被明文规定在实定法中。②《模范刑法典》采纳了类似的分类方式,分别将上述要素规定于§11.3(9)、(10)以及§2.02、§2.03中。因此,如果要认定行为人构成犯罪,应当首先认定存在一个刑法上的行为。反之,如果行为人的行为在客观上不符合法律对犯罪行为的规定,无论其主观为何,也无论其是否认为自己构成犯罪,其都不能被认定为犯罪。比如,在行为人受到执法官员非法控制时使用强力摆脱控制,即使其主观上认为执法官员对他的控制是合法的,其仍然不构成犯罪。③ 关于犯罪行为的讨论,主要集中在以下四个方面。

(一)客观行为

不管在美国还是英国,行为都是一个较近时期才常被使用的概念,这一术语在早期的研究中并没有被使用。④ 正是因为行为的概念出现较晚,且这一概念本身具有较高的抽象性,因此,关于行为的定义存在多种观点。以下三种观点比较具有代表性:行为是单纯的肌肉收缩(或者一系列相互关联的肌肉收缩,即身体动作);行为包括了行为人的肌肉收缩、附随情状以及肌肉收缩产生的结果;行为是身体动作所产生的效果以及其产生的结果。⑤ 此处仅从比较通行的观点出发展开讨论,即认为行为是

---

① 需要说明的是,犯罪客观要件/犯罪行为(actus reus)和作为/行为(act)是经常被相互替换使用的概念,但是在涉及作为与不作为的区分的时候,作为(act)是与不作为(omission)相对的概念,两者都是犯罪客观要件(actus reus)的下位概念。本节不涉及作为与不作为的区分,考虑到一些参考文献将犯罪客观要件(actus reus)和作为(act)混用的情况,本节主要使用"行为"这一概念来统称两者,主要指狭义上的作为。

② See Ellen S. Podgor, Peter J. Henning, Andrew E. Taslitz & Alfredo Garcia, *Criminal Law: Concepts and Practice* (3rd ed.), Carolina Academic Press, 2013, p. 80.

③ See Michael Jefferson, *Criminal Law* (9th ed.), Ashford Colour Press, 2009, pp. 48-50.

④ See Jerome Hall, *General Principles of Criminal Law* (2nd ed.), The Lawbook Exchange, Ltd, 2005, p. 222.

⑤ See Albert Kocourek, "Acts", *University of Pennsylvania Law Review and American Law Register*, Vol. 73, No. 4, 1925, p. 343.

一种客观上的身体动作(或者肌肉收缩),即不涉及附随情状和行为结果的讨论。

英国法律明确规定了预谋杀害国王的心理状态为犯罪,但即便如此,实际上并没有任何人认真地主张行为人的心理状态可以作为犯罪。[1] 换言之,如果没有客观行为,行为人就不应当受到处罚。将客观行为作为构成犯罪的前提,首要目的是为了将一般的犯罪与思想犯相区别。之所以将思想犯排除于犯罪之外,主要是基于以下几点考量。

一种观点从功能主义角度出发,认为犯罪以客观行为为前提是基于一种怀疑论的观点,即我们无法查清行为人的主观思想,也不能从行为人的反社会思想预测出行为人是否会实施反社会行为。客观行为能够证明,根植于行为人的犯罪思想通过危害社会的方式外化,行为人已经没有受制于刑罚威慑的可能性。另外,客观行为由于其本身的可识别性,在起诉和惩罚中起到限制作用。[2]

另一种观点,即功利主义认为,行为人即使存在反社会心理,这些心理也往往是短暂的;即使长期存在,也不一定能够外化为行为。对于上述的行为人,处以刑罚是没有意义的,是违背功利主义的。另外,刑法的制定并不是为了净化思想或者改造品格,如果以行为人的反社会心理为依据而进行处罚则有悖于刑法的机能。

尽管上述观点都各有合理之处,但最根本的理由还是来自报应主义。报应主义认为,只有当行为人自由地选择伤害他人时,对其处罚才是正当的。因此,社会应当给予每个人一些自由空间,即不实施犯罪行为的可能。[3]

值得注意的是,虽然一般认为客观行为是构成犯罪的必要要素,但是也有观点认为应当抛弃或者改进行为的概念。一方面,如果认为行为是肌肉收缩,那么不作为就不能被视为行为。但是,不作为和行为一样,都

---

[1] See George P. Fletcher, *Rethinking Criminal Law* (2nd ed.), Oxford University Press, 2000, p. 207.

[2] See Abraham S. Goldstein, "Conspiracy to Defraud the United States", *The Yale Law Journal*, Vol. 68, No. 3, 1959, pp. 405–406.

[3] See Joshua Dressler, *Understanding Criminal Law* (5th ed.), Matthew Bender & Company, Inc., 2009, p. 87.

是在意识的支配下实现的,没有理由认为两者的区别在法律上具有重要意义。① 例如,行为人驾驶汽车在高速路上行驶,此时汽车被设置成巡航模式,由于汽车方向很精确而且道路笔直,行为人不需要进行任何操作来保持汽车的正确行使。这时,行为人的仇人出现在 200 码外的道路上,背对着行为人且没有看到行为人的汽车正在接近,而行为人放任自己的汽车撞死被害人。此时,行为人有意地杀死该被害人,这应该被视为行为人的"行为"。但在本案中,行为人并没有一个身体动作。② 另一方面,在刑法中规定持有犯罪(crimes of possession)——比如禁止私人持有核武器——明显是合理的。但是没有人会认为持有某物的状态——比如武器或者其他被管制的物品——是一种行为。③ 据此,行为并不是刑法处罚的唯一对象,或者说,行为这一定义本身存在问题,需要对其进行改良。

(二) 自愿行为

仅在客观上实施了法律禁止的行为并不足以构成刑法上的行为,通常认为,行为的自愿性是行为人构成犯罪的前提条件,即只有行为人的自愿行为(voluntary act)才可能被进一步地认定为犯罪。《模范刑法典》§2.01(1)规定:"任何人,除非其责任是基于包括一个自愿作为或者不实施其物理上能作为的不作为的行为,不构成犯罪。"原则性地规定了行为的自愿性原则,并通过§2.01(2)从反面排除了一些不具有自愿性的行为。根据《模范刑法典》§2.01(2),"下列情形不属于本条规定的自愿行为:(a)反射运动或者痉挛;(b)在无意识或者睡眠状态下的身体运动;(c)处于睡眠状态下的动作或者由催眠中的暗示所引起的动作;(d)一种身体运动,在另外的情况下其并非行为人有意识或者习惯性的努力或者决意的产物"。

上述自愿行为的要件,得到了普通法的支持,现代法庭普遍将其视为成文刑法的隐含要件。在美国,现在越来越多的州效仿《模范刑法典》用

---

① See George P. Fletcher, *Rethinking Criminal Law* (2nd ed.), Oxford University Press, 2000, p. 421.
② See Michael Corrado, "Is There an Act Requirement in the Criminal Law?", *University of Pennsylvania Law Review*, Vol. 142, No. 5, 1994, pp. 1538–1541.
③ See Douglas Husak, "Rethinking the Act Requirement", *Cardozo Law Review*, Vol. 286, No. 6, 2007, p. 2439.

一般性条款列举了自愿性规则。① 本案(*Martin v. State*)中,法庭认为,"在法律条文的明确规定下,自愿的行为是构成该罪的前提。"②据此,法庭认为,在本案中,行为人在醉酒的情况下,被执法官员强行带往公共高速公路,行为人并非自愿前往,因而不构成犯罪。这就是对自愿行为原则的运用。

我们可以从一些哲学思辨中,发现自愿行为与非自愿行为的根本差别:如果从"我举起我的胳膊"这一事实中减去"我的胳膊立起来了",还剩下什么?③ 明显地,我们能感受到前者与后者的区别,而这样的区别不能在非生命的活动中被发现,比如我们看到 U 型管中的水被摇晃过后,"水找到了自己的位置"的事实和"水掉回了固定的位置"的事实就不存在区别。因此,我们用于描述人类行为的语言中暗含了超越单纯的客观动作的内容。④

在理论上,为了明确自愿行为的含义,有必要将有意识和自愿两个概念进行区分。一方面,无意识的行为并不一定是不自愿的行为。神经学的有力观点认为,行为人的一些有意行为(willed movements),比如折手腕、弯手指甚至可能是开枪,都可能是在无意识(unconscious)的状态下决定实施的。⑤ 比如,行为人实施的一些习惯性行为,烟民"下意识地"点燃一根烟;开车回家的驾驶员在根本不去思考的情况下,每天在高速公路上同一地方精确地并道。⑥ 在上述案例中,虽然行为人可能并没有"知道"自己正在实施相关行为,但是其行为却是在其主观意志的支配之下的,因此不应当认为上述行为是不自愿的。另一方面,有意识的行为也不一定是自愿的行为。比如,当行为人被催眠后,行为人知道其在将手举起,但

---

① See Joshua Dressler, *Understanding Criminal Law* (5th ed.), Matthew Bender & Company, Inc., 2009, p. 87.

② *Martin v. State*, 17 So. 2d 427 (Ala. Ct. App. 1944).

③ See Ludwig Wittgenstein, *Philosophy Investigation* (4th ed.), trans. by G.E.M. Anscombe, P. M. S. Hacker and Joachim Schulte, Blackwill Publishing Ltd, 2000, p. 169.

④ See Michael S. Moore, "Responsibility and the Unconscious", *South California Law Review*, Vol. 53, No.6, 1980, p. 1568.

⑤ See Deborah W. Denno, "Crime and Consciousness: Science and Involuntary Acts", *Minnesota Law Review*, Vol. 87, No.2, 2002, p. 326.

⑥ Joshua Dressler, *Understanding Criminal Law* (5th ed.), Matthew Bender & Company, Inc., 2009, pp. 90-91.

是如同癫痫病人发病时也知道自己的手在动一样,他并不认为自己在支配自己的行为。①

总之,不自愿的行为并不是指行为人不知道其在实施该行为,而是指行为已经表现得"野蛮"(wild)或者"不受控制"(not governed by the will),即行为人已经无法按照其主观意志来支配自己的行为。②

(三)行为与状态

在过去,立法机关规定了一些犯罪,将行为人的状态规定为犯罪。比如过去存在的《流浪法》将行为人"沦落为流浪者"规定为犯罪。③ 如果处罚这样的状态,明显违背了人们的法感情。理由是,我们不能因为一个人生病、成瘾或者处于流浪的状态而处罚他,因为这些状态不是其能够控制的。因此,一般认为,法律对醉态、成瘾等状态的规定属于附随情状(attendant circumstances),而不是行为要素。④ 关于处罚行为人的状态,有两个案例能够让我们更清楚联邦最高法院的态度。

1.*Robinson v. California* 案⑤

根据加利福尼亚州制定的《加利福尼亚州健康和安全法典》(*Cal. Health & Safety Code*)的相关规定,如果行为人非法"使用毒品或者毒品成瘾"则构成轻罪,应当判处 90 天以上 1 年以下的监禁刑。联邦最高法院认为,该规定的后半部分,即对毒品成瘾的处罚,是针对状态的惩罚。详言之,"这一条文根本不是处罚一个行为人对毒品的使用、购买、销售或者持有,也不是处罚行为人因为吸食毒品而实施的反社会行为或者失范行为。该规定甚至并不试图提供或者要求行为人接受治疗"。在判决书中,联邦最高法院的多数意见将毒品成瘾比作生病,并认为,该规定将受到毒品影响的人关进监狱,尽管其没有在该州之内接触任何毒品或者实施任何失范行为。这样的规定构成了残酷且不寻常的处罚(cruel and unusual

---

① See Michael S. Moore, "Responsibility and the Unconscious", *South California Law Review*, Vol. 53, No.6, 1980, p. 1576.

② See H. L. A. Hart, *Punishment and Responsibility: Essays in the Philosophy of Law* (2nd ed.), Oxford University Press, 2008, p. 105.

③ See Joshua Dressler, *Understanding Criminal Law* (5th ed.), Matthew Bender & Company, Inc., 2009, p. 96.

④ See Ellen S. Podgor, Peter J. Henning, Andrew E. Taslitz & Alfredo Garcia, *Criminal Law: Concepts and Practice* (3rd ed.), Carolina Academic Press, 2013, p. 85.

⑤ *Robinson v. California*, 370 U.S. 660 (1962).

punishment),因而违背了《宪法第八修正案》及《宪法第十四修正案》的规定。

2. Powell v. Texas 案①

行为人被发现在公共场所陷入醉态,并因此被逮捕和起诉。根据得克萨斯州的法律规定,行为人"在公共场合或者除其自己住处以外的私人处所中,表现出醉态或者迷幻状态",应当被处以罚金。行为人违背了上述规定,但是辩护人主张,其是陷入了慢性的酒瘾,这是一种疾病,其在醉酒状态下出现在公共场所并非出于其自由意志。如果在这种情况下对其进行处罚则应该被视为残酷且不寻常的处罚,这违背了《宪法第八修正案》和《宪法第十四修正案》。但是,联邦最高法院并没有采纳辩护人的意见,而是认定行为人构成犯罪。

对比两个联邦最高法院的判例,不难发现,联邦最高法院试图区分针对行为的处罚和针对状态的处罚。正如 Powell v. Texas 案中多数意见所言,"Robinson v. California 案的判决对'残酷且不寻常的处罚'这一条款的理解之要点在于,只有当被告人实施或者参与了某种被禁止的行为才能被认定为犯罪……因此,该判决处理的问题并不是宪法上是否允许处罚行为人不自愿的行为或者被强迫的行为的问题"。换言之,Robinson v. California 案中,由于法律规定处罚"毒品成瘾"这一状态,这一规定本身违背了《宪法第八修正案》和《宪法第十四修正案》。② 反观 Powell v. Texas 案,案件争议的焦点应该是被告人是否为其在醉酒的状态下"出现"在公共场所的行为负责,而"出现"则能够构成刑法上的行为,换言之,相关法律不再是处罚行为人的状态,而应当被理解为处罚行为人的行为,这与 Robinson 案有着本质区别。

进一步而言,联邦最高法院的区分还隐含了行为和排除责任事由的区别。如果行为人没有实施客观行为或者相关行为没有自愿性,则不存在一个可以被归责的行为。反之,如果行为人实施了客观自愿的行为,而只是陷入醉酒等状态,不能因此否定其实施了刑法意义上的行为,而是应

---

① Powell v. Texas, 392 U.S. 514 (1968).

② 虽然法院并没有展开说明"不能处罚行为之外的状态"这一规则的实质理由,但其态度是鲜明的。参见 George P. Fletcher, *Rethinking Criminal Law* (2nd ed.), Oxford University Press, 2000, p. 429。

当在肯定存在行为的前提下考察是否存在构成排除责任的宽宥事由等。

这样的区分具有实质意义,以本案(Martin v. State)为例,由于醉酒状态并不能排除行为人行为的自愿性,因此,行为人不能仅仅以醉酒为由主张不存在自愿行为。换言之,法院之所以认定行为人的行为不具有自愿性,不是因为行为人陷入了醉酒状态,更根本的原因在于行为人是在被执法官员支配的情况下前往高速公路的。

(四)行为的范围(time frames)

《模范刑法典》§2.01(1)规定:"任何人,除非其责任是基于包括一个自愿作为或者不实施其物理上能作为的不作为的行为,不构成犯罪。"这被认为是《模范刑法典》对自愿行为的定义,该规定在强调自愿性是行为的必要要素的同时,确立了一个自愿即足够的规则(One voluntary act is an enough rule)。该规则是指,在行为人实施的一系列行为中,只需要有一个行为是自愿的,就可以认为存在自愿行为。[①] 这极大地降低了控诉方的压力,在这样的规则下,控方不必证明行为人所有行为都是自愿的,甚至都不必证明其最后一个行为是自愿的,而只需要证明行为人存在自愿的行为,就满足了自愿行为的要求。

但是,我们究竟应当在何种范围内审查自愿行为是否存在?如果我们无限放宽行为范围,不断将行为时点提前,那么行为人通常都存在一个自愿的行为。据此,对行为范围的不同理解,会造成自愿行为的认定上的不同,这又会进一步造成处罚范围的变化。

比如,在 People v. Decina 案[②]中,被告人是癫痫患者,在驾驶汽车时发病导致汽车失控,并造成4名儿童被撞击死亡。判决书的多数意见指出,被告人知道自己是一个癫痫患者,还知道自己有可能随时发病,更知道驾驶的汽车如果在公共高速路上突然失控将会造成严重的损害。基于这样的认识,被告人在没有他人陪同的情况下,还有意识地冒险开车。被告人开车的行为是对危险的无视,而该危险在本案中得以现实化。因此,被告人具有过失责任。

在判决书中,戴斯蒙法官(Desmond J.)对法庭的多数意见持部分赞同、部分反对的态度。其反对的主要理由就在于,在多数意见看来,被告

---

① See Joel Samaha, *Criminal Law* (11th ed.), Wadsworth Publishing Company, 2012, p. 98.
② *People v. Decina*, 2 N.Y.2d 133 (1956).

人的过失并不是在开车的时候未尽到注意义务,而是"当其知晓其患有相关疾病时,自始不应当开车"。按照这样的逻辑,任何患有类似疾病的人,只要在开车的一瞬间,其过失行为就已经开始了。但是,美国当时的道路交通法律不仅没有禁止这类人开车,还向他们颁发了驾照。将一个法律没有禁止的行为视为过失犯罪中的行为予以处罚,这明显违背了正当程序、公平与正义。

戴斯蒙法官对多数意见的批判实际上就是因为行为范围的扩张而产生的忧虑。只需要不断地向前追溯,总有行为是自愿的。换言之,如果我们采用过宽的行为概念,自愿行为的要件将几乎被架空。[①] 所以,戴斯蒙法官建议,通过一些法规对自愿行为进行定性,比如禁止颁发驾照给患有癫痫等疾病的患者,以此宣示该行为的错误性,让公民不会因为法律模糊而矛盾的规定产生不安全感。

另外,如果对比 People v. Decina 案和 Martin v. State 案,还可以发现法院对行为范围的解释并没有一个统一的标准,具有一定的恣意性。在 People v. Decina 案中,法官采取了较宽的行为范围,将发生事故之前的开车行为认定为自愿行为。而在 Martin v. State 案中,法院则采取了较窄的行为范围,但是明显地,被告人在被执法官员带往高速公路前也实施了自愿行为,比如自愿饮酒、(假设的)在家中殴打妻子等,这些行为明显也造成了实现最后结果(在醉酒的状态下出现在公共高速公路上)的风险。但是法官不会考虑将这些前面的行为认定为醉酒出现在公共高速公路的自愿行为。[②]

为了防止这样的恣意性,让自愿行为能够真正起到限制犯罪成立的作用,则应该通过各种方式对自愿行为的方式进行限制。比如 People v. Decina 案中,戴斯蒙法官提出的通过行政违法的方式宣示癫痫等疾病患者开车本身就属于过失行为,或者如同 Martin v. State 案的多数意见那样,将目光集中在行为人是如何"出现"在高速公路上的。

---

① See Larry Alexander, "Reconsidering the Relationship among Voluntary Acts, Strict Liability, and Negligence in Criminal Law", *Social Philosophy & Policy*, Vol. 7, No. 2, 1990, p. 91.

② See Mark Kelman, "Interpretative Construction in the Substantive Criminal Law", *Stanford Law Review*, Vol. 33, No. 4, 1981, pp. 603-605.

第二节 不作为

案例:韦斯特诉肯塔基州案[*]
(West v. Commonwealth)

易 鸽[**]

【关键词】

不作为;作为义务;法律义务;道德义务

【争议焦点】

本案被告人对身患残疾的姐姐是否具有照顾的义务？因未照料其生活,未提供医疗救助而导致被害人的死亡,是否构成犯罪？

【诉讼进程】

1993年1月17日,被害人莉莉安·韦斯特(Lillian West)在肯塔基州大学的医疗中心死亡。1993年3月2日,被告人罗素·韦斯特(Russell West)被指控为二级谋杀。蒙哥马利(Montgomery)巡回法院判决本案被告人构成轻率过失杀人罪,并处1年监禁。

罗素提出上诉。1996年12月6日,肯塔基州上诉法院驳回上诉,维持原判。

【案件事实】

被告人罗素的姐姐莉莉安出生时就患有唐氏综合征以及心脏病,其一生大部分时间是由母亲照顾的。1979年,莉莉安和母亲搬到了罗素的家中居住。其间,莉莉安加入了当地一个为智障人士提供服务的健康组织,她每天积极参与活动,逐渐建立起了更为独立的生活方式。在健康组

---

[*] West v. Commonwealth, 935 S.W.2d 315(Ky. Ct. App. 1996).
[**] 北京大学法学院硕士研究生。

织的激励下,莉莉安开始打扮自己,参加职业训练,出入各种社交场所。1983年,莉莉安的母亲离世,本案中的两个被告人,罗素及其妻子承担起了照顾莉莉安的责任。但罗素担心莉莉安会在该组织里染上恶习,于是告诉该组织的员工莉莉安将不再继续参与组织的活动。

据罗素称,莉莉安从1992年的感恩节前夕就开始把自己禁闭在床上,其身体状况在此期间显著变差,也不再进食。1992年12月31日,被告人罗素将莉莉安送往蒙哥马利的一家医院的急诊室,莉莉安的主治医生惊异于她的身体状况,并向罗素询问莉莉安的情况。一番对话后,医生感到不安,并将此事汇报给当地的社工人员,社工人员对莉莉安的生活状况展开了调查。

1993年1月17日,莉莉安在肯塔基州大学的医疗中心去世。同年3月2日,罗素被指控为二级谋杀罪,其妻子被指控为共犯,两份指控被合并审理。法庭上,医护人员陈述了莉莉安被送医时糟糕的身体状况:浑身上下布满不同程度的褥疮性溃烂,许多褥疮严重到已经侵入肌肉组织甚至是骨头;此外,莉莉安还患有严重的营养不良。医生将其死因归结为脓毒病和褥疮性溃烂导致的支气管肺炎,并证实莉莉安的死亡主要是由于看护人的疏忽所致。

【控辩观点】

控方:

罗素夫妇因在照顾其54岁的残疾姐姐莉莉安时,未能足够关注其生理需求、确保其所需的医疗援助,进而导致了姐姐的死亡,其行为无疑构成二级谋杀。

辩方:

第一,被告人对莉莉安既没有照顾的义务,也没有提供医疗救治的义务,两人都不能因此被指控为犯罪。

第二,根据给其定罪的轻率杀人罪的法条本身,并不能产生基于不作为而导致的刑事责任。立法机构应当已经预想到,一个行为被认定为有罪的基础应当是轻率杀人的法条本身,而不是一个纯粹的不作为。

【法庭观点】

肯塔基州上诉法院认为,一个人是能够因义务的不履行而成立过失杀人罪的,比如经典的 *People v. Beardsley* 案①,一个已婚男人看着其情妇当面吞下一勺毒药后,没有提供任何帮助,导致该妇女死亡。该案法官认为秘密情人关系至多有道德义务但没有法律义务。此案被视为历史性地解决了不作为犯罪中的分歧,即当一个人具有采取措施拯救他人生命的责任时,如果不作为将导致他人的死亡,那么这个人便具有作为的义务。该案的判决指出:"法律意识到在一些情况下,一个人因对他人义务的不履行(此不作为造成了他人的死亡),会被指控为过失杀人罪。这种法律规定常是基于这样的主张,即这种责任上的疏忽一定是法律上的责任,而不仅仅是道义上的责任。这是法律或合同中规定的责任,且此义务的不履行将立刻导致死亡的出现……"

据此,法院认为在被告人因轻率过失杀人或非预谋杀人被判定为有罪之前,被告人对被害人必须存在一个法律上的责任。寻找其法律责任是犯罪指控的关键因素,正如肯塔基州的制定法和判例法中所表明的,不履行法律上的义务将导致刑事责任。在轻率杀人和故意杀人的情况下,需要在犯罪定义之外寻找义务。照顾的义务出现在普通法或其他制定法中,例如《肯塔基州修订成文法》(*K.R.S*)§209.020(6)定义了"照管人"的义务:"'照管人'是指一个人或者机构有责任基于家庭关系照顾一个成年人,或是基于自愿、合同、协议承担照顾一个成年人的义务。"

初审法院提出两个事项,即罗素对莉莉安有照顾的义务,以及在对其追究责任前罗素已经违反了此义务,陪审团需对上述两个事项达到排除合理怀疑的程度才能定罪。控方提供了充足的证据使陪审团认定罗素已经承担了照顾莉莉安的责任,以及他有资格成为肯塔基州制定法中定义的"照管人"。因此,上诉法院认为初审法院引导陪审团认定轻率杀人和共谋轻率杀人的做法是正确的。

此外,为了论证被告人罗素具有的作为义务来源,法院提到了 *Jones*

---

① *People v. Beardsley*, 150 Mich. 206, 113 N.W. 1128 (1907).

v. United States 案①。琼斯(Jones)一开始被判过失杀人罪,因为其受朋友之托在家照顾朋友的孩子,但由于其消极不作为,导致孩子营养不良而死亡。琼斯最终上诉成功,但原因是程序错误。*Jones v. United States* 案中法官的观点被本案法庭引用:"在至少四种情况下,不作为是对法定义务的违反,一个人将会被追究刑事责任:第一,法律规定一个人对他人有照顾的义务;第二,当一个人对他人处于特定关系的地位;第三,当一个人对他人具有基于合同的义务;第四,当一个人自愿承担照顾他人的义务,以至于排除了其他人对此人的救助。"

据此,上诉法院认为本案适用于 *Jones v. United States* 案判决所阐述的最后一项,即罗素自愿承担了照顾莉莉安的义务,且因此阻断了被害人接受外界帮助的机会。除此之外,肯塔基州有关法律还规定了成年看护者的责任,保护被看护人不受虐待、忽视及剥削。与上诉人的主张相反,法院认为罗素的照顾责任已经被法律规定全面包含。

基于上述原因,肯塔基州上诉法院维持了原判。

【案例评述】

本案是普通法中关于不作为问题的经典案例之一,在不作为的案件中,认定是否构成犯罪的关键在于行为人的作为义务来源。

本案上诉法院的判决中援引了两个案例,分别论证了不作为行为是否是犯罪行为,以及作为义务的类型这两个问题。在 *People v. Beardsley* 案中,判决明确区分了法律义务和道德义务,以此说明一个人因不履行作为义务导致他人死亡,会被指控为过失杀人罪的前提是,这个责任的疏忽一定是法律上的义务,而不仅仅是道德上的义务。

《模范刑法典》§2.01(3)中规定不作为归责的条件:"对犯罪所负有的责任不能以纯粹的不作为为基础,除非:(a)法律对犯罪的定义中明确、充分地表述了不作为的内容,或者(b)实施被忽略的行为是法律强制的义务。"

其中(a)项所指的是制定法明文规定的不作为犯罪,如《国内税收

---

① *Jones v. United States*, 113 U.S. App. D.C. 352, 308 F.2d 307 (D.C. Cir. 1962)。此案表明了法律有时会惩罚人们消极的不作为。参见王秀梅等:《美国刑法规则与实证解析》,中国法制出版社2007年版,第51页。

法》将没有填纳税报表的行为规定为犯罪,还有些制定法间接赋予未尽照料义务的被告人以不作为责任。比如许多州的成文法规定,汽车驾驶人要及时为事故受害人提供帮助或救援,即使这个驾驶人对事故的发生是无辜的,如果司机没有提供帮助或救援,结果被害人死亡的话,司机就违反了制定法,会受到与误杀一样严厉的定罪。(b)项所指违反义务的不作为犯罪,义务来源于法律,对此要从广义的角度来理解,这里的法律不限于制定法,也包括判例法所确认的规则。但是有些州刑法典对此问题规定则较为严格,对义务来源限制得很窄,比如得克萨斯州的法律就只规定刑法上作为义务的来源限于成文法的规定。①《模范刑法典》虽没有明确描述法定的产生法律责任的义务类型,但在评注上列举了父母对婴儿的义务。

从 Jones v. United States 案开始,作为义务被类型化地在判例中予以确认,比如 Jones v. United States 案中认定作为义务的来源有四项:(1)法律规定;(2)特定关系;(3)合同义务;(4)基于自愿而承担照顾他人的义务。之后作为义务进一步被法律和判例扩张,例如俄勒冈州有一条法律是将"违反法律上照顾他人的义务,或已经承担起了永久或暂时的照管、监护他人的责任,却故意不给其提供必要且充足的食物、生理上的照顾或医疗看护"的行为认定为犯罪,进一步规定了法律上的义务"包括但不限于由家庭关系、法律命令、合同协定、法定或判例法"中产生的义务。再比如之后被普遍承认的旁观者规则(即使社会认为此时道德义务可能是存在的,而且救助不会给行为人带来任何危险,法律也不会对任何人施加为处于危险境地的另一人救助或召集援助的法律义务)的七个普通法例外,在下列这些情况中行为人具有作为的义务:(1)基于个人关系的义务;(2)基于法律的义务;(3)基于合同的义务;(4)基于自愿承担注意义务的义务;(5)基于引起危险的义务;(6)基于控制他人行为的义务;(7)基于作为土地主人的义务。

作为义务一步步被扩张的结果是,人们开始关注违反道德义务的行为是否也会产生作为义务?即是否需要让法律将所有若不作为将会导致社会的道德谴责的情况都规定为犯罪行为?把此问题推向风口浪尖的是两个案例:(1)1964 年,在纽约,一个叫凯蒂·格诺维瑟(Kitty Genovese)

---

① 参见王秀梅等:《美国刑法规则与实证解析》,中国法制出版社 2007 年版,第 47 页。

的年轻女子深夜在她居住的公寓外受到歹徒袭击,她大声呼救将近 30 分钟,共有 38 位邻居听到了她的呼救并从窗户看到了她的惨状,但是他们都没有采取任何救助措施,最后她惨死在歹徒手下。① (2)马萨诸塞州曾经发生一名妇女在一家酒吧间里被一帮歹徒摁在台球桌上当众轮奸的案件,围观者中不但无人制止,反而有人呼喊"加油"。②

基于上述情况,美国一些州开始设立见死不救罪,对那些明知他人陷于极度危险,实施救助不会对自己带来危险的见危不救者追究刑事责任。比如根据佛蒙特州有关规定可知,若一个人明知他人面临严重的身体伤害,且对其施以救助不会给自己带来危险,或是不会干扰自己履行对他人的重要义务,则必须对其给予合理的救助,除非其他人已经对其提供了帮助。

对于见危不救的问题,传统的英美刑法在有限的范围内要求某人承担帮助他人的义务,而没有将帮助他人作为一项普通义务。英美刑法学界围绕刑法中应否对此作为普遍性义务规定展开持续至今的争论,主要有否定与肯定两派学说:

否定说认为,将普遍性救助义务引入到刑法典中,使该种不作为犯罪化是不适当的,理由如下:(1)会导致刑事指控的成本增加,同时带来大量案件积压。(2)其次是界限划分的问题,比如格诺维瑟遇害的案件中,是 38 位听到求救声的邻居该承担责任,还是那些最先听到求救声,因此有充裕时间提供救助的居民承担责任? 无论是警察还是公诉机关都很难辨别谁应被指控。即便立法机关设计一些适用的标准,这些标准同样会给陪审团带来模糊性问题。(3)不作为也会带来一些犯罪心理的证明问题,假设某人毒死了自己的情妇,那么陪审团能轻易推断出他有杀人故意;但在格诺维瑟遇害的案件中,很可能一些居民认为有些人已经报警了。同样,一个在谋杀现场的人很可能是由于害怕或震惊没有施救,而不是恶意这样做。(4)要求某人在特定时间做特定事的作为义务的强加限制了某人追求其目标和欲望的自由,法律不能通过强迫作为侵害公民的

---

① 参见 Joshua Dressler, *Understanding Criminal Law* (2nd ed.), Matthew Bender & Company, Inc., 1995, p. 86, 转引自刘士心:《美国刑法中的犯罪论原理》,人民出版社 2010 年版,第 25 页。
② 参见 Wayne R. Lafave, *Criminal Law* (3rd ed.), West Group, 2002, p. 224, 转引自刘士心:《美国刑法中的犯罪论原理》,人民出版社 2010 年版,第 25 页。

隐私和自由。

还有人主张,没有人该合理地受到指控(对他们将无法产生有益的效果),或者不该仅挑出一个人作为代表受到指控,尽管该人并不见得比其他未被指控的人罪孽深重。这里同样存在一种风险,即被事实真相激怒的陪审团将会给旁观者定罪,尽管对罪过还存在合理性的质疑。①

而肯定说的代表人物休斯(Hughes)教授就认为:"在极度复杂和相互依存的现代社会,决定去追求某项行为的人,威胁他们同胞的利益,遵从于许多规则,其中一些规则将自然地和适当地被规定为积极作为的义务……在一文明社会,当某人发现自己与没有任何帮助来源的无助病人在一起,就有义务予以帮助,不论那人是他的妻子、情人还是法官。"②所以,休斯教授认为,作为与不作为之间没有内在的道德区分,一个人走向太平洋然后自尽的行为和一个人坐在海边等着潮水来将自己淹死的行为没有区别;同样,在一个逃避野兽袭击的小孩面前砰的一声关上门和不为他开门没有任何有意义的区分。道德上认为,看到溺水儿童的陌生人,能轻易救助却不救助,他就是杀害了那名儿童。法律应当反映这种道德,如果刑法的一个目标是激励社会允许的行为,那么在这些情况下确立刑事责任将会鼓励人们去作为。

关于见危不救的问题是否应纳入法律框架甚至用刑法进行规制的问题,普通法系国家当今的立法也受到了上述学说争议的影响,即便是将见危不救纳入法律的州也考虑到了否定派的担忧,因而在立法时虽将其作为单独的犯罪存在,但规定较轻的刑罚。例如,佛蒙特州对见危不救的行为仅是处以100美元以下的罚金,新泽西州对未救助他人的行为人判处最高3个月的监禁刑罚。③

---

① 参见〔美〕约书亚·德雷斯勒:《美国刑法精解》(第四版),王秀梅等译,北京大学出版社2009年版,第96页。
② 张旭主编:《英美刑法论要》,清华大学出版社2006年版,第22页。
③ 参见刘士心:《美国刑法中的犯罪论原理》,人民出版社2010年版,第25页。

第三节 持有

案例：密苏里州诉温莎案[*]
(*State v. Winsor*)

何 朕[**]

【关键词】

持有；犯罪行为；自愿性

【争议焦点】

被告人被指控犯下在监狱内持有违禁物品的罪名，是否要求其进入监狱具有自愿性？

【诉讼进程】

被告人伊安·温莎（Ian Winsor）被指控犯有一项在监狱里持有违禁物品的 C 级重罪。他宣布放弃陪审团审判的权利，与控方一起提交了一份关于事实的共同协议，并且同意法院仅在这些事实基础上认定案件而未在审判时提交其他额外的证据。本案于 2002 年 8 月 15 日由法官进行了判决。卡拉威郡（Callaway）巡回法院判决被告人犯有在卡拉威的郡监狱持有违禁物品的罪行，判处被告人 3 年的监禁刑，同时予以 5 年缓刑。

温莎不服提起上诉。密苏里州西部地区上诉法院于 2003 年 7 月 29 日作出判决，认为存在充分的证据支持被告人犯有在监狱里持有违禁物品的有罪判决，因此维持了原判。

【案件事实】

温莎因在公路上驾车逆行被警察拦截检查。警察通过联网系统发现

---

[*] *State v. Winsor*, 110 S.W.3d 882 (Mo. Ct. App. 2003).
[**] 北京大学法学院硕士研究生。

密苏里州的科尔郡(Cole)已经对温莎签发了两项逮捕令,事由分别是持有违禁物品和违反缓刑监管规定,因此警察逮捕了温莎。在将温莎送入监狱前,警察依法搜查了温莎的身体与随身物品,并发现了一些违禁物品。警察还询问了温莎是否还持有其他未被搜查到的违禁物品,并告知温莎如果将违禁物品带入监狱将构成重罪。温莎对此表示了沉默。之后温莎被送入监狱,在监狱内,狱警按照程序对其进行了搜查并发现了其身上还藏有大麻。

【控辩观点】

辩方:
第一,初审法院判决其在监狱内持有违禁物品的罪名是错误的,因为根据现有证据不足以证明他的行为属于法律规定的"自愿行为"。若说其构成犯罪,不仅要证明他在监狱内自愿持有大麻,还必须证明其自愿进入监狱。被告人在上诉中抗辩称,他在监狱内持有大麻并不构成自愿行为,因为他被带入监狱是违背其意志的。因此,被告人主张,成立犯罪的关键性要件未得到满足。

第二,*Martin v. State* 案[①]可以作为以上说法的佐证。在该案中,被告人在家里喝酒时,警察抓捕了他并将其带到公共高速公路上以公开酗酒为由正式将其逮捕。之后被告人被判犯公然醉酒罪。由于法律规定公开酗酒惩罚的是醉酒后出现在公共场所并显示出醉酒状态的行为人,上诉法院裁定撤销原判,因为被告人是非自愿地出现在公共高速公路之上的。

【法庭观点】

密苏里州西部地区上诉法院首先回应了被告人援引 *Martin v. State* 案判决理由的观点,认为本案中援引 *Martin v. State* 案是不合适的,因为自愿进入监狱并不是本罪的构成要件要素。被告人是出于自愿行为而在监狱内或附近持有违禁物品,被告人对违禁物品的故意持有本身就构成了一项自愿行为。无论是否自愿进入监狱,他在监狱内或附近私藏该物品,已经满足构成该项指控的证据要求。被告人显然是错误地理解了在

---

① *Martin v. State*, 31 Ala. App. 334, 17 So. 2d 427 (Ala. Ct. App. 1944).

监狱内或附近持有违禁物品这一罪行中的自愿行为的概念。法律所禁止的是持有违禁物品的自愿行为而不是非自愿地进入监狱的行为。

其次,法院也说明了不能采取被告人对法律的解释的理由。如果认同被告人的观点将使立法者制定法律的立法目的落空。法律的每一个词语、条款、语句和规定都必须具有效力。可以合理推测,立法者并不会在法律中加入无意义的废话和不必要的语言。因为法律专门规定了持有的问题,它决定了本案中被告人的行为是否构成一项自愿行为。被告人出现在监狱之内是自愿的还是违背其意志的,都与他是否犯有被控的犯罪行为无关。如果采取被告人对法律的解释立场,将导致被逮捕和被定罪的在押人员都不可能构成在监狱内的犯罪,因为这些在押人员都不是自愿进入监狱的。对法律的解释应当避免得出不合理和荒谬的结论。因为这个原因,被告人对法律的解释是不能得到采纳的。

最后,法院从持有的规定的角度论证了被告人的行为是一项自愿的行为。一项自愿的持有行为是指持有人在明知的情况下取得或接受持有物品;或者在对物品进行控制时明知其有足够的时间丢弃该物品或终止控制状态。执行逮捕的警察已经询问过被告人是否还持有其他违禁品,并告知被告人如果其将违禁品带入监狱将构成一项重罪。在此期间,被告人有充分的时间终止他对违禁品的持有。被告人被逮捕时是晚上 8 点 15 分,他被送到监狱的时间是晚上 9 点 20 分,在这个期间内,被告人是有充分的时间放弃他对违禁品的持有的,但是他选择不上交该物品。因此被告人决定进入监狱时仍持有违禁品构成一项自愿的行为。

基于上述分析,密苏里州西部地区上诉法院认为存在充分的证据支持被告人犯有在郡监狱里持有违禁物品的有罪判决,因此维持了原判。

【案例评述】

无论是在英美法系还是在大陆法系,持有型犯罪都是一种重要的犯罪类型。法律规定持有型犯罪主要有两方面的原因:其一是持有状态往往作为某些犯罪的预备行为,具有对法益侵害的危险,因此从预防犯罪的角度应当被禁止;其二是对持有状态本身的侦查和证明比后续的犯罪行为更加容易,因此出于司法证明的便利的角度规定了持有型的犯罪。持有型犯罪主要存在的问题包括实体性的问题和司法证明的问题。前者譬如持有作为一种犯罪行为的性质(持有的概念,持有是作为、不作为或者其他行为形态),持有犯罪的心理要件(有些持有犯罪无须心理要件①、有些持有犯罪需要有特定的犯罪目的);后者包括如何证明持有状态的成立、如何证明行为人的明知等。本案的争议问题属于前者,具体而言,是持有作为一种犯罪行为的性质问题。

美国作为一个判例法国家,有许多类似本案的被告人在监狱内被发现持有某种违禁物品因而涉嫌刑事犯罪的判例。判例结果既有认为被告人构成犯罪的,也有认为被告人无罪的。判例的结果出现不一致的原因既可能是因为不同案件的具体事实细节不同,也可能是几乎相近事实的案件因为不同州的法律规定与法官个人的价值判断不同。而后者是美国作为一个联邦制国家因而具有法律体系与司法体系极其复杂的特点所致。下文将以本案为中心,结合诸多相关的判例,对美国刑法中此类案件是否可以构成持有犯罪进行分析。

首先,在对此类判例的比较分析中应当注意,检察官是否是以持有犯罪的罪名进行起诉。在学者对 State v. Winsor 案的分析中就提出了一个问题,即如果本案的焦点是被告人把违禁物品带入监狱行为的自愿性而不是持有毒品行为的自愿性,案件会有不同的解决方案吗?② 这两种情形的差别在于,法律对案件事实进行涵摄时提取的重点不同。如果以"携带违禁物品进入监狱"的罪名起诉,则被提取的事实是被告人将违禁物品从其他空间带到监狱内的行为,其在刑法意义上是一种表现为作为形态的行为,而被告人从其他空间进入监狱是该作为行为的一部分。而认定被告人的行为是否属于刑法意义上的行为,美国刑法一个重要的观念就是该行为应当具有自愿性,因而被告人进入监狱是否具有自愿性成为以该罪名起诉的案件中难以绕开的争论点。

在 State v. Trippetts 案③中,被告人在被移送到监狱后,在被搜查时发现持有大麻而被指控犯有向监狱提供违禁品罪。这一罪名与携带违禁物品进入监狱罪的内涵基本相同。被告人提出的抗辩就是其并不是自愿进

---

① See *State v. Bradshaw*, 152 Wash. 2d 528, 538, 98 P.3d 1190 (2004).

② See Ellen S. Podgor, Peter J. Henning, Andrew E. Taslitz, Alfredo Garcia, *Criminal Law Concepts and Practice* (3rd ed.), Carolina Academic Press, 2013, p. 94.

③ *State v. Tippetts*, 180 Or. App. 350, 43 P.3d 455 (2002).

入监狱的,而要证明他对此承担刑事责任的必要前提是有证据证明其有自愿的行为。检方对此进行了两点论证。其一,根据该州法律的规定,"自愿行为"是指一个被告人有意实施的身体的动作,而"有意"一词的使用表明只要被告人意识到行为正在发生,该行为就是一项自愿的行为。其二,即使认为被告人将违禁品带入监狱的行为本身不是自愿行为,被告人之前的持有行为,足以使其对之后的将违禁品带入监狱的非自愿行为承担责任。因为只要被告人的一系列行为中包含了一个自愿行为即可认定其犯罪行为具有自愿性。正如明知自己是癫痫患者的被告人在发病状态下开车撞死了人,虽然被告人在发病状态下的行为不具有自愿性,但是其先前的开车行为是自愿的,就足以认定其整体行为的自愿性。法院判决对控方的两项理由都予以驳回。第一,一项自愿行为不仅需要行为人具有意识,而且需要行为人具有选择是否从事该行为的能力。仅仅论证被告人在被带到监狱时是有意识是不足够的。第二,被告人在被逮捕前自愿持有毒品的事实还不足以证明其应对之后将毒品带入监狱的行为承担刑事责任。一个非自愿的行为,至少应当是一项自愿行为所产生的能够被合理预见的或者可能发生的结果。而根据本案事实,并没有合理理由认定将违禁品带入监狱这一行为是持有违禁品这一行为所导致的、可以被合理预见的结果。法院最后认定被告人无罪。法院的判决理由对刑法上的自愿行为的内涵进行了清晰的界定。*State v. Trippetts* 案为以携带违禁物品进入监狱罪指控此类案件的判决提供了重要的先例。

然而,亦有判例提供了完全相反的判决结果。*People v. Ross* 案[①]即为适例。在此案中,被告人因涉嫌伤害罪被逮捕入狱,在进入监狱时,警察询问了被告人身上是否还藏有武器及其他违禁品,被告人回答没有,之后狱警依照法定程序再次对被告人进行了搜查,在其身上发现一把刀。针对这一事实,被告人被指控犯有携带致命性武器进入监狱罪。法院最终认定被告人成立犯罪,并给出如下理由。第一,从法律解释的角度看,设置这一罪名的立法目的是禁止明知是致命性武器并带入监狱的行为,如果认为构成此项罪名还需要被告人自愿进入监狱,对那些非自愿被带入监狱的人是没有威慑作用的,这样他们就可以在明知是致命性武器的情况下将其带入监狱而不受惩罚。第二,与 *State v. Trippetts* 案一点重要的

---

① *State v. Ross*, 76 Cal. Rptr. 3d 477 (Cal. Ct. App. 2008).

不同之处是，本案涉及的是致命性武器，其具有更紧迫的社会危害性，法律的规定是完全地禁止将致命性武器带入监狱。第三，法院实际上将这一罪名中的作为行为移花接木地修改为不作为行为，即认为法律并没有给予嫌疑人向执法机关说谎的权利。被告人有义务报告其对刀具的持有。他虽然没有能力选择是否进入监狱，但是他有能力选择不违背法律。如果在被询问时他如实供述，就不会将刀带入监狱。因此被告人将致命性武器带到监狱内的行为仍然成立自愿行为。在这三点理由中，第二点理由应当是促使法官作出与 State v. Trippetts 案不同判决结果的最重要的根据，在这一价值观念的支配下，法官将犯罪行为转化为不作为犯罪进行判断，并且以立法目的解释的立场批判了对此类案件作无罪判决的不合理性。但是如果根据严格解释的立场，既然法律规定的是携带致命性武器进入监狱罪而不是拒不上缴致命性武器罪，仅仅违反了如实供述的义务是不能满足前者的构成要件的，因为携带致命性武器进入监狱这一行为包含了两个动作：进入监狱与携带致命性武器。根据自愿行为的定义，这两个动作应当都是行为人具有选择能力实施的或者是行为人的其他具有选择能力实施的行为产生的合理而可预见的结果。行为人拒不供述携带致命性武器只能说明其携带致命性武器具有自愿性，但是无法说明行为人进入监狱具有自愿性。两个判例的结果大相径庭，一定程度上说明，比起大陆法系更注重法律体系的严密性与法律推理逻辑的一贯性，美国刑法更注重法律知识的实用性和个案正义与衡平。

回归到 State v. Winsor 案，被告人是以持有罪名被起诉的，因此对于被告人提出其进入监狱行为不具有自愿性并且援引 Martin v. State 案的抗辩，法院予以驳回。Martin v. State 案中被告人被指控的罪名是公然醉酒罪，该罪的犯罪实行行为是喝醉且进入公共场所的行为，因此是否自愿进入公共场所是该罪的构成要件要素。而本案以持有犯罪起诉而非以携带违禁物品进入监狱罪起诉，被告人是否自愿进入监狱并不包含在本罪的犯罪实行行为之中。因此法院认为被告人不是自愿进入监狱的事实对于本案是无关紧要的。当然，如果要回答上述学者的问题，假如本案以携带违禁物品进入监狱罪进行起诉，根据以上的分析，State v. Trippetts 案的判决结果更符合美国刑法上自愿行为概念的定义，而 People v. Ross 案是法院针对携带更具有危险性的致命性武器作出的个案的平衡，本案的事实与 State v. Trippetts 案更为接近，遵循无罪判决的先例更具有合理性。

其次，本案的法官紧紧围绕持有的内涵论证了被告人成立犯罪。无论是在英美法系还是在大陆法系，持有作为犯罪行为的一种究竟属于作为、不作为抑或第三种行为形态仍然是处于争论之中的问题。在美国，部分州的立法与《模范刑法典》中对持有进行了定义，一定程度上对这一问题作出了回答。密苏里州的立法就规定，持有是指以下自愿行为：持有人在明知的情况下取得或接受持有物品；或者在对物品进行控制时明知其有足够的时间丢弃该物品或终止控制状态。《模范刑法典》也规定，持有构成本条所称的作为，如果持有人明知其获得或者收受被持有物，或者其意识到对被持有物的控制达到了足以能够终止该持有的期间。可见，立法将持有划分为作为型与不作为型两种形态。对于前者，持有表现为积极的动作，要证明被告人成立持有，必须证明行为人自愿地掌控了相关的物品，即自愿取得或自愿接受相关物品。因此如果某人能够证明其包里的违禁物品是被他人放入的，就不成立这种表现为作为形态的持有。而在后一种情形中，持有相当于不作为，即行为人意识到了违禁品的存在，但并未履行抛弃的义务。如果行为人证实这些违禁品是被人硬塞给他的，他了解到物品的性质后没有足够的时间来终止这种持有行为，也不构成犯罪。

法官在判决理由中首先确认了本案的案由是持有型犯罪，故是否自愿进入监狱并不是是否成立持有违禁物品罪的争论要点。法官进一步从正面论证的角度确认了持有的构成要件的成立。在此，法官试图论证成立持有的不作为形态，即对物品进行控制时明知其有足够的时间丢弃该物品或终止控制状态而仍然保持控制。具体而言，法官详细论证了被告人在被逮捕后到被送到监狱进行检查前有足够的时间放弃持有（对被告人明知持有违禁物品控辩双方并无异议），因而被告人未履行相应的义务成立持有。

然而同样存在相反的判例。在 State v. Eaton 案[①]中，被告人在被逮捕入狱的检查时被发现持有冰毒被指控犯非法持有违禁物品罪，根据该州法律，在监狱内持有违禁物品属于该罪的加重情节，对被告人的量刑标准应当从6个月以下依法提高到12个月到18个月。法院判决拒绝对被告人适用该加重情节提高刑罚，认为被告人的行为并非是自愿行为。不过

---

① State v. Eaton, 177 P. 3d 157 (Wash. Ct. App. 2008).

虽然本案是以持有的罪名起诉,法院的判决理由中并未从持有的内涵的角度论证不存在自愿的持有行为,而是大篇幅地引用了 *State v. Trippetts* 案作为其先例根据。因此本文认为这一判例与 *State v. Winsor* 案对比,并未清晰地说明持有型犯罪的性质。

综上,在诸多类似的判例中,被带到监狱的非自愿性对判例结果的影响尚未形成统一的规则。但是从刑法理论的角度,*State v. Trippetts* 案对自愿行为的清晰界定为以携带违禁物品进入监狱罪起诉的此类案件提供了合理的先例的根据,而 *State v. Winsor* 案对持有行为的内涵进行了详细的论证,则为以在监狱持有违禁物品起诉的类型案件创制了可兹援引的规则。

第四节 身份或状态

案例：罗宾逊诉加利福尼亚州案[*]
(*Robinson v. California*)

何　朕[**]

【关键词】

吸毒上瘾；状态犯罪；残酷而不寻常的刑罚

【争议焦点】

对吸毒上瘾的人判处刑事处罚，是否违反宪法的规定？

【诉讼进程】

被告人罗宾逊(Robinson)在洛杉矶(Los Angeles)治安法院被判吸毒上瘾罪，该罪名是加利福尼亚州法律确立的。

后该案被上诉到洛杉矶高等法院，法院维持了判决。

由于案件涉及判决依据的法律是否违宪的问题，罗宾逊继续上诉到了联邦最高法院。联邦最高法院于1962年6月25日作出判决，撤销了洛杉矶高等法院的判决，认定加利福尼亚州制定的该项罪名违反美国联邦宪法的规定。

【案件事实】

罗宾逊在洛杉矶市内被警察发现胳膊上有针眼和伤疤，因而被怀疑使用毒品而被逮捕入狱。罗宾逊在洛杉矶治安法院接受了陪审团审判。指控他有罪的证据由洛杉矶的两名警察提供。作证的警官布朗(Brown)指出，在法院审判的4个月前，在一个傍晚，他在洛杉矶的一条街道上检

---

[*] *Robinson v. California*, 370 U.S. 660 (1962).
[**] 北京大学法学院硕士研究生。

查了被告人的胳膊,当时,被告人的右臂上有伤疤和污点,而他的左臂上,看起来有许多的针眼,以及在肘部上方有一处约 3 英尺长的伤疤。布朗警官还证明了被告人在接受讯问时承认了其偶尔使用毒品。

另一名作证的警官伦奎斯特(Lindquist)提供的证言指出,被告人在第二天早上被送到洛杉矶中央监狱后,他对被告人进行了检查,也发现了被告人胳膊上的污点和伤疤。他还对比了布朗警官在逮捕被告人时拍摄的被告人胳膊的照片。根据在洛杉矶警察局戒毒处的多年工作经验,伦奎斯特警官认为被告人胳膊上的痕迹是用未消毒的注射器进行注射造成的。他还指出,这些伤疤在被告人接受检查时的很多天以前就已经形成了,在他见到被告人时,被告人并没有处在毒品的影响下或者出现脱瘾症状。伦奎斯特警官也证明了被告人承认过自己过去使用过毒品。

【控辩观点】

辩方:

罗宾逊否认了自己曾作出使用过毒品的供述,也断然否认了自己曾经使用过毒品或者毒品成瘾。他解释道,他胳膊上的痕迹是他在服兵役期间的一次过敏导致的感染造成的。他的证言还得到了两位证人的佐证。

【法庭观点】

初审的法官针对法律适用向陪审团作出如下指示。法律规定某人使用毒品或者吸毒成瘾为一项轻罪。其中,"使用毒品"是指一种使用的积极动作,"吸毒成瘾"是指一种状态。二者是不同的,也即吸毒成瘾是一种状态而非行为。后者是一种继续性的犯罪,与其他犯罪不同之处在于,它持续的时间更长,在行为人的行为完成后,它仍然继续并且将导致犯罪人在彻底戒除之前随时可能被逮捕入狱。如果被告人具有这种状态的特征被当场发现,一次身体检查就足以确认被告人正处于这种长期持续性的状态中。

法官进一步指示陪审团,如果陪审团认为被告人处于法律规定所禁止的状态或者实施了有关的行为,均可以认定被告人成立犯罪。陪审团需要审查是否存在的事实是,被告人在洛杉矶市的确使用了毒品,或者他曾经在洛杉矶市吸毒上瘾。

在法官的指示下,陪审团一致认为被告人犯有被指控的犯罪。然后此案被上诉到洛杉矶高等法院。尽管上诉审理法院对吸毒上瘾罪的合宪性提出了一点疑问,最终还是通过一份不公开的法院意见维持了原审判决,并在判决中引用了两个该法院曾作出的不公开判决书支持州立法未违反宪法的观点。

斯图尔特法官(Stewart J.)代表联邦最高法院多数观点发表了法庭意见。

在本案中,州法院对本州内的毒品的贩运拥有何等宽泛的规制权并不是争论的要点。早在本案发生的40年前,在 Whipple v. Martinson 案①中,司法就已经明确地承认了州政府行使该项权力的有效性,判决指出,州政府无争议地对麻醉品和毒品的贩卖、开处和使用具有运用警察力量进行规制的权力。因为州政府对该权力的行使明显是出于公共健康和福利的考量,因此本案中没有必要对其展开讨论。

当然,州政府进行上述规制,可以采取许多种合法的方法。州政府可以科处刑事制裁,例如,对于本州内发生的毒品的非法制造、开处、贩卖、购买或持有制定法律进行刑事处罚。为了预防对上述法律的违反,或者为了本州居民的公共健康和福利,州政府还可以对吸毒上瘾者采取强制治疗措施。这类强制治疗可能需要对吸毒者进行一段时间的强制隔离。不遵守强制治疗程序的戒毒者可能还要受到刑事制裁。此外,州政府还可以在更广泛的领域解决毒品问题,例如加强公共健康教育,改善那些毒品可能蔓延地区的经济和社会条件。简言之,州政府毫无疑问可以采取一系列不同的合法措施,而在这些可以被容许的范围内某项特定的措施的明智与否并不应交由法院判断。在上述前提下,本案争论焦点应回到加利福尼亚州立法的合宪性问题上来。

法院可以对被告人被据以定罪的法律进行如下解释:该罪的成立必须建立在被告人在本州的属地管辖范围内实际上使用了毒品的证据之上。但是加利福尼亚州的法院并未如此解释法律。尽管在本案中,有证据证明罗宾逊曾在洛杉矶使用过毒品,法官对陪审团作出指示,即使他们不相信上述证据具有证明力,他们也能对被告人作出有罪的裁定。陪审

---

① *Whipple v. Martinson*, 256 U.S. 41 (1921).

团还得到指示,只要他们认定被告人处于吸毒上瘾的状态之中,就足以认定被告人有罪。被告人最终被认定有罪就是陪审团根据法官的上述指示作出的。

联邦最高法院认为,该项法律并不是惩罚某人使用毒品、购买毒品、贩卖毒品或持有毒品的行为,也并未意图提供医学上的治疗措施。这部法律将吸毒上瘾的状态规定为犯罪,被告人在戒除毒瘾前的任何时间都可能被以该罪起诉。加利福尼亚州的法院明确表示,无论某人是否曾在该州使用或持有毒品,无论其是否在该州实施了危害社会的行为,他都可能因为吸毒上瘾的状态持续地构成犯罪。

在历史上,美国各州都未曾试图将某人患有精神疾病、麻风病或性病规定为犯罪。州政府虽然可以出于公共健康和福利的角度决定对患有某些疾病的病人采取强制治疗措施、隔离措施。但是,根据人类目前已有的认知,如果某项法律将患有疾病规定为犯罪,无疑将被公认为构成残酷而不寻常的刑罚,因而违反《宪法第八修正案》和《宪法第十四修正案》。

联邦最高法院只能认为加利福尼亚州制定了一部这样的法律。加利福尼亚州法院也承认毒品上瘾属于一种疾病。事实上,这明显属于一种可能在不知情和不自主的情况下患染的疾病。联邦最高法院认为,该州的法律将这些患病的人规定为罪犯并处以监禁刑,而不考虑该人是否在该州内使用过毒品或者实施了其他违法行为,构成残酷而不寻常的刑罚,因而违反《宪法第十四修正案》。虽然 90 天的监禁刑在一般意义上并不属于残酷而不寻常的刑罚,但各州没有惩罚患有毒品上瘾这一疾病之人的宪法权力,正如若将普通感冒规定为犯罪,即使是 1 天的监禁刑也构成残酷而不寻常的刑罚。法院并非没有认识到涉毒犯罪现在已经引起了各州政府的高度注意。但正如已经分析的那样,州政府应当选择合法的手段对抗毒品犯罪。

联邦最高法院最终撤销了洛杉矶高等法院的判决,并认定加利福尼亚州制定的该项罪名违反美国联邦宪法的规定。

【案例评述】

根据斯图尔特法官撰写的法庭意见,吸毒上瘾是一种被告人自身没有控制能力的疾病,法律对病人只可能进行强制医疗,而不能够施加刑罚。道格拉斯法官（Douglas J.）在赞同意见中也表达了对这一观点的支持，他认为："毒瘾者对社区的影响会引起警惕并且通常会导致惩罚措施，但只有涉及犯罪的行为时这些惩罚措施才具有正当性。我不理解在我们的法律体系下，吸毒成瘾为何会被作为犯罪处理，如果毒瘾者因为他们的吸毒上瘾被处以刑罚，那么精神病人同样可以因为他们的疾病而被处以刑罚。"因此本案涉及的第一个问题是，法律为何不能将患有疾病的状态当作犯罪处理？对此有以下理论可以加以说明。

首先，从刑事制裁的本质的角度看，刑罚作为犯罪的后果与民事赔偿和强制医疗等处遇措施的不同在于，判处刑罚体现了社会谴责，犯罪行为应当是一种能招致社会各界予以正式且严肃的道德谴责的行为，刑事犯罪人因为违反法律而遭受审判团体的谴责。因此，刑事定罪给被告人打上了犯罪人的烙印使其与社会的普遍价值相隔离，本身就是一种刑罚形式。而处于某种疾病状态下的人，即使其具有一定的人身危险性，但是患病与否并不是他可以自主选择的，因此社会无法给予这种状态道德谴责，如果病人在这种状态下造成了社会损害，可以责令其进行民事赔偿，也可以对其施加处遇措施。但如果立法规定了一项不具有可谴责性的刑事制裁，则这种立法并不是为了维护社会的普遍价值，而仅仅是为了树立立法者的权威。这种刑事制裁，无论是 90 天的监禁刑、1 天的监禁刑或者仅仅是定罪而不判刑，都构成残酷而不寻常的刑罚。

其次，从刑罚目的理论的角度看，无论根据功利主义还是报应主义的观点，对患病的状态科处刑罚都无法实现刑罚的目的，不具有正当性。无论是吸毒上瘾、患精神病或者其他病，其在法律上的特征是患病者失去了自我选择的能力，他无法自愿选择患病与否，也可能因此丧失控制自我的能力。一方面，根据功利主义的观点，法律无法阻止非自愿的患病状态，既然患病者没有自主选择的能力，刑罚对他们就丧失了威慑的能力。同时刑罚也不可能实现矫正病人病况的功能，承担该功能的应当是强制医疗的处遇措施。从剥夺犯罪能力的角度看，施加刑罚的确可以防止这些患病者再次危害社会，但如果认为刑罚的目的是剥夺他人犯罪的能力以预防犯罪，并且不受任何约束，那么死刑就应当是最有效的刑罚。另一方面，刑罚的功利主义观点还要受到报应主义的制约，不能够超出报应的限度施加刑罚。而根据报应主义的观点，犯罪人的不法行为给社会造成了道德上的失衡，必须对犯罪人施加刑罚，使道德重归平衡。因此犯罪人应受惩罚的根据是他具有可非难性,其前提是被告人拥有自由意志的信念。但是患上某种疾病使病人失去了自由选择的能力,因此在他人缺乏自由选择的范围内,惩罚在道德上是错误的。

根据以上分析,对人类无法自主决定的患病状态施加刑罚是不具有正当性的。那么本案值得进一步讨论的问题是,被告人被据以定罪的加利福尼亚州的立法是否意图惩罚吸毒上瘾的疾病状态?对此,克拉克法官(Clark J.)在反对意见中指出:"这一条款仅仅适用于那些经常甚至每日都使用毒品,却尚未失去自控能力的人。"怀特法官(White J.)也在反对意见中写道:"被告人并不是因为患有疾病或者仅仅因为处于某种状态而被定罪,而是因为在其被逮捕前经常性地、多次地使用毒品而违反加利福尼亚州法律。"由此,无论是持多数观点还是少数观点,各位法官在这一问题上达成了一致,即刑罚只能以自愿的行为为根据,而不能惩罚非自愿的状态。联邦最高法院在这之后的另一个案件中明确表达了这种观点。在 *Powell v. Texas* 案①中,勒罗伊·博威尔(Leroy Powell)被判犯有在公共场所醉酒的罪名。联邦最高法院维持了有罪判决,并指出博威尔并非因酗酒的状态而遭到指控,而是因为其喝醉且进入公共场所的行为满足自愿行为的要件而受到有罪判决,并以此与本案相区分。但是,*Robinson v. California* 案中法庭对陪审团作出的指示说明原审法院并不坚持认为有罪判决只能根据罗宾逊的吸毒行为作出。正如哈伦法官(Harlan J.)在赞同意见中指出:"在本案中,法庭对陪审团作出的指示允许后者仅仅根据被告人处于吸毒上瘾的状态时身处加利福尼亚州而作出有罪裁定。因为上瘾本身只能说明被告人具有使用毒品的倾向而不能证明被告人实际使用了毒品,法庭所做的上述指示无疑相当于允许对仅仅有犯罪意图(的被告人)进行刑事处罚。"

最后,假设本案的被告人被宣告有罪是根据他习惯性使用毒品的行为而非吸毒上瘾的状态,那么讨论的重点就从加利福尼亚州立法的合宪性转为对被告人曾在加利福尼亚州使用毒品的司法证明问题。这一司法证明包含了两个主要的待证事实:被告人曾经使用过毒品和被告人是在该州使用的毒品。后者仍然存在争议,斯图尔特法官代表的法庭多数观点认为,证明被告人在州的管辖范围内实施了犯罪对于论证州法院对该

---

① *Powell v. Texas*, 392 U.S. 514 (1968).

被告人具有管辖权是至关重要的。而怀特法官(White J.)在反对意见中认为,无论是否有可靠的证据证明被告人是在特定地区使用了毒品,州法院都有权对被告人作出有罪判决。而关于前者,现有的证据也并不充分。两位证人关于被告人曾供述自己使用过毒品的证言属于传闻证据,被告人胳膊上的针眼和伤疤仅仅属于间接证据,这些证据是否足以达到证明被告人使用了毒品的证明标准也是有疑问的。

第四章 犯罪主观要件

第一节 普通法:一般意图与特殊意图

案例:联邦诉卡班案*
(*United States v. Cortés-Cabán*)

徐万龙**

【关键词】

一般意图 特殊意图 蓄意 明知

【争议焦点】

如何理解普通法中的一般意图和特殊意图?它们在司法中是如何运用的?

【诉讼进程】

四名波多黎各警察局毒品和禁毒处的警察[包括维克托·杰拉多·科尔特斯·卡班(Víctor Gerardo Cortés-Cabán)在内],因为通过受监管的物品伪造刑事案件,导致一些公民因为伪造的证据而被错误地逮捕。他

---

* *United States v. Cortés-Cabán*, 691 F.3d 1 (2012).
** 北京大学法学院博士研究生。

们因此被美国的波多黎各地区法院判有罪,法院认定这四人在职务行动中阴谋压迫、威胁和恐吓他人的宪法权利,其中三人还被控告以散布的意图持有违禁品罪。

随后四名被告人提起上诉,2012 年 10 月联邦第一巡回法院上诉法庭认为四人构成犯罪,维持了原判。

【案件事实】

卡班等人是波多黎各警察局毒品和禁毒处的警察,他们被起诉是因为他们通过受监管的物品伪造刑事案件,导致一些公民因为伪造的证据而被错误地逮捕。他们声称,这么做是为了满足部门定下的每周的逮捕配额。

从 2005 年到 2007 年,中尉丹尼斯·穆尼兹(Dennis Muñiz)担任该部门的主管。他一直在参与并协助这些伪造证据和案件的活动。在审判中,穆尼兹作为政府的证人,声称被警察用来伪造案件的毒品通常被储存在金属黑匣子里,这个匣子一般由部门主管圣地亚哥·门德斯(Santiago-Méndez)保管。门德斯的做法是将盒子存放在办公室的文件柜中。这个盒子内装有的是违禁品,例如可卡因、海洛因、吸毒用具等。在执行搜查令或其他干预措施之前,已向警察提供此类违禁品,以确保随后的逮捕顺利进行。审判中的证词证明了穆尼兹和门德斯特别地指示了,如果搜查或干预不"积极"的话即不存在有效的逮捕理由时,就用毒品栽赃。

【控辩观点】

辩方:
控方指控犯罪所依据的《美国法典》21 § 841(a)(1)之中的以散布的意图拥有违禁品这一要件相应的事实,并无充分的证据可以证明其存在。

【法庭观点】

上诉法庭将目光转向上诉人的论据,即不存在充分的证据证明,指控犯罪所依据的《美国法典》21 § 841(a)(1)之中的以散布的意图拥有违禁品这一要件相应的事实存在。一般而言,具体意图要求被告人意图将被禁止的结果作为其目的。在以上述条文指控被告人的背景之下,被告人必须具有散布违禁品的特殊意图。① 亦即，为了证明"在散布的意图之下的拥有"的犯罪行为，控方必须证明被告人明知或者蓄意地拥有违禁品，并具有散布的意图。有证据表明，在被控告的警察之间存在着毒品的转移，然后是对毒品的使用以便于逮捕，这相当于散布；采取这些行动的意图也就满足了法规中所要求的特殊意图要件。

此处的相关意图是"散布意图"。与上述观点不同的观点是，由于警察的意图是通过毒品来使逮捕变得容易和确定，因此警察不具有散布毒品的意图。这一论点将法条所要求的散布意图和别的问题混为一谈了。只有前者是法条的一个要素，最终的目的不是法定的要件。这表明了议会自己作为立法者的意图，因为一方面议会并没有将最终目标作为法条的内容，另一方面议会也没有将购买或者出售作为法条的法定的内容。对于特殊意图而言，重要的是被告人打算将毒品转移给另一个人。不同的意见还有，散布毒品的具体意图要求被告人打算进一步滥用药物或打算将药物引入或传播到社会的非法药物市场渠道。不过也没有法院如此解读这种意图。不同的意见还包括，不能从被告人散布毒品的行为中推断出事先有这一特定罪行的具体意图。但这一观点不为本案法官所采。被告人并没有被指控散布，他们被指控的是具有散布意图的拥有。事实上，被告人确实散布了这些药品，在确定被告人是否事先具有散布的意图时，适当地考虑之后的散布事实是合适的。② 如果被告人质疑政府证人的可信度，法官的充分性分析不允许法官评估证人的可信度，"因为这是陪审团的任务"③。亦即，陪审团有权选择是相信被告人的证词还是相信共谋者的证词。无论如何，每位证人的证词不仅相互印证，而且还通过录音和录像记录得到了证实。

目击者作证称，在执行搜查令之前，被告人经常在该部门会面，当时门德斯将药物分发给其他警察，并指示将药物转移给受害者，以进行"积极"的搜查。该证词还确定了几个同谋者在团队中讨论伪造证据的具体情况。目击者还作证说，当联邦调查局执行搜捕令以找到并扣押黑匣子时，几名犯罪同谋者会面，试图营造一个不在犯罪现场的假象，以逃避法

---

① See *United States v. Rivera-Donate*, 682 F.3d 120, 133 (1st Cir.2012).
② See *United States v. Coleman*, 584 F.3d 1121, 1125 (8th Cir.2009).
③ *United States v. Troy*, 583 F.3d 20, 24 (1st Cir. 2009).

律的制裁。

综上,本案法院得出的结论是,这里的判决得到了证据的充分支持,"作为一个整体,并且最有利于控制",因此原审陪审团的认定并没有错。法院还承认,判决的结果是由法规及其历史的简明语言决定的,立法者可能没有在制定法律时预见到这种具体的情况。如果立法者不同意这一结果,那只能修改法律。

最终上诉法院维持原判。

【案例评述】

在本案中,一个重要的问题是如何区别"特殊意图"和"一般意图"。无论是在实际的审判中,还是在学术文献中,"一般意图"和"特殊意图"的内涵和界分都较为模糊和困难。我们选择较为清楚的定义来对此处的概念予以界定。所谓的"特殊意图"犯罪是指:(1)有意图或者有目的地实施将来的行为,或者制造将来的后果①;(2)行为人意识到了法定的附随情况。而一个不包含上述要素的犯罪就是一个"一般意图"的犯罪。以普通法中的夜盗罪为例:在晚上闯入住宅,并意图在其中犯下重罪。这一罪名就是特殊意图犯罪,因为政府必须证明被告人在闯入住宅时的意图。需要特别强调的是,夜盗罪所要求的是在进入住宅时拥有犯罪的意图,而并不要求其事后真的有实施具体的犯罪行为。由此可见,这一"欲实施犯罪"的特殊意图并不要求有相对应的客观要件。相反,也不能认为行为人闯入他人住宅,然后实施了具体的犯罪,就成立夜盗罪。控方还是需要证明,行为在闯入的那个时间点就具有犯罪意图;如果行为人在闯入之时没有,但是进入之后由于其他原因实施犯罪行为,此时并不构成夜盗罪。与此同时,如果"意图实施重罪"这一要件被删除,那么这个罪就是"一般意图"的犯罪。在本案中,行为人犯罪的成立要求"散布的目的",也就是说控方必须证明行为在拥有违禁品或者受政府监管的物品时必须具有散布的意图,这符合定义中第一项的规定,即"有意图或者目的实施将来的行为",因此行为人所犯的罪行是"特殊意图"犯罪。

---

① See *People v. Hood 1 Cal.3d 444*, 455-458, 82 Cal.Rptr. 618, 462 P.2d 370(1969); *Dorador v. State*, 573 P.2d 839, 843 (Wyo. 1978).

本案中的"特殊意图"是否就是指具有散布的意图，存在争议。支持的观点与反对的观点所聚焦的问题其实是，在刑法中主观目的应该如何证明的问题。在案件审理中，是否可以用"事后的散布行为"来证明行为人事前就具有"散布的意图"，存在一定的争议。笔者认为，在这种较难证明的主观要素的证明中，必然是要考虑到客观的事实行为的，这一客观的事实行为，既可以是在散布之前的行为，也可以是散布之后的行为。本案中，行为人事后的确有散布的行为，这是证明其事前就具有散布目的的一个有力证据；但是行为人也可以对此提出反证，证明这一散布行为是由于其他原因激发的，并不是在拥有毒品之后就已经有预先的决定。但是，反对意见也具有一定的合理性。的确，事后的散布行为不能证明行为人在拥有这些毒品时是否具有散布的主观意图，还是要统合全案来具体地考察这一主观要素。例如，行为人是否以贩卖、销售毒品作为职业等客观要素也要纳入考虑的范围。在整体考察了客观情况之后，可以对行为人是否具有"特殊意图"作出较好的判断。

第二节 《模范刑法典》犯罪心态

1. 蓄 意

案例:佛蒙特州诉特朗布利[*]

(*Vermont v. Trombley*)

徐万龙[**]

【关键词】

蓄意;明知;概括故意;特定故意;正当防卫

【争议焦点】

法庭错误地没有区分蓄意和明知,是否会妨害陪审团对行为人是否构成自我防卫的考量?

【诉讼进程】

马修·特朗布利(Matthew Trombley)因其蓄意地造成乔治·德马雷斯(George Demarais)严重的身体伤害被起诉。随后,初审的佛蒙特州地区法院富兰克林(Franklin)巡回法院第三法庭宣告特朗布利构成加重的企图伤害罪。

特朗布利就其加重的企图伤害罪向佛蒙特州最高法院提起上诉。上诉的理由是法庭对陪审团的指示是不恰当,并且具有误导性的。2002年7月2日,佛蒙特州最高法院判决特朗布利的行为构成加重的企图伤害罪,但法庭对陪审团的指导的确是不恰当的。不过这是一个无害的错误,这个错误并不会影响陪审团对案件事实的认定。

---

[*] *State v. Trombley*, 174 Vt. 459 (2002).
[**] 北京大学法学院博士研究生。

【案件事实】

案件发生在2000年2月18日傍晚,特朗布利和德马雷斯发生了斗殴。这两个人都在一家酒吧喝了酒。德马雷斯作证说,他和一些朋友一起坐在酒吧里,与他素不相识的特朗布利从后面接近他,向前推他,并打了他的脸好几次。围观者将特朗布利从德马雷斯身上推开。过了一会德马雷斯离开了酒吧。特朗布利主张,他之所以会在酒吧中接近德马雷斯,是因为德马雷斯一直盯着他看,他想知道为什么。他们争辩了一会儿之后,然后发生了冲突。根据特朗布利的说法,在德马雷斯离开酒吧之后,特朗布利发现自己的手臂被割伤,他决定追上德马雷斯和他谈谈他到底干了什么。

关于特朗布利和德马雷斯离开酒吧之后所发生的事情,双方的说法不同。根据被害人德马雷斯的说法,他正离开酒吧之时,特朗布利从后面抓住了他,并且至少打了他12拳,直到他倒地,并开始丧失意识。德马雷斯为了保护自己免受进一步的伤害,他拿出了一把小刀,盲目地挥舞以至于划伤了对方的肩膀。特朗布利在又给了德马雷斯几拳之后,停止攻击德马雷斯。而根据特朗布利的说法,他看到德马雷斯走在街上,喊他停下来,朝他跑去,然后抓住了他。他们倒在了地上。在经过一番争斗之后,特朗布利变得既害怕又生气。他作证说他多次打了德马雷斯,试图让德马雷斯停止刺伤他。两个人都受了伤。德马雷斯脸上受了伤,眼睛肿得很厉害,视力也有部分丧失,一颗牙被打落。特朗布利的脸部、头皮后部、颈部、手部和胸部遭受多处刀伤,所有的刀伤都是表面伤。

【控辩观点】

辩方:

第一,就其被判加重的企图伤害罪提起上诉的一个理由在于,法官对陪审团的指示存在几处错误。自己仅被起诉"蓄意地"(purposely)造成严重的身体伤害,而法庭却指示陪审团考虑特朗布利的行为是"蓄意地"还是"明知地"(knowingly),这是不恰当的。自从立法机关采用了区分"蓄意地"和"明知地"的《模范刑法典》的语言,上述人仅因为"蓄意地"造成严重的身体伤害而被起诉,那么指示陪审团考虑"明知地"的主观心态就是错误的。一份恰当的对陪审团的指示应是告诉陪审团,要对特朗布利定罪,必须确认特朗布利的目的在于给德马雷斯造成严重的身体伤害;如果特朗布利只是在能几乎确定自己的行为会造成德马雷斯严重身体伤害的情况下做出该行为,陪审团不能宣告他有罪。

第二,法庭未指示陪审团在判断特朗布利是否是蓄意行为时考虑特朗布利的恐惧和情绪。法庭应当向陪审团提供"能力减少"的指示,指示他们考虑有关其恐惧和情绪的证据,因为其与特朗布利是否具备犯罪所要求的主观心态有关。

第三,法官对于特朗布利是否属于自我防卫的指示是如此地具有误导性以至于陪审团否定了特朗布利的自我防卫(self-defense)的主张。这里关于自我防卫的指示,允许陪审团考虑特朗布利从酒吧追击到街道上的合理性,而不是将重点放在在街道上防卫德马雷斯用刀攻击的行为,这便容易令陪审团产生混淆,并因此拒绝他的自我防卫的主张。换句话说,如果陪审团觉得他从酒吧出来追击德马雷斯的行为不合理,他们可能会拒绝他在大街上合法自卫的主张。

【法庭观点】

特朗布利认为,提出上诉时因为其仅被控告"蓄意地"造成严重的身体伤害,而法庭对陪审团的指示中却存在关于他是否"明知地"做出行为这部分内容,后者会让陪审团不适当地考虑和权衡那些关于他在当时的情况下是否能几乎确定自己的行为会造成严重身体伤害的证据。但是,审理本案的佛蒙特州最高法院指出,这是一个无害的错误。假设特朗布利打人的唯一的动机就是保护自己免于德马雷斯的攻击,这也是他造成严重身体伤害的首要目的。高等法院还指出,如果让另外一个陪审团来审理此案,且该陪审团收到的指示中包括了要考虑被告人成立自我防卫的主张,特朗布利仍提出一个类似的主张即法庭错误地没有区分"蓄意地"和"明知地"的问题时,也不能认为这种不区分的错误阻止了陪审团考量行为人的自我防卫的状况。

特朗布利还认为,法庭未指示陪审团在判断特朗布利是否蓄意行为时考虑特朗布利的恐惧和情绪。对此,佛蒙特州最高法院认为,初审法院拒绝将"能力减少"的内容指示给陪审团的做法是正确的,因为没有足够的证据来证明这一主张的合理性。紧急医疗技术人员和调酒师的证言不足以确定特朗布利的自控能力有所下降。他们作证说,在袭击发生之后,特朗布利回到酒吧,显得焦虑和害怕。但是,这样的证词并不能证明特朗布利具有实施加重攻击的必要意图。事实上,特朗布利自己的证言表明其在主街上实施行为时在精神上具有完全的能力。据特朗布利后来称:"我试图压制他,以控制整个局面……我试图抓着他的手,把它拉到我能看到的地方,并且不让他动我膝盖……我只是看着他并和他说别来烦我,别跟着我……我觉得他不会再跟过来了。"特朗布利在被盘问时也承认他知道自己在某种程度上做了什么,他知道自己用力地击打德马雷斯,他是在自愿的情况下挥舞手臂的。正如初审法院所发现的矛盾之处那样,特朗布利一方面要求法院给陪审团"能力减少"的指示,另一方面特朗布利自己却说他的自控能力没有减弱。由于证据并未明显表现出这种能力的减少,初审法院也就无须向陪审团提供指示。

特朗布利关于自我防卫的辩护也不能成立。佛蒙特州最高法院认为,初审法院的指示是正确的法律陈述,并没有误导陪审团。特朗布利在审判时的整个论点都集中在他在主街对峙中被刺伤时的自我防卫权。在陪审团面前,追击受害人的合理性并不是一个问题,因为特朗布利追击受害者是为了与他对抗,这一点并没有争议。此外,初审法院的指示明确将陪审团的重点放在主街上的争执中。指示一开始就将重点放在特朗布利打落受害者的牙齿,然后讨论冲突中的攻击者如何在遇到反击时自我防卫。指示将陪审团的目光集中在相关的时间范围内,并向陪审团明确表示,如果他们发现特朗布利在主街上发生争执时没有合理行事,而不是在追捕过程中,那么他就没有合法地进行自我防卫。

佛蒙特州最高法院维持了原判。

【案例评述】

一般而言,刑事责任是以"恶意"和"恶行"的同时发生为基础的。[①] 刑法最基本的原则之一就是"如果他对相应的结果没有可非难的犯罪心

---

① See *Morissette v. United States*, 342 U.S. 246, 251, 72 S. Ct. 240, 96 L. Ed. 288 (1952).

态,他对结果的产生不负刑事责任"①。而蓄意是构成犯罪的主观心态之一。理解《模范刑法典》中的蓄意概念,对于正确地认定犯罪具有重要意义。purposely 一词其实有两种含义,取决于所考虑的犯罪的实质要素是结果或行为,还是涉及伴随的情况。② 根据《模范刑法典》的规定,符合蓄意的第一种情况是,"如果该要件涉及其行为的性质或者一个结果,实施该性质的行为或者引起该结果正是行为人有意识的目的"。在如此的定义中,蓄意就是一种精神状态,与普通法中 intentional 一词相对应。③ 例如,行为人 A 想通过纵火的方式,烧死 B;在某个周末的深夜,A 偷爬进 B 的院子,对 B 的房子进行纵火,结果导致 B 和其家人被烧死。在该案例中,A"蓄意"地杀死了 B,因为夺走 B 的生命正是 A 有意识的目的所在;但是值得注意的是,A 并未"蓄意"杀死 B 的家人。此外,根据《模范刑法典》的规定,符合蓄意要件的第二种情况是,"如果该要件涉及附随情状,行为人意识到该附随情状的存在或者其认为或希望该附随情状存在"。例如,如果 D 进入一个被占领的建筑物内部进行重罪,他已经"故意地"采取了行动,如果他知道这个建筑物已被占用或希望会被占用,那么该建筑物就可以认为是被占用了。④

在本案中,行为人特朗布利用拳头反复殴打德马雷斯,致使德马雷斯的牙齿被打碎。通过其行为可知,德马雷斯身体受到伤害的结果正是行为人的目的所在,因此特朗布利的犯罪主观罪过是蓄意。

在普通法中,犯罪一般被区分为"概括故意"(general intent)和"特定故意"(specific intent)。这一区分造成了许多的困惑,因而美国《模范刑法典》重新定义了四种责任:蓄意、明知、轻率、疏忽。佛蒙特州关于加重的企图伤害罪的罪过形式规定是行为人试图给他人造成严重的身体伤害,或者蓄意地、明知地、轻率地造成这种伤害。这一规定借鉴了《模范刑法典》的规定。

---

① *State v. Doucette*, 143 Vt. 573, 580, 470 A.2d 676, 681 (1983).
② See Joshua Dressler, *Understanding criminal law* (5th ed.), Matthew Bender & Company, Inc., 2009, p.140.
③ See Joshua Dressler, *Understanding criminal law* (5th ed.), Matthew Bender & Company, Inc., 2009, p.141.
④ See Joshua Dressler, *Understanding criminal law* (5th ed.), Matthew Bender & Company, Inc., 2009, p. 141.

《模范刑法典》之所以对"蓄意"和"明知"作出区分,是因为区分"某个人的目的"和"某个人的明知"在很多时候都有重要意义。例如,当某人被指控犯了叛国罪,政府就必须证明他的行为是以帮助敌人为目的的。其次,在未遂和共谋中的主观心态也可以将犯罪行为和其他中立无害的行为区分开来。最后,关于谋杀罪的法律经常在罪名设定的层级上或者在刑事处罚上区分"行为人知道自己的行为会导致他人死亡"和"行为人的行为以杀死别人为目的"。由上可知,区分一个人知道自己的行为会导致他人重伤和一个人的行为以导致他人重伤为目的也是很重要的。

在本案中特朗布利认为,自己的目的不是为了造成严重伤害,而是为了防卫德马雷斯用刀攻击自己,在此种情况下,法庭给陪审团的指示阻止了陪审团考虑这个目的。特朗布利的论证以如下内容为前提:当陪审团在考虑特朗布利是否具有对严重身体伤害的目的时,也可能会考虑关于严重身体伤害的正当化事由。根据正当防卫的规定,即便特朗布利真的实施了刑法所禁止的行为,但他有权保卫自己时,就不会构成任何犯罪。特朗布利要承担有关正当化事由的举证责任,但特朗布利的主观心态是不会和可能有正当化事由这个情况一起考虑的。

关于本案,另一个值得研究的问题是所谓的"无害的错误"。其意思是,即使法庭犯了一个错误,上诉法庭也不一定要推翻原审法庭的判决,因为当它没有影响审判的结果时,这个错误可能是无害的(harmless)。正如佛蒙特州最高法院指出的,"宪法要求给被告人一个公正的审判,而不是一个完美的审判"[1]。在本案中,法庭的指示中包含了"明知",这当然是一个错误;但是特朗布利主张这个错误会妨害陪审团对其正当防卫的认定,这个主张显然是不可能成立的,也不会使陪审团产生合理怀疑[2],因此这个错误并不可能对审判结果产生任何影响,因此是一个无害的判决。

---

[1] *Delaware v. Van Arsall*, 475 U.S. 673 (1986).
[2] See *State v. Carter*, 164 Vt. 545, 553, 674 A. 2d 1258, 1264 (1996).

2. 明　知

案例：联邦诉尤茨案[*]
(*United States v. Youts*)

徐万龙[**]

【关键词】

明知；蓄意；特殊意图；《联邦证据规则》

【争议焦点】

犯罪主观要件为故意(willfulness/willful)时，是否要求行为人具有特殊意图？

【诉讼进程】

1994年1月10日，艾伯纳·尤茨(Abner Youts)违反联邦法令破坏火车。之后他于联邦堪萨斯州地区法院被判有罪，被判处46个月的监禁刑以及234 145美元的赔偿。

尤茨提起了上诉。在之后的二审中，联邦上诉法院第十巡回法庭的西摩法官(Seymour J.)认定：(1)将火车全速倒车，造成随后的脱轨，构成"故意"破坏列车；(2)有关被告人先前的盗窃并破坏皮卡车的证据是一个无害的错误；(3)地区法院错误地处理了陪审员的不端行为，但这是一个无害的错误。因此，原判决被维持。

【案件事实】

1994年1月10日的清晨，尤茨和理查德·内斯比特(Richard Nesbitt)登上了一个空的火车头，在玩弄了一会控制装置后，他们发现了如何能使

---

[*] *United States v. Youts*, 229 F.3d 1312 (10th Cir. 2000).
[**] 北京大学法学院博士研究生。

火车前进或者后退。尤茨对内斯比特说,作为一个男生,他一直很喜欢火车并想成为一个工程师。尤茨决定把火车开回家。

在离家半个街区的时候,尤茨停下了火车,让内斯比特下车,然后决定穿过城镇把火车送回去。他全速倒车,然后自己下了火车。火车一直开到了威奇塔(Wichita)的铁轨弯道处。这段弯道的正常速度是 10 英里每小时。而这辆无人驾驶的火车的速度达到了 56 英里每小时,最后脱轨,虽然无人受伤,但最终导致了 234 145 美元的损失。

尤茨坚称证据证明了他想要归还一时冲动之下开走的火车。

【控辩观点】

辩方:

第一,有关法律规定,任何故意(willful)破坏任何在联邦内部或者国外商业中通过铁路来使用、运营或者雇用的列车、发动机或者汽车的行为都构成犯罪。尤茨认为,根据相应的法规,关于使列车失灵、脱轨、破坏的具体意图应当被证明。他辩称,没有证据表明他确实希望火车能够被破坏。相反,他有证据表明他只是一时冲动开动火车,并且冲动过后他打算让火车返回火车站。

第二,犯罪的证据是被不恰当地采纳的。

第三,地区法院错误地处理了陪审员的不端行为。

【法庭观点】

联邦上诉法院第十巡回法庭认为,分析尤茨的第一个主张时,需考察有关术语的发展。故意一词不断地在刑事性法令中被使用,但是其含义却模糊不清。为了回应这些普通法条款中的模糊不清,《模范刑法典》规定了四类犯罪主观心态,分别是"蓄意、明知、轻率、疏忽"。《模范刑法典》对比了很多判决,得出了如下结论:明知的行为足以满足"willfulness"这一术语的要求。此外,从 1992 年的立法过程中可以看出,议会并不想让法令包含"特殊意图"这一要求。内务委员会(House Committee)曾提交一份报告,在"willfully"后面添加上恶意(malicious)一词,但是最后被议会拒绝。从《模范刑法典》§2.02(2)(a)(i)的规定来看,认定行为人明知地实施了犯罪的一个实质要件,须满足如下两个条件:该要件涉及行为的性质或者其附随情状,行为人意识到其行为具有该性质或者该情状存在;以及该要件涉及行为的结果,行为人意识到其行为几乎肯定会引发该结果。在本案中,以全速送一个无人驾驶火车回去的自然的、可能的、近乎确定的后果是将会被法律处罚。根据立法史和判例,所谓的"willfully"的意思不是蓄意,其与明知等同。据此,巡回法庭认为将火车全速倒车,造成随后的脱轨,构成"故意"破坏列车,所以尤茨的行为符合明知的要件。所谓"willfully"就是指明知,并不要求特殊意图,尤茨的行为构成犯罪。

在讨论尤茨的第二项主张时,巡回法庭援引了《联邦证据规则》(Federal Rule of Evidence)。涉及被告人其他犯罪证据的可接受性的《联邦证据规则》§404(b)规定,当为了证明被告人的行为符合要件时,其他犯罪、不法或者行为的证据不能用来证明行为人的性格;但是它可以被允许用于其他目的,例如作为动机、机会、意图、准备、计划、知识、身份等的证据。如果根据《联邦证据规则》§404(b)提供证据,控方承担的责任是证明控方所提供的证据与品格以外的问题有关。控方必须精确地表达,通过这种证据可以将何种后果的事实推断出来。初审法院应具体确定提供此类证据的目的以及从中得出的推论,仅仅援引或者重述《联邦证据规则》§404(b)的广泛声明是不够的。根据《联邦证据规则》§404(b),控方要求接纳以下证据来凸显身份、动机和意图:(1)在火车被盗窃当晚,尤茨撬开了一家钢铁公司的门,并从中偷走了一辆小卡车;(2)1996年9月3日,尤茨在试图从威奇塔船库偷船时被捕;(3)1997年6月7日,尤茨爬过一家拖拉机公司的围栏,开走了几件重型建筑设备,将它们撞到一起,造成了破坏,然后,他偷走了一辆拖车,驾驶它穿过大门,沿着一条城市街道行驶,最后撞倒了一根灯柱。尤茨并不反对第(1)项关于盗窃小卡车的证据,因为它是违法行为的一部分,也是控方间接证据的一部分,但是他对其他两项证据提出了异议。

在听证会上,检察官表示,除非尤茨出庭作证,否则不打算提供船只和卡车事故的证据。因此,法院推迟了对证据是否可以受理的裁决。然而,在审判的第一天,辩护律师问内斯比特是否打算破坏火车,内斯比特的回答是否定的。面对这种情况,检察官要求允许引入《联邦证据规则》§404(b),以显示尤茨的主观意图。法院不顾尤茨的反对(反对理由是它可能与显示被告人的意图、动机、身份有关)允许适用相关的证据。对此,尤茨认为,法院没有具体说明证据被接纳的目的,仅仅援引并重述了《联邦证据规则》§404(b)。正如尤茨正确指出的那样,此处的陈述并不十分具体。控方承认法院未能明确说明证据的具体目的,以及欲从中得出何种推论。当法院向陪审团发出限制性指示时,控方认为这种疏忽得到了纠正。在提供证据时,以及在对陪审团的最终指示中,法院表示只是为了展示尤茨的意图或身份。上诉法院对这种说法并不同意。巡回法庭认为,初审法院在决定接受《联邦证据规则》§404(b)中的证据时,未作出法律要求的具体的调查结果,是错误的。尽管如此,上诉法院强调,只要对裁判的正确性没有实质的影响,并且从记录中可以明显看出接纳证据的目的,这个错误就是无害的。在本案中,这两个条件都得到了满足,因此初审法院未能遵守要求是一个无害的错误。

尤茨最后辩称,初审法院不当处理了陪审团不当行为的指控。如果不存在滥用裁量权的情况,初审法院关于如何处理陪审员的不当行为或偏见的指控的决定将不会被撤销。在此,若被告人未能提出上述问题,那么法院将只审查明显的错误(plain error)。明显的错误是指会影响实质性权利并破坏司法程序的公平性、完整性或公共声誉的错误。在巡回法庭给予救济之前,尤茨须证明因该错误而产生了对他的偏见。

综上,尤茨的有罪判决被维持。

【案例评述】

本案中的一个重要争议问题就是"willfully"的含义为何,是否需要包含"特殊意图"。如果"willfully"以特殊意图的存在为前提,那么"willful"就和《模范刑法典》中的蓄意更为贴近;若与特殊意图无涉,则和明知是相同的含义。根据《模范刑法典》§2.02(a),蓄意的其中一种情况是指,"如果该要件涉及其行为的性质或者一个结果,实施该性质的行为或者引起该结果正是行为人有意识的目的"。由此可知,如果行为人对行为或者结果的发生保有有意识的目的,那么行为人就具有蓄意。与此相反,根据《模范刑法典》§2.02(b)的规定,所谓明知是指,"行为人明知地实施犯罪的一个实质要件,如果:(i)该要件涉及其行为的性质或者其附随情况,行为人意识到其行为具有该性质或者该情状存在;以及(ii)该要件涉及其行为的结果,行为人意识到其行为几乎肯定会引起该结果"。由此可知,即使行为人意识到自己的行为近乎肯定地会引起结果的发生,若无有意识的目的,也仅仅是明知而已。换言之,特殊意图或者有意识的目的是区分蓄意和明知的至关重要的标准。所以,如果某一个罪名所规定的主观心态是蓄意,那么控方还要证明其存在特殊意图;相较而言,明知这一主观心态的证明责任对于控方而言更为轻松一些。

"willfully"的含义应当与"knowingly"等同,这一观点不仅有判决中所提到的立法历史作为证据,更有诸多判例佐证。典型的如,在 United States v. M.W. 案[①] 中,法院明确引用《模范刑法典》中的明知的规定来定义"willfully",将它完全等同于明知。因此,在本案中,尤茨主张,控方并没有证明其有破坏火车的特殊意图,并且他从一开始就没有想破坏火车而是想把火车开回去的辩解就无法成立了。换言之,尤茨涉及的罪名中的"willfully"之含义根本不包含行为人破坏火车这一特殊意图,而是指只要行为人明知自己的行为有可能导致火车倾倒、被破坏即可。相对应地,控方也根本不需要证明尤茨具有破坏火车的特殊意图。

关于明知这一要素,行为的自然的、可能的结果就可以充分地证明行为人的主观心态。[②] 也就是说,只要行为人了解了自己行为的自然的、可能的结果,那么行为人明知的主观心态也就成立了。在本案中,尤茨在不具备专门的驾驶技术的情况下,毫无顾忌地将无人驾驶的火车全速向有弯道的铁轨处开,火车在转弯处的速度达到了 56 英里每小时,远超过了 10 英里每小时的正常速度。如此不符合规定的行为的自然的、可能的结果便是火车倾覆。因此,尤茨的主观心态的确是明知,已构成犯罪。

---

① *United States v. M.W.*, 890 F.2d 239, 241 (10th Cir.1989)。相同观点的判例,参见 *United States v. Barber*, 594 F.2d 1242, 1244 (9th Cir. 1979); *United States v. Johnson*, 14 F.3d 766, 768 (2d Cir. 1994)。

② See *United States v. White*, 557 F.2d 233, 236 (10th Cir. 1977)。

3. 轻 率

案例:科罗拉多州诉霍尔案[*]
(*People v. Hall*)

徐万龙[**]

【关键词】

轻率;实质的;不合理的;风险

【争议焦点】

如何理解轻率(reckless/recklessly)中所要求的实质且不合理的风险?

【诉讼进程】

1997年4月20日,那桑·霍尔(Nathan Hall)因为超速且不恰当的滑雪行为导致另一滑雪者死亡而被起诉。伊戈郡(Eagle)法院以其行为并没有造成"比不可能更可能"的死亡风险为由,否定了其行为制造了实质的风险,因而判定其不符合非预谋杀人罪里轻率的主观要件。

控方向伊戈郡地区法院提起上诉,该法院同意郡法院关于实质风险的理解,维持了原判。

2000年4月10日,科罗拉多州最高法院认为,所谓的实质且不合理的风险,并不一定要"比不可能更可能",低于这一标准的也可能是实质且不合理的风险,判定被告人的行为符合轻率的非预谋杀人罪的要件,判决被告人构成轻率的非预谋杀人罪。

---

[*] *People v. Hall*, 999 P.2d 207 (Colo. 2000).
[**] 北京大学法学院博士研究生。

【案件事实】

1997年4月20日,滑雪季的最后一天,霍尔在名为瓦利(Vali)的山上担任滑雪缆车的操作员。当他结束工作并在升降机关闭之后,霍尔滑向山脚,当时滑雪道并不拥挤。

在霍尔滑行的滑雪道的下半部分与另一条滑雪道相交的地方,霍尔滑得非常快,滑雪板在空中翻转,他的重量都压在滑雪板上,伸出双臂以保持平衡。他从一个山丘上飞出,看到了他下面的人,但是由于使用了雪上技巧,他无法停下来或者控制自己。

霍尔与阿伦·科布(Allen Cobb)相撞,科布当时正在横穿斜坡。这次碰撞导致科布头部和脑部受伤。科布被带到了瓦利医疗中心救治,但是其并没有被救活。霍尔的血液酒精浓度为0.9%,这一浓度比驾车的酒精浓度最高值要低。霍尔的毒品血液测试的结果也为阴性。

【控辩观点】

略。

【法庭观点】

初审的郡法院举行了初步听证会,以确定是否有合适的理由支持对霍尔的重罪指控。在初步听证会上,控方提供了目击者、验尸官和警长的证词。

其中一位目击者是当地的阿伦法官(Allen J.),他作证说,他是一位专业的滑雪者,熟悉瓦利山的滑雪道。当他第一次注意到滑雪道上的霍尔时,他正在滑雪道上冲刺。阿伦法官参加了一场比赛,其正好在霍尔所处滑雪道的正下方。阿伦法官说,他可以直接看到其他滑雪者穿过他下面的斜坡,并且不存在盲点。霍尔当时以相当快的速度超过了阿伦法官。阿伦法官估计霍尔的滑雪速度是他的三倍。阿伦法官说霍尔坐在滑雪板上,在空中翻转,双臂伸向两侧,以保持平衡。霍尔在山坡上沿直线滑行,没有左右转弯或者横穿斜坡。在这一过程中,地形控制着霍尔,而不是相反。阿伦法官认为,就霍尔展现的滑雪技术而言,他滑得太快了,已经失去了控制——如果把失去控制定义为不能避开某人的话。他虽然长时间地注意到了霍尔不安全的滑雪行为,但是并没有看到相撞。

警察麦克威廉(McWillam)调查了这一起相撞事件。麦克威廉作证说,虽然霍尔不记得碰撞,但是霍尔承认,当他从山坡上飞过来往下看时,他的确看到下面有人,但因为颠簸而无法停下来。麦克威廉指出,撞击的目击者说,他看到了霍尔高速滑下并且失控。他说,似乎没什么经验的科布在霍尔遇到一些颠簸时正在横穿霍尔下面的斜坡。经过盘问,麦克威廉作证说,在他11年的工作经验里,在瓦利山上,只发生过另外两起碰撞,有一名滑雪者死亡。麦克威廉指出,这种滑雪者之间的碰撞导致的死亡事件在瓦利山上是罕见的。

地区检察官办公室的调查员桑德伯格(Sandberg)作证说,他与霍尔的高中滑雪教练谈过,得知在该教练执教霍尔的这些年里,霍尔是球队中最好的两三名滑雪者之一,霍尔是"天才和积极的"。

验尸官作证说,科布死于头部单一的创伤性打击,头部骨折并造成严重的脑损伤。验尸官说,其伤势与滑雪板的撞击是一致的。除颅骨骨折和脑损伤外,科布右眼周围有挫伤和瘀伤,鼻子有磨损。验尸官没有看到科布身体的其他部位有受到创伤的迹象,这表明科布的头部是唯一的接触区域,霍尔的行为是科布死亡的唯一原因。

面对上述证人的陈述,郡法院需要考虑是否有足够的证据证明是由霍尔轻率地导致了科布的死亡。郡法院审查了科罗拉多州其他的过失杀人案件,发现这些案件中都存在实质且不合理的死亡风险,例如无意识地踢人头部导致死亡。而郡法院认为霍尔的行为——郡法院将其描述为"在现有条件下太快了"的滑雪——并没有涉及实质且不合理的死亡风险,并且没有达到"现行判例法所要求的危险程度"。因为霍尔的行为没有达到实质且不合理的死亡风险,郡法院认为,检方未能提供充分的证据证明霍尔的行为是一个轻率的行为,因此郡法院判定霍尔的轻率非预谋杀人罪不成立。

检方向地区法院提起上诉。地区法院认为霍尔的行为并未涉及实质的死亡风险,因为霍尔所创造的任何导致他人死亡的风险都不及50%,亦即并未达到"比不可能更可能的"标准。法院进一步指出,虽然"过快地滑行"可能涉及很高的伤害风险,但是一般谨慎的人不会认为,在这种情况下滑雪太快会导致至少50%的死亡风险,因此地区法院同意郡法院的意见。

州最高法院接管此案后对本案中的实质问题即霍尔的行为是否轻率地导致了死亡结果的发生进行了细致的探讨。根据有关规定,当一个人有意识地无视结果将会发生的实质且不合理的风险时,就是轻率地行事。据此,在轻率的非预谋杀人罪中检方必须证明:(1)有意识地无视;(2)实质的;(3)不合理的;(4)他会导致他人死亡的风险。

为了证明某人的行为是轻率的,检方必须证明该人的行为造成了"实质性的和不合理的风险"。州最高法院指出,地区法院将他们之前判例中关于"实质性和不合理的风险"解读为"比不可能更可能"是不正确的。州最高法院认为,风险是否为实质性的必须通过评估"损害发生的可能性"和"损害的程度"来确定;风险是否不合理必须通过判断行为人行为的性质和目的和风险程度的关系;最后,风险必须具有这样的性质,即对这一风险的无视严重偏离了一般人的注意标准。

一个实质的风险不必须是"比不可能更可能的"风险。即使损害发生的可能性远低于50%,风险也可能是实质性的。一些风险可能是实质性的,即使它们发生的概率很低,因为它们的损害程度可能很大。例如,如果一个人拿着一把装有一颗子弹的左轮手枪,向另一个人的头部开枪,那么死亡的风险是实质性的,虽然发生的机会不会高于六分之一。相反,一个发生概率相对较高的轻微伤害的风险可能并不涉及"实质性"的风险。因此,为了确定风险是否为实质性的,法院必须同时考虑损害发生的可能性和可能损害的程度,即使发生的概率低于50%,风险也可能是"实质性的"。

风险是否为实质性的这一事实,取决于每个案件的具体情况。有些行为几乎总是带有实质性的死亡风险,例如使用致命性的武器。在这种情况下,风险的实质性可以从被告人的行为性质看出,法院不必详细审查具体事实。而其他行为则要求对案件事实进行更为深入的调查,以确定案件是否会导致实质性的死亡风险。在 Moore v. People 案[①]中,州最高法院肯定了非预谋杀人罪的成立,因为被告人将受害者踢死。虽然踢另外一个人可能不一定涉及实质性的死亡风险,但是事实上通过实验可以发现,反复踢已经被打昏的人的头部和躯干会造成很大的死亡风险。

法院不能以忽略制造风险的特定的行为要素的方式(例如,在高速公

---

① *Moore v. People*, 925 P.2d 264 (Colo. 1996).

路上驾驶刹车失灵的卡车)来一般化地描绘行为人的行为(例如,驾驶卡车)。例如,安装加热器在正常情况下几乎没有风险,然而,康涅狄格州最高法院认为,不正确地将 120 伏加热器连接到 240 伏电路,未能使用锁紧螺母将加热器连接到断路器,并且使用其他错误的安装技术会产生实质性的风险。因此,为了确定行为是否会产生实质性的死亡风险,法院在行为的一般性质之外必须调查被告人所实施的具体行为。

除实质性的风险之外,一个轻率的行为所包含的风险还必须是不合理的。风险是否合理是通过权衡行为人行为的性质、目的和由此行为所导致的风险来判断的。如果一个人有意识地无视实质性的死亡风险,但是是为了促进能够正当化这种风险的利益,这一行为就不是轻率的。例如,外科医生给一个病人做手术,这个手术有 75% 的概率会导致病人死亡,但是如果病人不做这个手术则百分之百会死亡,那么这个行为就是合理且非轻率的,即使这个风险是实质的。

除单独分析"实质的"和"不合理的"这两个要素之外,实质且不合理这一概念意味着对风险的无视严重偏离了一个守法的人在行为人的处境下所应遵守的行为标准。实质且不合理的风险必须构成对一般人的注意标准的"严重偏离"而不是民事责任中所要求的偏离,以证明对犯罪过失或者轻率行为的刑事处罚是合理的。

除表明行为人造成了实质且不合理的风险之外,控方还必须证明行为人"有意识地无视"了风险,以证明其轻率地行事。当行为人意识到风险并且选择不管这种风险而行事,就是有意识地无视风险。与"蓄意"和"明知"不同,行为人不必追求结果或者对于结果会发生"相当确定"。虽然轻率是比蓄意和明知要轻的犯罪主观心态,但是它的责任要比犯罪疏忽高。犯罪疏忽要求"严重偏离理智的人的注意标准",行为人未发现结果发生的实质且不合理的风险。当行为人应当意识到风险却没有意识到,刑法上的疏忽便成立,而轻率要求行为人意识到了此种风险,却无视了风险。因此,即使行为人应当意识到其行为会制造一个实质且不合理的风险,但在没意识到时,其就不是在轻率地行事。

法院可以根据案件的特定事实来判断行为人对风险的主观认识,包括行为人的特定知识或者专业知识。例如,法院可以推断出行为人对射击所产生的风险的主观认识,因为行为人长期在军队中担任步枪兵和机枪手,同时他的父亲和上司指示他不要将枪对着他人的头颅。除行为人的知识和经验之外,法院还可以从理智的人在这种情况下所理解的内容中推断出行为人对风险的主观认识。当法院从理智的人之中推断出行为人所认识的风险情况时,可以同时考虑一般人的认识和行为人的特别经验和知识。虽然法院可以根据理智的人在这种情况下所知道的事情来推断被告人实际上知道什么,但是法院不应当混淆理智的人在这种情况下所知道的事情和被告人实际上所知道的事情。因此,如果被告人从事的行为是一个理智的人都会知道其会制造实质且不合理的死亡风险的行为,法院可以推断被告人主观上具有此种认识,但是如果被告人真是没有这种认识的人,法院不应当追究他的责任。

轻率的最后一个要素是行为人有意识地无视特定结果的实质且不合理的风险,在过失杀人的情况下,行为人必须制造了他人死亡的风险。风险可以是威胁任何一个人的生命,而不必具体到威胁特定个体的生命。由于实质且不合理的风险要素衡量了为行为人所忽视的风险的可能性和程度,任何一个死亡风险都会满足行为人通过其行为制造了他人死亡的风险。也就是说,即使是轻微的死亡风险也满足了这一要素。

在对轻率这一主观犯罪要件进行分析之后,州最高法院进一步分析了霍尔的行为,旨在判断霍尔是否构成轻率的非预谋杀人罪。州最高法院首先审查了控方是否有足够的证据证明霍尔的行为造成了实质且不合理的风险。像其他一般不涉及实质的死亡风险的活动一样,例如驾驶机动车或者安装加热器,"滑雪过快"并不是一个被广泛认为会制造高风险的行为。然而,州最高法院认为,本案中的具体事实表明,霍尔创造了一个实质性的、不合理的死亡风险。几位目击者都声称霍尔滑得太快了,阿伦法官和其他目击者指出,霍尔因为在既有条件下滑行得过快而使其失去控制。阿伦法官说霍尔的滑行速度是其三倍,而阿伦法官自己已是一名专业的滑行者。桑德伯格提供了证据证明霍尔是一名专业的滑雪运动员,这表明霍尔训练有素,有比业余滑雪者更多的经验和知识。目击者声称,霍尔以如此快的速度在斜坡上滑行,导致其无法停下或者避开他人。除证人的陈述之外,科布的伤势也表明霍尔在撞击科布时正在以极快的速度滑行。验尸官说,霍尔必须以极快的速度滑行才可能给科布造成这样的伤势。因此,根据证人的证词和验尸官对科布身体的检查,一个理智的人可以据此得出结论,霍尔以非常快的速度滑雪,因而制造了滑雪者与滑雪者相撞的严重的伤害或者死亡风险。

除霍尔超速之外,霍尔还失去了控制,无法避免与另外一个人相撞。所有目击者都表示,霍尔沿直线滑行,坐在滑雪板上,双臂伸向两侧以求平衡。霍尔自己也承认,他滑到空中时才看见科布,因而无法停下来。因此,一个谨慎理智的人还可以判断出,霍尔无法预见或者避免与处于其下方的滑雪者的碰撞。

虽然滑雪者通常对于其他滑雪者造成的死亡风险非常之低,但是一个理智的人会得出结论,霍尔的超速、缺乏控制以及不适当的滑雪技术会显著增加发生碰撞的可能性和碰撞的危害程度。因此,轻率的第一个要件即"实质的风险"得到了满足。

第二个需要被探讨的问题是霍尔所制造的风险是否是"不合理的"。就霍尔极快和不安全的滑雪造成的死亡风险而言,除他自己享受之外,他并没有实现其他的利益。虽然这项运动经常涉及高速甚至是失控的时刻,但是一个理智的人可以确定,霍尔的享受和乐趣并不能将其超速和不安全的滑行所创造的实质的死亡风险正当化。因此,不合理的风险这一要件也得到了满足。

除以上这两个条件之外,法院还继续探讨了霍尔的行为是否严重偏离了理智人的注意标准。虽然滑雪运动涉及高速和失控的时刻,但是民事法规要求滑雪者有义务避免与处于其下方的滑雪者相撞。这构成了滑雪者的最低义务标准。而在本案中,霍尔以极端的方式违反了这一标准,构成了对民事规范所确立的注意规范的严重偏离:当他看到下面的人时,他无法控制自己停下来或者避开。此外,霍尔在相当长的时间内以这种方式进行滑行,证明他的高速和失控不是一时失控或是滑雪的固有风险。据此,一个理智的人可以得出结论,霍尔的行为严重偏离了理智的、有经验的专业滑行者的注意义务。

接下来,州最高法院进一步讨论,霍尔是否"有意识地"无视了这一实质且不合理的风险。霍尔是一名专业的滑雪手,曾被教导过滑雪控制和滑雪安全方面的知识。此外,霍尔还是滑雪场的员工,他有很多滑雪的经验。根据其知识和经验可以推断出,霍尔知道如此快速地滑雪,存在导致其他滑雪者死亡的风险,除非他放慢速度。

根据上述几个方面的分析,州最高法院判定,霍尔的行为制造了实质的、不合理的风险,并且严重地偏离了理智人的注意标准,并且在明知这种风险的情况下继续实施行为,因而构成轻率的非预谋杀人罪。

【案例评述】

在《模范刑法典》§2.02(c)中,所谓的轻率(recklessly)是指,如果行为人有意识地无视存在一个犯罪实质要件的实质且不合理的风险,或者无视实质且不合理的风险产生于其行为,那么其是在轻率地实施犯罪的一个实质要件。该风险必须具有如下的性质和程度,即鉴于行为人的行为性质和目的以及行为人知道的情况,对风险的无视严重偏离了一个守法的人在行为人的处境下所应遵守的行为标准。

轻率这一主观要件成立的首要前提是客观上存在损害结果发生的"实质且不合理的"风险。关于何为实质的风险,在本案中郡法院和地区法院所采取的标准是"比不可能更可能",也就是说结果发生的可能性要高于"50%"。这一标准被州最高法院称之为错误的标准。所谓的实质的风险并不仅仅涉及损害结果发生的可能性,还要考虑到损害结果的性质和程度。"既有风险的等级部分地由风险实现的概率决定,部分由风险实现结果的严重程度决定。因此,一个风险可能会被评价为不重要,因为其不太可能发生或者即使发生后果也不严重。如果风险的可能结果是死亡,那么风险总是严重的。因此,对于大多数人来说死亡结果发生的些许可能性就已经是一个实质且不合理的风险了。"①与此相反,如果风险的结果非常轻微,那么即便结果发生的概率超过50%,也不一定是一个实质的风险。同时,需要注意的是,关于是否为实质的风险需要个案具体来判断。例如,驾驶汽车的行为通常而言并不会对他人造成实质的死亡风险,但是在仔细审查特定案件的事实之后,法院可能会确定实质性的死亡风险存在。例如在 People v. Clary 案②中,被告人驾驶没有合适刹车的货车的行为给其他交通参与者制造了死亡的风险。换言之,不能以普遍情况下的无风险或者微小风险为由否定具体情况下实质风险的存在。在本案中,虽然一般而言,滑雪行为并不会制造出导致他人死亡的实质风险,但是具体到本案,霍尔的超速和失控的滑雪行为,明显地升高了在其下方滑雪的滑行者的死亡的风险,因此霍尔的行为制造了实质的风险。

---

① *State v. Standiford*, 769 P.2d 254, 263 n.9 (Utah 1988).
② *People v. Clary*, 950 P.2d 654, 658-659 (Colo. App. 1997).

除实质的风险之外,风险还必须是不合理的。所谓的不合理要权衡行为的性质、目的和行为所带来的风险,或者说权衡行为所导致的风险以及行为所带来的利益。① 例如,在激烈对抗的拳击赛中,拳击运动员的进攻对其对手的生命的确有风险,但是由于拳击作为一项体育运动所带来的利益,这一风险就被正当化了,因而不是一个不合理的风险,而是一个完全正当的风险。在本案中,滑雪运动其实本身也是一项有一定风险性的运动,即使行为人完全遵守规则,也可能与其他滑雪者相撞,但这种在规则之下的风险是合理的风险。行为人霍尔违反规则超速滑雪,导致自己无法避免撞到受害人,此种风险的益处正如法院所言只是他自己的享受,并不能合理化此种风险,因而是不合理的风险。

在这两个要件之外,行为人还必须严重偏离了理智人的注意标准。这主要是与民事责任相区分。在民事领域,只要违反了规范就可以构成民事责任的基础;但是,在刑事责任中,行为人必须严重偏离理智人的注意标准。"刑法上的疏忽和轻率必须严重偏离理智人在既有情况之下的行为"②,只有如此才能建构刑法上的责任。在本案中,根据证人证言,霍尔的速度大幅度地超过了民事法律中关于滑雪速度的规定,也明显违反了相关法规中关于避免冲撞其他滑雪者的规范,因此是严重地偏离了理智人在这种情况下的行为。

除此之外,霍尔还在明知自己的行为制造了实质且不合理的风险的情况下,有意识地无视了这一风险,实施了风险的行为。关于如何推断行为人是否有意识地无视风险,首先可以通过考虑行为人特殊的知识和经验来判断③,例如在本案中,霍尔是专业的滑雪运动员,其具备滑雪控制和滑雪安全方面的专业知识,应当知道自己如此高速和失控的滑雪行为会给他人造成生命的风险,而其却依旧实施这一行为,因此霍尔有意识地无视了风险。

因此,本案中霍尔的行为是一个轻率的非预谋杀人行为,构成犯罪。

---

① See American Law Institute, *Model Penal Code and Commentaries*, Comment to §2.02, p.125 (1985).
② *People v. Shaw*, 646 P.2d 375, 380 (Colo. 1982).
③ See *People v. Mingo*, 196 Colo. 315, 318, 584 P.2d 632, 634 (1978).

4. 疏　忽

案例:蒙大拿州诉拉尔森*
(*State v. Larson*)

徐万龙**

【关键词】

疏忽;轻率;有意识地;实质且不合理的风险

【争议焦点】

何谓刑法中的疏忽(negligence/negligent)？在司法认定上需要注意哪些方面？

【诉讼进程】

2001年11月11日,被告人马克·拉尔森(Mark Larson)因大量饮酒之后超速驾车导致他人死亡,而以疏忽杀人罪被起诉。负责初审的蒙大拿州第九司法区法院庞德拉(Pondera)地区法庭判决被告人的行为构成疏忽杀人罪。

随后,拉尔森以初审法院给陪审团的关于疏忽的指示会降低疏忽的证明标准为由,向蒙大拿州最高法院提起上诉。2004年12月7日,该法院认为地区法院给陪审团的关于疏忽的指示和法条中关于疏忽的定义完全一致,维持了有罪判决。

【案件事实】

2001年11月11日,被告人拉尔森涉及了一起翻车事件,导致了尼古拉斯·克莱尔(Nicolas Clare)的死亡。事故发生的道路的两侧严重弯曲。

---

* *State v. Larson*, 103 P.3d 524 (Mont. 2004).
** 北京大学法学院博士研究生。

凌晨 3 点半左右,拉尔森驾驶他的皮卡车穿越过雾线,并在严重弯曲的右边道路上行驶。拉尔森试图把皮卡车拉回到沥青路上,但是用力过度,导致皮卡车穿越过高速公路,进入了左边的路沟里。拉尔森试图从路沟里开出,皮卡车翻滚了二又四分之一圈,车内未系安全带的拉尔森、克莱尔和林·摩根(Lynn Morgan)被甩出。拉尔森和摩根顺利逃脱并未受严重伤害;但是克莱尔头部受到钝器伤害,最终死亡。

医疗中心的紧急医疗技术人员于凌晨 4 点 4 分收到事故通知,并于凌晨 4 点 16 分左右抵达事故现场。医护人员到达现场后欲对三人进行救助,但发现克莱尔已经死亡。在确定克莱尔去世后,护理人员对拉尔森进行了救助,他们担心拉尔森的脊椎受损。医疗人员在拉尔森的呼吸中闻到了酒精的味道,并且拉尔森向其中的一个医疗人员承认他喝了酒。高速公路的巡逻警官在医院见到拉尔森时,也闻到了拉尔森身上的酒气。

警官和拉尔森在医疗中心进行了交谈。拉尔森承认,当晚早些时候他在酒吧和他的车里喝了酒。拉尔森承认当晚他喝了 10 到 12 杯酒,包括啤酒和威士忌。拉尔森还讲述了他在与克莱尔的谈话中暂时分心,导致车辆偏移到了道路的右侧。拉尔森表示,他试图将车辆开回到车道,但用力过度使皮卡车越过车道进入了另一侧的沟渠。

【控辩观点】

辩方:

本案中最大的争点是法院的指示会不会使得刑法上疏忽的证明标准被降低。初审法院降低了法律中明确定义了的疏忽的证明标准,因为它给予陪审团的指示中关于刑法上疏忽的内容应当包含"有意识地"(consciously)一词,因为它与个人有意识地无视风险有关。拉尔森认为,在"无视"之前省略修饰词"有意识地",这就降低了疏忽的证明标准。根据《蒙大拿法典》(*Mont. Code Ann.*) §45-5-104,如果一个人疏忽地造成另一个人死亡,那么他就构成了疏忽的杀人罪。同时,根据《蒙大拿法典》§45-2-101(42),"当行为人有意识地无视结果将发生或附随情况存在或行为人无视应该意识到的结果将会发生或者附随情况存在的风险"时,行为人在结果或者附随情况方面是疏忽的。此外,风险必须具有一定的性质和程度,以至于忽视这一风险在很大程度上偏离了理智人在这一情况下会遵守的行为标准。

【法庭观点】

在上诉中,被告人拉尔森主张,初审法院降低了法律中定义的疏忽的证明标准,这是一个错误。对此,蒙大拿州最高法院认为,与要求犯罪行为是"蓄意的"或者"明知的"的故意杀人罪不同,疏忽杀人并不需要这样的目的和明知,疏忽杀人只需要严重偏离一般的注意标准。此外,醉酒也可能导致刑法上的过失。拉尔森在驾车时其精神状态并不是所讨论的问题。相反,问题在于醉酒驾驶汽车是否严重偏离了一般的注意标准。在喝了啤酒和威士忌的数个小时之后,无视通常的观点即酒后驾车是危险的,超速在乡村公路上行驶,这些行为明显地偏离了理智人在这一情况下会遵守的行为标准。

法庭对陪审团的指示的部分内容是:当行为人有意识地无视死亡结果发生的风险或者行为人忽视了其本应该注意到死亡结果将会发生的危险时,行为人对于死亡结果有疏忽。拉尔森反对这一指示,理由在于法庭借此降低了疏忽的证明标准。在回答拉尔森对于指示的反对意见时,初审法院表示认为,对陪审团的指示和法条中的定义是一致的。州最高法院同意初审法院的意见。

州最高法院认为,陪审团在疏忽和犯罪的要素的认定上被给予了适当的指示。在既有的指示下,如果陪审团相信拉尔森的描述,他们会作出对其有利的判断。然而,判断对事故的描述,即拉尔森的描述和控方的描述,哪一个更可信,是陪审团的责任。在陪审团已经得到充分指示的地方,拒绝一个已经被涵盖的被告人提出的主张并不存在错误。在此,陪审团得到了充分的指示,拉尔森有充分的机会为自己辩护。因此,州最高法院认为初审法院就疏忽这一方面给予陪审团的指示是完全正确的。

据此,初审法院的有罪判决得到了州最高法院的支持。

【案例评述】

本案中的一个关键争点即在于何谓刑法上的疏忽。根据《模范刑法典》§2.02(2)(d)的定义,所谓疏忽是指,如果行为人应当意识到存在一个犯罪实质要件的实质且不合理的危险,或者一个实质且不合理的危险将产生于其行为,那么其是在疏忽地实施犯罪的一个实质要件。该危险必须具有如下性质和程度,即鉴于行为人的行为性质和目的以及行为人知道的情况,其未能认识该危险严重偏离了一个有理智的人在行为人的处境下所应遵守的注意标准。

在此,有三点需要注意。

第一,疏忽和明知、蓄意的重要差别在于,疏忽并不要行为人有特殊意图,也不要求行为人真的认识到了结果有可能发生。只要行为人的行为严重偏离了一个有理智的人在行为人的处境下所应遵守的注意标准,疏忽即已成立。也就是说,疏忽名为犯罪的主观要件,但是呈现出纯客观的性质。因此,在疏忽杀人罪中,行为人的主观心理根本无须被讨论,也不会成为问题。① 所以,疏忽杀人罪只要求行为人严重偏离了一个有理智的人在当时情况下的注意标准。②

第二,疏忽的成立在客观层面要存在实质且不合理的危险。疏忽的"实质且不合理的危险"应当与轻率中的"实质且不合理的危险"作相同理解。③ 与在轻率这一主观心态中一样,所谓实质的危险并不仅仅指结果发生的概率,而要综合考量结果发生的概率和损害结果的严重程度。所谓的不合理的危险要综合考量行为的性质、目的以及行为所制造的风险。例如,如果可能的后果涉及人的生命,那么即使发生的概率较小,那么这一风险也是"实质且不合理的危险";如果行为的后果至多只可能导致财产的损失,那么要达到"实质且不合理的危险",结果发生的概念要相较于前一种情况更高。疏忽与轻率的区别在于,后者是"有意识地"无视风险,而疏忽则无此项要求。在本案中,驾驶机动车的行为一般而言并无致死风险,但是当拉尔森在大量饮酒,并且超速驾驶机动车时,行为人的行为已经给车内乘客和其他交通参与人制造了高度的死亡风险,因此,在本案中存在实质且不合理的风险。

第三,疏忽不仅仅是偏离了理智人的行为标准,而且是严重地偏离了理智人的行为标准。"刑法上的疏忽和轻率必须严重偏离理智人在既有

---

① See *State v. Gould*, 216 Mont. 455, 477, 704 P.2d 20, 34(1985).
② See *State v. Kirkaldie*, 179 Mont.283, 292, 587 P.2d 1298, 1304(1978).
③ See Joshua Dressler, *Understanding criminal law* (5th ed.), Matthew Bender & Company, Inc., 2009, p. 142.

情况之下的行为"①,只有如此才能建构刑法上的责任。偏离的程度是否严重也是界分民事责任与刑事责任的重要标准。在本案中,拉尔森在喝了大量的啤酒和威士忌之后,超速在乡村公路上开车,这已经严重偏离了正常人在开车时的行为标准。

综上,本案中拉尔森的行为构成疏忽杀人罪。

---

① *People v. Shaw*, 646 P.2d 375, 380 (Colo. 1982).

第三节　转移意图

案例：南卡罗来纳州诉芬内尔案[*]
(*State v. Fennell*)

徐兴涛[**]

【关键词】

转移意图；以杀人意图袭击他人罪；犯罪意图；典型判例；犯罪预防；适用条件

【争议焦点】

在意图杀害的被害人死亡,同时流弹只是伤害——但没有杀死——意外的被害人的场合,是否适用转移意图原则？初审法院拒绝对以杀人意图袭击他人的指控进行直接裁判,这一做法是否正确？

【诉讼进程】

1996年秋天,约翰·班尼特·芬内尔(John Bennett Fennell)因为日常争执持枪射杀了威廉·R.瑟里尔基尔(William R. Thrailkill),意外射伤了站在附近的埃利休·阿姆斯特朗(Elihue Armstrong)。南卡罗来纳州切斯特郡(Chester)法院对芬内尔进行了审判,他因谋杀罪被判终身监禁,因以杀人意图袭击他人罪被判处20年监禁。

芬内尔请求切斯特郡法院对其殴打和袭击行为进行直接裁决,该法院驳回其请求。

芬内尔不服,向南卡罗来纳州最高法院提起上诉,上诉人辩称转移意图原则不适用于本案。2000年5月1日,上诉法庭最终判决本案适用转移意图原则,并对原审法院的判决进行了确认。

---

[*] *State v. Fennell*, 531 S.E.2d 512 (S.C. 2000).
[**] 北京大学法学院博士研究生。

【案件事实】

芬内尔于 1984 年被诊断患有偏执型精神分裂症,这导致他失去了会计师的工作并离婚,他从哥伦比亚搬回切斯特郡和年迈的母亲住在一起。芬内尔加入了西维坦(Civitan)俱乐部,并被指派监督"糖果盒"项目。他负责从放置在商店的盒子中回收现金,补充糖果以及存钱,日常表现良好。1996 年秋天,身为房屋改建公司老板同时也是西维坦俱乐部成员的瑟里尔基尔,也参与到了"糖果盒"项目中。他与芬内尔就当地一家商店的一个空糖果盒发生了争吵,这使芬内尔感到非常气恼。

大约两周后,西维坦俱乐部在一家餐馆举行会议,起初芬内尔和瑟里尔基尔都没有气恼的表现。芬内尔走近瑟里尔基尔,再次讨论糖果盒的问题,此时瑟里尔基尔、他的儿子和俱乐部其他成员在排队吃自助餐。瑟里尔基尔拒绝讨论此事,并说了一句轻蔑的话,这激怒了芬内尔。芬内尔立即离开房间,从车里取出一把口径为 0.38 英寸的左轮手枪,然后大步走回餐厅,嚷着说他"要杀了那个狗娘养的"。他朝瑟里尔基尔连开数枪,直到打光了所有子弹,其中 5 颗子弹击中了瑟里尔基尔。同时,流弹击中了站在附近的阿姆斯特朗的右臂和胸部,他是一个半退休的杂货商和理发师。瑟里尔基尔两个月后因受伤引起的并发症在一家医院去世,阿姆斯特朗的枪伤后来得以康复。芬内尔告诉精神科医生,他不是故意伤害阿姆斯特朗的。

【控辩观点】

辩方:

第一,在切斯特郡法院的审理中,芬内尔认为,控方未能证明他有杀害阿姆斯特朗的犯意,转移意图的原则不适用于此案,因此他请求法院对其以杀人意图袭击他人罪直接判决,法院驳回了他的请求。

第二,在南卡罗来纳州最高法院的审理中,上诉人芬内尔辩称,切斯特郡法院拒绝对以杀人意图袭击他人罪的指控作出有利于他的直接裁决,其做法是错误的。基于以下两点原因,转移意图原则在此案中并不适用。其一,瑟里尔基尔(芬内尔蓄意谋杀的对象)的死亡使得犯意被"充分实现",因此,没有剩余的犯意可以移转至阿姆斯特朗(意外的被害人)

身上。其二,上诉人意图给瑟里尔基尔造成的伤害(死亡)与意外给阿姆斯特朗造成的伤害(受伤)是不同的,不符合转移意图原则的适用条件。

【法庭观点】

南卡罗来纳州最高法院认为,如果行为人蓄意以致命的武力杀害或伤害其意图的对象,则其应预见到,当他实施此种行为时,法律将要求他对自己的行为所可能产生的后果负全部责任。而且,上诉人给瑟里尔基尔造成的伤害后果与阿姆斯特朗具有类型上的一致性,因此,本案适用转移意图原则,维持原判。

针对上诉人芬内尔提出的不适用转移意图的两点上诉理由,沃勒法官(Waller J.)代表上诉法庭发表了意见。他认为,刑事责任的承担通常是基于以下两个要素:被告人具有犯罪心态和实施了犯罪行为。① 除非控方能排除合理怀疑地证明,该被告人以蓄意或者特定犯罪所需的其他犯罪心态实施了行为,否则被告人一般不会构成犯罪。②

关于上诉人的第一点理由,沃勒法官认为,"子弹能够说明蓄意"的解释,以及"转移意图"一词本身,在表述上都有些误导。被告人的犯罪心态,无论实施犯罪行为时是什么样的,都仅仅存在于被告人的大脑中。它永远不会离开被告人的大脑,也不会从被告人的大脑"转移"到另一个人或其他地方。更为恰当的描述应该是,犯罪心态就像是一个从源头(被告人的想法)散发到其目标(意图犯罪的对象)的"聚光灯"。正如 Harvey v. State 案③中所述,"犯罪意图是一种无限制供应的弹性事物,与子弹无关,但一直存在于被告人的大脑中"。"聚光灯"不会在子弹击中并杀死意图犯罪的对象时熄灭,也不会转移到受伤或死亡的受害人以外的其他人。陪审团也通常不会单方面地将被告人的犯罪心态的"聚光灯"从一个人转向另一个人,其只需确定聚光灯是否存在,也就是说,聚光灯是"开"还是"关",即犯意有无的问题。

针对上诉人的第二点理由,沃勒法官结合法院运用转移意图作出的

---

① See *United States v. Bailey*, 444 U.S. 394, 402, 100 S. Ct. 624, 630-631, 62 L. Ed. 2d 575 (1980).

② See *State v. Ferguson*, 302 S.C. 269, 271, 395 S.E.2d 182, 183 (1990).

③ *Harvey v. State*, 111 Md. App. 401, 681 A.2d 628, 637 (Md. Ct. Spec. App. 1996).

判例以及该原则在刑法中的作用进行了说明。

法院依据转移意图原则判决的多起案件表明,在被告人的犯罪对象发生错误的情形中,其可能会被判犯有谋杀或误杀罪。典型的案例是,被告人企图杀害某人,但错误地杀害了其他人。虽然被告人对意外的被害人没有预谋,但其杀害蓄意犯罪的对象时其犯罪意图转移到了意外的被害人身上。"如果被告人心中确有故意,他就犯了被指控的罪行,至于他是杀了意图犯罪的对象还是第三人并不重要。"在 State v. Heyward 案①中,被告人作证说他误杀了自称要破门而入的警察,并认为该警察是一名愤怒的前雇主派来的刺客,最终被定谋杀罪。这些案件的共性为意外的被害人都被被告人杀害。还有判例支持转移意图仅适用于意外的被害人被杀时,而不适用于其受伤时。② 在其他一些州,对于类似于本案的情形也存在不以转移意图的原则加以处理的判例。

首先,在本案中,"当被告人意图杀害他人时,他应当对其意图谋杀的对象与意外的被害人都承担蓄意谋杀的责任,这样才能更好地实现犯罪预防的目的"③。

与其他州的刑法不同,南卡罗来纳州承认三级袭击:普通袭击、加重袭击以及以杀人意图袭击他人。根据该州刑法的规定,在本案中有必要实行转移意图原则。加重袭击是一种普通法轻罪,可判处 10 年以下监禁。④ 在认定被告人犯有加重袭击时,控方不必证明被告的恶意,因为这可以从被告人实施加重袭击的情形中加以推断。因此,无论是否存在恶意,被告人都可能被判犯有加重袭击。而以杀人意图袭击他人是一项重罪,最高可判处 20 年监禁。其需要的犯罪心态,是如同谋杀一样的预谋。如以杀人意图袭击他人被定义为对他人以明示或者暗示的蓄意实施的暴力行为⑤;谋杀定义为以明示或者暗示的蓄意杀害他人的行为⑥。如果对上诉人定加重袭击,则不必考虑他的主观意图,但会出现刑罚较轻的尴尬局面。在被告人杀死了意图杀害的对象,并对意外的受害人造成了伤害

---

① State v. Heyward, 197 S.C. 371, 377, 15 S.E.2d 669, 672 (1941).
② See People v. Flood, 18 Cal. 4th 470, 957 P.2d 869 (Cal. 1998).
③ State v. Worlock, 117 N.J. 596, 569 A.2d 1314, 1325 (N.J. 1990).
④ See State v. Hill, 254 S.C. 321, 331, 175 S.E.2d 227, 232 (1970).
⑤ See State v. Hinson, 253 S.C. 607, 611, 172 S.E.2d 548, 550 (1970).
⑥ See South Carolina Code of Laws Annotated, § 16-3-10 (1985).

的情形下，法律应当期待其对自己的行为承担责任，这是实现犯罪预防的最好的方式，能使社会上的一般人谨慎对待自己的行为。因此，转移意图原则可用于在被告人杀死意图犯罪的对象并伤害意外的被害人时，对被告人以杀人意图袭击他人定罪。本案中，上诉人芬内尔蓄意杀死了受害人瑟里尔基尔，但没有针对意外受害人阿姆斯特朗的犯罪意图。因此，控方证明上诉人涉嫌对阿姆斯特朗采取恶意行为，从而对被告人以杀人意图袭击他人定罪并判处 20 年监禁的唯一方法是借助转移意图原则。

其次，本案中被告人对蓄意受害人与意外受害人所造成的结果具有类型上的一致性，符合转移意图原则的适用条件。

本案与 State v. Bryant 案①存在显著区别。在 State v. Bryant 案中，被告人因反抗逮捕使一名警察撞上了警车，造成了警车的损坏。因为巡逻车的损坏是意外的财产损坏而转移意图原则仅适用于对意外的被害人造成相同的故意伤害的情况。袭击和殴打警察的意图不能转移到财产损害中，因为这两者的损害类型存在显著的差异。所以在该案中对被告人判处恶意损害个人财产罪是不适当的。意图伤害某人时偶然损坏了财产，与意图伤害某人时伤害其他人的情况是不同的。因此这两个案件存在质的区别，而对本案适用转移意图原则不存在障碍。

因此，沃勒法官认为，本案中对于被告人芬内尔对阿姆斯特朗造成的伤害，可以适用转移意图原则，并对被告人以杀人意图袭击他人罪的罪名和 20 年的监禁刑罚加以确认。其他法官表示附议。

【案例评述】

State v. Fennell 案是美国刑法中涉及转移意图原则较为典型的案例，发展和完善了转移意图原则的适用。转移意图是美国刑法主观心态中比较重要的概念，其基本含义是行为人意图伤害或者杀死某人，但在具体实施中意外地伤害或者杀死了其他人的场合，行为人的犯罪意图由特定被害人转移到意外被害人身上，因而可以认定行为人构成犯罪并承担相应的刑事责任。转移意图是普通法上的概念，最早起源于 16 世纪的英国普通法。其提出对司法实践和立法产生了深远的影响，此后许多国家在刑

---

① State v. Bryant, 316 S.C. 216, 218, 447 S.E.2d 852, 854 (1994).

事立法中对此原则进行了确认。适用转移意图的典型案例主要有:被告人打算通过一扇紧闭的门射杀一名男子,但却杀害了其他人,被告人被判谋杀罪①;被告人朝开棉花车的司机开枪,但没有射中他,误杀了坐在他旁边的人,对被告人也是以谋杀罪论处。② 有学者对转移意图适用的情况进行了列举,大致包括以下几种情形:意图杀害的对象和意外的被害人都死亡;意图杀害的对象没有死亡,而意外的被害人死亡;意图杀害的对象和意外的被害人都没有死亡;意图杀害的对象死亡,意外的被害人没有死亡;等等。③ 转移意图原则最早只用于诸如杀人罪、伤害罪等重罪的蓄意犯罪之中,但后来使用范围有所扩大。现在这一原则已扩大至明知、轻率等犯罪,甚至在侵权法的运用中也十分普遍。

美国的《模范刑法典》采用了转移意图理论,该法典在罪责的一般原则下将其置于因果关系的范畴。可参考《模范刑法典》§2.03 有关规定:

(2)如果蓄意地或者明知地引起一个特定的结果是一项犯罪的一个要件,那么如果实际的结果不在行为人的目的或预期的范围之内,则该要件不成立,除非:

(a) 根据具体情况,实际结果与计划或者预期的结果之间的区别仅在于不同的人或者财产受到了伤害或者影响,或者行为人所计划或者预期的伤害或者损害比实际发生的伤害或者损害更严重或者更广泛;或者

(b)实际结果中包括了与行为人所计划或者预期的种类相同的伤害或者损害,并且实际结果的发生与行为之间并非过于无关或者偶然,以至于与行为人的责任或者犯罪的轻重没有(正当的)关联;

(3)如果轻率地或者疏忽地引起一个特定的结果是一项犯罪的一个要件,那么如果实际的结果不在行为人所认识或者——在疏忽的情况下——在行为人应当认识的危险范围之内,则该要件不成立,除非:

---

① See *State v. Gandy*, 283 S.C. 571, 324 S.E.2d 65 (1984).
② See *State v. Williams*, 189 S.C. 19, 24, 199 S.E. 906, 908 (1938).
③ See Mitchell Keiter, "With Malice Toward All: The Increased Lethality of Violence Reshapes Transferred Intent and Attempted Murder Law", *University of San Francisco Law Review*, Vol. 38, Issue 2, 2004, p. 267.

（a）实际结果与可能发生的结果之间的区别仅在于不同的人或财产受到了伤害或者影响，或者，可能发生的伤害或者损害比实际发生的伤害或损害更严重或者更广泛；或者

（b）实际结果中包括了与可能发生的种类相同的伤害或者损害，并且实际结果的发生与行为之间并非过于无关或者偶然，以至于与行为人的责任或者犯罪的轻重没有(正当的)关联。

不难发现，美国《模范刑法典》中的转移意图原则不仅适用于蓄意、明知的犯罪，还适用于轻率和疏忽的犯罪，即在所有的犯罪心态中都可以适用转移意图。因为转移意图原则被置于因果关系的范畴，故该原则的适用更多的是侧重于在客观的层面来考察实际结果的发生与行为人的行为意图的结果间是否同质，以及行为与实际结果间的关联是否过于异常。而导致实际结果发生的行为人的主观意图则较少被关注。

此外，美国许多州的刑法典也对转移意图原则进行了规定，而且其规定更为细密。如《得克萨斯州刑法注释》(*Tex. Penal Code Ann.*) § 6.04：

（b）一个人需要为自己的所作所为承担刑事责任，如果实际结果与其希望、预谋、冒险的结果仅有如下差别：

（1）实施的是不同类型的犯罪；或者

（2）一个截然不同的人或财产被破坏、伤害或受到了其他影响。

得克萨斯州实质上是扩大了转移意图的适用范围，将其扩大到与意图实施的犯罪截然不同的犯罪上。是否适用转移意图原则与州的法律规定有很大关系。有些州的法律中明确排除了转移意图原则的适用，还有些州的法律规定有自己的特殊之处，这些都导致了该原则在适用上的不同。

转移意图原则在英美刑法中的运用较为普遍，但该理论提出的依据何在？转移意图原则的提出与美国刑法的实用主义取向不无关系，美国刑法侧重于解决问题，不太注重体系的协调性。学者们大都认同转移意图原则是一种法律虚拟，法律虚拟是指为处理法律事务的便宜所作的假定，它产生的原因一般与个案公正处理的需要有关。转移意图提出的主要依据是基于公共政策的需要，"有一个合理的政策理由允许不法分子的

意图被转移,以证明犯罪事实上发生了"①。基于此,在上述行为人误伤(或者杀害)意外的被害人的场合,对行为人进行处罚具有必要性。如果不对此行为进行处罚,则违背人们的法感情,且不利于犯罪的预防。该原则对于避免出现不公正的结果是十分必要的,"在美国,这一规则是正当的,不是基于不可靠的英国先例,而是基于政策的基础"②。因此,转移意图本质上是社会政策在犯罪认定上的体现。而得克萨斯州上诉法院对§6.04的解释,也较好地诠释了转移意图的存在依据。该法院认为,虽然标题是转移意图,但是这可能有些用词不当,因为这个概念并没有表示意图或其他犯罪故意。确切地说,它描述了立法者在使行为人为其实施的与预谋截然不同的犯罪负刑事责任上的努力。§6.04将预谋但未完整实施的犯罪意图移转到错误或意外实施的行为中。进行如此解释的重要理由就是公共政策希望参与了犯罪活动的行为人不会因为"仅仅因为他们意外实施了与最初预谋不同的犯罪"而被免责。因此,预谋但未完整实施的犯罪故意可以被转移为实际发生的犯罪故意。③

虽然转移意图原则的存在有其必要性,并得到了一些学者的支持。④但是,对其持反对意见的学者也大有人在。该原则在实践中也遭遇了很多困境,如当行为人给意图的犯罪对象与意外的被害人造成不同的危害结果时,适用犯意转移可能会出现逻辑上的混乱,并导致刑罚的不均衡与不协调。此外,在犯意转移的量上,如果错误实施的行为造成了特别严重的后果,让其承担全部责任是否公平等。此外,即便是不采取转移意图原则,此类案件也有可能得到妥善的解决。尽管转移意图原则自身存在一定的问题和悖论,但作为英美刑法的重要原则,基于现实的需求,转移意图原则仍然被广泛采用。有学者认为,"是否限制转移意图的适用性的问题是社会政策和公共选择的问题之一,特别是在比较刑事司法的元范式、

---

① Leellen Coacher, Libby Gallo, "Criminal Liability: Transferred and Concurrent Intent", *Air Force Law Review*, Vol. 44, 1998, p. 229.

② Osborne M. Reynolds, Jr., "Transferred Intent: Should Its 'Curious Survival' Continue?", *Oklahoma Law Review*, Vol. 50, Issue 4, 1997, pp. 529–555.

③ See Ellen S. Podgor, Peter J. Henning, Andrew E. Taslitz & Alfredo Garcia, *Criminal Law: Concepts and Practice* (3rd ed.), Carolina Academic Press, 2013, pp.149–150.

④ See Kimberly D. Kessler, "The Role of Luck in the Criminal Law", *University of Pennsylvania Law Review*, Vol. 142, Issue 6, 1994, p. 2183.

'法律与秩序'和'正当程序'等方面"①。还有人结合转移意图与相关概念的区分,对其进行了更为精细的研究。

转移意图原则较好地解决了司法实践中的难题,使被告人得到了基本公正的处罚。但是对于该原则的应用不能泛化,具体适用时需要注意排除一些例外情形。这些例外情形大致包括以下几个方面②:

(1)对象认识错误的情形不适用转移意图原则。简单而言,转移意图原则仅适用于打击错误的情形,而不适用于对象错误的情形。英美刑法中失控的子弹案是犯意移转的范例,即行为人意图射击某人,但却阴差阳错射中他旁边的人,这种情形通常会以移转意图处理。但是,如果误认为射击的对象是某个人而实际上是其他人而进行射击的情形是对象认识错误,这种情形不适用转移意图原则。在对象认识错误的情况下,一般认为,行为人实现了自己的犯意并承担相应的法律责任。

(2)当针对意外的被害人的犯罪被单独指控时,不再适用转移意图原则。在具体的实践中,有些法院会拒绝受理依据转移意图原则对犯罪嫌疑人就意外的受害人所实施的犯罪提起的控告,但是却有可能受理此种情形下以其他罪名对犯罪嫌疑人提出的控告。也就是说,在以其他罪名指控犯罪嫌疑人对意外的被害人实施的犯罪时,转移意图原则是不适用的。

(3)法律条文中明确排除了转移意图的适用情形。如果立法者明确排除了转移意图原则的适用,那么此类问题就一般会诉诸议会的解释。根据所在州法律的规定,一些法院在确信不需要此种法律虚拟就可以使被告人对其行为承担刑事责任时,拒绝使用转移意图原则。如在 State v. Brady 案③中,被告人发射的子弹未击中意图犯罪的对象但使意外的被害人受伤,陪审团根据两项二级谋杀未遂的罪名对被告人进行了适当定罪,没有采用转移意图原则。根据加利福尼亚州的刑法,在一个意图犯罪的对象和意外的被害人都被杀害的案件中,伯鲁伊塔(Birreuta)法院认为转

---

① Shachar Eldar, "The limits of transferred malice", *Oxford Journal of Legal Studies*, Vol. 32, Issue 4, 2012, p. 49.
② See Ellen S. Podgor, Peter J. Henning, Andrew E. Taslitz & Alfredo Garcia, *Criminal Law: Concepts and Practice* (3rd ed.), Carolina Academic Press, 2013, p. 149.
③ *State v. Brady*, 745 So. 2d 954 (Fla. 1999).

移意图原则是不必要的,被告人完全可能会因不同程度的谋杀而被起诉。①

(4)当造成的危害结果具有类型上的差异时,亦不适用转移意图原则。此种情形是指行为人对意图犯罪的对象造成的伤害与意外造成的损害是完全不同的。典型的例子如,蓄意杀害一只狗却意外射中了人,这两种危害结果是完全不同的,具有质的差异,不能运用转移意图原则加以解决。但是,这不意味着行为人不需要承担刑事责任,只是说不能用移转意图理论来处理被指控的犯罪。

此外,在对转移意图原则进行适用时,"……将确立许多理论家认为理所当然的观点:转移意图理论不应只做简单的字面解释"②。当某一犯罪要求行为人具有针对特定被害人的犯罪意图时,转移意图原则也不适用。③ 在概括故意的情况下,转移意图的原则亦应禁止。④ 当意外受害人为胎儿时,也不适用转移意图原则。⑤

State v. Fennell 案自身具有一定的特殊性,因此导致在是否适用转移意图原则上存在一定的分歧。首先就转移意图这一用语含义而言,其本身存在一定的误解。犯罪意图仅存在于行为人的内心之中,并不存在消耗和用尽的情况,实质上只有"有"和"无"两种样态的区分。正如 *People v. Scott* 案⑥所揭示的那样,与名称的含义相反,转移意图原则并不指任何具有如下属性的实际意图:一旦其被用于被告人对意图犯罪的对象实施的行为定罪,该意图就会被"耗尽"。因此,芬内尔所辩称的,在杀害了瑟里尔基尔后,自己的犯罪意图已经用尽,没有剩余的犯罪意图转移到对阿姆斯特朗实施的行为上,这一说法本身就是不科学的,也没有反映出犯意的真实样态。其次,转移意图原则适用的结果与人们朴素的罪刑均衡观念是一致的,符合人们对公正的诉求。其提出和应用是基于社会政策的考量,实现犯罪预防的需要。在本案中运用转移意图原则可以使社会上

---

① See *People v. Birreuta*, 162 Cal. App. 3d 454, 208 Cal. Rptr. 635 (Cal. Ct. App. 1984).
② Douglas N. Husak, "Transferred Intent", *Notre Dame Journal of Law, Ethics & Public Policy*, Vol. 10, Issue 1, 1996, p. 67.
③ See *Mordica v. State*, 618 So. 2d 301 (Fla. Dist. Ct. App. 1993).
④ See *State v. Wilson*, 546 A.2d 1041 (Md. 1988).
⑤ See *State v. Horne*, 282 S.C. 444, 447, 319 S.E.2d 703, 704 (1984).
⑥ *People v. Scott*, 14 Cal. 4th 544, 927 P.2d 288, 292 (Cal. 1996).

的一般人,在实施类似行为时预见到自己可能对意外的被害人承担的刑事责任,从而谨慎行事。而犯罪预防目的的实现,与法律的规定息息相关。与加利福尼亚州和马里兰州的刑法规定不同,南卡罗来纳州承认三级袭击:普通袭击、加重袭击以及以杀人意图袭击他人。而且在法律规定中也没有排除转移意图原则的适用。如果不采用转移意图原则,对于芬内尔伤害阿姆斯特朗的行为以加重袭击论处,就会出现刑罚过轻的情况。只有采用这一原则对被告人以杀人意图袭击他人论处,才能避免出现处罚不公正的结果,强化民众的规范意识。最后,本案不存在排除转移意图原则适用的例外情形。芬内尔对瑟里尔基尔造成的杀害后果与对阿姆斯特朗造成的伤害结果,具有类型上的一致性,这与同时造成人身伤害与财产损害的情形相去甚远。因此,对本案适用转移意图原则进行处理较为妥当。

第四节　严格责任

案例：密歇根州诉纳西尔案*
（*People v. Nasir*）

徐兴涛**

【关键词】

犯罪意图；严格责任；法条用语；公共福利犯罪；惩罚可能性；证明责任

【争议焦点】

这一上诉案件最重要的争议点在于认定被告人构成持有或使用伪造的税票罪时，立法机关是否想要去掉被告人的犯罪意图或者是过错这一要件，即持有或使用伪造的税票罪是否属于严格责任的犯罪类型。

【诉讼进程】

1999年4月，两名密歇根州警察对艾哈迈德·纳西尔（Ahmed Nasir）经营的里奇韦派对（Ridgeway Party）便利商店进行行政检查时，发现待售的烟草商品贴有伪造的印花税票。纳西尔在密歇根州韦恩（Wayne）巡回法院被州指控，法院认为其行为违反了《密歇根州法律汇编》（*M.C.L.*）§205.428(6)，判决其构成持有或使用伪造的税票罪并被处以18个月到120个月的监禁。

纳西尔提出异议，于2002年6月4日依据自己的合法权利上诉到密歇根州上诉法院。上诉法院认为，明知是"持有或使用伪造的税票罪"的构成要素，初审中陪审团没有得到关于被告人犯罪心态方面的指示，相关记录中也缺乏这方面的证据。2003年1月14日，上诉法院最终裁判撤销

---
* *People v. Nasir*, 662N. W.2d 29 (Mich. Ct. App. 2003).
** 北京大学法学院博士研究生。

原判,发回重审。

【案件事实】

1999年4月,两名密歇根州警察对里奇韦派对便利商店进行了行政检查,纳西尔是这家商店的经理也是唯一的雇员。在检查过程中,其中一名警察发现该商店许多待售的烟草商品上都贴有伪造的印花税票。

【控辩观点】

辩方:

第一,在韦恩巡回法院的审判中,纳西尔辩称构成持有或使用伪造的税票罪所有要素应包括犯罪的主观心态,这些要素包括:(1)具有持有或者使用伪造的印花税票的行为;(2)行为人明知税票是伪造的;(3)行为人有明确的意图想要违反《密歇根州烟草税法》(*Michigan Tobacco Tax Act*)。而检方则认为规定持有或使用伪造的税票罪的法律确立的是一项严格责任的犯罪,认为只需按照排除合理怀疑的标准,对如下事项进行证明:纳西尔没有获得密歇根州财政局授权;在里奇韦派对便利商店持有或者使用了伪造的印花税票。显而易见,控辩双方最主要的争议在于犯意是否是持有或使用伪造的税票罪的构成要件。

第二,在密歇根州上诉法院,纳西尔对他的定罪提出异议,认为持有或使用伪造的税票罪并非严格责任犯罪,韦恩巡回法院的判决并不正确。

【法庭观点】

密歇根州上诉法院对该案进行审理后,法官们有意见分歧。多数法官认为,尽管《密歇根州法律汇编》§205.428(6)没有关于犯罪意图或者过错的表述,但不能据此得出持有或使用伪造的税票罪是严格责任犯罪。持有或使用伪造的税票罪并非侵害公共福利的犯罪,该罪的刑罚也比较严厉,在本案中要证明被告人具有犯意并不困难,可以通过一定的间接证据来确定。因此,建议法庭撤销原判,发回重审。米特法官(Meter J.)持反对意见,认为将持有或使用伪造的税票罪视为严格责任犯罪符合立法机关的意图,主张维持原判。上诉法庭最终采纳了多数派的意见。

小霍尔布鲁克法官(Holbrook, Jr., P.J.)代表多数派发表了法庭意见,他认为犯罪意图是持有或者使用伪造的印花税票罪的构成要素。要正确理解立法机关在制定持有或使用伪造的税票罪时是否打算免除犯罪意图,需要从相关法律条文出发进行。《密歇根州法律汇编》§205.428(6)的内容如下:

> 生产、持有或者使用税票,或是在没有行政部门授权的情况下为了复制税票而使用伪造的税票、文本、设备,或者是得到行政部门授权的人从行政部门以外的渠道购买或获得税票,都属于触犯重罪的行为,应当被判处不少于1年或10年以下的监禁,可以并处不超过50 000美元的罚金。

虽然该法条未将过错因素包含在内,但是不应就此停止对立法机关意图的探寻。正如密歇根最高法院在 *People v. Lardie* 案①中观察到的,"在解释一条立法者没有明确地指出过错是犯罪的必要条件的法规时,该法院必须着重于立法者是否有将过错作为判定犯罪前提的意图"。

首先,争议法条不属于普通法的编纂。"如果在普通法中,犯罪意图是犯罪的一个必要因素,我们不会对该法令作出免除主观心态要件的解释。"②持有或使用伪造的税票罪并不是普通法的产物。被告人认为该法条源于普通法中的伪造罪,应当将犯意作为犯罪构成的内容,这种说法并不准确。虽然《密歇根州法律汇编》§205.428(6)包含有伪造罪的构成,但其旨在确保支持密歇根州学校财政的烟草税不被偷逃,本质上看是一项税收法规。因此,不能因为该法条没有关于犯罪意图的规定,就认为该罪是严格责任犯罪。

其次,该法令所规定的犯罪类型并非是公共福利犯罪。严格责任犯罪一般涉及对公共福利的直接损害。例如,出售掺假食品所造成的危害,对被害人及其家人甚至社会来说是广泛而且严重的。1997年,立法机关对《烟草产品税法》(*the Tobacco Products Tax Act*)进行修订时,颁布了一项印花税计划,设立了本罪。其目的是为了处理大量向密歇根州走私香烟的行为的认定问题,从而规避香烟税款的流失。而并非"仅仅因为社会

---

① *People v. Lardie*, 551 N.W.2d 656 (Mich. 1996).
② *Morissette v. United States*, 342 U.S. 246, 252, 96 L. Ed. 288, 72 S. Ct. 240 (1952).

的合理期待"将维护公共福利的责任置于"可能无辜"的人身上①,使其处于保护公共福利的位置。换言之,尽管对于香烟销售和消费的管理是公共卫生问题,但这项法规只对这些问题进行了简单的探讨,违反《密歇根州法律汇编》§205.428(6)的直接危害则是潜在税收的损失,因此,《密歇根州法律汇编》§205.428(6)是一个税收条款,而非关于公共福利的法律。

另外,该条款规定的刑罚对被告人而言是严重的。违反《密歇根州法律汇编》§205.428(6)的行为是一项重罪,最高可判处10年监禁,可以并处罚金50 000美元。因为被告人所受到的潜在惩罚超过了严格责任罪行的刑罚幅度,更符合其主观上应有某种程度的过错的刑罚要求。而且,如果将该罪认定为严格责任的犯罪,会不当扩大惩罚的范围。例如,因为该法令对持有假冒印花税票的行为作了规定,如果对之进行严格解读将会使零售客户拥有一包贴有假冒印花税票香烟的行为成为犯罪。这明显不是立法者的本意,因此,本罪对社会造成潜在的损害并未严重到立法者意图采用无过错责任加以规制。

最后,认为如果该条款包含过错要素,检察官将承担过分的举证负担的说法也不成立。本罪与违反交通法规的行为不同,其潜在起诉数量并不大。而且,认为证明主观过错会非常困难,以至于必须适用严格责任的说法也有待商榷。事实上,正是由于证明困难,在证明被告人的主观心态时才形成了"最少的间接证据即足够"的规则,本案中被告人的心理状态可以通过这一规则来确定。

因此,小霍尔布鲁克法官认为,主观心态是本罪的构成要素。要确定被告人构成拥有或使用伪造的税票罪,检方必须就被告人的犯罪心态承担证明责任。在本案中,陪审团从未接受过有关犯罪意图的指示,而没有对被告人的主观意图作出决定,在有关被告人精神状态问题的记录中缺乏相关的证据。因此,他主张撤销原判并发回重审。上诉法院的盖奇法官(Gage J.)表示附议。

米特法官提出了反对的意见,主张维持原判。其理由如下:

第一,米特法官认为立法机关之所以没有在本罪中规定犯罪意图,是

---

① See *United States v. Dotterweich*, 320 U.S. 277 (1943).

因为立法机关的本意是将该罪视为严格责任犯罪。他认为根据通常的含义适用《密歇根州法律汇编》§205.428(6)正是实现了立法机关的意图。正如在 People v. Venticinque 案①中指出的那样,立法机关被推定的意图是法条通常表述的含义。如果法条用语中通常的、普通的含义是清楚的,司法解释一般不被允许。由于许多其他的刑事法律中包括意图或者认识的要素,所以立法机关很清楚《密歇根州法律汇编》§205.428(6)用语的后果,而且有意识地制定了严格责任犯罪的法条。正如在 People v. Ramsdell 案②中,法庭的立场非常明确,立法机关在颁布法律时知道条文用语使用的后果,一些州可以惩罚没有犯罪心态的行为。鉴于立法机关有权制定严格责任的犯罪,而法条中又没有意图或者认识的要素,所以不应当违反制定法的通常意思以及立法机关明确的意图,而将主观要素加入本罪中。

第二,持有或使用伪造的税票罪是公共福利的犯罪,要求控方证明被告人的犯罪心态会造成国家税收的流失。米特法官认为,与《烟草产品税法》的目的一致,该法条是为学校提供资金支持而设,因此是一个公共福利问题。如果要求检察官证明被告人知情,这将会增大追诉该罪的难度,从而增加欺诈逃税的机会。

第三,本罪可能判处的刑罚严厉并不能说明本罪不是严格责任的犯罪。尽管《密歇根州法律汇编》§205.428(6)所规定的刑罚比较重,但不能由此认定持有或使用伪造的税票罪是严格责任犯罪。在 People v. Motor City Hosp. & Surgical Supply 案③中,虽然可能受到4年监禁和30 000美元的罚金的处罚,但法院仍认定提供伪劣医疗用品为严格责任犯罪。因此,潜在的严重处罚不会必然导致意图或过错成为犯罪的要素。关于《密歇根州法律汇编》§205.428(6)可能会惩罚一系列明显无辜的行为的说法,这在任何严格责任的犯罪中都可能存在。

米特法官认为,多数派忽略了《密歇根州法律汇编》§205.428(6)明确的立法意图,应当按照立法机关的意图去适用该条法律,被告人在上诉中提出的其他问题没有任何价值,所以应维持原判。

---

① *People v. Philabaun*, 461 Mich. 255, 261; 602 N.W.2d 371 (1999).
② *People v. Ramsdell*, 585 N.W.2d 1 (1998).
③ *People v. Motor City Hosp. & Surgical Supply*, Inc., 575 N.W.2d 95 (Mich. App. 1997).

【案例评述】

本案是美国刑法中涉及严格责任犯罪的一起较有影响力的案件,该案的核心问题主要涉及,在判断制定法中某项犯罪的规定是否是严格责任犯罪时应当考量的因素,也即严格责任犯罪的认定标准。

严格责任犯罪是一种犯罪类型,是指犯罪的成立不需要行为人对其行为的要素具有犯意,即一类不需要犯意存在的犯罪类型。严格责任犯罪的发展有一个较长的历史,其出现是社会发展与变革的结果。在19世纪中期前,作为英美刑法主要渊源的普通法的犯罪大都是自然犯,几乎没有严格责任犯罪的存在。19世纪中叶,伴随美国产业革命的推进,科学技术的进步和工商业的发展,社会生活发生了很大变化,出现了许多危害公众福祉的行为,即公共福利犯罪。这类犯罪需要政府以立法的方式强化社会管理,于是出现了没有明确规定犯罪的主观心态要素的犯罪类型,这就是严格责任犯罪的肇始。严格责任犯罪大多是法定犯。但是,目前严格责任犯罪的适用在某些方面已超出了传统的范围,如法定强奸罪、重婚罪等一些自然犯也被纳入严格责任犯罪的范畴。在法定强奸罪中,与未成年人发生性行为,不管行为人是否知道被害人的年龄,甚至是合理地误解年龄,仍然构成强奸罪。[①] 但是,有学者对法定强奸罪适用严格责任提出质疑,认为其不应适用公共福利犯罪的认定标准,并"就公益犯罪模式为何不再适用于法定强奸提出了三个论据"[②]。

严格责任犯罪的存在是否具有正当化的依据,这在英美国家的学者间存在争论。支持严格责任犯罪的理由主要是基于预防公共福利犯罪与提高诉讼效率的考量,认为严格责任犯罪能实现预防和威慑的功能,能够使相关行业的从业者最大可能地尽到自己的注意义务。另外,这类犯罪数量非常庞大,证明行为人的主观心态,会耗费大量的司法资源。实行严格责任,将大大减轻检察官的举证义务,有利于提高诉讼效率。而且,行

---

① See Joshua Dressler, *Understanding Criminal Law* (5th ed.), Matthew Bender & Company, Inc., 2009, p. 147.

② Catherine L. Carpenter, "On Statutory Rape, Strict Liability, and the Public Welfare Offense Model", *American University Law Review*, Vol.53, Issue 2, 2003, p. 383.

为人也并非是完全"无辜"的,其没有尽到自己最大的注意义务。① 反对的理由则认为,由于严格责任不要求犯罪的主观心态,行为人没有认识时也构成犯罪,违背刑罚的目的,难以发挥预防作用,而且也没有效果②;从报应主义的立场出发,严格责任犯罪也缺乏对其进行伦理非难的依据,因为报应主义要求刑罚对有过错的人进行惩罚。正如肯尼斯·W.西蒙斯(Kenneth W. Simons)所说,"现行的严格责任的法律与基于罪责的报应主义原则并不一致"③。实际上,严格责任的犯罪的设立,更多的是国家进行功利主义考量的结果。从功利主义的立场来看,对行为人实行严格责任具有合理性。一定程度上牺牲公民的个人利益,强调公共利益的优位保护,这也反映了美国刑法实用主义的倾向。但是,美国联邦最高法院并没有给出一个明确的标准来区分一个犯罪是否要求犯意。"但明确地承认(严格责任犯罪)可以解决冲突,并有助于纠正许多仍然负有严格责任的领域中的错误。"④有些学者也认为,"虽然严格的刑事责任给社会带来了成本,但它也带来了利益,在民主制度下,我们允许立法机关平衡立法成本和利益"⑤。

鉴于严格责任犯罪自身存在的不足,很多学者尝试寻找严格责任犯罪的替代措施。这些替代措施主要包括:加重公共福利犯罪刑罚,增加犯罪心态的要素;改进严格责任犯罪的责任形式,如采取疏忽责任等;用过错推定来代替严格责任;减轻严格责任犯罪的刑罚等。还有学者从刑法与道德的层面对严格责任犯罪提出了自己的看法,"法律应继续承认其长期存在的刑事严格责任推定……这种长期存在的推定是基于对意图和刑

---

① See Catherine L. Carpenter, "Constitutionality of Strict Liability in Sex Offender Registration Laws", *Boston University Law Review*, Vol.86, Issue 2, 2006, p. 321.

② See Michael Bohan, "Complicity and Strict Liability: A Logical Inconsistency", *University of Colorado Law Review*, Vol.86, Issue 2, 2015, p. 638.

③ Kenneth W. Simons, "When Is Strict Criminal Liability Just?" *Journal of Criminal Law & Criminology*, Vol.87, Issue 4, 1997, p. 1135.

④ Alan C. Michaels, "Constitutional Innocence", *Harvard Law Review*, Vol.112, Issue 4, 1999, p. 901.

⑤ Paul J. Larkin, Jr., "Strict Liability Offenses, Incarceration, and the Cruel and Unusual Punishments Clause", *Harvard Journal of Law & Public Policy*, Vol.37, Issue 3, 2014, p. 1081.

罚的道德直觉,并受到司法机关适当的解释作用的制约"①。这些替代措施都有利于严格责任犯罪的完善,但同时也存在不同程度的不足,并没有形成太多共识性的认识,对于司法实践的影响非常有限。

依据何种标准来判断制定法中规定的犯罪是否是严格责任犯罪,法学家与法官存在较大的争议,并未形成定论。在美国,联邦法官们认定严格责任犯罪的标准有些随意。尽管在严格责任犯罪的判断上没有形成统一的标准,但在确定一项犯罪是否是严格责任犯罪时,法院通常会考虑以下因素。②

第一,法律条文的用语。

虽然严格责任犯罪不受欢迎③,但制定严格责任犯罪的权力始终属于立法机关。法律的司法解释的主要目的是确定立法机关的意图并使之生效。④ 因此,像所有其他法律解释一样,在确定法律是否强制实行严格责任的时候,首要的目标就是确定立法机关的意图。"要寻找(立法机关的)意图首先就要从法律条文本身开始。"⑤严格责任犯罪只适用于法律没有明文规定犯罪心态的犯罪,而要确定法律条文用语的含义,以及立法者的真实意图,需要联系法条在法律体系中的位置、法律的沿革以及上下文等进行综合分析。

第二,该犯罪是否具有公共福利犯罪的性质。

对于公共福利犯罪,联邦最高法院认为,立法机关可以在符合宪法规定的情况下制定严格责任犯罪的法律,规定当违法行为涉及保护公共福利时不需要证明被告人的犯罪意图。"许多具有警察条例性质的法规,不管其意图如何,都会施加刑事处罚;其目的是为了保护公众,通过一定程

---

① W. Robert Thomas, "On Strict Liability Crimes: Preserving a Moral Framework for Criminal Intent in an Intent-Free Moral World", *Michigan Law Review*, Vol. 110, Issue 4, 2012, p. 674.
② See *People v. Quinn*, 440 Mich. 178, 190-191, n 14, 487 N.W.2d 194 (1992); See Ellen S. Podgor, Peter J. Henning, Andrew E. Taslitz & Alfredo Garcia, *Criminal Law: Concepts and Practice* (3rd ed.), Carolina Academic Press, 2013, pp. 152-158.
③ See *United States v. United States Gypsum Co.*, 438 U.S. 422, 438, 57 L. Ed. 2d 854, 98 S. Ct. 2864 (1978).
④ See *People v. Morey*, 461 Mich. 325, 329-330; 603 N.W.2d 250 (1999).
⑤ Bio-Magnetic Resonance, Inc. v. Dep't of Pub. Health, 234 Mich. App. 225, 229, 593 N.W.2d 641 (1999).

度的努力,使违反公共利益的行为成为不可能。"① 这种严格责任犯罪的领域体现在毒品法、交通法、掺假食品或毒品法、刑事妨害法和酒类管制法等。在确定是否是公共福利的犯罪时,需要考虑所涉物品的性质。比如在 *Staple v. United States* 案②中,被告人持有自己改良步枪后制成的自动化武器,"事实是这个国家有私人可以广泛地合法持有枪支的悠久传统"以及"不论其具有的潜在危险性,一般来说持有枪支是无罪的"。因为枪支不像其他看起来就具有天然危险性的物品,难以认为持有枪支就会造成公共危险,因此该案不符合"公共利益"的先例,法院要求控方证明被告人明知其行为违法的事实。但在 *United States v. Freed* 案③中,则涉及被告人持有一枚手榴弹,手榴弹并不常见,而且对公共安全的造成危险。"这是为了保护公共安全的一项管理措施,其理论前提是人们不难意识到拥有手榴弹不是无辜的行为。"基于此,联邦最高法院认为这是一个严格责任的犯罪,不需要证明被告人的犯罪意图。

第三,行为人可能被判处的刑罚的轻重。

由于严格责任犯罪并不要求犯罪的主观心态,因此一般适用于刑罚较轻的犯罪。在解释没有关于犯意表述的法条时,最高院认同"在其他条件相同的情形下,惩罚的可能性越大,要求犯意存在的可能性也越大"④。一般而言,犯意是否为争议法条的犯罪构成要素,法院参考的标准是是否可能判处 10 年监禁。"毕竟,'重罪'这个词,在我们区分某些普通法犯罪和公共福利犯罪时,'正如你在评价人或事时所给予的糟糕的言语评价'。"⑤ 与可能遭受的刑罚的严重性相关的是,如果将该法条解读为不包括犯罪意图要素,最大的可能是将导致"一系列明显无辜的行为"的刑事定罪。

大致而言,美国《模范刑法典》在有限度的范围内承认了严格责任。其将广义犯罪分为犯罪和违法行为两大类。在犯罪中,包括重罪、轻罪和微罪不适用严格责任;违法行为可以适用严格责任,除非行为定义中对罪

---

① *People v. Roby*, 52 Mich. 577, 579, 18 N.W. 365 (1884).
② *Staple v. United States*, 511 U.S. 600 (1994).
③ *United States v. Freed*, 401 U.S. 601 (1971).
④ Wayne R. LaFave, Austin W. Scott, Jr., *Criminal Law* (2nd ed.), West Publishing Company, 1986, p. 244.
⑤ *Staple v. United States*, 511 U.S. 600, at 618(1994).

过有明确规定或者法院认为使用罪过原则符合有效执法的要求。

第四,案件数量的多少以及控方证明犯罪的主观心态时举证责任的轻重。

当案件数量庞大时,检察官会承担较重的举证负担。因为在几乎所有的刑事诉讼中,证明行为人的主观心理状态都是十分困难的。① 当法院把法律解释为需要提供关于犯罪意图的证明时,检察官必须对此承担举证责任。如果该犯罪是严格责任犯罪,检察官不需要证明被告人在犯罪时的内心活动,这样定罪就相对比较容易。"刑事严格责任的适用减轻了这种负担。严格责任原则为将被告人定罪提供了一种既有效又基本有保障的方法。"② 因为一旦被告人完成犯罪行为,责任随即产生,这大大减轻了检察官的举证义务。当然,这种基于诉讼效率的考量,为了保护公共利益而牺牲个人正义的做法是否合理还有待商榷。

在本案中,法庭采纳了多数派的意见。该意见正是基于以上考量要素,认为持有或使用伪造的税票罪不是严格责任的犯罪类型。法庭认为,首先,持有或使用伪造的税票罪不是普通法的编纂,而是一项税收法规。尽管法条中没有关于主观心态的表述,但是不应当按普通法的一般原则将其视为严格责任犯罪。其次,在税收法规中设置该罪名的目的是为了有效处理走私犯罪,减少税收流失。这与一般所说的诸如毒品法、交通法、掺假食品或毒品法、刑事妨害法和酒类管制法等所规制的公共福利犯罪是不同的,该罪不属于公共福利犯罪。再次,持有或使用伪造的税票罪是一项重罪,最高可判处 10 年监禁,并处罚金 50 000 美元,而严格责任犯罪的法定刑都比较轻。最后,本罪的数量并不多,而且控方完全可以运用"最少的间接证据即足够"的规则对行为人的主观心态进行证明,检察官不会承担过重的证明负担。正是由于严格责任犯罪的认定标准本身还存在一定模糊之处,不同的人对标准的理解及具体运用会存在分歧。虽然也是同样的考量因素,但米特法官却给出了相反的结论,认定本罪为严格责任犯罪,这也说明了严格责任犯罪判断标准的复杂性与模糊性。

---

① See *Liparota v. United States*, 471 U.S. 419, 426, 85 L. Ed. 2d 434, 105 S. Ct. 2084 (1985).

② Laurie L. Levenson, "Good Faith Defenses: Reshaping Strict Liability Crimes", *Cornell Law Review*, Vol.78, Issue 3, 1993, p. 402.

第五节 事实错误

案例:新墨西哥州诉孔特雷拉斯案*
(*State v. Contreras*)

高广童**

【关键词】

破门入户罪;事实错误;特殊犯罪意图;一般犯罪意图;陪审团指示

【争议焦点】

被告人产生了事实错误(mistake of fact)需要哪些证据,法庭是否应当就事实错误问题指示陪审团?破门入户罪(breaking and entering),是一般意图犯罪还是特殊意图犯罪?法庭若以一般意图指示陪审团是否足够?

【诉讼进程】

被告人安东尼·孔特雷拉斯(Anthony Contreras)因在旅馆住宿时进入他人房间等行为被初审的新墨西哥州圣塔菲郡(Santa Fe)地区法院判决犯有破门入户罪和刑事毁坏财产罪。

孔特雷拉斯仅就破门入户罪提出上诉。2007年7月24日,新墨西哥州上诉法院作出判决,认为针对破门入户罪,被告人有权利要求法院作出关于事实错误的陪审团指示。因而推翻原判,发回重审。

【案件事实】

某日下午3点半,孔特雷拉斯在一家汽车旅馆办理了入住,并支付了房款。旅馆为其安排了125号房间并将一把没有标注房间号码的塑料钥

---

* *State v. Contreras*, 167 P.3d 966 (N.M. Ct. App. 2007).
** 北京大学法学院硕士研究生。

匙卡交给他。孔特雷拉斯在办理入住手续时深度醉酒以至于将他的身份证遗忘在汽车旅馆的前台。下午 4 点 45 分,警方接到报警赶往汽车旅馆,报警人称有人将一个沉重的垃圾桶从 121 号房间的窗户扔到外面。121 号房间和 125 号房间之间隔了 3 个房间。当警官到达旅馆后,进入 121 号房间并且向房内住客下达口头命令。孔特雷拉斯从浴室走出。当时被告人没有穿鞋并且处于明显的醉酒状态。尽管被告知他已经被警官逮捕,孔特雷拉斯起初仍胡言乱语地回应警官,并表示其将对损坏的窗户负责。警官发现 121 号房间内除窗户以外并未有东西损坏,也没有物品遗失。被告人的钥匙卡是在 121 号房间外被人发现的。警官确认该钥匙卡打开过 125 号房间。

【控辩观点】

控方:

第一,没有证据证明被告人产生了事实错误,无论是被告人相信自己进入的正是他已经支付房款的房间,还是相信他破门而入的理由,抑或是他进入该房间是否得到了允许。这就导致法庭没有足够的证据支持就事实错误问题来指示陪审团。

第二,本案中,破门而入罪是一个一般意图的犯罪,因此,陪审团不需要考虑特殊意图,关于一般意图的陪审团指示就足够了,事实错误的陪审团指示并非必不可少。

辩方:

第一,现有证据已充分证明被告人在行为时产生了事实认识错误,而破门而入罪的成立要件包括"明知未经允许而进入",因此法院应当根据被告方请求就事实错误这一法律问题指示陪审团。理由包括以下几点:有证据显示被告人当时确信自己有权进入 121 号房间;控方的任务在于证明被告人当时并非真诚而合理地相信自己有权进入房间的心态,这种证明应当达到排除一切合理怀疑的程度;如果对被告人的行为是否由其错信事实的心理所造成抱有合理的怀疑,那么被告人无罪。

第二,具体的陪审团指示应当包括以下内容:"破门入户"的构成要件要求控方排除合理怀疑地证明以下三个要素,即"未经允许进入汽车旅馆房间""通过打破窗户进入""他在实施该行为时没有产生事实认识错误"。换言之,他是明知未经允许而进入的。

【法庭观点】

针对被告人要求法庭就事实错误问题指示陪审团的请求,地区法院予以驳回。地区法院给出了充分的论证,认为被告人请求法庭作出该指示所需的证据是不充分的,因为没有关于被告人所相信的事实的证据,地区法院的具体回应如下:第一,庭审时被告人并未出庭作证;第二,被告人从始至终也未提交任何证据;第三,没有任何证人为被告人的供述作证,其打破窗户的原因、是否得到允许进入 121 号房间均无从得知。

州上诉法院认为地区法院错误地拒绝了被告人要求针对事实错误指示陪审团的请求。理由在于:第一,被告人有足够证据请求法官作出关于事实错误的陪审团指示。地区法院认为证据不足以证明被告人是真诚而合理地相信他当时是在正确的房间中或者是他因为认识错误而走进了错误的房间。上诉法院则认为,一般来说,犯罪意图可以通过间接证据来证明。根据 *Williams v. State* 案①,"如果州可以通过间接证据证明一个被告人的犯罪意图,那么常识表明被告人也可以通过间接证据证明他的意图"。在本案中,支持对陪审团作出事实错误的指示的证据包括:(1)被告人当时深度醉酒;(2)被告人支付了一个房间的房款并且因此被授权进入一个房间;(3)没有东西被偷;(4)被告人当时没有穿鞋并且是在 121 号房间的浴室中,从中可以推断他当时正在将 121 号房间作为他已经支付对价的房间来使用;(5)被告人的 125 号房间钥匙卡当时在 121 号房间外的地上,由此可以推断出他曾试图用 125 号房间的钥匙卡进入 121 号房间;(6)钥匙卡上面没有标明房间号。如此来看,上述证据最倾向于支持作出事实错误的指示,明理的陪审团会认为被告人相信自己有权利进入他进入的 121 号房间。事实错误的抗辩也要求被告人的错误是真诚而合理的。一般情况下,错误是否是真诚而合理的这一问题对于陪审团来说是一个难题。因此,上诉认为有足够的证据请求法官作出关于事实错误的陪审团指示。

第二,控方对被告人明知自己进入 121 号房间时是未经允许的这一

---

① *Williams v. State*, 915 P.2d 371, 376(OK CR 1996).

点负有证明责任。控方认为,即使没有事实错误的陪审团指示,陪审团也已经得到了正确的指示,因为一般意图的指示足够涵盖判决被告人犯有破门入户罪所必需的犯罪心理。上诉法院则认为,以下问题是有争议的:即使有足够的证据支持向陪审团作出有关事实错误的指示,这样的指示作为法律问题也是不必要的,因为一般意图的指示对于正确指示陪审团是足够的。本案中的一般意图的指示如下:"除破门入户的构成要件之外……控方必须证明被告人蓄意实施被指控的犯罪,且这种证明必须达到排除合理怀疑的程度。当一个人蓄意地实施被法律规定为犯罪的行为时他就是蓄意作为,即使他可能不知道他的行为是不合法的。被告人是否故意地实施该行为可以从所有的间接证据中推断出来,例如他行为的方式、他使用的方法、他的举止和任何他所做的陈述。"

孔特雷拉斯不同意这些观点,他主张构成破门入户罪的必备要素是他明知自己未经允许而进入 121 号房间。因此,由于陪审团没有在破门入户罪中明知这一构成要素上得到指示,所以地区法院拒绝被告人关于向陪审团指示事实错误的请求是错误的。上诉法院认为:当事实错误否定了"成立被指控的犯罪所必须具备的犯罪意图"时,事实错误就是一种抗辩事由。在此可以根据 *State v. Fuentes* 案①查看立法目的,判断一个特定犯罪所要求的犯罪意图。经查明,破门入户"由未经授权地进入任何……住所或其他建筑物……构成,进入是通过闯入……住所或其他建筑物的任何部分来完成的"。在一条法律没有规定犯罪意图的情况下,正如这里表明的一样,应通过以下方式解决:当法律对犯罪故意没有规定时,一般情况下应认为被告人具有犯罪故意才能构成犯罪,除非法律倾向于忽略犯罪心态这一要素。法律可以设立一个严格责任犯罪(a strict liability crime);但是这种立法意图必须在该法条中明确说明。换句话说,只要一条法律没有规定该犯罪适用严格责任,犯罪意图就应当是该项犯罪的构成要件。

上诉法院认为,有关破门入户罪的规定不仅仅表明一般意图。在本案中,有三个构成要件,即进入、未经允许地进入和通过打破窗户而入户。进入房间和打破窗户,这两者是故意的物理上的作为、身体活动,一般意图的指示明显可以适用于二者。然而,我们看不到关于一般意图的指示

---

① *State v. Fuentes*, 91 N.M. 554, 557, 577 P.2d 452, 455 (Ct. App. 1978).

是怎样有逻辑地适用于"未经允许而进入"这样一个事实的。除非适用严格责任,否则未经许可的成立需要其明知其行为未经允许。上诉法院在以下这一点上同意被告人:破门入户罪构成要件中未经允许这一要素的犯罪心态是明知其未经允许。在上诉法院看来,明知,对于破门入户的许可要素是有必要的,一般意图的陪审团指示对于明知的犯罪意图来说是不够的。也就是说,当某个犯罪的犯罪心态是明知时,一般意图的指示对于正确指示陪审团来说是不够的。如果关于犯罪意图的指示不足以明确该犯罪的犯罪意图时,被告人有权请求对事实错误作出陪审团指示。在本案中,初审法院没有给陪审团关于明知的指示。因此,本案缺乏对于必需的犯罪意图的陪审团指示。在这种情况下,被告人有权请求法官就事实错误的问题指示陪审团,以通过否定他"明知自己未经许可而进入121号房间"来进行抗辩。

因此,上诉法院认为地区法院错误地拒绝了被告人向法庭作出的就事实错误问题指示陪审团的请求。基于此,上诉法院推翻了地区法院的结论,并要求重审。

【案例评述】

一个关于错误的主张通常被称为对犯罪的抗辩,但事实上它是一种由被告人提出的主张,这一主张认为控方还没有证实该行为存在对应的犯罪意图。

在普通法中,主张存在事实错误在什么情况下可以作为抗辩事由呢?首先,应当区分两种不同类型的犯罪。对于一个特殊意图的犯罪来说,被告人主张的错误不必须是合理的,只需要被告人产生了否定犯罪意图的主观错误即可。特殊意图的犯罪由行为和一个特殊的、被限定的犯罪心态构成,该犯罪心态被称为特殊意图。例如,盗窃罪的构成要素中必须包括一种永久剥夺他人的财产的意图。在特殊意图的犯罪中,起诉方具有更重的证明责任,必须证明该犯罪的每一个构成要素,包括行为是在被指控的特殊意图的支配下实施的。在这种情况下,事实错误可以作为辩护事由,事实错误可以用来证明属于构成要素的特殊意图不存在,并且,这种事实错误只需要是出于真诚地相信其想象的事实就够了,而不要求这种相信是合理的。当然,当事实错误是基于十分严重的疏忽,甚至这种疏忽几乎等同于被告人故意让自己免于对事实的明知时,那么该事实错误不能被认为是真诚的。① 仍以盗窃罪为例,如果被告人拿走了另一个人所有的财产,但被告人真诚地相信该财产是属于他自己的,那么即使这种相信是不合理的,法庭仍然会认为该被告人的行为不构成盗窃罪。

与之相反,在一个一般意图的犯罪中,被告人主张的错误必须是合理的,换句话说,必须是一个具有一般谨慎和注意义务的人在类似的情况下也会产生的错误才会被认为是合理的。

本案中,地区法院将明知未经许可这一要素视为一般意图,导致被告人具有更重的举证责任,因为陪审团必须首先判断被告人是否确实产生了错误的确信,然后再判断该错误是否是一个一般理性人会在类似情况下也会产生的。如果陪审团发现被告人提出的错误是不合理的,那么就有足够的证据证明被告人具有一般意图,被告人会因此被认定有罪。而上诉法院认为破门而入罪是特殊意图的犯罪,对破门而入这一行为的明知是本罪的构成要件。本案的问题之一是,对于一项特殊意图的犯罪,作出一般意图的指示是否足够呢？或者说被告人作出事实错误抗辩的目的是以此来否定作为构成要件的犯罪意图、否定实施该项犯罪的故意,进而否定该项指控,此时,法官是否应当作出事实错误的陪审团指示呢？

在 State v. Gonzalez 案②中,维吉尔法官(Vigil J.)认为,"一个法条对某个犯罪的不同构成要件所要求的主观意图可能不同",将违禁品带入监狱包括了对于本罪的两个不同构成要件的两种不同的心理状态,即故意地将该物品带进监狱和明知该物品是违禁品。维吉尔法官强调,"明知(knowledge)和意图(intent)是分离的,二者并不是同义的(not synonymous)"。一般意图只是使身体发生位移的意图,而这种身体活动是某个犯罪成立所要求的行为。维吉尔法官指出,被告人若被判决有罪,必须明知他带进监狱的物品是违禁品,而一般意图的陪审团指示对于明知这一要素的指示是不充分的,当明知的心理状态是犯罪的构成要素时,必须进行特殊意图的陪审团指示。维吉尔法官认为,一般犯罪意图的指示是不足以使陪审团确认被告人,对于他自己带进拘留所的物品是可卡因是明

---

① See Owen E. Woodruff, Jr., "Mistake of Fact as a Defense", *Dickinson Law Review*, Vol. 63, 1958, p. 328.
② *State v. Gonzales*, 99 N.M. 734, 737, 663 P.2d 710, 713 (Ct. App. 1983).

知的,被告人仅仅承认他当时是故意将塑料袋中的液体带进拘留所的,因此陪审团本该得出被告人是故意将该液体带进拘留所的结论,而不触及被告人是否知道该液体含可卡因。

回到本案中,明知是构成破门而入罪的必备要素,即被告人必须"明知"未经许可而破门而入,因此一般意图的陪审团指示,对于判断被告人是否明知其未经许可是不充分的。在本案的判决中,法官引用了 State v. Bunce 案①中的裁判理由。该裁判理由指出,一方面,如果给出的陪审团指示足够明确地解释了对侵吞的指控进行定罪必须具备犯罪意图,那么被告人无权要求法庭作出事实错误的陪审团指示。另一方面,如果侵吞和关于犯罪意图的指示不足以确定必要的犯罪意图,那么,被告人有权要求关于事实错误的陪审团指示。因此,本案上诉法院认为,破门而入罪属于特殊意图犯罪,故一般意图的陪审团指示是不足够的这一论述是合理有据的。

在一般意图的犯罪中,事实错误必须具有合理性。当且仅当犯罪不涉及特殊意图时,法庭要求错误是合理的,并且这种合理性应当是可以衡量的。法官会指示陪审团,也许他们会发现某些既定事实,必备的犯罪意图可以从这些行为和既定事实中推断出来。

对于一般意图的犯罪,事实错误作为辩护理由受到了以下几点批评:第一,批评者认为,被告人将一般的疏忽(非犯罪要求的疏忽)、过失而导致的事实错误作为抗辩事由,等于对被告人的一般疏忽追究刑事责任,将故意与过失同等处罚,加重了被告人的刑事责任,导致罪责刑不相适应,不符合刑法一般预防的目的。第二,另有批评者认为,衡量错误的合理性时采用的一般理性人标准是模糊不确定的,因为一般理性人是想象中的具有一般谨慎和注意能力的人。但是,在刑法领域,怎样辨认、判断犯罪心理本就是一个难题。陪审团由普通人组成。当然,这样判断被告人的犯罪心理在某种程度上是一种推断。这是一种间接判断心理状态的尝试,但这也是能采用的唯一方法。② 这是陪审团权衡证据的方法,是公民可以达到排除合理怀疑地使自己确信罪犯有罪的一种行为标准,也是一

---

① State v. Bunce, 116 N.M. 284, 289, 861 P.2d 965, 970 (1993).
② See Owen E. Woodruff, Jr., "Mistake of Fact as a Defense", Dickinson Law Review, Vol. 63, 1958, p. 325.

种有迹可循的相对客观的标准,陪审团成员可以避免陷入因为肆意裁断而被起诉的危险境地。"没有人是千里眼。陪审团成员考量那些难以捉摸的事实问题是有风险的。陪审团必须有一些方法来判断一种模糊的精神状态是否作为一项事实存在。因此,当处理一个困难的问题时,想接近公正、合理的结果,错误的合理性仅仅是一个实用的工具。"①

在司法实践中,一般意图的犯罪适用事实错误时,存在两个例外:如果案件情况满足例外原则的要求,即便被告人基于合理的错误而真诚地相信他所认识的事实是真实的,仍然不能因此免除刑事责任。第一个例外是道德错误原则,这一原则是指在发生事实错误的情况下,如果按照被告人认识到的事实判断,他的行为是违反道德的,那么即使他的错误是合理的,也不能成为免责事由,被告人应对实际发生的事实承担故意犯罪的刑事责任。② 批评者认为这一原则混淆了刑法和伦理的界限,第一,会造成将伦理过错认定为犯罪行为;第二,在上帝已死、价值多元化的时代,对一种行为是不是违反道德的判断往往是主观的,这将导致司法擅断、违背罪刑法定原则。第二个例外是法律错误原则,含义是尽管存在合理的事实错误,但如果行为人想象的行为仍然违反刑法的规定,则事实错误就不是辩护理由;即行为人的行为不违反刑法,事实错误才可以作为免罪的理由。批评者认为这一原则混淆了轻罪与重罪的界限,将导致被告人因为轻罪的故意而对重罪的行为承担刑事责任。

而对于严格责任的犯罪来说,原则上错误是不能适用的,因为在这类犯罪中故意并非犯罪的构成要素。但是,如果把所有的事实错误都排除在辩护理由之外,也会造成刑罚的过分严苛。从近些年的判例来看,这种严苛的立场存在松动的趋势,一些法院开始承认在某些特殊案件中,如果被告人当时没有认识到,也没有认识相关事实要素的可能性时,即便是严格责任犯罪,事实错误仍然可以作为辩护理由。③

---

① Owen E. Woodruff, Jr.,"Mistake of Fact as a Defense", *Dickinson Law Review*, Vol. 63, 1958, pp. 333.
② 参见〔美〕约书亚·德雷斯勒:《美国刑法精解》(第四版),王秀梅等译,北京大学出版社2009年版,第144—147页。
③ 参见刘士心:《美国刑法中的犯罪论原理》,人民出版社2010年版,第116—117页。

第六节 法律错误

案例:奇克诉联邦案*
(*Cheek v. United States*)

王 猛**

【关键词】

逃税罪;法律错误;不知法律不免则;特别意图;有意性

【争议焦点】

一个人出于一项善意的法律错误或确信而实施行为,是否在只有具有客观合理性的情况下才能阻却故意?认为法律违宪的观点能否作为阻却故意的抗辩事由,使行为免责?

【诉讼进程】

1980 年至 1986 年的纳税年度中,申诉人约翰·L.奇克(John L. Cheek)没有提交联邦所得税申报表。此外,申诉人在 W-4 表①中申请了越来越多的预扣所得税津贴(withholding allowances)。1987 年 3 月 9 日,被告人奇克被指控 6 项违反《美国国内税法》(*Internal Revenue Code of 1954*) §7203 故意不提交纳税申报表,以及 3 项违反《美国国内税法》§7202 逃税罪的罪状。陪审团在 11 月 10 日、12 日进行了审议,并最终认定被告人有罪。伊利诺伊州北区地区法院的普伦基特法官(Plunkett J.)作出有罪判决。

被告人不服原判提出上诉,上诉法院第七巡回法庭受理上诉,于

---

* *Cheek v. United States*, 498 U.S. 192 (1991).
** 北京大学法学院硕士研究生。
① W-4 表(Form W-4),又称预扣职工所得税津贴证书(Employee's Withholding Allowance Certificate),是指由雇员填写,用以向雇主说明其税务状况(如免税额)的一种国税局税表。W-4 表告知雇主从雇员的薪资单中扣除的正确的税额。

1989 年 8 月 21 日作出判决,维持原判。

被告人向联邦最高法院提出申诉,联邦最高法院受理申诉,并于 1991 年 1 月 8 日作出判决,以 6∶2 的票数撤销原判,发回重审。

【案件事实】

奇克是一个税收反对者,其自 1978 年起就在美国航空公司从事飞行员的工作。1969 年至 1979 年,奇克每年都提交了纳税申报表,然而在 1980 年至 1986 年的纳税年度中,除 1982 年提交了一份无意义的纳税申报表外,申诉人没有继续提交纳税申报表。此外,1980 年以前,在受雇于美国航空公司的时候,奇克就已经提交了主张 25 项预扣所得税津贴的 W-4 表。在 1980 年 1 月至 1981 年 1 月,奇克将 W-4 表中申请的预扣所得税津贴数量起初变为了 39 项,并最终更改为了 60 项。通过一系列通信往来,美国国税局最终告知奇克,他主张的具有 39 项豁免的 W-4 表是不可接受的。1980 年 12 月,美国航空公司的一名税务律师告诉奇克他并不能获得扣税豁免,并建议他向有能力的律师寻求建议。

1981 年至 1984 年,奇克继续提交主张完全免税的 W-4 表,并与美国航空公司进行经常性的信件交流。最终,美国国税局通知美国航空公司不予兑付奇克提交的 W-4 表,美国航空公司因此从奇克的工资中扣除了相应的份额。为了阻止从工资中扣缴任何税款,奇克在 1982 年至 1986 年对其雇主、美国航空公司的雇员、国税局局长以及国税局员工等提起了一系列民事诉讼。1984 年,奇克等人对国税局局长提起诉讼,主张从工资中扣缴税款违反了《宪法第十六修正案》。1985 年,奇克起诉了国税局的一些员工,其认为"扣缴所得税和社会保障税无异于在违宪地收取财产,他的工资也并非应当纳税的收入",并主张被告人赔偿美国航空公司扣缴的所得税与社会保障税。这些诉讼都被法院所驳回,奇克的关于自己不是税法意义上的纳税人、工资(wages)并非收入(income)、《宪法第十六修正案》并未授权对个人征收所得税以及《宪法第十六修正案》不可执行等观点,也被法庭告知无意义而没有被采纳。奇克参加了他许多朋友和同事的刑事税务审判,在这些审判中被告人都被宣告有罪。

【控辩观点】

辩方：

第一，在初审阶段，辩方提出奇克真挚地认为税法是违宪的，因而他在1980年至1986年的行为是合法的。所以，其违反税法的行为就不具有有意性(willfulness)，因此他不符合定罪所必需的心理要件。奇克的证言提到，其在1978年就参加了由一个团体组织的研讨会，该团体认为联邦税制是违宪的。据称会上的一些律师发言人提出了联邦所得税法无效的专业意见。正是基于自己的研究以及从该团体获得的解释，奇克辩称自己形成了税法违宪这一确信。奇克还提供了一封来自一位律师的信，信中说《宪法第十六修正案》并未授权对工资和薪水征税，而仅仅对利润和收益征税。

第二，在上诉审中，奇克提出了诸如地区法院不具有管辖权、其被剥夺了获得律师帮助的权利、证据不足以证明其具有违法意图及其他证据异议。在这些辩护理由中，以下两点值得加以展开。首先，奇克主张地区法院错误地向陪审团作出指示，即一项善意的法律错误必须具有客观合理性。奇克提出，其他的巡回法庭在善意的法律错误是否必须具有客观合理性这一点上作出了相反的裁判，并且在合理性上坚持了主观标准。其次，奇克主张地区法院错误地在陪审团没有要求的情况下，再次作出了指示。在 Bollenbach v. United States 案①中，联邦最高法院指出"当陪审团明确说明其困难时，法官应当具体准确地清除它"。奇克认为地区法院对陪审团的再次指示违反了这一原则，因为陪审团在难以得出裁决结论时向法官提交的说明中，并未明确说明其在指示争议中的困难为何。因此，奇克认为地区法院（与政府）仅仅在再次指示中猜测了陪审团的困难是什么。

第三，当案件被送到联邦最高法院后，奇克在辩论摘要等文书中接受了 States v. Pomponio 案②中对有意性的定义，其主张地区法院的指示和上诉法院的意见背离了这一定义。特别是，他反对这样的裁决，即善意的法律

---

① Bollenbach v. United States, 326 U.S. 607, 612-13, 66 S.Ct. 402, 405, 90 L.Ed. 350 (1946).

② 关于故意概念的变迁，详见下文法庭观点部分。

误解或善意地相信没有违反法律只有在客观合理的情况下才能阻却故意。

【法庭观点】

在初审阶段,奇克被指控犯有 3 项逃税、6 项故意不提交纳税申报表的罪状。奇克辩称他真挚地认为税法是违宪的因而不具有有意性①。在对陪审团的指示中,法庭告知陪审团,为了证明"故意",政府必须证明奇克自愿(voluntary)且蓄意(intentional)违反一项已知的法律义务,在出现错误(mistake)、无知(ignorance)或疏忽(negligence)的情况下,该证明责任仍须履行。法庭进一步告知陪审团,一个客观合理的法律误解可以阻却故意,但仅仅不认同法律则不能。法庭描述了奇克对所得税体系的确信,并指示陪审团,如果"认为奇克诚实且合理地相信他不需要支付所得税或提交纳税申报表,那么就应当宣告无罪"。然而在第一天的审议中,陪审团并未就该问题达成一致意见。在 11 月 12 日审议恢复后,地区法院的法官对陪审团进行了附加指示:"一个真实但不具有合理性的确信并不能作为辩护理由,不能阻却故意",并且若"一项建议或研究得出了私营雇员的工资不是所得或税法违宪,则其不具有客观合理性,不能作为善意法律误解的抗辩事由的根据"。约 2 个小时后陪审团得出了奇克有罪的结论。

联邦最高法院怀特法官(White J.)发表了法庭意见,内容概括如下:

首先,法院对上述案件事实进行了确认。其进一步指出,在先前的案件中,上诉法院第七巡回法庭明确了善意的法律错误只有在被告人的确信具有客观合理性的情况下,才能够阻却故意。即使真的不知法律也不是抗辩事由,除非不知法律这件事本身具有客观合理性。② 因为该法庭对法律使用的"有意性"的解释与其他上诉法庭的判决相冲突,因而联邦最高法院批准了调卷令。

其次,法院讨论了有意性标准的变迁。基于法律是明确且易知的这一见解,普通法推定所有人都知道法律,不知法律或法律错误并不能作为一项抗辩事由。然而法规的扩张使得普通公民在某些时候难以知道并理

---

① 不同于《模范刑法典》中对心理要件的表述,美国法律在税法中使用了"willful"一词,为了加以区分,本文将"willfully"一词译为"有意性"。

② See *United States v. Buckner*, 830 F.2d 102 (1987).

解税法义务与责任的范围。因此,国会将违反法律的特定意图(specific intent)作为某些联邦税务犯罪的要素,以此来缓和普通法推定的影响。所以,法院约60年前就将联邦刑事税务法规中使用的"有意性"一词解释为对传统规则的例外。在 United States v. Murdock 案①中,法庭指出:"国会并非意欲让一个由于对纳税义务、报税义务或保存记录产生善意错误,因而没有达到规定的行为标准的人成为罪犯。"在此案中,刑事税务法规中所使用的"有意性"一词被法庭解释为"行为具有坏的目的"或"邪恶动机"。而随后的裁判完善了这一见解。在 United States v. Bishop 案②中,联邦最高法院将"有意性"一词解释为"自愿、蓄意地违反一项已知的法律责任"。在 United States v. Pomponio 案③中,联邦最高法院重申了这一见解。该案中,上诉法院认为法规要求发现坏的目的或邪恶的动机,因而撤销了原判。联邦最高法院撤销了上诉法院的判决并指出"上诉法院错误地认为在 United States v. Bishop 案和之前的案件中提到的'邪恶的动机'","要求证明除蓄意违反一项已知的法律责任外的其他动机"。正如"已经考虑了这一问题的其他上诉法庭所承认的,有意性在这种情况下仅仅意味着自愿且蓄意违反一项已知的法律责任"。总之,United States v. Bishop 案与 United States v. Pomponio 案最终建立了法定有意性的要求标准,即"自愿、蓄意地违反一项法律责任"。

最后,法庭回应了申诉人的意见。法庭认同了奇克关于故意概念的主张,亦即地区法院和上诉法院在这方面犯了错误,并发表了以下两点法庭意见。

第一,法院回应了关于有意性标准的相关问题。法院指出,正如先前的刑事税务犯罪裁判中所指明的,有意性要求政府证明法律对被告人施以一项义务,被告人知道这项义务并自愿且蓄意地违反它。所以本案首先需要讨论的问题是,被告人是否知道其被指控违反的法规条款所施予他的一项义务。如果政府证明被告人实际知道相关法律义务,那么就已经满足了有意性的明知要件。但被告人的以下主张可能会阻却上述证明活动:因为不知法律或法律错误,他善意地确信并没有违反任何税法条

---

① United States v. Murdock, 290 U.S. 389, 54 S.Ct. 223, 78 L.Ed. 381 (1933).
② United States v. Bishop, 412 U.S. 346, 93 S.Ct. 2008, 36 L.Ed.2d 941 (1973).
③ United States v. Pomponio, 429 U.S. 10, 50 L. Ed. 2d 12, 97 S. Ct. 22 (1976).

文。如果陪审团相信被告人存在善意错误或确信,无论这一主张是否具有客观合理性,都会阻却政府对有意性的证明。因此,法院反对上诉法院的如下观点:一项善意确信必须具有客观合理性,才能使政府证明被告人知道争议法律义务的证据无效。法院进一步指出,明知与确信是典型的需要陪审团处理的问题。法院的指示认为,特定确信不具有客观合理性,这将事实调查转变成一个法律问题,并且会阻止陪审团对其加以考虑。若被告人基于一项其不具有法律义务的不合理的确信而不知道该法律义务,并且禁止陪审团考虑可能阻却故意的证据,这可能会导致一个涉及《宪法第六修正案》陪审团审判条款的严重问题。① 因此,初审法院指示陪审团无视以下涉及申诉人认识的证据是错误的,即奇克认为他不是税法意义上需要报税或纳税的人,以及工资不是应当纳税的收入。而这一错误或确信的合理性,会影响到陪审团认定被告人是否只是单纯不认同法律,并且会影响到对政府关于明知的证明责任判断。

第二,法院回应了奇克关于税法违宪的相关观点。奇克在初审中主张其应该被宣告无罪,因为其善意地认为所得税法是违宪的因而不能合法地为其施予任何义务。联邦最高法院反对这种观点并指出,Murdock‐Pomponio 这一系列案件将国内税法典刑事条款中的有意性解释为要求证明被告人知道法律。这是因为在"我们复杂的税法体系中,即使在真挚地希望遵守法律的纳税人当中也经常出现对法律的不确定",并且"法律的目的并不是去惩罚在采取了合理谨慎措施的情况下,仍然产生的无辜的观点分歧或错误"。而主张税法条款违宪则并不是由税法的复杂性导致的无辜的错误。相反,该观点显示出被告人完全了解争议条款,并展现了被告人的研究结论,即该条款是无效的且不可执行。

法院指出,国会并未拟制这样一个纳税人,其可以无视美国国内税法施予其的义务,拒绝利用国会提供的机制向法院提出无效的主张并遵守法院裁判,而无须承担任何面临刑事指控的风险。奇克可以自由地支付税款、申报退税,并且如果该申请被拒绝,那他可以向法院提出宪法上无

---

① 《宪法第六修正案》规定:"在所有刑事审判中,被告人都有权获得由一个公正的陪审团作出的迅速、公开的审判……"联邦最高法院这里是指,初审法院与上诉法院第七巡回法庭坚持的客观标准可能会使法庭享有决定案件中关键的事实问题的权力。参见 Dwight W. Stone II, "Cheek v. United States: Finally, a Precise Definition of the Willfulness Requirement in Federal Tax Crimes", *Maryland Law Review*, Vol. 51, No. 1, 1992, p. 232。

效或其他主张。同样,在不纳税的情况下,他可以向税务法院提出税款缺额(tax deficiencies)诉讼,如果败诉还有权向上级法院提出上诉。奇克在数年间没有采取任何措施,即使在采取这些措施后,他也不愿意接受其结果。所以联邦最高法院认为,奇克没有资格主张其关于国内税法效力的确信可以阻却有意性,或为本案的指控提供抗辩理由。当然,在本案中奇克可以自由地提出这一主张并得到判决,但如同其他"有意"拒绝遵守法律义务的刑事被告人一样,他必须承担错误的风险。

因此,在类似的案件中,被告人关于税法有效性的观点与有意性的问题无关,不需要由陪审团听审。如果其被陪审团纳入审议,那么关于无视这一观点的指示就是适当的。因此,本案中地区法院法官指示陪审团不要考虑奇克关于税法违宪的主张的做法是正确的。

1991年1月8日,联邦最高法院撤销原判发回重审。

联邦最高法院斯卡利亚法官(Scalia J.)赞同法庭判决,但并未加入法庭意见。法官认为如今的法庭意见在税法违宪的观点不能作为抗辩事由这一点上,推翻了长久以来建立起的法律解释标准。被被告人认为是违宪的法律并不能对他施加"已知的法律义务"。"有意性"不仅包括对法律存在的认识,还包括对法律效力的认识。

布莱克门法官(Blackmun J.)和马歇尔法官(Mashall J.)发表了反对意见。他们认为上述法庭意见可能会鼓励纳税人固守这种对法律没有意义的看法,以期说服陪审团相信其诚意。而这种状况并不被常识所认可。

【案例评述】

本案主要涉及的实体法问题是法律错误的相关理论。联邦最高法院的判决逻辑主要体现为:不知法律(法律错误)可以免责——这一错误应当采取主观标准——法律违宪的主张并不构成可免责的不知法律(法律错误)。下面分而述之。

错误与免责。早期普通法一直奉行着"不知法律不免责"(Ignorantia juris non excusat)的格言,不知法律(法律错误)[1]并不能作为免罪的抗辩

---

[1] 在普通法中,不知法律与法律错误一直在相同意义上使用。参见张明楷:《刑法格言的展开》(第三版),北京大学出版社2013年版,第376页。

事由。这一普通法规则最早可以追溯到罗马法时代。在 13 世纪布莱克顿的教科书中,认识错误被分为事实错误与法律错误,前者已经被承认作为一项抗辩事由。① 主张"不知法律不免责"的理由主要有以下几点:所有人都被推定知道法律,该规则是法律得以实施的必要保障,该规则可以加强法律的威慑效应,不知法律本身就是当受谴责的,等等。② 在普通法早期,法律体系较为简单,自然犯占绝对多数,即使不知道法律的行为人也可以很轻易地对法律加以了解,因此不知法律本身就可以成立至少是疏忽的罪责。③ 但随着社会不断发展,法律体系极大膨胀,而普通法国家又存在大量的附属刑法,导致刑法规范与道德规范进一步分离,这极大地增加了行为人了解法律的难度。因此,关于不知法律可否免责的讨论也多局限于这些行政犯的领域,并且受到了一定的限制。关于该规则的威慑作用,Barlow v. United States 案的法庭观点曾指出:"允许为违法行为设立这种宽恕事由,这会危及公众。几乎没有任何法律不会设置一些巧妙的疑问,如果一个人不需极其警觉以避免违反法律,那么就一直会有违反法律的诱惑。"④这种观点显然将一定程度上的个人利益置于相对地位以换取公共利益。暂且抛开康德"人是目的,不是手段"的哲学观点,从功利主义的角度出发,一味地以"不知法律不免则"作为维护公共利益的对价,这显然容易出现一种利益失衡的状态,而有违反正当程序条款之虞。比起固守这一普通法规则,制定明确且易知的法律显然是一种成本更小的选择方案。最后,认为不知法律成立疏忽的观点无异于混淆了疏忽与有罪的概念。因此,一项不可理解或者极易产生认识错误的法律,"无异于一部不存在的法律"。

即使承认了不知法律不免责存在例外,也应当将如上所述这种例外状况限制在一定范围内。美国刑法理论通常认为,只有在特定意图犯罪中,法律错误才可以作为一项免责事由。在一般意图与严格故意犯罪中,

---

① 参见张明楷:《刑法格言的展开》(第三版),北京大学出版社 2013 年版,第 376 页。
② See Edwin Meese III, Paul J. Larkin, Jr., "Reconsidering the Mistake of Law Defense", *The Journal of Criminal Law and Criminology*, Vol. 102, No. 3, 2012, pp. 738-759.
③ See Edwin Meese III, Paul J. Larkin Jr., "Reconsidering the Mistake of Law Defense", *The Journal of Criminal Law and Criminology*, Vol. 102, No. 3, 2012, p. 738.
④ *Barlow v. United States*, 32 U.S. 404, 411 (1833).

法律错误抗辩都没有存在的空间。①

免责的理由与标准。一般认为,一项法律错误可以作为无罪的抗辩事由的情况有以下三种:该错误基于一项合理信赖、行为人已经尽到了一项适当注意,以及该错误可以阻却犯罪心理要件。本案主要涉及的是最后一种情形。② 具体而言,可以根据犯罪心理要件的不同,将美国法上的犯罪分为一般意图犯罪、特定意图犯罪和严格责任犯罪。其中一般意图和特定意图是源自普通法的区分,由于其概念的模糊性等原因,除在确定醉态与错误作为抗辩事由的场合外,该组概念的区分已经不具有显著意义。③ 一般意图犯罪不需要行为人认识到自身行为的"有罪性",只要满足了心理要件中的事实内容与规范评价要件,就满足犯罪心态的要求。而特定意图犯罪则在一般性的心理要件之外,还要求某些特定心理要件,如盗窃罪的"非法占有意图"、夜盗罪的"犯重罪意图"等④,不具有特定心理要件即阻却犯罪心态。根据美国刑法理论及判例,犯罪心态中的"有意性"要件一直以来被解释为要求证明被告人知道违法行为的具体意义。⑤ 因此,若被告人主张其行为并非出于"有意"并得到陪审团认可,那么自然就未能满足责任要件,从而应当宣告无罪。如下所述,通过一系列判例,美国将税务犯罪法规中使用的"有意地"一词理解为特定意图犯罪中

---

① 参见储槐植、江溯:《美国刑法》(第四版),北京大学出版社2012年版,第65页;〔美〕约书亚·德雷斯勒:《美国刑法精解》(第四版),王秀梅等译,北京大学出版社2009年版,第159—161页。详见下文。

② 合理信赖主要是指行为人信赖对法律的官方解释而出现的法律错误,而不包括个人对法律的理解以及私人律师的建议(尚存争论);适当注意则是指在(1)针对一项不作为犯罪,(2)该义务系由法律规定而非行为产生,(3)是法定犯的情况下,可以以正当程序条款主张免责。参见〔美〕约书亚·德雷斯勒:《美国刑法精解》(第四版),王秀梅等译,北京大学出版社2009年版,第159—161页。

③ 参见王秀梅等:《美国刑法规则与实证解析》,中国法制出版社2007年版,第57—60页。

④ 从这一角度看,美国法上的特定意图犯罪类似于大陆法系"目的犯"的概念。参见储槐植、江溯:《美国刑法》(第四版),北京大学出版社2012年版,第50页。

⑤ See Markus D. Dubber, Tatjana Hörnle, *Criminal Law: A Comparative Approach*, Oxford University Press, 2014, p. 275.

的特定意图,以此缓和上文"不知法律不免则"这一传统规则的严苛之处。①

关于免责的标准,本案中联邦最高法院与上诉法院(地区法院)的主要分歧在于,一项可免责的法律错误,应当采取主观标准还是客观标准。通过再次回顾有意性标准的变迁,我们可以进一步理解联邦最高法院对主观标准的坚持。在 United States v. Murdock 案中,联邦最高法院首次对税务犯罪中"有意地"进行解释,即"坏的目的"或"邪恶动机"。有观点认为联邦最高法院作出以上解释是因为当时出现了区分本身邪恶的罪(malum in se)与法规禁止的罪(malum prohibitum)的观点,以及不需要证明对犯罪行为的明知就对后者的行为人课以严厉的刑罚,这在道德上是错误的观点。通过上述解释,法院避免了对法定犯课以酷刑的指摘。② 在 United States v. Bishop 案中,法院对上述标准进行了明确化,并最终在 United States v. Pomponio 案中建立起了自愿、蓄意的标准。③ 与此相反,上诉法院第七巡回法庭则在其判决中坚持着客观标准。④ 可见,联邦最高法院(以及其他上诉法院)对于有意性一直倾向于一种主观认定标准,而第七巡回法庭的判决显然背离了这一标准。

在本案中,联邦最高法院的判决体现了以下两点政策性考虑:一是保护受税法复杂性的影响而产生错误的无辜的纳税人;二是保护不幸卷入

---

① 需要特别注意的是,《模范刑法典》§2.02(8)规定"如果犯罪成立以有意图地(willfully)犯罪为要件,除立法意旨施加了更多的条件外,行为人对于犯罪本体要件明知地事实行为时,构成意图"。可见,《模范刑法典》将一般意义上的有意性理解为明知。结合《模范刑法典》§2.04,"若不知或错误否定了成立犯罪本体要件所必需的蓄意、明知、确信、轻率或疏忽",则"对事实或者法律的不知或者错误,可作为抗辩事由"。因此,《模范刑法典》也对税务犯罪中的法律错误提供了抗辩的路径。

② See Dwight W. Stone II, "Cheek v. United States: Finally, a Precise Definition of the Willfulness Requirement in Federal Tax Crimes", *Maryland Law Review*, Vol. 51, No. 1, 1992, p. 228.

③ 另外值得一提的是,联邦最高法院对"有意性"一词的解释也出现了一定反复。在 *Spies v. United States* 案中,法院曾根据重罪与轻罪的区分对"有意性"作出了不同的解释,直到 *United States v. Bishop* 案才改变了这种立场,对有意性作了统一理解。参见 *Spies v. United States*, 317 U. S. 492(1943); Nicholas A. Mirkay, "Supreme Court's Decision in Cheek: Does It Encourage Willful Tax Evasion", *Missouri Law Review*, Vol. 56, No. 4, 1991, pp. 1129-1130。

④ 例如上诉法院第七巡回法庭曾在判决中主张,税务犯罪"作为抗辩事由的法律错误应被严格限制,并且必须具有客观合理性"。参见 *United States v. Moore*, 627 F.2d 830, 60 A.L.R. Fed. 148(1980)。

刑事税务犯罪诉讼程序的被告人。① 之于前者,通过将刑事税务法规中使用的有意性一词解释为特定意图,法院能够"从善意但极易产生误解的大量纳税人中,区分出有目的的税收违反者"②。因此,一项主观标准,较客观标准更能符合这一意图。之于后者,美国法认为特定意图一直是一个需要由陪审团进行判断的事实问题。在 *Morissette v. United States* 案中,法院就指出:"如果被告人的意图是被指控犯罪的构成要素,那么该意图存在与否就必须作为一个事实问题交与陪审团判断。"③进一步讲,客观标准还在某种程度上导致了关于特定意图的推定,从而使被告人负有证明其错误具有客观合理性的责任。④

最后是可免责的法律错误的界限,在本案中体现为奇克与宪法相关的主张。联邦最高法院指出,奇克主张税法违宪的观点与有意性没有关联性,不应当被陪审团所考虑。斯卡利亚法官明确反对这一观点。斯卡利亚法官认为,当被告人无视一项他认为违宪的法律时,不能认定被告人违反了一项已知的法律义务,因为一个违宪的法律本来就不能施加任何法律义务。多数意见拒绝了这一观点,而对税务犯罪中"有意性"一词的立法意旨作了讨论。否认主张法律违宪作为抗辩事由,这可以帮助我们将仅仅是选择不遵守一项已知的法律义务的人与因为不知法律或法律错误而不遵守法律义务的人区分开来。⑤ 除上述法庭意见中体现的理由外,我们必须承认,将认为法律违宪的法律错误排除在抗辩事由之外,在一定程度上体现了司法经济性的要求,因而也是一项符合刑事政策的主张。

---

① See Elizabeth J. Meiers, "Willfulness in Criminal Tax Cases: Cheek v. United States. 111S. Ct. 604 (1911)", *Harvard Journal of Law & Public Policy*, Vol. 14, No. 3, 1991, pp. 931-939.
② *United States v. Bishop*, 412 U.S. 346, 361, 36 L. Ed. 2d 941, 93 S. Ct. 2008 (1973).
③ *Morissette v. United States*, 342 U.S. 246, 274 (1952).
④ 例如在 *Francis v. Franklin* 案中,法庭指出,一个针对意图(intent)的可推翻的推定违反了正当程序条款,因为"其通过指示陪审团必须找到推定的要素,除非被告人成功说服了陪审团,减轻了政府对于推定要素的证明责任"。参见 *Francis v. Franklin*, 471 U.S. 307, 318 (1985)。
⑤ See *United States v. House*, 617 F. Supp. 232, 234 (1985).

第五章 因果关系

第一节 事实因果关系

案例一:北卡罗来纳州诉莱恩案*
(*State v. Lane*)

姚 航**

【关键词】

过失杀人罪;因果关系;事实因果关系;近因

【争议焦点】

事实因果关系作为触发刑事责任的必要非充分条件,在行为与结果之间存在时间间隔的过失杀人罪指控中如何认定?

【诉讼进程】

1990年9月17日晚,约翰·卡尔·莱恩(John Carl Lane)在街上攻击他人,被害者随后死亡。他被指控犯过失杀人罪(involuntary mans-

---

* *State v. Lane*, 444 S.E.2d 233 (N.C. Ct. App.1994).
** 北京大学法学院硕士研究生。

laughter)。① 初审的韦恩郡(Wayne)最高法院陪审团裁决其有罪。在加重情节超过减轻情节的情况下,被告人被判处10年监禁。

莱恩提起上诉,1994年6月7日,北卡罗来纳州上诉法院维持原判。

【案件事实】

1990年9月17日晚,19岁的被告人和他的两个表兄弟,史蒂夫·库尔(Steve Coor)和罗德尼·库尔(Rodney Coor),离开被告人家里,步行去耶特服务站买啤酒。在他们回家的路上,被告人和史蒂夫·库尔转身看到罗德尼·库尔在跟一个醉酒的白人男性边走边聊,他正摇摇晃晃地沿着格兰瑟姆街道(Grantham,为四车道)走着。

史蒂夫·库尔证言称,其曾告诉跟罗德尼·库尔一起走的那位男性在街上小心。那位男性比着手势发誓。史蒂夫·库尔和罗德尼·库尔看到被告人猛打那位男性,还看到那位男性倒在街边。被告人、罗德尼·库尔和史蒂夫·库尔就继续步行往家里走。

当晚9点48分,警察局的一名警官接到电话,称一位白人男性躺在格兰瑟姆街道某一拐角处的道路上。警官发现格雷戈瑞·林顿(Gregory Linton)躺在离路边只有3英尺的道路上。后救援人员达到现场。警官按压林顿的耳朵后方,林顿试图移开警官的手。在鉴定林顿没有受伤,仅是醉酒后,救援队离开,警官将林顿带到韦恩的醉酒人员拘留所羁押。

次日下午4点30分,林顿被带到医院。他到达医院时,处于无意识状态,酒精测量仪显示其血液酒精浓度为0.34%。林顿于当天下午6点30分死亡。验尸报告显示死者没有外伤,但是发现死者大脑右侧硬膜下血肿,脑肿胀,脑挫伤,肺炎,肝脏脂肪变性,这些通常由酒精滥用导致。法医认为,林顿死于钝力导致的头部损伤。

【控辩观点】

控方:
本案与莱恩援引的两个案子是有区别的。控方坚持,法律在故意造

---

① 北卡罗来纳州法律规定了非预谋故意杀人(voluntary manslaughter, a class D felony)和过失杀人(involuntary manslaughter, a class F felony),过失杀人包括轻率杀人和疏忽杀人,是F级重罪。

成伤害的场合是不同的。控方援引 *State v. Woods* 案①：被告人枪击其丈夫，致其死亡，被判过失杀人罪。被告人坚持她只是想要通过射击吓唬一下丈夫。初审法院两次指示陪审团，如果证明丈夫死亡是被告人故意伤害造成的"自然、盖然的结果"能够排除合理怀疑，就要给出过失杀人有罪裁决。法院认为初审法院错误指示，因为关键的问题是"违法袭击造成的伤害是否为死亡的近因"，而不是"死亡是否为伤害的自然、盖然结果且应当被预见"。法院进一步指出，"可预见性不是判断凶杀案件中造成受害人死亡近因的组成部分"。*State v. Woods* 一案的争议点就变成，被告人是否故意造成死者受伤，从而导致其死亡。控方称，因为被告人承认故意击打死者，法官省略对于作为近因组成部分的可预见性的指示是合适的。

辩方：

第一，初审法院犯的第一个错误是实体因果关系问题。控方的证据没有充分证明被告人击打被害人林顿的行为与被害人死亡在事实和法律上都存在因果关系。初审法院应当在犯罪每个的要件是否得以充分证明上予以裁决。过失杀人罪是"无预谋的非故意杀人，(1)既不构成重罪也不是自然风险的违法行为，(2)是一个该罚的过失行为(a culpably negligent act)或者疏忽(omission)"。为了满足因果关系要件，控方必须证明被告人的行为是被害人死亡的事实原因(cause-in-fact/actual cause)和法律原因(proximate cause/legal cause)。② 控方并未证成因果关系要件。首先，被告人辩称控方没有充分证据证明他的打击是林顿死亡的事实原因，因为(1)控方提出是被告人的重击导致林顿头部撞在路面上，但是证据不能证明林顿撞到头部，或者(表明)这种重击到路面的结果是由于被告人的击打所致；(2)不可能证明被告人的重击导致的外伤引起死者大脑出血是超出合理怀疑的，不能排除在事件发生前后有其他因素(导致结果发生)的可能性。其次，被告人辩称其行为并非被害人死亡的近因/法律原因，因为(1)林顿死亡的主要责任在于警察羁押林顿时没有给予及时治疗的接管行为；(2)在被告人的伤害行为后，发生在死者身上的事情是不可预知的。

---

① *State v. Woods*, 278 N.C. 210, 179 S.E. 2d 358 (1971).
② 本案判决中，将法律原因等同于近因，为保持文本原意，翻译时将 legal cause 翻译为法律原因，将 proximate cause 翻译为近因。

第二,初审法院犯的第二个错误是程序上殴打要件指示错误。初审法院错误地没有就被告人提出的殴打要件给出指示,而只是基于无证据支持的主张给予陪审团指示。在协商会议(charge conference)开始时,关于如何在过失杀人罪"非法行为"要素方面给予陪审团指示的问题,律师被要求对此提出建议。被告人要求以下指示:被告人没有合法理由伤害林顿,导致其跌倒,头部撞到人行道。初审法院拒绝了被告人要求的指示,而是给予陪审团以下指示:在没有合法理由的情形下,被告人击打伤害死者林顿,因此,直接地(proximately)导致被害人的死亡。

第三,初审法院犯的第三个错误是程序上的近因要件指示错误。被告人提出,作为近因要件的可预见性,初审法院错误地没有对其作出指示。被告人主张,初审法院的近因指示没有解释被告人的违法行为可以不被视为死者死亡的近因,除非死亡结果是该行为合理预见的结果。法院没有在可预见性部分给予指示,所以应当重审。

第四,莱恩援引本案上诉法院的两个案例,使得初审法院未就近因的预见性部分给出指示这一点成为了案件得到新的审理的原因。第一个案件,也就是 State v. Hall 案①中,被告人因猎杀鹿时击中他人被判过失杀人罪。在决定存在充分证据证明被告人的疏忽可罚之后,判决过失杀人罪,上诉法院指出初审法院没有一般界定"近因"和特别指示可预见性是近因的必要条件,构成可逆转的错误。第二个案件,也就是 State v. Mizelle 案②中,被告人因醉酒驾车撞击他人被判过失杀人罪,上诉法院的结论是,(初审法院)没有界定近因及可预见性是近因的必要条件,使被告人获得重审的权利。在第二个案件中,法院写道:"可预见性是近因的必要条件。在民事诉讼没有为近因作出合适定义的场合,我们过去会指出这一点并下令重审。在刑事案件中给出所有的包括正确定义在内的近因的要件,是非常重要的。"

【法庭观点】

北卡罗来纳州上诉法院认为:

---

① State v. Hall, 60 N.C. App. 450, 299 S.E.2d 680 (1983).
② State v. Mizelle, 13 N.C. App. 206, 185 S.E.2d 317 (1971).

关于事实原因方面,与被告人的主张相反,公正的陪审团可以从记录证据中发现,被告人的猛击是林顿头部钝力损伤的事实原因,从而直接导致林顿的死亡。首先,需要注意的是,控方的推测并非限于死者的头部是否撞击地面。因此,即使记录显示林顿的头部并非撞击于地面,依旧可以合理推断出被告人的重击是被害人死亡的事实原因。史蒂夫·库尔证实,他看到被告人左右摇晃林顿的头部。法医作证,死者脑肿胀可以反映出死者头部受到打击或者头部撞击了某种物体。这是支持被告人对被害人的打击是被害人死亡事实原因这一结论的合理证据。而且,被告人提出死者头部的外伤可能是由于被害人袭击之外的方式所致的主张是有疑问的。记录中没有证据证明死者在遇到被告人之前失去平衡,抑或是在死者被击打之后再次跌倒,或者在拘留所跌倒。

在法律原因方面,被告人提出的主张都与州法律相悖,因此并不具有说服力。即使死亡结果是由于警方的疏忽处理或者没有求医导致的,被告人也无法将这种过失作为抗辩事由。"疏忽处理或者忽视损伤不能作为出罪理由,除非这种待遇或者疏忽是死亡结果的唯一原因。"没有证据证明警方采取的任何行动是造成死亡结果的唯一原因。近因可以不止一个,但是只要行为被控诉造成死亡结果或者对死亡有直接的促进,就会引发刑事责任。在本案审讯中,陪审团根据法庭所示证据,可以合理作出推论,即被告人的伤害行为开启了一系列的事由最终导致林顿的死亡,因此,其行为构成死亡结果的近因。

(关于无法预见)不能由于之前存在使被害人更难承受袭击的状况,就免除被告人的责任。若攻击行为的后果是死亡的直接原因,即使由于先存情况使被杀者无法经受伤害行为的打击,或者若没有先置状况,打击不会致命,(被告人的)对于死亡结果承担的刑事责任也不会(因为先存情况的存在而)减轻或免除。

法医证词表明,林顿的先存情况为慢性酒精中毒。法医解释,酗酒者比不喝酒的人更容易受到脑肿胀与硬膜下血肿的影响。被告人辩称,有关先存情况的规则在死者的状况是自我招致的情况下远不是那么有力,这一观点并不令人信服。法医的证言与其他关于死者血液酒精浓度以及饮酒历史的证言相佐证,充分支持驳回案中被告人的请求。

此外,被告人在第一项申诉中,请求法庭放弃普通法非轻罪过失杀人(misdemeanor manslaughter)的规定。然而,不管被告人主张的法律依据是什么，法庭拒绝作出这样的决定。因为改变该州的不成文法是立法机关的职责。

关于殴打要件的指示方面，证据不能支持被告人所要求的指示，然而，证据也不能支持法院给出的指示，因此，这里不存在造成损害的错误。

关键问题在于，证据是否支持被告人要求的指示，也即被告人击打导致林顿跌倒，头部撞击至人行道。

法医证实，林顿死于头部的钝力损伤，其可能是因头部撞击人行道所致，但记录缺乏表明死者头部确实撞击人行道的证据。实际上，被告人是自相矛盾的，其在第一项申诉中承认，证据不能证实林顿摔到头或者头部撞击在人行道上是被告人导致的结果。被告人依据的是控方在庭审时的确认——林顿死于头部撞击人行道，而非直接由被告人的重击所致。控方的确认是不重要的，因为法官作为中立方，对向陪审团展示证据所产生的争议点负责。拒绝给出被告人要求的指示并非是错误的。

关于近因要件的指示方面，法院注意到，被告人未能按照规则向法院申诉，要求提出可预见的指示或反对审判指示。被告人没有提出反对，其仍然可以督促法院根据明显错误规则审查这一案件。纵观整个案件记录，事实和州法律都不能证明要对可预见性给予指示，因此不存在需要重新审判的明显错误。

初审法院关于近因给出了以下指示：(1)控方必须证明的第二个部分是近因，即其必须证明被告人的行为盖然地导致被害人的死亡。(2)什么叫近因？是事实原因，即没有这个原因就不会产生被害人死亡的结果。(3)现在，被告人的行为不需要必须是唯一或最后或最近的原因，(证明)其与别的原因在同一时间共同发生作用造成被害人林顿死亡就足够了。

上诉法院同意控方援引判例时的观点。初审法院必须对近因全面给予指示因为其关系到每个案件的事实。本案事实与控辩双方引用的案件的事实相比，可预见性在争议中并不重要。本案中，被告人意图明显地在严重醉酒的林顿身上造成伤害。因此，初审法院没有将可预见性作为近因的组成部分对陪审团进行指示，是没有错误的。

上诉法院已经慎重地审查被告人目前提出的申诉，发现不存在需要撤销原判决的严重错误，因而维持了原判。

案例二:奥克森丁诉特拉华州案*
(*Oxendine v. State*)

【关键词】

过失杀人罪;事实因果关系;加速说

【争议焦点】

是否被告人的行为被证明加速被害人死亡,就被视为死亡结果的事实原因?

【诉讼进程】

1984 年 1 月,杰弗里·奥克森丁(Jeffrey Oxendine, Sr.,以下简称"老奥克森丁")的儿子杰弗里·奥克森丁(Jeffrey Oxendine, Jr.,以下简称"小奥克森丁")死亡。老奥克森丁和另一名嫌疑人丽欧塔·泰里(Leotha Tyree)被指控触犯过失杀人罪(manslaughter)①。特拉华州高等法院陪审团裁定老奥克森丁殴打 6 岁儿子,致儿子死亡,构成过失杀人罪,判处 12 年监禁;共同被告人泰里被判过失杀人罪,处 9 年监禁。

泰里上诉,特拉华州最高法院维持原审判决。被告人老奥克森丁也提出上诉,特拉华州最高法院认为因果关系的证据不足以支撑对老奥克森丁过失杀人的定罪,但证据足以支撑二级伤害罪(assault in the second degree)的认定。因此,1987 年 6 月 29 日,该法院维持初审法院对老奥克森丁无罪判决请求的否定,指示作出二级伤害罪的裁决,发回高等法院重

---

* *Oxendine v. State*, 528 A.2d 870 (Del. 1987).

① 两则案例都涉及过失杀人,普通法把非谋杀罪的致人死亡分为非预谋故意杀人(voluntary manslaughter)和过失杀人(involuntary manslaughter)两类,前者处罚重于后者。《模范刑法典》则是在 §210.3 和 §210.4 分别规定了非预谋杀人(manslaughter)和疏忽杀人(negligent Homicide)。非预谋杀人包括轻率地(recklessly)实施或者本来会构成谋杀,但行为人具有合理的解释或者免责事由,表明其是在精神或者情绪极度混乱的影响下实施杀人行为的;疏忽杀人是指疏忽地(negligently)实施杀人行为。美国刑法术语中的"involuntary manslaughter"和"negligent homicide",在汉语中都可以译为过失杀人。若州的刑法典只使用前一术语,要么前者包含轻率过失情况下的杀人和疏忽过失情况下的杀人,要么没有将疏忽过失情况下引起的死亡定位为杀人罪。若同一刑法典里同时使用这两个术语,那么前者仅指轻率过失杀人,后者指疏忽过失杀人。

审并作定罪判决登记,重新(针对二级伤害罪)量刑。

【案件事实】

被告人老奥克森丁与儿子和泰里同住,1984年1月18日上午,泰里将小奥克森丁推入浴缸,引起其肠道积水,导致腹膜炎。当天晚上工作休息间隙,老奥克森丁打电话回家,并与小奥克森丁交谈,小奥克森丁抱怨胃痛。当老奥克森丁下班回家时,他看到小奥克森丁身上瘀伤,知道泰里在白天殴打了孩子。小奥克森丁依旧抱怨胃痛,但他显然没有告诉父亲他是在何时如何受到这些瘀伤的。

第二天早上大约7点30分,老奥克森丁到小奥克森丁的卧室,开始大声叫他起床。同一栋公寓的邻居证明,听到房间传来打击声,一个男声骂着脏话,孩子哭着向爸爸求饶。听到这些声音后大概5到10分钟,证人听到最后一声重击,好像有人被踢或被重击。

晚些时候,小奥克森丁腹部肿胀。当天下午5点左右老奥克森丁下班回家时,泰里告诉他小奥克森丁的病情,并敦促他把小奥克森丁送到医院。老奥克森丁显然认为小奥克森丁夸大了自己的不适,出去买了报纸打算回家看。他回来时,泰里准备把小奥克森丁送去医院。途中,小奥克森丁停止呼吸,抵达医院后不久便被宣告死亡。

【控辩观点】

辩方:
案件的因果关系存在争议,其应构成无罪。初审法院否定这项请求构成可逆性瑕疵。具体来说,他认为,关于两被告人的多次殴打行为中哪个是孩子的死因,控方的法医证言太过模糊和不确定,以至于应当排除对其的犯罪指控。

【法庭观点】

为了证明过失杀人罪的成立,控方须证明被告人的行为导致了小奥克森丁死亡。《特拉华州法典》(Del. C.) 11 § 261将因果关系定义为"没有前项,结果肯定不会发生(前项的行为就是结果的原因)"。在审判时,控方原本的因果关系主张是(1)联合直接影响说(combined direct effect)

或(2)加重说(aggravation)。

举证阶段,控方申请法医英吉尔托(Inguito)和哈米利(Hameli)作证,他们都证实小奥克森丁的死亡是由腹部钝性损伤导致的腹腔内出血和急性腹膜炎引起的。同样的,他们都确定了两个不同的伤害,一个是在死亡前24小时之前造成的,一个是在死亡前24小时内造成的。

英吉尔托不能区别这两个伤害的影响。他认为,之前和最近的出血都有可能导致被害人死亡,但是他无法确定是哪一次出血导致被害人死亡。公诉人从未询问,英吉尔托也没有给出关于第二次出血是否加速小奥克森丁死亡的意见。

哈米利认为,之前的伤害是造成死亡的根本原因。后来的伤害,即第二次出血,"更加严重,可能促进(死亡)",但之前的伤害明显是死亡的根本原因。

检察官明确地询问哈米利是否是第二次伤害加速了小奥克森丁的死亡。有关证词如下:

检察官:"哈米利,在合理的医学确定性前提下,你认为第二次出血加速了这个孩子的死亡吗?"哈米利:"我不知道。"检察官:"你不能对该领域发表意见吗?"哈米利:"不能。"

在举证阶段结束时,老奥克森丁请求被判无罪,但初审法院否认了他的动议。

共同被告人泰里申请的法医霍夫曼(Hofman)不同意前述法医提出的受伤数量。他认为只有死亡前约12个小时的一次受伤。随后,在霍夫曼只证实了一次打击的情况下,公诉人假设有两次打击,和霍夫曼进行了如下对话:

检察官:"在合理的医学确定性范围内,依您的专业医学观点看来,如果这名小孩由于腹部重大创伤而处于身体虚弱的状态下,若其继而在同一部位遭受另一种钝伤创伤,是否会加速小孩的死亡?"霍夫曼:"我认为在一般语境中,肯定会对缩短孩子的生命有影响。"检察官:"那么你的答案是肯定的吗?"霍夫曼:"是的。"

庭审结束时,老奥克森丁再次请求被判无罪释放。初审法院否认了这一动议,并向陪审团就轻率要件、因果关系和各种较轻罪行给出指示。陪审团被指示,最终唯一的因果关系主张要以加速说为基础。初审法院指示陪审团:"被告人造成他人死亡……如果之后有另一个人的其他伤害加速死亡(只有贡献而没有加速是不够的),也不会免除被害人造成死亡的责任。"如前所述,陪审团裁定老奥克森丁和泰里过失杀人罪成立。

本案中,证据表明,在 24 小时前小奥克森丁已经遭到泰里的致命伤害,之后老奥克森丁对小奥克森丁造成了非致命的伤害。因此,若使老奥克森丁在这个事实情况下被判过失杀人罪,则要求控方证明法律规定的因果关系,即老奥克森丁的行为加速了孩子的死亡。高等法院正确地指示陪审团"没有加速的促进(contribution)[或加重(aggravation)]不足以建立因果关系"。我们不把加重与加速相提并论。可能使受害者的痛苦更加剧烈,即加重伤害,但不加速受害者死亡的进程。因此,就这里涉嫌的罪名而言,需向被告人询问的内容是:若没有遭受第二次伤害,受害人会在那个时间死亡吗?如果第二次受伤造成孩子提早死亡,那么造成第二次伤害的被告人将被视为将造成死亡结果从而符合本罪的定义。

医疗因果关系的查明不是基于猜测或推测。如果医生证实某事是可能的,那么也不能以此作为某事存在、发生或确实的证据。医生对可能的看法比陪审团对是否可能的猜测并没高明到哪儿去。几乎任何事情都是可能的,但允许陪审团考虑并依据"可能的"死因作出裁断是不合适的。因此,只有当医生的证言以合理的医学确定性为基础得出某个情况是否真实时,才能被视为证据。

据控方医学专家证言,即使从最有利于控方的角度来看,也不足以维持控方原本的因果理论主张(联合直接影响说或加重说),不足以维持法院指示陪审团的控方最终的因果关系理论(加速说)。控方的专家证人,英吉尔托和哈米利都无法证实第二次伤害是否对儿童的死亡有确定性。英吉尔托只能证明,两次出血都有可能促使孩子死亡。至于哈米利,他作证说,独立于第一次受伤的第二次伤害可以造成死亡,但可能并未造成死亡。此外,哈米利明确表示,他不能就第二次伤害加速小奥克森丁的死亡发表意见。同样,英吉尔托也没有被问及是否加速的意见。

记录证明,控方向陪审团提交案件的唯一因果关系理论是加速说。控方显然是在被告人泰里的证人霍夫曼医生的证言的基础上放弃之前的因果关系理论而改为采取加速说来理解死亡原因的。然而在控方举证阶段再维持其过失杀人罪的指控为时已晚。

当控方承认其举证阶段结束时,其没有找到表面证据来支持加速说。因此,即使控方可以根据霍夫曼的证词,认为审理结束时案件已经初步满足了加速说,但证据不足以证明老奥克森丁的行为加速了小奥克森丁的死亡,因此必须放弃对其过失杀人的定罪。

此外,即使控方的证据足以支持其原本的因果关系主张,本法院也不能肯定老奥克森丁被定罪,因为陪审团没有收到关于这些因果关系主张的指示。虽然控方可以向陪审团提出其他因果关系主张(如果这些主张有证据支持),但是必须在其举证阶段就每一个向陪审团提交的主张确立初步的证据成立。本案中,控方在整个审判期间并没有继续提出其他主张。举证阶段结束后,控方放弃并完全改变了其关于过失杀人罪因果关系的主张。法院就最终唯一的理论(加速说)进行指示,这与控方在举证阶段试图证明的最初主张是不同的。如前所述,加速不等于加重或两次伤害的共同影响。因此,控方在审判结束时无法确立有关加速表面案件的成立,其指控过失杀人失败。

梳理以前的判例,"客观看待孩子的死亡是非常困难的……那些对此有责任的人应该受到惩罚,然而,必须有证据证明谁造成的伤害导致了死亡"①。"被告人的行为是应受谴责和憎恶的,不过这还不足以作为过失杀人的证据。"②然而,初审法院在审判结束时否认了老奥克森丁关于无罪判决的动议是合适的,因为其医学证据足以使理性的陪审团得出排除合理怀疑的结论,即老奥克森丁犯了较轻的二级伤害罪。

因此,州最高法院撤销对老奥克森丁的过失杀人罪判决,并将案件发回高等法院重审并作定罪判决登记,重新就被告人较轻的二级伤害罪量刑。

【案例评述】

法律要求特定结果是刑事责任条件之一(结果犯)的场合,因果关系就要存在。如在纵火案中,控方不仅要证明被告人为了烧毁他人房屋而点燃火源以及房子的确被烧毁,还要证明是被告人的行为造成烧毁结果,即因果关系的存在。

因果关系的问题在杀人指控中最常被提出来,因为被害人死亡的确

---

① *State v. Lynn*, 73 Wash.2d 117, 436 P.2d 463, 466 (Wash.Supr. 1968) (en banc).
② *State v. Guiles*, 53 Wash. 2d 386, 333 P.2d 923, 924 (Wash.Supr. 1959).

切原因存在争议。被害人的证言在凶杀案件中无法获得,证明被告人的行为导致死亡结果变得更加困难,特别是在没有其他目击证人的情况下。但在抢劫案件中,被害人可以确认被告人通过暴力或威胁从己处获得财物,因此关键争点不在被害人是否被抢劫,而在于被告人是否的确为犯罪者或者是否使用暴力或威胁。从事实来看,被告人的行为与结果之间的关系往往非常清楚,或者说,在被告人承认犯罪行为但对指控提出抗辩(如正当防卫)时,因果关系并不会成为争议。在其他案件中,因为被告人与被害人的联系并非一目了然,或者这里有其他参与者的行为介入——包括被害人自己——也是伤害结果的原因之一,因果关系并不清楚,当然仅仅由于行为人是结果的事实原因,并不能充分引发刑事责任。

作为刑法三大黑暗篇章之一的因果关系问题,不同国家的解决方式有所差异,大陆法系以德日为代表,发展出了条件说、相当因果关系、合法则的条件说、客观规则理论等;英美法则基本确立了事实—法律双层次的因果关系认定模式,在肯定事实原因存在的基础上,用法律原因进一步缩小刑事责任的范围。

有人将事实原因定义为中立的、纯科学的事实,有人认为事实上的因果关系并非纯粹的事实问题,它需要政策的介入。美国法院多采取将事实原因从价值判断中解放出来的方法,因此,事实上的因果关系或叫事实原因是指被告人的行为是否构成被害人损害的原因力,所谓原因力指被告人的行为是实际上、事实上造成被害人损害的原因。

需要注意的是,因果关系并非刑法学的专用术语,亦是侵权法所要重点研究的课题。对刑法因果关系的研究很多都来自侵权法的著作,尽管许多刑法术语与侵权法术语相同,如因果关系、事实原因、法律原因等,但一般刑法范围相对狭窄。[1] 对于事实原因判断标准的理论,可作如下分析:

(一)"若不,则不"标准(but-for test,亦称必要条件标准)

1. 理论基础

法律界对于因果关系的认知和判断确定建立在哲学因果关系研究的基础上,自大卫·休谟(David Hume)以来,欧洲哲学一直为一种理论所

---

[1] See Ellen S. Podgor, Peter J. Henning, Andrew E. Taslitz & Alfredo Garcia, *Criminal Law: Concepts and Practice* (3rd ed.), Carolina Academic Press, 2013, p. 191.

主导,即实验科学所要揭示的通则或者规律,正是因果关系的本质。约翰·斯图亚特·密尔(John Stuart Mill)深受休谟的影响,他的原因理论假定世界是被决定的,所有的结果都是由一些——即使并不知道——事件决定的,原因和结果之间存在"不变的和无条件的"顺序,同时并非单一事件就能引起其他事件,相反总是多个条件的复合体才是结果发生的原因(原因集合理论)。其以逻辑学的形式重新表述了判断单称因果陈述(singular causal statement)的通则路径,这种通则或规律肯定各类事件间存在着一种普遍联系,是事物之间"不变的和无条件的"恒常跟随关系。(如"A 拿刀捅 B 致其死亡"是一个单称因果陈述,这个单称因果陈述的成立依赖于在"拿刀捅人"这类事件与"致人死亡"这类事件之间存在着某个因果通则,如"拿刀捅人能致其死亡"),但这种因果通则仅仅是"某一特定事件为另一特定事件产生的原因"的佐证,是单称因果陈述的基础,是因果推理的基础,而并非是单称因果陈述本身。条件和结果之间存在因果通则本身,尚不能说明在这个具体案件中,结果就是由这个原因造成的,因此要考虑事件发生的具体进程。因果通则的存在使一个行为具有了原因资格,但这并不能说明在这个具体案件中结果就是该原因造成的,而是需要排除反例,证明结果不可能是由其他原因造成的。

但一些论者认为,即使不依赖于因果通则,也可以想象将一个条件确定为必要条件。1858 年奥地利学者尤里乌斯·格拉泽(Julius Glaser)提出等值理论(条件理论):"……对于因果关系的考察,存在着一种可靠的支撑点:人们试图在时间的总和中想象所谓的发起者是完全不存在的,然而,只要证明了结果仍然会出现并且中间原因的次序仍然存在,那么就可以确定,这个构成行为及其结果是不能追溯到这个自然人的影响上去的。相反,如果表明,一旦可以想象在事件发生的地点,只要这个自然人不存在,这个结果就根本不能出现,或者将以完全不同的方式出现,那么,人们就应当能够以完全肯定的理由宣布,这个结果是由他的活动的作用产生的。"①在普通法中,这种"想象中不存在"公式通过"若不,则不"句式表达,其作为事实原因的主要标准,基本思想是,单称因果陈述的一般形式——"事件 c 造成事件 a",能够用反事实条件句的形式——"如果 c 没

---

① 〔德〕克劳斯·罗克辛:《德国刑法学总论(第 1 卷):犯罪原理的基础构造》,王世洲译,法律出版社 2005 年版,第 233 页。

有发生,a 也不会发生"来加以解释。这种标准是表述必要条件关系的语句。它是一种"全有全无"的方法(all-or-nothing approach)。众多不同的术语都可以用来描述事实原因,如"but-for-cause""sine qua non"和"factual cause"等。

值得注意的是,这样的"若不,则不"标准虽然无须自然规律意义上的复现性,也可以摆脱哲学家在陈述历史上因果关系时无法寻求恒常跟随关系的窘境,但构建"假想的世界"仍然不能脱离人们的一般经验,尤其在寻找自然事件的因果联系时无一不隐含着因果通则。

2. 区分原因和条件

"若不,则不"理论需要处理原因和条件的关系。从原因复数性的角度自然可得出条件平等性的结论。密尔认为,"真正的原因是全部现在条件的总体;从哲学上说,我们无权将其中一个条件称为原因而排除其他条件"①。威廉·L.普若瑟(William L. Presser)将原因和条件之间的区分描述为"愚蠢的空想"②。若我们硬将"原因"这一称谓赋予原因集合中的某个条件,就必然是法律政策的产物。但这其实是法律人对密尔条件平等性原理的误解,其并非指构成某一结果必要条件的每一事件都有平等的权利被看作这一结果的原因。应当谨记的是,密尔是在充分条件的意义上理解因果关系的,任何结果的发生总是充分条件组引起的。

但在充分条件组中挑选"原因"确实是任意的吗? 当短路和氧气结合导致火灾时,很多人会将短路称为"原因",而氧气的存在仅是"背景条件",这种区分存在客观的基础吗? 几乎所有人都会选择将短路作为原因,而非氧气。③ 因此,当原因的"普遍"概念从全部条件中挑选出一个或多个条件作为原因时,作出这种选择所要遵循的原因随着特定因果关系陈述的语境和目的而改变。④

法律人在使用"若不,则不"标准判断事实原因时,每一个因果链条

---

① John S. Mill, *A System of Logic*, Book Ⅲ, Chap. V, s 3, Wiley, 1843, cited from H. L. A. Hart, Tony Honoré, *Causation in the Law*, (2nd ed.), Oxford University Press, 1985, p. 17.

② William L. Prosser, "Proximate Cause in California", *California Law Review*, Vol.38, 1950, p. 376.

③ 参见冯珏:《英美侵权法中的因果关系》,中国社会科学出版社 2009 年版,第 45 页。

④ See H. L. A. Hart, Tony Honoré, *Causation in the Law*, 2nd ed., Oxford University Press, 1985, p. 12.

(causal chain)中每一个联系(link)都是一个"but-for"原因,打破链条,结果就不会发生,我们无法确定结果可以归责于哪一个联系。然而,我们必须将纯粹的条件(conditions)排除在事实原因的范围之外。例如,检察官不会起诉犯罪者的母亲,因为母亲生下了这个(将来犯下此罪行的)孩子。尽管"若没有"孩子的出生,罪行不会发生,但不意味着父母因为孩子所犯罪行而有罪。这就是条件。

如前所述,密尔的原因复数性理论是在因果通则的意义上为了探询因果关系本质提出的,是在充分意义上理解原因的。法律人将因果关系用于解决法律中的特殊因果问题时,其实是在讨论具体案件中某个结果是否是某个行为造成的,这就是单称因果陈述。于是,假定单一行为出现在单一场合通常是正确的,但由于"若不,则不"标准是从必要条件的意义上理解原因的,当实际发挥作用的原因超出一个,即在一些案件中导致结果发生的原因是充分,但却非必要时,法律人就面临困难。

3. "若不,则不"标准的应用难题

其一是并存充分原因(concurrent sufficient causes)。这样的案件通常是对于结果发生来说,不同的原因与背景条件配合都足以造成结果的发生。如A、B二人同时从不同方向焚烧房屋,两个火苗汇集导致房屋烧毁,没有其中一个火苗,另一个依旧会烧毁房屋。依照"but-for"标准就会得出两个火苗都非结果原因的结论。为了解决"but-for"标准面临的此种困难,有学者提出了逆向"若不,则不"标准(reverse but-for test):若伤害结果不发生,是否有必要排除被告人的行为? 具体到本案中,若结果没有发生,即房子还在,是否有必要排除两个火苗,答案是肯定的,那么这两个火苗都是房屋烧毁的事实原因。① "若不,则不"标准是一种假设,建立在经验基础上的反事实条件的想象不存在;而逆向"若不,则不"标准同为假设,但其建立在经验基础上的反结果的想象不存在,由于结果依然发生,因此与此有关的行为对于结果的发生必然是原因。

其二是充分—非充分原因。这类案件中,造成结果的原因中一部分与其他背景条件结合足以造成结果发生,而另一部分则不足以导致结果

---

① See Richard W. Wright, "Causation, Responsibility, Risk, Probability, Naked Statistics, and Proof: Pruning the Bramble Bush by Clarifying the Concepts", *Iowa Law Review*, Vol. 73, 1988, p. 1001.

的发生。如 D 枪击 V 的腿部致其大量出血,X 枪击 V 的胳膊,V 死于两个枪伤所致的失血过多。医学证据表明:即使没有 X 造成的枪伤,D 枪击导致的失血也足以造成 V 死亡;然而没有 D 造成的枪伤,X 枪击导致的失血并不会造成 V 死亡。按照"but-for"标准,X 枪击就不是事实原因。

其三是并存非充分原因。三处同等规模的火苗共同燃烧起来烧毁了房屋,其中任两处小火结合起来都能够造成同样结果的发生,这里"but-for"标准的适用同样得出不合常理的结论。

其四是继起原因(preemptive-causation)。这类案件中,两个或两个以上的原因在与其他背景条件的配合下都足以造成损害结果,但是其中一个原因先发挥了作用,而另一个原因仅造成了损害可能性。具体表现为:(1)缩短生命型。A 和 B 都意图杀害 C,C 要出发去沙漠。A 将 C 的水倒掉,以盐水代替;B 不知道 A 用盐水替代饮用水的事情,将水带偷走;C 干渴而死。B 的行为若依照"but-for"标准,则会得出其行为不是 C 死亡原因的结论。为了弥补这样的局限,修正"若不,则不"标准提出,若没有被告人的行为,被害人不会在那个时间以那种方式死亡。① (2)延长生命型。A 向 B 投毒,毒药的量也达到了致死量,B 将在一天后毒发身亡,毒发前与 A 无共谋的 C 开枪打死了 B,依照"but-for"标准,则会得出 A 行为不是 B 死亡原因的结论。

以上这些问题,凸显了"若不,则不"标准的回溯性和时间单向性之间的矛盾,也是标准对于必要条件的寻找与充分条件的矛盾。为了摆脱该标准的局限性,学者们尝试对标准进行修正,比如对标准进行限缩,从具体的因果流程出发,将结果特定化,排除假设事实等,各种为修复漏洞而添加的内容让"若不,则不"标准承载过多内容,实际是将原因问题视为政策问题来对待。

需要提请注意的是,上述案件中两个加害人都是单独行动,若两人共谋,则根据共同犯罪的一般原则,两人都要对共谋范围内实施的行为承担责任,而不需要确定哪一个行为对于死亡结果来说是实质因素。

(二)实质因素标准(substantial factor test)

实质因素标准是在处理 *Anderson v. Minneapolis Railroad* 案②中复杂

---

① 参见阿诺德·H.洛伊:《刑法原理》(影印本)(第 4 版),法律出版社 2004 年版,第 54 页。
② *Anderson v. Minneapolis*, S. P. & S. S. M. R. Co., 146 Minn. 430 (1920).

的事实形态中发展而来的,解决的是事实原因认定问题。前述案件中,两个火苗汇集导致房屋烧毁,问题在于哪一个才是事实原因。如果根据"but-for"标准分析,没有其中一个火苗,另一个依旧会烧毁房屋,这样就会得出两个火苗都不是结果原因的结论。法官认为两个火苗都是事实上造成结果的实质因素。

在确认是否为实质因素时,通常会借用视其是否加速结果发生。A的伤害行为将使被害人在较短的时间内死亡,然后 B 造成致命伤使被害人立即死亡。在只有一个被害人的场合,两人皆可对杀人承担责任吗?实际上,若被害人将会因为 A 的伤害死亡,B 只是加速了死亡,两者都被视为死亡结果的原因。人固有一死,既然如此,理论上被告人可以辩称,若结果注定会发生,那么自己也不必为结果负责。当行为人让死亡结果发生在本该死亡的时点(若没有这个行为)之前,法律规定行为人应当负责,所以如果行为人在他人即将死亡之前杀掉他们,行为人就因加速死亡结果而承担责任。证明"加速"要求特定的证据:被害人本应死亡,实行前行为的被告人应当对此负责,实施后行为的被告人的行为让一定发生的死亡结果提前。

伯特·布莱克(Bert Black)认为,由于在描述事实原因和法律原因①时都会使用"实质因素"这一术语,这只是一种重复,而在判断事实原因的时候,我们仅仅将它寄托于陪审团的常识,这样的标准是不确定和毫无意义的。②

(三)NESS 标准(necessary element of a sufficient set,亦称充分条件组中的必要因素)

NESS 标准是由 H.L.A.哈特(H. L. A. Hart)和 A.M.奥诺尔(A. M. Honore)率先提出,由理查德·赖特(Richard Wright)进一步完善的。这一标准指的是仅仅当一个特定的条件是足以造成结果发生是真实的先前真实条件组(a set of acutual antecedent conditions)中的必要因素,该条件

---

① 杰拉迈·史密斯(Jeremiah Smith)认同"but-for"标准,但希望提出一个实用的标准替代盖然性和可预见性标准来限制责任。参见 Jeremiah Smith, "Legal Cause in Actions of Tort", *Harvard Law Review*, Vol. 25, No. 2, 1911, pp. 108-110。

② See Bert Black, "A New Metaphor for Clarifying the Difference Between Cause-in-Fact and Proximate Cause", *Kansas Journal of Law and Public Policy*, Vol. 10, 2000, p. 160.

才是特定结果的原因。①

赖特认为 NESS 标准把握住了因果关系的实质,其哲学基础就是休谟对因果规律的解释以及密尔的原因集合理论。休谟认为因果关系并非我们之前所认知的,是直接感受的事物自身的某种性质或力量,而是一系列恒常联系的、可重复的事件。如果给定所有先前存在的特定条件,结果一定会发生,即特定的先前真实条件组是结果发生的充分条件。典型的单称因果陈述中明示或默示地仅包括一些先前条件,它们是尚未被完全界定(包括并不被完全知晓或理解)的足以造成结果发生的真实条件组中的一部分。还要注意区分因果相关的先前条件以及因果不相关的先前条件,具有因果相关的先前条件必须是对充分条件组而言必要的。当然,在造成结果的充分条件组方面,休谟与其继承者密尔的观点并不一致:休谟认为有一个独特的充分条件组可以确定地导致一个特定的结果;密尔却坚称可能有多个潜在的原因导致各种结果(但两人都认为结果是由多个条件组成的原因组导致的,同时因果关系一般以因果通则为支持)。②以上述观点为基础,NESS 标准就是指,当且仅当一个特定条件是足以造成结果发生的先前真实条件组的必要因素时,其才是特定结果的原因。

赖特将上述"but-for"标准面临困境的原因称为超决定因果关系(overdetermined-causation),并阐明了 NESS 标准如何解决这些特殊的情形:(1)在并存充分原因的场合,两个火苗都足以造成房屋的烧毁,根据 NESS 标准,A 点燃的火苗在其他背景条件的配合下,构成足以造成导致房屋烧毁结果的先前真实条件组,其作为必要因素自然是损害结果的原因;同理,可证 B 的行为也是损害结果的原因。(2)在充分—非充分原因的场合,赖特举了关于污染的例子。假设 5 个单元的污染物对于结果是充分必要的,一名被告人排放了 5 个单元的污染物,另一名排放了 2 个单元的污染物,共形成了 7 个单元的污染物。赖特认为,两名被告人的行为都是损害的事实原因,因为第二名被告人 2 个单元的污染物对于包括第一名被告人的 3 个单元污染物的先前事实条件组的充分性来说是必要

---

① See Richard W. Wright, "Causation in Tort Law", *California Law Review*, Vol. 73, No. 6, 1985, p. 1774.

② See Richard W. Wright, "Causation in Tort Law", *California Law Review*, Vol. 73, No. 6, 1985, pp. 1789–1790.

的,其充分性不受第一名被告人还排放 2 个单元污染物的影响。① (3)在并存非充分原因的场合,思考方式与充分—非充分原因类似。三处同等规模的火苗共同燃烧起来烧毁了房屋,其中任两处小火结合起来都能够造成同样结果的发生,单独却并不足以造成结果。三处火苗都是损害结果的原因,因为每一个对于包括另一个火苗的先前事实条件组的充分性来说都是必要的,而不受剩下火苗的影响。② (4)在继起原因的场合,先占原因(preemptive causation)是足以造成损害发生的先前事实条件组的必要因素,只有其可被视为原因。其他人潜在的行为并没有真实发生,并不是足以造成损害结果的任何事实条件组的一部分,自然不能被视为原因。③

NESS 标准引入充分性的概念,在有限的情境下弥补了必要条件判断的不足,解决了一些超决定因果关系的问题,但它仅是将结果发生由一个原因引起的因果通则假设,转变为假设存在多个充分原因同时发挥作用的可能。同时其作为侵权法中因果关系的判断标准,将这种责任分配的问题具体适用到刑法是需要慎重思考的。

(四)《模范刑法典》的规定

《模范刑法典》§2.03(1)规定,行为是一个结果的原因,如果:(a)它是一个先行事件,如果不是因为它,所涉案的结果就不会发生;(b)行为与结果之间的关系满足了本法典或者规定犯罪的法律所规定的任何其他因果关系要求。

该条文表明了当某犯罪被界定为行为引起某特定结果时,认定该因果关系存在的最低要求:行为先于结果发生,并且无此行为就不会发生该结果。这里还规定,本法典或者规定犯罪的其他法律可以附加因果关系要求。但这并不意味着"如果没有……就没有……"(but-for)公式本身就足以认定因果关系;本条其后的几款对公式规定了一些附加要求或限制条件,使得在行为人的行为引起结果的发生符合该公式的前提下排除责任的认定。也即行为与结果之间的因果关系,在用"but-for"公式进行

---

① See Richard W. Wright, "Causation in Tort Law", *California Law Review*, Vol. 73, No. 6, 1985, p. 1793.
② See Richard W. Wright, "Causation in Tort Law", *California Law Review*, Vol. 73, No. 6, 1985, p. 1793.
③ See Richard W. Wright, "Causation in Tort Law", *California Law Review*, Vol. 73, No. 6, 1985, p. 1793.

事实原因的认定后还要通过法律原因进行限制。

§2.03(2)和§2.03(3)主要关注蓄意、明知和轻率、疏忽情况下,计划或者预期的结果与实际结果之间的不一致以及可能的结果与实际结果之间的不一致如何判断因果关系要件的问题。第4款涉及绝对责任犯罪,若实际结果不属于行为人的行为所可能产生的结果时,不得认定存在作为犯罪要件的因果关系。后面三款更侧重于处理责任的归属而非事实因果关系。

因此《模范刑法典》完全改变了因果关系在刑事责任中的地位,将很多因果关系的分析转化成对于被告人可责性的探究。指控要证明普通法"but-for"因果关系成立和其他特殊的(法律规定)因果关系要求,仅当结果与行为人意图预期的结果不同时,需要进一步分析。因此根据《模范刑法典》规定,在绝大多数的案件中,指控承担刑事责任必需的因果关系要素非常简单。

最后谈一谈事实原因的证明相关实践问题,这包括如下内容:

间接证据(circumstantial evidence)。在 *State v. Lane* 一案中,没有被告人口供。控方的证据包括两个目击者(看到被告人前后摇晃被害人头部)的证言,法医关于死亡原因的证言,在决定证据是否充分时,法庭必须要审查"最有利于控方,使控方每个由此得出的推断都有益于己方的证据"。

医学专家证言(expert medical testimony)。当死亡原因或死亡时间不确定,控方必须引入专家证言——通常是验尸官或病理学家——解释有关死亡的医学知识。被告人可以引入专家为己方所得死亡结论作证,陪审团将会决定听信哪方专家证言,从而决定被告人是否在事实上导致死亡结果。专家证言的标准是:"合理的医学确定性(a reasonable medical certainty)。"如老奥克森丁所涉案件审理法院所言:"所有的事情都有可能,让陪审团根据一个'可能'的死亡原因作出裁决是不合适的。"第一个医生(英吉尔托)不能区分两个伤害,因此不能给出哪一个被告人造成小奥克森丁死亡的看法。第二个医生(哈米利)断言泰里的击打造成小奥克森丁的死亡,但是不能给出老奥克森丁的打击是否加速死亡的结论。

因果关系的不同主张(alternative theories of causation)。特拉华州最高法院指出,公诉人关于因果关系有不同的主张,需要针对每个主张举出充分的证据以使陪审团作出有罪裁决。当案件存在不同的因果关系主张时,是否允许公诉人展示所有的主张,由陪审团选择最适合本案？如果公诉人没有好好准备,没有医学专家发表关于因果关系争议点的看法怎么办？控方是否应该在审判之初就明确主张以使被告人明知？这些都需要分析。

证据充分性(sufficiency of the evidence)。为什么在泰里的医学专家霍夫曼证实老奥克森丁的打击缩短了小奥克森丁的生命时,老奥克森丁过失杀人罪的判决被撤销？原因在于,公诉人没有在举证阶段就因果关系要件举出充分的证据加以证明,因此过失杀人的指控应当被驳回。在最后证据展示期间,无论是根据直接致死还是加速死亡主张,控方都没有举出任何证据证明老奥克森丁的击打造成小奥克森丁死亡。同时,也没有举出证据支持其他因果关系主张,如并存充分原因或者老奥克森丁帮助了泰里(抑或相反)。因此,尽管证据充分证实了伤害这一较轻罪行(lesser-included offense),指控也应当被驳回。法理在于,被包含(在较重罪行中)的较轻罪行,是作为某一较重罪行构成要素的某一较轻罪行,是实施较重罪行的必要条件。根据一事不再理原则,这一较轻罪行与较重罪行被视为同一犯罪,不得重复审判。

在无法查明的特殊情况下,法律人基于公平正义的理念,发明了一些特殊的法律规则,在有限的条件下适当放松因果关系要件。例如两人同时向他人故意开枪,无法确认枪伤是由谁导致的,民事审判中将证明责任转移到被告人一方,刑事案件中不能进行证明责任的转移,将因无法证明否定因果关系的存在而不得不做未遂处理。

第二节 法律因果关系

案例:新罕布什尔州诉兰姆普瑞案[*]
(*State v. Lamprey*)
李金龙[**]

【关键词】

因果关系;事实因果;法律因果;介入因素;法定原因;实质性原因

【争议焦点】

一个巧合的介入因素切断行为人的先在行为与法律禁止的结果之间的因果关系的标准是唯一实质的原因还是有贡献的原因?

【诉讼进程】

2000年9月14日,南希·兰姆普瑞(Nancy Lamprey)在用小型载货汽车运载6个孩子回家的途中,货车偏离了道路并撞上了一棵树。6个孩子都受了伤,其中一个孩子死亡。控方指控被告人触犯一项过失杀人罪、一项不良行为罪和四项一级攻击罪,新罕布什尔州高等法院判决被告人兰姆普瑞犯一项过失杀人罪、一项不良行为罪、四项一级攻击罪。

被告人兰姆普瑞上诉到新罕布什尔州最高法院,2003年4月23日新罕布什尔州最高法院驳回上诉,维持原判。

【案件事实】

被告人兰姆普瑞在自己家经营一个儿童看护中心。在以往的几年里,她在白天照料学龄前儿童,并为学龄儿童提供放学后的看护。学校的校车每天会将放学的学龄儿童载到一个车站,被告人就会每天下午到车

---

[*] *State v. Lamprey*, 821 A.2d 1080 (N.H. 2003).
[**] 北京大学法学院硕士研究生。

站去接孩子。被告人有时会走路去接孩子,其余时间会开着她的小型载货汽车去。当被告人开着小型载货汽车去接孩子时,孩子们都会坐在货车车厢内去被告人的家里。根据审讯的证据,在这次事故之前的某一个场合,一个家长看到了儿童坐在被告人的货车车厢内并且对被告人抱怨了此事。

2000年9月14日,被告人兰姆普瑞开着小型货车去车站接了6个孩子,其中3个孩子6岁,3个孩子10岁。在车站,她打开了货车车厢,6个孩子都进了车厢内。货车车厢内并没有儿童座椅或安全带。

在开车前往被告人家的途中,货车偏离了道路并撞上了一棵树。6个孩子都受了伤,其中1个孩子死亡。

根据州检察官的指控,此次事故发生在被告人突然转向以取悦孩子的时候。当突然转向的时候,被告人正驾驶汽车走Z字形。州检察官出示了3个儿童的证言,以及警察勘验现场发现的轮胎痕迹。根据专家的鉴定结论,货车的机械故障并不助力于本次车祸发生。被告人陈述称,她不记得自己在车祸当天驾驶汽车突然转向,如果真有的话,也是因为道路上有一条小狗。被告人还辩解道,是货车的机械缺陷导致了意想不到的突然加速从而导致事故发生。她还辩解道,现场的货车轮胎痕迹已经被其他交通工具污染了以至于不能得出任何值得信赖的结论。

【控辩观点】

辩方:

第一,在上诉中,辩方认为初审法庭在因果关系的要素上错误地引导了陪审团,陪审法庭给出的关于陪审团认定法律上因果关系的指示采取的标准是唯一实质的原因,这个标准违反了新罕布什尔州法律,并且侵害了被告人依据《宪法第五修正案》和《宪法第十四修正案》以及《新罕布什尔州宪法》(New Hampshire Constitution)所享有的正当程序权利。此处两点理由:(1)初审法庭给出的陪审团指示确立的关于认定法定原因的标准与 State v. Seymour 案[1]中确立的裁判先例不一致;(2)初审法庭给出的陪审团建议确立的关于认定法定原因的标准适合于反应的介入因素,不

---

[1] State v. Seymour, 673 A.2d 786 (N.H. 1996).

适合于巧合的介入因素(例如本案)。

第二,State v. Soucy 案①中"唯一实质的原因"的措辞应该主要被限制在"医疗上治疗不当的介入因素"上。一个巧合的介入因素应该不同于对被告人先前行为的反应的介入因素,如本案中与被告人的行为同时发生的机械故障的介入因素。辩方解释道,当介入因素是被告人行为的一个反应时,如 State v. Soucy 案所表明的那样,一个更高程度的责任是合适的,因为是被告人的行为将被害人置于后来介入因素导致的危险之中(例如医疗上的疏忽)。然而,当介入因素是巧合的时候(例如本案中宣称的意料之外的突然加速),辩方主张,一个更低程度的罪责是合适的因为这个介入因素是独立于被告人的行为的。为了适用这个差别,辩方主张陪审团应该被提供如下指示:当一个巧合的介入因素对死亡或伤害结果有贡献时,就不存在法定原因。依据辩方主张的陪审团指示,本案被告人应该被无罪释放——如果存在一个巧合的介入因素它本身就是危害结果的一个条件,尽管这个巧合的介入因素不是危害结果的唯一实质的原因。

第三,根据刑法教授韦恩·R.拉费乌(Wayne R. LaFave)的刑法论文和《〈模范刑法典〉及其评注》,其中的两个能够适用巧合的介入因素的判例都体现了预见可能性规则。拉费乌教授刑法论文中有如下观点:"如果介入因素仅仅是一个巧合,而不是一个反应(比如医疗行为),那么问题就在于它是否是可以预见的。"②《〈模范刑法典〉及其评注》也包含了这样的内容,即当法律禁止的结果的发生对于被告人的行为是过于遥远或巧合的时候,无罪开释是适当的。③

【法庭观点】

初审法庭给出的陪审团建议如下:

控方必须证明被告人的行为直接导致了一名被害人的死亡和其他被害人的受伤。一名被害人死亡和其他被害人受伤的法律上的原因是一个直接的、实质的导致死亡和伤害的原因。它不仅仅是一个可能导致死亡

---

① *State v. Soucy*, 653 A.2d 561 (N.H. 1995).
② Wayne R. LaFave, *Criminal Law* (6th ed.), West Academic Publishing, 2017, § 3.12(g).
③ See American Law Institute, *Modern Penal Code and Commentaries*, Comment to § 2.03 (1985).

和有助于受伤的原因。它必须是支配的原因,没有它危害结果就不会发生。因为可能存在多个引起死亡或受伤的原因,控方不必证明被告人的行为是被害人死亡和受伤的唯一原因。然而,控方不得不证明被害人的死亡或受伤是被告人行为的直接结果。换一种表达,即被告人的行为是导致一名被害人死亡和其他被害人受伤的实质的原因。

根据初审法庭给出的陪审团建议,只有当介入因素是导致法律禁止的结果发生的唯一实质的原因的时候,法律上的因果关系要素才会被否定。

现在辩方声称是货车的机械故障导致了货车的突然加速从而导致货车失控发生事故。因此,控方需要证明机械故障是否真的存在,以及如果真的存在,它是否是过失杀人罪指控中导致被害人死亡和一级攻击指控中导致其他被害人身体严重受伤的随后发生的或替代的原因。如果机械故障的介入因素是导致死亡和身体受伤的唯一实质的原因,则被害人死亡和身体受伤与被告人的行为之间的因果关系不能够被证明。控方必须超越合理怀疑地证明被告人的行为仍然是被害人死亡和身体受伤的实质的原因。如果控方能够超越合理怀疑地证明被告人的行为仍然是导致死亡和身体受伤的实质的原因,则满足因果关系要件。

新罕布什尔州最高法院进一步认为,除非意料之外的突然加速是事故发生的唯一实质的原因,否则不能切断被告人轻率的行为与法律禁止的结果之间的因果关系。

因果关系是过失杀人和一级攻击的必备要素。要想证明因果关系的存在,控方不仅需要证明如果没有被告人的行为,法律禁止的危害结果就不会发生,而且要证明被告人的行为是法律禁止的结果发生的法律上的原因。

首先,看本案的陪审团建议与 *State v. Seymour* 案是否一致。*State v. Seymour* 案的初审法庭指出"一个法律上的原因是一个没有它结果就不会出现的原因,并且是支配的原因,实质的原因,结果的发生是自然的、直接的、立即的"。这里,初审法庭给出的陪审团建议,使用了如下的措辞来描述法律上的因果关系:"一个直接的和实质的原因导致死亡和受伤……不仅仅是一个可能的或是有促进作用的原因……它必须是起支配作用的原因,没有它结果就不会发生……控方必须证明被害人的死亡和受伤是被告人行为的一个直接的结果。"

虽然 *State v. Seymour* 案中初审法庭使用的措辞是更可取的,但是本案中给出的陪审团建议也清楚地表达了法律上的因果关系必须导致法律禁止结果的支配的和实质的原因。另外,陪审团建议中的被禁止的结果必须是被告人行为的直接结果与自然的、直接的、立即的后果在实质上是一样的。因此,我们可以得出结论:初审法庭给出的陪审团建议,从整体上看,充分地陈述了 *State v. Seymour* 案中的裁判先例。

其次,再来看在新罕布什尔州法律背景下,本案中初审法庭使用的在巧合的介入因素情况下,判断法律上的因果关系的"唯一实质的原因"的标准是否是正确的。判断法律上因果关系的"唯一实质的原因"的标准已经在轻率犯罪(参考 *State v. Soucy* 案)中有被使用的先例。正如被告人在其陈述中指出的,"唯一实质的原因"的措辞应该主要被限制在"医疗上治疗不当的介入因素"。*State v. Soucy* 案中初审法庭使用了"唯一实质的标准",但是本案辩护人的行为没有涉及医疗上的治疗不当。*State v. Soucy* 案中的情形属于对被告人先前行为的反应,这就和被告人所声称的与其行为同时发生的机械故障,也就是巧合的介入因素不同。不过,就巧合的介入因素与对被告人先前行为的反应的介入因素存在的区别而言,辩方没有举出先例,州最高法院也不认为,新罕布什尔州的先例作出了如此的区分。

最后,被告人引用拉费乌教授的刑法论文和《〈模范刑法典〉及其评注》有关内容在此也不合适。本案中被告人认为应出现的陪审团指示并没有包含任何类似的预测可能性规则。正如被告人要求初审法庭提供如下陪审团指示:如果陪审团相信机械故障对事故发生有贡献,则本案中的介入因素——机械故障导致了意想不到的突然加速——能够否定被告人行为与危害结果之间的因果关系。因此,即使法院承认拉费乌教授和《〈模范刑法典〉及其评注》中建立的规则,本案被告人在初审法庭中提供的陪审团指示也是与此实质上不同的。

另外,州最高法院认为被告人提出的陪审团指示导致了认定刑事责任程度的无根据的区别。通常情况下,一个有贡献的巧合的介入因素导致的危险就是轻率的先在行为导致的危险。例如,如果一个人捡起地上的枪支,瞄准一个路人扣动扳机,被告人杀死了这个路人,枪支机械上的安全故障并不能排除被告人的刑事责任。当然,根据本案被告人给出的陪审团建议,如果介入因素是巧合的并且介入因素对死亡结果有贡献,那么陪审团就应该作出无罪的裁决。我们认为,被告人提出的"有贡献"标准并不是一个决定刑事责任的合适规则。我们坚持认为初审法庭给出的"唯一实质的原因"和 State v. Soucy 案中确立的规则,根据新罕布什尔州法律适用于本案的事实,是合适的标准。

最终州最高法院维持了原判。

【案例评述】

美国在法律上和学术界关于因果关系的公认理论是法律原因学说(legal cause)。所谓法定原因,就是具有法律意义的原因才是刑事责任的基础。

总体而言,美国刑法因果关系理论其主流观点是注重实用的双层次原因学说。所谓双层次原因,就是把原因分为两个层次:第一层是事实原因(cause in fact),第二层是法律原因(cause in law)。

事实原因建立在直观基础之上,适用"如果没有……就没有……""若不,则不"规则(but-for rule),即如果没有 A,则没有 Z,A 就是 Z 发生的事实原因。这一公式足以解决许多案情比较简单的因果关系问题,而且也是因果关系理论的客观基础。但是仅有这个公式,还不足以解决全部因果关系问题,尤其是比较复杂的因果关系问题。两大缺陷,一是不能包括共同原因,二是原因覆盖面过大。

法律原因就是弥补事实原因的缺陷,限定事实原因的范围,从事实原因中筛选出法律所关注的那部分作为刑事责任的客观基础。第一层次是第二层次的物质基础,第二层次不能超越第一层次,第二层次是刑法因果关系理论的核心因素。事实原因中的哪些原因是法律所关注的呢?筛选法定原因的标准是什么呢?美国刑法学界存在不同的观点:近因说(proximate cause)、预见说(foreseeability)和刑罚功能说(function of punishment)。

与普通法不同,《模范刑法典》将事实原因因果关系作为刑法中因果关系的排他性定义。法典将普通法中"实质性因果关系"作为与行为人有罪性相关的事情。具体来说,《模范刑法典》§ 2.03(2)(b) 和 (3)(b) 涉及的就是被告人行为所造成的实际结果与已经计划、预谋或存在风险不同的情形。在这种情况下,在适用《模范刑法典》的案件中就不考虑基于这种被告人行为的差别,被告人是否将是造成危害结果的实质性原因,而是被告人是否在故意、明知、轻率或过失等犯罪定义要求具备的心理下造成了法律所禁止的结果。

根据《模范刑法典》,被告人在实施行为时并不具备明确的有罪性,除非事实上出现的结果,包括结果发生的方式都不是因为"发生得太过遥远或偶然,以致不能使行为人承担责任或罪行的严重程度"。因此,这个普通法中"不断发展变化、有时自相矛盾的"实质因果关系原则正被一种单一的标准所取代,这个单一的标准就是要求陪审团作出符合常识的正义结论。

在极少数缺乏有罪性因素的案件中,《模范刑法典》规定的因果关系"只有在实际结果可能由行为人的行为造成时"才成立。这将意味着在承认普通法重罪谋杀规则的司法辖区,同时又适用《模范刑法典》因果关系原则的案件中,如果死亡结果并不是重罪犯的重罪行为所造成的可能性结果,该被告人就不会被定重罪谋杀。例如,D 准备抢劫银行,银行出纳员在试图按下报警器开关时意外地被电击致死。D 将不会为其死亡结果负责,因为出纳员被电击致死的结果并不是 D 抢劫银行可能导致的一种结果。

第六章　犯罪未遂

第一节　客观要件

案例：埃文斯诉佐治亚州案[*]
(*Evans v. State*)

韩妍婷[**]

【关键词】

未遂；着手；实质性步骤；闯入机动车罪

【争议焦点】

当行为人意图实施闯入机动车犯罪，并实施了携带必要工具并驾车至停车场、寻找目标汽车的行为时，是否构成犯罪行为的着手？也即这种行为是否超出了犯罪的预备阶段，构成犯罪未遂？

【诉讼进程】

德雷克·埃文斯（Derek Evans）、克里斯托弗·蒂奇（Christopher Tinch）和杰梅因·科比特（Jermaine Corbitt）三人实施了携带必要工具并

---

[*] *Evans v. State*, 453 S.E.2d 100 (Ga. Ct. App.1995).
[**] 北京大学法学院硕士研究生。

驾车至停车场、寻找犯罪目标的行为,后三人被起诉。科布(Cobb)高等法院宣告其构成闯入机动车罪未遂。

埃文斯和蒂奇不服判决提出了上诉。1995年1月6日,佐治亚州上诉法院宣告了判决,维持原判。

【案件事实】

证据显示,埃文斯、蒂奇和科比特三人商量要从汽车里盗窃立体声设备。他们准备好了螺丝刀、钳子和不同类型的车钥匙。蒂奇用他的车载着埃文斯和科比特去商场停车场找寻目标车辆。他们用了大约45分钟时间慢慢地巡视目标商场及两个邻近的购物中心的停车场,但是由于一直被一辆皮卡车尾随,他们最终没有进入任何车辆就离开了。后来三人发现车内是潜伏的警察。

【控辩观点】

辩方:

第一,埃文斯、蒂奇声称没有足够的证据证明他们实施了闯入机动车犯罪的实质性步骤行为。根据《佐治亚州法典》(Ga. Code Ann.) §16-4-1的规定,只有当一个人意图实施某一特定犯罪,并且完成了预期犯罪的实质性步骤时,才构成犯罪未遂。

第二,埃文斯和蒂奇认为法庭驳回他们关于排除警察在截停蒂奇的汽车之后收集的证据的申请存在错误,因为警察并没有合理的理由截停汽车或逮捕他们。

第三,蒂奇声称法庭在驳回他申请重新审判这点上存在错误,因为他并不是明知和故意地放弃被陪审团审判的权利。

【法庭观点】

佐治亚州上诉法院经审查后认为,第一,必须从最有利于判决的角度来判断是否有证实实质性步骤行为的足够证据。从这个角度来审视本案事实,法庭认为,与埃文斯和蒂奇的说法相反,证据足以支持初审的判决,即他们已经实施了侵入汽车、意图盗窃的实质性步骤行为。

根据 Smith v. State 案①的观点,构成犯罪未遂要求被告人必须采取了意在犯罪的行动。犯罪意味着犯罪的行动、活动、动作或者执行。如果仅有准备的行为,而不是近乎完成意图的犯罪行为,不足以建立起犯罪的着手。要构成未遂,必须存在追求目标的实际行为,它要近乎直接地指向犯罪。总的来说,行为必须无法被解释为一个合法的行为,并且必须超出仅仅准备的行为。尽管也很难确切地讲,没有任何准备行为能够相当于未遂。这是一个程度的问题,取决于每个案件的情形。在这里,未遂的规定强调的重点从行为人尚未完成的部分转向行为人已经完成的部分。犯罪的完成仍然需要更多行为步骤的这一事实,并不能否定已经采取的行动是实质性步骤这一点。除确认犯罪意图的坚定性这点外,实质性步骤要求能够排除那些属于准备行动的部分,它们距离未遂罪责范围和施加给未遂罪犯的严厉制裁尚远。

埃文斯和蒂奇商讨盗窃汽车立体声设备,准备用于盗窃的工具,如果到此为止,没有更多行为,就不能被认为达到了侵入汽车未遂的程度,而仅仅是准备行为。然而当两人开车到购物中心停车场寻找特定的目标汽车时,就超出了距离犯罪很远的准备行为的范围。整体来看,两人已经实施了进入汽车盗窃立体声设备的计划,这些行为直接地指向了期待的犯罪。初审法庭认为两人构成侵入汽车犯罪未遂、排除合理怀疑的判决不存在问题。

第二,埃文斯和蒂奇认为法庭驳回他们关于排除警察在截停蒂奇的汽车之后收集的证据的申请存在错误,因为警察并没有合理的理由截停汽车或逮捕他们。首先,州上诉法院注意到,警察截停汽车是有根据的,这基于他们观察到蒂奇所驾驶汽车的车灯存在故障。此外,根据 Jorgensen v. State 案②的裁判来看,官员可能会对车辆进行简单的调查式的截停,但是这种截停必须有足以引起存在犯罪行为的合理怀疑的、具体的、可表达的事实来证明其合理性。这种截停类似"特里截停",如果仅仅根据不明确的怀疑或预感,那么截停就是无根据的。调查截停必须有客观的表现证明被调查者已经或将要从事犯罪活动。这种怀疑无须达到合理根据的标准,但必须超过任意的推想、预感或倾向的程度。

---

① *Smith v. State*, 189 Ga. App. 27, 29-30 (1), 375 S.E.2d 69 (1988).
② *Jorgensen v. State*, 207 Ga. App. 545, 546, 428 S.E.2d 440 (1993).

在本案中,警察怀疑蒂奇所驾驶车辆里的乘客们正在游荡或徘徊。根据《佐治亚州法典》§16-11-36的规定,行为人在某个时间或某种程度上通常是不合法地、能够合理地发出警报或引起对附近人身或财产安全关注的情况下在某地游荡或徘徊,构成游荡罪。警察关于蒂奇和他车上的乘客的怀疑——他们在停车场的表现并非通常守法公民的行为方式,在该情形下会引起对停车场车辆安全的关注——不是预感而已,而是有特定的、具体的事实依据。警官证实,蒂奇的车曾在购物中心的停车场缓慢地绕圈长达45分钟,中间没有停车;车上没人去过商店;车曾经慢下来,车上的人贴近地观察过一辆大众敞篷车(这种车经常被偷);而且相当一部分盗窃或侵入机动车的案件都在商场停车场发生。警察截停蒂奇的车有合理怀疑的基础,而非是任意的,因此这种做法是合理的。

截停之后,警察在对三人的正当的武器搜身中,从埃文斯的口袋里找到一把很长的螺丝刀。正如 Hayes v. State 案①的判决所引的观点,最高法院已经认识到,对怀疑车辆进行的调查拘留对警察来说特别危险。还有,截停调查期间,埃文斯、蒂奇和科比特声称他们仅仅在停车场待了5分钟,与警察对他们在长达45分钟的时间里在停车场绕圈的观察直接矛盾。螺丝刀的发现,埃文斯、蒂奇和科比特的误导性陈述,以及他们之前的可疑行为,为警察因涉嫌游荡和徘徊以及持有犯罪工具逮捕三人提供了合理根据。

在逮捕埃文斯、蒂奇和科比特之后,警官扣留了蒂奇的车,并且进行了财产清查,发现了更多的螺丝刀、钳子和各种车钥匙。根据 Williams v. State 案②的观点,财产清查在以下情况中是合法的:(1)在羁押期间保护财产;(2)保护警察免遭潜在的危险;(3)保护警方免受丢失或被盗财产的索赔。然而,搜查的根据是车辆扣留的合理性。只有当警察有接管财物的必要性时才能合理地扣留。当扣留没有合理根据时,搜查也是无效的。本案中,对车辆的扣留是必要的,因为车上所有的乘客已经被捕,没有人照管车辆,要把它从州际公路上挪走,因此财产清查是有合理根据的。因为警察对车辆、乘车人的搜查和扣押是合理有效的,所以原审法庭在驳回埃文斯和蒂奇的申请方面并无错误。

---

① *Hayes v. State*, 202 Ga. App. 204, 205, 414 S.E.2d 321 (1991).
② *Williams v. State*, 204 Ga. App. 372, 373, 419 S.E.2d 351 (1992).

第三,蒂奇声称法庭在驳回他申请重新审判这点上存在错误,因为他并不是明知和故意地放弃被陪审团审判的权利。根据 *Cooper v. State* 案①的判决来看,被告人必须亲自和故意地放弃被陪审团审判的权利,并没有法律的先决规定要求弃权行为要在法庭上完成。再通过 *White v. State* 案②也可得知,当放弃这项权利的声明受到质疑时,控方有责任证明弃权是在明知和故意的情况下作出的,包括(1)通过展示被告人知道权利被放弃的记录;或者(2)通过旁证补正默示或不完整的记录证明,以确定地表明被告人的放弃是明知和自愿的。在本案中,被展示的外部证据是被告人的律师的宣誓书,律师发誓说他和蒂奇讨论了陪审团审判和法庭审判的利弊,蒂奇因为战术的考虑决定在没有陪审团审判的情况下继续。这份宣誓证据足以证明蒂奇亲自地、故意地和自愿地放弃了他接受陪审团审判的权利。

州上诉法院维持了原判。

【案例评述】

绝大多数情况下,一个人犯罪时能够完成自己的犯罪意图。在有些情况下,法律惩罚那些没有完成犯罪意图的人。典型的不完整犯罪包括三类:犯罪未遂、犯罪教唆与犯罪共谋。

在一个人持枪、瞄准、射击并且杀死了他人的情况下,最可能面临故意杀人的指控,或许涉嫌构成一级谋杀罪。但如果一个人瞄准的是另一个人而枪走火了,或者虽然击中但并没有杀死被害人呢?这两者的犯罪意图相同,也都造成了一个显著的社会危害。然而,因为结果是不同的(这可能源于运气不好或者射击准头差),前者构成谋杀罪,而且在一些州可能被判处死刑;而后者不能被判为故意杀人罪,因为并没有造成法不容许的杀害结果。③

约翰·奥斯汀(John Austin)认为:"一般来说,未遂行为都没有社会

---

① *Cooper v. State*, 189 Ga. App. 286, 287 (2), 375 S.E.2d 505 (1988).
② *White v. State*, 197 Ga. App. 162, 398 S.E.2d 35 (1990).
③ See Ellen S. Podgor, Peter J. Henning, Andrew E. Taslitz & Alfredo Garcia, *Criminal Law: Concepts and Practice* (3rd ed.), Carolina Academic Press, 2013, pp. 435-436.

危害性,刑法通过考虑犯罪主体的犯罪意图而惩罚当事人。"①奥斯汀的观点考虑到未遂犯罪中社会危害性与可罚性这两者相互矛盾的问题。这两个相互矛盾的思想即所谓的主观主义说与客观主义说。②

支持犯罪主观说的主观主义学者认为,一般来说,刑法尤其是未遂犯罪,主要研究反映行为人的危害性和主观恶性的犯罪意图,而不只是看他的行为。因为在某些特定场合,该行为人的犯罪行为并不一定会造成损害结果。支持主观主义学说的学者认为,不完整犯罪"只需要证实行为人的犯罪故意,就可以对其定罪量刑"③。

相反,客观主义学说的学者认为,"未遂犯罪就是中立的第三者认为该行为是犯罪行为的行为,即使他对行为人的犯罪意图并不清楚"④。在许多实质犯罪领域里,如暴力强奸,它们的罪行非常容易辨别。但是,相比较而言,不完整犯罪的罪行并不是那么明显。因此,在司法实践中,对于客观主义学说体系中的不完整犯罪,通常是不受刑罚处罚的。⑤

普通法的一些条款以及美国《模范刑法典》中有关犯罪未遂的条款都是以不完整犯罪的主观主义学说为基础的。不过普通法的未遂犯罪中也有一部分体现了客观主义学说的思想。⑥

在此以威斯康星州最高法院在 *State v. Berry* 案⑦对犯罪未遂的描述为例:在普通法中,证明一个行为是犯罪未遂需要两个要件:(1)被宣称的未遂犯罪的意图;(2)该意图下的进一步行动。通常被认为构成犯罪未遂的行为,需要有比仅仅存在犯罪意图之外的更多东西,明显的行为举动是必须具备的。一些方法可以用来判断什么样的行为能够满足这些需要。所有方法的共同目的,是提供一个基础,用以判断被告人的行为是否足以证明犯罪意图的推断和未遂责任的结果。

---

① John Austin, *Lecture on Jurisprudence* (4th ed.), J. Murray Press, 1873, p.523.
② 参见〔美〕约书亚·德雷斯勒:《美国刑法精解》(第四版),王秀梅等译,北京大学出版社2009年版,第350页。
③ George P. Fletcher, *Rethinking Criminal law*, Little, Brown and Company, 1978, p. 138.
④ George P. Fletcher, *Rethinking Criminal law*, Little, Brown and Company, 1978, p. 116.
⑤ 参见〔美〕约书亚·德雷斯勒:《美国刑法精解》(第四版),王秀梅等译,北京大学出版社2009年版,第350页。
⑥ 参见〔美〕约书亚·德雷斯勒:《美国刑法精解》(第四版),王秀梅等译,北京大学出版社2009年版,第361页。
⑦ *State v. Berry*, 280 N.W.2d 204 (Wis. 1979).

就未遂犯罪的构成要件而言,基本可以区分为两者:客观要件和主观要件。本案中,涉及的就是对于犯罪未遂客观要件的探讨,主要关注行为何时超过预备阶段和构成犯罪的着手。根据这些不同标准所划定的着手时点的不同,会导致未遂的处罚范围不同。

美国刑法理论和实践中发展出了一系列判断方法,试图将着手时点的判断标准明确化。一般而言,这些标准可以分为两大类:一类是关注犯罪实施前的状况;另一类是考虑犯罪行为已经实施了多少。[1]

具体而言,这些标准包括:

(一)接近标准

这一标准要求,构成犯罪未遂,行为必须足够接近意图结果的犯罪。具体包括三个标准:最后行为标准、不可缺少因素标准、物理接近标准。[2]

1.最后行为标准

最严格的方法认为被告人必须达到"最后一个接近的行为",意味着已经做了他相信造成意图结果的一切必要行为。[3] 对于行为人自认为完成目标犯罪所必要的全部行为来说,当行为人实施了其中最后一个行为之时,才算着手。

除非是在一些具备了明显界限的固有特征情况下,很少有人推荐采用这个最后行为标准。正如我们之前提到的关于这一点的一些应用,警察在执法过程中很有可能会被这些规则所妨碍,它实际上对于阻止实质的犯罪并没有很大作用。[4] 但是从客观原则的角度出发,其积极作用在于,一个行为人的危险行为可以在它发生之前被阻止;同样,从主观观点的角度出发,对于社会的危害行为有时可能会发生,行为人的犯罪行为可以在最后行为发生之前被察觉。[5]

这一标准显然非常有利于被告人,它意味着被告人已经实施了他相

---

[1] 参见〔美〕约书亚·德雷斯勒:《美国刑法精解》(第四版),王秀梅等译,北京大学出版社2009年版,第361页。

[2] See Ellen S. Podgor, Peter J. Henning, Andrew E. Taslitz & Alfredo Garcia, *Criminal Law: Concepts and Practice* (3rd ed.), Carolina Academic Press, 2013, p. 438.

[3] See Ellen S. Podgor, Peter J. Henning, Andrew E. Taslitz & Alfredo Garcia, *Criminal Law: Concepts and Practice* (3rd ed.), Carolina Academic Press, 2013, p. 438.

[4] See *People v. Dillon*, 668 P.2d 697, 703(Cal. 1983).

[5] 参见〔美〕约书亚·德雷斯勒:《美国刑法精解》(第四版),王秀梅等译,北京大学出版社2009年版,第362页。

信对于带来意图结果的一切必要行为,给予行为人相当宽松的时间和机会来改变或放弃犯罪的意图。

2.不可缺少因素标准

有一些法庭采取不那么严格的规则,他们认为,当行为已构成特定犯罪不可或缺的一部分时就符合接近标准的要求。①

同最后行为标准相比,这一标准的任意性更强。一个不可缺少因素的存在或者缺失并不能作为判定一个行为是否有罪的标准。②

3.物理接近标准

另一些法庭认为当一个行为在物理上接近了意图结果以至于有很大的可能成功时就是"接近"。③

一些法庭认为,既然不需要接近最后行为,行为人的行为至少要"十分接近"犯罪的完结,也就是说,在经过犯罪预备之后,行为人实施的行为在犯罪直接动作中至少要接近犯罪的开始或者是连续犯罪的几个步骤。④

相比于最后行为标准,物理接近标准对于未遂犯罪定义的犯罪着手时点前移,扩大了刑罚的处罚范围。但与不可缺少因素标准类似的是,这一标准也具有模糊性,在司法实务中难以确立明确的标准。

以上介绍的几个判断标准,其重点不在于行为已经完成了哪些部分,而在于还剩余哪些部分没做。下面的标准与以上相比,更关注行为已经完成的部分。

(二)可能停止标准

该标准关注在排除了其他因素干扰的通常情况下能够完成犯罪意图的行为。在这种方法中,被告人的行为已经越过了这样一条界线:绝大多数人在存在跟被告人一样的意图时,在这个时间点上会三思他们的行为

---

① See Ellen S. Podgor, Peter J. Henning, Andrew E. Taslitz & Alfredo Garcia, *Criminal Law: Concepts and Practice* (3rd ed.), Carolina Academic Press, 2013, p. 438.

② 参见〔美〕约书亚·德雷斯勒:《美国刑法精解》(第四版),王秀梅等译,北京大学出版社2009年版,第364页。

③ See Ellen S. Podgor, Peter J. Henning, Andrew E. Taslitz & Alfredo Garcia, *Criminal Law: Concepts and Practice* (3rd ed.), Carolina Academic Press, 2013, p. 438.

④ See *State v. Dowd*, 220 S.E.2d 393, 396(N.C. Ct. App. 1975).

并且放弃。①

该标准把焦点放在被告人已经完成的犯罪量上。需注意,在一般性案件中法庭无法找到犯罪意图,除非"该行为人的行为达到一定的程度,以致他不会自动停止实施其犯罪行为"②。

(三)犯意确证标准

该方案内容是,当某个行为具有明显的犯罪意图,行为人的犯罪心理可以从这一行为得到确证,这个行为表明除犯罪以外不能作任何其他解释时,就足以构成犯罪未遂。③

以 People v. Staples 案④为例,根据犯意确证标准,一种行为并不包含犯罪意图,除非行为人的意图不再是模糊的。意即,行为人的行为明确显示犯罪意图时,才可承认犯罪意图存在。这就好像让陪审团成员们看着没有声音的录像(为了不让其听到行为人潜在的控告话语),然后仅仅根据行为人的行为来判断他是否犯有被指控的犯罪行为。⑤

这意味着,被告人的行为从准备到着手,需要实施意在完成意图的某一步行为,并且该行为除了完成犯罪不可能有其他意图。这种方法也被称为事实自证或将事实摆在眼前检验。⑥

根据犯意确证标准判断时,只要行为人所实施的行为能够明确地显示其犯罪意图,即使这一步骤距离犯罪的完成仍然有相当的空间,也认为可以构成犯罪的着手。而实际上,没有任何一种行为对于意图的展示可以做到完全确凿无疑,因此在实践中也具有一定的适用难度。

---

① See Ellen S. Podgor, Peter J. Henning, Andrew E. Taslitz & Alfredo Garcia, *Criminal Law: Concepts and Practice* (3rd ed.), Carolina Academic Press, 2013, p. 438.
② American Law Institute, *Modern Penal Code and Commentaries*, Comment to § 5.01, p. 325, (1985), 转引自[美]约书亚·德雷斯勒:《美国刑法精解》(第四版),王秀梅等译,北京大学出版社 2009 年版,第 364 页。
③ 参见储槐植:《美国刑法》(第三版),北京大学出版社 2005 年版,第 106 页。
④ People v. Staples, 6 Cal. App. 3d 61, 67 (1970).
⑤ See J. W. Cecil Turner, "Attempts to Commit Crimes", *Cambridge Law Journal*, Vol.5, No. 2, 1934, pp.230,236-238; Hamiel v. State, 285 N.W.2d 639, 645 (Wis. 1979); State v. Henthorn, 581 N. W.2d 544,547 (Wis. Ct. App. 1998).
⑥ See Ellen S. Podgor, Peter J. Henning, Andrew E. Taslitz & Alfredo Garcia, *Criminal Law: Concepts and Practice* (3rd ed.), Carolina Academic Press, 2013, p. 438.

(四)实质性步骤标准

这一标准源自美国的《模范刑法典》。《模范刑法典》第五章对不完整犯罪进行了规定,其中§5.01规定了犯罪未遂的构成要件。对于§5.01(1)(c)中规定的实质性步骤,§5.01(2)的规定进行了细化。

实质性步骤标准实际上是一种接近标准和确证标准的折中方案。实质性步骤被明确列举出来,使其在司法实务层面具有较强的可操作性,相比上述的其他标准,更具有明确性。根据《模范刑法典》中对于实质性步骤的规定,许多传统意义上的"预备行为"均被纳入犯罪未遂的范畴中,被认为构成犯罪的着手。

本案的判决实际上采取的即这一实质性步骤的标准。根据《模范刑法典》的规定,这里被告人开车到购物中心寻找目标车辆的行为,正构成§5.01(2)(b)中"等待、寻找预期的被害人"的行为。此外,在这样一个被告人预期实施侵入他人机动车犯罪的停车场中,三人携带的螺丝刀、钳子和不同车的钥匙这几个物品,显然超出了一般人可能携带物品的范围,且结合该特定地点以及当时的状况来考虑,三个被告人对上述几个物品的持有不可能是用于合法的目的,符合§5.01(2)(f)"在预期实施犯罪的场所或者附近持有、收集或者制作用于实施犯罪的物品,在该具体的情况下,持有、收集或者制作物品不可能用于合法的目的"规定的要件。因此,从客观要件上看,被告人的行为已经满足《模范刑法典》中对于实质性步骤行为要件的规定,可以被认定为构成犯罪的着手。

不同于大陆法系刑法中着手标准的系统精细,美国刑法中着手标准的认定,是以经验为逻辑起点,并以实用价值为目标,属于法官型理论。对于理论和实践中发展出的各类不同的判断标准,不同的州可能会进行不同的选择,如在纽约州,犯罪未遂是指行为人怀有犯罪意图而实施了某一趋于达成该罪的行为;而在伊利诺伊州,犯罪未遂是指行为人怀有特定的犯罪意图而实施了某一行为,这一行为构成趋于达成该罪的实质性步骤。与纽约州的法律相比,伊利诺伊州的法律就明确规定了"实质性步骤"这一内容,从定义来看,未遂范围要窄于前者。[1]

---

[1] 参见储槐植:《美国刑法》(第三版),北京大学出版社2005年版,第103页。

第二节 主观要件

案例:鲍尔温诉弗吉尼亚州案[*]
(*Baldwin v. Commonwealth*)

韩妍婷[**]

【关键词】

谋杀罪;未遂;主观要件

【争议焦点】

判决行为人构成谋杀未遂,需要证明行为人具备特定的谋杀被害人的意图。当行为人为了脱逃而驾车离开,我们可以认为被告人已经构成脱逃罪,但证据是否能够说明行为人具备谋杀警察的意图、符合谋杀未遂的主观要件呢?

【诉讼进程】

2004年6月16日,被告德米特里厄斯·D.鲍尔温(Demetrius D. Baldwin)驾车冲向警察马克·D.鲍文(Mark D. Bowen),随后被逮捕。切斯特菲尔德(Chesterfield)巡回法院初审判决被告人构成谋杀未遂和脱逃罪。

鲍尔温就其谋杀未遂罪名向弗吉尼亚州上诉法院上诉,未对他的脱逃定罪上诉。上诉法院维持了初审判决。

2007年6月8日,弗吉尼亚州最高法院认为被告人鲍尔温不构成谋杀未遂,撤销了弗吉尼亚州上诉法院的判决。

---

[*] *Baldwin v. Commonwealth*, 645 S.E.2d 433 (Va. 2007).
[**] 北京大学法学院硕士研究生。

【案件事实】

2004 年 6 月 16 日，作为一名警察的被害人鲍文，注意到被告人鲍尔温正以超出当地限速约 25 英里每小时的速度行进。鲍文随后驾驶他的巡逻车跟上鲍尔温，两辆车在鲍文打开警报之前一同拐上了第十大道。鲍尔温将车停在路的右拐车道，车前有一条很明显的小路。鲍文将车停在鲍尔温车后约一车半距离的位置，然后走向鲍尔温的车。鲍文站在鲍尔温所驾车辆的驾驶员一侧，位于后座乘客的窗户以及驾驶员车门旁边，把手放在车上以防对方突然开车或者打开门。

这时鲍文注意到鲍尔温正在用手机打电话，于是他敲了敲鲍尔温的窗户。而鲍尔温并没有理睬鲍文，他将两只手放在方向盘上，驾车对着鲍文驶来然后向前冲过两条车道飞驰而过。当车加速时，为了不让车的后轮压过自己的脚，鲍文感觉他必须推车的后面。后来其他几个警察加入，鲍文追上了鲍尔温并且逮捕了他。逮捕地点在距离最开始停车地点约 7 英里的地方。

【控辩观点】

控方：

证据支持鲍尔温有杀人意图的结论。他们认为证据能够证明"鲍尔温想要杀死鲍文从而有效逃跑"这一合理推断。控方认为，"没有任何事物阻挡鲍尔温"，然而鲍尔温"双手抓住方向盘，把车转向鲍文然后飞驰而过"。控方认为巡回法庭完全有自由衡量目击者的可信度，并且可选择忽略掉鲍尔温自己提供的解释，而依据鲍文的证言支持定罪。

辩方：

第一，鲍尔温在巡回法院审理时就作证说他当时从最初停车处逃跑是因为"恐慌"，因为他违反了酒后驾车缓刑条款的逮捕通缉令。鲍尔温说他最后看到鲍文是在他自己的车旁边，并且他没有听见鲍文敲窗户，同时也否认了他想要驾车撞击鲍文。

鲍尔温认为证据没有显示他有特定的杀死鲍文的意图，所以不能被定为谋杀未遂。他认为鲍文的证言仅能够支持这样一个合理的假设，即鲍尔温仅仅是吓坏了然后想逃跑，而并不是对鲍文采取直接的行动。特别是,鲍尔温注意到鲍文的证言中提到,他站在鲍尔温车的旁边,并且"必须推车的后部这样后轮才没有碾压过他的脚",鲍尔温坚持:"考虑到鲍文的位置是在车的侧后方,自己不可能在挡在他前面的情况下还试图开车碾压过他。"

第二,鲍尔温将自己区别于其他的"人车案件",被告人被判为故意杀人未遂基于的证据是,被告人有意地将车开向潜在的被害人。鲍尔温将自己的案件与 *Haywood v. Commonwealth* 案①进行类比,在该案中,上诉法庭推翻了原来的定罪判决,因为控方没有提供直接的证据证明被指控者意在杀害警察,而且详细的证据不能排除无辜的合理假设。

【法庭观点】

州最高法院认为,上诉中唯一的问题就是证据是否足以证明被告人具备必要的杀人的意图以支持谋杀未遂的定罪。当审查支持定罪的证据的充足性时,根据 *Burns v. Commonwealth* 案②,州最高法院将确认巡回法院的判决,除非该判决没有明确证据支持或有明确的错误。根据这一标准,州最高法院发现上诉法院错误地维持了对鲍尔温谋杀未遂的定罪。因为证据不支持鲍尔温有意用他的车辆杀死鲍文的结论。根据 *Merritt v. Commonwealth* 案③,尽管一个人在没有谋杀意图的情况下可能构成谋杀罪,但一个人在没有特定的谋杀意图的时候不能构成谋杀未遂。因此,控方有义务排除合理怀疑地证明鲍尔温在特定的杀死鲍文的意图下行动,而在本案中,控方并没有做到。

鲍文和鲍尔温是审判中作证的仅有的两个目击者。根据鲍文自己的证词,他正站在车的一侧,稍微落后于驾驶员一侧的门,这时鲍尔温"将两只手放在方向盘上,驾车对着鲍文驶来然后向前冲过两条车道飞驰而过。他必须推车的后部这样后轮才没有碾压过他的脚"。在法庭盘问中,鲍文同意鲍尔温"没有把车掉头并且尝试用车撞击鲍文"以及"鲍尔温从未尝试用自己的车撞鲍文的车"的说法。鲍文的证言不能佐证巡回法庭认为鲍尔温有以他的车作为武器杀死鲍文的意图的观点。

---

① *Haywood v. Commonwealth*, 20 Va. App. 562, 458 S.E.2d 606, 12 Va. Law Rep. 1 (1995).
② *Burns v. Commonwealth*, 261 Va. 307, 337, 541 S.E.2d 872, 892 (2001).
③ *Merritt v. Commonwealth*, 164 Va. 653, 660, 180 S.E. 395, 398 (1935).

这一审理中的案件与 *Coles v. Commonwealth* 案①以及其他上诉法庭判决的、在类似环境中以汽车作为潜在武器的谋杀未遂案件有明显区别。在 *Coles v. Commonwealth* 案中,案件存在独一无二的事实,法庭记录道:得出科雷·科尔斯(Corey Coles)形成了必要的特定意图的关键在于当汽车停着时,在科尔斯加速之前,科尔斯的汽车、警察的巡逻车、警察这三个相关的位置。警察和他的车都在被告人汽车的左前方,当警察与被告人对质时,科尔斯装出投降的姿势,警察相信追逐已经结束。科尔斯说他只是在试图逃跑的争辩被清楚的证据否定了。证据显示,科尔斯并没有向前开车,而前方正有足够的空间让他右转,他是突然地向左转向并且直接瞄准了警察和他的车。

因此在 *Coles v. Commonwealth* 案中,被告人是"直接使车瞄准"了站在被告人车前的警察。而相反的是,在本案中,证据显示鲍尔温把他的车开向交通道路以逃跑,而鲍文站在车的侧方,稍微落后于驾驶室的车门。没有证据显示鲍尔温有用他的车直接瞄准鲍文或者有任何伤害鲍文身体的意图,更不用说形成谋杀鲍文的意图。实际上,鲍文的证词显示即使他没有推开鲍尔温的车,车最多压到他的脚。即使从最有利于联邦的角度看时,这个证据也不能支持这样的结论,即鲍尔温存有杀死鲍文的特定意图,而这是谋杀未遂的判决必须具备的。

就像鲍尔温争辩的,这个案件的事实更类似于 *Haywood v. Commonwealth* 案中的情况,只能得出被告人正在试图逃跑的结论。② 与之类似,法院所了解的事实也不足以证明谋杀意图的存在。因此,联邦没能证明谋杀未遂的必需主观要件。

基于上述理由,上诉法院的判决将被撤销,驳回起诉。

【案件评述】

就犯罪未遂而言,其成立除了客观要件,还需要满足主观要件的要求。犯罪未遂要求行为人必须具有实施犯罪的特定故意,仅仅是概括的意图并不足够。

---

① *Coles v. Commonwealth*, 270 Va. 585, 621 S.E.2d 109 (2005).
② See *Haywood v. Commonwealth*, 458 S.E.2d 606 (Va. Ct. App. 1995).

很多州认为当目标犯罪仅仅是轻率或者疏忽犯罪时不能构成犯罪未遂。对于特定的意图犯罪,控方必须证明被告人既有特定的犯该罪的意图也有将犯罪付诸行动的意图。如果某些犯罪在主观上仅仅要求轻率或疏忽,这类的未遂犯罪的指控按照通常的规则是不可能存在的,比如未遂的非预谋过失杀人罪。①

就像夏威夷州最高法院在 State v. Holbron 案②中解释的一样:(1)根据未遂犯罪的特性,它以希望或者意图的结果为前提;(2)轻率与"希望或意图"是互斥的关系;(3)当犯罪行为的构成要件非常明确,结果是行为人的轻率行事造成的,就不可能假定其构成了犯罪未遂;(4)非预谋过失杀人的本质特征就是结果是轻率造成的;(5)因此,不可能存在非预谋过失杀人罪的未遂;(6)但是当不完整犯罪的结果是有意造成的时,可以构成激情的非预谋故意杀人未遂。

与之相似,People v. Hernandez 案③的法官认为,触犯过失杀人罪的未遂需要证明被告人有意图地实施非故意的杀人,逻辑上不可能。"未遂"与"疏忽"是相互排斥的,它们有着本质的不同,也不能合理共存。

在许多州,对于未遂犯罪的指控需要证明特定意图的存在,所以一个人如果被指控谋杀的话,符合逻辑的结果是他必须有杀死被害人的意图,因此合理的指控是一级谋杀未遂。然而,佛罗里达最高法院却采取了被告人可以被指控二级谋杀的立场。在 State v. Brady 案④中,被告人被指控两个一级谋杀,但是陪审团却判定其构成二级谋杀未遂,因为他在夜店中意图杀死被告人而开枪,却只击中旁观者的手。法庭认为,二级谋杀未遂犯罪不需要证明有特定的潜在行为比如谋杀这样的意图。二级谋杀未遂被认为不需要证明谋杀的意图,尽管未遂犯罪通常需要证明特定的犯罪意图以及进一步落实该意图的明显的行为,我们的理由是:如果州起诉完整犯罪是不需要证明特定意图的,那么起诉该犯罪的未遂也不需要证明特定的意图。指控对被害人二级谋杀未遂,控方必须展示:(1)被指控者故意地采取了在没有其他人阻止或者自己失败的情况下,可能导致被

---

① See Ellen S. Podgor, Peter J. Henning, Andrew E. Taslitz & Alfredo Garcia, *Criminal Law*: *Concepts and Practice* (3rd ed.), Carolina Academic Press, 2013, p. 448.
② *State v. Holbron*, 904 P.2d 912 (Haw. 1995).
③ *People v. Hernandez*, 614 P.2d 900 (Colo. App. 1980).
④ *State v. Brady*, 745 So.2d 954 (Fla. 1999).

害人死亡的行为。(2)行为对他人造成迫在眉睫的危险,并且能够显示不顾他人生命的恶意……因为被害人在迫在眉睫的危险中,因此可以合理地认为,在这些证据证明下,二级谋杀罪"行为对他人造成迫在眉睫的危险"的要求已经被提交的证据满足了。

由于犯罪未遂"特别意图"的本质,在犯罪未遂案件的起诉中,检察官有时会被要求证明行为人在犯罪过程中除了实施目标犯罪,犯罪行为中还应包含更高一级的罪行。比如,被指控者把自己眼睛蒙起来,然后用一把上了膛的手枪,向一个他知道里面有很多人的房间开枪。如果最后有人被杀死了,其就犯了杀人罪。这样一种杀戮,尽管不是蓄意的,但它体现了杀人的残忍本质,因为它无视人类生命价值的存在。然而,如果被指控者的这种鲁莽行为没有杀死房间内的任何一个人,就没有犯杀人罪。被指控者故意瞄准并开枪,也就是说,行为人故意行使了一种接近于杀人的行为。① 但这种更高一级罪行的证明实际上非常困难,就像在本案中所讨论的一样。

在本案中,检察官试图证明被告人在脱逃犯罪之外,还构成谋杀未遂的犯罪。被告人的行为显然已经符合脱逃罪名的构成,而如果要认定被告人鲍尔温构成对鲍文的谋杀未遂,根据未遂主观要件的要求,需要证明被告人有符合更高一级罪行的、特定的利用汽车谋杀被害人的意图。根据本案中目击证人,也即被告人和被害人的证言,可以确认被害人在被告人启动汽车前,处在一个特定的位置——被告人驾驶员侧车门附近、车的中后部;而被告人的汽车前方,正有一条小路。根据被告人的证言,他正处在缓刑禁令期间,因此看到警察后逃跑的动机可以认为非常充分。而从证言内容来看,被告人车前就是小路,足以逃跑,没有必要杀死被害人从而"有效"逃跑。此外更关键的一点在于,被害人所处的位置,使得被告人不可能在发动汽车逃跑、没有调头的情况下,还直接地撞向他,这在客观上是不可能实现的。因此证据只能证明被告人构成脱逃罪,而并不足以证明被告人有更严重犯罪的、特定的杀死被害人鲍文的意图,也就不满足谋杀未遂犯罪中"怀有特定谋杀意图"的主观要件,不能构成谋杀未遂。

---

① See *Thacker v. Commonwealth*, 114 S.E.504, 506 (Va. 1992); *People v. Lee*, 738 P.2d 752, 754 (Cal. 1987); *People v. Gentry*, 510 N.E.2d 963, 966 (I11. App. Ct. 1987); *State v. Casey*, 82 P.3d 1106, 1115 (Utah 2003).

在普通法中,对于犯罪未遂的主观方面要件大致上有三个要求,尽管这三者并不能总是被很清楚地区分开:第一,符合完整犯罪要求的主观精神状态;第二,此外还要有行动以及造成完整犯罪要件的结果的故意;第三,只需要明知某些完整犯罪的附随情状的存在。通常第二点是最重要的,所以我们要关注它,也就是关注行为和造成结果的意图。但是证明普通法上的犯罪未遂很可能需要这三种主观状态都被满足,在有些事实情况下,不能将三者分开分析,否则可能导致不准确的结果。比如说,在夜盗未遂中,被告人可能不在意他是在晚上进入到某个特定的房子中(夜晚是夜盗罪的附随情状要件之一)还是在一个他认为这家人都在度假所以进入房间是安全的白天进入。因此被告人没有在夜晚进行犯罪的意图。但是夜晚要件的要求仅仅是明知而不是意图,因为这是附随情状。因此,如果被告知道他进入房间盗窃电视机的时间确实是晚上的话,被告人就知道了这一附随情状。如果被告人同时还有进入的意图和行为并且在完成犯罪的目标下进行了尝试的话,这就足够使被告人承担夜盗未遂的罪责。①

在探讨犯罪未遂的主观要件构成时,对于被告人意图的证明,要基于当时情形的证据。就未遂犯罪而言,在犯罪未完成的情况下通常很难判断被告人意图犯罪。当被告人完成一个犯罪时,证据很难达到足够证明被告人希望进行更严重犯罪的程度②,就像本案所讨论的一样。

---

① See Ellen S. Podgor, Peter J. Henning, Andrew E. Taslitz & Alfredo Garcia, *Criminal Law: Concepts and Practice* (3rd ed.), Carolina Academic Press, 2013, pp. 451-452.
② See Ellen S. Podgor, Peter J. Henning, Andrew E. Taslitz & Alfredo Garcia, *Criminal Law: Concepts and Practice* (3rd ed.), Carolina Academic Press, 2013, p. 448.

第三节 不能犯

案例:陈诉得克萨斯州案[*]
(*Chen v. State*)

邱云祥[**]

【关键词】

犯罪未遂;事实不能;法律不能

【争议焦点】

某人在网络上结识的、其以为的未成年性犯罪对象其实是由47岁男警察伪装的,因而未实现犯罪目的,属于犯罪的法律不能还是事实不能?

【诉讼进程】

1997年2月11日,拜利·立山·陈(Bailey Lishian Chen)与被害人(警察在网络交往中扮演的未成年少女)约好在某酒店见面进行商议好的色情表演,警察布下监控,将被告逮捕。陈被达拉斯郡(Dallas)的法院以性侵儿童罪未遂为由,判处7年监禁和1 000美元罚金;7年监禁缓期执行,并判处7年社区监管。

陈提起上诉。2000年2月3日,达拉斯第五上诉法院维持原审判决。

而后得克萨斯州上诉法院通过了陈的酌情审查(discretionary review)[①]申请,于2001年4月11日宣判,肯定了达拉斯上诉法院的判决。

【案件事实】

1996年12月13日,陈在美国在线电脑公告板上贴了下述广告:"为

---

* *Chen v. State*, 42 S.W.3d 926 (Tex. Crim. App.2001).
** 北京大学法学院硕士研究生。
① discretionary review,指法院对某些上诉案件可自由裁量决定是否审查,与之相对应的概念是mandatory review,即强制性的审查。

秘密的娱乐需要一名裸舞者。我慷慨且富有。你必须非常有魅力且年轻。"达拉斯警官、专司打击儿童色情犯罪的史蒂夫·纳尔逊(Steve Nelson)发现了这一广告。1996年12月16日,他以"J.奇雷洛(J. Cirello)"的名义回复了邮件,询问陈"要寻找多年轻的裸舞者"。陈回复道:"20—30岁,或者只要你有一张年轻的脸及柔软的身体即可。""奇雷洛"回复说没有在此年龄范围内的裸舞者。陈回复询问其年龄。"奇雷洛"回复说其"13岁,正在寻求独立",并问陈想要什么。陈回复寻找一名敢于在他面前裸体并允许他在自慰的同时看着的女孩,询问对方姓名、住址并要求与其见面。纳尔逊回复说自己叫"朱莉(Julie)",并表示自己还没有见过男人自慰,并且不希望自己父母发现这件事。

在接下来的一系列邮件中,陈询问了"朱莉"住在哪里以及他们什么时候可以见面。他表达了交换电话号码的愿望。他说他们可以先互相了解一下,并向"朱莉"表示不会伤害她。"朱莉"向他索要了住址和电话号码,说"她来联系陈可能会更好"。"朱莉"在邮件中写道,自己没有性经验,有一些害怕。陈回复说"性是一件美妙的事",他随后还写道:"性不是我的主要目标。""朱莉"随后表示自己"可能会对性有兴趣,如果有合适的人指导和帮助'她'"。陈和"朱莉"保持邮件联系数周,讨论了陈的性历史、"朱莉"的紧张和见面计划。陈在邮件中描述了自己的货车为香槟色。

1997年2月6日,陈和"朱莉"开始了他们的见面计划,陈向"朱莉"保证他会准备安全和润滑措施,不会伤害到"她"或使"她"怀孕。又经过一系列邮件往来,两人决定在周二下午(1997年2月11日)于某酒店见面。陈告诉"朱莉"自己预订了那天的房间。"朱莉"告诉陈自己会在下午3:30—4:30出现在酒店大堂外,并描述自己"5英尺1英寸高,棕色长发"。

加兰警署在这家酒店布下监控。陈开着一辆香槟色小型货车来到酒店。他最初在小型货车里坐了大概10分钟,然后进入酒店大堂停留了2分钟,随后又回到他的小型货车里。在他回到车内时,警察逮捕了他。陈的货车控制台上有一袋安全套和一管润滑凝胶。之后他自愿供述他准备向一个女孩演示如何进行性行为。

纳尔逊在交叉询问中表示自己是一个白人男性,从未用过"朱莉·奇雷洛"作为自己的真实姓名。"朱莉"并不存在,署名"朱莉"的邮件都是他写的。

【控辩观点】

控方：

法庭应否认法律不能原则作为本案的辩护理由。其认为,该项抗辩并未被规定在刑法典中,且在以往判例中曾被本法庭成员质疑。控方请求法庭认定不能原则不能应用于未遂犯罪中。即使法律不能可以构成正当抗辩,本案中陈的情形属于事实不能,而事实不能并非受认可的抗辩。

辩方：

第一,在初审中,陈请求法庭作出无罪判决,因为得克萨斯州未能证明指控中所包含的要素,确切来说,其未能证明陈企图对所谓被害人"朱莉·奇雷洛"进行指控中所宣称的行为。此外,他声称得克萨斯州未能证明"朱莉·奇雷洛"是 18 岁以下人士,且州所提交的证据与其起诉书中的指控有根本性的不一致。

第二,在向达拉斯上诉法院的上诉中,陈辩称"朱莉·奇雷洛"并不存在,得克萨斯州不可能证明一个"已完成"的犯罪。

第三,在向得克萨斯州上诉法院的上诉中,陈辩称原上诉审法庭混淆了犯罪意图规定,即混淆了《得克萨斯州刑法典》(*Tex. Pen. Code Ann.*) § 15.01 规定的"如果一个人在具备犯罪意图的情况下,其超出预备阶段的行为有助于但未能实施所意图的犯罪,仍构成犯罪"中的"意图"要素,和本案所涉及的《得克萨斯州刑法典》§ 43.25(b) 规定的"如果一个人雇用、授权或者引诱一个年龄低于 18 岁的儿童从事性行为,并知晓其特征及内容,则构成犯罪中的特定意图要求"。陈声称本案的关键问题是实施所涉及犯罪的法律不能。因此,在案证据在法律上不足以支持原判决。

【法庭观点】

初审法院以超出合理怀疑的证明标准判决陈有罪。达拉斯上诉法院否定了陈的辩护,表示"控方已经证明陈试图引诱他人——即他所认为的 13 岁儿童'朱莉·奇雷洛'与他发生性关系",起诉书中的指控与审判中的证据并无矛盾。

得克萨斯州上诉法院认为,根据《得克萨斯州刑法典》§ 43.25(b) 和

§15.01,及 Yalch v. State 案①的判决,性侵儿童罪未遂的构成要件为:(1)被告人有与儿童进行性行为的特定意图;(2)被告人的行为超出了犯罪的预备阶段;(3)被告人的行为有助于但未能实施儿童性行为犯罪。

Lawhorn v. State 案②的判决中详细探讨了法律不能原则和事实不能原则,并认为,法律不能原则可以构成有效抗辩,而事实不能不可以。该案中迈耶斯法官(Meyers J.)的异议是,事实不能和法律不能都不属于有效抗辩,因为它们都未规定在《得克萨斯州刑法典》中,且刑法典出台之前探讨法律不能的普通法判例在刑法典施行之后就不应继续适用。回到本案,法官认为本案中并不需要处理法律不能原则。虽然法律不能和事实不能的区别很难界定,但本案不涉及法律不能的情形,而属于事实不能。

法律不能和事实不能的区别被界定为行为人的目标是否被法律视为犯罪。根据 Lawhorn v. State 案③,法律不能是指这样的情形:行为如果被完成并不构成犯罪,虽然行为人意图施行犯罪,其也被描述为,行为人所欲施行的行为不构成犯罪,或者至少不构成被指控的犯罪。而事实不能存在于如下情景:由于不为行为人所知的物理或事实条件而导致犯罪未遂;或者行为人的目标被刑法禁止,尽管行为人由于不为其所知的情况而被阻止达成该目标。

事实不能的概念在 People v. Grant 案④中得到了充分阐释。该案中被告人将自制炸药放在公文包里,该公文包将被其家人带去圣迭戈(San Diego)。被告人意图炸药爆炸时其家人在飞机上,从而他可以因家人死亡获得保险金赔偿。炸药在乘客坐满飞机之前爆炸,但是爆炸引发的大火在伤及任何人之前被扑灭。证据表明:如果炸药在当时正常爆炸,飞机应当已经坠海。法院认为,即使炸药提前爆炸,被告人仍然触犯了谋杀未遂罪。"如果犯罪的完成对于具备谋杀意图的被告人来说明显是可能的,则未遂的犯罪是否有可能完成是不重要的。"其所引用的 State v. Lopez 案⑤包含了这样的旨意:"被告人应当按照其所以为的事实被审判。"

---

① *Yalch v. State*, 743 S.W.2d 231, 233 (Tex. Crim. App. 1988).
② *Lawhorn v. State*, 898 S.W.2d 886 (Tex. Crim. App. 1995).
③ *Lawhorn v. State*, 898 S.W.2d a891 (Tex. Crim. App. 1995).
④ *People v. Grant*, 233 P.2d 660 (Cal. Dist. Ct. App. 1951).
⑤ *State v. Lopez*, 669 P.2d 1086, 1087 (N.M. 1983).

州上诉法院将上述成文法、判例及概念应用到本案中,认为:如果"朱莉·奇雷洛"确实是一个 13 岁的姑娘,那么陈意图实现的事情(即使儿童从事色情表演)将构成实际的犯罪。陈的目标是使儿童从事色情表演这一犯罪。因为该目标被法律认定为犯罪,法律不能的理论并不适用于本案。相反,本案所展现的是一个事实不能的情景。由于不为陈所知的事实情况(即"朱莉·奇雷洛"事实上并不存在),使儿童从事色情表演的犯罪不可能被完成。的确,如陈所主张的,使儿童从事色情表演的犯罪在事实上不可能被陈完成;"朱莉·奇雷洛"在物理上并不存在。但是,犯罪完成对于陈而言显然是可能的。他有使儿童从事色情表演的特定意图,他超出预备阶段的行为有助于但未能实施所意图的犯罪。得克萨斯州展示了儿童性行为犯罪未遂的每一个必要构成要件的证据。

州上诉法院最终认为,陈不构成法律不能,本案证据足以证明陈构成性侵儿童罪的未遂。

【案件评述】

本案判决的焦点问题是事实不能与法律不能的区分,即本案在"不能"问题上的定性。

尽管普通法的通说允许法律不能而不允许事实不能作为无罪辩护的理由,但今天很多州拒绝认可其中任何一项。本案在指出这一争议的基础上回避了这一问题,即直接将本案情形认定为事实不能,而事实不能并非有效抗辩这一点并无争议,因此便无须再探讨法律不能抗辩的有效与否及其中包含的各种价值平衡。

本案判决同样回避了在法律不能与事实不能分类问题上存在的争议而径直引用了认同该分类的观点及其在分类标准上的看法。事实上,判断本案属于事实不能抑或法律不能并不如本案法官所阐述得那样"理所当然",引用 *People v. Grant* 案作为判例法是否妥当也有待商榷。

首先,将法律不能和事实不能的区别界定为行为人的目标是否被法律视为犯罪有很强的主观主义色彩。该区分界定标准以行为人本人认识到的事实为基础,并且以行为人本人的认识为基准判断对法益侵害的危险性的有无,这容易导致主观归罪,违反刑法的谦抑性原则。

其次,本案亦可以被解释为法律不能。本案中的犯罪对象(即 13 岁的"朱莉·奇雷洛")并不存在,而 People v. Grant 案中的犯罪对象(即被告人的家人)是实际存在的。本案中,如果陈确实与其邮件联系性交易的对象——声称自己为"朱莉·奇雷洛"的纳尔逊侦探发生所计划的色情表演,并不会构成犯罪,符合得克萨斯州上诉法院所阐述的法律不能的定义。

再次,以大陆法系对能犯未遂和不能犯未遂的划分标准来看,People v. Grant 案属于能犯未遂,而非事实不能,而本案属于不能犯未遂。能犯未遂,是指行为人有实际可能完成犯罪、达到既遂形态,但是在着手实行犯罪后,由于行为人意志以外的原因使犯罪未得逞,未能达到既遂。不能犯未遂,是指行为人因事实认识错误而不可能完成犯罪、不可能达到既遂的犯罪未遂。显然,在 People v. Grant 案中,炸药是因为被告人意志以外的原因提前爆炸,若炸药按预定时间爆炸,完全有可能使飞机坠海,并置其家人于死地。而在本案中,陈对声称自己为"朱莉·奇雷洛"的纳尔逊存在事实认识错误,是不可能通过与所谓的"朱莉·奇雷洛"见面而与儿童发生性行为的。因此,本案属于不能犯未遂。以能犯未遂的判例来处理不能犯未遂的案例,笔者认为有失妥当。

最后,本案中仅讨论了法律不能及事实不能是否可以作为无罪辩护的理由,而如果在大陆法语境下,若判决陈有罪,我们还会探讨不能犯未遂和能犯未遂在量刑上的区别。以大陆法系对不能犯未遂的划分标准来看,本案中陈属于对象不能犯未遂,即由于陈所以为的犯罪对象 13 岁的"朱莉·奇雷洛"并不存在,故其无法完成犯罪。相比不能犯未遂,能犯未遂(例如 People v. Grant 案)在客观上造成犯罪结果的可能性更大,这主要是由于两种未遂中导致未遂的意志外原因不同。在不能犯未遂中,无论是工具不能(例如误将白糖当作砒霜而下毒杀人),还是对象不能(例如本案),一般都是在犯罪着手的时候就存在并贯穿整个行为过程,这决定了不能犯未遂在多数情况下不会造成任何实际危害后果;而在能犯未遂中,意志外原因可以在犯罪着手之后既遂之前的任何时点发生并阻止犯罪完成,能犯未遂虽然也没有发生特定的犯罪后果,但却有实际危害后果发生的可能性,例如在 People v. Grant 案中,即使被告人的家人并未被炸死,也非常有可能发生轻伤、重伤等危害结果。因此,不能犯未遂比能犯未遂的社会危害性较小,在量刑时应当予以考虑。

值得注意的是,本案还可能涉及警察圈套的问题,但陈及法院并未提及。本案中,陈本来意图寻找 20—30 岁的裸舞者,但在纳尔逊的引诱下,陈开始接纳"13 岁的'朱莉·奇雷洛'"。在普通法中,司法部门的官员引诱公民实施犯罪活动,犯罪的公民可以以警察圈套作为辩护理由。尽管警察圈套并不能作为诸如强奸、杀人等严重刑事犯罪的辩护理由,但在具体司法实践中,警官或其他为政府或司法部门工作人员的引诱这一事实可以被法官用以减轻被告人的刑罚。① 本案中,陈未将警察圈套作为辩护理由,是疏漏抑或认为该辩护理由无法奏效,笔者不得而知。

---

① 参见廖万里:《略论美国刑法中的警察圈套及其借鉴意义》,载《法学家》2001 年第 3 期,第 123 页。

第四节 中止犯

案例：帕特森诉印第安纳州案[*]
(*Patterson v. State*)

邱云祥[**] 江海洋[***]

【关键词】

犯罪中止；犯罪未遂；中止未遂；障碍未遂

【争议焦点】

行为人在被害人发觉后停止犯罪行为的，是否构成犯罪中止？

【诉讼进程】

1997年12月6日，萨缪尔·帕特森（Samuel Patterson）打破被害人朱莉娅·马切耶夫斯基（Julia Maciejewski）家的窗户被被害人发觉，被害人报警，警察逮捕了躲在被害人房后的帕特森。经过拉波尔特（Laporte）高等法院审判，帕特森被以入室盗窃罪未遂定罪。且他被判定为累犯，被判处50年监禁，后帕特森提起上诉。

印第安纳州上诉法院于2000年6月14日判决推翻原审定罪，改判为侵入住宅罪，并相应调整量刑。

【案件事实】

1997年12月6日下午，82岁的马切耶夫斯基被玻璃破碎的声音吵醒。她查看时发现她日光室的一扇窗户被打破，地板上有碎玻璃，窗帘上有血。于是她报了警。

---

[*] *Patterson v. State*, 729 N.E.2d 1035 (Ind. Ct. App. 2000).
[**] 北京大学法学院硕士研究生，负责案例评述前部分。
[***] 北京大学法学院博士研究生，负责案例评述部分。

警察到达时发现帕特森在马切耶夫斯基房后,随即将他逮捕。帕特森说自己知道不应该打碎这扇窗户。马切耶夫斯基认出帕特森是几天前来她这里找铲雪工作的人。

【控辩观点】

辩方:
第一,控方故意因种族问题对唯一一个黑人陪审员申请了无理由回避,剥夺了帕特森获得公平审判的机会。
第二,初审法庭不应采信 DNA 证据和数据分析。
第三,初审法庭拒绝给予陪审团有关中止辩护的指示是错误的。
第四,初审中陪审团提出了一个问题:"如果一个人以盗窃以外的其他重罪目的进入他人住宅,是否依然构成入室盗窃罪?"但初审法庭拒绝回答。这个拒绝是错误的。
第五,本案缺乏证明上诉人有盗窃目的的证据。

【法庭观点】

印第安纳州上诉法院既谈到了关于法官向陪审团发出的指示的程序法问题,又谈到了犯罪中止的构成要件这一实体法问题。二者的结合点在于本案证据如何。①

州上诉法院指出,指示陪审团属于初审法院合理自由裁量的范畴,这在 Gant v. State 案②也被印证了。根据 Utley v. State 案③,陪审团指示上的错误并没有必要被推翻,除非陪审员受到违反法律的误导。根据 Griesinger v. State 案④,在审查初审法庭拒绝向陪审团发出某个指示是否合法时,法庭分三个部分对其进行检验:第一,该指示是否准确诠释了法律;第二,是否有证据支持发出该指示;第三,该指示的实质内容是否包含在其他已发出的指示中。

---

① 因与本案对应主题关系不大,经作者技术性处理,本案法庭观点部分省略对辩方陪审员回避、DNA 和数据分析的分析。
② *Gant v. State*, 694 N.E.2d 1125, 1128 (Ind. 1998).
③ *Utley v. State*, 699 N.E.2d 723, 727 (Ind. Ct. App. 1998).
④ *Griesinger v. State*, 699 N.E.2d 279, 281 (Ind. Ct. App.1998).

从 *Smith v. State* 案所引用的 *Sheckles v. State* 案①来看,在犯罪未遂的情况下,如果在采取了通向犯罪的实质步骤之后,犯罪完成之前,被告人自愿地中止了其犯罪行为,被告人将免于承担刑事责任。*Estep v. State* 案②的裁判也指出,犯罪中止抗辩只有在被告人自愿放弃犯罪行为时才可以适用。*Estep v. State* 案还同时引用了上述 *Smith v. State* 案③的观点指出,要被认定为"自愿",放弃的决定必须源于被告人自身,而不是外界因素导致罪行被发现的可能性提高的结果。

因为记录在案的证据并没有证明给予帕特森所请求关于中止的指示的必要性,从 *Peak v. State* 案④的经验来看,初审法院拒绝给予陪审团帕特森中止犯罪的指示并没有错误。证据显示:82 岁的马切耶夫斯基被玻璃打碎的声音吵醒;她拿着手电筒去检查情况,穿过房间时随手打开灯;她发现日光室的窗户被打碎;当警察到来时,他们发现帕特森仍然在马切耶夫斯基房屋后逗留。从这些证据做合理的推测,帕特森之所以放弃进入马切耶夫斯基房间,是因为他即将被马切耶夫斯基发现。他放弃犯罪行为是对外部因素(即被发现的可能性)的反应,而并非纯粹由于他自己的意志,中止并不能构成一个合法的辩护理由,故帕特森并无权利要求初审法庭给予陪审团关于中止的指示。

州上诉法院最终推翻原审定罪,改判为侵入住宅罪,并相应调整量刑。

【案件评述】

关于未遂犯的概念的界定,不同的国家和地区主要有两种模式:第一种模式是以法国刑法典为代表的狭义未遂犯,是指已经着手实行犯罪,但由于意志以外的原因或障碍,而使犯罪未达到既遂。该种模式将行为人在犯罪过程中自动中止犯罪或自动有效地防止了法定结果发生而未达既

---

① *Smith v. State*, 636 N.E.2d 124, 127 (Ind.1994), citing *Sheckles v. State*, 501 N.E.2d 1053 (Ind.1986).

② *Estep v. State*, 716 N.E.2d 986, 987 (Ind. Ct. App. 1999).

③ *Estep v. State*, 716 N.E.2d 986, 987 (Ind. Ct. App. 1999), citing *Smith v. State*, 636 N.E.2d 124, 127 (Ind. 1994).

④ *Peak v. State*, 520 N.E.2d 465, 467-68 (Ind. Ct. App. 1988).

遂称作犯罪中止。我国刑法即采纳此种分类。第二种模式是以德日刑法典为代表的广义未遂犯,是指行为人已经着手实行犯罪而未达既遂形态的情况。这种主张把犯罪中止也包括在犯罪未遂中,从而使得广义模式的犯罪包括障碍未遂(即狭义模式下的犯罪未遂)和中止未遂(即狭义模式下的犯罪中止)。《模范刑法典》及我国台湾地区的有关规定即采纳了此种模式。

本案的第一个争议焦点是上诉人的行为是中止未遂抑或障碍未遂。根据《模范刑法典》,中止必须是"自愿"(voluntary)且"彻底"(complete)的。证据显示,上诉人放弃犯罪与马切耶夫斯基拿着手电筒检查情况并开灯是密不可分的,那么其放弃犯罪是否可以被认为是"自愿"的?判定自愿性,首先要解决其上位的中止犯减免处罚的根据问题。目前主流的学说有政策说、法律说和综合说,采取不同的学说得出的结论可能会存在差异。对自愿性判断的思维方式也可分为心理判断和规范判断:心理的判断标准,强调的是以行为人所感知的外部事实是否使其除了中止别无选择;而规范的判断是指行为人所感知的外部事实作为行为人中止的理由是否为法律所认可。规范判断的优势在于目的性思考——如果行为人的犯罪心态改变,在犯罪道路上回头,展现出了其"遵守规范的用心",这样的中止,才值得鼓励和奖赏。规范判断其实是从刑法设立中止犯的目的、中止犯的减免根据角度出发,来考量中止是否具有自动性。规范判断事实上就是法官在事后进行规范的评价。可以发现,本案中法院认为上诉人的行为显然不是中止未遂即基于规范判断。

那么,上诉人的行为是否是障碍未遂呢?回答这个问题完全取决于可获得的证据,因为当我们用"未遂"这个词的时候,潜台词是行为人意图实现的犯罪是可证明的。本案中,如果可以证明上诉人的意图为入室盗窃,则无疑可以认定上诉人的罪名为入室盗窃未遂罪;如果可以证明上诉人是以盗窃以外的其他重罪目的(例如杀人或抢劫)进入马切耶夫斯基的住宅,则应将其罪名定为相应重罪的未遂(例如杀人未遂罪或抢劫未遂罪);如果并无证据能够排除合理怀疑地证明上诉人的真实意图,则应考虑根据已经发生的事实而非上诉人所意图发生的事实定罪。

因此,本案的第二个争议焦点可以归纳为:上诉人的行为是某一罪的障碍未遂抑或另一罪的既遂。印第安纳州上诉法院给出的答案是后者,即鉴于没有证据能够排除合理怀疑地证明上诉人的盗窃或其他犯罪意图,根据既有事实,只能将其犯罪行为定为侵入住宅罪的既遂。这种依靠证据决定行为人的行为是某一罪的未遂抑或另一罪的既遂在美国刑法判例中并不鲜见。

第七章　犯罪教唆

第一节　教唆未遂

案例：加利福尼亚州诉萨藩案[*]
（*People v. Saephanh*）

蔡　腾[**]　刘继烨[***]

【关键词】

　　教唆；信息未达

【争议焦点】

　　被教唆人没有收到教唆信息时，是否可以认定行为人教唆？

【诉讼进程】

　　1998年5月22日，楼·通·萨藩（Lou Tong Saephanh）在给朋友的信中写了让他们将萨藩的女友卡桑德拉（Cassandra Y.）弄流产的内容。他在信件被截停后被起诉。金斯郡（Kings）高等法院判定其构成谋杀罪的

---

[*] *People v. Saephanh*, 94 Cal.Rptr.2d 910 (Cal. Ct. App. 2000).
[**] 北京大学法学院硕士研究生，负责案例评述前部分。
[***] 北京大学法学院博士研究生，负责案例评述部分。

教唆,判处 9 年监禁。

萨藩于 1998 年 11 月 23 日提出上诉。2000 年 4 月 28 日,加利福尼亚州上诉法院第五上诉区法庭撤销了对萨藩教唆谋杀罪的判决,将案件发回重审,并附带了要求按照谋杀罪教唆未遂审理的陪审团指示。

【案件事实】

1997 年 10 月到 11 月期间,卡桑德拉在和上诉人萨藩交往后怀孕。1998 年 1 月,卡桑德拉把这事告诉了在监狱服刑的上诉人,当萨藩得知孩子是他的时表现得非常兴奋,并说道:"我等这一天很久啦!"之后,两人每周都会谈论关于孩子的事情。

1998 年 5 月 22 日,还在服刑的上诉人给他的朋友程秀超(Cheng Seachao,外号 O. Dee)写了封信,信中载明:"麻烦你们让那女人(卡桑德拉)肚子里的孩子流掉,我可不会养这个孩子。"

在监狱调查部门工作的维基·劳伦斯(Vicki Lawrence)证实,在她意外看到这封信之后立即向其上级汇报,因此该信被截停。

地区检察院的调查员里克·贝拉(Rick Bellar)在看到信后,于 1998 年 6 月 2 日在狱中讯问了上诉人,并得到了上诉人的口供:"因为我感觉她并不爱我,卡桑德拉说以后不会让我见到孩子,所以我想安排人把她打一顿或者让她摔一下,以使她肚子里的孩子流掉。之后我有点后悔,就打电话通知程秀超要他别管我给他寄的信了,但他说没看到我给他寄的什么信。"上诉人在庭审中未提交任何相关证据。

【控辩观点】

控方:
就教唆认定部分而言,公诉方认为,教唆的危害性在于诱使,并指出当行为人具备了教唆的意图并且发出了教唆信息时,教唆就已经成立。从公诉方的角度看,教唆包括了两个要件,犯罪请求和犯罪意图。据此,萨藩写信的行为符合前一要件,将该信寄出又符合后一要件,因此其构成教唆。

辩方:
第一,就教唆认定部分而言,因为信没有送到程秀超手中,所以教唆行为没有完成,也就是说实际上并没有人被教唆。上诉人主张,加利福尼亚州法律规定,教唆成立要求信息交流已经完成,即教唆只有当被教唆人收到了教唆信息时才能成立。

第二,就企图教唆部分而言,上诉人另外主张自己没有触犯任何刑事法律。理由是《加利福尼亚州刑法典》(*Cal. Penal Code*) §653f 和其他含有关于试图行为的刑事条款不同,《加利福尼亚州刑法典》§653f 没有对试图行为进行规定就证明了本州对试图教唆的行为不处罚。

【法庭观点】

针对教唆认定部分,萨藩认为,因为信没有送到程秀超手中,所以教唆行为没有完成,也就是说实际上并没有人被教唆。他主张,加利福尼亚州法律规定,教唆成立要求信息交流已经完成,即教唆只有当被教唆人收到了教唆信息才能成立。

加利福尼亚州上诉法院第五上诉区法庭第一次遇到这样的案件,并没有先例可以遵循。但在俄勒冈州和新墨西哥州均认为构成教唆罪需要"教唆完成"这一条件,也即被教唆人必须收到了教唆信息。上诉人认为加利福尼亚州也应该适用该标准。在新墨西哥州发生的 *State v. Cotton* 案①中,在新墨西哥州监狱里的被告人给印第安纳州的太太写信,让他们的两个女儿不要在法庭作出对被告人不利的证言,该信被执法机构截停。被告人因两项教唆罪而被起诉,被告人在上诉理由中主张该信没有送到他的太太手中。新墨西哥州上诉法院认同了上诉人的理由,因为新墨西哥州采用了《模范刑法典》中关于教唆部分的规定,并且没有采纳《模范刑法典》中对试图行为部分的规定,即说明本州刑法要求教唆的成立需要达到一定形式的交流,所以本案这种教唆信息未能送达被教唆人的情况不构成犯罪。

俄勒冈州上诉法院在 *State v. Lee* 案②中也得出了相似结论。服刑中的被告人向在管教中心工作的朋友写信,计划抢劫一家商店和一所住宅。但该信被管教中心截获,被告人被认定教唆抢劫。被告人提出上诉,理由

---

① *State v. Cotton*, 109 N.M. 769, 790 P.2d 1050(1990).
② *State v. Lee*, 105 Or. App. 329, 804 P.2d 1208(1991).

也是因被教唆人没有收到该信。法庭了援引 State v. Cotton 案的观点,认为刑法规定部分参考了《模范刑法典》,同时也注意到了本州刑法也将《模范刑法典》中关于试图行为部分的规定省略了。由此,法庭认为本州刑法要求认定教唆成立需要完整的教唆信息的交流。

应诉方也认同对教唆信息未能成功送达的情况,本州刑法并没有明确规定,其他州对于该种情况的处理也不相同。在 People v. Lubow 案①中,纽约州的法院认为,该州法律将教唆未达的情况认定为教唆,其理由是纽约州法律规定关于教唆成立包括了"试图令他人实施犯罪"等兜底条款,由此,教唆的兜底条款包括了教唆未达的情况。所以,纽约州法庭作出了成立教唆的判决,这和 State v. Cotton 案中的法庭观点,即适用严格的语义解释不同,而是采用了相对灵活的解释方法。

那么《加利福尼亚州刑法典》§653f 条款是否认为教唆未达的情况构成教唆呢？加利福尼亚州上诉法院认为,于 1929 年生效的《加利福尼亚州刑法典》§653f 条款,其渊源并非是《模范刑法典》。② 因此,法庭最终否决了 State v. Cotton 案和 State v. Lee 案的观点,即不认同新墨西哥州和俄勒冈州对于教唆成立要求信息到达被教唆人的规定。同时,由于《模范刑法典》是纽约州关于教唆规定的来源,因此 People v. Lubow 案的观点对本案也没有指导意义。本州刑法中关于"使用其他方法"的规定与《模范刑法典》§5.02(2)类似,而《加利福尼亚州刑法典》§653f 条款并非源于《模范刑法典》,其中也并未包括关于"试图"行为的规定。州上诉法院同样也没有找到能够对本案是否可以适用《加利福尼亚州刑法典》§653f 条款有指导意义的先例。

经过对本案的法律解释问题的再次审查和参考 Mamika v. Barca 案③,州上诉法院第五巡回法庭认为,立法的目的是"让法律得到有效实施"。《加利福尼亚州刑法典》§653f(b)规定:"以犯罪为目的,教唆他人

---

① *People v. Lubow*, 29 N.Y.2d 58, 323 N.Y.S.2d 829, 272 N.E.2d 331(1971).

② See American Law Institute, *Model Penal Code and Commentaries*, Comment 2 to §5.02, p. 367 & fn. 11 (1985).

③ *Mamika v. Barca*, 68 Cal. App. 4th 487, 491, 80 Cal. Rptr. 2d 175(1998).

实施或参与犯罪的,应当承担刑事责任。"对该条款进行平义解释①可以得出:"教唆他人"表明了法律对教唆信息送达的要求。上诉人虽然有意图唆使程秀超等人杀掉卡桑德拉腹中胎儿的行为,然而被教唆人没有收到该教唆信息,因此上诉人的行为不构成教唆。

但公诉方认为教唆的危害性在于诱使,并指出当行为人具备了教唆的意图并且发出了教唆信息时,教唆就已经成立。从公诉方的角度看,教唆包括了两个要件:犯罪请求和犯罪意图。据此,上诉人写信的行为符合前一要件,将该信寄出又符合后一要件,因此上诉人构成教唆。

州上诉法院第五巡回法庭并不认同信息未送达符合"犯罪请求"要件。《加利福尼亚州刑法典》§653f指明了教唆需要两人以上才能成立,也即存在一个教唆者和一个被教唆者。所以法庭认同上诉人的教唆需要完成送达教唆意图的观点。关于公诉方指出的劳伦斯收到了该信,所以信息已经送达的观点,法庭认为劳伦斯并非萨藩意图教唆的对象,所以信息并未送达。由于未送达的教唆信息并不必然引起他人犯罪,所以信息未达的情况不符合《加利福尼亚州刑法典》§653f条款意图规制的情形。② 只有当教唆信息已送达时,才产生并且提升了他人犯罪的可能,此时将该情况犯罪化有助于更好地防止教唆犯罪的发生。在信息未送达的情况下,不可认定教唆成立。所以,《加利福尼亚州刑法典》§653f(b)条款不能对萨藩适用。

关于企图教唆部分,萨藩提出了另外的主张,认为自己没有触犯任何刑事法律。理由是《加利福尼亚州刑法典》§653f条款和其他含有关于试图行为的刑事条款不同,《加利福尼亚州刑法典》§653f没有对试图行为进行规定就证明了本州对试图教唆的行为不处罚。

法庭通过援引《加利福尼亚州刑法典》§664否决了上诉人的观点,该条规定,试图犯罪但未得逞的,且没有法律规定惩罚该行为的,应认定为未遂犯罪。萨藩虽不构成教唆罪但构成了未遂犯罪,因为教唆行为本

---

① See *Kobzoff v. Los Angeles County Harbor/UCLA Medical Center*, 19 Cal. 4th 851, 860-861, 80 Cal. Rptr. 2d 803, 968 P.2d 514(1998); *Fall River Wild Trout Foundation v. County of Shasta*, 70 Cal. App. 4th 482, 490, 82 Cal. Rptr. 2d 705(1999).

② See *Benson v. Superior Court*, 57 Cal. 2d 240, 243, 18 Cal. Rptr. 516, 368 P.2d 116 (1962); *People v. Burt*, 45 Cal. 2d 311, 314, 288 P.2d 503, 51 A.L.R.2d 948(1955).

身就是一种犯罪,虽然法律不处罚试图教唆的行为,但由于教唆信息未能送达,导致教唆犯罪没有构成,这就符合法律关于未遂犯罪的规定,因此试图教唆杀人的行为,在加利福尼亚州构成犯罪。

萨潘认为教唆信息没有送达的情形不是犯罪,因为教唆行为的本质就是试图进行犯罪或共谋。他将未遂犯罪和暴力威胁的关系与未遂犯罪和教唆犯罪的关系进行对比,指出行凶未遂并不是犯罪,这在 In re James M.案①中有所体现。在该案中,加利福尼亚州最高法院认为加利福尼亚州刑法对暴力威胁未遂的情况不予处罚。在普通法范围内,暴力威胁被认为是殴打的未遂形态,法庭认为暴力威胁未遂概念的存在是有其正当性的。② 然而,法庭认为该情形无罪的原因在于:暴力威胁行为在加利福尼亚州被确定为是犯罪时,暴力威胁未遂的情况并没有被立法确定下来。③ 未遂的概念被从最开始的立法中省略了。并且在§240及其前身的条款生效时,§664及其前身的条款均未生效。法庭发现了一个明确的立法意图,即不对殴打未遂的情况进行处罚。④ 另外,法庭否决了《加利福尼亚州刑法典》§664对暴力威胁未遂的情况进行处罚的观点。因为立法的意图是不对殴打未遂的情况处罚,该法的效力高于§664中对一般未遂情况的相关规定。⑤ In re James M.案不能作为依据来证明该项事实,即法律条文对未遂部分的省略就表明了立法意图在于否认对未遂行为进行处罚,如此就意味着立法意图的效力要高于《加利福尼亚州刑法典》§664的效力。也就意味着《加利福尼亚州刑法典》§664没有存在必要了。

州上诉法院第五巡回法庭认为并非所有教唆都是企图共谋的行为。比方说,当教唆信息到达被教唆者时,教唆犯罪就已经成立。根据 People v. Cook 案⑥的观点,教唆的成立,不以犯罪是否得逞或未能实施作为必要条件。与暴力威胁不同,殴打未遂的情形是有明确的法律规定的,而《加利福尼亚州刑法典》§653f 未对教唆的未遂情形予以规定。与 In re

---

① In re James M., 9 Cal. 3d 517, 108 Cal. Rptr. 89, 510 P.2d 33(1973).
② See In re James M., 9 Cal. 3d 517, 521, 108 Cal. Rptr. 89, 510 P.2d 33(1973).
③ See In re James M., 9 Cal. 3d 517, 522, 108 Cal. Rptr. 89, 510 P.2d 33(1973).
④ See In re James M., 9 Cal. 3d 517, 522, 108 Cal. Rptr. 89, 510 P.2d 33(1973).
⑤ See In re James M., 9 Cal. 3d 517, 522, 108 Cal. Rptr. 89, 510 P.2d 33(1973).
⑥ People v. Cook, 151 Cal. App. 3d 1142, 1145, 199 Cal. Rptr. 269(1984).

James M.案中关于暴力威胁的历史解释不同，《加利福尼亚州刑法典》§653f 是在§664 生效后颁布的。在颁布《加利福尼亚州刑法典》§653f 时，立法者自然知晓将犯罪的未遂形态进行处罚的§664。州上诉法院认为，《加利福尼亚州刑法典》§653f 对§664 中部分规定的省略，并没有将教唆的未遂形态排除出处罚范围。根据对《加利福尼亚州刑法典》§653f 和§664 的平义解释，企图教唆谋杀的行为构成犯罪。

最终，州上诉法院第五巡回法庭撤销了对萨藩谋杀罪教唆的判决，将案件发回重审，并附带了要求按照谋杀罪教唆未遂审理的陪审团指示。

【案例评述】

法庭对于教唆未遂的关注与未遂犯的思考路径出奇得一致：第一，被告人的行为在何时到达构成未遂的充足性要求？第二，被告人的哪个行为属于应当开始评价的对象？第三，在《模范刑法典》的分步考察中，教唆未遂的（体系性）地位如何？第四，如果说对未遂犯的审查是不精确的，教唆未遂则面临更加不准确的批判。

因此，对萨藩案的考察不妨从未遂入手：美国学界就未遂的论争存在"主观主义"和"客观主义"的立场。主观主义者认为，未遂行为往往是"无害的"，因此未遂犯的处罚根据一定来源于心理要素。① 因此，未遂犯是"思想罪犯"，面临自由社会为什么会处罚未遂的诘问，而主观主义者如何区分未遂与其他未纳入刑法范畴的思想也成为一个难题。客观主义者认为，由于处罚根据定位在主观要素将导致范围过广，未遂犯正当的根据应当是行为。② 然而，主观主义者和客观主义者均开始认真考察包含心理要素和行为要素的总和的观点，"未遂是一种努力/尝试（to try）"。未遂具有了独立的可罚性意义，相对于法律所规定的犯罪典型状态，应当运用"转换原则"（transfer principle）完成：恰如刑法传达出"不要进行犯罪"的信号，未遂则是刑法传达出"不要进行犯罪的尝试"或者"连犯罪的尝试都不要进行"。可见，"努力/尝试"的观点是一种简单的家长主义道

---

① See Andrew Ashworth, "Criminal Attempts and the Role of Resulting Harm under the Code, and in the Common Law", *Rutgers Law Journal*, Vol. 19, Issue 3, 1988, p. 725.

② See Peter K. Westen, "Impossibility Attempts: A Speculative Thesis", *Ohio State Journal of Criminal Law*, Vol. 5, Issue 2, 2008, p. 523.

德哲学,从而为未遂的犯罪化提供了标准设定的指导:这一尝试引发了普遍意义上的对规范禁止行为的提示。《模范刑法典》为未遂设计了较为准确的实质性指导步骤:(1)主观层面为故意,其中犯罪计划(plans)起到了重要的作用,能够扩展可罚性的边界。(2)基于故意的承诺与答责(responsibility),前者是指犯罪行为对于行为人而言是合理的,即能够从他的自由意志中衍生出来;后者是指行为人具有刑事法(规范)上的可谴责性。(3)客观层面为努力/尝试,《模范刑法典》采取了较为合理的狭义的努力/尝试,即只有行为人以故意的承诺表达促成所努力/尝试的犯罪行为的情况,为了防止认定时标准过于严苛,《模范刑法典》扩充努力/尝试到了"做了少量准备"的阶段。①

回归到教唆未遂的问题上,理论上将其界定为"通过要求/唆使/寻求进行的努力/尝试"(trying by asking)。② 作为参加者的教唆犯的主观方面要求"简单的明知"即可③,客观方面体现为参加者对正犯实际上存在(因果上的)影响。④ 然而,这种典型的教唆状态并不能作为未遂的认定参照,基于转换原则,主观层面仍然维持简单的明知,应当扩充到对该明知的认可、承诺和答责;客观层面为狭义的努力/尝试概念,行为人应当基于自身的认可、承诺对犯罪活动做出实质性的促进,并且至少已经进入了准备阶段。就本案而言,萨藩所教唆的罪行并没有进入准备阶段,而是他的教唆行为已经进入了准备阶段。但是我们仍然不可以就此否决萨藩的罪行:教唆未遂的考察还需要回归到参加者原理。

第一,教唆犯是"看不见的罪犯"⑤,要求完全符合被教唆者的心理要件完全不可能。学者认为,当今社会的刑事风险已经不再是肉眼可见的了,大部分罪犯是无法看见的,他们一方面通过邮件、信件、信息等技术手

---

① See Gideon Yaffe, "Criminal Attempts", *The Yale Law Journal*, Vol. 124, Issue 1, 2014, p. 92.
② See Sherif Girgis, "The Mens Rea of Accomplice Liability: Supporting Intentions", *The Yale Law Journal*, Vol. 123, Issue 2, 2013, pp. 462-463.
③ See Baruch Weiss, "What Were They Thinking?: The Mental States of the Aider and Abettor and the Causer under Federal Law", *Fordham Law Review*, Vol. 70, Issue 4, 2002, pp. 1351-1352.
④ See Sanford H. Kadish, "Complicity, Cause and Blame: A Study in the Interpretation of Doctrine", *California Law Review*, Vol. 73, Issue 2, 1985, p. 359.
⑤ Pamela Davies, Peter Francis, Tanya Wyatt, *Invisible Crimes and Social Harms*, Palgrave Macmillan, 2014, p. 3.

段令人产生与遭受暴力相同的感受①,另一方面借助组织、帮派、团伙进行异于单人危险性的犯罪活动,即便外观上看起来是一个人。② 因此,参加者借助"看不见"的特征致使理论不断找寻确定的边界,外观上表现为"参加者的扩张"。早在20世纪70年代,英国分别以多个案例扩充了边界③:(1)参加者的心理要素可以是轻率(reckless),有判例指出监管人坐在醉酒驾驶的新手旁边,虽然没有故意地促进犯罪的发生,但这种轻率导致监管人面临没有履行职责的诘难。(2)导致犯罪人陷入容易犯罪的状态,也可能构成犯罪的共犯。有判例指出,行为人明知其好友要驾车回家,仍然劝其好友喝酒,是否构成醉酒驾驶之共犯,是存在争议的。(3)被告人的角色(社会共同体中的地位)可能导致自身成为参加者,判例中,丈夫"同意"他人与自己妻子发生性行为,且以为妻子会"同意",他人与妻子发生性行为后丈夫是否应当以参加者论处? 在规则(3)之下,教唆犯被认为不必满足犯罪的心理要件,但是随着网络等成为参与犯罪的工具,英国仍然要求教唆犯满足最低限度的心理要件,事实的查明权归属于法院还是负责监管的行政机关仍存在疑问。④

第二,教唆犯也是"看得见的罪犯",即便难寻踪迹也应当尽可能确定教唆犯如何对犯罪人施加影响。⑤ 之所以引起刑罚,是因为教唆者实施了道德上予以禁止的行为,而此时应当坚持自由意志论而非(环境)决定论,因此行为的道德性成为判断是否违法的法理根基。⑥ 当教唆者的某种客观品格促使犯罪人做出道德上可谴责的行为时,教唆者本身应当承担不利的道德责任,因此除了直接引起犯意的行为,组织关系、文化影响等也会成为教唆犯的认定要素,例如帮派的证据在法官裁决中起到不

---

① See Jaclyn Seelagy, "Virtual Violence", *UCLA Law Review*, Vol. 64, 2016, p.414.
② See Lauren M. Ouziel, "Legitimacy and the Federal Criminal Enforcement Power", *The Yale Law Journal*, Vol. 123, Issue 7, 2014, p. 2278.
③ See Williams Glanville, "The Extension of Complicity", *The Cambridge Law Journal*, Vol. 34, 1975, pp. 182-185.
④ See John Morison, "Citizen Participation: A Critical Look at the Democratic Adequacy of Government Consultations", *Oxford Journal of Legal Studies*, Vol. 37, Issue 3, 2017, p. 645.
⑤ See Greasley Kate, "R(Purdy) v. DPP and the Case for Wilful Blindness", *Oxford Journal of Legal Studies*, Vol. 30, 2010, p. 301.
⑥ See Todd Haugh, "The Ethics of Intracorporate Behavioral Ethics", at http://www.californialawreview.org/the-ethics-of-intracorporate-behavioral-ethics/, visited: Sep. 1, 2019.

利影响,并且(相较于其他不利证据)实质上存在偏颇。① 在美国的案例中,帮派或者组织中的地位不构成教唆犯认定的普遍规则,因为某帮派或者组织的发起者可能掌控较小的话语权,是故"影响力"才是教唆犯认定的主要依据,典型例子是 United States v. Calabrese 案②。另外,如果是洗钱等事后的犯罪效果达成的积极影响,不能成为教唆犯的认定依据,这方面可参考 United States v. Santos 案③。

主观层面,未遂要求故意,教唆不一定为犯罪成立的心理要件,也即并非一定是故意;客观层面,未遂要求努力/尝试,教唆则为施加事前的影响,两者的最远边界应当是努力/尝试施加事前的影响。当然,犯罪阶段的考量也是应当的,由于未遂要达到"十分接近既遂"的程度④,因此至少要进入准备阶段。

回归到本案,萨藩写信并寄信的行为属于故意,远超出了心理要件的要求,这也是案件引起争议的原因;但是,萨藩直接施加影响力的信件送达为偶然的因素所阻断,这一影响力没有被施加,也没有充分的证据表明萨藩与程秀超之间存在"心有灵犀"的可能性,客观上难以成立教唆与未遂;犯罪阶段上,信件没有送达表明萨藩教唆的准备阶段宣告流产,无法按照既定的因果路线直到未遂的准备阶段。萨藩显然不应当以堕胎罪、故意伤害罪的教唆未遂被起诉。

---

① See Michell Eisen, Brenna Dotson, Gregory Dohi, "Probative or Prejudicial: Can Gang Evidence Trump Reasonable Doubt?", *UCLA Law Review Discourse*, Vol. 62, 2014, p.4.
② *United States v. Calabrese*, 490 F.3d 575 (7th Cir. 2007).
③ *United States v. Santos*, 128 S. Ct. 2020 (2008).
④ See Christopher M. V. Clarkson, "Attempt: The Conduct Requirement", *Oxford Journal of Legal Studies*, Vol. 29, Issue 1, 2009, pp. 25-41.

第二节　区分教唆与未遂

案例：南达科他州诉迪桑托案*
(*State v. Disanto*)

蔡　腾** 　江海洋***

【关键词】

雇凶杀人；教唆；未遂

【争议焦点】

被教唆人没有接受教唆的，是教唆还是未遂？

【诉讼进程】

被告人罗科·威廉·"比利"·迪桑托(Rocco William "Billy" Disanto)经人介绍雇了一名杀手(但迪桑托不知其实际是警察)，试图杀死前女友。被告人因三项谋杀未遂罪和一项暴力威胁罪[在街上对琳达·奥尔森(Linda Olsen)的威胁]被逮捕。庭审中控方准备提交有关被告人之前在首金酒店被逮捕和相应辩诉交易的证据，尽管辩方提出异议，法庭仍接受了该部分证据。初审的南达科他州第四司法巡回区法院劳伦斯郡(Lawrence)法庭最终认定对被告人的全部指控成立。被告人被判在南达科他州监禁30年以及监狱服刑365天，并将其未服刑的2年监禁一同执行。

迪桑托之后提起上诉，南达科他州最高法院推翻原判，认定迪桑托无罪。

---

* *State v. Disanto*, 688 N.W.2d 201 (S. D. 2004).
** 北京大学法学院硕士研究生，负责案例评述前部分。
*** 北京大学法学院博士研究生，负责案例评述部分。

【案件事实】

迪桑托与被害人奥尔森交往两年并且有婚约,但是双方于2002年1月分手。奥尔森很快就有了新的恋情,在与丹尼·艾格摩(Denny Egomo)交往一个月后两人开始同居。沉浸在失恋痛苦中的被告人开始向两人打电话进行死亡威胁。被告人也向另外几个人表达了要杀掉自己前女友及其现男友的意思。另外,被告人还起诉了奥尔森,声称是她拿走了被告人的15 000美元。

2002年2月17日,被告人在一家酒店消费时,跟一位女士表露了自己要杀害前女友及其现任男友后再自杀的意图。被告人为了证明自己一定会实现目的,还抓着该女士的手让她摸到了自己衣服里的手枪。这位女士跟酒店的保安说了这事,保安随即通知了警察。之后被告人被逮捕,警方在其身上搜出一把已经上了膛的0.25口径手枪。

被告人在答辩中承认自己非法持有枪支以及违反了保释规定。最终,被告人因违反保释条例,被判在南达科他州监狱入狱2年,缓期9个月;因非法持有枪支,被判处入狱1年,并缓期5天。

在狱中服刑的被告人认识了史蒂芬·雷德思(Stephen Rynders),也跟他讲了自己要杀掉奥尔森和其男友的计划。雷德思将此事向执法部门报告后,针对被告人的调查活动随即展开。2002年6月,被告人刑满释放。雷德思在执法机构的指挥下与被告人接触,在说到被告人的杀人计划时,雷德思示意被告人可以找他在丹佛(Denver)认识的一个杀手。

2002年6月11日傍晚,雷德思和扮成杀手的警察与被告人见了两次面,他们谈论的内容也被偷录下来。被告人给"杀手"看了几张奥尔森的照片并留给他一张,并带着"杀手"看了奥尔森的车和住处。在奥尔森从家里外出时,被告人还进行了确认。在这个过程中被告人还和奥尔森在街上遇见了,奥尔森说:"你是来杀我的吗?"被告人答道:"杀掉你就像杀掉一条狗那么简单。"

在第二次见面之后不久,被告人向"杀手"说:"我要他们俩死,为防止出现意外,朝每人头上开两枪。要是奥尔森的孩子也在的话,一起杀了,别留活口,最好把现场制造成抢劫的样子。"因为被告人没钱支付佣金,他提议拿被害人屋子里的珠宝抵一部分,还告诉"杀手",奥尔森的男朋友那里有很多现金。另外,还准备给他一些即将到手的冰毒作为回报。凌晨 3 点,被告人告知"杀手"开始实施计划。"杀手"认为被告人此时已经下定了决心。但没过 3 个小时,被告人就后悔了,并且制造各种理由让"杀手"停止,比方说,被害人已经报警了,附近都是警察。

【控辩观点】

控方:

迪桑托在最后向"杀手"下达命令的时候,就已经构成了杀人未遂。如果迪桑托已经实施了超越预备阶段的实行行为,那么之后放弃犯罪并不能令其免责。换句话说,如果迪桑托只是拖延一下犯罪,就代表没有放弃犯罪意图。

辩方:

第一,迪桑托提出,因为检察官没有提出足够的证据证明三项谋杀未遂的指控,所以拒绝他的无罪请求是错误的观点。

第二,迪桑托称其让雷德思停止杀人的时候已经放弃了杀人意图。

第三,迪桑托辩称,有证据证明他在 2002 年 6 月的行为仅仅是预备而已,并将警方在 2002 年 6 月 11 日未将其羁押一事作为印证。除此之外,他还称他打电话表达了让雷德思停止计划的意图,只不过为了不让"杀手"白准备一回而没叫停而已。

【法庭观点】

迪桑托提出,因为检察官没有提出足够的证据证明三项谋杀未遂的指控,所以拒绝他的无罪请求是错误的观点。对此,南达科他州最高法院参考 United States v. Staula 案[1]认为由于否决无罪动议会引起相关的法律问题,对本案应当进行全面的审查。根据《南达科他州法典》(S.D.C.L.) § 23A-23-1[Rule 29(a)]、State v. Guthrie 案和一些学术观点及引用的判例[2],应当重新审查本案的相关证据是否满足了指控成立的标准。就

---

[1] United States v. Staula, 80 F.3d 596, 604 (1st Cir. 1996).
[2] See State v. Guthrie, 2001 SD 61, P47, 627 N.W.2d 401, 420-21; see also, Steven Alan Childress & Martha S. Davis, Federal Standards of Review § 9.10 (3rd ed. 1999), citing United States v. Scott, 437 U.S. 82, 100, 57 L. Ed. 2d 65, 98 S. Ct. 2187 n.13 (1978).

证据审查而言,根据 *Jackson v. Virginia* 案①,本庭采用"排除合理怀疑"的标准。

根据《南达科他州法典》§22-4-1 和三个案例②,该条要求认定犯罪未遂需要满足以下条件:(1)行为人具有明确的犯罪故意;(2)行为人实施了该犯罪的实行行为;(3)犯罪未能得逞。对于第一个条件,现有证据足以证实被告人有杀害他人的故意,如证人,也就是假扮成杀手的警察所言:"他已经准备好去杀掉三个人了。"被告人对法庭对陪审团的指示没有异议,该指示的一部分认为:仅有类似规划等准备行为的,不能认定为未遂犯罪。在以下情况下才可以认定为未遂:行为人的行为已经有了开始实施其目的犯罪计划的表象,除非有意外被迫停止,否则该犯罪将得逞。行为人实施了实行行为的,不因主动放弃犯罪而免除刑罚。另外,行为人还未实施任何实行行为时主动放弃的,不能认定为未遂。

迪桑托称其让雷德思停止杀人的时候已经放弃了杀人意图。控方称迪桑托在最后向"杀手"下达命令的时候,就已经构成了杀人未遂。如果被告人已经实施了超越预备阶段的实行行为,那么被告人之后放弃犯罪并不能令其免责。换句话说,如果被告人只是拖延一下犯罪,就代表没有放弃犯罪意图。

就放弃犯罪意图这部分,通常是由陪审团来判断的。一旦行为人实施了实行行为,在此之后行为人是否放弃犯罪就已经不重要了。正如加利福尼亚州最高法院的莫斯克法官(Mosk J.)认为的,认定行为人是否放弃犯罪故意基本是不可能的。但要是在扳机已经扣动、财物已经取得时才可以被认定为未遂的话,那么未遂条款就没有存在的必要了。对于行为人认为的犯罪危险性还未显现的时候,是不能认定未遂的。而当行为已经显现出明显的危险性,正常情况下,该犯罪即将完成时,这就是未遂了。

最大的疑问在于,被告人是否已经开始实施会导致被害人死亡的行

---

① *Jackson v. Virginia*, 443 U.S. 307, 319, 99 S.Ct. 2781, 2789, 61 L.Ed.2d. 560 (1979).
② *State v. Olson*, 408 N.W.2d 748, 754 (S.D. 1987); *State v. Martinez*, 88 S.D. 369, 371-72, 220 N.W.2d 530, 531 (1974); *State v. Judge*, 81 S.D. 128, 131, 131 N.W.2d 573, 574 (1964).

为。而根据 State v. Martinez 案①，预备和未遂的区别在于行为人的行为已经清楚表明行为人意图的犯罪已经开始实施。因此，实施行为建立在一些有具体表现的行为上。因此，根据 People v. Miller 案②，"行为"一词表明行为人开始实施了犯罪计划，这超过了犯罪准备的范畴。从 State v. Hanson 案③来看，行为必须已经明确表现出了某犯罪即将完成，但是根据 State v. Miskimins 案④，行为并非一定要到犯罪完成的最后一步才能被认定。

不同的州对雇凶杀人案件的态度有所不同，主要区别在于案件属于教唆杀人还是杀人。⑤ 大多数情况下，仅教唆不能认定为企图犯罪，对那些规定了企图犯罪适用于任何类型犯罪，但只将部分犯罪规定了教唆情况的州来说，这种情况更加常见。⑥ 正如有观点认为，有些州认为教唆能够以企图犯罪被起诉，其原因要么是由于没有先例能够帮助区分，要么就是因为法律的直接规定，其实仔细分析的话，两者区别还是很大的。⑦

通过查阅相关先例，州最高法院发现 State v. Davis 案最为典型，被告人和被害人的妻子为在一起以及为了获得被害人的保险金而密谋杀人。便衣警察与被告人多次见面，知晓了被害人经常出入的地点以及被害人的照片。被告人希望让这次谋杀看起来是个抢劫。但因为被教唆者是便衣警察，谋杀没有完成，所以法庭认为被告人是教唆杀人或预备杀人。另一案是 People v. Adami 案⑧，在该案中被害人用 500 美元雇用一个"杀手"去杀掉他的妻子，法院推翻原来的判决，理由是该杀手是便衣警察，其只

---

① *State v. Martinez*, 88 S.D. 369, 372, 220 N.W.2d 530, 531 (1974), citing *People v. Miller*, 42 P. 2d 308, 310 (Cal. 1935).

② *People v. Miller*, 42 P.2d 308, 310 (Cal. 1935) (citations omitted).

③ *State v. Hanson*, 456 N.W.2d 135, 139 (S.D. 1990); *State v. Martinez*, 88 S.D. 369, 372, 220 N.W.2d 530, 531 (1974); *State v. Judge*, 81 S.D. 128, 131 N.W.2d 573 (1964).

④ *State v. Miskimins*, 435 N.W. 2d 217, 222-223 (S.D. 1989).

⑤ See generally Jeffrey F. Ghent, Annotation, *What Constitutes Attempted Murder*, 54 American Law Reports, 3d 612 (1973).

⑥ Charles E. Torcia, *Wharton's Criminal Law* (15th ed.), Clark Boardman Callaghan, 1996, § 672.

⑦ See Francis Bowes Sayre, "Criminal Attempts", *Harvard Law Review*, Vol. 41, 1928, pp. 857-858.

⑧ *People v. Adami*, 36 Cal. App. 3d 452, 111 Cal.Rptr. 544 (Cal. Ct. App. 1973).

是假装同意并没有实施其他行为。在 State v. Otto 案①中,被告人雇"杀手"去杀害另一名警察,由于教唆人和"杀手"(便衣警察)均没有实施行为时,不能被认定为未遂。

实践中有少部分认定教唆杀人的行为构成杀人未遂的案例。分析其理由对本案也有裨益。在浏览案例之前,必须要了解《模范刑法典》对未遂犯罪的规定。对一些雇凶杀人的案件来说,多数州会选择适用《模范刑法典》对于未遂犯罪的规定。这是由于《模范刑法典》将原先被认为是准备的行为规定为未遂。这样的规定令未遂行为的界限更加明晰,即行为人是否实施了实行行为。

State v. Kilgus 案②是适用了《模范刑法典》规定的典型案例,该案中被告人因教唆杀人被认定未遂,判决理由是被告人已经付了佣金,带领杀手识别被害人并指令杀手把尸体转移到其他州。新罕布什尔州最高法院认为,被告人的这些行为已经超出了教唆所能涵摄的范围而进入了到了更加具有危险性的实行行为当中。在 State v. Burd 案③中,被告人因具有以下行为而被认定为未遂:提供购买枪支的资金,预付部分佣金,制作被害人(被告人男友的妻子和孩子)居处的地图,设计枪击的过程。还有在 State v. Molasky 案④中,法院认为仅与杀手进行交流是不够的,必须有超过了犯罪准备的行为,只有在具体行为提升了犯罪发生的可能性时,才能认定未遂。法庭认为,如果说已经支付佣金,提供被害人的照片、住址、生活规律等信息,就能够证明被告人已经有明确的杀人意图,此种情况应当被认定为未遂。

同时,还有一部分没有依据《模范刑法典》的规定而直接将教唆杀人的行为认定为未遂的案例。比如 Braham v. State 案⑤,被告人指示杀手去医院探视被害人,计划建立信任后实施杀人的行为构成未遂。阿拉斯加州最高法院认为,行为是犯罪预备或未遂是一个建立在个案具体情况之

---

① *State v. Otto*, 102 Idaho 250, 629 P.2d 646 (Idaho 1981).
② *State v. Kilgus*, 128 N.H. 577, 519 A.2d 231 (N.H. 1986).
③ *State v. Burd*, 187 W. Va. 415, 419 S.E.2d 676 (W.Va. 1991).
④ *State v. Molasky*, 765 S.W.2d 597 (Mo. 1989).
⑤ *Braham v. State*, 571 P.2d 631 (Alaska 1977), cert. denied, 436 U.S. 910, 98 S. Ct. 2246, 56 L. Ed. 2d 410 (1978).

上的程度问题。还有 *Duke v. State* 案①，被告人教唆其雇员在一次打猎活动中杀掉其合作伙伴，但失败了。被告人另雇了其他杀手，但该杀手是美国联邦调查局(FBI)的工作人员伪装的。法院认为被告人是未遂，因为其行为逾越了单纯的犯罪预备。*State v. Mandel* 案②中，女被告人找了两个人去杀其丈夫，也已经预交了部分佣金，告知了被害人的家庭住址，指示了汽车以及抛尸的地点。法庭认为，被告人构成未遂，因为她做了杀害其丈夫的所有准备，如果不是因为这两个人欺骗了行为人，被害人一定会被杀死。在 *State v. Gay* 案③中，女被告人找了一个杀手去杀掉其丈夫，并提供了被害人的照片，告知了居住地点，然而该杀手是骗子。法庭认为，处于请求或怂恿他人犯罪的范畴内的这种教唆行为不是未遂，而雇凶的行为已经是实施其犯罪预谋的行为。

准备行为和犯罪行为的判断是极其主观的，因为在既遂之前，所有的行为在本质上都是准备行为。有法庭认为，准备行为和犯罪行为仅体现一系列行为的不同程度而已，因此两者的区别非常模糊。

最后，州最高法院认为，不能将教唆归类为未遂，理由是：如果这样操作，将违背立法将两者进行分别规定的本意。本案被告人实施了为达到其目的的不道德而且邪恶的行为，但关键是该行为是否从犯罪预备的范畴发展到了犯罪行为的范畴。为犯罪做准备的行为不能被认定为未遂。当然法律也对一些形式的教唆进行处罚。本案要确定被告人的行为是预备行为还是实行行为。仅教唆行为本身并不能构成未遂，将两者混为一谈将不利于刑法理论的发展。虽然二者之间有不明显的区别，但法律仍是法律。在南达科他州，被告人不构成教唆。

最终州最高法院判决被告人无罪。

值得注意的是，吉尔伯逊大法官(Gilbertson J.)和欣特法官(Zinter J.)表示反对，并给出了理由。

吉尔伯逊法官认为，从几个判例来看，本案的关键在于被告人是否实

---

① *Duke v. State*, 340 So. 2d 727 (Miss. 1976).
② *State v. Mandel*, 78 Ariz. 226, 278 P.2d 413 (Ariz. 1954).
③ *State v. Gay*, 4 Wn. App. 834, 486 P.2d 341 (Wash. Ct. App. 1971).

施了实行行为。① 在 State v. Miskimins 案中,法庭就认为犯罪预备与未遂的区分点并非一定是达到犯罪目的前的最后一步。从 State v. Martinez 案②来看,法律规定的是可以导致犯罪既遂的"所有行为"。只要行为人确定实施了为了实现犯罪的行为就是未遂。从陪审团的角度看,案件情况能够让他们感到犯罪即将完成就可以了。

本院认为制定犯罪计划,准备相应工具的是预备,而在预备之后具体实施犯罪的是未遂。③ 在他人看来,行为人的犯罪目的已经很明显时就是未遂。④ 所以必须审查证据,看被告人是否实施了相应行为。法院必须在经过审查证据后仍得出相同结论才可以维持判决。⑤

被告人和"杀手"确定佣金方案和下达杀人命令的行为已经达到了企图阶段,已经不能再被评价为像提供照片、指示地点等准备行为了。被告人的行为已经明显超过了教唆能够涵摄的范围。现有证据已经足够证明上诉人已经完成了准备杀人的所有要求,只是由于"杀手"是卧底而没有实现罢了。被告人在当时除非有意外被制止,否则被害人都将被杀害。⑥

迪桑托辩称,有证据证明他在 2002 年 6 月的行为仅仅是预备而已,并将警方在 2002 年 6 月 11 日未将其羁押一事作为印证。除此之外,迪桑托称他打电话表达了让雷德思停止计划的意图,只不过为了不让"杀手"白准备一回而没叫停而已。

关于迪桑托打电话这部分内容,可以得出两个推论:第一,他想从杀

---

① See *State v. Olson*, 408 N.W.2d 748, 754 (S.D. 1987); *State v. Martinez*, 88 S.D. 369, 372, 220 N.W.2d 530, 531 (1974); *State v. Judge*, 81 S.D. 128, 133, 131 N.W.2d 573, 575-76 (1964).

② *State v. Martinez*, 88 S.D. 369, 220 N.W.2d 530 (1974).

③ See *State v. Judge*, 81 S.D. 128, 133, 131 N.W.2d 573, 575 (1964), quoting *State v. Wood*, 19 S.D. 260, 261, 103 NW 25, 26 (1905).

④ See *People v. Dillon*, 34 Cal. 3d 441, 194 Cal. Rptr. 390, 668 P.2d 697, 702 (Cal. 1983) (citations omitted).

⑤ See *State v. Augustine*, 2000 S.D. 93, P26, 614 N.W.2d 796, 800, quoting *State v. Davi*, 504 N.W.2d 844, 856 (S.D. 1993) (citations omitted).

⑥ *State v. Miskimins*, 435 N.W.2d 217, 223 (S.D. 1989), citing *State v. Martinez*, 88 S.D. 369, 372, 220 NW2d 530, 531 (1974), quoting *State v. Judge*, 81 S.D. 128, 133, 131 N.W.2d 573, 575 (1964).

人活动中脱离出来,避免承担责任;第二,也就是检察官指控的,他只是推迟了杀人计划。从其他州的相似案件①来看,当行为人向杀手提供了枪支,进行了踩点活动后,即使最后停止犯罪,也因其行为的性质被认定共谋。

本案的决定和先例对《南达科他州法典》§22-4-1的解释是有冲突的。对准备行为何时结束以及何时才是实行行为起始的认定很困难,法官能做的只能是怀着理性和经验分析不同案件,而不能提出统一的认定标准。从 State v. Pepka 案②来看,对《南达科他州法典》§22-1-1是没有办法进行严格解释的,而应该使用目的解释方法。根据 People v. Dillon 案③,如果企图犯罪规定只能在实现犯罪的最后一步时才可以适用,那么该规定就失去作用了。

欣特法官在研究了谋杀的教唆犯罪和企图犯罪后,认为在《南达科他州法典》§22-4-1的规定中,迪桑托并不能被认定为企图犯罪。但也不能赞同法庭判断迪桑托没有实行行为的理由。他认为,从现有证据看,即使不考虑被告人的教唆行为,根据 State v. Martinez 案④的经验,他的其他行为已经造成了极可能导致被害人死亡的结果。

欣特法官尊重陪审团的决定。在将证明被告人实施了计划,教唆和下达杀人命令等行为的证据全面分析后,结论无疑是企图犯罪了。不同案件的行为性质认定不同,是因为在不同的案件中,被害人遭受到的生命危险不同。行为人提供照片、指明车辆、确认住处和被害人本人,这些行为均已不是教唆,而是实际上会导致被害人死亡结果的行为。

具体而言,迪桑托已经向"杀手"提供了被害人的照片,指明被害人的车辆、住处,甚至指明了被害人本人。这些举动已经是在实施犯罪计划了。本案还有一个特别之处,那就是迪桑托曾向"杀手"下达了杀人命令。在其他被认定为教唆罪的案件中,均没有本案中存在的这一情况。综合本案的所有情况,迪桑托的行为已经远远不是教唆罪能够评价的,如果不是因为"杀手"是卧底警察的话,被害人应该已经遇害了。因此迪桑

---

① *State v. Kaiser*, 504 N.W.2d 96 (S.D. 1993); *State v. Kaiser*, 526 N.W.2d 722 (S.D. 1995).
② *State v. Pepka*, 72 S.D. 503, 508, 37 N.W.2d 189, 191 (1949) (citations omitted).
③ *People v. Dillon*, 668 P.2d 697, 703 (Cal. 1983).
④ *State v. Martinez*, 88 S.D. 369, 372, 220 N.W.2d 530, 531 (1974).

托应当被认定为企图犯罪。

考虑到 People v. Memro 案①的精神,由于没有对于区分准备阶段和实行阶段的标准,所以需要对本案具体分析,再结合对被告人的意图进行评估和先前行为作出判断,看能否找到一个能够支持企图犯罪认定的事实。Braham v. State 案②也表明,教唆行为和企图行为都是计划和实行阶段的一个连续过程,要作出准确的判断,还是要基于对具体案件的评判。

法庭对于案件事实部分的确认通常是交给陪审团的,法院对于构成犯罪的准备行为和即将完成犯罪时的实行行为的区分不应该作出和社会的良善观不同的判断,这是 State v. Pepka 案③留下的经验。因此,根据 State v. Sunzar 案④,关于上述情况,不应该作为法律问题进行过多处理,而是应该由陪审团评判。从 State v. Miskimins 案⑤来看,当被指控的事实在陪审团看来无疑是会导致犯罪的程度时,那就是确定企图犯罪的标准。

【案例评述】

本案例涉及英美法系对教唆未遂的特殊规定,与大陆法系中的教唆犯不同,英美法系认为教唆犯罪的本质是试图引诱他人实施犯罪,教唆犯罪并不是共同犯罪研究范畴内的问题。在美国,由于各州的立法与司法习惯不同,其教唆犯罪涵盖的范围各有不同。《模范刑法典》在教唆犯罪的规定上十分宽泛,只要教唆他人实施犯罪,无论是重罪还是轻罪,无论是教唆他人实施实质犯罪,还是教唆他人实施未遂犯罪,抑或只是教唆他人实施共谋犯罪,都构成教唆犯罪。

英美法系认为教唆犯罪的本质是试图让他人实施犯罪,因此教唆犯罪既不要求进一步行动指引,也不要求提供任何条件,也无须教唆人或是被教唆人对目标犯罪有进一步行为。只要教唆人在满足教唆主观要件的情况下,将教唆转达给被教唆人,教唆犯罪就告完成,哪怕是被教唆人拒

---

① *People v. Memro*, 38 Cal. 3d 658, 700 P.2d 446, 474, 214 Cal. Rptr. 832, 860（Cal 1985）.
② *Braham v. State*, 571 P.2d 631, 637（Alaska 1977）.
③ *State v. Pepka*, 72 S.D. 503, 508, 37 N.W.2d 189, 191（1949）.
④ *State v. Sunzar*, 331 N.J. Super. 248, 751 A.2d 627, 630（N.J. Super. Ct. Law Div. 1999）.
⑤ *State v. Miskimins*, 435 N.W.2d 217, 223（S.D. 1989）（emphasis added）, citing *State v. Martinez*, 88 S.D. 369, 372, 220 N.W. 2d 530, 531（1974）.

绝或是假意同意（如被教唆人是便衣警察），教唆也已经完成。只要教唆人的目的是鼓励被教唆人实施犯罪，那么哪怕是被教唆人的犯罪思想并非源于教唆人的教唆，教唆人仍构成教唆犯罪。在某些特殊情况下，教唆可能没有传达给被教唆人，如信件邮寄丢失，英美刑法理论认为，这种情况下教唆人仍然构成教唆犯罪。《模范刑法典》§ 5.02（2）就明确规定：行为者对被教唆实行犯罪之对方为沟通意思之行为，纵实际上未能沟通其意思时，并不妨碍教唆人构成教唆犯罪。《模范刑法典》的起草人认为，在这种情况下，教唆人已经表现出了人身危险性，教唆人不应该因为超出其控制的偶然因素而逃脱惩罚。可以看出，英美法系教唆犯罪理论认为，教唆犯罪的成立与被告人是否接受教唆、是否实施了被教唆的犯罪无关。

就本案而言，因为被教唆者未收到教唆人的教唆信息，所以并不构成教唆谋杀罪。本案主要涉及的争议在于教唆未遂是否构成犯罪，产生争议的形式原因在于上诉人与控诉机关对法条关系的不同理解。事实上，真正实质的原因是对教唆犯罪可罚性边界以及处罚根据的不同理解。英美法系教唆犯罪理论认为，教唆犯罪的成立与被教唆人是否接受教唆、是否实施了被教唆的犯罪无关，甚至教唆人的教唆信息从未到达被教唆人的情况下也不影响教唆犯罪的成立，当然，此种教唆者的教唆意图没有实际地"到达"被教唆者的情况是否构成教唆犯罪存在争议，即本案。从有效预防犯罪的角度出发，可以认为即使教唆的信息未传达到被教唆者也构成教唆犯罪会更有利于刑法目的的实现。对教唆犯罪进行更加前置的惩罚，有利于防止教唆一旦成功可能造成的危害后果。此外，对教唆犯罪进行更加前置的惩罚，也可避免公众被引诱犯罪或是参与到犯罪之中。此种对教唆犯罪的未遂的处罚的价值偏向是预防主义，这种处罚边界的扩张某种程度上与我国刑法中处罚犯罪预备具有一定的实质相似性，可以在某种程度上进行比较研究。

第八章 犯罪共谋

第一节 犯罪协议

案例：联邦诉费兹案[*]
(*United States v. Fitz*)

潘卓希[**]

【关键词】

共谋罪；犯罪协议；不法目的；明知；持有毒品；毒品买卖

【争议焦点】

被告人全程参与了毒品的运输过程，并在毒品买卖协商时在场，是否可据此认为被告人构成持有毒品以及毒品买卖的共谋罪？

【诉讼进程】

2001年6月28日，豪尔赫·普雷西亚多（Jorge Preciado）与缉毒警察的线人见面进行毒品交易，本案被告人爱德华多·弗洛雷斯·费兹（Edwardo Flores Fitz）也在现场，并于案发现场被警方逮捕。2001年12月20

---

[*] *United States v. Fitz*, 317 F.3d 878 (8th Cir.2003).
[**] 北京大学法学院硕士研究生。

日,经过初审的联邦地区法院北达科他州法庭判决后,被告人费兹以持有、买卖毒品共谋罪以及持有、买卖毒品罪被判处 188 个月的监禁刑。

被告人费兹向联邦第八巡回法院上诉法庭提起上诉,指出本案认定罪名的证据不足。上诉法院审查后,认为本案认定罪名证据不足,不支持对费兹的所有指控。

【案件事实】

2001 年 6 月,北达科他州大福克斯(Grand Forks)缉毒队以及明尼苏达州波尔克郡(Polk)缉毒队的一名秘密线人举报其能够从一个叫豪尔赫的男子处购得大量的冰毒(甲基苯丙胺)。该男子后被确认为普雷西亚多。

该线人与普雷西亚多被安排于 2001 年 6 月 28 日见面。

当天晚上,执法人员注意到有三名西班牙裔男子驾驶 1994 年尼桑轿车以及 1998 年本田轿车停在大福克斯一家假日旅馆(Holiday Inn)前。他们停好尼桑轿车,并驾驶本田轿车离开。紧接着,他们驱车来到西部旅馆(Westward Ho)并在短暂停留后驱车前往一家餐馆。

一会儿之后,他们驾驶本田轿车离开餐馆并回到假日旅馆,并重新驾驶尼桑轿车离开假日旅馆驶向西部旅馆。到达之后,其中一名男子入住 188 号房间,其入住登记姓名为安东尼奥·门多萨(Antonio Mendoza)。

普雷西亚多于下午 6 点 47 分左右与秘密线人联系,暗示自己已经达到交易地点附近并已依约带来冰毒。同时还指出自己需要一个合适的地点转移藏在尼桑轿车中的冰毒。

几番电话交流后,普雷西亚多与费兹驾驶本田轿车抵达汉堡王的停车场,而第三名同行者何塞·维加(Jose Vega)留在了西部旅馆。

秘密线人于汉堡王的停车场与普雷西亚多见面,当时费兹也在场,但是监控的警员发现他在整个过程中都没有开口,而普雷西亚多与秘密线人的交流语言为英语。在普雷西亚多与费兹离开停车场的时候,二人被警方逮捕,同时待在西部旅馆的维加也被逮捕。

经过对尼桑轿车的搜查,警方发现了 4 袋约合 10 磅的冰毒被藏在轿车的油箱内。

【控辩观点】

控方：

以下几点可证明费兹与维加以及普雷西亚多有持有毒品、买卖毒品的犯罪共谋行为：(1)费兹、维加以及普雷西亚多三人驾驶本田以及尼桑轿车从明尼阿波利斯(Minneapolis)到大福克斯，而毒品就藏在尼桑轿车内；(2)案发当天下午6点到9点半之间，费兹在本案涉及的各个地点都曾在场；(3)费兹在被逮捕的时候使用了假名。

辩方：

以下几点可以证明费兹与维加以及普雷西亚多之间完全不存在所谓的共谋协议：(1)秘密线人在交易过程中从未与费兹交谈；(2)普雷西亚多与线人交易时使用的是英语而费兹完全不懂英语；(3)线人与普雷西亚多在6月26日至28日之间有7次电话联系，但没有任何证据显示线人知晓费兹的联系方式或与其联系；(4)即使费兹当时也在尼桑轿车内，但是冰毒被藏在车内，没有任何证据证明费兹知晓该毒品的存在。

【法庭观点】

虽然控方可以证明在普雷西亚多与维加之间存在共谋，但并没有证据证明费兹对该共谋是知情或同意加入的。

对于本案判决，上诉法庭主要列出以下几点：

从 *United States v. Beckman* 案、*United States v. Mosby* 案和 *United States v. Bass* 案[1]来看，在共谋案件中，控方必须证明共谋方具有不法目的，被告人对共谋目的明知并加入共谋。此外，依照 *United States v. Robinson* 案[2]，必须有证据证明与至少一人以上达成共谋协议，且共谋协议以违反法律为目的。考察 *United States v. Shoffner* 案[3]又可知，成立共谋并不必然要求证明进一步的外在行为，但可以通过环境证据、客观情况以及参照其他参与方的方式对共谋进行证明。

---

[1] *United States v. Beckman*, 222 F.3d 512, 522 (8th Cir. 2000); *United States v. Mosby*, 177 F.3d 1067, 1069 (8th Cir. 1999); *United States v. Bass*, 121 F.3d 1218, 1220 (8th Cir. 1997).

[2] *United States v. Robinson*, 217 F.3d 560, 564 (8th Cir. 2000).

[3] *United States v. Shoffner*, 71 F.3d 1429, 1433 (8th Cir. 1995).

本案与上述被认定共谋犯罪成立的案件相比，认定被告人有罪的证据明显要有力许多。在 United States v. Beckman 案中，被告人被目击收取冰毒并承认是从同案被告人手中购得的；在 United States v. Mosby 案中，几个证人都证明他们直接从被告人处拿到毒品；在 United States v. Bass 案中，有两人证明其曾在一段时间内多次向被告人兜售大量可卡因，且有一名重量级毒品交易者证实他们定期向被告人购买毒品；在 United States v. Robinson 案中，同案被告人证实被告人曾答应将分给其一部分冰毒，作为探路的补偿。

而在本案中，仅仅凭被告人在交易时在场并不能证实其有加入共谋。检方提出的种种证据只能说明费兹有可能明知毒品交易且加入。然而秘密线人在此期间从未与费兹交流，且普雷西亚多与线人交易时使用的是英语而费兹完全不懂英语。事实上，在整个案件审判过程及听证过程中，费兹都是通过翻译员来了解进程的。

此外，虽然费兹当时也在尼桑轿车内，但是冰毒被藏在车内，没有任何证据证明费兹知晓该毒品的存在。没有记录表明费兹在此之前曾经到过大福克斯，而有纪录表明普雷西亚多曾经用过同一个化名在案发时三人居住的旅馆租用房间。

本案中，秘密线人有普雷西亚多的联系方式且在 6 月 26 日至 6 月 28 日之间有 7 次电话联系，但没有任何证据显示线人知晓费兹的联系方式或与其联系。

上诉法庭最终认定没有足够的证据证明对费兹的指控成立，因而撤销对费兹的全部指控。

【案例评述】

共谋罪作为美国刑法中较为独特的一项罪名，较为集中地体现了美国刑法主观主义的色彩。共谋仅仅是两个人或多人犯罪想法的相遇，对于这一行为的惩罚使得共谋罪主要涉及的因素多在于主观。

惩罚共谋行为的主要考量在于预防犯罪与减轻共谋犯罪所带来的特殊危险。首先，共谋罪的设立为警察在行为人犯他罪之前实施逮捕提供了依据，即可在行为人达到未遂阶段之前就进行干预。其次，由于共谋犯罪使得罪犯的资源、力量、专长等都联合起来，且致使其放弃犯罪目的的可能性更小,因而共谋犯罪与一般的个人犯罪相比,被认为有更大的危险性。因此,对共谋罪的惩罚使得提前发动国家刑罚权成为可能,更是打击组织犯罪、对犯罪团体一网打尽的利器,而这一罪名也因其高起诉率而被称为"现代公诉人摇篮中的宠儿"。

共谋罪本身所携带的主观色彩加上公诉人对这一罪名的青睐,也让不少学者提出了对滥用这一罪名的担忧。然而,从联邦诉费兹案来看,即使对于共谋罪名起诉率不低,但通过审判将此罪名坐实却仍需要通过充分的证据和能够排除合理怀疑的结论。

根据《模范刑法典》对于共谋罪的定义,一般认为共谋罪的成立包含两个要件,即实质要件与心理要件。前者是指犯罪协议,而后者指共谋者应当知道共谋内容,并且有实现共谋内容的目的。

犯罪协议,被认为是犯罪共谋的实质核心。犯罪协议通常用言辞或文字来表达,有时共谋者行为的周围情况或事实也可以成为协议。此外,协议的目的必须是不合法的。就立法历史而言,共谋目的的"不合法"行为可以是一种道德上不正当的行为,并不必然是犯罪行为。然而,近年来的立法都将"不法目的"限定于犯罪行为。

本案主要涉及的问题在于被告人费兹全程参与了毒品的运输过程,并在毒品买卖协商时在场,是否可据此认为被告人与本案其他被告人之间有达成持有毒品以及毒品买卖的犯罪协议,进而构成共谋罪。

通过辩方举出的证据以及法庭最后认定的结果来看,本案中所谓的犯罪协议是不存在的。犯罪协议需要行为人与其他一人或多人达成合意,然而本案中既没有证据证明费兹知晓其乘坐的轿车油箱中藏有毒品,更由于其不通晓英语而在交易过程中全程处于无知状态。由于共谋罪的主观性较强,使得检方通常难以获取实质性的证据。也正因为这个原因,检方通常可以通过环境证据或共谋各方的行为来推断共谋行为的存在。然而本案检方所列举的证据正如法庭所说的一样,至多只是证明了普雷西亚多与秘密线人在进行毒品交易时,费兹在场。至于普雷西亚多与这人见面的目的或者他们乘坐的轿车中是否有毒品等,从现有的证据中都难以证明费兹是明确知晓且加入的。

因此,本案最终被认定证据不足而撤销了对费兹的指控。也由此可见,虽然共谋罪的主观因素较强,但美国司法对于该罪名的认定仍然是把关较严的。

第二节 主观要件

案例:联邦诉琼斯案[*]
(United States v. Jones)

潘卓希[**]

【关键词】

购买枪支;冒充联邦授权枪支交易商;跨州贩卖枪支;共谋罪;主观要件

【争议焦点】

被告人全程参与枪支的购买及转运,是否可以此客观形势推断被告人具有参与枪支跨州转卖的主观故意?

【诉讼进程】

2001年6月20日,丹尼斯·洛克(Dennis Rock)与迪克·琼斯(Dirk Jones)被警方逮捕。经过审理,被告人琼斯以共谋冒充联邦授权枪支交易商以及共谋跨州贩卖枪支罪被联邦地区法院印第安纳州北区哈蒙德法庭判处60个月的监禁刑。

琼斯向联邦第七巡回法院上诉法庭提起上诉。上诉法院于2004年6月9日作出裁判,推翻了对这两项共谋的有罪判决。

【案件事实】

2001年6月20日,洛克与一名身份不明的男子走入印第安纳州加里(Gary)的一家名为韦斯特福特(Westforth)的运动用品商店。洛克支付了型号为Norinco SKS的半自动突击步枪的首付款200美元,而另一名男子

---

[*] United States v. Jones, 371F. 3d 363 (7th Cir. 2004).
[**] 北京大学法学院硕士研究生。

经事后确认正是本案被告人琼斯。

洛克是这家商店的常客,自 2000 年 9 月至 2001 年 6 月,洛克已经从这家店购买了至少 10 枝枪支。这引起了烟酒枪支管理局(Bureau of Alcohol, Tobacco and Firearms)的注意,当局要求该商店如若发现洛克再次来购买枪支则立即通知管理局。

在洛克支付完离开商店后,店员立刻联系管理局并告知详情。管理局的工作人员到达商店后藏身在里间。

当天上午洛克返回到韦斯特福特,琼斯也与其一起到达。商店的监控录像显示在此期间,琼斯一直和洛克一起待在韦斯特福特。由于管理局早就交代店员要尽力拖延时间,二人在韦斯特福特至少待了半个小时。根据录像显示,在此期间,洛克填写了联邦要求的 4473 号表格,同时琼斯在一旁把玩洛克购买的突击步枪,与洛克以及店员交谈,抽烟,看了看展台并把玩了一把手枪。

交易结束后,店员将枪支放入盒子内,而琼斯则将该盒子携至洛克的汽车并将其放了车厢内。接着,二人驾车离开,管理局探员则跟随其后。大约行驶 90 多分钟以后,洛克将车停在芝加哥州南街道 2920 号建筑外。洛克留在车内,琼斯则进入了该建筑。大约 1 分钟之后,洛克也走出轿车并打开了后备箱。探员认为洛克是准备转移枪支,因此他们现身并逮捕了洛克,随后逮捕了从房子里出来的琼斯。琼斯随后被释放,但在 17 个月后州政府又以琼斯和洛克共谋为由将琼斯逮捕。

【控辩观点】

控方:

下述事实能够证明琼斯犯有共谋罪:(1)案发当日,琼斯与洛克有交谈且上了洛克的汽车;(2)洛克在韦斯特福特购买枪支包括填写表格时,琼斯全程都在场;(3)琼斯与洛克一同驾驶汽车 3 小时到达芝加哥,在琼斯进入 2920 号建筑后,洛克相隔不过几分钟就打开后备箱准备搬运枪支;(4)琼斯和大约七八个人一同从侧门离开 2920 号建筑。

辩方:

以下几点可证明琼斯不具有共谋犯罪的主观要件:(1)琼斯是一个吸毒者,当日他去芝加哥是为了购买海洛因;(2)事实上,琼斯曾有两次有关毒品犯罪的指控纪录;(3)案发当天琼斯在加里的街道上等待去芝加哥的顺风车(据其称这是吸毒者惯常的做法),而正巧洛克开车经过。洛克与琼斯只是相识,偶然相遇,洛克便提出让琼斯搭车;(4)洛克提出要在韦斯特福特停留一段时间,琼斯由于出现戒断反应,因而希望洛克能够赶紧完事。因此琼斯也进入商店以防止洛克浪费时间,而并不是所谓的与洛克一起进行购买枪支并将其转卖。

【法庭观点】

  上诉法庭认为,为了证明被告人犯有共谋罪,控方必须证明:(1)存在实施不法行为的协议;(2)被告人明知且故意加入该协议;(3)除协议外,有进一步的外在行为。由于协议可以以任何形式存在,而被告人的主观心理又极难证明,因此控方通常需要以旁证来推论协议的存在以及被告人的参与行为。

  控方通过旁证认为已经足以证明被告人琼斯与被告人洛克之间存在冒充联邦授权枪支交易商以及跨州贩卖枪支的不法协议,且被告人琼斯明知该协议的内容还积极追求实现该协议内容。

  但是上诉法庭认为控方所指出的一系列证据仅仅证明了琼斯的"在场行为",即在洛克实施上述不法行为时候,琼斯只是同时出现在现场而已。退一步讲,即使琼斯知晓洛克转卖枪支的计划,他对整体计划的认知或认同也是无法支持控方的指控的。

  控方认为琼斯与洛克共谋冒充联邦授权枪支交易商。然而,法院指出除非琼斯知晓洛克实际是为了名为维诺[Vino,或称维斯(Vince)]的人购买枪支,否则他无法知道洛克在烟酒枪支管理局的表格上做假,而控方根本没有任何证据可以证明琼斯与洛克及维诺之间的交易有关,甚至无法证明琼斯知晓这一再交易。且控方并没有证据证明琼斯如何能够从洛克及维诺之间的交易中获利。

  最终,琼斯的这两项共谋的有罪判决被上诉法庭推翻。

【案例评述】

  共谋罪的构成包括实质要件,即犯罪协议以及心理要件或主观要件。主观要件要求行为人不仅明知某个特定的犯罪目标,还应当具备追求、希望实现该犯罪目标的具体故意。但是,控方没有必要证明被告人明知共谋的所有细节,共谋的所有目标,或共谋所有其他参与人的身份。检方只需要证明被告人明知共谋的合意的存在并且自愿参与进来。

由于证据的难以获取性,检方可以从随附情状等间接证据中对于被告人的明知加以推理,而且被告人在共谋当中的明知参与也可以通过随附情状证据而非直接证据加以推定。为了限制这种推定,必须保证推论链条的每一步都有充足的证据支撑,以防止最后推断的失误。知晓犯罪计划并不等于达成了犯罪协议,对于被告人参与犯罪的强烈怀疑并不能成为超越合理怀疑而将其定罪的证据。通常情况下,如果能够证明被告人知晓协议内容,且被告人与犯罪结果有利害关系,就可以推定被告人同意加入该犯罪。

本案事实上涉及了两个罪名,即冒充联邦授权枪支交易商以及跨州转卖枪支。对于第一个罪名,检方指出在洛克填写表格以及购买枪支时琼斯都在场,商店的录像表明琼斯不仅仅是出现在店内,甚至与商品有接触,也与导购员有交流。根据这些证据,似乎可以证明琼斯是与洛克商量好一起购买枪支的,然而法院认为这仅仅证明了琼斯的"在场行为"。对于这一行为,琼斯也有其说辞并且具有一定的可信度。琼斯指出自己打算去芝加哥购买毒品,但在等待顺风车的时候恰巧碰上了洛克,因而陪他在韦斯特福特暂作停留。关于进入店内,琼斯指出是因为自己出现了毒品的戒断反应,因而希望洛克能够尽快完成交易。这一说法事实上难以求证,但琼斯确实是个毒瘾患者且有毒品犯罪的纪录,这使得这一说辞具有一定可信性。但是,更为关键的是检方并没有足够的证据证明琼斯知晓洛克是为第三人维诺购买枪支,并且还要完成跨州转卖的行为。

除非能够证明琼斯知晓洛克实际是为第三人购买枪支,否则他无法知道洛克在烟酒枪支管理局的表格上作假。但对于这一点,检方根本没有任何证据可以证明琼斯与洛克及维诺之间的交易有关。此外,检方也没有证据证明琼斯如何能够从洛克及维诺之间的交易中获利。无法证明被告人与最后的犯罪结果之间有因果关系使得琼斯知晓洛克的犯罪计划并积极参加这一主观要件更加难以证明。

而对于第二个罪名即跨州转卖枪支,检方指出琼斯与洛克一同驾车3个小时到达芝加哥,在琼斯进入2920号建筑后,洛克相隔不过几分钟就打开后备箱准备搬运枪支,且在2920号建筑内除琼斯以外,大约还有七八个人在场。对于这一巧合,检方认为正是琼斯帮忙着联系了接手枪支的下家。然而事实证明琼斯与这一伙人进行的是毒品交易,而非检方所想的枪支交易。此外,琼斯对于接手枪支的第三人的存在完全不知情,因而也难以认定其具有和洛克共谋跨州转卖枪支的故意,最终法庭推翻了对琼斯的所有指控。

处罚早期化和构成要件前置化,本身孕育着刑罚权遭受滥用和任意发动的潜在风险,因此必须对于共谋罪的认定进行严格控制。上述两个案例单从表面现象而言,被告人似乎都参与了犯罪共谋,但通过法庭的审理都坚持认定被告人并未参与犯罪共谋。虽然证据的难以获取性使得检方认定犯罪共谋时常需要依靠附随情状以及相关的推断,但是最终的有罪认定将通过法庭严格的审理,势必需要在证据链条完整的情况下,排除合理怀疑之后最终落实罪名的认定。

第三节　单一共谋与多重共谋

案例：联邦诉麦克德莫特案[*]
(*United States v. McDermott*)

张慧敏[**]

【关键词】

多数性；单一共谋；平克顿规则；可合理预见性；责任主义

【争议焦点】

共谋罪是指两人或两人以上为实施不法行为，或者为使用不法手段实现合法目的而达成协议的行为，其对预防和惩罚具有重大危害性的群体犯罪行为，从而更早且更有效地保护法益具有积极意义。然而，能否通过适用共谋罪项下具体规则（如平克顿规则）从而对共谋罪中主体、责任范围等要求作出突破？

【诉讼进程】

1996年至案发前，被告人詹姆斯·麦克德莫特（James J. McDermott）向被告人凯瑟琳·甘农（Kathryn Gannon）提供股票投资建议，后者与另一名被告人安东尼·庞波尼奥（Anthony Pomponio）通过证券交易共获利17万美元。1999年12月21日，麦克德莫特、甘农和庞波尼奥被联邦地区法院纽约南部地区法庭判共谋内幕交易罪和内幕交易罪，其中麦克德莫特被判处有期徒刑8个月，并处25 000美元罚款和600美元特别捐税。

之后麦克德莫特提出上诉。2001年1月29日，联邦第二巡回法院上诉法庭就本案展开法庭辩论，并于2001年3月29日，因证据不足推翻了麦克德莫特犯有共谋内幕交易罪的有罪判决，并将实体罪名部分发回重审。

---

[*] *United States v. McDermott*, 245 F.3d 133 (2nd Cir. 2001).
[**] 中国政法大学刑事司法学院硕士研究生。

【案件事实】

被告人麦克德莫特曾是 Keefe Bruyette & Woods 投资银行(KBW)的董事长、首席执行官兼主席,该银行以银行业中的合并与兼并业务为主,总部设在纽约。从 1996 年开始,麦克德莫特与甘农——艺名为"Marylin Star"的成人电影明星兼性工作者有染。在二人关系持续期间,麦克德莫特给甘农提供了很多股票投资方面的建议,然而他不知甘农同时也与庞波尼奥有染。甘农把这些股票投资信息告知庞波尼奥,并且直到案发前,二人共赚了 17 万美元。

鉴于麦克德莫特给甘农提供的投资建议是基于非公开的、实质性的数据,州政府以共谋内幕交易罪和内幕交易罪起诉了麦克德莫特、甘农和庞波尼奥,其中麦克德莫特和庞波尼奥一同受审,甘农并未出现。本案证据主要与麦克德莫特与甘农的关系以及甘农和庞波尼奥的投资活动有关。州政府主要通过间接证据将麦克德莫特与甘农之间的通话记录清单和甘农及庞波尼奥的投资记录联系在一起。通话记录显示,在麦克德莫特和甘农二人关系持续期间,二人共通话 800 余次,最多时一天通话 29 次;投资记录则表明通话与股票交易之间的关系。

除上述记录外,州政府所提供证据中具有轰动性也最为突出的,同时构成针对庞波尼奥的伪证罪指控的基础的,是庞波尼奥在美国证券交易委员会作证的录音带,这些录音带削弱了庞波尼奥辩解的可信度,因为其中记录了他如何拙劣地撒谎、回避提问和干扰质疑性反应。

【控辩观点】

控方:

应当根据犯罪共谋指向的目标而非共谋者针对目标所形成的合意重新界定共谋罪。即使不从麦克德莫特的角度,就甘农和庞波尼奥而言,也存在基于麦克德莫特所提供信息而进行内幕交易的统一目的。因此,即便其未同意将信息传递给甘农和庞波尼奥,麦克德莫特也属于该共谋的组成部分。

辩方:

第一,麦克德莫特对认定其构成单一共谋内幕交易罪及相关实体罪名的定罪证据的充分性提出异议,认为:(1)证明其有罪的证据在法律意义上并不充分。(2)起诉阶段和庭审的作证、听证阶段均存在针对他的不公正的偏见。(3)根据《联邦证据规则》§403"因损害、混淆、浪费时间或者其他原因而排除相关证据"规定,如果相关证据的证明价值为以下一个或者多个危险所严重超过,则法院可以排除该证据:不公平损害、混淆争点或者误导陪审团、不当拖延、浪费时间或者不必要地出示重复证据。地区法院滥用其自由裁量权。

第二,辩方援引了一些判例支持自己的主张。根据 United States v. Pipola 案①,质疑证据充分性的被告人须承担巨大的风险。因为在处理有关证据充分性的质疑时,法院"通常会以最有利于政府的角度审查证据,尽量作有利于政府的推论",这是 United States v. Shareef 案②所体现的。United States v. Jones 案③的内容也表明,上诉人必须证明案件审判中的事实审查者(即陪审团)"未能在超越合理怀疑的程度上认定犯罪成立的必要要素"(此原则平等适用于直接与间接证据)。麦克德莫特据此质疑对认定其构成内幕交易罪单一共谋的证据的充分性。United States v. Maldonado-Rivera 案④表明,为了证明一项单一共谋,政府须证明每个成员均参与其中并且明知这是一项指向某一共同目标的集体行动。共谋者无须在共谋的细节上达成一致,只要在构成犯罪计划的必要条件上形成合意即可,而 United States v. Gore 案⑤则提供了这样的经验:犯罪共谋的本质是(形成)实体性犯罪的合意而非实施(实体犯罪)。此外,经考察 United States v. Peoni 案⑥可知,已经成为法院处理共谋罪的长期性原则包含如

---

① United States v. Pipola, 83 F.3d 556,564 (2d Cir. 1996); see also United States v. Gore, 154 F.3d 34, 39-40 (2d Cir. 1998).

② United States v. Shareef, 190 F.3d 71,76 (2d Cir. 1999), quoting United States v. Allah, 130 F.3d 33,45 (2d Cir. 1997).

③ United States v. Jones, 16 F.3d 487, 490 (2d Cir. 1994), quoting Jackson v. Virginia, 443 U.S. 307, 319, 99 S.Ct. 2781, 61 L.Ed.2d 560 (1979).

④ United States v. Maldonado-Rivera, 922 F.2d 934, 963 (2d Cir. 1990) (internal quotations and citations omitted).

⑤ United States v. Gore, 154 F.3d 34,40, citing United States v. Abel, 258 F.2d 485,489 (2d Cir. 1958), aff'd on other grounds, 362 U.S. 217, 80 S.Ct. 683, 4 L.Ed.2d 668 (1960); see also United States v. Walker, 142 F.3d 103, 112 (2d Cir. 1998).

⑥ United States v. Peoni, 100 F.2d 401,403 (2d Cir. 1938).

下内容:没有人须对共谋负责,除非他明白这是基于已约定的目的或协议;如果后来的加入者改变了这些内容,则先前的共谋者不对这些变化负责;先前共谋者的责任仅限于仍参与其中的共同的目标。

【法庭观点】

在论证麦克德莫特是否对庞波尼奥的交易行为承担责任时,上诉法庭引用了其 1986 年作出的判例——*United States v. Carpenter* 案①。在该案中,法院最终推翻了针对参与其朋友费利斯(Felis)与布兰特(Brant)盗用内部信息并用于个人牟利的计划的华尔街日报记者怀南斯(Winans)的共谋罪的有罪判决。上诉法庭认为,怀南斯最开始与费利斯和布兰特的交易协议仅限于特定的人,不包括怀南斯不知道的本案中的第四人——斯普拉特(Spratt),而费利斯把被盗用的内部信息交给斯普拉特的行为属于"超越最初合意范围地使用了从怀南斯处获取的信息",故在与斯普拉特的交易行为相关的程度上,推翻了对怀南斯犯共谋罪的定罪。同时,上诉法院通过本案总结了共谋者须对后来加入者行为负责的三种假设的情形:首先,共谋者可能基于广义的合意范围(包括通过或为了共谋者以外的人而实施实体性的行为)而须对后来加入者的行为承担责任②;其次,根据 *Pinkerton v. United States* 案③,如果后来加入者的行为属于"经过职业培训便可合理地预见其作为一项不法协议必然或自然结果的计划中的分支部分",则共谋者可能要对后来加入者的行为承担责任;最后,如果共谋者对其他共谋者与后来加入者的关系至少是知情的,则该共谋者是可被科责的。

上诉法庭指出,无证据证明麦克德莫特与甘农形成的合意涵盖了他们二人之外更广泛的范围。同时,麦克德莫特和甘农在涉案期间虽然有染,但是,甘农透露股票交易信息的行为是否涉及或可能涉及其他人并不

---

① United States v. Carpenter, 791 F.2d 1024 (2d Cir. 1986), aff'd, 484 U.S. 19, 108 S.Ct. 316, 98 L.Ed.2d 275 (1987).

② See United States v. Carpenter, 791 F.2d 1024,1036 (2d Cir. 1986), aff'd, 484 U.S. 19, 108 S.Ct. 316, 98 L.Ed.2d 275 (1987), quoting United States v. Winans, 612 F.Supp. 827,835 (S.D.N.Y. 1985), citing Pinkerton v. United States, 328 U.S. 640, 646-47 (1946).

③ Pinkerton v. United States, 328 U.S. 640, 648 (1946).

明确;而法院"拒绝将一颗欺骗的心应当预见到另一颗欺骗的心作为一项法律事实"。此外,唯一可能证明麦克德莫特预见或应当预见到甘农将信息传递给庞波尼奥的证据由证明甘农是妓女的证据构成,而这已被地区法院明确排除;且证据也表明麦克德莫特并不知道庞波尼奥的存在。综上,上诉法院认为,其在联邦诉卡彭特一案所阐释的共谋者须对后来加入者行为负责的三种假设情形在本案中均不具备也不能适用,故麦克德莫特无须对庞波尼奥的交易行为承担责任。在麦克德莫特是否构成与庞波尼奥的单一共谋内幕交易罪问题上尚存合理怀疑,合理的陪审团是不能将麦克德莫特定罪的;州政府无法证明存在单一共谋中的最基本要素——在麦克德莫特与甘农间存在将内部信息传递给甘农及可能存在的不相识的其他人的合意。

上诉法庭最终因证据不足推翻了麦克德莫特犯有共谋内幕交易罪的有罪判决,并将实体罪名部分发回重审。

【案例评述】

(一)"多数性"与单一共谋

一般认为,传统大陆法系的刑法理论与实践中没有"共谋罪"的概念。[1] 而在普通法上,犯罪共谋一般指两人或多人之间实施一个或一系列犯罪行为的合意表达或暗示,或者是通过不法的途径实施一个合法的行为。[2] 无论是根据"共谋"二字的字面含义和通常理解,还是考察英美普通法上的通常立场,我们不难看出,犯罪共谋的本质和重要特征是主体的多数性,即两个或两个以上行为人就实施犯罪或不法行为达成协议或形成合意。正如卡多佐法官所言,"一个人不可能与自己形成共谋"[3],长期以来,传统普通法都将"多数性"作为犯罪共谋成立的一项基本条件。换言之,如果协议双方之一缺乏实行独立的犯罪意图,就不能构成普通法

---

[1] See Wienczyslaw J. Wagner, "Conspiracy in Civil Law Countries", *The Journal of Criminal Law, Criminology, and Police Science*, Vol. 42, No.2, 1951, p. 171.

[2] See *People v. Carter*, 330 N.W.2d 314, 319 (Mich. 1982); *Carroll v. State*, 53 A.3d 1159, 1169 (Md. 2012); *Commonwealth v. Nee*, 935 N.E.2d 1276, 1282 (Mass. 2010); *United States v. Jimenez Recio*, 537 U.S. 270, 274 (2003) ("The essence of a conspiracy is 'an agreement to commit an unlawful act'."), quoting *Iannelli v.United States*, 420 U.S. 770, 777 (1975).

[3] *Morrison v. California*, 291 U.S. 82, 92 (1934).

上的共谋罪。① 例如,如果该犯罪共谋中的某个人实际上是佯装参与合意的卧底特工人员(如 *State v. Pacheco* 案和 *United States v. Escobar de Bright* 案②),或由于某位共谋者存在精神疾病而缺乏形成合意的行为能力(如 *Regle v. State* 案③),则该犯罪共谋是不能成立的。又如,在 *State v. Valladares* 案④中,在两名涉嫌犯罪共谋的被告人的联合审判中,一名所谓共谋者的无罪释放习惯性地导致对另一名被告人的释放,而不考虑陪审团认定该名共谋者无罪的理由。

需要注意的是,"多数性"规则并不要求共谋者均被起诉并被最终判决犯有共谋罪,而只要求控方超越合理怀疑地证明共谋者存在犯罪共谋即可。因此,仅因为其他参与者未被逮捕、已死亡、身份不明或因得豁免而免予起诉,并不使对某一共谋者的定罪受影响,这是 *Commonwealth v. Byrd* 案⑤的启示。传统上"一名共谋者的无罪通常导致其他共谋者的释放"这一规则在实践中也被迅速突破,如今,被定罪的共谋者不会因为其他共谋者在另案审判中被无罪释放而自动免责。只要初审中的证据"自身足以支持最终裁决"——也就是说,只要控方证明两人或两人以上的人之间存在关于犯罪共谋的协议,而被告人是其中之一,则其他共谋者面临的陪审团未认定共谋罪成立,并不影响对该名被告人定罪的效力,因为其他共谋者被无罪释放可能是多种因素的结果,如关键证人的意外缺席。例如,在 *Commonwealth v. Campbell* 案⑥中,宾夕法尼亚州最高法院裁定"即使共同受审,一被控共谋者被宣告无罪,并不排斥对其他被告人的定罪"。在该案中,控方提出的证据足以佐证陪审团得出的结论是合理的,即存在两人之间的犯罪共谋,而坎贝尔(Campbell)正是两名共谋者之一。陪审团对与坎贝尔同为被告人的共谋者宣告无罪,而原因显然是陪审团

---

① See Joshua Dressler, *Understanding Criminal Law* (7th ed.), LexisNexis, 2015, p. 456.
② *State v. Pacheco*, 882 P.2d 183,186(Wash. 1994); *Palato v. State*, 988 P.2d 512,515-16 (Wyo. 1999); *United States v. Escobar de Bright*, 742 F.2d 1196,1199-2000 (9th Cir. 1984).
③ See *Regle v. State*, 264 A.2d 119 (Md. Ct. Spec. App. 1970).该案检察官称有四人犯有共谋罪,但其中一人是警方告密者,一人是警察,一人是精神病患者,唯有一名被告人具备必要的犯罪意图;结论是,共谋罪不能成立。
④ *State v. Valladares*, 664 P.2d 508,512-13 (Wash. 1983).
⑤ *Commonwealth v. Byrd*, 417 A.2d 173,176-77 (Pa. 1980).
⑥ *Commonwealth v. Campbell*, 651 A.2d 1096 (Pa. 1994).

对该共谋者的定罪存在合理怀疑。事实上,警察可能逮捕错了人,而法院认为即使在这种情况下,也可以对坎贝尔定罪。又如,在 People v. Palmer 案①中,两名被告人被控犯有谋杀罪及共谋罪,在相互独立的陪审团前共同受审。陪审团裁定一号被告人两项罪名成立,二号被告人为谋杀未遂且不构成共谋罪。一号被告人认为,由于二号被告人未构成共谋罪,则对其的共谋罪定罪也应被撤销。加利福尼亚州最高法院承认初审判决在逻辑上存在不一致——一个人不能与自己形成共谋,但仍裁定一号被告人的共谋罪成立。法院认为,陪审团可能基于任何理由或无须理由而宣布一名被告人无罪,而初审中的陪审团也许是基于对二号被告人年仅 15 岁的同情而宣布其无罪,但一号被告人的年龄几乎是二号被告人的两倍。由于有大量证据支持对一号被告人犯有共谋罪的定罪,州最高法院裁定,一号被告人不因陪审团对二号被告人的同情(或仅仅是法律错误)的裁定而获得一笔"意外之财"。

随着司法实践与社会形势的发展,打击犯罪、保护法益、防卫社会的程度与力度上的要求不断提高,"多数性"条件及其规则也遭到了批评。一方面,作为一项不完整罪,共谋罪与实体犯罪的实现仍有一定的距离。如果说实体犯罪对法益造成了实际危害,那么犯罪共谋的形成便对法益构成了潜在的威胁或危险,换言之,"一旦协议达成,实体犯罪更容易得以实施,而且无论如何,本身就具有危险性的联合行为,不论谁对实体犯罪承担责任,产生了共谋罪的正常一般危险"②。而批评者认为,根据"多数性"的要求,只有处于对法益的危险程度更高的实行阶段的进一步行为发生,才能发动刑事手段来保护被害人,而这不利于在危险现实化之前将其遏止于萌芽阶段,与共谋罪的立法目的相悖。③ 另一方面,在诱惑侦查(警察圈套)的场合,彼此间实际上构成犯罪共谋,但因其"犯罪同伙"实际上为卧底探员而最终并不与之构成共谋罪的共谋者的人身危险性或可谴责性,并不小于其同伙确实具有实施犯罪计划的特定意图的共谋者,典

---

① People v. Palmer, 15 P.3d 234 (Cal. 2001).

② P. Vogt, D. Schots, JD. Mastin, "Developments in the Law: Criminal Conspiracy", Harvard Law Review, Vol. 72, No.5, 1959, p. 954.

③ 约书亚·德雷斯勒认为此种批评言过其实。尽管有"多数性"要求,但相应的行为人也可能就教唆行为承担责任。此外,如果司法机关承认阴谋罪的未遂,则行为人也可因此被逮捕。参见 Joshua Dressler, Understanding Criminal Law (7th ed.), LexisNexis, 2015, p. 478。

型判例是 *Commonwealth v. Campbell* 案①。

《模范刑法典》通过规定单一共谋之罪而与普通法存在明显的区别。其在§5.03(1)中对犯罪共谋作出如下规定：一个人和其他一人或多人将被控犯有共谋罪，如果这以推进或加速犯罪为目的：(a)与其他一人或多人或者其中的一人或多人形成将会从事某种犯罪行为的构成部分，或尝试或企图犯这种罪行的合意；或(b)同意在这个计划中援助其他一人或多人从事某种犯罪行为的构成部分，或犯这种罪行的尝试或企图。与传统普通法对共谋罪的定义不同，通过"和其他一人或多人"等表述，《模范刑法典》将重点放在有责性存在争议一方的可谴责性而不是其作为组成部分的整个团体上。② 也就是说，虽然《模范刑法典》跟普通法一样，认为共谋罪的关键在于合意，但"共谋"的定义却依照其中一方的罪行，即"如果一个人与他人形成实施一项犯罪的合意，他将构成一项共谋罪"。

《模范刑法典》关于单一共谋的规定对传统普通法对犯罪共谋的"多数性"要求产生了直接影响。虽然在缺乏证明存在犯罪合意的证据的情况下，控方可能无法证明共谋者有罪，但与该共谋形成合意的人将不能以下列情形作为抗辩事由：(1)该共谋者未被定罪或不能被定罪；(2)该共谋者在同案或后续审理中因缺乏继续实施犯罪计划的意图而被无罪释放，例如，其假装形成合意是为了挫败这一犯罪的实施③，或者他是一名精神病患者④。单一共谋的规定在为数不多的新修订的州刑法典中被采纳。⑤

---

① *Commonwealth v. Campbell*, 226 N.E. 2d 211(Mass. 1967).
② See American Law Institute, *Modern Penal Code and Commentaries*, Comment to §5.03, p. 393 (1985).
③ 例如，被告人黑特曼(Heitman)在网络上与一位自称14岁"少年"的警察相识，该"少年"同意与黑特曼发生性关系。黑特曼后被认定犯有对儿童实施性侵的共谋罪。参见 *State v. Heitman*, 629 N.W.2d 542 (Neb. 2001)。
④ 《模范刑法典》§5.04(1)(b)明确规定，与被告人共谋之人"无须承担责任或对起诉或定罪有豁免权"不属于被告人的辩护事由。而这在单个的概念中其实已隐含。参见 American Law Institute, *Model Penal Code and Commentaries*, Comment to §5.03, pp. 399-400 (1985)。
⑤ 在一起案件中怀俄明州的法院认为"……当前趋势是，即使参与者之一是政府人员或只是假装达成协议，该共谋罪也可以作数"。参见 *Miller v. State*, 955 P.2d 892, 897 (Wyo. 1998)。

(二) 平克顿规则

1946年,联邦最高法院在 *Pinkerton v. United States* 案①中突破了普通法的传统,其确立的平克顿规则对共谋罪的理论与实践产生了深刻的影响。根据平克顿规则,只要参与了犯罪共谋,共谋者就应当对可合理预见的、其他共谋者为了促进共谋的目标实现而实施的实体性犯罪承担替代责任(vicarious liability)。联邦最高法院的道格拉斯法官曾对此作出经典表述:"根据共谋罪规则,一个共谋者在犯罪中实施的外化行为可以归责于所有共谋者,那么,为了让其他共谋者对该实体犯罪承担责任,推进共谋中实施的任何行为应当归责于其他任何人。共谋的形成,确立了实施实体犯罪的故意。每一个共谋者都激励了犯罪的实行。不法协议精确地计划了实体犯罪的实行。劝告、引诱或命令他人实施犯罪的人承担刑事责任,与共谋者对其他共谋者的犯罪承担责任,道理是一样的。"根据《美国法典》18 § 2也可得出这点。此项规则在某种程度上借鉴了民法上的代理制度原理,即代理人的行为结果归于被代理人。根据此项规则,只要控方证明幕后共谋者与实体性犯罪的具体实施者之间存在合意,就可以使该共谋者对实施者的行为承担责任,而无须证明该共谋者参与或教唆、帮助了该实体性犯罪的实施。

平克顿规则遵循群体危险原理,使共谋中的任何成员须在合理预见的范围内对所有成员的所有犯罪行为承担责任,突破了传统共谋罪的基本原理,极大地扩张了共谋罪的适用范围,具有很强的可操作性。一方面,平克顿规则有利于威慑潜在的犯罪人不要进行犯罪共谋或参与犯罪团体。该规则通过"可合理预见性"标准的适用和"替代责任"的沿用,使所有参与共谋者彼此间的命运联系得更为紧密,甚至可以说"一旦参与共谋,几乎就只能听天由命了。因为加入共谋之后,他将对其他共谋者在共谋范围内实施的所有犯罪承担责任"②。而该规则的标准极为宽泛和无限化,加上它具有无限连带责任的色彩,能够发挥控制新参加共谋者的人数、规模和活动类型及范围的功能。即使共谋者已经参加共谋,平克顿规则也具有威慑、分化、瓦解该共谋的功能,因为在该规则下,共谋者不大可

---

① *Pinkerton v. United States*, 328 U.S. 640, 646-647 (1946).
② Neal Kumar Katyal, "Conspiracy Theory", *The Yale Law Journal*, Vol. 112, No.6, 2003, p. 1373.

能明确责任的完整范围,而这种不确定性将导致共谋者之间彼此信任的条件减少。① 另一方面,它可以鼓励参与共谋者为避免承担更重的责任而及早退出并破坏该犯罪共谋,有利于打击、分化、瓦解群体犯罪尤其是高度组织化犯罪,从而更早也更有效地避免具体的实体性犯罪发生,保护法益不受侵害,达到预防犯罪、防卫社会的效果。

根据平克顿规则,只要存在合理预见的可能性,共谋者就须对潜在的、后来加入的,甚至不相识的实施者的罪行承担责任。然而,作为社会成员的每个个体无时无刻不处在错综复杂的关系网中,科技的发展也导致人际关系的时空依赖性渐趋薄弱。为了更有效地打击犯罪、防卫社会,刑法将共谋罪的范围宽泛化,使共谋者由于多多少少与潜在的实施者或加入者有牵连而须对自己也许并未,也无法施加作用的罪行承担严格责任,从而使共谋罪的刑事责任范围扩大化甚至无限化。同时,平克顿规则导致共谋(协议)的范围成为共谋罪的认定关键,而可合理预见性这一标准的模糊性和恣意性导致其共谋(协议)可能涵盖的范围弹性较大,却无法对共谋者的这种"替代责任"起到限制和规范作用,进而影响国民对自身行为的合理期待和法秩序的稳定性,甚至可能违背比例原则和责任主义。梳理 *United States v. Hansen* 案②可发现这样的观点:"'可合理预见性'是疏忽规则的用语,不是一个通常的刑法概念,也不是刑事责任正当程序限制的概念。"由于存在种种弊端,平克顿规则遭到不少学者与司法人员的批评。拉特利奇法官(Rutledge J.)指出:"此种宽泛的替代责任有违刑法的基本原则。一个替代的刑事责任和替代的民事责任一样宽泛,或者比替代的民事责任还要宽泛。此种来源于商法和侵权法的类比,在我看来,转移到刑法领域是危险的。对较为严重犯罪的罪责仍然是个人的,非替代的。"③刑法学家弗莱彻则认为:"确实难以将替代责任严肃地作为一个刑法原则……像主人对其仆人在雇佣范围内实施的侵权行为承担替代责任一样,共谋者对其同伙以共谋者身份实施的所有犯罪承担替代责任。责任的连结点不是协议,也不是实际帮助,而是作为共谋者的身份。这种身份类似于一个雇主雇用他人代替其工作一样。基于事实控制

---

① See *Pinkerton v. United States*, 328 U.S. 640,646-47 (1946).
② *United States v. Hansen*, 256 F.Supp.2d 65,67 n.3 (D. Ma.2003).
③ *Pinkerton v. United States*, 328 U.S. 640, 651 (1946).

的替代责任在侵权法领域内是有意义的。但认为共谋者控制彼此的行为则明显是荒唐的。"①

责任主义禁止在被告人与第三人的犯罪活动之间缺乏实质关系时要求被告人承担"因牵连而获罪"的责任。换言之,一个人不能仅仅因为他与一个实施犯罪的团体或第三人有某种联系而承担替代责任。如果要认定在这种情况下被告人仍要承担责任,那么必须证明他的这种联系与第三人的犯罪行动之间存在一种充分的、"非弱化的"联系,典型例子是 *Scales v. United States* 案②。将实体犯罪的责任仅仅建立在共谋者对实施者的行为存在合理预见可能性的基础上,而该实施者与共谋者间的人际关系可以是遥远的、不明确的甚至不存在的,这是一种典型的"因牵连而获罪"的情形,是为责任主义所禁止的。

共谋罪是英美刑法中的极具特色的犯罪,其特殊的灵活性和极强的可操作性,对刑法发挥打击和预防犯罪、保护法益的职能有重要意义,也使其被称为"现代公诉人摇篮中的宠儿"。特别是单一共谋罪的适用及平克顿规则中对"可合理预见性"与"替代责任"的运用,一定程度上突破了普通法对共谋罪的"多数性"要求,极大地扩张其适用范围。然而,责任主义这一刑法基本原则要求我们重新审视共谋罪中存在的刑法介入早期化、个体责任无限化、处罚效果严厉化和处罚标准任意化等问题。而对打击犯罪与保护公民(包括犯罪人与被害人)人权,法的有效性与法的安定性,维护稳定与保障自由等价值的取舍和侧重,将影响犯罪共谋在刑法理论与实践中的发展。

---

① George P. Fletcher, *Rethinking Criminal law*, Little, Brown and Company, 1978, pp. 649-663.

② *Scales v. United States*, 367 U.S. 203, 226 (1961).

第四节 共谋与实体犯罪的责任

案例：联邦诉沃尔斯案[*]
（*United States v. Walls*）

张慧敏[**]

【关键词】

犯罪共谋；实体犯罪；不合并规则；重合部分合并规则

【争议焦点】

普通法通常认为，犯罪共谋在刑事可罚性上独立于作为其目标的实体犯罪，一旦实体犯罪被实施，则应以共谋罪和实体犯罪数罪并罚，这与完成后的目标犯罪吸收未遂罪或教唆罪的规则截然不同。犯罪共谋在处罚上的多重性（不合并性）是否合理？

【诉讼进程】

1998年4月23日，黛西·沃尔斯（Daisy Walls）和沙雷·威廉姆斯（Sharee Williams）被有可卡因的包裹泄露行踪，接着被捕。1999年3月18日，初审的联邦地区法院伊利诺伊州北区东法庭认为他们构成以传播为目的持有可卡因共谋罪、传播可卡因共谋罪、以传播为目的持有可卡因罪，威廉姆斯同时被判犯有故意持有枪支重罪，法庭判处沃尔斯有期徒刑108个月，判处威廉姆斯有期徒刑97个月。

两名被告人均提起上诉。1999年11月10日，美国第七巡回法院上诉法庭展开法庭辩论。

2000年8月15日，上诉法庭维持两名被告人犯有以传播为目的持有可卡因共谋罪、传播可卡因共谋罪以及以传播为目的持有可卡因罪的有

---

[*] *United States v. Walls*, 225 F.3d 858 (7th Cir. 2000).
[**] 中国政法大学刑事司法学院硕士研究生。

罪判决,同时撤销了威廉姆斯犯有故意持有枪支罪的有罪判决并将该案发回重审。

【案件事实】

1998年4月22日,联邦快递发现两个由位于加利福尼亚州洛杉矶市的复兴电力供应公司(Renaissance)发送、需交付至位于芝加哥的泰斯康电力供应公司(Tascam)的可疑包裹。员工对包裹进行了现场检测,发现里面含有可卡因,便把检测结果报告给由谢尔比县(Shelby)警察局委派到缉毒局(Drug Enforcement Administration,即DEA)禁毒特别工作小组的探员菲利普·巴内特(Phillip Barnett)。巴内特在联邦快递的办公室中对包裹进行检测,并得出同样的结论。由于缉毒局探员无权对包裹上所显示的这些公司的商业活动进行调查,巴内特决定把快递送到目的地,实施控制下交付。其中,每个包裹中被植入了一个经法院授权安装的断开装置,确保包裹送达后探员可以进行追踪;而一旦包裹被打开,线路便会断开,探员对包裹的监控信号也就被中断。

4月23日下午约5点半,假扮成联邦快递员的探员马克哈特(Markhart)到达位于科尔法克斯南大街(S. Colfax)9121号的一处私人住宅。本案被告人之一——沃尔斯检查后以"Tascam电力公司"的名义签收该包裹,然而此时她仍没有查看包裹上的地址标签,马克哈特探员也没有提到位于该地址的是一家电力公司。在整个交付期间,马克哈特探员注意到客厅里有大约10到15个人。

马克哈特探员离开后,沃尔斯的儿子丹尼尔·沃尔斯(Daniel Walls)与本案的另一被告人威廉姆斯带着包裹从9121号屋后离开,进入一个地下室。不久后,二人离开地下室,威廉姆斯回到9121号,丹尼尔则走到9127号前并开始打电话。就在此时,其中一个包裹的监控信号被切断,也就是说该包裹已被打开。出于维持对可卡因控制的要求,探员们敲响9127号的门,在未得到任何回应后强行进入屋内,并发现桌子上有个未打开的包裹。探员们随后前往9121号,对沃尔斯进行询问。沃尔斯称这是她第三次收到类似的包裹,其中第一次时她对包裹里面的东西并不知晓,而第二次时她出于好奇心将其打开,发现里面是可卡因,便知道这第三个包裹里也有可卡因,而这些包裹都属于一个名叫德拉诺·塔吉特

(Delano Target)的街头帮派流氓团体成员。

在拘捕沃尔斯后,探员对威廉姆斯进行了询问。威廉姆斯声称自己没什么要隐瞒的,并书面同意探员搜查她位于9127号的地下室。搜查结果表明,在化妆台抽屉里有一个装着大麻的透明塑胶袋,在一筐衣服里有大约4 000美元,在厨房桌子上面和旁边有为售卖可卡因而包装和称重用的一盒橡皮手套、锡纸、塑料袋、白色粉末、纸口罩和数字标尺。此外,探员还在卧室化妆台抽屉里搜出一把口径为25毫米的雷文斯手枪,旁边还有一些衣物(似乎是一些男式的平角裤和一条领带或围巾)。在缉毒局的办公室里,威廉姆斯被告知了米兰达权利并作出书面陈述,称包裹送到9121号时她在屋内看到桌上的包裹,也知道里面有药物,但不知道药物的类型和数量,后来沃尔斯想转移包裹,她便主动将包裹带到自己家中。

【控辩观点】

控方:

控方试图运用作为平克顿案前提的替代责任理论来证明持有要件。基于该理论,即使不存在事实或推定持有,只要该项共谋中的另一成员持有枪支,威廉姆斯也可能被以故意持有武器重罪定罪。控方并未真正提出有关拥有该枪支的同谋者的任何证据。威廉姆斯的抗辩理由在于沃尔斯的另一个儿子——塞缪尔·西蒙斯(Samuel Simmons)也与该毒品交易有关,对此她并不知情。据推测,控方针对"如果威廉姆斯并非在她公寓内所发现枪支的持有者,则其室友西蒙斯便是该枪支的持有者。基于她认为涉案毒品为后者所有,则可认定后者是同谋者"这一观点提议法庭作出有关平克顿规则的法律指引,而威廉姆斯反对这项提议。

辩方:

第一,沃尔斯认为:(1)快递员对包裹的初步搜查违反了《宪法第四修正案》①;(2)缉毒局巴内特探员自行作出的检测是有问题的,因为巴内

---

① 人民的人身、住宅、文件和财产不受无理搜查和扣押的权利,不得侵犯。除依照合理根据,以宣誓或代誓宣言保证,并具体说明搜查地点和扣押的人或物,不得发出搜查和扣押状。参见任东来、陈伟、白雪峰等:《美国宪政历程:影响美国的25个司法大案》,中国法制出版社2004年版,第38页。

特在检测前并未被告知该包裹为何可疑,包裹里是否装有可卡因也并非一目了然;(3)联邦探员在未征得其同意的情况下进入其位于9121号的住宅的行为也违反了《宪法第四修正案》。

第二,另一被告人威廉姆斯则指出,(1)法院对其向警方所作陈述中的部分内容进行了不当编辑。(2)针对法院根据《美国法典》18§922(g)(1)认定其犯有故意持有枪支重罪的判决提出抗辩,认为控方必须在以下方面提出超越合理怀疑程度的证明:被告人曾被认定犯有重罪,被告人持有武器,该武器在州际往来中流转或产生影响。这可在 United States v. Moore 案①得到验证。在这些条件中,唯独持有要件存在争议。可明确的是,法律规定的"持有"可以通过实际或推定的持有而证明。这可在 United States v. Kitchen 案②得到验证。如果行为人在特定时间内在物理意义上直接控制某物,即可证明其实际持有该物。如果不存在物理意义上的直接控制,但被告人"明知其有能力与意图在特定时间内直接或通过他人对某物进行支配与控制",也可推定其持有该物。United States v. Hunte 案和 U.S. v. Garrett 案③得出结论。(3)质疑法院在 United States v. Mohammad Osmani 案④中对陪审团作出的指示。(4)初审法院错误地认同了某些旨在归罪于沃尔斯的儿子丹尼尔的证词的反对意见。(5)自己仅是次要的参与者。

【法庭观点】

在判决书的说理部分,上诉法庭首先探讨了平克顿规则的归责基础。平克顿规则的立场源于以下既定观点:首先,一个人可能被同时认定犯共谋罪和实体犯罪,"在共谋罪中被指控的外部行为,在实体罪名中也要被

---

① *United States v. Moore*, 936 F.2d 1508, 1525 (7th Cir.1991).
② *United States v. Kitchen*, 57 F.3d 516,520 (7th Cir. 1995).
③ *United States v. Hunte*, 196 F.3d 687,692 (7th Cir. 1999); *U.S. v. Garrett*, 903 F.2d 1105, 1110 (7th Cir. 1990).
④ 政府必须证明被告人"对持有海洛因这一行为存在故意或明知",并知道这是一种可被控制的物质。而对于具体罪状而言,政府无须证明被告人知道他所持有的物质的确切性质,或者他所持有的是何种特定的可被控制物质,而只需要证明被告人知道他持有某种可被控制的物质。*United States v. Mohammad Osmani*, 20 F.3d 266 (7th Cir. 1994).

指控和证明,但这对案件并不具有决定性影响"①。其次,一名共谋者的行为可能没有征得任何新的同意,尤其是直接指向该行为的同意。② 法院便要考虑共谋者能否以促进共谋的同谋者实施的实体犯罪定罪。在犯罪行为同时构成实体犯罪的犯罪共谋中,只要是为了推进犯罪共谋而实施该实体犯罪,且该实体犯罪的实施落入不法计划的范围,并可作为该犯罪共谋的一个必然或自然的结果而被合理预见,参与共谋者便可因共谋者实施的实体犯罪被定罪。③ 上诉法庭据此认为,(被要求基于平克顿规则判决案件)陪审团必须把焦点集中在共谋者的实行行为上,包括其是否构成一项犯罪、是否有超越合理怀疑程度的证据证明共谋者的罪责以及其是否为了推动被告人而参与共谋。

本案中,政府将对平克顿规则的适用向前推进了一步——力图将共谋者不构成实体犯罪的行为也作为归责基础的一部分。政府并未指控任何其他共谋者犯有违反《美国法典》§922(g)(1)的犯罪,而是使用复制粘贴法(a cut-and-paste approach),将某一共谋者持有枪支的事实置于另一共谋者的重罪情节中,从而为后者"创造"一项实体犯罪。这是对平克顿规则的极大扩张,而上诉法院认为这是难以掌控的。法院称,根据对平克顿规则的这种运用,甚至连共谋者合法持有武器的行为也可能被用以使一名重罪犯共谋者构成对《美国法典》18§922(g)(1)的违反;而且人们很容易设想一个大规模的共谋——位于此州的共谋者持有武器的行为可被用来认定位于彼州的共谋者构成持有型重罪。法院认为,对平克顿规则的这种适用背离了持有型重罪的立法目的——按照 Lewis v. United States 案④的说法"使武器远离被国会归类为可能不负责任且危险的人",是一种没有根据甚至可能违宪的对平克顿规则学说的扩张("当被告人与实体犯罪仅有轻度联系时,正当程序原则排斥平克顿规则的适用")。United States v. Castaneda 案⑤表明了这点。

法院同时指出,就政府对平克顿规则的扩张适用而言,持有枪支重罪

---

① *Pinkerton v. United States*, 328 U.S. 640, 643-44 (1946).
② See *Pinkerton v. United States*, 328 U.S. 640, 646-47 (1946).
③ See *Pinkerton v. United States*, 328 U.S. 640, 647-48 (1946).
④ *Lewis v. United States*, 445 U.S. 55, 64, 100 S.Ct. 915, 63 L.Ed.2d 198 (1980), quoting *Barrett v. United States*, 423 U.S. 212, 218, 96 S.Ct. 498, 46 L.Ed.2d 450 (1976).
⑤ *United States v. Castaneda*, 9 F.3d 761,766 (9th Cir. 1993).

也是一种特别不适当的载体。这种适用将使在其他场合合法的行为由于参与行为中人的地位而被犯罪化[承认主体地位是行为构成对《美国法典》18 § 922(g)(1)的违反的要件之一],可参考 United States v. Jester 案①。如前所述,立法者制定第922节第(g)段第1款,是"为了使武器远离那些其先前行为表明具有使用武器以威胁社会和平与'联邦政府的长治久安'的高度倾向的人"②。而与之相对应,立法者在《美国法典》18 § 921(a)(20)(A)中将某些非暴力犯罪的犯罪人从该立法的适用范围中排除(如,排除因实施了违反反垄断法的行为、不公平交易行为、违反贸易管制的行为以及类似的与商业管理规则有关的犯罪行为而被定罪的人)。立法者基于行为人所犯重罪的性质而在立法中作出的这种区分在"平等保护"条款("平等保护"条款是指《宪法第十四修正案》第1款中"……任何一州……在其管辖范围内不得拒绝给予任何人以平等法律保护"的规定)下得以延续,因为立法者可以合理推定,相对而言,如果武器在《美国法典》18 § 922(g)(1)适用范围内的重罪犯手中,对公众构成威胁的风险将高于其在该条款适用范围以外的非暴力型重罪手中。然而,政府在本案中提出的关于平克顿规则的应用将消解立法者的前述理由,因为根据其主张,武器在(并未因表现出威胁公共安全的倾向而被定罪的)非重罪犯手中这一事实将被用以对(并未持有将威胁公众的武器的)重罪犯施加替代性刑事责任,而该条款中潜在的对公众造成威胁的基本原理亦不再具有关联性。

最后,政府对平克顿规则的这种适用理论上还会引起对相关学说的倒置性适用,从而将重罪犯对武器的持有归责于非重罪犯共谋者。一名非重罪犯可能因一名重罪犯的持有武器行为而成立犯罪,这种荒谬的可能性恰恰揭示了将平克顿规则扩张适用于持有型重罪的做法存在的根本

---

① *United States v. Jester*, 139 F.3d 1168, 1170 (7th Cir. 1998).

② *United States v. Jester*, 139 F.3d 1168, 1171 (7th Cir. 1998)。另外,从各州法规对持有枪支的限制中也可看出立法者对公民持枪权利的态度。如,根据《加利福尼亚州刑法典》§ 12021,以下四类人不允许持有武器:一是有任何与毒品相关犯罪(如吸毒、贩毒、制造毒品)前科的人;二是有任何重罪(不一定是攻击性或暴力性犯罪)记录并曾被判处1年以上刑罚的人;三是曾有过严重性轻罪(包括家庭暴力、殴打罪、非法展示武器罪等)的记录的人(对这类人员的持枪禁令有10年的期限,10年后相关人员可以要求法官在特许的情况下重获持有枪支的权利;四是精神病患者或曾患有精神病的人以及18岁以下的未成年人。

问题。既然《美国法典》18§922(g)(1)按单独持有枪支的情形作出了定义,便不得再适用平克顿规则的替代责任条款。

综上所述,上诉法庭认为,地区法院在根据《美国法典》18§922(g)(1)对威廉姆斯犯有持有枪支罪的指控中对陪审团作出关于平克顿规则的指引是错误的。上诉法庭的最终结论是,维持两名被告人犯有以传播为目的持有可卡因共谋罪、传播可卡因共谋罪以及以传播为目的持有可卡因罪的有罪判决,同时撤销了威廉姆斯犯有故意持有枪支罪的有罪判决并将其发回重审。

【案例评述】

(一)普通法上共谋与实体犯罪的关系

在普通法上,按照 Callanan v. United States 案[1]的说法,与目标犯罪完成后未遂罪和教唆罪被目标犯罪吸收的规则不同,共谋罪并不与未遂或既遂的实体犯罪相结合。例如,People v. Jones 案[2]中,如果两名行为人共谋抢劫被害人,而且后来的抢劫行为既遂或未遂,他们将因共谋抢劫罪和抢劫罪或抢劫未遂罪而被定罪处罚。法律规定与立法精神及价值取向是密不可分的,立法目的和制度功能往往对法律规定的立场选择和价值侧重有着重要甚至决定性的意义。如果认为犯罪共谋的立法目的主要是为了给警察提供一个阻止目标犯罪被实施的机会,那么普通法上这种不合并规则是毫无根据的,因为一旦共谋的目标犯罪被实施或最终实现,犯罪共谋本身的立法目的就会消失。然而,如果关注犯罪共谋的另一个基本原理,也就是其针对的是犯罪共谋固有的特殊的危险性,则不合并规则是有理论根据的。United States v. Jimenez Recio 案[3]表明了这一点。

普通法认为,共谋罪的本质是两个或两个以上行为人就实施犯罪或不法行为达成协议(或形成合意)。Iannelli v. United States 案[4]有这样的

---

[1] *Callanan v. United States*, 364 U.S. 587, 593-594 (1961).

[2] *People v. Jones*, 601 N.E.2d 1080,1088 (Ill. App. Ct. 1992).

[3] "(共谋的)协议是一种无论实质性犯罪是否发生而均成立并可罚的独特的罪恶。" *United States v. Jimenez Recio*, 537 U.S. 270, 274 (2003), quoting *Salinas v. United States*, 522 U.S. 52, 65 (1997).

[4] *Iannelli v. United States*, 420 U.S. 770, 786, n. 17(1975).

表述:"共谋罪是一种'未完成形态犯罪',其本质是以实施不法行为为目标的协议。"依据 Bell v. United States 案①甚至可以说,"共谋罪本身就是实体犯罪,不法协议的达成就表明共谋罪得以完成。外部行为不是共谋罪的成立要件之一"。因为依据 Krulewitch v. United States 案②在犯罪共谋的情形中,犯罪主要体现为"精神上的组合",是"想法和意图的汇合"。而有学者认为:"从个体共谋者的角度看,信赖共同共谋者的合作以及在未来会支持和帮助他们的犯意,增加犯罪行为得以实施的可能性。而且抗制一群人的反社会计划,比抗制个体的反社会计划更困难。因此,共谋罪的重要性来源于打击有组织犯罪的有效性……通过共谋罪法网,团伙中的所有参与者,无论从犯还是主犯,无论远距离加功犯罪者或在场的行为人,在不法计划充分成熟为犯罪行为前通常便可基于共谋罪而受到惩罚。所以,基于群体行为特别危险性原理,普通法上一贯认为,只要复数行为人就实施犯罪或不法行为达成协议即可构成共谋罪,而不论共谋的目标是否实现或可否实现。而且当共谋罪的目标是一种不法目标时,即使共谋者尚未决定采取实现不法目标的手段,他们仍可能受到追诉。"③

与未遂罪相较,根据普通法上共谋罪的立法目的与功能设计,警察有权更早地介入和抑止犯罪活动。当二人或二人以上以其部分成员随后实施犯罪行为为目的而达成不法协议时,犯罪共谋便已成立,而且具有足以明确征表共谋者的人身危险性和犯罪决意的坚定性、类型化的、值得予以刑事处罚的抽象危险,故无须存在推动该共谋的进一步活动,国家即可发动刑罚权予以干预。即使法律条文要求具备推动犯罪共谋的外部行为,但与司法实践的实际处理情况一样,这一行为可能只是微不足道的、对实体犯罪的实施仅起到预备性的作用的行为,对犯罪共谋的成立并不起关键作用。因此,正如共谋罪的支持者们所主张的那样,犯罪共谋的规定解除了对警察执法行为的束缚,并填补了犯罪未遂规定中"不切实际的"漏洞。④

---

① *Bell v. United States*, 2F. 2d 543 (CA8 Utah 1924).
② *Krulewitch v. United States*, 336 U.S. 440, 447-448 (1949) (Jackson, J., concurring) (footnote omitted).
③ Fred J. Abbate, "The Conspiracy Doctrine: a Critique", *Philosophy and Public Affairs*, Vol. 3, No.3, 1974, p. 297.
④ See Joshua Dressler, *Understanding Criminal Law* (7th ed.), LexisNexis, 2015, p. 444.

普通法上共谋罪与实体犯罪的这种不合并(不吸收、不结合)的关系,对于犯罪共谋的处罚时点、责任范围和追诉时效等都有重要影响。首先,就处罚时点而言,基于前文论述可知,犯罪共谋的规定为提早发动刑罚权干预和打击犯罪行为提供了正当性基础和规范依据,从而起到预防性执法的作用,故即使犯罪共谋的时点与作为其目标的实体犯罪的时点相距甚远,只要存在足以排除合理怀疑的证据证明不法协议或犯罪合意,就可以发动刑法对共谋者予以处罚。因此,外部行为(overt act)并非共谋罪成立的构成要件,而只是作为证明犯罪共谋存在的证据之一,其与犯罪共谋是表象与内容的关系。法律不要求该外部行为是作为目标的实体犯罪行为,甚至也不要求是违法犯罪行为或不道德行为,也无须达到未遂罪所要求的已经进入实施犯罪阶段的实质步骤(substantial step)的程度;只要该外部行为是为了推进犯罪共谋而实施的,足以排除合理怀疑地表明共谋者之间存在不法协议,就可表明共谋的存在。法官在认定犯罪共谋时并不需要对外部行为进行具体的个案判断,而只需进行形式化的抽象判断,即判断其中一个共谋者是否实施了一个推进犯罪共谋的外部行为。[1] 值得一提的是,虽然"协议(或联合)独立于外部行为而作为共谋罪的核心""共谋的可罚性独立于外部行为的可罚性而存在"这一普通法规则通过一系列著名判例得以确立,但该规则往往仅被视为最后手段,其在早期司法实践中的适用十分有限。在多数情况下,共谋者之间的协议或联合被视为共谋罪的构成要素(element)或加重情节(aggravation),案件的关键点仍位于外部行为上。

　　其次,从责任范围的角度来看,与未遂罪和教唆罪的合并规则相区别,共谋罪实行不合并规则,即当作为共谋目标的实体犯罪被实施时,对共谋者同时科处共谋罪与实体犯罪数罪,从而使共谋者所要承担的刑事责任具有多重性并被严厉化。

　　最后,在追诉时效方面,普通法实行时效延长规则。普通法认为共谋罪是一种持续性的犯罪;换言之,共谋者达成不法协议后通常需要经过一段时间采取行动从而实施实体犯罪。与之相适应,共谋罪的追诉时效在共谋罪真正完全终止后,即实体犯罪完成或共谋者彻底、终局地脱离共谋

---

[1] See Richard J. Bonnie, Anne M. Coughlin, John C. Jeffries, Jr., Peter W. Low, *Criminal Law* (2nd ed.), Foundation Press, 2004, p. 601.

后才开始起算。此项规则有利于司法实践中控方规避实体犯罪的时效限制而将其与共谋罪作为一个整体,适用共谋罪的时效规则予以追诉。也就是说,尽管在具体案件中的实体犯罪行为可能已超过追诉时效,但只要该行为可以被视为为推进犯罪共谋而实施的外部行为,就可以将其与共谋罪作整体性处理,适用尚未超过的共谋罪追诉时效。[1]

(二)《模范刑法典》对共谋与实体犯罪关系的规定

与普通法不同,《模范刑法典》§1.07(1)(b)规定,任何人不得同时因共谋和共谋目标犯罪的完成或未遂而被定罪处罚,除非控方证明该犯罪共谋涉及其他尚未完成或企图实施的额外罪行。例如,如果被告人 D1 和 D2 密谋并抢劫了银行 V,他们可能因抢劫共谋罪或抢劫罪而被定罪处罚,但不会同时因为这两项犯罪而被定罪处罚。相反,如果 D1 和 D2 密谋抢劫银行 V1、V2 和 V3,他们在抢劫银行 V1 后被逮捕,也就是说,在他们的其他犯罪目标完全实现之前,该犯罪共谋并未与已实施的犯罪合并。《模范刑法典》的起草者认为,在这种情况下,集体犯罪行动所固有的特殊危险是犯罪共谋的特有的可罚性。[2]

在共谋与实体犯罪的关系这一问题上,普通法和《模范刑法典》分别作出了不合并和重合部分合并的规定,二者虽然在共谋罪与实体犯罪并处的程度上有所区别,但同样反映出刑法对犯罪共谋的问题作出了特殊的处理,使其在提前介入犯罪活动、严厉打击犯罪行为和灵活处理追诉时效方面具有其他不完整罪和完整罪所不可比拟的优势。但鉴于外部行为的宽泛化和早期化、不法协议的主观性、多重处罚的严厉性、追诉时效的延长化和任意性等对公民的自由与人权、刑法的谦抑性和法秩序的稳定性产生的影响,我们仍需重新看待和谨慎处理共谋与实体犯罪的关系问题。

---

[1] See Phillip E. Johnson, "The Unnecessary Crime of Conspiracy", *California Law Review*, Vol. 61, No.5, 1973, p. 1180.

[2] See Joshua Dressler, *Understanding Criminal Law* (7th ed.), LexisNexis, 2015, p. 446.

第九章 共同犯罪

第一节 客观要件

案例：密苏里州诉巴纳姆案[*]
(*State v. Barnum*)

高颖文[**]

【关键词】

伤害罪；共同犯罪；鼓励；教唆与帮助；主犯与从犯

【争议焦点】

未参与实施犯罪行为，仅在犯罪现场对犯罪实行人进行鼓励和建议（且犯罪实行人未听从其建议）的行为能否成立该罪的共犯？

【诉讼进程】

1997年8月11日，被告人诺玛·巴纳姆（Norma Barnum）及其他4名被告人涉嫌实施及参与了对被害人卡迪斯·韦斯特（Candis West）进行人身伤害。1998年2月29日，5名被告人被起诉，并经过佩蒂斯县

---

[*] *State v. Barnum*, 14 S.W.3d 587 (Mo. banc 2000).
[**] 北京大学法学院博士研究生。

(Pettis)巡回法院陪审团审理被认定为有罪,并被判处 10 年监禁。

巴纳姆提出上诉,2000 年 3 月 21 日,密苏里州最高法院维持初审法院判决,认定巴纳姆有罪。

【案件事实】

1997 年 8 月 11 日凌晨 1 时许,14 岁的韦斯特从家出发步行去找其男友布兰登·斯拉德(Brandon Srader),到达男友家后发现男友不在,男友 19 岁的妹妹,本案上诉人巴纳姆在家。韦斯特与巴纳姆决定外出散步,在她们于 2 点左右散步归来时,受害人男友布兰登及其好友克里斯蒂娜·卡西迪(Christina Cassidy)、杰西卡·格里芬(Jessica Griffin)、希瑟·贝尔特(Heather Belt)、特拉维斯·拉斯特(Travis Laster)、迈克尔·杰克逊(Michael Jackson)都在家中。韦斯特并不认识这些人,但很快意识到自己的男友布兰登和格里芬开始了新的关系。韦斯特告诉卡西迪和贝尔特,她对布兰登和格里芬乱来的行为非常不满。而这两人则把韦斯特的原话告诉了格里芬,于是三女共同盘算着要把韦斯特带到外面暴打一顿。房间里除被害人自己和杰克逊之外都知晓了这几个女孩殴打韦斯特的故意,并且她们开始实施计划。原本的计划是在沃尔玛商场打人,但当拉斯特开车把除杰克逊以外的其他人载到沃尔玛后,拉斯特偷偷告诉三个女孩说他知道有更适合殴打的地方,于是把一行人载到密苏里州佩蒂斯县的一座低水位桥下(案发地点)。

所有人都下车之后,卡西迪先打了韦斯特的脸并开始拽她头发,韦斯特没有反击就倒在地上,然后格里芬和贝尔特加入和卡西迪一起踢打韦斯特,在 1 个小时的凌虐中,几个女孩尝试在水泥地上拖行韦斯特,用打火机烧她的头发,强迫她脱光衣服,用她的鞋打她的屁股,并把她和她的衣服扔进河里。布兰登、拉斯特和本案上诉人巴纳姆则一直眼睁睁看着整个攻击的过程。

在此过程中的某一时点,一直在大笑的上诉人巴纳姆大喊:"好啊,好啊,我们来杀了她,杀了她……用车把她撞飞!"

最终拉斯特提醒三个施暴的女孩差不多该停手了,于是一行人回到车上,把韦斯特丢在水里,且卡西迪警告她说如果她敢动,他们就回来杀了她。上诉人和这一行人一起离开,没有尝试对韦斯特进行任何的援助或救护。

最终,浑身赤裸并且受伤严重的被害人韦斯特被一辆路过的车所搭救,司机给了她一件丝绒衫和外套,载她到塞达利亚(Sedalia)的警局。警察简短询问了韦斯特并对伤口拍照后呼叫救护车,在就医之前,韦斯特给了警员上述参与施暴者的姓名和地址,警员调查时在桥下发现了韦斯特的衣服和首饰,于是拉斯特、上诉人巴纳姆和其他三名施暴的少女被逮捕。

经过医院诊断,韦斯特被鉴定为眼眶骨折、鼻骨骨折、两根肋骨骨折,到具备 X 光和 CAT 设备的哥伦比亚特区的医院进一步检查后,最终确定其须进行眼窝修复性手术,且伴有视力问题、头部疼痛等后遗症。

【控辩观点】

辩方:

上诉中巴纳姆认为自己并未积极实施任何殴打和伤害的行为,也未曾积极参与对伤害行为的谋划或者实行,同时指出,自己虽然在现场对实行人叫喊出用车撞击被害人的建议,但实行人并未按照自己的建议行动,因此,巴纳姆认为初审法院所提出的证据不能支持判决其成立共同犯罪的结论。

【法庭观点】

本案上诉审法官阐述了法庭观点,认为上诉人辩称的观点不能成立,肯定初审法院认定事实依据的证据足以得出有罪的结论。

第一,初审法庭所援引的条款为 1994 年版的《密苏里州成文法注解》(*Mo. Rev. Stat.* 1994)§ 562.041.1(2):"一个人须对他人的行为承担刑事责任,如果:在他人实施犯罪行为之前或过程中,其以促进该犯罪实施的目的帮助,或同意帮助,或试图帮助该行为人计划、实施,或试图实施该犯罪行为。"该条款的设立,是为了使无法依其自己的行为成立单独犯罪的人以共犯的形态成立犯罪。

第二,密苏里州已经在 1979 年取消了主犯与从犯的区分,只要在犯罪中共同行动(act in concert)的人都承担同等罪责。因此,证据不需要证明被告人个人实施了该犯罪中的所有行为要素。①

第三,虽然仅仅在犯罪现场的事实——不管其单独存在或者与拒绝参与犯罪的表示相结合——尚不足以支持共犯责任的成立,但"宽泛的'帮助或教唆'的概念自然包含了所有能被解释为'鼓励'(encouragement)及其派生概念的行为",因此单纯的鼓励行为就足以成立共同犯罪。而"鼓励"可以等价解释为一切可以支持或促进他人犯罪行为的活动,包括通过语言、姿势、表情或符号激起或加强他人犯罪的情绪。事实上,无论是在犯罪之前、之中或之后,以一种"部分地显示出(对犯罪的)作用力的方式行动"(acting as part of show of force)或是未对受害人予以援助或救护(对于共犯的成立),都是成立共同犯罪应当考虑的因素。

第四,直接证据和推断能够有效地证明上诉人成立一级伤害罪。上诉人在犯罪计划拟定之时就在现场,并且跟随实施伤害行为的人到了沃尔玛商场以及伤害行为真正发生的低水位桥,都是已被证实毫无疑义的。上诉人站在现场,观看了整个攻击过程并且大笑。拉斯特的供述证明了在攻击过程中,上诉人说了"杀了她",且在殴打结束前,又喊道"用货车把她撞倒"。受害人韦斯特的证言同样证明上诉人说过"好啊,好啊,让我们杀了她,让我们用汽车(或是货车)把她撞倒"。任一供述都清楚地证明上诉人对于攻击行为的支持和鼓励。上诉人在殴打行为结束后和攻击实施者一同驾驶卡车离开了现场,将赤裸、受伤的被害人留在现场。

第五,上诉人对于三名实施伤害的行为人并未听从她关于用车撞击被害人的建议,因此其言辞并未激励犯罪行为人的辩称并不能成立。上诉人的言辞可以当然地被陪审团认定为其对伤害行为有着概括性的激励(general encouragement),并且,这与上诉人的其他参与犯罪实施的事实相结合,能够充分地证明陪审团的结论。②

综合上述因素,法官得出结论,应当对初审法院的判决予以承认。

---

① See Ellen S. Podgor, Peter J. Henning, Andrew E. Taslitz & Alfredo Garcia, *Criminal Law: Concepts and Practice* (3rd ed.), Carolina Academic Press, 2013, p. 523.

② See Ellen S. Podgor, Peter J. Henning, Andrew E. Taslitz & Alfredo Garcia, *Criminal Law: Concepts and Practice* (3rd ed.), Carolina Academic Press, 2013, pp. 521-523.

【案例评述】

本案是关于共同犯罪成立的客观要件的典型案例,其实体法层面主要的争议点为,何种行为能够成立共同犯罪,对犯罪行为单纯的鼓励或建议能否成立共犯,另外,共犯承担的责任,是否与实行犯有所区别。上述争议问题,涉及英美法上的共犯责任原理。

正如本案中法官所述,共犯理论及其体现在立法上的规定,乃是为解决无法独立承担单独犯罪责任的人通过共犯理论承担他人行为的责任的问题。基于共犯理论,仅以鼓励或建议的方式对犯罪实行行为予以支持,是否成立共犯,承担何种责任,建立在对于共犯范围和共犯承担责任方式的划定之上。

普通法上的共犯,经历了从严格划分共犯类型到逐渐摈弃这种划分的过程。在早期普通法上,依据不同的行为形态,共犯被严格划分为主犯和从犯,在此之上进一步划分为四类:一级主犯(principals in the first degree)、二级主犯(principals in the second degree)、事前从犯(accessories before the fact)、事后从犯(accessories after the fact)。一级主犯即实行犯,是真正实施犯罪行为的人;二级主犯为犯罪现场的教唆或帮助犯,是在犯罪现场帮助、劝告、指挥或鼓励一级主犯实施犯罪行为的人;事前从犯是在事前为一级主犯提供建议或工具,但并不在犯罪现场帮助犯罪实施的人;事后从犯是在犯罪实施之后帮助实行犯隐匿或逃避司法程序的人。此种划分方式严格限定了各种共犯的成立范围,实施了共犯行为的人,必须严格符合上述分类中的行为类型,方可在上述分类的范围内成立共犯。这种严格对应不仅在于实体上客观要件的符合上,在程序方面,对于共犯类型认定的要求同样严格,检察官在起诉共犯人时必须准确指出其共犯类型是主犯还是从犯,如果共犯人不能成立其指控的共犯类型,则法庭只能对其作出无罪的判决。[①] 另外,在责任的承担上,不同的共犯类型所承担的责任轻重有着较为明显的区别,例如,事后共犯的可罚性被认为远低于实际参与犯罪实施的犯罪人,因此其处罚往往不及主犯的一半。[②] 同

[①] 参见储槐植、江溯:《美国刑法》(第四版),北京大学出版社2012年版,第125页。
[②] See Ellen S. Podgor, Peter J. Henning, Andrew E. Taslitz & Alfredo Garcia, *Criminal Law: Concepts and Practice* (3rd ed.), Carolina Academic Press, 2013, p. 525.

时,在程序上,从犯严格派生(从属)于主犯,在主犯被定罪处罚之前,不能对从犯定罪处罚,如果主犯死亡、逃匿或者被豁免或被宣告无罪,从犯就无从承担责任。如果没有犯罪的主要实行犯,就既没有犯罪行为,也没有共犯。①

可是这种严格的区分造成了实践中的困难,造成在无法认定主犯责任的情形下对从犯无可奈何的窘境。为了解决这一问题,普通法进行了长期的调整探索。在普通法上的共犯责任原理引入美国的过程中,主犯与从犯的区分逐渐变得不重要,在很多情形中,主犯和事前从犯适用相同的刑罚。② 而经过一系列的判例和立法的修改,美国各州刑法与联邦刑法都已经基本消除了主犯和从犯的区分,而将除去事后共犯之外的其他所有共犯均作为主犯处罚,承担同样的责任,典型例子是《美国法典》18 § 2(a)。③ 而共犯在程序和实体上也不再严格派生于实行犯,即便实行犯的刑事责任无法认定,实施了共犯行为的人亦可以成立共犯。共犯的责任可以独立于主犯成立,不管主犯是否被指控、审判或者已经逃匿④,只要共犯成立所依附的案件事实被证明,共犯责任就可以得以认定。而对于事后从犯,由于其行为的特殊性,普通法及美国各州立法上并未将其与事中从犯一同作为共犯,承担与主犯相同的责任,而是将其保留为包庇犯罪单独处理。例如,《美国法典》18 § 4 (2000)正是关于包庇犯的规定:"任何人,只要知悉已为美国法院所掌握的某一实际犯罪行为,如隐瞒或不尽快向美国民事或军事当局的法官或其他人士披露该罪行,将被处以不超过 500 美元的罚款或监禁不超过 3 年,或者同时处以这两种处罚。"

共犯对犯罪的参与行为,分为作为形态的行为与不作为形态的行为,作为形态的参与行为在普通法上的描述多种多样,包括"帮助""教唆""建议""协助""命令""劝告""鼓励""劝诱""介绍"等。许多立法或判

---

① See George P. Fletcher, *Rethinking Criminal Law*, Little, Brown and Company, 1978, p.636.

② See Andre A. Moenssens, Ronald J. Bacigal, Gerald G. Ashdown, Virginia E. Hench, *Criminal Law: Cases and Comments* (8th ed.), Foundation Press, 2008, p. 843.

③ See Ellen S. Podgor, Peter J. Henning, Andrew E. Taslitz & Alfredo Garcia, *Criminal Law: Concepts and Practice* (3rd ed.), Carolina Academic Press, 2013, p. 525.

④ See John Kaplan, Robert Weisberg, Guyora Binder, *Criminal Law: Cases and Materials*, (5th ed.), Aspen Publishers, 2004, p. 698.

例中将其总结为两种,即"帮助"(aiding)和"教唆"(abetting)。1894 年 *State v. Tally* 案①的判决为"帮助"和"教唆"下了定义:教唆是指在犯罪之中真实且积极地对犯罪行为有所煽动或激励的行为;而帮助则是在犯罪过程中,基于对犯罪人的行为予以协助或补充的目的,在犯罪实施中的具体情况的要求之下,予以事实上协助的行为。学者们通常将其对应为对犯罪实施者"物理上的帮助"(physical aid)与"精神上的帮助"(psychological aid),前者指在物理上为实行犯提供便利、予以协助的行为,后者指对实行犯进行精神上的鼓励或支持的行为。② 因此,通过言语表达对犯罪实行人的精神进行鼓励的行为,可以成立对犯罪人"精神上的协助",从而成立共犯。

本案的初审和上诉审法庭认定巴纳姆成立一级伤害罪,并将其与实施伤害行为的三名被告人并列,科处相同的 10 年监禁的刑罚,正是基于上述背景作出的。因其已经在现场通过言语激励了犯罪的实施,其成立共犯的条件就已经具备。只要从犯的语言在事实上对犯罪行为产生了鼓励或者表示了赞同,那么此种激励性或赞同性的语言表达就足以成立共犯行为。③ 而在普通法上共犯原理的发展中,在主犯与从犯的严格区分已不复存在的前提下,只需要根据法律规定与事实认定被告人实施了共犯行为,就可以依照实行犯的行为确定共犯的罪名,并科处与实行人相同的刑罚。事实上,在目前的很多案件中,在检察官难以分辨多个被告人中谁真正实施了犯罪(即实行犯或"主犯")时,可能对一个人同时控告其成立主犯或教唆/帮助犯,而只要证据能够支持其中任何一项(包括客观行为与主观要素),陪审团就会作出相应判决,因为主犯与从犯的区分对于处罚来说根本无关紧要。④

美国《模范刑法典》§2.06 规定了共犯责任,对上述普通法上对于共犯责任的调整基本予以采纳。值得一提的是,《模范刑法典》§2.06(1)将共犯承担责任的形式分为两种:第一,为自己的行为承担责任的人,即

---

① *State v. Tally*, 102 Ala.25, 15 So. 722 (1894).
② See Richard G. Singer, John Q. La Fond, *Examples & Explanations: Criminal Law* (5th ed.), Wolters Kluwer Law & Business, Aspen Publishers, 2010, pp. 387-388.
③ See Joel Samaha, *Criminal Law* (5th ed.), West Publishing Company, 1996, p.132.
④ See Ellen S. Podgor, Peter J. Henning, Andrew E. Taslitz & Alfredo Garcia, *Criminal Law: Concepts and Practice* (3rd ed.), Carolina Academic Press, 2013, p. 528.

实施犯罪行为的人,包含直接实行犯与共同实行犯;第二,为他人的行为承担责任的人,包含间接实行犯、特别共犯及狭义共犯。间接实行犯是指利用无责任的他人实施犯罪行为的人,其行为支配或者控制了无罪或者无责的人,包括未成年人、精神病人、缺乏犯罪心态的人等,并利用其实施了犯罪行为。特别共犯则是其他法律明确规定某一行为应当为他人的行为承担责任的情况,这实际上是《模范刑法典》允许各州法律设置特别的共犯行为作出的保留规定。[1] 而狭义共犯则是通常意义上的共犯,即在蓄意的心态下,教唆或者帮助他人实施犯罪,或者有义务防止他人实施犯罪的人不履行该义务的行为,或者法律明确宣告某一行为构成共犯的其他情形。另外,对于事后共犯,《模范刑法典》与制定法采取了相同的处理方法,未将其作为共犯处罚,而是在§242(3)中将其规定为帮助逃避追捕或起诉的妨害司法犯罪。

其中,值得注意的是,《模范刑法典》将狭义共犯中的帮助行为明确界定为"帮助、同意帮助或试图帮助"[2],因此,行为人只要同意或企图帮助他人实施犯罪,不论事实上是否实施了帮助行为,是否事实上起到了帮助作用,被帮助的实行行为是否既遂,都不影响狭义共犯的成立,这是《模范刑法典》对于共犯责任的成立作出的较为特别的规定。可见,与普通法上的处理方式不同,对于共犯的成立条件,《模范刑法典》采取的标准是更为宽松的。另外,需要特别注意,《模范刑法典》在§5.01、§5.02中将共犯实施教唆或帮助行为而"实行犯"根本未着手实施犯罪的情形规定为独立的未完成罪,在这种情形下,尽管教唆者或帮助者无法成立狭义共犯,但仍然应当承担单独的犯罪未遂的责任。

需要指出,《模范刑法典》§2.06(5)和§2.06(7)表明,共犯责任的成立与共犯的身份(除非其具备身份上的抗辩事由)、实行犯是否被定罪及实行犯的罪责程度无关,在《模范刑法典》评注中,起草者指出:"只有主要被告人的行为可以归责于共犯,而责任的程度则取决于共犯自身的罪责。"[3]可见,《模范刑法典》中的共犯责任的成立具有更高的独立性,这是

---

[1] 参见储槐植、江溯:《美国刑法》(第四版),北京大学出版社2012年版,第122页。

[2] American Law Institute, *Modern Penal Code and Commentaries*, Comment to §2.06, p. 327 (1985).

[3] American Law Institute, *Modern Penal Code and Commentaries*, Comment to §2.06, p. 327 (1985).

对普通法上共犯逐渐具备程序与实体上独立性的总体趋势的接受和肯定。

从本案和普通法上共犯责任原理的发展历程,以及《模范刑法典》的规定,可以看出,美国刑法中的共犯责任的成立标准和范围经历了从严格到逐渐宽松的过程,共犯相对于实行犯,逐渐具有了较强的独立性。无论是后期的普通法还是《模范刑法典》,都不再将共犯类型作为认定共犯责任的严格标准,而采取了对所有实施了法律规定的共犯行为的人科处与实行犯相同的刑罚的处理方法,《模范刑法典》更是将仅仅同意或企图帮助的行为都作为共犯行为进行处罚,而不论其客观上是否实施帮助行为或帮助行为是否有效。可见,此种逐渐宽泛的标准实际上征表着美国刑法上对于共同犯罪的处罚范围的扩张。此种扩张趋势从理论上看,对于共同犯罪,应当具有较强的预防效力。

第二节 主观要件

案例:联邦诉克鲁兹案[*]
(*United States v. Cruz*)

高 照[**]

【关键词】

帮助和教唆;特殊故意;蓄意;明知;附随情状

【争议焦点】

一个人客观上存在帮助他人进行毒品交易的行为,在其对所帮助的交易行为缺乏认识的情况下,能否基于帮助和教唆犯理论构成意图买卖毒品罪的共犯(狭义)并因而遭受处罚?

【诉讼进程】

汤米·克鲁兹(Tommy Cruz)因涉嫌帮助、教唆毒品交易罪于2000年12月被捕。联邦地区法院纽约东部地区法庭于2002年7月31日宣判其罪名成立,判处5年监外看管和110个月监禁。

克鲁兹提起上诉,联邦上诉法院第二巡回法庭经审理后,于2004年4月2日宣判推翻原判,发回重审,并附带了无罪的陪审团指示。

【案件事实】

美国缉毒局为了抓捕毒贩卡洛斯·梅迪纳(Carlos Medina),安排线人恩里克·拉莫斯(Enrique Ramos)与梅迪纳进行沟通,设置了一个警察圈套。经过前期的沟通,双方达成初步的意向:双方交易海洛因900克,于2000年12月13日在纽约市皇后区(Queens)波士顿快餐店进行交易。

---

[*] *United States v. Cruz*, 363 F.3d 187 (2d Cir. 2004).
[**] 北京大学法学院硕士研究生。

在交易之前的一个周五,即 2000 年 12 月 9 日,有中间人找到克鲁兹,让其去教训几个厄瓜多尔人,并以 200 美元作为报酬。12 月 12 日,这名中间人又安排了一次会面,本案的主犯梅迪纳参加了此次会面并和克鲁兹一起制订了详细的殴打厄瓜多尔人的计划。此次会面结束之时,被告人被告知在行动之前,还需进行一次会面。在交易当天,行动之前,克鲁兹和梅迪纳又进行了一次会面,此次会面上,克鲁兹收到了与此前完全不一样的指令,计划有变,他只需负责在梅迪纳进行交易之时负责外围警戒,交易的地点即之前提到的波士顿快餐店。

交易之前,被告人克鲁兹与其同伴路易斯·罗德里格斯(Luis Rodriguez)驾驶着一辆林肯城市轿车到达现场,并检查了周围的情况,然后进入快餐店,点了食物,找了张桌子坐下。随后不久,梅迪纳进入店内,与早就到达的拉莫斯坐到一张桌子上。他们就在此进行毒品交易的磋商,不久后初步达成协议。在这一过程中,克鲁兹与罗德里格斯都没有与梅迪纳以及拉莫斯有任何的交流。

完成磋商之后,梅迪纳离开了快餐店,随后,克鲁兹和罗德里格斯也离开。半小时之后,他们又驾驶着之前的林肯城市轿车回到广场。梅迪纳从副驾驶座位上下车并向拉莫斯挥手致意,拉莫斯便走过去进入车的后座。拉莫斯观察到坐在驾驶座上的正是克鲁兹,在梅迪纳的指引下,拉莫斯发现了驾驶座后背上放着的手机盒中的毒品。

随后,拉莫斯向早就埋伏好的缉毒局调查员发出了事先协商好的信号,缉毒局便实施了抓捕行动。

【控辩观点】

控方:

克鲁兹在整个案件进程中,负责警戒,对于主犯犯罪行为的实施起着帮助的作用,基于帮助和教唆理论(aiding and abetting theory)和美国刑法的规定,被告人应被判处帮助、教唆毒品交易罪。

辩方:

克鲁兹只是在主犯梅迪纳进行交易的时候负责警戒,并不知道是什么交易,更不知道进行的是毒品交易。他不仅没有意识到自己卷入了一宗毒品交易之中,甚至连交易中哪一方是买方、哪一方是卖方都不清楚。

【法庭观点】

上诉法院第二巡回法庭认为,基于帮助和教唆的犯罪理论,控告被告人有罪必须要有超出一般案件的证据来排除合理怀疑。在共同犯罪中,对一个帮助犯和教唆犯定罪,控方必须证明被告人与他人实施了犯罪行为或者在法律规定作为时没有作为,并需要证明这种行为是基于一种促使潜在的犯罪发生的特殊故意。为了证明行为时的特殊故意,控方必须证明行为人知道计划实施的犯罪。

庭审记录在证明克鲁兹知道梅迪纳在和拉莫斯进行毒品交易的证据上是明显缺乏的。首先,缉毒局的调查员弗莱明和塔利都能够证实被告人在被捕之后多次提到其不知晓自己卷入毒品交易之中;其次,缉毒局线人拉莫斯的证言表明,在拉莫斯与梅迪纳进行交易谈判的时候声音很低,他对克鲁兹能够听到他们谈话是持怀疑态度的;再次,在缉毒局的调查、抓捕过程中,克鲁兹虽然进行了一系列的反侦察行为,但是这并不能绝对地证明被告人知道梅迪纳进行的是毒品交易并期望促使交易的实现;最后,尽管被告人是这辆林肯城市轿车的司机,但是没有证据能够证明在梅迪纳告诉拉莫斯毒品位置之前,其已经知晓毒品存在于驾驶座的后背上。

现有的证据能够证明的是,被告人克鲁兹在犯罪现场知道梅迪纳在进行某项犯罪活动。庭审记录几乎没有证据能够证明克鲁兹事先知道梅迪纳计划实施哪一个犯罪,也不知道自己的行为在促使哪一犯罪的实施。因此,无法基于帮助和教唆的犯罪理论对被告作出有罪的判决。

针对控方提出的被告人的警戒行为(act as a lookout),第二巡回法庭也作出了有力的反驳。在之前的很多案例中的确都有针对警戒者定罪的判例,但是几乎所有判决有罪的案例中,都有这样的一个前提,即对被告人判定有罪都只是在其犯罪意图——无论是明知还是蓄意——都有充分的证据证明的情况下作出的。例如,在 United States v. Pitre 案[1]中,宣判被告人有罪是因为证据表明其知道而且故意地参加毒品交易的谋划;在 United States v. Torres 案[2]中,宣判被告人有罪是因为他是毒品的提供者;

---

[1] United States v. Pitre, 960 F.2d 1112, 1121-22 (2d Cir. 1992).
[2] United States v. Torres, 845 F.2d 1165, 1168 (2d Cir. 1988).

在美国诉笛安一案中,法院认为没有足够的证据证明被告人知道其在保护的是什么,且不知道交易的对象;在 United States v. Wexler 案[1]中,法庭认为在被告人与具体的犯罪客观要素之间的联系缺乏足够证据支撑的情况是致命的。以上判例表明,仅仅能够证明被告人在一个案件中负责警戒的作用是不能够判决有罪的,在此基础上,还需证明被告人对于主犯所实施的犯罪有认知,知晓主犯在从事哪一犯罪行为。

基于上述分析第二巡回法庭认为证明被告人克鲁兹构成帮助、教唆毒品交易罪的证据不够充分,推翻原判发回重审,并附带了无罪的陪审团指示。

【案件评述】

本案的核心问题是在共同犯罪中,共犯(狭义)犯罪心态如何确立。美国刑法中共犯(狭义)的犯罪心态是相当重要且非常复杂的问题。共犯(狭义)犯罪心态的确定,不仅取决于共犯行为人自身的犯罪心态和犯罪行为,而且与主犯的犯罪心态和犯罪行为有着密切的联系。

普通法上将共犯的犯罪心态分为两层进行界定:(1)共犯具有实施该犯罪的心理要件;(2)共犯具有帮助主犯实行犯罪行为的蓄意。[2] 在一般的犯罪中,对于结果的出现也要求具有蓄意地促使,而在一些判例中,在自然且可能的结果规则之下,蓄意地帮助主犯实施犯罪行为,却疏忽地使得更严重的犯罪结果出现,对于严重的犯罪结果亦满足心理要件。《模范刑法典》§2.06(3)的规定是,一个人是他人实行一项犯罪的共犯(狭义),如果(a)在蓄意促使或促进犯罪的犯罪心态之下,他(ⅰ)教唆该他人实行该犯罪,或者(ⅱ)帮助或同意帮助或企图帮助他人策划或实行该犯罪,或者(ⅲ)在具有防止犯罪实行的法定义务的情况下,未能作出适当的努力防止该犯罪;或者(b)法律明文宣告其行为构成共犯(狭义)。这与普通法的一般要求是一致的。

在一般的案件中,都要求共犯的犯罪心态是蓄意,这是毫无疑问的。《模范刑法典》没有承认明知的心理状态可以成立共犯,更没有确立轻率

---

[1] United States v. Wexler, 838 F.2d 88, 91-92 (3d Cir. 1988).
[2] See Ellen S. Podgor, Peter J. Henning, Andrew E. Taslitz & Alfredo Garcia, *Criminal Law: Concepts and Practice* (3rd ed.), Carolina Academic Press, 2013, p.534.

和疏忽中的共犯心态,普通法中,有限度地承认明知、轻率也可以成立共同犯罪。简言之,蓄意是一般性的普遍性的要求,而明知、疏忽则是例外性的存在。

(一)蓄意及其范围

无论参与他人的犯罪行为的模式是影响还是帮助,共犯的法律一般要求:次要被告人必须蓄意地行事,即他必须在蓄意影响或帮助主要被告人实行构成犯罪行为的犯罪心态之下行事。一项犯罪的成立必然是多个要素的组合,只有当各个要素同时具备时,才能宣判行为人有罪,应当承担刑事责任。犯罪的成立除有行为人的要求之外,还可能需要考量以下要素:行为、结果、附随情状。在考察共犯的犯罪心态之时,仅仅确定其主观心态是蓄意还不足够,还需确定蓄意所指向的要素。

蓄意的范围应当包含主犯的犯罪行为[①],行为是犯罪成立的核心要素,无行为则无犯罪,共犯(狭义)责任的成立,离不开共犯(狭义)对主犯犯罪行为的认知。如果主犯所实行的犯罪行为超出了被告人蓄意范围,那么被告人无须为该犯罪行为及其结果承当责任。正如本案中裁判理由所指出的,被告人必须对主犯在实施何种犯罪有清晰的认识。意图促使的他人行为与主犯所实施的行为是否需要完全符合,经过了普通法上的发展和修正。在早期的普通法上,要求被告人蓄意帮助或教唆主犯实行的犯罪与主犯所实行的犯罪完全一致,例如,被告人教唆他人实施伤害行为,而他人却实施了抢劫行为,那么被告人不成立抢劫罪的共犯,因为抢劫行为完全超出了被告人意图促使犯罪实施的范围。1959 年的 Regina v. Bainbridge 案[②]对该问题作出了修正。在该案中,被告人为主犯提供了氧割设备,以供主犯实行盗窃行为之用,主犯却利用该设备实施了抢劫行为。最终法院认为主犯所实施之抢劫行为与被告人意图促使实现之盗窃行为属于同一类型,因而认定被告人构成抢劫罪之共犯(狭义)。该案实际上对于共犯(狭义)的蓄意范围作了扩张,共犯(狭义)责任的成立不再拘泥于主犯所实施之犯罪与被告人的蓄意完全一致,只需满足同一类型即可。1978 年的北爱尔兰检察总长诉马克斯维尔案对于蓄意的范围作

---

① 此处"犯罪行为"仅指狭义上的犯罪行为,不包括犯罪结果、因果关系等要素。
② *Regina v. Bainbridge*, 3 Week.L. 656 [(C.C.A. 6)] [3 All Eng. 200, 123 J. P. 499, 43 Crim. App. 194] (1959).

了进一步的修正,在该案中,被告人作为恐怖组织的成员,驾车为乘坐另一辆汽车的该组织其他成员引路,将其带至一家酒店,然后离开了现场,结果该组织成员在酒店实施了爆炸行为。法院判决被告人成立爆炸罪共犯(狭义)的理由是:被告人虽然不知道他们会实施何种恐怖行为,但是他知道他们必然会实施某种恐怖活动。主犯所实行之犯罪是被告人预想其必定会实施的一种犯罪。至此,在普通法上,蓄意范围与主犯行为经过了"完全一致"——"同一类型"——"被告人预想其必定会实行之犯罪"三个阶段的发展和完善。

在一个具体的犯罪行为中,包含着行为人所使用的手段、行为所作用的对象等要素,那么对于行为手段和犯罪对象是否被要求在行为人蓄意的范围之内呢?主犯的杀人行为可以通过多种手段实施,例如,用枪射杀、毒杀、使被害人溺水、用刀将被害人砍死,这些行为被法律抽象为规范化的语言——杀人行为。如果被告人蓄意地帮助主犯用枪杀人,但主犯最终却用枪杀之外的手段将被害人杀死,那么被告人是否构成杀人罪的共犯(狭义)呢?对此,美国法上通常的理解是:蓄意的要件在于主犯应当实行构成犯罪的行为,但并不意味着他应当使用共犯蓄意提供的犯罪手段。一个教唆他人达到某种犯罪目的,或者帮助或同意帮助他人成功完成该犯罪的人,无论主犯会使用何种手段,只要他们所构成的犯罪在共犯双方的蓄意所能合理设想到的范围之内,那么这个人就构成该犯罪的共犯(狭义)。

对象认识错误是指行为人误把甲对象当作乙对象加以侵害,而甲对象与乙对象体现相同的法益,行为人的认识内容与客观事实仍属同一犯罪构成的情况。对象认识错误是事实错误的一种,按照《模范刑法典》的表述,对于事实或者法律的不知或错误构成一项抗辩事由,如果(a)不知或错误否定了确立犯罪实质要件所必需的蓄意、明知、轻率或者疏忽,或者(b)法律规定该不知或错误所确立的心理状态构成一项抗辩事由。简言之,只有在认识错误能够阻却犯罪成立所需之心理要件之时,该错误才能够成为抗辩事由。在蓄意帮助或教唆他人实施犯罪的情况下,主犯的对象认识错误并不能阻却主犯的心理要件使之逃脱处罚,同样不能使共犯(狭义)的心理要件得以阻却。在这些情况下,法官仍然会认定被告人构成主犯所实行之犯罪的共犯(狭义),其理由是:只要主犯完成了被告人蓄意内容的其他所有方面,那么被害人或财产的身份就是无足轻重的。

在这些情况下,被告人虽然发生对象认识错误,但是其对社会的侵害性并无任何差异。

对于结果要素,如果引起特定结果是一项犯罪的一个要件,在引起该结果的行为中构成共犯(狭义)的人,若其在行为之时对于犯罪结果——如果有犯罪结果的话——具有足以实施该犯罪的罪责类型,则其构成实行该罪的共犯。按照《模范刑法典》的规定,蓄意的内容应当包含对于犯罪结果的蓄意认知。在任何情况下,一个共犯的责任不应当超过其与主犯共享的蓄意范围,可能性与这些问题之间有重要的证据上的关系,但是,独立地将这些可能性作为认定共犯的充分理由就是要将责任建立在疏忽的基础上——在这种情况下,在认定责任之前,通常有充分的理由要求共犯具有比疏忽更严重的犯罪心态。

然而在普通法上,虽一般也认为蓄意应当包含对结果的认知,但是有两种情形的例外:自然且可能的结果规则和重罪谋杀规则。

"在普通法上,一个鼓励或者便利犯罪实施的人将承担刑事责任,不仅因为所实施的那个犯罪,而且还要对被帮助和煽动实施犯罪所产生的自然而可能的结果负责。如果 S 是 A 犯罪中的共犯,则他也要对其他犯罪(B 犯罪、C 犯罪)负责,而这些其他犯罪根据解释又是主犯实施目的犯罪 A 所产生的必然而可能的结果。一个法院曾这样解释'自然而可能的结果':A 犯罪的共犯同时也构成 B 犯罪的共犯,如果按照事物的一般发展过程,B 犯罪是事先策划好的事件的合理结果。仅仅认为 B 犯罪可能缘于 A 犯罪是不够的,B 犯罪必须是在正常的结果范围内,即这个结果在没有其他非正常干预的情况下,一定会发生。"①尽管自然且可能的结果规则在普通法上由来已久,在适用上却存在着严重的分化和对立。例如明尼苏达州法律即明文规定可以适用自然且可能的结果规则,而在内华达州,则只有在蓄意的情况下才能适用该规则,不加限制地适用该规则的结果是纯结果归罪,缺乏犯罪所需的心理要件。即使是适用该规则的州,也要求对陪审团作出清晰细致的说明,需要根据当时的客观情况,在共犯(狭义)行为人当时的条件下考虑结果的出现是否是当时能够知道的。②

---

① Joshua Dressler, *Understanding Criminal Law* (5th ed.), LexisNexis, 2009, p. 483.
② See Ellen S. Podgor, Peter J. Henning, Andrew E. Taslitz & Alfredo Garcia, *Criminal Law: Concepts and Practice* (3rd ed.), Carolina Academic Press, 2013, pp. 540-541.

重罪谋杀规则也是普通法上一项重要的规则,按照该规则,对犯重罪或企图犯重罪时故意或非故意地造成他人死亡的,均以谋杀罪论处。例如在 *People v. Johns* 案①中,被告人琼斯(Dwaine Johns)在伙同他人抢劫的过程中,在被告人不知情的情况下,其同伴将其中两名被害人杀死,最后法院认定被告人犯有两项重罪谋杀,判处其终身监禁。可见,重罪谋杀规则同样适用于共同犯罪之中,在该规则的指引之下,被告人在帮助或教唆主犯实施重罪的过程中致人死亡,仍然构成谋杀罪。

在有些犯罪的成立条件中,需要满足一定的附随情状,对此,《模范刑法典》没有作出明确的规定,但是大多数州对于《模范刑法典》的解释都是要使共犯承担刑事责任,必须具有两方面的意图,一是针对行为要素,二是对于犯罪附随情状的态度。在这种解释路径下,帮助一个人入户盗窃他人的电视机的情况下,如果对于入户和盗窃这两个行为都有故意的认识,而对于完成这样的犯罪是在夜间还是白天则漠不关心,那么行为人就不成立夜盗罪的共犯,因为他对"在夜间"这一附随情状没有故意。而《模范刑法典》的起草者的态度则是并没有表明行为人对于要实施的犯罪要认识到什么样的程度,但是认为行为人对于犯罪行为必须都具有蓄意。"为了解决这种模棱两可的解释,有些州就认为,对于共犯,对于附随情状的心理要件保持和主犯一致就行了。"②在这样的路径下,如果主犯对于"夜间"这一附随情状的认识低于故意,那么对于共犯,也没有必要证明他具有故意的认识。

(二)"明知"能否成立共犯(狭义)

共犯(狭义)的心态是否可以包含明知呢? 例如,明知所出售的标的将被用于一项犯罪而仍然予以出售;雇员在装运货物的过程中,明知装运的是违禁品而仍然完成了装运;明知他人租用自己的房屋用于卖淫而继续出租房屋。

"明知"的犯罪心态能否成立共犯责任,在判例法上是混合的。大多数法院认为行为人不构成共犯(狭义),除非他与主犯有共同的犯罪意

---

① *People v. Johns*, 345 Ill. App. 3d 237, 802 N.E.2d 305, 280 Ill. Dec. 380 (2003).

② Ellen S. Podgor, Peter J. Henning, Andrew E. Taslitz & Alfredo Garcia, *Criminal Law: Concepts and Practice* (3rd ed.), Carolina Academic Press, 2013, p. 536.

图,还必须在非法的承诺中达成一致的目的。① 对于该问题的争论,反映了不同的思想流派在对待犯罪问题上的不同态度。否定在明知的心理要件下成立帮助或教唆的共犯责任,是基于对自由贸易的保护,要求共犯(狭义)具备蓄意的犯罪心态,最根本的理由在于卖方不是买方的守护神,合法的贸易不应当受到刑事程序的阻碍或暴露在刑事程序的危险之下;以蓄意或同意以外的犯罪心态为基础的责任是令人无法接受的,将构成对合理的社会和商业活动的干涉和限制。而相反的观点则认为,贸易的自由需要受制于更高的道德义务,为了全社会的稳定进行犯罪预防无疑是至高无上的。构成从犯,并不取决于对于犯罪结果想有一己之利,而取决于帮助或协助实行犯的行为。卖方不得无视他人购买商品的目的,如果他人已经告知他购买该商品的目的;他也不能诉称其只是在出售一件商品,从而将其给予一项重罪的实行犯以帮助其洗刷罪恶。

为了解决存在已久的争论,判例法和制定法都在探寻不同的妥协之路。在判例法上,决定"明知"是否足以构成共犯(狭义)的犯罪心态之时,主要考虑的因素是所涉及的犯罪的严重程度。例如,如果被告人在"明知"的情况下为一个策划推翻政府的集团或者计划盗窃银行的团伙提供帮助,那么一般认为被告人构成他人所实行之犯罪的共犯(狭义);但是如果被告人在"明知"的情况下为赌博、卖淫或非法出售含有酒精的饮料等犯罪提供帮助,则一般认为被告人不构成他人所实行之犯罪的共犯(狭义)。在制定法上,以纽约州为代表的一些州则在刑法典中增设了独立的犯罪促进罪,例如《纽约州刑法典》第115条规定,在相信自己很可能正在为一个蓄意实行犯罪的人提供帮助的情况下,被告人参与了为这样一个人实行犯罪提供手段或机会的行为,而且最终这个人完成了犯罪,那么被告人构成犯罪促进罪。

(三)轻率或疏忽的犯罪

一般而言,共犯的成立必须具备"蓄意"的犯罪心态,即被告人必须积极地希望他人实行其所教唆或帮助的犯罪。从逻辑上来讲,一个人不可能构成某种轻率或疏忽的犯罪的共犯。例如,假设 A 鼓励 B 开车超速行驶在公路上,行驶过程中,B 失去对汽车的控制致人死亡。B 可能构成

---

① See Joshua Dressler, *Understanding Criminal Law* (5th ed.), LexisNexis, 2009, p. 480.

过失杀人罪,然而,如果认为 A 构成过失杀人的共犯(狭义),那就意味着 A 事先打算实施一个过失杀人的行为,这在逻辑上显然是矛盾的。以前的判例以此为由拒绝在轻率和疏忽的犯罪中承认共犯责任。但是现在压倒性的规则是:在这些情况下,共犯责任是成立的。这就要求对于共犯责任的成立不再拘泥于在"蓄意"的分析框架下去理解轻率或疏忽犯罪的问题,共犯责任的成立满足两种精神状态即可:(1)帮助主犯实施构成犯罪基础的行为;(2)实质性犯罪所要求的蓄意、轻率、疏忽等必备的犯罪心态。[①]

[①] See Joshua Dressler, *Understanding Criminal Law* (5th ed.), LexisNexis, 2009, p. 481.

第十章 正当防卫

第一节 自我防卫

案例：纽约州诉戈茨案[*]
(*People v. Goetz*)

汪晋楠[**] 张晓媛[***]

【关键词】

自我防卫；合理相信；致命武力

【争议焦点】

如果一个人自认为正在遭受致命暴力的威胁，那么他能否使用致命武力进行正当防卫？如何认定他对遭受致命暴力的自我确信是否"合理"？

【诉讼进程】

1984年12月22日，伯恩哈德·戈茨（Bernhard Goetz）拔枪射击几名

---

[*] *People v. Goetz*, 497 N.E.2d 41 (N.Y. 1986).
[**] 北京大学法学院硕士研究生，负责案例评述前部分。
[***] 北京大学法学院博士研究生，负责案例评述部分。

青年,几天后投案。戈茨被引渡回纽约接受审判。1985 年 1 月 25 日,初审法院的大陪审团认为戈茨构成非法持枪罪,不过没有认定他构成谋杀罪未遂或其他和开枪射击有关的犯罪。

　　数周后控方找到了新的证据重新起诉到纽约州上诉法院,经批准后新的指控被提交给第二批大陪审团,内容是戈茨犯有 4 项谋杀罪未遂,4 项一级攻击罪,1 项一级鲁莽伤害罪,1 项二级持枪罪。1985 年 10 月 14 日戈茨对这些指控提出反驳(见下文控辩观点),认为法庭不应受理。1985 年 11 月 25 日,在上述事项未决期间,《每日新闻》(*Daily News*)刊登了对案中一名青年达里尔·卡贝(Darryl Cabey)的采访,卡贝承认他们当时在地铁里走近戈茨是为了抢劫他。这则采访公开后,案发时迅速到场的警方也告诉了检察官一名中弹的青年曾说过,当时就是要抢劫戈茨。检察官将这些信息通知了法庭和辩方,并称这是他们才知道的事项。

　　1986 年 7 月 8 日,纽约州上诉法院经审理还是允许控方对上述罪名的第二次起诉。不过,后来陪审团还是否认戈茨构成谋杀罪未遂和故意伤害罪,仅就非法持枪对其定罪量刑。

【案件事实】

　　1984 年 12 月 22 日(星期六)下午,卡贝、特洛伊·坎蒂(Troy Canty)、詹姆斯·拉姆瑟尔(James Ramseur)和巴里·艾伦(Barry Allen)在布朗克斯(The Bronx)登上了一列快车地铁,要往南去曼哈顿(Manhattan)。拉姆瑟尔和卡贝在他们的外套里面都放了改锥,他们说是用来打录影机的硬币盒的。被告人戈茨在曼哈顿第十四街站登上这列地铁,坐在长凳上,坐在四名青年所在的同一辆车的后方。戈茨此时是无证持枪——在他的腰带皮套里放着一把装有 5 发子弹的 38 口径的手枪。地铁离开第十四街站,前往钱伯斯街(Chambers)车站。

　　然后坎蒂接近戈茨,同接近的可能还有旁边的艾伦,他们向戈茨表示"给我 5 美元"。坎蒂和其他青年都没有展示武器。戈茨站起来,掏出手枪,迅速开了 4 枪。第一枪击中坎蒂胸前;第二枪击中了艾伦背部;第三枪穿过拉姆瑟尔的手臂进入身体左侧;第四枪射向站在车厢角落的卡贝,但是未击中。戈茨简单地观察了他周围的场景后,又向坐在车尾的卡贝发射了一枪。子弹射入卡贝臀部,打断了他的脊髓。

除两名乘客外,其他人都在戈茨射击时马上逃离了。下一节车上的售票员听到了枪声,指示司机用无线电紧急求助。然后售票员进入枪击案发生的车厢,看到戈茨坐在长凳上,伤者或躺在地板上,或摔倒在座位上。戈茨告诉售票员,四名青年试图抢劫他。当售票员帮助这四人时,戈茨朝着列车前方跑。地铁在钱伯斯街车站之前停了,戈茨穿过两节车厢,跳上轨道逃跑。警方及救护人员此后不久抵达现场。最初登记为病情危重的拉姆瑟尔和坎蒂已经完全恢复。卡贝仍然瘫痪,并受到一定程度的脑损伤。

1984年12月31日,戈茨向新罕布什尔州康科德市(Concord)的警方自首,承认自己是9天前纽约地铁枪击案的作案者。当天晚些时候,他被告知米兰达权利后,作了两个冗长的声明,两者都是经他许可录制的。在声明中,戈茨承认他在纽约市非法携带一把手枪已经3年了。他表示,他在1981年被抢劫受伤后首次购买了枪。戈茨还透露,在1981年至1984年之间,他两次通过展示手枪成功地防范了袭击者。

根据戈茨的说法,他与四名青年的第一次接触来自坎蒂。坎蒂或坐或躺在他对面的长凳上,问他"你好吗",他答复了"好"。不久之后,坎蒂和其他青年之一,依次走到被告人身边,站在左边,而另外两个青年留在地铁车厢的拐角处。然后坎蒂说"给我5美元"。戈茨表示,他从坎蒂脸上的微笑中知道他们想"和他玩玩"。虽然他确信四个人都没有枪,但他根据以往的经验,还是害怕自己被他们"搞残"。

之后戈茨决定"把这四个人杀了,伤害他们,让他们尽可能多地受苦"。当坎蒂再次要钱时,戈茨站起来,拿起武器,开始射击,瞄准这四个人每人的身体中心部位。戈茨回忆说,他瞄准的前两个人"试图穿过人群,但他们无处可逃"。戈茨随后转向他的右边,发现"跑了另外两个"。这两个人中的一个"试图穿过车厢,但他无处可去"。另一个青年卡贝"假装不是他们一伙的",抓着一个地铁手带,不去看戈茨。戈茨仍然向他发射了第四枪。然后,他回到前两名青年那里,以确保他们被"照顾到了",看到他们都被打中了,他又回头检查了后两者。戈茨注意到,站在那里的青年人现在坐在长凳上,似乎没有受伤。戈茨告诉警察说:"我对他说'你似乎没事,那再给你一发'。"然后他开枪打断了卡贝的脊髓。戈茨补充说:"如果我能多些自我控制,我会把枪管抵在他的额头上,并开枪。"他还承认说:"如果我有更多的子弹,我会一次又一次地射击他们。"

【控辩观点】

辩方：

第一，戈茨开枪是为保护自己免于致残或被抢劫。

第二，1985年10月14日，针对控方向第二批大陪审团提出的指控，戈茨认为控方所提供的新证据在法律上不足以确定被起诉的罪行。而且检察官对大陪审团就辩护理由的指示是错误的，这会使陪审团产生偏见，有损于被告人的正当权利，造成程序上的缺陷。

【法庭观点】

初审法院第一批大陪审团收到的指控被告人涉嫌的罪行是：在一名或两名青年接近他并要求5美元后，向纽约市地铁列车上的四名青年进行谋杀和攻击。初审法院认定，检察官向大陪审团提出与辩护理由有关的指示是错误的，驳回了谋杀未遂等和开枪射击行为有关的指控。纽约州上诉法院则要恢复这些指控。

由于对被告人指控的事件的确切情况有争议，最终需要由陪审团确定发生的情况。州上诉法院觉得有必要提供一些事实的背景以便正确地处理法律问题，因此法庭从大陪审团面前的证据中总结了事实。不过，法庭强调，法庭并不会得出有关以下问题的任何结论：案发时究竟发生了什么或者被告人是否有责任。证人的信誉和被告人行为的合理性由陪审团解决。

州上诉法院在检查大陪审团会议记录之后，拒绝了戈茨认为没有足够的法律证据支持指控的观点。然而，法官认为，检察官以补充辩护的方式详细说明辩护理由，错误地将这一辩护的客观要素引入了辩护方面，以指示大陪审团成员考虑戈茨的行为是否属于案中的合理的人的行为。州上诉法院的看法是，对是否有理由使用致命武力保护一个人的法定检验标准应该是完全主观的，完全在于使用这种武力时被告人的心态。它的结论是，上述错误是需要解除的，因为正当化事由是案件的核心。

由于《每日新闻》和警方声明的强烈暗示，拉姆瑟尔和坎蒂的证词是伪证，因此控方应撤销并重新提交指控。由于与提供给第一批大陪审团的证据相比，提供给第二批大陪审团的其他证据主要包括这两名青年作证的内容,法院认定,第二批大陪审团面前的证据的完整性受到明显伪证的"严重破坏"。

《纽约州编纂刑法典》(NY CLS Penal)§35.15承认了"允许在某些情况下使用武力"的理由的辩护。《纽约州编纂刑法典》§35.15(1)规定了所有此类使用武力的一般原则:"在某人合理认为有必要对自己或第三人进行保护的情况下,且当他合理地认为他人使用或即将使用非法武力时"。《纽约州编纂刑法典》§35.15(2)规定了关于使用"致命武力"一般原则的进一步限制:一般情况下一个人不能对另一个人使用致命武力,除非他合理相信别人正在使用或者即将使用致命武力;或他合理相信其他人正在实施或者即将实施绑架、暴力强奸、暴力鸡奸或者抢劫。

由于第二批大陪审团收到的证据包括戈茨为保护自己免于致残或避免被抢劫而开枪的行为的声明,检察官选择将《纽约州编纂刑法典》§35.15的辩护理由指示给大陪审团是正确的。检察官正确地指示了大陪审团成员去考虑戈茨是否有理由使用致命武力防止严重的身体伤害或抢劫,并且在这样做时,分别分析了针对每项指控的辩护理由。控方基本上通过解释《纽约州编纂刑法典》§35.15中的语言阐释了使用致命武力的先决条件。戈茨方面也不认为控方在这部分控告中犯了错误。

检察官完成指控后,其中一名大陪审团成员要求澄清"合理相信"一词。检察官的回应是大陪审团需考虑事件的情况,并确定"被告人的行为是否属于被告人所处情况下一个理性人的行为"。检察官的这种回应——特别是他使用"一个理性的人"这个说辞时——正是下级法院驳回指控的依据。上诉法庭重复阐述过的多数意见是,使用"合理相信"一词时,应以被告人的认知和反应是否"对他自己合理"为准。根据这种理解,陪审团只要采信了被告人认为他自己的行为是正当的和合理的观点,就必须认定其无罪,没必要考虑置身于被告人处境中的其他人会如何行动。这种理解与法条中的"合理"这个术语的含义不符,明显误读了立法原意,导致在授权行为人采用致命武力时毫不考量客观方面。

经过对有关法条的分析,应采用如下观点来看待本案及有关问题:陪审团应该首先审查被告人是否有《纽约州编纂刑法典》§35.15规定中的心态,即认为使用致命武力是防止受到致命攻击或者重罪侵犯所必需的手段。如果控方未能超出合理怀疑地证明这种心态不存在,那么陪审团就该判断这种心态是否是合理的。陪审团作判断时,应该考虑在给定的所有情形下,一个理性的人会不会产生这种心态。

如此看来,控方在第二批陪审团面前所作出的应考虑一个理性人在当时情形中会如何反应的指示,就是正确的。的确,检察官并未详尽说明何为"情形"或"处境",也没有告知大陪审团成员戈茨在警方那里的声明中所涉及的案前的经历。但是,大陪审团就法律问题受到的指示无须像小陪审团应得到的那般精确。

这种较低的标准乃是来自功能层面上大陪审团不同于小陪审团之处。大陪审团决定是否存在足够证据指控被告人构成犯罪,使其进入刑事司法程序之中;小陪审团最终决定被告人有罪无罪,且只能在控方的证据排除了合理怀疑的情况下定罪。在此,坎蒂和拉姆瑟尔并未撤回在大陪审团面前的证词,或者告知控方他们误解了什么问题。在此已经清楚的是,传闻证据和坎蒂的部分证词有矛盾。没有制定法或者判例要求,控方仅仅因为数月后得知某些会导致被告人无罪的信息,就得撤回指控。因而,原来的被撤销的指控应被保留。

后来的审判程序中,陪审团否认戈茨构成谋杀罪未遂和故意伤害罪,仅就非法持枪对其定罪量刑。

【案件评述】

自卫是美国各州都予以认可的正当化辩护事由,是指使用武力保护自己,包括使用致命性的武力手段。在普通法上,自卫抗辩有三个要件:必要性、相称性和合理相信原则。必要性是指武力对抗应该且只能运用在"必需"的前提下,仅限于逼近的威胁;相称性是指不能使用远超其本身所受到威胁程度的武力来自卫;而"合理相信"要件即指,如果个体有充分的理由相信为了保护自己只能采取武力来对抗逼近的违法袭击,那么尽管这种推断最后被证明是错误的,其行为也是正当的。

《模范刑法典》§3.04也规定了保护自身时的武力使用问题,"当行为人相信对他人或者向他人使用武力,是为防止他人在当时的情况下针对自己使用非法武力所即时必要的,对他人使用该武力具有正当性"。与普通法相比,两者存在重要区别:一是,《模范刑法典》只要求对使用武力的主观认为具有"相信"即可,而没有要求这种主观相信必须是合理的;二是,《模范刑法典》在对必要性的具体判断上,要求"即时必要",而非普通法上的"迫切需要",这使得自卫权比在普通法中更早地赋予受害者。

如前所述,自卫使用的武力包括致命性武力,即那些严重威胁到生命安全的武力。《模范刑法典》§3.04(2)(b)中规定:"除行为人相信使用致命武力对于防止自己死亡、严重身体伤害、绑架、以武力或者威胁的方法强制性交有所必要外,使用该武力不具有正当性。"即,一般情况下,是不允许使用致命性武力的,除非是"死亡、严重身体伤害、绑架、强奸"这四种情形。本案中,被告人戈茨用非法携带的枪支瞄准四名被害人的身体中心,并声称他当时的意图是"杀害四名青少年,伤害他们,让他们尽可能多地受苦",由此可知,戈茨使用的是致命性武力。

具体到 People v. Goetz 案,四名被害人只是在靠近被告人戈茨后表示"给我 5 美元",四人都没有显示武器,而且戈茨本人也表示,他从坎蒂脸上的微笑中知道他们想"和我玩玩",他确信没有一个年轻人有枪,但根据以往害怕被伤残的经验,戈茨还是开枪了。由此,本案并不存在《模范刑法典》中规定的"死亡、严重身体伤害、绑架、强奸"这四种情形,但是根据第二批大陪审团时一名新闻工作者获得的新证据,称"卡贝在接受本采访时曾告诉过他,其他三名青年打算抢劫戈茨"。也即四名被害人意欲实施的是抢劫行为,根据案件所涉及的《纽约州编纂刑法典》§35.15(2),当"他合理相信别人正在使用或者即将使用致命武力;或他合理相信其他人正在实施或者即将实施绑架、暴力强奸、暴力鸡奸或者抢劫"时,可以适用致命武力。所以,在遭遇抢劫时,被告人戈茨使用致命武力有其合理性。

值得注意的是,本案对"(合理)相信要件"的具体判断基准问题。《模范刑法典》虽然在法条中只规定了对使用武力的必要性具有"相信"即可,但是法典适用的几乎所有案件,包括自卫辩护案件都对这一点进行了修正,要求武力使用必要性的认识必须具有"合理性"。[①] 本案也是适用"合理相信"要件的具体表现,比如检察机关指示大陪审团考虑使用致命武力是否有理由防止严重的身体伤害或抢劫,法院也指示大陪审团考虑戈茨的行为是否属于行为时理性的人的反应。进一步地,关于"合理相信"的具体判断基准问题,上诉法庭则认为:"对是否有理由使用致命武力的法定检验完全是主观的,完全在于使用这种武力时被告人的心态。"

---

① 参见〔美〕约书亚·德雷斯勒:《美国刑法精解》(第四版),王秀梅等译,北京大学出版社2009年版,第229页。

也即,要考察被告人的信念和所做的反应对其本人来说是否是合理的。陪审团认为根据被告人的证词,被告人的行为是正当的,是合理的,而不得不对他作无罪处理(仅就开枪射击有关的罪名而言)。

对此,对使用致命武力是否合理的判断虽然要依赖于被告人的主观心态(一个合情合理的人相信在其所处情况下适合自卫),但并非不考虑任何客观因素。在传统意义上,"合理行为者"的认识基本等同于"理性人"的认知,法律规定在判断被告人的自卫行为是否合理正当时,审理员应该根据"行为人的行为背景"来衡量其行为是否应被起诉,排除全部主观化的判断,而要同时考虑除遭受袭击行为以外的众多因素。[1] 所以本案中,应指示陪审团在衡量被告人的行为时考虑各种证据。细言之,陪审团必须首先确定被告人是否有根据《纽约州编纂刑法典》§35.15 所要求的信念,即他是否认为有必要使用致命暴力或者其中列举的一项重罪。如果控方没有合理怀疑他没有这样的信仰,那么陪审团也必须考虑这些相信是否合理,也就是必须根据所有的"情况"来进行确定。

---

[1] 参见〔美〕约书亚·德雷斯勒:《美国刑法精解》(第四版),王秀梅等译,北京大学出版社 2009 年版,第 218 页。

第二节　受虐妇女综合征

案例：邦纳诉阿拉巴马州案[*]
（*Bonner v. State*）

钱梦珂[**]

【关键词】

受虐妇女综合征；专家证言；自身防卫；免责事由；正当化事由

【争议焦点】

身患受虐妇女综合征的被告人杀死了对其施虐的丈夫，她援引受虐妇女综合征为自己抗辩，要求法院听取关于该综合征的专家证言。受虐妇女综合征的专家证言是否能够成为法庭证据被法院听取和采纳？身患受虐妇女综合征的女性主张自身防卫的抗辩事由是否能够成立？受虐妇女综合征作为抗辩事由的法理基础在于正当化事由还是免责事由？

【诉讼进程】

1997年，被告人芭芭拉·邦纳（Barbara Bonner）杀死了对她施虐的丈夫，随即被州检察官以过失杀人的罪名起诉至阿拉巴马州门罗（Monroe）巡回法院。法院判决被告人邦纳成立过失杀人罪，处15年有期徒刑。刑期分开执行，被告人被要求先执行2年监禁刑，再执行5年缓刑。

邦纳向阿拉巴马州刑事案件上诉法院上诉。1998年2月13日，阿拉巴马州刑事案件上诉法院作出裁判，驳回初审法院的判决，发回重审。随后，初审法院向阿拉巴马州刑事案件上诉法院申请重审。1998年5月8日，阿拉巴马州刑事案件上诉法院拒绝重审。随后，初审法院向阿拉巴马州最高法院申请调卷令。1999年7月16日，阿拉巴马州最高法院拒绝调

---

[*] *Bonner v. State*, 740 So. 2d 439 (Ala. Crim. App. 1998).
[**] 北京大学法学院硕士研究生。

卷。案件审理终结。

【案件事实】

被告人邦纳和她丈夫结婚多年,并在婚后一直遭受丈夫的家庭暴力。被告人因丈夫时常殴打虐待,曾拨打911报警,也曾向政府有关部门请求离婚帮助。但因为丈夫每每在殴打虐待之后道歉,被告人便一直没有离婚,始终忍受着家庭暴力。1997年的一天,被告人的丈夫在酒后又一次对被告人实施殴打,被告人企图反击,随手抓起一把刀子杀死了正在对她施虐的丈夫。

【控辩观点】

辩方:

第一,初审中,邦纳在庭审中表明自己身患受虐妇女综合征,主张自己的行为是自身防卫,以此作为抗辩事由,并且提请法院听取相应专家证言。辩护律师向初审法院表示,辩方申请出庭作证的专家是一位拥有硕士学历并且经常为受虐妇女提供帮助的社会工作者。律师进一步表示,虽然该专家从未对被告人邦纳提供过帮助,但他并不是来展示被告人如何深受该综合征的困扰的,相反,专家是来展示"受虐妇女的心理应对机制,她们不离开家庭的原因以及自我保护方法"的。

第二,上诉中,被告人认为,初审法院拒绝听取有关受虐妇女综合征专家证言的决定使审判结果存在反转性错误。

【法庭观点】

邦纳认为,初审法院拒绝听取有关受虐妇女综合征专家证言的决定使审判结果存在反转性错误。而初审法院认为,被告人所提供的专家证言在与案件的相关性和重要性上不能抵消其对陪审团造成偏见的不利影响,故拒绝听取。

初审法院重申了阿拉巴马州对该类证据的反对态度,并给出了以下理由:(1)没有适当的事实认定证明专家证言存在被听取的必要性,因为本案不存在受虐妇女综合征的问题;(2)专家所作证言可能误导陪审团裁判,因为本案中被告人的过失杀人行为发生在冲突过程中并且被告人主张自身防卫,而有关受虐妇女综合征的专家证言将误导陪审团把审议方向转向精神疾病。

因此,初审法院表示:"在专家证言与案件事实之间的关系没有被证据证明之前,法院不听取专家证言。但是,两者关系尚未得到证明(故不予听取)。"初审法院进一步表示:"把专家证言采纳为证据的误导作用超过了证言的证明作用……根据本案事实,被害人据称是在激烈殴打被告人的时候被被告人刺伤的,这是一个自身防卫的案件。"

阿拉巴马州刑事案件上诉法院认为,邦纳所涉案件的争议焦点在于审查初审法院给出的两点拒绝理由能否成立,并就法院是否需要听取相应专家证言给予答复。在审核庭审记录之后,上诉法院认为,初审法院在拒绝听取邦纳提供的专家证言一事上存在反转性错误。

第一,庭审记录表明已有适当的事实认定证明本案存在听取专家证言的必要性。

初审法院认为,听取所谓的受虐妇女综合征专家证言的必要性得不到适当的事实认定支持。也就是说,本案事实所反映的情况不存在传唤专家证人作出专业说明的需要——本案不存在受虐妇女综合征的问题。对此,上诉法院并不赞同。

在被告人邦纳向法院提请专家证人出庭作证之前,州检察官提交的案情摘要中所包含的证据和辩方证人作证时均表示被告人邦纳的丈夫在婚后存在虐待被告人和他们孩子的事实。在州检察官直接质证己方证人的过程中,弗里斯克城警官证实他曾有几次接到被告人拨打的911电话,诉称被她的丈夫殴打。有证据表明被告人和她丈夫结婚后,她丈夫的肢体暴力不断升级。辩方证人,包括被告人10岁的儿子和9岁的侄女,都证实被告人的丈夫1个月里至少殴打被告人3次,用他的拳头殴打或者把被告人摁在墙上。他们同时证实,被告人的丈夫曾经朝被告人开过枪,并且用枪管殴打过她。两个孩子同样也证实,被告人曾有过数次还击,还有2次用刀刺向她丈夫。被告人的儿子证实,在杀人的那天晚上,被告人的丈夫喝了酒并殴打被告人,被告人试图阻挡殴打,并抓了一把刀刺向她丈夫。还有证据证实,被告人曾在婚后求助于政府人力资源部门要求提供离婚帮助。然而,被告人的丈夫向被告人道歉并且说服了她不离婚。庭审记录表明,州检察官以被告人维持与她丈夫的虐待关系来反对被告人自身防卫的主张,从而推论被告人并不害怕她丈夫。基于以上事实,上诉法院认为，被告人邦纳在外观上符合受虐妇女的表征，她曾与她丈夫打斗并且刀刺她丈夫的证据并不阻碍她被认定为受虐妇女，本案存在受虐妇女综合征的问题。

上诉法院指出，受虐配偶综合征已经在阿拉巴马州的法院系统中获得越来越多的认可，其他各州也将受虐配偶综合征专家证言列为证据。在 Rogers v. State 案[①]中，地区法院写道："因为专家就受虐妇女综合征作出的证言所揭示的科学原理已被心理学肯定并被广泛接受，我们认为，这个综合征已经在科学领域被基本认同为一般法则。"

因此，基于本案事实所反映的情况，以及本州和其他各州审判的现实，本案已有事实认定支持专家证言的听取，初审法院拒绝听取的决定存在错误。

第二，专家关于受虐妇女综合征的证言与自身防卫有关且至关重要。

初审法院认为受虐妇女综合征的专家证言和自身防卫并无关联，听取专家证言将误导陪审团对自身防卫的判断。因为本案中被告人的过失杀人行为发生在冲突过程中且被告人主张自身防卫，引入受虐妇女综合征的专家证言会让陪审团的审议方向转向精神疾病，对自身防卫的相关问题产生误解，不利于陪审团裁决。上诉法院的观点恰恰与初审法院相反。

上诉法院指出，在 State v. Kelly 案[②]中，新泽西州最高法院认为受虐妇女综合征的专家证言"对于反驳公众对受虐妇女的一般误解有重要意义。因为专家证言正是针对陪审团所代表的普通人的误解作出的，拥有一般生活经验的陪审团成员们的逻辑可能导致完全错误的结论，专家的知识正好能够帮助陪审团成员去除来自常识的错误理解"。阿拉巴马州最高法院在 Ex parte Haney 案[③]中也持相同态度——采纳关于受虐妇女综合征的专家证言正好能够帮助陪审团理解受虐妇女综合征，同时在评价正当防卫时确定被告人究竟是否合理地相信她正面对急迫的危险。

同时，在 State v. Koss 案[④]中，审理的法院认为，关于受虐妇女综合征

---

① Rogers v. State, 616 So. 2d 1098 (Fla. Dist. Ct. App. 1993).
② State v. Kelly, 97 N.J. 178, 478 A. 2d 364 (1984).
③ Ex parte Haney, 603 So. 2d 412 (Ala. 1992).
④ State v. Koss, 49 Ohio St.3d 213, 551 N.E.2d 970 (1990).

的专家证言将有助于去除普通公众所认为的妇女在受虐的关系中可以随时离开施虐丈夫的错误认识。专家证言将回击陪审团所认为的如果殴打虐待足够严重,妇女将会更早离开丈夫的常识性误解。最普遍的对受虐妇女综合征的错误认识将被去除,包括那些认为妇女有受虐倾向,享受殴打,并且故意引起丈夫对她们施加暴力等错误认识。

基于以上先例,阿拉巴马州上诉法院认为,准许被告人提交有关受虐妇女综合征和受虐妇女人格特征的专家证言不会误导陪审团,相反,是给陪审团和初审法院的普通非专业人士以正确理解该综合征的机会。另外,听取专家证言将帮助澄清自身防卫的相关条件,例如,被告人邦纳在当时条件下是否基于合理认识实施了自身防卫行为。故初审法院拒绝听取专家证言的决定是错误的。

基于上述两点理由,阿拉巴马州刑事案件上诉法院认为,因为上诉人邦纳已经就专家证言的听取和采纳提供了充分的事实认定,也因为专家证言与自身防卫问题有相关性,因此初审法院拒绝听取与采纳专家证言存在错误,遂驳回初审法院的判决,发回重审。

【案例评述】

本案是阿拉巴马州法院接受受虐妇女综合征专家证言作为法庭证据的第一案,该案在程序法上与实体法上都有着重要的意义。

(一)受虐妇女综合征

美国临床法医心理学家雷诺尔·E. 沃克博士(Lenore E. Walker)在1979年率先定义了受虐妇女和受虐妇女综合征。她认为,受虐妇女是"权利得不到男性重视、被逼迫完成男性指令而受制于男性经常性的物理暴力行为或精神暴力行为的人"[①]。

在男性施虐——妇女受虐的关系中,暴力的出现既不是频繁的又不是随意的。相反,它遵循一个模式——暴力三步循环模式。在暴力的三步循环中,第一阶段是紧张建立期(tension building),此阶段内轻微的虐待行为不时出现,这些轻微虐待行为将逐步恶化升级并延长时间。这种紧张将持续构建至第二阶段——剧烈殴打期(acute battering)。在这一阶

---

① *State v. Kelly*, 97 N.J. 178, 206, 478 A.2d 364, 378 (1984).

段,受虐者出现多处伤害结果,施虐者的虐待行为失去控制,还多表现为施虐者威胁对受虐者施加未来伤害的精神虐待。第三阶段是冷静、关爱阶段(tranquil,loving),表现为施虐者深感懊悔,祈求受虐者原谅,并且保证在未来拘束自己的行为。这个阶段给了受虐妇女以暴力行为在未来不会出现的希望从而使其维持这段关系。然而这个暴力循环是不断重复的。沃克博士认为,当这样的暴力循环第二次出现时,该妇女就能被定义为受虐妇女。[1]

普通民众对于受虐妇女与受虐妇女综合征存在误解,他们普遍认为受虐妇女在婚姻关系中可以随时离开她施虐的丈夫。甚至认为如果丈夫的殴打虐待足够严重,妇女将会更早离开他。有些人认为受虐妇女其实有受虐倾向,她们享受殴打,并且故意引起丈夫对她们施加暴力。

沃克博士认为,受虐妇女没有受虐的倾向,她们无力离开施虐的丈夫。在长期的受虐—施虐关系中,出于精神的、社会的或者经济上的原因,受虐妇女不敢求助他人,求助他人的失败经历也会不断加深妇女的恐惧,最终使得妇女陷入习得性无助(learned helpless)。她们倾向于忍受虐待,祈祷施虐者减轻或者减少殴打。他们不会离开施虐者,维持着受虐—施虐的关系。在日复一日的恶性循环中,受虐妇女的恐惧不断积累。而当受虐妇女的恐惧到达某一临界点时,她们往往因为恐惧即将到来的殴打虐待而杀害施虐的丈夫,彻底结束这段关系。[2]

在本案中,被告人邦纳无疑是典型的受虐妇女。911接警警官的证言,她儿子和侄女的证言以及人力资源部门官员的证言都表明她和她丈夫已经建立了长期的受虐—施虐关系,邦纳想脱离这段关系但出于种种原因都宣告失败。在她丈夫最后一次殴打她时,她的恐惧到达临界点,导致她反击并杀害了她丈夫。

(二) 专家证言证据规则

正如前文所述,普通民众对受虐妇女和受虐妇女综合征存在着普遍误解,陪审团作为一般公民也无法摆脱这些错误认识。这是一个精神医

---

[1] See Lenore E. Walker, *Terrifying Love: Why Battered Women Kill and How Society Responds*, HarperCollins Publishers, 1990, pp. 42-47.

[2] See Lenore E. Walker, *Terrifying Love: Why Battered Women Kill and How Society Responds*, HarperCollins Publishers, 1990, pp. 49-53, 64-77, 201-203.

学领域的问题,其专业性要求专家证人为法院提供证言。但在本案中,初审法院依据阿拉巴马州先例确认的专家证言证据规则拒绝听取相应证言。

按照普通法上的遵循先例原则,一州法院在判决时必须遵徇该州先例,除非有充足理由予以推翻。在本文的主题案例上,该州的判例明确了该州拒绝听取与采纳受虐妇女综合征专家证言的态度。

在 *Ex parte Hill* 案①的理由中,法院指出,该案中所谓的专家证言没有达到弗莱案所树立的专家证言标准——只有在专家阐述的有关科学或医学的原则已经在其所属科学领域得到普遍接受时,相关专家证言才能被接受。② 阿拉巴马州最高法院据此认为,因为受虐妇女综合征尚未被精神医学领域普遍认可,因此不能将其作为常识接受,初审法院拒绝听取与采纳专家证言是正当的。

在 *Ex parte Haney* 案③的理由中,法院指出,虽然受虐妇女综合征已被精神疾病学领域普遍接受,但该案中没有相关事实认定证明哈尼是一个遭受综合征困扰的受虐妇女,没有听取专家证言的必要。因此州最高法院认为,初审法院拒绝听取与采纳相应专家证言是正当的。

综合上述两个先例,可以发现阿拉巴马州所确立的专家证据规则是——该专家作证的内容已被相应学科领域承认为是一般原则或标准。同时,有事实认定证明该案需要听取相应的专家证言。这个规则正合于《阿拉巴马州法院规则》(*A. L. ST REV Rule*) § 702 对专家证言所作的要求。

虽然阿拉巴马州的先例拒绝听取与采纳受虐妇女综合征的专家证言,但这并不必然意味着本案仍然需要采取拒绝态度。随着沃克博士的研究成果在全美范围内传播,受虐妇女综合征被精神医学会接纳,被认定为是创伤后应激障碍的子种类,在相应学科领域获得科学性认可。④ 俄亥俄州、新泽西州、明尼苏达州等州先后接受受虐妇女综合征专家证言作为法庭证据,阿拉巴马州也最终承认了该综合征在学科领域的地位。这

---

① *Ex parte Hill*, 507 So.2d 558 (Ala. 1987).
② See *Frye v. United States*, 293 F. 1013 (D. C. Cir. 1923).
③ *Ex parte Haney*, 603 So.2d 412 (Ala. 1992).
④ See Lenore E. Walker, *Terrifying Love: Why Battered Women Kill and How Society Responds*, HarperCollins Publishers, 1990, p. 178.

就意味着,有关受虐妇女综合征的专家证言本身作为专家证据满足了 Frye v. United States 案树立的标准。那么,在受虐妇女案件中,是否听取与采纳专家证言就取决于案件证据是否确证相应的事实。

在本案中,控方证人和辩方证人均佐证了本案被告人被殴打虐待的事实,即已有相应事实证明邦纳符合受虐妇女的表征,也就支持听取专家证言。故该案满足了证据规则确立的专家证言听取条件,阿拉巴马州刑事案件上诉法院选择与其他州一样对该类型案件保持开放态度,推翻先例,采纳相应专家证言。

(三)抗辩的法理基础——免责事由或正当化事由

被告人邦纳杀害了对她施虐的丈夫,当辩护律师在法院上提出受虐妇女综合征的辩护意见,相应专家证人进行作证后,法院应该如何认定该类抗辩?是理解为邦纳患有精神疾病而在相应刑事责任能力上存在缺陷,还是认定她实施了正当防卫行为呢?换句话说,受虐妇女综合征作为抗辩事由的法理基础在于正当化事由还是免责事由?

在美国刑法中,最重要的两种抗辩事由是正当化事由(justification)和免责事由(excuse)。所谓正当化事由,是指行为尽管从表面上看是违法的,但在特定条件下,此行为是对社会有益的行为,行为人不仅不应当承担刑事责任,反而受到法律的鼓励。典型的正当化事由是正当防卫。免责事由是指行为人虽然实施了违法行为,但从道德角度看其行为并不值得受到谴责,因此免除其刑事责任。精神疾病是典型的免责事由。

受虐妇女综合征已被美国精神医学协会定义为创伤后应激障碍的子种类。但是,这并不意味着身患受虐妇女综合征的妇女深受精神疾病的困扰,辩护律师援引该综合征为被告人辩护就是在主张免责事由。

事实上,当专家为陪审团提供受虐妇女综合征的证言时,许多法院部分或者全部地将被告人抗辩的法理基础建立在免责事由之上。有些州的法院运用受虐妇女综合征证明被告人的刑事责任能力减轻或者身患精神疾病,即将受虐妇女综合征列为免责事由。即便法院将受虐妇女综合征这一抗辩的法理基础建立在正当化事由之上,在判决中都不可避免地阐述被告人在该综合征作用下遭受痛苦,使其外观上近似于精神错乱。这种从"精神障碍"角度出发的免责事由为援引受虐妇女综合征进行抗辩的被告人提供了一定说理。

例如，在 State v. Necaise 案①中，该州选择将受虐妇女综合征理解为被告人在实施犯罪行为时遭受综合征困扰而精神错乱。由于被告人又不是严格意义上的精神疾病患者，所以只有部分刑事责任能力。但是，路易斯安纳州明确拒绝适用部分刑事责任能力原则，以全有或者全无的刑事责任取而代之。以受虐妇女综合征作为免责事由，得出被告人没有精神疾病但是因为精神错乱而无罪的结论会不当宽纵刑事责任的概念，不能被法院所接受。所以，被告人并不能因为身患受虐妇女综合征而被免责宽恕。

又如 People v. Rossakis 案②，被告人罗萨基斯主张自己身患受虐妇女综合征，其杀害被害人的行为构成自身防卫，基于正当化事由应当无罪。但是该州法院坚持认为被告人主张自己身患受虐妇女综合征而精神错乱，是试图通过狡辩其实施犯罪行为时的精神条件来逃脱法律制裁，应该接受精神医生的相应检查以确认其行为能否被免责。尽管行为人将自己的抗辩建立在正当化事由基础上，法院仍然选择将其作为免责事由予以裁判。行为人的抗辩并不能达到预想的效果。

随着越来越多的州对精神疾病这一免责事由的态度由宽松走向严谨，部分刑事责任能力被全有或全无的标准取代，将受虐妇女综合征类比于精神疾病并不能为被告人提供有效抗辩。这就意味着，援引受虐妇女综合征进行抗辩的法理基础并不应该建立在免责事由之上。

实际上，主张受虐妇女综合征是免责事由的观点误解了沃克博士的初衷。沃克博士认为："受虐妇女杀害施虐者的行为是出于自身防卫，而不是因为她们在精神层面有障碍。"③因为受虐妇女长期处于受虐关系中，她合理地认为她面临着非法的身体侵害的危险，同时她合理地认为对施虐者使用物理性暴力是必要的。甚至，受虐妇女还合理地认为，为了保护自己免受身体侵害，使用致命暴力是必要的。也就是说，受虐妇女综合征能够为受虐妇女的行为提供正当化的理由，它的法理基础是正当化事由。在通常情况下，在受虐妇女主张自身防卫时，它佐证她们对紧迫危险

---

① State v. Necaise, 466 So.2d 660 (La. App. 5th Cir. 1985).
② People v. Rossakis, 159 Misc.2d 611, 605 N.Y.S.2d 825 (1993).
③ Lenore E. Walker, *Terrifying Love: Why Battered Women Kill and How Society Responds*, HarperCollins Publishers, 1990, p. 169.

和使用暴力必要性的认识存在合理性。随着越来越多妇女援引受虐妇女综合征进行抗辩,部分法院也调整了对该种抗辩法理基础的看法,将其落在正当化事由之上,结合自身防卫的使用条件进行裁判。

例如,在 Hawthorne v. State 案①中,霍索恩主张自己杀害施虐者是出于自身防卫,该州上诉法院认为,自身防卫需要上诉人证明她合理地认为自己正在面临紧迫的危险、有使用暴力的必要,特别是有使用致命暴力的必要。因为霍索恩身患受虐妇女综合征,专家证言向陪审团证明被告人满足"合理地认为用致命的暴力保护自己免于紧迫的死亡或重伤的危险是必要的"这一正当防卫要求。故上诉人主张自身防卫的抗辩成立。

又如 State v. Kelly 案②,新泽西州最高法院进一步说明了受虐妇女综合征在自身防卫上的适用方式——相应专家作证时向陪审团说明身患受虐妇女综合征的妇女在人格上有哪些变化,而她在行为当时认知的真实性与合理性将交由陪审团来判断。

随着有关受虐妇女综合征的知识在全美范围内的传播,许多州的法院普遍将受虐妇女综合征的法理基础落在正当化事由之上,由陪审团裁判受虐妇女对于紧迫危险与对使用暴力还击是否有合理认识。

与此同时,关于受虐妇女综合征的另一相对更有争议的问题是——受虐妇女在行为当时对自己有使用致命暴力必要的这一认识是否合理。一方面,有些法院认为妇女被虐待的历史和虐待的本质与受虐妇女坚信自己具备使用致命暴力合理性紧密相关;另一方面,很多法院采纳准主观的合理性标准,将合理性判断建立在一个理性的受虐妇女而不是理性的一般人基础上。③ 法院对受虐妇女综合征的接受度和适用程度逐渐提升。

在 Bonner v. State 案中,阿拉巴马州刑事案件上诉法院正确理解了受虐妇女综合征抗辩的法理基础,将其定位为正当化事由。专家证言被法院听取,用来向陪审团说明被告人合理地认为危险具有紧迫性并且有使用暴力的必要性。而陪审团最终认定被告人自身防卫的认识是否具备合

---

① *Hawthorne v. State*, 408 So.2d 801 (Fla. 1st DCA 1982).
② *State v. Kelly*, 97 N.J. 178, 478 A.2d 364 (1984).
③ See D.L. Faigman and A.J. Wright, "The Battered Woman Syndrome in the Age of Science", *Arizona Law Review*, Vol. 39, Issue 1, 1997, pp. 67-116.

理性。

由于美国的联邦体制,各州对自身防卫认识合理性的标准都不同。在受虐妇女主张自身防卫的案件中,沃克博士主张,用理性的受虐妇女的标准来取代理性普通人的标准。① 而实际上,各州标准由各州自己掌握,学者的建议只作为参考。

(四)受虐妇女综合征的扩张适用

随着反家庭暴力被美国各州立法肯定,受虐妇女综合征的适用对象范围得到了扩张。

《马里兰法典》(M. D. Code) § 10-916 规定的"受虐配偶或受虐妇女综合征"中,将受虐妇女综合征扩大适用至现任配偶、前任配偶、现同居者和前同居者。也就是说,受虐妇女综合征的适用对象扩大化,实质上成为受虐配偶综合征。密苏里州、佐治亚州、佛罗里达州等州也在判决中相应承认了受虐配偶综合征的适用,男性被扩张解释为该综合征的适用对象。

在 State v. Smullen 案②中,该州上诉法院认为,受虐儿童的习得性无助与受虐配偶完全相同,虽然受虐儿童综合征的提出是为了识别虐童案件,但是其专家证人也同样满足了弗莱标准,应该被法院采纳。基于以上理由,法院认为,受虐妇女综合征应该再次扩张适用,受虐儿童也应该被包括其中。也就是说,受虐妇女综合征实质上成为受虐人综合征,符合暴力三步循环理论的受虐人即可以要求法院听取与采纳相应专家证言,为其行为时认识的合理性作出说明。

尽管适用对象不断扩张,法院并没有变动该综合征的适用方式。在受虐人综合征中,专家证言也只能为被告人行为时认识的合理性作出说明,破除普通人所认为的受虐人可以随时离开施虐者等错误认识,该认识的合理与否仍然由陪审团最终认定。

---

① See Lenore E.A. Walker, "Battered Women Syndrome and Self-Defense", *Notre Dame Journal of Law, Ethics & Public Policy*, Vol. 6, Issue 2, 1992, pp. 321-334.

② *State v. Smullen*, 380 Md. 233, 844 A.2d 429 (2004).

第三节　为他人防卫

案例：西弗吉尼亚州诉库克案[*]
（*State v. Cook*）

钱梦珂[**]

【关键词】

为他人防卫；自身防卫；致命暴力；合理相信；证明责任

【争议焦点】

被告人的暴力行为致使被害人死亡，在庭审中被告人主张为他人防卫的抗辩事由，控方举证证明被告人不构成为他人防卫需要达到何种程度？法院又应当如何认定为他人防卫的成立条件？

【诉讼进程】

1997年5月7日，被害人霍莫·巴克勒（Homer Buckler）往库克夫妇家土地上抛掷石块，双方起了冲突。为解救被巴克勒殴打的杰拉尔德·库克（Gerald Cook），他的夫人布伦达·S.库克（Brenda S. Cook）手持猎枪朝巴克勒右臂开了一枪，击中其腋窝。巴克勒最终因枪伤死亡。随后的刑事审判中，大陪审团同意对库克夫人提起一级谋杀罪的指控。1997年8月11日，庭审开始。1997年8月14日，陪审团作出裁决，认定库克夫人构成二级谋杀罪，初审的哈迪郡（Hardy）巡回法院判处库克夫人25年有期徒刑。

库克夫人随即上诉。1999年3月25日，西弗吉尼亚州最高法院接收呈递的上诉状，重新审理该案。1999年5月26日，西弗吉尼亚州最高法院作出判决，认为本案初审判决和判处的刑罚应被撤销，本案应发回初审

---

[*] *State v. Cook*, 204 W.Va. 591 (1999).
[**] 北京大学法学院硕士研究生。

法院宣告被告人无罪。

【案件事实】

本案被告人库克夫人时年 40 岁。自 1979 年始,库克一家一直居住在西弗吉尼亚州靠近穆尔菲尔德(Moorefield)的一条路的一个拖车屋中。1994 年 5 月,库克一家购买了位于他们拖车屋附近的一块 2 英亩的土地。这块土地界邻另一条路,而该路是居住在这片地区的几个家庭的出入通道。

上述第二条路是本案悲剧的起因。在库克一家购买土地后,他们沿着自己的土地与第二条路的边界沿路布置了篱笆和石块,在庭审中并没有证据表明这些篱笆和石块阻挡了该地居民的正常出入。自此后不久库克一家就被居住于该地的一些邻居骚扰和威胁。庭审中的证据显示,库克一家沿着第二条路修建的篱笆被拆倒,瓦楞钉被放置在他们家的车行道上,土块和石块被投掷到他们的土地上。本案被害人,巴克勒,就是曾经骚扰和威胁库克一家的人之一。他体格硕大,身高 6 英尺 4 英寸,体重超过了 300 磅。

1995 年,一个不知名的人在一封威胁美国总统的信件中伪造了库克先生的签名。美国特勤处调查了此事,他们的调查结果认定库克先生没有写该封信件,信件签名系伪造,随后宣布库克无罪。后来库克先生指认巴克勒为该事件的嫌疑犯,但特勤处调查已终止,此事不了了之。

1996 年 12 月 23 日夜里,巨大的爆炸震动了库克家的房子。美国特勤处就爆炸事件启动了调查,最终认定是巴克勒及其几个朋友用自制的黑火药炸弹制造了爆炸。但由于没有人员在该起爆炸事件中受伤,特勤处的调查结论未让任何人受到刑事起诉。

库克一家曾为阻止巴克勒与其他人的骚扰和威胁寻求法律帮助。有关执法部门曾收到求助,相关求助信也寄送给了政府官员以期阻止巴克勒和其他人对库克一家的威胁行径。在库克一家的篱笆被拔倒之后,他们联系了哈迪县(Hardy)警员。警员经过调查,做了一些努力,最终促使巴克勒同意向库克一家道歉。然而,巴克勒造访了库克一家,没有道歉,反而威胁他们——如果他们再就他的行为报警,他就杀了他们。

1997 年 5 月 7 日,库克夫人致电警官汤姆·伍德(Tom Wood),确认他们家附近的小屋被故意毁坏事宜的调查进展。伍德警官表示他打算出警找巴克勒谈谈这件事情。在电话交流后不久,库克夫人听到她家门外有卡车引擎声。她透过窗户往外看,看到巴克勒正向着她丈夫库克先生的方向朝她家土地上投掷石块。

库克先生走近巴克勒并且请他停止抛掷石块,与此同时,库克夫人给一把猎枪装了子弹并往门外走。为了让巴克勒离开她家,库克夫人朝天开了一枪以示警告。开枪之后,她迅速走到她丈夫身边。在靠近库克先生和巴克勒的过程中,库克夫人请求巴克勒离开,但是他没有理睬。于是,库克夫人给猎枪装了另一发子弹。巴克勒转向库克夫人说:"你想要做什么,朝我开枪吗?"库克夫人回答:"不,霍莫先生,我到这儿来不想伤害任何人,请您离开这里。"库克夫人提醒巴克勒她已经报了警,巴克勒立刻对着库克先生说:"你这个天杀的死人!我警告过你,我让你别给警察打电话!"

听到这句话的库克先生转身背对巴克勒走开。在库克先生想要走开时,巴克勒攻击了他并且不断推搡他。此时,库克先生挥拳还击了巴克勒。巴克勒随即把库克先生摁在地上并开始殴打,被殴打的库克先生毫无还手之力便开始讨饶,库克夫人冲过去解救她丈夫。库克夫人一手抓着枪,另一手试图把巴克勒从她丈夫身上拉开。巴克勒停了一下,把库克夫人甩开并且扯开了她的衬衫。

库克夫人被巴克勒甩开之后不断乞求他停止殴打她丈夫,但是巴克勒无视了她的话并且持续殴打行为。库克夫人害怕她丈夫被打死,所以她瞄准巴克勒的右臂开了枪。子弹击中了巴克勒的腋窝,使他从库克先生身上摔了下来。然而,巴克勒企图站起来继续殴打行为,库克夫人就重新给猎枪装子弹并准备再次开枪。她最终没有开第二枪,因为巴克勒随即摔倒在地。库克夫人在击中巴克勒后请到场的人帮忙报警并叫救护车。

巴克勒在中枪之后仅存活了很短的时间。他被送往马里兰州坎伯兰(Cumberland)的医疗中心,不久被宣告死亡。

【控辩观点】

控方:

案发时巴克勒没有殴打库克先生,因此库克夫人的行为不构成为他人防卫。

辩方：

第一，库克夫人在庭审中援引为他人防卫理论进行抗辩，初审法院就该抗辩事由给陪审团提供了充分的指令说明。

第二，库克夫人认为，在该案中，现有证据充分证明了案件事实，她开枪的行为是为了防卫她丈夫免于巴克勒的殴打。控方未能排除合理怀疑地证明她造成巴克勒死亡的行为不构成为他人防卫，初审判决认定有误。

【法庭观点】

西弗吉尼亚州最高法院认为，审理本案的关键点在于：该案证据对于支持二级谋杀罪的判决来说是否充足。换句话说，综合全案证据，法院是否对上诉人主张的杀人行为系为他人防卫产生合理怀疑，控方又是否排除合理怀疑地证明上诉人不构成为他人防卫。

给予陪审团对庭审证据的决定以相应注意，州最高法院基于不允许不正义发生的态度，认为该案初审的陪审团未能充分认定庭审证据所呈现的案件事实，裁决有误。州最高法院认为，本案初审判决和判处的刑罚应被撤销，本案应发回初审法院宣告被告人无罪。

戴维斯法官（Davis J.）代表州最高法院就本案作如下说理：

（一）库克先生可以在自身防卫中使用致命暴力

从最有利于控方的角度审阅本案事实，可以清楚地认定巴克勒将卡车停在库克家居所前并且朝他们的土地上抛掷石块的事实。这些石块是库克家放置于篱笆边的石块，没有证据表明这些石块是违法地放在他们的土地附近的。库克先生靠近巴克勒并且要求他停止抛掷石块，库克夫人在她家中看到这两人并且担心她丈夫的安危，抓起一把猎枪走出家门朝空中鸣枪希望巴克勒回到他的卡车中离开他们家。这些事实都被证据所证实。

但是，巴克勒没有被猎枪所震慑住，相反，他继续朝库克先生嚷嚷并且诅咒他。库克夫人因此飞快地跑去帮助她丈夫。庭审记录表明库克夫妻都试图跟巴克勒讲道理，但是没有成功。当库克夫人告知巴克勒她已经报警时，他表现狂躁并且重复了他当初说过的威胁——如果他们报警就杀了他们。此时，库克先生躲避了，他背对巴克勒走开了。库克家的邻居作证表示他所见所闻的正是库克先生试图走开。

本法院认为,为了将自身防卫中的杀人行为减轻至可被宽恕的杀人,必须有证据表明被告人被另一方紧紧压迫,同时其本着真实地防止被侵害的暴力所伤害的意图尽可能地躲避到了安全的地步。这是 State v. Zeigler 案①所表明的。库克先生显然实施了躲避的行为。

然而,巴克勒跟上库克先生,抓住了他并且不断推搡他。在这个节点上,庭审证据表明巴克勒带着敌意实施抓和推搡的行为,构成了对库克先生的殴打。为了施展自身防卫,库克先生朝巴克勒挥了一拳。虽然库克先生是否真的击打了巴克勒的证据存有争议,但该事实不影响结果,因为法律允许库克先生在他被巴克勒抓住且推搡时使用合理的暴力回击。按照 State v. Knotts 案②的观点,当一个人"仅被非致命暴力威胁时,其只能以非致命暴力还击"。

库克先生在实施自身防卫时尝试性地挥了一拳,并未奏效。紧接着,6英尺4英寸的巴克勒压在5英尺6英寸的库克先生身上,将其击倒在地,开始毫无节制地殴打库克先生全身。这一事实提示了两个重要的信息:第一,依据目击证人的证言,库克先生无法从巴克勒毫无节制的殴打下脱身;第二,因为两人巨大的体型和力量差异,鉴于库克先生面临了源于巴克勒恶意且愤怒的殴打所带来的真实且紧迫的重伤或死亡危险,他有权合法地使用暴力,包括致命暴力,来保护自己免于该危险。

(二)库克夫人有权使用致命暴力防卫地丈夫

证据清楚地证明了当巴克勒开始殴打库克先生时,因为两人体型差异巨大,库克先生不可能使用致命暴力,或者任意一种暴力手段来防卫自己。也就是说,库克先生毫无防卫能力。

在本州,关于为他人防卫的理论一直是这样被表述的:"一个人有权在自身防卫、防卫家人、防卫居所时以暴力还击暴力,若其在防卫时只使用了必要的暴力,或者是对于案情而言明显必要的暴力,即便杀死了对方也无罪。"这是 State v. Laura 案③对此作的典型表述。

---

① State v. Zeigler, 40 W.Va. 593, 21 S.E. 763 (1895).
② State v. Knotts, 187 W.Va. 795, 801, 421 S.E.2d 917, 923 (1992), citing State v. Baker, 177 W.Va. 769, 356 S.E.2d 862 (1987).
③ State v. Laura, 93 W.Va. 250, 256-57, 116 S.E. 251, 253 (1923).

因此,当库克夫人看到她丈夫不能实施自身防卫时,鉴于他已经蜷缩着承受了巴克勒所有殴打,法律允许她介入其中实施防卫行为。

在使用暴力这一问题上,本法院根据 *State v. W.J.B.* 案[1]认为,"被告人相信的合理性及其使用致命暴力行为的合理性必须依行为人行为当时的情况来判断,不能以后续发生的事实判断"。按照 *David v. State* 案[2],合理相信的标准"由客观要素,如合理地相信使用暴力是必要的,和主观要素,如内心真实地相信使用暴力是必要的"组成。同时,从 *People v. Clark* 案[3]可知:"一个人只能使用从侵害行为性质角度来看必要的暴力;任何过度暴力的使用都是不正当的,由此导致的死亡结果是违法的。"

库克夫人作证表示她担心巴克勒将杀死她丈夫,但她在一开始试图拯救她丈夫时并没有使用致命暴力。事实上,她介入殴打行为中试图把巴克勒拉离她丈夫,这种暴力的程度是合理的但是被证明不足以制止侵害。巴克勒甩开了库克夫人并扯开了她的衬衫,继续殴打库克先生。有两位目击证人作证证实了这一点。此时,库克夫人站在她丈夫的立场上使用了就程度而言她丈夫有权使用的暴力。库克夫人开了枪,希望击中巴克勒的手臂使其不能打她丈夫。证据表明,在库克夫人开枪的瞬间,巴克勒又挥动胳膊殴打库克先生。正是因为他的行为使得他腋窝中弹,导致其不能继续殴打。库克夫人并未开第二枪,只是在巴克勒试图站起来继续殴打时又装了子弹。这些事实支持了这样的结论——库克夫人仅仅使用了就程度而言是防卫她丈夫所必要的合理暴力。

控方让巴克勒时年 12 岁的儿子作证。案发当时他坐在他爸爸的卡车上,他证明巴克勒没有殴打库克先生。这一证词和所有证据相矛盾。法院可以理解这样的不同,毕竟他是被害人的儿子。

结合全案证据,法院得出这样的结论:库克夫人已经为其使用致命暴力为他人防卫提供了充足的证据,控方必须排除合理怀疑地证明她不成立为他人防卫。在这个问题上,控方没能证明成功。因此,本案初审判决和判处的刑罚应被撤销,本案应发回宣告无罪。这里参考了

---

[1] *State v. W.J.B.*, 166 W. Va. 602, 276 S.E.2d 550 (1981).
[2] *David v. State*, 698 P.2d 1233 (Alaska Ct. App. 1985).
[3] *People v. Clark*, 130 Cal. App. 3d 371, 181 Cal. Rptr. 682, 686 (1982), citing *People v. Young*, 214 Cal. App. 2d 641, 29 Cal. Rptr. 595 (1963).

State v. Baker 案①"基于案件事实,被告人应宣告无罪,不得再审"的观点。

沃克曼法官(Workerman J.)单独发表了意见。他表示单独出具意见是为了强调本案是一个在看起来公正的审判下罕见与例外地推翻了陪审团裁决的案子。正如克莱克利法官(Cleckley J.)在 *State v. LaRock* 案②中义正词严地指出:"我们只撤销那些理性的事实检验者不能排除合理怀疑地发现罪名的关键要素的案件。"如其所述,一个州最高法院原则上不能推翻陪审团的裁判,除非州最高法院基于全部证据确证裁判有错误。③本案恰是如此。

【案例评述】

本案是较为典型的为他人防卫案例。在美国法上,为他人防卫是一种正当化事由,这种抗辩根植于普通法,其实体要件和程序要件在社会发展中被作了一定的修正。

(一)为他人防卫理论的起源与适用范围的扩张

对 *Commonwealth v. Martin* 案④进行总结可知,为他人防卫理论的基本前提是:一个人使用暴力保护正在承受施暴者非法暴力侵害的第三方使其免受侵害是正当的。

起初,在英国普通法上,为他人防卫理论的适用范围非常有限,该理论只在为家人防卫导致他人死亡的场合被援引作为抗辩事由。当时,根据 *Alexander v. State* 案⑤,一个人只能为他的家人实施防卫行为,"介入的行为人使用(致命)暴力的特权不包括使用该权利保护陌生人"。

这一观点被美国普通法所继承。在 *State v. Greer* 案⑥中,法院就确认为他人防卫的权利必须施展在为家庭成员防卫上,并对该防卫权提出了相应的适用条件:"当一个人在被死亡或重伤威胁时法允许其实施的自身防卫的行为,行为人也可以在其兄弟遇到该情况时以兄弟的身份代为实

---

① *State v. Baker*, 177 W.Va. 769, 356 S.E.2d 862 (1987).
② *State v. LaRock*, 196 W.Va. 294, 470 S.E.2d 613 (1996).
③ See In re Tiffany Marie S., 196 W.Va. 223, 470 S.E.2d 177 (1996).
④ *Commonwealth v. Martin*, 369 Mass. 640, 341 N.E.2d 885 (1976).
⑤ *Alexander v. State*, 52 Md. App. 171, 447 A.2d 880 (1982).
⑥ *State v. Greer*, 22 W. Va. 800, 819 (1883).

施;但是当行为人的兄弟对于挑起伤害行为有过错时,为使行为人为其兄弟防卫杀害攻击者的行为被正当化,他的兄弟就必须尽可能地躲避。但是,如果行为人的兄弟因醉酒以至于无法认识到他的躲避义务,或者现实意义上无法躲避的,行为人不能坐视其兄弟被杀害或者遭受重伤而不理,因为在此情况下其兄弟不符合躲避的条件。在实施自身防卫时,行为人只有无过错才能免于必要的躲避。有过错的行为人在有条件躲避时必须躲避;如果攻击太过激烈或者其他原因导致不能躲避的,他们的不躲避在法律上可被宽恕。"

在一些普通法判例上,为他人防卫的理论和自身防卫的理论极其相似。① 但是,这并不意味着两者源于同一法理。一些评论者指出,为他人防卫理论在最初将行为人防卫范围限定为家庭成员,表明该理论并非从自身防卫理论中派生而来。② 英国学者威廉·布莱克斯通(William Blackstone)认为,为他人防卫的权利实际上来自于保护自己财产的权利。因为在普通法上,一个人的财产权囊括他的妻子、孩子、父母和仆人。③ 为他人防卫理论派生于防卫财产的理论,这就恰当地解释了为什么为他人防卫理论的适用范围不包括防卫陌生人。

然而,将为他人防卫的适用范围狭隘地限制为家人并不能有效应对实际问题。在长久的普通法历史里,一个人因为为他人防卫导致了侵害人死亡的结果,只有在防卫人是为了保护家人的情况下才可以免罪,防卫人出于见义勇的动机却不能被保护。这显然与阻止犯罪、保护被侵害人和被告人的司法政策相悖,公众也不能接受一位见义勇为的英雄白白蒙冤。既然为他人防卫的理论和自身防卫的理论长期交织在一起,用自身防卫的理论来保护见义勇为的防卫人是能够为大众所接受的。换句话说,"一个人为他人防卫的权利和防卫自己的权利是共存的。"④ 为他人防

---

① See *Adkins v. Commonwealth*, 293 Ky. 329, 168 S.W.2d 1008 (1943); *Commonwealth v. Martin*, 369 Mass. 640, 341 N.E.2d 885 (1976).

② See Marco F. Bendinelli, James T. Edsall, "Defense of Others: Origins, Requirements, Limitations and Ramifications", *Regent University Law Review*, Vol. 5, 1995, pp. 153-214.

③ See William Blackstone, *Commentaries on the Law of England*, Bancroft Whitney Co., ch.1, § 8(2) (1916), citing *State v. Brenda S. Cook*, 204 W.Va. 591, 515 S.E.2d 127 (1999).

④ Shelby A.D. Moore, "Doing Another's Bidding Under a Theory of Defense of Others: Shall We Protect the Unborn with Murder", *Kentucky Law Journal*, Vol. 86, Issue 2, 1997-1998, pp. 257-302.

卫理论在法理基础上的改变,直接推动其适用范围的扩张。

因此,在 State v. Saunders 案①中,州最高法院指出"为他人防卫的权利常常归入自身防卫里。单纯地站在被害人的立场,一个人仅能为法所允许被害人自身之所为"。在 State v. W.J.B.案②中,法院综合阐述了自身防卫和为他人防卫的理论:"一个人有权在防卫自身、防卫家人、防卫居所时用暴力还击暴力,若在防卫时只使用了必要的暴力,或者是对于案情而言明显必要的暴力,即便杀死了对方也无罪。"

一言以蔽之,为他人防卫理论在普通法上起源于防卫财产的理论,适用的范围仅限于家庭成员。随着现实需要,为他人防卫理论被允许适用在防卫陌生人,其理论渐渐和自身防卫的理论相融合。随着法院扩大为他人防卫理论的适用,准许行为人为陌生人防卫,对为他人防卫适用范围只能限于家庭成员的限制逐渐消失。这是从 State v. Chiarello 案③总结的经验。

(二)为他人防卫理论适用的限制与突破

美国法的司法实践大体上已将陌生人纳入为他人防卫理论的适用范围,准许行为人为陌生人实施防卫行为。但是,这种防卫权的实施相较于自身防卫而言,有额外的限制。法律对行为人防卫陌生人施加了一个规则——另一个我规则(alter ego rule)。

另一个我规则要求,在行为人为他人防卫时,必须要站在该被防卫人的立场作出判断。④ 一些判例表明,在行为人本不该使用致命暴力进行防卫却使用了致命暴力的场合,行为人需要承担刑事责任。⑤ 在 State v. Best 案⑥中,法院指出:"一个人为他人防卫的权利通常情况下不得超出防

---

① State v. Saunders, 175 W.Va. 16, 330 S.E.2d 674 (1985).
② State v. W.J.B., 166 W.Va. 602, 276 S.E.2d 550 (1981). Quoting State v. Laura, 93 W.Va. 250, 116 S.E. 251 (1923) and citing State v. Preece, 116 W.Va. 176, 179 S.E. 524 (1935); State v. Thornhill, 111 W.Va. 258, 161 S.E. 431 (1931); State v. Clark, 51 W. Va. 457, 41 S.E. 204 (1902); State v. Manns, 48 W.Va. 480, 37 S.E. 613 (1900).
③ State v. Chiarello, 69 N.J. Super. 479, 174 A.2d 506 (App. Div. 1961)
④ See Marco F. Bendinelli, James T. Edsall, "Defense of Others: Origins, Requirements, Limitations and Ramifications", Regent University Law Review, Vol. 5, 1995, pp. 153-214.
⑤ See Moore v. State, 25 Okla.Crim. 118, 218 P. 1102 (1923); Leeper v. State, 589 P.2d 379 (Wyo. 1979).
⑥ State v. Best, 91 W. Va. 559, 575, 113 S.E. 919, 925 (1922).

卫自己的权利。"这其实暗示了另一个我规则。

另一个我规则实际上将为他人防卫和自身防卫有机结合,强调行为人代为实施被侵害人的自身防卫权。它要求行为人在介入侵害人与被侵害人之间时,需要对被侵害人是否能被防卫、法律准许之防卫行为的暴力程度作出判断。从这个理论前提出发,要求行为人以被侵害人的立场来评判防卫权的行使与否和还击的暴力程度,在逻辑上是自洽的。

但是,这个规则的实际适用产生了巨大的弊端。如果行为人判断有误,或者对于陌生人是否能被防卫的事实陷入了认识错误,就容易给自己招致司法上的不利后果。如在行为人不明知第三人没有自身防卫权而介入帮助的场合里,行为人对第三人自身防卫权的有无产生了错误认识,就需要为其造成的伤害或死亡结果承担刑事责任。① 换句话说,在另一个我规则作用下,为他人防卫的行为人不可避免地将自己置于不确定的风险中(act at peril)。

这种不确定的风险所带来的不利后果除见义勇为者无辜担责外,更对普通公民施加了负面引导——与其承担风险为他人防卫,不如袖手旁观。在 *Alexander v. State* 案②中,一位法官痛心疾首地指出:"自肯尼迪总统遇刺的十年来……暴力活动激增,部分原因是警察在控制反叛的反应方面因宪法约束而步履蹒跚,部分原因是由于公民不情愿或害怕参与制止暴力行为。这种沉默似乎并非来自对人身伤害的恐惧,而是来自对潜在法律后果的心悸。这方面的代表是 1964 年震惊纽约的凯蒂·格诺维瑟(Kitty Genovese)遇害事件。被害人被恶毒踩踏与反复刺伤,而旁观者侧目以避免目睹屠杀行为,周边邻居关闭了他们的门和窗户以避免听到她的痛苦尖叫,直到她最终被凶手杀死。接受采访的目击者为他们的冷漠辩白道,如果最初对被侵害人施以援手是错误的,法律并不会保护这个施以援手的人免受刑事指控。时至今日,法律的负面引导恶果初见端倪。旁观者因为害怕法律后果而犹豫不决,对法律后果的恐惧磨灭了善良人的品德。"

这恐怕是法律最大的悲哀——不能防止坏人不做坏事,却逼迫好人

---

① See *People v. Young*, 11 N.Y.2d 274, 229 N.Y.S.2d 1, 183 N.E.2d 319 (1962); *State v. Wenger*, 58 Ohio St.2d 336, 390 N.E.2d 801 (1979).

② *Alexander v. State*, 52 Md. App. 171, 447 A.2d 880 (1982).

成为坏人。

正是基于现实的反馈,许多州开始拒绝适用另一个我规则,转向合理相信规则。这种转变在很大程度上需要归功于美国法律协会起草的《模范刑法典》。

《模范刑法典》§3.05采用的合理相信规则,抛弃了对行为人站在被侵害人立场上判断的要求,立足在行为人自身对侵害行为和防卫行为的判断上。如果介入的行为人实施的为他人防卫行为在当时情况下是合理的,就不需要承担刑事责任。在此规则下,只要行为人的认识是合理的,即便其对于谁有过错陷入了认识错误,在为他人防卫情况下杀死了侵害人,仍然可以在法律上被正当化。

(三)为他人防卫理论适用的基本要求

基于合理相信规则,在一个杀人指控中援引为他人防卫理论,被告人就必须有充足证据证明其合理地相信另一人正面临紧迫的死亡或重伤危险、必须使用暴力包括致命暴力还击侵害人才能拯救自己,而其自身不能实施时,被告人被法律允许以被侵害人的身份介入,使用合理的暴力包括致命暴力。西弗吉尼亚州最高法院借 State v. Cook 案妥善地表述了其对为他人防卫理论适用的基本要求的看法。

1.证明责任

为他人防卫理论是一种积极抗辩,遵循美国最高法院的判决,"被告人可以被要求证明其所主张的积极抗辩"[①]。作为一个基本规则,控方未在案件中将反证罪名要素的举证责任倒置给被告人,被告人就需要承担提供证据证明其所主张的积极抗辩的责任。西弗吉尼亚州最高法院虽然之前并未表述为他人防卫的相关标准,但根据本州相关判决,已经假定自身防卫的证明责任标准可以适用于为他人防卫。

在 State v. Kirtley 案[②]的裁决中,法院放弃了原先对被告人主张自身防卫时所要求的优势证据规则。在 State v. Kirtley 案中,为了降低被告人的证明责任,法院认为"只要有充足证据能够产生死亡结果是因为被告人实施了自身防卫行为的合理怀疑,控方就必须排除合理怀疑地证明被告

---

① State v. Daniel, 182 W.Va. 643, 391 S.E.2d 90 (1990), citing Patterson v. New York, 432 U.S. 197, 97 S.Ct. 2319, 53 L.Ed.2d 281 (1977).

② State v. Kirtley, 162 W.Va. 249, 252 S.E.2d 374 (1978).

人没有实施自身防卫";被告人"仅必须提供充足证据使法院对这一问题产生合理怀疑"。State v. Kirtley 案所确立的标准适宜采纳为为他人防卫的证明责任标准。

因此,西弗吉尼亚州最高法院认为,被告人主张为他人防卫所要承担的证明责任并不是一个高的标准。被告人主张为他人防卫理论,必须提供充足的证据使得举证责任转移至控方,由后者排除合理怀疑地证明被告人没有为他人防卫行为。如果控方证明失败,就需要承担败诉后果。

2.使用暴力的量

主张为他人防卫的被告人必须证明其使用的暴力是合理的。这个要求被普遍知晓为合比例原则。①

在为他人防卫案件中,比如 People v. Jordan 案②,被告人不被法律准许任意地使用其所选择的任意程度的暴力。根据别的判例,这也就是说,"一个人只能使用从侵害行为性质角度来看必要的暴力;任何过度暴力的使用都是不正当的,由此导致的死亡结果是违法的"③。这个法律原则借用了自身防卫的理论。西弗吉尼亚州法院在 State v. Cook 案之前的判例中已认为:"正常来说,只有一个人合理地认为侵害者将对其造成死亡或者重伤危害时,其在自身防卫中可使用的暴力才能是致命暴力;否则,当其被非致命暴力威胁时,只能以非致命暴力还击。"④

因此,合理暴力标准适用于为他人防卫理论。

3.合理地相信介入是合法的

介入的合理相信标准强调介入的行为人对案件外观的认知,而不是

---

① See Shelby A.D. Moore, "Doing Another's Bidding Under a Theory of Defense of Others: Shall We Protect the Unborn with Murder", *Kentucky Law Journal*, Vol. 86, Issue 2, 1997-1998, pp. 257-302.

② *People v. Jordan*, 130 Ill.App.3d 810, 86 Ill.Dec. 86, 474 N.E.2d 1283 (1985).

③ *People v. Clark*, 130 Cal.App.3d 371, 181 Cal.Rptr. 682 (1982), citing *People v. Young*, 214 Cal.App.2d 641, 29 Cal.Rptr. 595 (1963).

④ *State v. W.J.B.*, 166 W. Va. 602, 276 S.E.2d 550 (1981), citing *Rose v. Commonwealth*, 422 S.W.2d 130 (Ky. 1967); *Stennis v. State*, 234 So. 2d 611 (Miss. 1970); *State v. Parker*, 403 S.W.2d 623 (Mo. 1966); *State v. Pearson*, 288 N.C. 34, 215 S.E.2d 598 (1975); *State v. Clark*, 51 W. Va. 457, 41 S.E. 204 (1902); Wayne R. LaFave, Austin W. Scott, Jr., *Handbook on Criminal Law*, West Publishing Company, 1972, pp. 392-393.

对案件事实情况的认知。阿拉巴马州一个法院在 Morris v. State 案①中认为,合理相信标准"将重点放在被告人对合理外观的依赖,而非将其置于实际上没有紧迫危险但被外观欺骗实施为他人防卫行为而招致刑事责任的风险中"。

西弗吉尼亚州最高法院在 State v. W.J.B. 案②认为"被告人相信的合理性及其使用致命暴力行为的合理性必须依行为人行为当时的情况来判断,不能以后续发生的事实判断"。同时,在 State v. Holmes 案③中,合理相信标准"源于并且强化这样一个有说服力的政策,即一个人不能因其试图无私地保护他人免于明显非正当的侵害而获罪"。

介入的行为人相信的合理性由主观和客观要素决定。在 David v. State 案④中,法院指出,"防卫由客观要素,如合理地相信暴力是必要的,和主观要素,如内心真实地相信暴力是必要的所构成"。换句话说,"行为人必须相信他人正处在危险之中,并且这种相信是合理的"⑤。到目前为止,合理相信标准被西弗吉尼亚州最高法院适用于自身防卫中,这也是为他人防卫理论的合适标准。

4. 面临危险的程度

在为他人防卫时介入的行为人不被允许使用致命暴力,除非第三人正遭受死亡或重伤的紧迫危险。这"仅意味着只有介入的行为人保护的第三方正面临即刻威胁时,介入的行为人才能实施防卫行为"⑥。这个标准和州最高法院在自身防卫上适用的标准无异。

西弗吉尼亚州最高法院已经同意这样的观点:"一个人在合理地相信

---

① *Morris v. State*, 405 So. 2d 81 (Ala. Crim. App. 1981).
② *State v. W.J.B.*, 166 W.Va. 602, 276 S.E. 2d 550 (1981).
③ *State v. Holmes*, 208 N.J. Super. 480, 488, 506 A.2d 366, 370 (App. Div. 1986).
④ *David v. State*, 698 P.2d 1233 (Alaska Ct. App. 1985).
⑤ *State v. Elam*, 328 N.W.2d 314, 317 (Iowa 1982). See *Smiley v. State*, 395 So. 2d 235 (Fla. Dist. Ct. App. 1981); *State v. Moore*, 178 N.J. Super. 417, 429 A.2d 397 (N.J. 1981).
⑥ Shelby A.D. Moore, "Doing Another's Bidding Under a Theory of Defense of Others: Shall We Protect the Unborn with Murder", *Kentucky Law Journal*, Vol. 86, Issue 2, 1997-1998, pp. 257-302.

其正面临紧迫的死亡或重伤危险时有权使用致命暴力以自卫。"①紧迫危险的标准适用于为他人防卫理论,因为其与自身防卫中使用致命暴力的要求相一致。

  一言以蔽之,西弗吉尼亚州最高法院认为,基于合理相信规则,为他人防卫理论的基本要求和自身防卫理论一致。换句话说,自身防卫的适用规则适用于为他人防卫:被告人需要提出充足证据证明其确信被侵害人面临了紧迫危险,法律允许其介入实施防卫行为,其防卫行为的暴力的量是合理的。只要被告人让法院产生了合理怀疑,控方就必须排除合理怀疑地证明被告人没有实施为他人防卫行为。如果控方证明失败,就需要承担败诉后果,被告人为他人防卫抗辩成立。

---

① *State v. W.J.B.*, 166 W.Va. at 606, 276 S.E.2d at 553, citing *State v. Kirtley*, 162 W. Va. 249, 252 S.E.2d 374 (1978); *State v. Green*, 157 W. Va. 1031, 206 S.E.2d 923 (1974); *State v. Bowyer*, 143 W. Va. 302, 101 S.E.2d 243 (1957); *State v. Preece*, 116 W. Va. 179, 179 S.E. 524 (1935). Accord *State v. Hughes*, 197 W. Va. 518, 524, 476 S.E.2d 189, 195 (1996).

第四节　财产防卫

案例：加特林诉联邦案[*]
（*Gatlin v. United States*）

汪晋楠[**]　吴安东[***]

【关键词】

财产防卫；正当防卫；合理武力

【争议焦点】

当一个人为了保护自己的财产而殴打他人，能够构成正当防卫？防卫的限度如何认定？

【诉讼进程】

1996 年 12 月，布伦达·加特林（Brenda Gatlin）、塞蕾娜·史密斯（Serena Smith）和玛丽·A. T. 阿尼戈博（Mary A.T. Anigbo）因涉嫌殴打他人被起诉，被哥伦比亚特区高等法院判处殴打和非法夺取他人财物等罪名。

之后几名被告人提起上诉。2003 年 10 月 16 日，哥伦比亚特区上诉法院经审理后维持原判。

【案件事实】

加特林和史密斯是哥伦比亚特区某学校的雇员，阿尼戈博是该校校长。他们因涉嫌在学校里殴打一名报社记者费雷基奥（Ms. Ferrechio）、一名摄影师和两名警官而被捕，进而针对对抗时发生的各项指控上诉。

---

[*] *Gatlin v. United States*, 833 A.2d 995（D.C. Ct. App. 2003）.
[**] 北京大学法学院硕士研究生，负责案例评述前部分。
[***] 北京大学法学院硕士研究生，负责案例评述部分。

本案证据表明,1996年12月3日下午4点左右,《华盛顿时报》的编辑肯·麦金太尔(Ken McIntyre)打了911电话。在表明自己身份后,他表示:"我们的一位记者已经在学校遭到袭击和殴打,我们希望你到那里去见她。"他声称那个受到惊吓的记者将会去见警察。审判中的证据还表明,学校的校长阿尼戈博命令将费雷基奥强行从学校带走,因为她一直在未经许可的情况下向学生发言,并拒绝将记事本翻过来。阿尼戈博声称记者的记事本是属于她的,她只是收回了自己的财产。

得知《华盛顿时报》记者在学校受到袭击后,报社摄影总监派摄影师克利福德·欧文(Clifford Owen)来确认费雷基奥的状态是否良好。欧文的任务是记录所有伤害费雷基奥的行为,确认到底发生了什么。他在4点零几分的时候见到了费雷基奥。警官波(Poe)在下午4点35分左右也到了。他与费雷基奥谈话,在他后来的证词中他说费雷基奥当时非常不安。然后他在费雷基奥的陪同下,驾驶他带有标志的警车前往学校。警官贝斯特(Best)响应警方的无线电指令,也很快乘坐他带有标志的警察巡逻车赶到了现场。两名警官商量之后通过了前门,由贝斯特警官带路进入学校。尽管校长阿尼戈博声称她的习惯是保持中央门锁闭,只有当访客按门铃时才允许访客进入,并确保有一名成年人接待访客,但欧文观察到中央门已经打开了几英寸。警察进入了大厅后前往主办公室,欧文和费雷基奥紧随其后。在主办公室里聚集的人较少。

当走近主办公室的柜台时,贝斯特警官询问谁是校长,阿尼戈博回答说:"我是校长,但我很生气,我不想和你说话。"在贝斯特警官与阿尼戈博进行交谈时,欧文集中精神拍摄那些据说攻击费雷基奥的人的照片。他告知费雷基奥,他从《华盛顿时报》得到的指示是为那些殴打她的人拍照,而且他这样做真的很重要。他问她是否能够认出殴打她的人。费雷基奥表示担心能否将她的记事本拿回来。费雷基奥最终确定殴打她的人是秘书,因为该人留的是短发。当看到符合描述的人时,欧文非常大声地说:"这是殴打你的女人?我得拍下来"。于是欧文迅速拍了三张短发女子的照片,后来此女被确认为加特林。他的拍摄引起了学校工作人员的反应。贝斯特警官证明,随着阿尼戈博说完话,相机闪光灯熄灭的瞬间,校长和工作人员跳起来并跑向闪着相机闪光灯的那道门。波警官声称,当摄影师和记者进入办公室,校长和工作人员都疯了。两位警官都看到加特林和阿尼戈博走向摄影师和记者:"这三个女人尖叫着朝摄影师和记者跑去,带头的是加特林……工作人员开始尖叫:'停止拍照,你不应该出现在这里……'"波警官看到加特林在费雷基奥和欧文身旁转来转去。这些警官站在学校工作人员和报社人员之间,而这些女人继续向校长办公室门口推着那些警官的背部。贝斯特警官声称,阿尼戈博和史密斯推了他的胸部和肩部。贝斯特警官看到阿尼戈博的力量足以把波警官从办公室推到走廊。

【控辩观点】

控方:

就辩方的第二点意见而言,控方认为初审法院已经考虑并适当地拒绝了财产防卫的辩护,并没有滥用其自由裁量权否认上诉人提出新的审判诉求。

辩方:

第一,阿尼戈博的辩护律师在初审法院审议无罪判决的辩护动机时提出了财产防卫的主张。

第二,阿尼戈博和史密斯在上诉中辩称,由于法院实质上没有适当考虑他们对财产防卫的辩护,因此初审法院滥用了自由裁量权否决他们的新审判动议。他们认为,原告费雷基奥、欧文、波和贝斯特一直作证说,他们听到指示时"拒绝离开学校"。他们还认为,如果这是一项陪审团审判,法院拒绝指示陪审团对证据提出的肯定性答辩,那么错误肯定会被视为是有害且可逆的。

第三,在 Shehyn v. United States 案[①]中,法院阐明了财产防卫的基本原则:"一个人可以尽可能使用合理的武力来驱逐他的财产侵入者,如果他使用了超过必要的武力,则触犯了殴打罪"。此外,《哥伦比亚特区刑事陪审团指令》(Criminal Jury Instructions For The District Of Columbia)§5.20(4th ed. 2002)规定:"任何人合理地认为自己的财产面临非法侵入或盗窃的直接危险并且需要使用武力避免时,均有理由使用合理的武力来保护其财产免受侵入或盗窃危险……被告人无须证明其是为保护其财产而采取行动。如果存在财产防卫的证据,控方必须超出合理怀疑地

---

① *Shehyn v. United States*, 256 A.2 d 404(D.C. 1969)

证明被告人没有采取财产防卫。如果控方未能证明被告人没有实施财产防卫行为,那么必须认定被告人无罪。"本指令符合大多数州编纂的类似指令。正如学者指出:"当他合理地认为他的财产面临非法干扰的危险,并且使用武力避免这种危险是必要的,那么他可以使用合理的武力保护他的财产免受侵犯或盗窃的危险。"①

【法庭观点】

阿尼戈博的辩护律师在初审的特区高等法院审议无罪判决的辩护动机时提出了财产防卫的主张。在审讯的第二天,在被告人提交案件之前,初审法院驳回了财产防卫。关于对费雷基奥的袭击行为,高等法院认为,这些袭击中的每一起袭击事件都涉及发生在校长办公室的行为指控,从对控方最有利的角度来看,其并非旨在把侵入者推出去,而是至少要拿到一个记事本。关于对欧文的殴打,法院认为:根据常识,有关学说无法适用于本案的这些事实。法官补充说:"当警察站在那里时,人们不可以立即使用武力。"此外,初审的法官不清楚欧文是否被要求在实际采取措施之前离开。而且,在初审的法官看来,对于警察,欧文不能使用针对财产侵入者的自助原则,这是不言而喻的,被告人当然不能以这些事实为依据,认为在警方行为触及其财产还不到 5 分钟的情况下,就在刑事调查过程中使用武力驱逐警察。

就上述辩方的后两个依据来说,特区上诉法院把分析重心拨回到 1996 年 12 月 3 日报社和警方人员第二次进入学校的期间,分析能否允许应用财产防卫的申请来反驳对贝斯特警官和波警官进行攻击的指控。初审法院拒绝了针对警察正在执行刑事调查情形下的辩护,这与某些司法管辖区的趋势一致。正如学者所言:"有些法院认为禁止武力抵制非法逮捕,不适用于警察扣押财产。"②普通法认为允许一个人强行抵制非法逮捕是背离普通法规则的,而 *Commonwealth v. Moreira* 案③的法官却认为,

---

① Wayne R. LaFave, *Substantive Criminal Law* (Vol. 2), West Publishing Company, 2003, §10.6.

② Wayne R. LaFave, *Substantive Criminal Law* (Vol. 2), West Publishing Company, 2003, §10.6 (a).

③ *Commonwealth v. Moreira*, 388 Mass. 596, 447 N.E.2d 1224, 1226 (Mass. 1983).

这一规则不再符合现代社会的需要，应该废除。该案的法庭得出的结论是，如果逮捕人没有使用过度或不必要的武力，不管在这种情况下逮捕是否违法，由于逮捕人履行的是他的职责，所以一个人不得使用武力抵制他所知道或有充分理由相信是被授权的警务人员的逮捕。

在新罕布什尔州，这个编纂了普通法规则的州允许合理使用武力来捍卫自己的财产，州最高法院宣布普通法规则存在限制：鉴于该州旨在允许和宽恕自助作为一种保护自己免受侵权行为者侵犯的行为，在对抗违法者和一般歹徒行为侵害的行为就不能对抗法规授权执行其职责的警察使用武力从有争议的草坪上移开汽车的行为，后者突破了法规的界限，这是 *State v. Haas* 案①表明的内容。

同样，在本案目前的情况下，适用普通法的财产防卫原则，以排除警方在公共场所内对犯罪指控进行适当调查，就与社会公平和及时管理犯罪分子这样更大的利益相矛盾。因此，哥伦比亚特区上诉法院认为，警察已经进入了校舍的公共场所，没有使用过分的武力来调查刑事申诉，而学校的工作人员被控的行为是在学校内对这些警察中的一名进行殴打，他们无权进行财产防卫的辩护。学校员工加特林被控在学校内攻击摄影师这件事，如果员工能够寻求现场警察的协助以保护校园设施的完整性，则可以不依靠财产防卫的措施。因此，特区上诉法院得出结论，初审法院并没有滥用自由裁量权来否认上诉人关于袭击贝斯特和波警官、欧文摄影师被起诉的新的诉求。

上诉法院在此转向对加特林和阿尼戈博所受的指控，这项指控与费雷基奥于 1996 年 12 月 3 日首次进入学校发生的事有关。《哥伦比亚特区刑事陪审团指令》§5.20 所规定的是，被告人没有被要求证明她为保护她的财产行事，相反，如果存在财产保全的证据，则控方的责任在于确定无疑地证明被告人没有为保护她的财产而采取行动。有关记录表明，在所有证据提交结束时，尽管初审法院在控方完成举证后确认了一些事实，但是没有作出与财产防卫辩护和费雷基奥首次进入学校有关的全面事实调查结果的确定性裁定。尽管如此，根据对之前的记录和副本的审查，特区上诉法院对初审法院的结论还是满意的，即费雷基奥刚进入学校并遇到阿尼戈博时，即便阿尼戈博和加特林关于财产防卫的辩护是有争

---

① *State v. Haas*, 596 A.2d 127 (N.H. 1991).

议的,她们使用武力还是不合理的。特区上诉法院假设,在看到费雷基奥时,阿尼戈博说:"你在这里做什么?你没有和我预约。你为什么要采访我的学生?出去,我要你出去。"她几乎立即就要夺走费雷基奥手中的记事本。阿尼戈博自己供述道,她告诉费雷基奥:"你休想带走记事本离开这里,把我的记事本还来。"然后伸手去拿记事本,把它从费雷基奥手中抢走。正如初审法院的结论,这一行动并非针对驱逐侵入者,而是取回一本记事本。而且由于初审法院发现它不属于阿尼戈博,阿尼戈博也就无权使用任何武力夺取占有之。事实上,泰勒警官当时说:"呃,夫人,不管别人用他们的记事本写了什么,你都没有权利从任何人那里拿走它。"对此阿尼戈博回应,费雷基奥无权获取有关信息。

即使阿尼戈博有理由相信记事本是她的,而且学校的工作人员有权将费雷基奥从学校驱逐出来,但该记录显示,用于实现该目标的力量也并不合理,哪怕是考虑到审判法庭的陈述,费雷基奥"可能夸大了对她的攻击的大小和准确性(原文如此)"。正如上诉法院在 Shehyn v. United States 案中曾经宣称的那样,一个人可以合理地使用尽可能多的武力从他的财产中排除驱逐侵入者,不过如果他使用了超过必要的武力,他就会涉嫌殴打的罪名。总而言之,即使可以向阿尼戈博提供财产防卫辩护,并承认在这种情况下,举证责任转移到控方,上诉法院确信,初审法官也仍然可以发现,阿尼戈博和加特林犯有殴打费雷基奥的罪行是无疑的。

最终,上诉法院维持原判。

【案例评述】

本案的关键问题是为了保护财产而使用暴力,是否构成正当防卫?以及如何认定财产防卫中的合理限度?

正当防卫是各国刑法中典型的辩护事由,它是刑罚权从私人收归国家后的产物,作为国家刑罚权的补充,是个人来不及诉诸国家力量时被允许进行的私力救济。约翰·洛克(John Locke)把自卫视为正当的权利和自由,认为在法律不能保障公民的紧急情况下,允许自卫才是合乎正义的。[1]因此正当防卫具有紧急性。

---

[1] 参见〔英〕洛克:《政府论》(下篇),叶启芳、瞿菊农译,商务印书馆1964年版,第14页。

我们常见的正当防卫是针对人身权利遭受侵害时适用的,而财产是人类生存发展的物质基础,也需要得到法律的关照。英美法系国家尤其重视对个人财产的保护,对财产的正当防卫也有着单独而详细的立法。美国刑法把防卫分为自我防卫(self-defense)、防卫他人(defense of another)、财产防卫(defense of property)、执法防卫(defense for law enforcement)。[1] 财产防卫是指,防卫者有理由相信其财产被非法侵犯,而使用适度的暴力避免侵害或夺回财物,这种合理限度内的暴力是法律所允许的,可以作为正当防卫的辩护理由。

美国刑法将人身权利的防卫与财产权利的防卫分开规定,是考虑到一般而言人身比财产具有更高价值,因此对财产防卫作为合法辩护时会具有不同于防卫人身的、更严格的条件。根据普通法规则和《模范刑法典》§3.06 的规定,可以总结归纳出财产防卫的四个条件。

(一)防卫前提

财产防卫属于正当防卫制度的一种,因此也具有紧急性,是国家制裁的补充手段。只有当代表国家力量的司法行政机关的帮助阙如,即行为人来不及寻求公力救济时,才能考虑财产防卫这一特殊形式的自力救助。这说明防卫的前提是,针对财产的不法侵犯已经开始,情形紧急迫切,无法寻求其他帮助,不使用武力防卫就会造成不可挽回的财产损失。

(二)防卫主体

《模范刑法典》§3.09 确立了财产防卫的主体确信要件,即行为人只要合理地相信其财产处于危险之中且使用暴力是有必要的,其防卫行为就具有正当性。换言之,防卫行为建立在防卫主体的主观信赖的基础上。

《模范刑法典》§3.06(1)(a)规定:"当土地或者动产由行为人或其保护的第三人占有,或者行为人相信由其或者该第三人占有时……"指出了保护的财产可以是防卫人占有的,也可以是第三人占有的。防卫主体不一定是财产的所有者,在特殊情况下也不必是财产的占有者,但必须跟财产占有人存在保护关系。本案中证据表明阿尼戈博并没有声称这本记事本是她的,初审法院裁定阿尼戈博无权使用任何武力获取不属于她的记事本。但特区上诉法院则认为关键问题不在于客观上记事本是否属于阿尼戈博,并在于阿尼戈博有理由相信记事本是她的。特区上诉法院的

---

[1] 参见储槐植、江溯:《美国刑法》(第四版),北京大学出版社 2012 年版,第 77 页。

观点重申了防卫主体的确信要件。

(三)防卫时间

防卫时间限定为对财产的侵犯已经开始但还未停止,即在侵害发生过程中可以进行防卫,这一阶段防御者仍然合法占有该财产,防卫的目的是阻止侵犯人抢夺财物。如果侵犯已经停止,防御人已丧失了合法占有,则不得暴力夺回,更不能为了报复而使用武力。不过这一规则有例外,当使用非致命武力能当即追回财产时,行为人可以进行防卫。"在这种情况下,使用武力夺回财产被视作阻止抢夺之最初努力的延伸。"①

《模范刑法典》§3.06(1)规定了因保护财产而使用武力具有正当性的两种情形:(1)行为人占有该财产,并且为阻止对该占有的干涉而使用武力。这一情形就是指防卫时间处于侵害正在发生的过程里。(2)行为人试图取回被非法侵夺的财产。此时还需要至少满足以下两个条件中的一个:武力应在占有被剥夺后即时或在立即追回中使用,或者行为人相信使用武力所针对的人无权占有该财产,并且在侵犯土地的场合,存在紧急情况,使得对于拖延到取得法庭命令后才进入该土地会发生异常困难。这一情形就是防卫时间的例外规定,即当即能追回财物或侵犯土地后不夺回会严重损失时,允许的事后防卫。

(四)防卫限度

财产防卫和人身防卫最大的不同体现在防卫限度方面。财产防卫中,受侵害的是财产权利,而防卫损害的是侵害人的人身权利。要使以损害"较大"的人身权利来保护"较小"的财产权利的防卫行为具有正当性,就必须对财产防卫的武力程度作出严格限制。将武力控制在合理范围内也是普通法确立的财产防卫的基本原则,否则构成殴打罪。②

首先,通过设置防卫前的警告程序来限制防卫武力。《模范刑法典》§3.06(3)(a)规定:"行为人必须先提出停止妨害的要求,除非行为人相信此要求无用,或者此要求对于自己或他人造成危险,或者在有效地提出此要求之前,财产将遭受损害。"设定警告程序的目的在于使得侵害人能

---

① 〔美〕约书亚·德雷斯勒:《美国刑法纲要》,姜敏译,中国法制出版社2016年版,第191页。
② 该基本原则为:"一个人可以尽可能使用合理的武力来驱逐他的财产侵入者,但如果他使用了超过必要的武力,则触犯了殴打罪。"*Sheyn v. United States*, 256 A.2d 404 (D.C. 1969)。

理智地中止自己的不法行为以避免自身人身的损害结果发生。①同时也说明面对财产被非暴力侵犯时,武力防卫并非首选。只有在紧急和迫不得已的情形下,求助其他方式无果,才能使用适度的暴力进行防卫。

其次,如果行为人知道驱逐行为将导致侵犯者遭受严重身体伤害时,为阻止或排除侵犯而使用武力不具有本条规定的正当性。

最后,对于一般财产的防卫,绝不允许使用致命暴力。仅在两种情形下这一规定会被放宽。一是针对侵犯住宅的防卫。侵犯住宅的行为实际侵犯了居住者的人身安全和其住宅隐私,英国在1873年的一个判例中确定"防卫庇护生命的住宅同防卫生命一样重要"。美国刑法虽然将防卫住宅同财产防卫规定在一个条文中,但对于防卫住宅在必要时允许使用致命武力。二是侵害人使用致命武力手段侵犯的情形下。这时由于处于危险状态的不仅仅是财产权利,还有人身权利,因此适用的是人身防卫的防卫限度,必要时允许致命武力。

回到本案,特区上诉法院否定了被告人适用财产防卫的辩护,其理由可以归纳为以下几点:(1)当警察在现场时,人们不可以立即使用武力。换言之,被告人的行为不符合财产防卫的前提要件——防卫的紧迫性和补充性。被告人当时可以诉诸警察力量,因此不存在公力救济缺失的紧急情况。(2)被告人对警官的暴力行为,不能视为财产防卫。*Commonwealth v. Moreira*案②确立了一个观点:"如果逮捕人没有过度或不必要的武力,不管在这种情况下逮捕是否违法,由于逮捕人履行的是他的职责,所以一个人不得使用武力抵制他所知道或有充分理由相信是被授权的警务人员的逮捕。"(3)法官发现被告人阿尼戈博在第一次发现费雷基奥的情形下,可以提供财产防卫的辩护,但其使用的武力是不合理的,因为他并没有立即要求得到费雷基奥的手中的记事本。换言之,法官认为被告人阿尼戈博并没有完成防卫前的警告程序而径行使用武力,不符合防卫限度要件,因此其使用武力不合理。

综上,本案并不符合普通法及美国《模范刑法典》关于财产防卫要件的规定,因而法院认定被告人不适用财产防卫的辩护的结论,笔者认为是合理的。

---

① 参见郝如建:《论财产防卫》,载《江西公安专科学校学报》2007年第1期,第84页。
② *Commonwealth v. Moreira*, 447 N.E. 2d. 1224 (Mass. 1983).

第五节 逮 捕

案例：新墨西哥州诉约翰逊案[*]
(*State v. Johnson*)

徐 成[**]

【关键词】

正当化；自我防卫；公民逮捕；致命武力

【争议焦点】

使用致命武力逮捕逃跑的重罪嫌疑人并导致后者死亡，致人死亡者的行为能否得到正当化？

【诉讼进程】

1995年4月20日，阿隆·约翰逊（Aaron Johnson）与史蒂夫·哈多科斯（Steve Haddox）开枪射击一名非法闯进汽车盗窃车内财物并正在驾车离开的男子，致其死亡。新墨西哥州伯纳利欧郡（Bernalillo）大陪审团以二级谋杀和其他罪名对约翰逊和哈多科斯提起诉讼。在审理过程中，两名被告人均提出罪轻辩护，认为其行为仅构成过失杀人。

二人之后提出上诉。在上诉审口头辩论结束后，被告人哈多科斯撤回了上诉。因此，新墨西哥州上诉法院仅就被告人约翰逊的刑事责任进行审理。1997年11月6日，新墨西哥州上诉法院作出判决，认为被告人约翰逊使用致命武力制止重罪嫌犯逃脱，并导致后者死亡的行为不能成立正当化事由。初审法院认定被告人构成二级谋杀罪的判决应当予以维持。

---

[*] *State v. Johnson*, 954 P. 2d 79 (N.M. Ct. App. 1997).
[**] 北京大学法学院博士研究生。

【案件事实】

1995年4月20日,约翰逊、哈多科斯与马特·尼尔(Matt Neel)等人在位于新墨西哥州阿尔布开克市(Albuquerque)的一个住宅区中的公寓里聚会。晚间10点半至11点半,一位朋友告诉哈多科斯和约翰逊,有人闯进了尼尔的铃木汽车。哈多科斯、约翰逊和尼尔闻讯赶到公寓停车场,看到阿贝尔·加列戈斯(Abel Gallegos)从铃木汽车中跑了出来,坐上了另一辆正在等候的汽车,并准备加速离去。铃木汽车的车窗被打碎,车内音响不见踪影。哈多科斯和约翰逊随即拔出手枪,朝着被害人乘坐的汽车连开11枪,加列戈斯身受重伤。随后,哈多科斯和约翰逊返回了聚会现场,哈多科斯告诉在场的人们他刚才或许击中了什么人。两名阿尔布开克市警察局的警官当时正在附近,他们听到了枪声,并看到加列戈斯正驾驶着一辆没开车灯的汽车飞驰而去。两名警官拦下了汽车,发现加列戈斯的心脏中枪。加列戈斯本人手无寸铁,车厢中也没有发现武器。此后,警官对哈多科斯和约翰逊二人进行了盘问。两人承认曾经开枪射击,并将手枪交给了警方。当时两人均未声称自己实施了自我防卫。事后查明,击毙加列戈斯的子弹由约翰逊的手枪击发,在车厢中找到的另一枚子弹则来自哈多科斯的手枪。

【控辩观点】

辩方:

第一,在程序方面,被告人认为,初审法院拒绝就杀人行为的正当化事由向陪审团提供指示。而相关指示原本能够让陪审团注意到,射杀加列戈斯的行为能够因逮捕重罪嫌疑人这一事由得到正当化。

第二,在实体方面,被告人援引了几处规定。《新墨西哥州成文法注解》(N.M. Stat. Ann.)§ 30-2-6(B)规定,当公共官员或其他雇员有合理理由相信,在执行本部分规定之公务时,本人或第三人正在遭受极端有害或致命武力威胁,为了实现本条之目的,杀人行为的实施是必要的。公共官员或雇员应当在使用致命武力之前予以警告。《新墨西哥州成文法注解》§ 30-2-7(C)规定,普通公民的杀人行为在如下案例中能够得以正当化:杀人行为对于试图通过合法方式,当场逮捕实施重罪者,或合法控制暴乱,或以必要且合法的途径保持和维护和平均属必要之时。对于《新墨西哥州成文法注解》§30-2-7(C)应当按照如下方式进行解释,即试图逮捕重罪犯的普通公民,基于其合理认识,使用对于能够制止犯罪而言是必要的武力。因此,为了制止其逃脱,公民有权使用致命武力甚至杀害重罪嫌疑人。只要能够达到制止逃脱的目的,被制止的犯罪嫌疑人是否携带武器,是否具备人身危险性,实施逮捕的公民是否正在面临身体伤害的威胁等因素均不影响正当化事由的成立。简而言之,任何能够制止犯罪嫌疑人逃脱的必要手段均属正当。具体而言:

(1)对于《新墨西哥州成文法注解》§30-2-7(C),约翰逊认为在其中并没有对于"合法方式或途径"的明确定义。因此应当认为,相较于前一规定中的执法官员,立法者有意赋予普通公民更大的防卫权限。这也就意味着,为了逮捕重罪嫌疑人,公民能够使用更高强度的攻击手段。被告人同时强调,法律规定的含义在此已经十分明确,应当适用平义解释,而不能另行添加其他内容。(2)约翰逊指出,在后续的法律修订中,立法者仅在《新墨西哥州成文法注解》§30-2-6中加入了对于"合法手段或途径"的明确定义,却未对紧随其后的§30-2-7(C)作出任何修改。因此,应当对未包含明确定义的《新墨西哥州成文法注解》§30-2-7(C)作出与§30-2-6相反的解释。也就是说,在立法者看来,公民使用的任何能够制止重罪嫌疑人逃脱的攻击手段,都属于"合法手段或途径"。(3)约翰逊的上述理解能够得到新墨西哥州此前判例的支持。例如,在 *Alaniz v. Funk* 案[①]中,约翰逊宣称,普通公民或警察能够适用致命武力制止逃窜的重罪嫌疑人,而无论该重罪本身的严重程度。在该案中,用杀人手段逮捕重罪嫌疑人的做法,就得到了正当化。(4)约翰逊的主张与普通法观念相符。根据普通法规则,"任何对于逮捕逃脱重罪犯而言是必要的手段都能被允许"。

【法庭观点】

在判决书中,新墨西哥州上诉法院审判庭对被告人提出的上述辩护意见进行了详细回应。在本案中,约翰逊使用致命武力对重罪嫌疑人实

---

① *Alaniz v. Funk*, 69 N. M. 164, 167, 364 P. 2d 1033, 1034-35 (1961).

施逮捕的做法能否得到正当化是本案的重中之重,也是判决理由论述展开的核心。而对于本案涉及的其他程序问题,审判庭仅在实体分析中附带论述,并未过多着墨。

对于约翰逊提出初审法庭未能就正当化事由问题给予陪审团适当指示的问题,法庭发表了如下看法。法庭认为,根据本案事实,初审法庭没有就相关问题对陪审团提供指示属于一个"可更改的错误"。但另一方面,根据新墨西哥州最高法院在 State v. Johnson 案①中的判决理由,只有当被告人提供了相应的证据,证明其在当时的情形下,使用致命武力属于合理行事之后,才有权要求法庭就正当化事由的相关问题给陪审团提供指示。因此,在本案中,约翰逊仍然需要证明,致命武力的使用具备合理性。这样一来,真正能够对约翰逊的定罪量刑发挥决定作用的,仍然是对于公民逮捕行为的性质及其限度的界定。

对于约翰逊提出的实体辩护理由,法庭按照以下两个步骤进行了全面论述。首先,法庭结合新墨西哥州立法与既有判例,对执法官员的逮捕行为的限度进行界定;然后以此为基础,法庭对公民逮捕中武力使用的限度进行分析。

总体而言,对于执法官员武力使用的基本限度,法庭的主张可以被概括为以下三点。

(一)判例法"今非昔比"

在本案约翰逊援引的 Alaniz v. Funk 案中,一名副治安官为了阻止一名盗窃步枪的男子逃脱,向后者驾驶的车辆射击并将其射杀。当时的法庭判定该治安官的行为合理。然而新墨西哥州上诉法院审判庭指出,该案事实仅仅涉及执法官员的武力使用,与普通公民的行为方式无关。因而其判决结论不会对本案产生任何决定性的影响。更为重要的是,Alaniz v. Funk 案的结论已经被联邦最高法院 Tennessee v. Garner 案②修正。在该案中,一名警官开枪射杀了一个未携带武器并试图逃跑的入室窃贼。联邦最高法院认为,根据《宪法第四修正案》,射杀无武器的逃脱嫌疑人是不合理的。因为,尽管逮捕罪犯属于各州职权,但这不意味着"射杀手无寸铁的非暴力嫌疑人是实现上述目标的合理方式"。因而联邦最高法院

---

① State v. Johnson , 1996 NMSC 075, P18, 122 N.M. 696, 930 P.2d 1148(1996).
② Tennessee v. Garner, 471 U.S. 1, 85 L. Ed. 2d 1, 105 S. Ct. 1694 (1985).

认为,根据《宪法第四修正案》,执法官员在使用致命武力之前,只有具备正当理由相信自己或他人受到严重伤害的威胁,其行为才能正当化。综上所述,由于判例法导向的巨大转变,约翰逊援引 *Alaniz v. Funk* 案进行辩护的主张不能成立。

(二)普通法"时过境迁"

对于约翰逊认为相关行为符合普通法规则的主张,法庭首先援引 *Tennessee v. Garner* 案中的判决理由进行反驳。联邦最高法院认为,今天的许多重罪在历史上或许只是轻罪,而在过去大多数重罪都要被处以死刑。因而普通法重罪归责只能适用于那些最为严重的,对于执法官员构成人身威胁的暴力犯罪。此外,在普通法时代,武器还比较简陋,单纯的徒手肉搏就能达到致命武力的程度,在这一过程中实施逮捕的执法官员往往面临较高风险,然而这些情况在今天都不复存在。这样一来,传统的普通法规则便不能适用。然后,新墨西哥州上诉法院审判庭对该州的法律状况进行了考察。法庭认为,今天对于重罪与轻罪的分类与殖民地时代的状况相去甚远,而新墨西哥州关于"无逮捕令逮捕"的法律正好反映了这一点。在普通法时代,新墨西哥州法律规定,只有当场实施的轻罪才能适用无逮捕令逮捕,而对于同时期的重罪却没有这种限制。而今天则不然,新墨西哥州最高法院在既有的判例中,同样对相关重罪的无逮捕令逮捕增加了一系列保障犯罪嫌疑人权利的限制性措施。鉴于传统的普通法规则不能在今天继续适用,被告人以普通法为基础的辩护理由同样无法成立。

(三)实定法"迅速调整"

在 *Tennessee v. Garner* 案判决作出之后,新墨西哥州在《新墨西哥州成文法注解》§30-2-6 规定之后新增一款,对执法官员使用致命武力实施的逮捕作出了更为严格的限制。对此,法庭指出,新墨西哥州立法的上述修改表明,*Alaniz v. Funk* 案中的观点已经被修正。换言之,如果本案的约翰逊是一名警察或执法官员,其行为肯定不可能得到正当化。

综上所述,鉴于判例法的观点发生改变,普通法规则不能继续适用,新墨西哥州实定法据此作出了相应的修正,一个试图逮捕重罪嫌疑人的执法官员,只能在具备合理理由相信自身或他人人身安全受到嫌疑人的严重威胁之际,才能使用致命武力。接下来的问题便是,普通公民实施的逮捕行为,是否同样受到上述前提条件的限制。

针对普通公民的武力使用限度这一问题,法庭首先对新墨西哥州的判例法进行了梳理。法庭指出,新墨西哥州的判例法绝对不会认为,使用致命武力的限制仅针对执法官员而不适用于普通公民。相反,将自我防卫和公民逮捕中武力使用限定于"合理"的范围之内,是该州判例一以贯之的态度。例如,在 *Downs v. Garay* 案①中,法庭指出,"合理"意味着行为人处于受到伤害或武力攻击的恐惧之中。在随后的 *State v. Duarte* 案②中,当时的审判庭认为:"只有当被告人有证据表明其恐惧是合理的,才有权要求法庭就武力使用的问题给陪审团提供指示。"这实际上已经将普通公民和执法官员置于同等地位,换言之,在使用致命武力方面,普通公民并不比执法官员享有更大的权限。又如,在后来的 *State v. Abeyta* 案③中,新墨西哥州最高法院同样指出"被告人杀人行为的合理性"是决定其行为是否可被正当化的关键因素。更为重要的是,在更为晚近的 *State v. Johnson* 案④中,新墨西哥州最高法院除重申武力使用的合理性限制外,还提出了合理性判断的具体标准。州最高法院在该案中提出,对于约翰逊是否在特定情况下合理行事的判断应当"采纳客观一般人标准,从而保证好意(good faith)与客观上合理之行为"。总之,新墨西哥州的判例均倾向于将普通公民逮捕行为中的武力使用限定于合理的范围之内。因此,约翰逊认为普通公民的逮捕行为不受严格限制的主张不能获得判例法的支持。接着,法庭基于法律解释的视角,对约翰逊的实体辩护意见作出了更进一步的回应。

其一,从规范体系上看,文义解释有其局限性,不能在任何情形中无差别适用。法庭指出,当规范文义将导出荒谬结果时,法庭可以运用其他解释方法对规范作出进一步阐释,从而避免上述结果。具体而言,在本案中,虽然《新墨西哥州成文法注解》§30-2-7(C)未对"合法的手段或途径"进行明确定义,但与此相关联的《新墨西哥州成文法注解》§30-2-6(B)却对此进行了界定。根据在司法实践中确立起来的解释规则,若两个规范涉及相同问题,且一个规范规定得比较具体,而另一个规范则相对

---

① *Downs v. Garay*, 106 N.M. 321, 324, 742 P.2d 533, 536 (Ct. App. 1987).
② *State v. Duarte*, 1996 NMCA 038, 8, 121 N.M. 553, 915 P. 2d 309(1996).
③ *State v. Abeyta*, 1995 NMSC 52, 120 N.M. 233, 240, 901 P.2d 164, 171 (1995).
④ *State v. Johnson*, 1996 NMSC 075, P18, 122 N.M. 696, 930 P. 2d 1148(1996).

宽泛,那么应当将两条规范结合在一起加以理解,当同一个词语或概念在不同规范条文中以相似的目的或内容出现时,规范统一性的要求就变得更为迫切。综上,法庭认为,在解释《新墨西哥州成文法注解》§30-2-7(C)之时,应当同时参考《新墨西哥州成文法注解》§30-2-6(B)对于"合法手段或途径"的定义。

其二,从历史解释的角度看,将二者关联解释的做法,能够得到立法委员会的支持。立法委员会表示:"对于那些基于自己的意志,杀死逃脱的重罪犯或通过杀人镇压骚乱或维持和平者而言,《新墨西哥州成文法注解》§30-2-7(C)包含着一个杀人可被正当化的规定。立法法委员认为,不仅这一辩护几乎不能成功,而且其拥有一个不确定的普通法基础。"对此,法庭指出,立法者用"合法的手段或途径"这一表述对"必要实施(杀人行为)"予以限定这一事实本身,便意味着相关规范中包含了客观合理性的内容。这样一来,即便不讨论《新墨西哥州成文法注解》§30-2-7(C)是否照搬《新墨西哥州成文法注解》§30-2-6(B)对于"合法手段或途径"的定义,前者也同样包含了如下内容,即通过致死或严重身体伤害实施的逮捕应当具备某种合比例性。这种合比例性恰恰是客观合理性的组成部分,也正是这种合比例性,使得武力的使用成为了《新墨西哥州成文法注解》§30-2-7(C)意义上的"合法"手段。总之,法庭认为,根据立法原意,规定普通公民的逮捕行为的《新墨西哥州成文法注解》§30-2-7(C),同样对武力的使用施加了必要的限制。

其三,从解释结论上看,规范解释的结论不能令规范本身的某一部分成为没有意义的冗余。然而,法院认为,被告人提出的普通公民使用武力不受限制的辩护理由,恰恰使得"通过合法手段和途径"这一表述成为多余。因此,认为在致命武力使用方面,普通公民比执法人员拥有更多自由的主张,同样没有说服力。

综上所述,约翰逊提出的实体辩护理由既无法得到新墨西哥州判例法的支持,也不能与该州实定法规范相协调。因此法院认为,约翰逊的上述辩解均无法成立。

在判决的最后,法庭对其他各州的相关判例进行了整理。总体而言,约翰逊的主张无法得到大多数州的判例的支持。在 *State v. Olsen* 案[①]和

---

① *State v. Olsen*, 157 Ariz. 603, 760 P. 2d 603, 609 (Ariz. Ct. App. 1988).

State v. Barr 案①两起案例中,亚利桑那州上诉法院均指出,法律不允许普通公民使用致命武力实施逮捕。在 *Prayor v. State* 案②中,佐治亚州上诉法院将致命武力的使用限定于制止暴力重罪的必要情形。俄亥俄州法院在 *State v. Pecora* 案③判决中强调,致命武力只能在合理相信嫌疑人会危及逮捕者或其他人之生命或造成身体伤害的情形下才能使用,普通公民不会拥有比执法官员更多的自由。在 *People v. Martin* 案④马萨诸塞州最高法院采纳了《模范刑法典》§ 3.07 的规定,认为普通公民实施的逮捕应当遵循与治安官相适应的标准。

在各州判例中,唯一有利于约翰逊的判例是南卡罗来纳州最高法院判决的 *State v. Cooney* 案⑤。但法庭认为,基于公共政策的理由,联邦最高法院在 *Tennessee v. Garner* 案中的理由与本案事实更为相关。与联邦最高法院一样,法庭同样强调,打击犯罪固然是各州的任务,但是使用致命武力杀死非暴力重罪嫌疑人并非实现这一任务的恰当途径。此外,法庭指出,新墨西哥州的立法者同样采纳了联邦最高法院的主张,并将其体现在了立法之中。换言之,普通公民只有具备合理理由相信其将会受到严重身体伤害或致命武力威胁之时,运用致命武力对重罪嫌疑人实施的逮捕才能得以正当化。因此,法庭认为,上述唯一有利于约翰逊的案例仍然不应得到采纳。

综上所述,由于没有证据显示,约翰逊使用致命武力杀死被害人的行为能够被正当化,因此上诉法院认为,初审法庭的判决应当予以维持。

【案例评述】

总体而言,在美国刑法中,法律对于普通公民实施的逮捕行为,施加了越来越严格的限制。随着历史条件的改变和法律限制的增加,使用武力,特别是使用致命武力的条件和限度,同样发生了巨大的变化。在司法实践中,最重要的问题在于,在实施逮捕的过程中,致命武力的运用应当

---

① *State v. Barr*, 115 Ariz. 346, 565 P.2d 526, 530 (Ariz. Ct. App.1977).
② *Prayor v. State*, 217 Ga. App. 56, 456 S.E.2d 664, 666 (Ga. Ct. App. 1995).
③ *State v. Pecora*, 87 Ohio App. 3d 687, 622 N.E.2d 1142, 1144 (Ohio Ct. App. 1993).
④ *People v. Martin*, 168 Cal. App. 3d 1111, 214 Cal. Rptr. 873, 881 (Ct. App. 1985).
⑤ *State v. Cooney*, 320 S.C. 107, 463 S.E.2d 597, 598-99 (S.C. 1995).

受到怎样的限制。从普通法时代至今,人们普遍认为,公民对于轻罪嫌疑人进行的逮捕一律不得使用致命武力。① 然而,为了逮捕重罪嫌疑人而实施的致命武力是否面临着同样的限制,却在理论和实践中存在争议。

少数观点认为,执法官员或普通公民通过致命武力实施的逮捕行为,只要满足如下两个条件,便能原则上获得正当化。一个是,逮捕者合理相信,某人正在实施重罪;另一个是,致命武力的使用,对于制止重罪而言是必要的。② 这一标准为执法者和普通公民赋予了相当广泛的实施逮捕的权限,也就是说,只要致命武力对于制止重罪嫌疑人而言具有必要性,使用致命武力的行为便不构成相关犯罪。

一般认为,上述见解在以下两个方面存在缺陷。

一方面,根据该标准,如果认为任何能够阻止嫌疑人逃脱的武力的使用,不论其强度如何,造成的严重后果都能得到正当化,那么便无法与"防卫财产"这一正当化事由的相关要求相协调。一般认为,即便使用致命武力是保卫财产的唯一途径,公民也不得使用足以致命的高强度武力,保护自身财产免受他人侵害。这样一来,如果某个行为人使用致命武力杀死了侵犯财产的重罪行为人,那么根据上述标准,若该被告人援引公民逮捕这一辩护事由,其致人死亡的行为便能够获得正当化;而若其主张的辩护事由为"防卫财产",相关行为便无法得到正当化。③ 因此,在被告人使用致命武力并因此造成严重后果的场合,"逮捕"这一辩护事由彻底抹杀了"防卫财产"的适用空间,后者的存在也就在事实上变得毫无意义。

另一方面,随着社会条件的变化,"重罪"不再仅限于普通法时代的传统类型。甚至某些不具备暴力因素的犯罪行为,同样能够进入"重罪"的行列。④ 因此,如果认为被告人能够使用包括致命武力在内的任何必要手段,对现代意义上的重罪嫌疑人进行逮捕,那么便意味着行为人有权导致那些非暴力犯罪的嫌疑人严重伤残甚至死亡。这样的结果显然在道

---

① See "The Law of Citizen's Arrest", *Columbia Law Review*, Vol. 65, Issue 3, 1965, p. 364.
② See *State v. Rutherford*, 8 N.C. 457 (1821).
③ See Joshua Dressler, *Understanding Criminal Law* (5th ed.), Matthew Bender & Company, Inc., 2009, p. 280.
④ See *People v. Ceballos*, 526 P.2d 241, 249 (Cal. 1974); *Commonwealth v. Alexander*, 531 S. E. 2d 567, 568 (Va. 2000); Joshua Dressler, *Understanding Criminal Law* (5th ed.), Matthew Bender & Company, Inc., 2009, p. 265.

德意义上面临巨大的正当性风险。此外,在未经法庭审判的情形下对嫌疑人的身体或生命造成严重伤害,与未经审判不得认定任何人有罪的现代司法基本精神相冲突。①

正因如此,为了维护正当化事由体系的完整,并与一般人的道德情感相协调,美国大多数州都倾向于对致命武力的使用进行相对严格的限制。司法实践中,具体的限制方式为,只有为了制止特定暴力性重罪而使用致命武力,并因此引发严重损害结果的行为,才能基于公民逮捕这一正当化事由而出罪。换言之,只有在被告人试图逮捕那些针对本人或第三人使用或威胁使用严重物理性暴力的重罪嫌疑人这一特定情形下,被告人才能合法地使用致命武力。

被告人使用致命武力致人死亡能否得到正当化,同样是本案实体法层面的争议焦点。在本案中,新墨西哥州上诉法院审判庭明确采纳了上述多数观点,认为行为人使用致命武力的行为构成犯罪。法庭的具体理由大体上包括以下两个层面。

第一,法庭认为,随着判例法和制定法状况的重大改变,原有的普通法规则不能继续适用。这样一来,在执法官员实施的逮捕中,致命武力的使用应当受到严格限制。

第二,在此基础上,法庭运用多种法律解释方法,进一步论证了对普通公民实施逮捕行为应当遵循的限度。法庭认为,对于某一条规范的文义解释必须同相关规范乃至整个法律体系相协调,并且不能得出令人无法接受的荒谬结论。由此法庭证明,法律对于公民逮捕施加的限制,不可能比执法官员还要宽松。也就是说,和执法官员一样,普通公民对于致命武力的使用,同样需要满足特定条件,受到严格限制。因此法庭认为,对于普通公民而言,只有当重罪嫌疑人使用或者威胁使用武力,以至于对被告人或其他人的身体或生命造成重大威胁之时,使用致命武力实施逮捕并造成损害结果的行为才能获得正当化。

---

① See "The Law of Citizen's Arrest", *Columbia Law Review*, Vol. 65, Issue 3, 1965, p. 364.

第十一章 紧急避险

案例:科罗拉多州诉丰特斯案[*]
(*People v. Fontes*)

张晓媛[**]

【关键词】

紧急避险;伪造;盗窃;经济必要性

【争议焦点】

为给有健康问题、超过 24 个小时未进食的子女购买食物,而伪造虚假身份证件,将虚假的工资支票予以兑现的行为,是否成立紧急避险抗辩?

【诉讼进程】

2001 年 5 月 12 日,赫苏斯·贝尔纳多·丰特斯(Jesus Bernardo Fontes)因向一名便利店员出示虚假身份证件,企图将一张伪造的工资支票兑换成现金而被逮捕。初审的亚当斯郡(Adams)地区法院对其判处伪造证件罪,一项五级重罪;冒充犯罪,一项六级重罪;以及轻罪盗窃罪。在庭审中,被告人妻子作为控方证人,证明被告人打算用支票上的钱为孩子们买食物,对此初审法院认为,允许妻子作为控方证人违反了《婚姻特权

---

[*] *People v. Fontes*, 89 P.3d 484 (Colo. App. 2003).
[**] 北京大学法学院博士研究生。

条例》,因此指示陪审团无视妻子证言,并驳回被告人提出的紧急避险抗辩。

丰特斯不服初审判决提起上诉。2003年11月6日,科罗拉多州上诉法院认为,丰特斯妻子的证词不可能对判决产生重大影响或损害审判的公正性。因此,任何错误都是无害的,原判被维持。

【案件事实】

丰特斯有三个子女,年龄介于16个月至11岁,均有严重的健康问题。2001年5月12日案发那天,丰特斯在三个孩子已经超过24个小时没有吃东西,且三个不同的食物银行都拒绝向其提供食物的情况下,在一家便利商店向职员出示虚假的身份证件,企图将一张伪造的工资支票(金额为454.75美元)变现。便利店职员在查看被告人的身份证件时,发现身份证显示的出生日期是2001年9月24日,因此有所怀疑而报警。其后,被告人丰特斯在犯罪现场被逮捕。

便利店的监视器记录了整个过程,监控录像显示被告人在店员的指示下,在支票上签名并留下了指纹。但是,名称出现在工资支票上的公司的财务总监助理证实,该公司没有签发支票,也从未雇用过与被告人姓名或者被告人在便利店使用过的虚假姓名相同的人。

【控辩观点】

辩方:

第一,初审法院应重新审理,因为丰特斯是在担心缺乏食物会加重孩子们的健康问题,导致营养不良和死亡的情况下,实施这一系列行为的,并据此提出紧急避险抗辩。此外,被告人的妻子也作为控方证人,证明被告人是打算用支票上的钱给孩子们购买食物。

第二,初审法院拒绝其指示陪审团作紧急避险的积极抗辩的请求,以及拒绝接受这一论点作为一般性的辩护,是存在错误的。这一点是在上诉中提出来的。

【法庭观点】

初审法院认为被告人未能证明对子女的侵害威胁是紧迫的,也没有证明自己无法寻求其他合法的途径来获得食物,从而拒绝对陪审团作出紧急避险抗辩的指示,以及不允许被告人使用该理论作为一般性的抗辩。

上诉法院对初审法院的判决予以确认,不予支持上诉人丰特斯的主张。当所谓的犯罪是避免急迫的公共伤害或个人伤害的必要紧急措施,而且在行为人没有行为时所引起或发展的伤害程度足以超过犯罪行为时,紧急避险就是合适的法定抗辩理由。被告人必须证明这种突发的和无法预见的情况,要求其立即采取行动以避免即将发生的侵害。

诸如紧急避险般的积极抗辩,能够为其他应受刑事处罚的行为提供法律上的正当性。主张积极辩护的被告人虽然承认被指控的行为,但却试图以法律所承认的刑事免责事由为该行为辩护。如果被告人有其他合理的适法选择足以避免其受到的威胁侵害,那么就不能主张紧急避险抗辩。此外,一个试图主张紧急避险抗辩的被告人必须提供证据证明,所涉犯罪行为没有超出意欲避免的恶害的合理必要范围。

在指示陪审团作出紧急避险抗辩之前,初审法院必须从最有利于被告人的角度考察相关证据,确定相关事实是否能够证明所控罪行是正当的。在上诉审时,上诉法院也必须根据法律来确定被告人提供的证据是否充分,是否足以支撑其法定辩护。

所以,对于初审法院认为被告人未能证明对子女的侵害威胁是紧迫的,以及没有证明自己无法寻求其他合法的途径来获得食物,从而拒绝作出紧急避险抗辩指示的做法,上诉法院认为并不存在错误。

法院并非不同情被压迫者,只是法律明确指出,单纯的经济需求不能成为犯罪的理由。虽然经济必要性可能是量刑中的一个重要问题,但是紧急避险抗辩却不能基于经济必要性。判例也支持这一点。比如 *State v. Moe* 案①的法官就认为,那些涌向物资供应室,偷盗食品杂货的失业工人无法以经济必要性来进行辩护;*People v. McKnight* 案②也表明,要成立紧急避险抗辩,被告人必须证明其除被指控的犯罪之外没有其他合理的选择。

此外,科罗拉多州法律要求被告人证明其所采取的行动与试图阻止的伤害之间有直接的因果关系。在这里,初审法院通过暗示因果关系的不存在而作出了恰当的裁决。本裁定从伪造罪和相关的大量伪造文书的

---

① *State v. Moe*, 174 Wash. 303, 24 P.2d 638 (1933).
② *People v. McKnight*, 626 P.2d 678 (Colo. 1981).

记载中得到了支持。

法院最终认为,被告人提供的证据不能支撑其紧急避险的抗辩,初审法院拒绝对陪审团作出紧急避险的指示,以及不允许被告人使用该理论作为一般抗辩的裁决,不存在错误,因而维持原判。

【案例评述】

紧急避险抗辩是一种兜底性的正当化抗辩事由,如果根据一般常识、正义原则或功利性的观点等,人们相信某一行为是正当的,但又不能归属于其他的正当化抗辩事由时,即可以运用紧急避险来进行抗辩,其是一种"立法上的裁判补充"[①]。在英国,紧急避险不是一个普通法上的抗辩,但在美国,它却是传统普通法的一部分。

在历史上,普通法区分了胁迫抗辩和紧急避险抗辩。当行为人受到紧迫的死亡威胁或者严重身体伤害的非法威胁,而这种威胁导致行为人实施了违反刑法条文意思的行为时,即可将胁迫视为犯罪行为的抗辩理由。胁迫抗辩包括源于人类行为的情形,而紧急避险抗辩或两害相权抗辩,则在传统上包括由超出行为人控制范围的自然力所导致的非法行为,其是选择两种恶中较轻的一种情形。因此,假设 A 摧毁堤坝,是因为 B 威胁说如果他不这样做就要杀了他时,那么 A 就可以辩称其是被迫的;而如果 A 毁坏堤坝是为了保护更有价值的财产免受洪水的侵袭,那么 A 可以声称其是在紧急避险。尽管美国对紧急避险抗辩并没有唯一被普遍接受的定义,但受《模范刑法典》的影响,很多州已经在立法上认可了该抗辩。现在的案例往往模糊了胁迫和紧急避险之间的区别。

具体而言,《模范刑法典》§ 3.02 承认一种"在恶害之间选择"的抗辩,将紧急避险视为一般性的正当事由。一个人的行为具有正当性,如果:行为人相信其行为对于使自己或者他人免受恶害有所必要;行为所意图避免的恶害大于法律所意欲防止的恶害;本法典或规定犯罪的其他法律对特殊情形未作例外规定或者抗辩规定;立法意旨没有明确表示排除所主张的正当事由。但即使行为人具有免受预期危害的必要性的确信,也存在排除紧急避险抗辩的例外情况,即 § 3.02(2)所规定的那样,行为

[①] Kent R. Greenawalt, *Conflicts of Law and Morality*, Oxford Clniversity Press, 1987, p. 289.

人因轻率或者疏忽造成需要恶害选择的局面,或者轻率或者疏忽地估计行为的必要性时,对于(根据具体情况)轻率或者疏忽足以构成可责性的犯罪的追诉,不得适用本条规定的正当事由。

相较于普通法上的紧急避险抗辩,《模范刑法典》在许多方面都较为宽泛:舍弃了紧迫性的要求;一个人在因错误而进行紧急避险的情况下不会自动丧失辩护权,普通法要求被告人必须以无过失的状态介入紧急避险的情形,而《模范刑法典》§3.02(2)仅是排除了一般过失或重大过失的情形;抗辩无须限制在由自然力产生的紧急情形下,也无须限制在人身或者财产的保护上,即使在杀人案件中也存在紧急避险的适用空间。①

本案中,针对被告人丰特斯提出的"因担心缺乏食物会加重三个孩子的健康问题,甚至导致营养不良和死亡"的紧急避险抗辩,初审法院和上诉审法院均予以驳回,其理由都是"被告人未能证明对子女的侵害威胁是紧迫的,也没有证明自己无法寻求其他合法的途径来获得食物"。这里对侵害紧迫性的要求,显然是以普通法的紧急避险规定为依据,不同于《模范刑法典》§3.02 的规定。对此,姑且不论紧迫性的要求是否合理,仅就紧迫性的具体判断而言,初审法院和上诉法院都没有提出具体的判断标准,只是笼统地表明被告人提供的证据无法证实这一点。

确实,紧急避险抗辩是一种积极的肯定抗辩,举证责任在于被告人。以 *Geljack v. State* 案②为例。肯内特·盖尔杰克(Kenneth Geljack)在 1992 年 12 月被判为习惯性交通肇事者,自 1993 年 1 月起,驾驶权被暂停 10 年。在 1994 年 7 月,盖尔杰克在汽车刹车失灵的情况下,开车送妻子和女儿去看医生,其后他没有让救援车把汽车拖走,而是自己开车到附近的汽车维修店进行修理。在去汽车维修店的路上,汽车刹车系统失灵,闯了红灯,后盖尔杰克被警察逮捕,并因在驾驶权被暂停期间驾驶机动车而被定罪。盖尔杰克提起上诉,抗辩存在紧急情况,其不想妻子和女儿知道刹车失灵后担心,以及将紧急避险抗辩的举证责任分配给被告人的规定,是违宪的。对此,上诉法院认为,国家虽然有责任证明刑事犯罪的所有要素超出了合理的怀疑,但是并不承担否定犯罪的、为行为进行积极抗辩的证明责任。该案的关键是,让盖尔杰克

---

① 参见〔美〕约书亚·德雷斯勒:《美国刑法精解》(第四版),王秀梅等译,北京大学出版社 2009 年版,第 263—264、270-271 页。

② *Geljack v. State*, 671 N.E.2d 163 (Ind. Ct. App. 1996).

证明紧急避险的抗辩是否等同于要求其否定犯罪的某一要素,若是,那么让被告人承担积极抗辩的证明责任就是违宪的。上诉审法院认为,被中止驾驶机动车辆的要素包括:(1)驾驶机动车辆;(2)驾驶权被中止;(3)被告人知道他的驾驶权因其习惯性交通肇事罪而被中止。威胁身体或生命的紧急情况的存在并不会否定这三个因素中的任何一个,所以要求盖尔杰克承担紧急避险积极抗辩的责任并不违宪。

虽然普通法并没有明确紧迫性的判断标准,但从紧急避险抗辩制度的设立初衷来看,对于身体、财产等的侵害必须是即将发生的,行为人来不及寻求其他的救济途径。本案中的被告人丰特斯只是证明了"经济拮据导致三个患有疾病的孩子已经超过24个小时没有吃东西"这个事实状况,并没有证明超过24个小时的未进食让孩子们的健康状况出现恶化;同时,三个不同的食物银行对其食物请求的拒绝,也并不能排除被告人寻求其他救济途径的可能性。因此,初审法院和上诉审法院否定紧急避险抗辩的结论是正确的。

最后值得注意的是,上诉审法院在判决理由中提到"单纯的经济需求不能成为犯罪的理由,紧急避险抗辩不能基于经济必要性",其背后的深层法理涉及对不同危害的评估问题。在确定紧急避险抗辩的范围时,最困难的问题之一就是如何计算两种(或两种以上)可能行为的不同危害。对此,约翰·T. 帕里(John T. Parry)教授指出:"作为一个实际问题,紧急避险通常包括一些伤害评估。紧急避险的核心是被告人为了防止或避免其认为不可取或更有害的结果而从事某一行为,从而触犯法律并造成损害。此外,紧急避险的被告人通常声称其行为是正当的——这种行为是正确的,甚至是可取的——因为它使社会福利最大化(当然,通常是通过尽量减少对社会福利总额的损害)。考虑到需要去比较可能的结果进而确定行为是否正确,而不是已经发生的伤害事实,法院倾向于去关注结果,而不是被告人的选择或性格等。"①也就是看,比较恶害可能导致的结果和行为人所避免的结果,孰轻孰重。一般来说,生命法益大于身体法益,身体法益大于财产法益,但这并非是不可推翻的,在具体的案件中法益衡量还应该考虑各种因素,综合具体地判断。

---

① John T. Parry, "The Virtue of Necessity: Reshaping Culpability and the Rule of Law", *Houston Law Review*, Vol. 36, Issue 2, 1999, p. 397.

第十二章 公民不服从

案例：联邦诉麦斯威尔案[*]
(*United States v. Maxwell*)

高颖文[**]

【关键词】

非法侵入；公民不服从；必要性抗辩；紧迫危险；合理信赖；合法性替代

【争议焦点】

公民能否以政府的军事设施会造成危险为抗辩理由，以非法侵入军事设施的方式表达对政府的不服从，此种行为是否满足必要性抗辩的基本要素？

【诉讼进程】

2000年6月1日、13日和21日，被告人麦斯威尔跟随其他抗议者未经许可三次进入美国海军在波多黎各别克斯岛(Vieques)的军事基地并遭到逮捕。2000年7月26日，初审的联邦地区法院波多黎各法庭判决认定麦斯威尔违反了《美国法典》18 §1382的规定，以二级轻罪判处其30

---

[*] *United States v. Maxwell*, 254 F.3d 21, 27 (1st Cir. 2001).
[**] 北京大学法学院博士研究生。

天监禁。

麦斯威尔不服,提出上诉,联邦第一巡回法院上诉法庭于2001年6月5日受理该上诉,并于2001年6月29日作出裁判,维持初审判决,认定麦斯威尔有罪。

【案件事实】

美国海军在波多黎各别克斯岛有一个被称为加西亚营(Camp Garcia)的海军设施,并定期在那里进行军事训练。根据海军部颁布的法令,加西亚营是一个"封闭"的基地,这意味着一般公众的进入需要得到指挥官的许可。加西亚营有一个"实弹弹着区",历史上曾被海军用于实弹火炮和轰炸演习。海军在别克斯岛驻扎了大约60年,这些演习引发了无数抗议。

海军使用别克斯岛引发的政治争议达到了白热化的程度。在2000年,大约有400人因与抗议有关的非法入侵而受到起诉。本案的被告人、上诉人麦斯威尔也参与其中,他因为未经许可非法入侵加西亚营基地而遭到逮捕。6月13日,麦斯威尔在平和地接近一名站在基地北面的栅栏的海军安保军官后,表明了自己抗议者的身份,并要了一瓶水,当局逮捕了他。

【控辩观点】

辩方:

第一,初审时麦斯威尔发起了审前动议,并且提出了解释性的证据,希望通过提出必要性抗辩以及援引国际法规则提出积极辩护。

第二,在上诉时,麦斯威尔辩称,地区法院的这一判决使得《美国法典》18 §1382的规定成为一项"严格责任"的罪名,而这是违宪的。规定内容为:在美国管辖范围内,任何人出于法律或法令所禁止的任何目的,前往任何军事、海军或海岸警卫队保留区、哨所、堡垒、军火库、庭院、车站或设施,均应根据本条处以罚款或不超过6个月的监禁,或两者并处。他认为,《美国法典》18 §1382规定的犯罪是出于"法律禁止的目的"而进入相关设施的行为,而初审地区法院的审理和裁判未能证明他具有非法目的,这一裁判使得"目的"不再是这一犯罪的成立要件,因而是违宪的。

【法庭观点】

联邦第一巡回法院上诉法庭塞利亚法官(Selya J.)在裁决中指出,麦斯威尔的上诉理由中关于"严格责任"的论述"歪曲了初审地区法院的判决"①。麦斯威尔的主张是初审地区法院的判决禁止了针对犯罪进行的必要性辩护,但是,初审法院的判决并不认为这样的辩护应被禁止,反而认为针对该犯罪进行的必要性辩护是可以被主张的。因此,麦斯威尔关于"严格责任"的论点是在转移人们的注意力。问题的关键不是必要性辩护是否能成为针对《美国法典》18§1382的犯罪的正当辩护,而是麦斯威尔是否提出了足够的证据以证明他所提出的必要性辩护可以成立。

必要性抗辩和其他正当化抗辩一样,允许被告人在具备某一犯罪的所有构成要素的情况下免除责任。必要性抗辩的必要要素包括以下四项:(1)行为人面临着恶害相权,而且选取了较轻微的恶害;(2)行为人为避免正在发生的恶害而实施行为;(3)行为人合理地相信避险行为与恶害的避免之间具有直接的因果关系;(4)行为人除了违反法律,别无其他合法的替代选择。

在初审抗辩中,麦斯威尔并没有正式围绕这四个要素来组织他的论述,但他的表述与其大致是一致的:部署"三叉戟"核潜艇所引发的严重危险,远比为了阻止其部署而犯下的非法入侵罪行要严重得多;伤害迫在眉睫,因为麦斯威尔怀疑至少有一艘"三叉戟"核潜艇已经在波多黎各附近海域参加训练演习;他合理地相信他对演习的干扰将导致"三叉戟"核潜艇的撤离;而且,由于他以前采取过各种各样的政治行动,但都无济于事,他别无选择,只能触犯法律。政府坚持认为,麦斯威尔未能就必要性辩护的四个要素提供充分的证据。

为了方便论证,先假设麦斯威尔关于必要性辩护的第一个要素"两害相权取其轻"的主张成立,讨论关于其他三个要素麦斯威尔提出的证据能否支持其主张。

第一,迫在眉睫的危害。假设在波多黎各附近水域部署"三叉戟"核

---

① Ellen S. Podgor, Peter J. Henning, Andrew E. Taslitz & Alfredo Garcia, *Criminal Law: Concepts and Practice* (3rd ed.), Carolina Academic Press, 2013, p. 639.

潜艇会构成危害,麦斯威尔有责任表明危害的紧迫性。毕竟,"迫在眉睫的危害"一词意味着一种真正的紧急情况,是一种对自己或第三方造成直接危险的危机。但是,审理记录中没有证据支持麦斯威尔关于危险已经迫在眉睫的断言。此外,即使麦斯威尔能够证明一艘核潜艇就在附近,但仅仅是这样一艘核潜艇的存在,而没有某种现实的爆炸威胁,是否足以构成迫在眉睫的危害,这也是令人怀疑的。

第二,关于避免危害的合理信赖。麦斯威尔辩称,他有理由相信,他对加西亚营海军演习的干扰,将影响附近所有"三叉戟"核潜艇的撤离。然而,要想证明对行为与避免危害之间因果关系的合理信赖,光靠"往床底下看去寻找鬼魂"①式的想当然去捕风捉影是不够的。在这种情况下,麦斯威尔对行为能够有效避免危害的预期仅仅是纯粹的猜想,不是合理的信赖。

在类似的必要性辩护中,被告人必须以有效证据证明抗议行为与抗议目的实现之间的因果关系。他不能仅仅凭信念的激情(无论这种信念的激情是多么真诚)就促成一种因果关系。在这起事件的记录中,没有发现任何证据表明海军在加西亚营的演习与波多黎各水域的"三叉戟"核潜艇的存在之间有任何联系。同样重要的是,没有任何迹象表明这些核潜艇的运动可能会因为演习暂时中断而受影响。因此,根据这一记录,麦斯威尔不可能合理地预料到他的侵入行为能够避免他自称害怕的伤害。

第三,合法替代。为了成功地进行必要性辩护,被告人必须证明他除实施违法行为之外没有其他合法替代选择。因为必要性辩护并非源于被告人从众多可能的避险措施(有些合法,有些不合法)中按自己的喜好进行选择的自由,而是源于在一场实际存在的突发危机中,排除了被告人其他所有符合行为准则的选择,只剩下唯一的一种选择。换句话说,被告人的行为必须是必要的,而不能仅仅是可取的。

在本案中,麦斯威尔在庭审中证明了他为进一步实现核裁军探索出的许多其他途径(例如,参加写信运动、参加防扩散条约会议和参加示威游行)。他的献身精神是值得赞扬的,但他所参加的活动的全貌清楚地表明,他有许多促进其政治目标实现的合法选择。事实上,尽管麦斯威尔不

---

① Ellen S. Podgor, Peter J. Henning, Andrew E. Taslitz & Alfredo Garcia, *Criminal Law: Concepts and Practice* (3rd ed.), Carolina Academic Press, 2013, p. 640.

太可能通过合法的替代方案来实现他所希望的改变,但这并不意味着这些替代方案并不存在。如果接受这种论点,就等于给了所有人在其对政治进程的运作感到不满时,就可以进行对政治活动随意干预的必要性辩护的权限。

因此,结论是,麦斯威尔有其他的合法替代选择,这在判例法中提供了充分的支持。当被告人所申诉的即将到来的危害可以通过其他的合法政治行动加以减轻时,裁判也不会认为他已经穷尽了合法的替代选择。麦斯威尔的案件完全符合这条一般性规则。

根据对麦斯威尔提供的证据的重新审查,他所提出的证据无法完成对他所提出的必要性辩护的证明。因此,联邦第一巡回法院上诉法庭支持地区法院排除这种辩护的判决。

麦斯威尔在最后的诉状中诉称,初审法院驳回了他援引国际法进行的辩护。麦斯威尔声称,部署"三叉戟"核潜艇是一种"战争罪行",因此他有权违反国内法律来阻止这种行为。他指出,这种特权的来源是第二次世界大战后在纽伦堡主持审判纳粹战犯的国际法庭所作的决定。

初审法院认为,麦斯威尔的抗辩并不能使他免除责任。① 麦斯威尔并不是第一个试图援引纽伦堡辩护以免除责任的人。纽伦堡审判中,被告人采取了国内法所要求但违反国际法的行为。纽伦堡法庭认为,被告人无法通过完成其国内法义务的要求来逃避对这些行为的国际法责任;根据国际法,他们有权违反国内法,以防止他们的国家正在通过他们进行的持续的危害人类罪。

可是,麦斯威尔并没有被强迫违反国际法,他通过纽伦堡辩护遮蔽自己的犯罪行为的企图是失败的。要是按照他的主张,任何人,只要是拥有核武器的国家的公民,都有违反本国国内法的特权。这是严重超越经典的纽伦堡辩护的适用边界的主张,应当被拒绝承认。

应当认为,除非国内法强迫该人违反国际法,否则个人不能主张无视国内法以逃避国际法责任的特权。② 麦斯威尔并未主张,也不能主张政府强迫他违反国际法,因此,地区法院驳回麦斯威尔的此项辩称,完全是

---

① See *United States v. Maxwell-Anthony*, 129 F. Supp. 2d 101, 106-07 (D.P.R. 2000).

② See *United States v. Montgomery*, 772 F.2d 733, 737-38 (11th Cir. 1985); *United States v. Brodhead*, 714 F. Supp. 593, 597-98 (D. Mass. 1989).

适当的。

因此,麦斯威尔注意到了禁止进入波多黎各海军基地的规定,但他未经许可就故意进入加西亚营。他在上诉中辩称地区法院错误地拒绝了他提出的积极辩护,这一辩称缺乏说服力。因此,必须确认他违反《美国法典》18 §1382 的规定,犯有该条所规定的罪行。①

最终,上诉法庭维持初审判决,认定麦斯威尔有罪。

【案例评述】

本案是关于公民不服从和必要性辩护的经典案例,其实体法上的争议焦点在于,公民能否以政府的军事活动和部署会给附近居民造成危险,以及违反国际法为由,通过违反国内法的方式表达对政府活动的抗议和不服从。正如本案中塞利亚法官指出的,本案上诉人的上诉理由所涉及的争议焦点涉及两个方面的内容:第一,必要性辩护的条件;第二,公民通过违反国内法来履行其国际法义务的条件。

公民不服从(civil disobedience)并不是刑法上的抗辩事由,而是一个法理学和社会学意义上的概念,最早由亨利·大卫·梭罗(Henry David Thoreau)在其《论公民不服从》一文中提出,其探讨的基本问题是,在公民面对违背其良知的不公正的法律时,能否选择不服从。这一概念提出之后经历了许多学者的演绎发展,并在甘地、马丁·路德·金等人的斗争实践中获得了实践基础。约翰·罗尔斯(John Rawls)在其《正义论》中将公民不服从界定为一种出于良知而公开的、非暴力性的、政治性的对抗法律的行为。并指出公民不服从的正当性条件:第一,反抗的对象限于实质性和明显的不正义情形,即严重违反正义原则的不正义现象;第二,反抗者已经真诚地向政治上的多数派发出了正义的呼吁,但终未获得成功,此时法律纠正手段已无效,非暴力反抗便成了最后的手段;第三,这种反抗方式有一定的限度。②

公民不服从学理上的正当化条件与作为刑法中的正当化抗辩的必要性辩护(necessity)的条件具有相似性。必要性辩护要求具有足以产生现

---

① See Ellen S. Podgor, Peter J. Henning, Andrew E. Taslitz & Alfredo Garcia, *Criminal Law: Concepts and Practice* (3rd ed.), Carolina Academic Press, 2013, pp. 638-643.

② See John Rawls, *A Theory of Justice*, Harvard University Press, 1971, pp. 376, 390-391.

实危险的紧急事态,并且当事人存在恶害相权的选择,在排除所有其他合法替代性选择的前提下别无选择地违反法律。这与公民不服从现象的产生机理和正当化条件是十分接近的。因此,由于公民不服从本身并不能为被告人提供有利的正当性辩护,在公民不服从类型的案件中,必要性辩护通常是法庭控辩对抗中的焦点问题。

在一些案件的处理中,法院将公民不服从区分为"直接"与"间接"两种形式。间接的公民不服从是指"违反或干涉法律或政府政策,而被违反的法律或政府政策本身并不是反对的对象"的情形;相反,直接的公民不服从则是通过直接违反法律或政府政策来抗议法律和政策本身。联邦第九巡回法院发现,间接的公民不服从通常没有适用必要性辩护的余地。因为在这些非直接反对法律的情形中,被告人总是尝试把自己的真实目的歪曲成一项时过境迁的古老的普通法信条。在这些案件中适用必要性辩护会导致,把这些反对者的政治不满放到法庭里来讨论,而这些并不是申请辩护的合法理由,如果这样做的话,只会导致不断积聚恶名的结果。①

在公民不服从类型的必要性辩护案件中,法院应当扮演何种角色,这涉及法律与良知的关系问题,并且可能引发法律内部的紧张局势:维护法律与秩序和对社会公正、公民异议权及个人自由的重大关切之间的矛盾。法官们往往会避免在公民不服从的案件中把关于必要性辩护的法律解释得过于简单和直白,或者在庭前决定陪审团不听取关于必要性辩护的证据。②

可见,在公民不服从的案件中,法庭通常对于必要性辩护的成立条件采取谨慎严格的态度。本案中法庭观点将必要性辩护的条件总结为四点:(1)行为人面临着恶害相权,而且选取了较轻微的恶害;(2)行为人为避免正在发生的恶害而实施行为;(3)行为人合理地相信避险行为与恶

---

① See United States v Montanes-Sanes, 135 F.Supp. 2d 281 (D. Puerto Rico 2001); Ellen S. Podgor, Peter J. Henning, Andrew E. Taslitz & Alfredo Garcia, *Criminal Law: Concepts and Practice* (3rd ed.), Carolina Academic Press, 2013, p. 643.

② See William P. Quigley, "The Necessity Defense in Civil Disobedience Cases: Bring in the Jury", *New England Law Review*, Vol. 38, Issue 1, 2003-2004, pp. 3-72; Ellen S. Podgor, Peter J. Henning, Andrew E. Taslitz & Alfredo Garcia, *Criminal Law: Concepts and Practice* (3rd ed.), Carolina Academic Press, 2013, pp. 642-643.

害的避免之间具有直接的因果关系;(4)行为人除了违反法律,别无其他合法的替代选择。

但是,在某些判决中,必要性辩护的条件也被总结为三点:(1)除违反法律之外,无法以其他方式避免危害结果发生;(2)行为人试图避免的危险必须正在发生;(3)避险行为与危害结果未发生之间必须存在直接的因果关联。①

而在《模范刑法典》中,必要性辩护的条件则被总结为五点:(1)行为人必须合理相信避险行为对于避免危害结果发生是必要的;(2)相对于其违反的刑法条文所欲禁止的危害而言,行为人企图避免的恶害更为重大;(3)恶害权衡由法官或者陪审团进行,行为人个人的价值判断在所不问;(4)立法者没有事先规定,在相应的冲突中哪种利益应当优先受到保护;(5)行为人过失地引起危险时,紧急避险不能排除其过失犯罪的可罚性。②

上述关于必要性辩护条件的描述不尽相同,尽管都围绕着必要性辩护"存在紧迫的危险""行为人对于以其行为避免危险的因果关系的合理信赖""没有合法的替代性选择"的条件展开,但对于其成立条件的描述的侧重有所不同。其中,《模范刑法典》的描述最为谨慎严格,除通常理解中必要性辩护的必要要素之外,还附加了"恶害权衡的判断主体""法律没有关于优先保护的利益的规定""排除过失情形"的规定,这能够有效地限制上述"将个人政治不满作为抗辩理由提到法庭中来讨论"的情况发生,同时能够较大限度地避免个人价值与法律价值之间的冲突。从这个角度看,在公民不服从的案件中,采取《模范刑法典》规定的必要性辩护的条件最能有效排除不应适用该抗辩的情形。但是,公民的不服从行为及个人表达政治诉求行为的合法性边界问题,仅仅通过刑法领域内的讨论或许难以找到答案。

---

① See *United States v. DeChristopher*, 695 F.3d 1082, 1096 (10th Cir. 2012); *United States v. Baker*, 508 F.3d 1321, 1325 (10th Cir. 2007).

② See American Law Institute, *Model Penal Code and Commentaries*, Comment to §3.02, p. 11 (1985).

第十三章 胁　迫

案例:华盛顿州诉哈维尔案[*]
(*State v. Harvill*)

冉红丽[**]

【关键词】

胁迫;警察圈套;明确威胁;隐含威胁;无害错误

【争议焦点】

具体情形下产生的隐含威胁是否足以构成威胁,被告人是否可以据此援引胁迫辩护事由? 初审法院根据错误的法律观点拒绝胁迫辩护事由的指示是否是无害的错误?

【诉讼进程】

2005 年 4 月 18 日,被告人约书亚·弗兰克·李·哈维尔(Joshua Frank Lee Harvill)非法运输可卡因,与迈克尔·诺尔特(Michael Nolte)进行交易。之后哈维尔被指控犯了非法运输毒品罪。初审过程中,哈维尔提出胁迫和警察圈套辩护事由。初审的考利茨郡(Cowlitz)高等法院向陪审团作出了警察圈套辩护事由的指示,但拒绝作出胁迫辩护事由的指示。

---

[*] *State v. Harvill*, 169 Wn.2d 254 (2010).
[**] 北京大学法学院硕士研究生。

2007年1月9日,初审法院作出判决,认为警察圈套辩护事由不能成立,认定哈维尔犯有非法运输毒品罪。

哈维尔提出上诉。2008年8月19日,接受其上诉的华盛顿州上诉法院第二分庭作出判决,认为被告人哈维尔提出的证据足以让其获得胁迫辩护事由指示的权利,初审法院没有向陪审团作出该指示是错误的。但上诉法院第二分庭认为初审法院的错误是无害的,因为陪审团拒绝警察圈套辩护事由也必然会拒绝胁迫辩护事由,是否作出胁迫辩护事由的指示对审判结果没有影响,从而维持了初审法院的判决。

后来案件进入华盛顿州最高法院。2010年7月22日,该法院作出判决,认为初审法院拒绝被告人哈维尔胁迫辩护事由的指示是错误的,该错误并非无害。华盛顿州最高法院遂撤销了原判决,要求重新进行审判。

【案件事实】

诺尔特曾向一个禁毒工作组提供一份涉及毒品交易人员的名单。2005年4月16日至18日,在禁毒工作组的控制下,诺尔特多次给名单上的哈维尔打电话向其求购可卡因,前几次哈维尔都拒绝了。

4月18日,哈维尔和其家人正在一家餐厅吃饭,他先后两次接到诺尔特的电话,诺尔特要求其提供半盎司可卡因。第一次接到电话时,哈维尔说他在餐厅,无法离开,拒绝了诺尔特的要求。大约20到25分钟后,禁毒工作组的成员达伦·乌尔曼(Darren Ullmann)指示诺尔特再次给哈维尔打电话。第二次接到电话时,哈维尔说他会给诺尔特回电话。几分钟后,哈维尔给诺尔特回电话并告诉他可以见面。诺尔特虽多次给哈维尔打电话要求其提供可卡因,但诺尔特从来没有说过"你必须提供可卡因,否则……"之类有明确威胁的话。

禁毒工作组搜查了诺尔特的车辆,没有发现任何毒品、金钱或其他违禁品。然后,他们让诺尔特打电话给哈维尔,两人约定在当地一个停车场见面。警察给诺尔特购买毒品的钱,并跟着他来到约定的地点。在去往停车场的过程中,诺尔特打电话给乌尔曼,告诉他哈维尔说无法提供其要求的全部可卡因。乌尔曼指示诺尔特继续交易。在到达停车场之前,诺尔特并没有停过车,也未联系过其他人。

诺尔特联系哈维尔之后,警员凯文·塔特(Kevin Tate)来到餐厅监视哈维尔,并跟踪哈维尔离开了该餐厅。哈维尔在去往停车场的过程中曾短暂停留过两次。哈维尔到达停车场后,走出车等诺尔特。

诺尔特到达后,哈维尔从副驾驶一侧进入诺尔特的车,将可卡因交给诺尔特,诺尔特付钱给哈维尔,完成了毒品交易。之后,诺尔特将可卡因交给了禁毒工作组。

【控辩观点】

控方:

第一,对实质方面的辩护理由,控方作出如下回应:(1)诺尔特作证说,他和哈维尔曾一起在当地一家工厂里工作,但他们在工厂的不同地方工作,休息时也没有在一起,没有经常与哈维尔接触,他的职位也不能监管哈维尔。此外,他也从未说过如果哈维尔没有向他提供毒品,就会伤害他或有类似威胁效果的话,换言之,他从来没有对哈维尔造成任何明确的威胁。(2)诺尔特解释说,他的确曾因啤酒瓶伤人事件被定罪,但夺枪伤人事件被认定为正当防卫,相关指控都被驳回了。(3)诺尔特承认了,几年前曾与哈维尔的弟弟进行摔跤比赛,但他坚持说这场比赛中没有人受伤。(4)诺尔特作证说,4月18日之前,大约有10次从哈维尔处购买了可卡因,这就是他将哈维尔列入他提供给禁毒工作组的名单中的原因。

第二,对于形式方面的辩护理由,控方引用 In re Disciplinary Proceeding Against Dornay 案[①]说明,没有使用武力的明确威胁就无法援引胁迫辩护事由。因此,控方认为哈维尔提供的证据不足以成立胁迫辩护事由。不过,哈维尔在开庭陈述中明确提到了胁迫辩护事由,如果初审法院没有作出该指示的话,陪审团可能会感到困惑。[②] 综上,控方认为哈维尔不能援引胁迫辩护事由,但初审法院仍应向陪审团作出该指示。

辩方:

第一,哈维尔辩称自己不构成犯罪,案件进入陪审团审判。在此过程中,哈维尔并不否认曾向诺尔特提供可卡因,但他主张胁迫和警察圈套辩护事由。在实质方面,辩方主张:哈维尔在诺尔特的威胁下实施了犯罪行

---

① In re Disciplinary Proceeding Against Dornay, 160 Wn. 2d 671, 681, 161 P.3d 333 (2007).
② See *State v. Harvill*, 146 Wn. App. 1037, 2008 Wash. App. LEXIS 2162 (2008).

为,因为他害怕如果拒绝了诺尔特,诺尔特会伤害他或者他的家人。威胁的含义是广泛的,不仅是包括明确的威胁,也包括隐含的威胁。虽然哈维尔无法回想起诺尔特是否明确表达过威胁,但当时具体情境已经让哈维尔感受到了隐含威胁。

对此,哈维尔提供如下证言:(1)哈维尔和诺尔特已经相识七八年,经常在工作中见到诺尔特,诺尔特在工作中非常强势,有欺凌他人的行为;(2)诺尔特身高为5英尺10英寸,体重约为200磅;哈维尔身高为5英尺5英寸,体重约为140磅;(3)诺尔特曾经用啤酒瓶砸另一个男人的脑袋,导致该男子脑部受伤;(4)诺尔特曾从另一个男人手里抢枪,然后刺伤了该男子;(5)诺尔特曾和哈维尔的弟弟进行摔跤比赛,而诺尔特差点弄断了哈维尔弟弟的手臂;(6)诺尔特在4月16日至18日多次打电话给哈维尔,要求哈维尔为他提供毒品;(7)哈维尔断言诺尔特服用了类固醇。①

哈维尔的证言表明,从他过去对诺尔特的了解,以及当时的情况来看,诺尔特的话传达了一种隐含的威胁。② 他声称,如果他不向诺尔特提供可卡因,所有这些因素都导致他担心诺尔特会伤害他或他的家人,或者在工作中对他进行报复。

第二,在形式方面,辩护方提出了如下观点:(1)哈维尔提出的证据表明其主观上感受到了威胁,足以让法院向陪审团作出胁迫辩护事由的指示。按照胁迫法律条文的规定,并不要求实际上有可能立即造成伤害,相反,它只要求被告人产生了恐惧心理,并且该恐惧心理是合理的。哈维尔已经证明其产生了恐惧心理,法院应向陪审团作出胁迫辩护事由的指示,由陪审团决定该心理是否合理。(2)初审法庭拒绝向陪审团作出胁迫辩护的指示是错误的,并且该错误并非无害。哈维尔提出了足够的证据表明存在隐性威胁引起其恐惧心理,应由陪审团决定这种恐惧是否合理,以及哈维尔是否会在没有威胁的情况下将可卡因卖给诺尔特。但法院没有作出该指示,哈维尔认为法院滥用了自由裁量权,要求撤销判决,

---

① See *State v. Harvill*, 146 Wn. App. 1037, 2008 Wash. App. LEXIS 2162 (2008).
② See Ellen S. Podgor, Peter J. Henning, Andrew E. Taslitz & Alfredo Garcia, *Criminal Law: Concepts and Practice* (3rd ed.), Carolina Academic Press, 2013, p. 646.

重新进行审判。①

【法庭观点】

初审法院拒绝胁迫辩护事由的指示,作出了警察圈套辩护事由的指示。问题的关键在于,诺尔特从来没有向哈维尔明确表示过威胁,在当时情境下产生的隐含威胁是否足以构成威胁,且被告人哈维尔对该威胁的恐惧是否合理?

初审法院认为,"威胁"的意思是"直接或间接地传达了将会对被威胁者或任何其他人造成人身伤害的意图"。然而,诺尔特从未传达任何会伤害哈维尔的意图,哈维尔对诺尔特的恐惧源于他对诺尔特的行为的了解,这并不足以构成法律上的胁迫。因此,初审法院拒绝向陪审团作出胁迫辩护事由的指示。

上诉法院第二分庭认为,庭审中的任何一方提出了观点,并且有足够的证据加以支持时,就应该得到法庭对此作出指示的权利。初审法院拒绝哈维尔胁迫辩护事由指示的请求是错误的,但是该错误是无害的,理由是:陪审团拒绝了警察圈套辩护事由,也必然会拒绝胁迫辩护事由,是否作出胁迫辩护事由的指示对审判结果没有任何影响。②

警察圈套是指警察、司法人员或者他们的代理人为了获得对某人提起刑事诉讼的证据而诱使其实施某种犯罪的行为;被告人则以其犯罪行为是在警察、司法人员或者他们的代理人诱使下产生的为理由提出免罪辩护,这就是所谓警察圈套合法辩护。③ 为了证明警察圈套,哈维尔必须通过优势证据来证明:(1)正常情况下他不会犯罪;(2)他犯了罪只是因为诺尔特的行为诱使他;(3)诺尔特所做的不仅仅是让他有机会犯罪;(4)诺尔特不仅仅是通过合理的说服来克服哈维尔不愿意犯罪的情绪。④ 哈维尔未能证明以上几点,陪审团因而认为其警察圈套辩护事由不能成立。

---

① See Ellen S. Podgor, Peter J. Henning, Andrew E. Taslitz & Alfredo Garcia, *Criminal Law: Concepts and Practice* (3rd ed.), Carolina Academic Press, 2013, p. 646.
② See *State v. Harvill*, 146 Wn. App. 1037, 2008 Wash. App. LEXIS 2162 (2008).
③ 参见储槐植、江溯:《美国刑法》(第四版),北京大学出版社2012年版,第84页。
④ See *State v. Harvill*, 146 Wn. App. 1037, 2008 Wash. App. LEXIS 2162 (2008).

同样的,为了证明胁迫辩护事由的成立,哈维尔必须通过优势证明:(1)如果没有胁迫,他就不会犯下该罪行,这等同于正常情况下他不会犯罪;(2)他是在别人使用武力或武力相威胁的情况下才犯罪的。第二个因素至少相当于是诺尔特的行为诱使哈维尔犯下了罪行,并且诺尔特所做的不仅仅是让哈维尔有机会犯罪,还积极诱使他去犯罪。上诉法院第二分庭据此认为警察圈套的举证责任少于胁迫的举证责任,陪审团拒绝了警察圈套辩护事由,也必然会拒绝胁迫辩护事由。因此,即使初审法院向陪审团作出了胁迫辩护指示,审判结果也不会有任何改变。

综上,上诉法院第二分庭认为初审法院没有向陪审团作出胁迫辩护的指示是错误的,但该错误是无害的,对审判结果没有影响,维持了初审法院的判决。

华盛顿州最高法院认为,威胁既包括明确的威胁,也包括隐含的威胁。华盛顿州有关胁迫的法律规定,不要求威胁具有紧迫性或具有实际上的可能性,只要求被告人合理地相信该威胁是可能的。本案中,哈维尔提出足够的证据表明存在隐含威胁引起其恐惧心理,应由陪审团决定这种恐惧心理是否合理,以及被告人是否会在没有威胁的情况下向买方出售可卡因。州最高法院认为,初审法院没有向陪审团作出胁迫辩护指示是错误的,且该错误并非无害,撤销了上诉法院维持哈维尔有罪的判决。

【案例评述】

胁迫是一种积极的辩护事由,是指行为人在他人胁迫下所实施的形似犯罪但根据一定条件可以进行合法辩护的行为。[①] 问题的关键在于,具体情景下产生的隐含威胁能否成立胁迫辩护事由?

普通法上,威胁是指直接或间接地向被威胁者传达造成他或任何其他人人身伤害的意图。华盛顿州在 1909 年通过的《华盛顿州刑法典》中规定了胁迫辩护事由,但并没有在该法典中定义何为威胁,仍适用其在普通法上的含义。换言之,1909 年《华盛顿州刑法典》中的威胁一词的含义足够广泛,包括明确的威胁和隐含的威胁。*State v. Williams* 案[②]表明,隐

---

① 参见储槐植、江溯:《美国刑法》(第四版),北京大学出版社 2012 年版,第 72 页。
② *State v. Williams*, 132 Wn.2d 248, 251, 253, 259 (1997).

含威胁应根据具体的情境进行判断,包括被威胁者基于对威胁者过去行为的认知而产生的恐惧心理。本案中,哈维尔提出了胁迫辩护事由,并以足够的证据加以支持,因此,他有权让陪审团得到胁迫辩护事由的指示,由陪审团决定其恐惧心理是否合理。初审法院以诺尔特没有做出任何明确的威胁为由拒绝哈维尔胁迫指示的请求,是根据错误的法律观点滥用其自由裁量权的表现。

进行上诉审的郡高等法院认为,虽然初审法院没有作出该指示是错误的,但该错误是无害的,因为陪审团认为警察圈套不能成立,必然会认为胁迫也无法成立。这一观点是值得怀疑的,因为胁迫与警察圈套是两种完全不同的辩护事由。

第一,构成胁迫辩护事由和警察圈套辩护事由的情形不同。虽然二者都表明被告人在正常情况下不会犯罪,但是被告人之所以犯罪在这两种情况下是不同的:在警察圈套的情形下,被告人之所以犯罪,是因为受到了警察、司法人员或他们代理人的诱使;而在胁迫的情形下,被告人之所以犯罪,是因为他遭受了严重的身体伤害甚至是致命的威胁。

第二,胁迫和警察圈套作为辩护事由的理论基础不同。被胁迫作为辩护事由的基础主要是功利主义说和报应主义说。① 功利主义的核心在于利益最大化,当做一件事的利益大于做另一件事的时候,就应该选择前者。因此,当存在对被告人造成严重身体伤害或死亡的威胁时,他同意胁迫者的要求做出损害小于自己重伤或死亡后果的犯罪行为是应该被允许的。报应主义说认为,被胁迫者虽然有自己的自由意志,但是他没有公平的机会去按照自己的意愿做合法的事情,被胁迫者本质上是受害者,具有犯罪倾向的是胁迫方而不是受害人。② 警察圈套作为辩护事由的基础主要是社会政策理论和当然例外理论。社会政策理论是指,官员可以用一切合法的侦查手段揭露犯罪,但不能诱使被告人犯罪,否则就是非法的。以非法手段取得的证据不能作为定罪的合法根据,这是公正审判的要求。为了防止官员滥用侦查权,使落入圈套的人免受刑事惩罚是必要的。但

---

① 参见〔美〕约书亚·德雷斯勒:《美国刑法精解》(第四版),王秀梅等译,北京大学出版社2009年版,第275—277页。
② See American Law Institute, *Model Penal Code and Commentaries*, Comment to §2.09 (1985).

美国有的法院没有采纳这种观点,而是采取当然例外理论,认为落进圈套的被告人之所以没有罪责,是因为他是刑事法规"不言而喻"的例外。[1]

第三,胁迫和警察圈套作为辩护事由的构成要件不同。胁迫的构成要件是:(1)行为人是在他人严重身体伤害或死亡的威胁下实施了犯罪行为;(2)行为人的恐惧心理是合理的;(3)如果没有受到胁迫,行为人就不会实施该犯罪行为。[2] 而警察圈套的构成要件是:(1)诱使者必须是警察、司法人员或其代理人;(2)诱使者不仅提供了犯罪机会,还必须用积极行为诱使被告人实施犯罪;(3)被告人原本没有犯罪的念头,是在诱使者的引诱下而产生的。[3]

综上所述,警察圈套和胁迫是两种完全不同的辩护事由,二者存在的情形、理论基础和构成要件都存在差异,不管陪审团是否支持了警察圈套的辩护事由,都可以基于被胁迫而认为哈维尔无罪。换言之,本案初审法院拒绝作出胁迫辩护事由的指示并不会因陪审团最终拒绝被告人警察圈套的辩护事由而变得无害。

---

[1] 参见杨建勇、郭海容:《美国刑法中的警察圈套合法辩护》,载《法学杂志》1999 年第 2 期,第 48 页。

[2] See Ellen S. Podgor, Peter J. Henning, Andrew E. Taslitz & Alfredo Garcia, *Criminal Law: Concepts and Practice* (3rd ed.), Carolina Academic Press, 2013, p. 645.

[3] 参见储槐植、江溯:《美国刑法》(第四版),北京大学出版社 2012 年版,第 84 页。

第十四章 警察圈套

第一节 主观检验法

案例：雅各布森诉联邦案[*]
(*Jacobson v. United States*)

陈尔彦[**]

【关键词】

警察圈套;主观检验法;犯罪倾向;首次接触;证明标准

【争议焦点】

政府是否能够证明被告人在与侦查人员首次接触之前就具有犯罪倾向?

【诉讼进程】

1987年9月24日,被告人基斯·雅各布森(Keith Jacobson)被指控违反了1984年《儿童保护法》的规定,通过邮件购买、接收儿童色情照片。雅各布森主张,在他被逮捕之前,侦查人员花了26个月诱使他犯罪,因

---

[*] *Jacobson v. United States*, 503 U.S. 540 (1992).
[**] 北京大学法学院博士研究生。

此,他陷入了警察圈套(entrapment)。1988年4月,在内布拉斯加州联邦地区法院的审判中,陪审团确认雅各布森有罪,他被判处3年监禁,缓期2年执行,并处250小时社区服务。

雅各布森认为自己无罪,提起上诉。1990年1月12日,美国第八联邦巡回上诉法院对本案进行二审。高级法官希尼(Heaney J.)和主审法官雷(Lay J.)推翻了地区法院的有罪判决。但法格法官(Fagg J.)表达了不同意见。在联邦检察官请求法官复审之后,法格法官的意见占了上风,上诉法院的多数意见认为雅各布森并未陷入警察圈套,其有罪的结论应当成立。

此后,案件进入联邦最高法院。在最初的投票中,法官以7:2的投票结果确认雅各布森有罪。在怀特法官(White J.)强有力的论证之后,投票结果发生了戏剧性的反转,最终,在1992年4月6日,联邦最高法院以5:4的投票结果推翻了地区法院和上诉法院的判决,确认雅各布森的警察圈套抗辩成立,雅各布森无罪。

【案件事实】

1984年2月,雅各布森在加利福尼亚州的一家成人书店订购了两本《裸体男孩》(*Bare Boy*)杂志。他事后声称,当他收到这两本杂志时,他感到非常震惊,因为他并未料想到杂志中照片上的男孩是如此年轻。但根据当时的法律,雅各布森的行为是合法的。3个月后,国会通过了一部新的反儿童色情的法律,该法规定通过邮件传递儿童色情读物是违法的。在之后的2年半里,两名侦查人员尝试了各种手段,利用五个虚构的组织和一个虚构的笔友,成功诱使雅各布森犯罪。

首先,侦查人员以"美国享乐主义协会"(American Hedonist Society)的名义给雅各布森发信,极力游说雅各布森打破道德禁忌。信中还附了一份有关性癖好的调查问卷。雅各布森在问卷中表示他只对男性青年之间的性行为有中等偏上的兴趣,但他同时也表示自己反对儿童色情。

1986年5月,侦查人员又以一个虚假的市场调查公司"中部数据研究"(Midlands Data Research)的名义给雅各布森发信,诱惑他购买儿童色情杂志。这次,雅各布森承认自己对青少年之间的性行为感兴趣,并向这个组织索要更多信息。

不久后，雅各布森又收到了虚构组织"新明天研究中心"（Heartland Institute for a New Tomorrow）的来信，该组织声称自己是一个"以保护和促进性自由和选择自由为宗旨的机构"。这一理念获得了雅各布森的赞同。在随信的调查问卷中，雅各布森表示他对13岁以下的同性恋儿童有中等偏上的兴趣。

随后，该机构以吉恩·丹尼尔斯（Jean Daniels）的名义给雅各布森写了感谢信，随信附有一份虚构的笔友名单，该组织声称名单上的人都和雅各布森具有同样的兴趣。但雅各布森并没有给名单上的任何人写信。侦查人员又以虚构笔友卡尔·龙（Carl Long）的名义给雅各布森写信，信中称自己和雅各布森有相同的口味，并且尤其对年轻男孩之间的性行为描写感兴趣。雅各布森回信说他特别喜欢关于好看的年轻男孩之间的性描写。在两封信之后，雅各布森就停止了回信。

1987年3月，侦查人员以虚构组织"美国海关公司"（Customs Service）的名义给雅各布森写信，再次诱使雅各布森购买儿童色情杂志。这次，雅各布森在回信中表达了订购杂志的愿望。很快，他就收到了从另一个虚构组织"远东贸易公司"（Far Eastern Trading Company Ltd.）寄来的杂志目录。雅各布森订购了一本描写11至14岁男孩从事各种性行为的色情杂志，名字叫《爱男孩的男孩》（Boys Who Love Boys）。

1987年6月16日，雅各布森在邮件中收到一张卡片，让他去邮局领取《爱男孩的男孩》。侦查人员监控了雅各布森的这一系列行为，很快逮捕了他。

【控辩观点】

辩方：

在联邦地区法院的审理中，雅各布森的律师乔治·H. 莫耶（George H. Moyer）指出，雅各布森在服役期间表现良好，他曾参加过朝鲜和越南战争、获得过"铜星"勋章，并且除1958年的酒驾之外，就再没有任何犯罪记录。同时，律师提出了警察圈套抗辩（entrapment defense）。雅各布森也辩称自己在收到《裸体男孩》时非常震惊，他根本没想到杂志照片上的男孩都如此年轻，也从未把这本杂志和性联系到一起。

【法庭观点】

在联邦巡回上诉法院的审理中①,希尼法官和雷法官推翻了地区法院的判决,认为控方没有充分的证据证明雅各布森在未受诱使的情况下也会购买儿童色情读物。法格法官提出异议,认为侦查人员实施秘密侦查并不需要以存在合理怀疑为前提。在联邦检察官请求以全院庭审形式进行复审(en banc rehearing)之后,法格法官的意见占了上风,他主张除非雅各布森能证明侦查程序侵犯了他的某项特别受保护的权利,否则有罪判决就应当被维持。多数意见驳回了雅各布森的警察圈套抗辩,认为侦查人员仅仅给雅各布森提供了购买儿童色情读物的机会,而并未影响其犯罪倾向(根据联邦法律,犯罪倾向是成立警察圈套的一个重要要件)。

雷法官和希尼法官是唯一的异议者,他们提出了两项反对理由:第一,雅各布森事实上从未显露出犯罪倾向,控方证明雅各布森犯罪倾向的唯一根据是雅各布森曾经购买过儿童色情杂志,但是,这一行为根据当时的法律是合法的;第二,侦查机关没有合理的根据证明雅各布森会购买儿童色情读物,政府的侦查和起诉程序完全可以被视为在故意制造犯罪,如果不是侦查机关抱着过度的热情去创造这起犯罪,它本来并不会发生。

在联邦最高法院那里,怀特法官代表多数观点发表了法庭意见,认为雅各布森的警察圈套抗辩成立。几位法官布莱克门(Blackmun J.)、史蒂文斯(Stevens J.)、苏特(Souter J.)以及托马斯(Thomas J.)均表示附议。怀特法官指出:

没有争议的是,儿童色情是邪恶的,法律和执法机关想要彻底消灭儿童色情,无疑是十分困难的。同样没有争议的是,政府可以采用秘密侦查程序来确保法律的实施。"无疑,若侦查人员仅仅是为犯罪的实施提供机会或便利,那么这并不能当然导致指控的失败。"

然而,即便是为了确保法律的有效实施,侦查人员也不能采取犯意引诱的手段,即通过在无辜的人的思想中灌输实施犯罪行为的倾向来制造犯罪。当被告人提出警察圈套抗辩时,控方必须排除合理怀疑地证明,被

---

① See *United States v. Jacobson*, 916 F.2d 467 (8th Cir. 1990).

告人在首次和侦查人员接触之前就已经有实施犯罪的倾向。

而本案的情况却并非如此。雅各布森在下订单购买儿童色情读物之前,经受了侦查机关以各种虚拟组织名义作出的长达26个月的诱惑侦查。因此,尽管雅各布森在1987年3月的确具有犯罪倾向,但侦查机关并没有证明这一犯罪倾向是独立的,而并非是侦查人员自1985年1月起实施的犯意引诱行为的产物。

控方提供的证明犯罪倾向的证据可以按照形成的时间分为两类,即侦查行为实施前形成的证据和侦查行为实施过程中形成的证据。而前者实际上仅有雅各布森1984年订购《裸体男孩》杂志的收据。但是,购买儿童色情杂志的行为在当时是合法的,这一微不足道的证据根本不能证明雅各布森有意违反法律。它只能表明雅各布森具有浏览符合其性品味的色情照片的倾向,但这只是一个处于相当宽泛的范围之内的普通的行为倾向,不足以说明一个人是犯罪人,对于犯罪倾向的证明只具有极小的证明力。

进一步而言,雅各布森购买《裸体男孩》杂志的行为在1984年是合法的。内布拉斯加州直到1988年才对此一行为予以禁止。行为人曾经具有从事合法行为的倾向不足以说明他现在也拥有从事违法行为的倾向,因为大多数公民都被假定会服从法律,即便他们内心深处对法律并不赞同。这种服从背后反映出人们对法律的普遍尊重和对受指控的担忧,但无论出于何种原因,法律的禁止本身就是一个十分重要的因素。因此,雅各布森在1984年合法地订购、收取儿童色情杂志的事实,并不能进一步证明他有犯罪倾向。

当执法机关"在一个无辜的人的思想中植入了一种犯罪倾向,并出于定罪的目的诱使其实施该犯罪"时,执法机关就做得太过分了。法庭"当然不能说,国会制定法律的目的就是为了使法律的侦查、实施程序被侦查人员滥用于原本无辜的人身上——这些人之所以犯罪,恰恰是因为国家为了惩罚他们而诱使他们犯罪"。当国家对定罪的过于热心的追求会导致一个原本可能永远不会和法律打交道的守法公民被捕时,法庭应当加以干涉。本案的情况就是如此。

鉴于上述理由,基于多数意见所形成的裁判结论认为:政府的侦查行

为打破了法院在 *Sherman v. United States* 案①中提出的引诱"轻率的无辜者"(unwary innocent)和引诱"轻率的犯罪人"(unwary criminal)之间的界限,作为一个法律问题,政府并没能证明雅各布森具有独立于侦查机关的引诱行为之外的犯罪倾向。

因此,联邦最高法院的最终结论是雅各布森无罪。

奥康纳法官(O'Connor J.)发表了反对意见,伦奎斯特(Rehnquist J.)、肯尼迪(Kennedy J.)、斯卡利亚(Scalia J.)等法官全部或部分附议。该反对意见可以归结为如下两点:

第一,雅各布森仅仅被提供了两次购买儿童色情读物的机会,而这两次他的确都买了,并且他也都询问了是否有更多的购买机会。他不需要侦查人员的诱骗、威胁或劝说,侦查人员也没有利用他的同情心、友谊,或者暗示他可以通过犯罪得到更多好处。事实上,侦查人员甚至没有和他面对面交流。鉴于雅各布森对犯罪机会的热情回应,一个理性的陪审团可以排除合理怀疑地认为雅各布森有犯罪倾向。

第二,陪审团已经认可了雅各布森的犯罪倾向,但法院的多数意见却认为控方没能证明雅各布森在犯罪时具有独立的犯罪倾向。在此,法院否认了陪审团评判证据的理性,重新定义了"犯罪倾向",并为"犯罪倾向"附加了一个新的要求——侦查人员在接触嫌疑人、采取秘密侦查手段之前,必须对其将要实施违法犯罪活动具有合理怀疑。换言之,多数意见扩大了政府在秘密侦查中的举证责任。此外,判断是否存在警察圈套是陪审团的任务,法庭应当把这个问题交给陪审团。既然陪审团已毫无争议地认可了本案不构成警察圈套,那么法院就应当尊重陪审团的意见。

【案例评述】

雅各布森诉联邦案是警察圈套抗辩发展历史上的一个重要案件。警察圈套是指警察、司法人员或者他们的代理人为了获得对某人提起刑事诉讼的证据而诱使他实施某种犯罪的行为。警察圈套抗辩是指公民在这种情况下据以提出的一种合法辩护,属于一种宽恕事由。联邦最高法院

---

① *Sherman v. United States*, 356 U.S. 369, 372 (1958).

在 Sorrells v. United States 案①——这个案件是美国在联邦最高法院层面首次承认警察圈套抗辩的案例——中明确将警察圈套定义为"执法官员起意、策划并鼓动公民实施犯罪活动,而如果不是执法官员使用诡计、劝说或欺骗手段,该公民根本不会实施该犯罪"。

对于警察圈套的认定,在今天主要有主观检验法(subjective approach)和客观检验法(objective approach)两种判断标准,晚近以来理论上又发展出各种折中的综合标准。主观检验法主要关注的是被告人在与侦查人员首次接触之前的犯罪倾向,客观检验法则主要考察警察的引诱行为的性质本身。在美国,联邦最高法院和大多数州均采纳了主观检验法,而《模范刑法典》、大多数法律评注以及少数州则支持客观检验法。在本案中,不难发现,联邦最高法院在判断警察圈套成立与否时,主要运用了主观检验法。法院多数意见在其裁判理由中反复强调控方应当证明被告人存在犯罪倾向,且这种犯罪倾向应当形成于被告人与侦查人员首次接触之前,换句话说,依据 Sorrells v. United States 案的说法,犯罪倾向不能是执法官员"创造性活动的产物"。

刑事司法体系建立的根据是每个人都应为其出于自由意志而实施的行为负责。而对于那些原本不具有犯罪倾向,但却因为政府的引诱行为而实施了犯罪的被告人,如果对他们进行谴责,那么无异于是背弃了上述准则。相反,如果被告人原本就具有犯罪倾向,那么政府就无须为被告人的犯罪行为负责,因为政府所做的无非是为一个早已准备实施犯罪的人提供犯罪机会。换言之,犯罪倾向是判断被告人是否具有可谴责性的根据。因此,犯罪倾向对于警察圈套抗辩的成立是至关重要的,这也正是主观检验法的合理性根据之所在。②

联邦法院在运用主观检验法时,关注的核心焦点是证据问题。当被告人主张他完全是由于政府的引诱而实施犯罪时,政府可以提出证据证明在侦查人员引诱被告人之前,被告人对于被指控的犯罪,已经具备一个

---

① *Sorrells v. United States*, 287 U.S. 435 (1932).

② See W. H. Johnson Ⅲ, "Proving a Criminal Predisposition: Separating the Unwary Innocent from the Unwary Criminal", *Duke Law Review*, Vol. 43, No. 2, 1967, p. 384.

事先存在的犯罪倾向。① 对此,存在两个值得思考的问题:第一,警察圈套究竟是事实问题还是法律问题? 第二,如何把握犯罪倾向认定的具体标准? 这两个问题在本案中亦均有所涉及。

对于第一个问题,它涉及警察圈套的评估究竟应交由陪审团还是法官来完成。根据美国的司法体制,事实问题由陪审团决定,而法律问题则应当被留给专业的法官。犯罪倾向是一种意图,通常而言,意图被认为是事实问题,应当由陪审团根据被告证词的可信性进行判断。在上述奥康纳法官的反对意见中,她同样也认为警察圈套属于事实问题,联邦最高法院在陪审团已经认定本案中不存在警察圈套的情况下,径行推翻了陪审团的事实认定,而作出了与之相反的结论,这是一种越权行为。"作为社会的良心,陪审团的任务是确认雅各布森究竟是一个处心积虑的犯罪人,抑或仅仅是一个无辜的受骗者。陪审团在传统上承担着对司法专断的防御机能。即便是在 Sorrells v. United States 案中,法庭也并未自己决定政府行为是否构成警察圈套,而是将这个问题交给了陪审团。"②

佛罗里达州法院在 Munoz v. State 案③中强调了法院和陪审团在适用警察圈套规定上的互动关系:"主观检验法之下的问题是,警察圈套的评估是否应当被提交给陪审团。《佛罗里达州成文法》(Fla. Stat.) § 777.201 规定警察圈套问题属于事实审,这一规定和主观检验法是相协调的……然而,如果案件中并不存在事实性争议,如果被告人证实政府引诱其实施了犯罪,而政府不能提供充分的证据证明被告人具有先于政府行为的独立的犯罪倾向,那么,法官便有权将犯罪倾向的问题作为一个法律问题,因为在此并不存在关于犯罪倾向的事实性争议。即便侦查机关提出了有关被告人前科的证据,这样一种裁决也是恰当的。我们不能认可将该条解释为法律问题可以被交给陪审团,因为这将导致对宪法的违反。因此,我们认为这里规定的意思是,当事实问题存在争议,或者理性人可以从已经查明的事实中得出不同结论时,那么,犯罪倾向问题就应当被交给陪审团。而在另一些案件中,例如雅各布森案,法官显然有权将之作为

---

① See W. H. Johnson Ⅲ, "Proving a Criminal Predisposition: Separating the Unwary Innocent from the Unwary Criminal", *Duke Law Review*, Vol. 43, No. 2, 1967, p. 387.
② *Jacobson v. United States*, 503 U.S. 560, 561 (1992).
③ *Munoz v. State*, 629 So. 2d 90 (Fla. 1993).

法律问题进行审理。"

对于第二个问题,司法实践中已总结出若干犯罪倾向的具体判定标准,主要包括被告人的相似行为——这其中又包括先前实施的犯罪行为、先前实施的非犯罪行为、后续行为;被告人对于引诱的反应;被告人的品格;被告人实施不法行为的能力;被告人的利益驱动等。① 联邦第八巡回法院在 United States v. Dion 案②中列举了如下考量因素:(1)被告人对其面临的引诱行为是否积极地准备并作出回应;(2)被告人在从事不法行为时所处的客观环境;(3)在侦查人员建议被告人实施犯罪之前,被告人的心理状态;(4)被告人是否曾实施过和他被指控的犯罪相似的犯罪;(5)被告人是否已经为他被指控的犯罪制定了犯罪计划;(6)被告人的品格;(7)被告人在与卧底警察交涉时的行为;(8)被告人在其他场合是否曾拒绝过类似行为;(9)被指控犯罪的性质;(10)侦查人员诱惑行为的强制程度与被告人的犯罪背景。

对于这一系列判断标准,理论和实践中也不乏批判之声。批判理由主要来自以下几个角度:首先,以被告人的品格和相似行为作为认定犯罪倾向的标准,这对于被告人而言往往是不公平且充满偏见的。其次,陪审团在使用被告人的前科和品格证据时,往往并非是为了确认被告人是否有犯罪倾向,而是为了确认被告人实施了他被指控的犯罪。③ 再次,被告人随后实施的相似行为与犯罪倾向的审查无关,因为被告人的心理状态随着时间的流逝会发生改变。④ 最后,许多被告人可能会出于避免受到对其不利的品格证言的影响,而选择放弃警察圈套抗辩。

相反观点则认为,首先,被告人的先前行为和品格对于犯罪倾向的证明是重要的。因为社会不大可能将一个全然无辜的个体错误地当作一个犯罪人。与此同时,许多犯罪的实施要求犯罪人具有一定的专业知识或者与其他犯罪人的联络,而一般人并不拥有这样的知识技能与社会关系。

---

① See W. H. Johnson Ⅲ, "Proving a Criminal Predisposition: Separating the Unwary Innocent from the Unwary Criminal", *Duke Law Review*, Vol. 43, No. 2, 1967, pp. 392-411.

② *United States v. Dion*, 762 F. 2d 674 (8th Cir. 1985).

③ See Roger Park, "The Entrapment Controversy", *Minnesota Law Review*, Vol. 60, No. 2, 1976, pp. 145-146, 178-179.

④ See Roger Park, "The Entrapment Controversy", *Minnesota Law Review*, Vol. 60, No. 2, 1976, pp. 172-174.

其次,被告人在提出警察圈套抗辩时,通常都以认罪为前提,因此被告人是否犯罪的问题在事实上很少存在争议。再次,尽管被告人的心理状态的确会发生改变,但是,一个仅仅因为侦查人员的引诱而实施犯罪的人,在引诱消除之后,通常就不会继续实施犯罪。因此被告人随后实施的相似行为能够表明他在先前就具有相应犯罪倾向。最后,目前关于警察圈套抗辩的证据规则完全能够通过准确、公平地区分应受谴责的犯罪人与错误地陷入警察圈套的无辜者,从而实现这一制度的目标,即保护那些不具有可谴责性的被告免于刑事定罪。①

上述争议看似是对主观检验法的具体判断标准的争议,实际上同时也反映了主观检验法自身的问题所在。一方面,主观检验法仅仅关注被告人的犯罪倾向,这就意味着一旦侦查人员能够证明被告人具有犯罪倾向,那么就可以毫无限度地实施任何诱惑手段,而这显然是不合理的。另一方面,主观检验法允许在庭审中引用各种品格证据,这不仅会造成对被告人不利的偏见,同时,这些证据和犯罪倾向的关联性本身也存在疑问。正是由于主观检验法存在着这一系列的缺陷,因此有必要用其他客观标准对其加以补充与限制。事实上,在本案中,联邦最高法院的裁判理由在关注犯罪倾向的同时,也纳入了对于政府诱惑行为性质的考察。法院的裁判理由着重强调了侦查行为的异常性,即侦查人员"以五个虚拟组织和一个虚构笔友的名义,实施了长达 26 个月的诱惑侦查"。这一论据显然已不仅是对被告人犯罪倾向的检验,同时也直接面向了政府诱惑侦查行为的诱惑程度,而后者无疑是一种客观检验法的思维方式。与此同时,裁判理由中还指出"当国家对定罪的过于热心的追求会导致一个原本可能永远不会和法律打交道的守法公民被捕时,法庭应当加以干涉",这里引入的一般人标准同样运用了客观检验法的思维方式。由此可见,警察圈套的认定标准在实践中也在不断发生演进,单纯的主观标准或客观标准可能都是不够全面的。

---

① See W. H. Johnson Ⅲ, "Proving a Criminal Predisposition: Separating the Unwary Innocent from the Unwary Criminal", *Duke Law Review*, Vol. 43, No. 2, 1967, pp. 386, 423.

第二节　客观检验法

案例：密歇根州诉摩尔案[*]

(*People v. Moore*)

陈尔彦[**]

【关键词】

警察圈套；客观检验法；政府行为；《模范刑法典》；正当程序

【争议焦点】

在司法中应依据什么来判断被告人陷入了警察圈套？

【诉讼进程】

阿诺德·李·摩尔（Arnold Lee Moore）在 2005 年 6 月 7 日向线人交付了管制物品，涉嫌犯罪。2006 年 6 月 6 日，初审的门罗（Monroe）巡回法院认定他构成《密歇根州编纂法注解》（*M.C.L.A.*）§333.7401(2)(b)(ii) 规定的犯罪。该处规定，"除非得到本条授权，任何人不得生产、制造、交付或以生产、制造、交付为目的持有管制物品、处方药或伪造的处方药"，初审法院否认摩尔陷入了警察圈套。

摩尔不服判决，提起上诉。2007 年 9 月 11 日，密歇根州上诉法院认为本案的警察圈套抗辩不成立。

【案件事实】

被告人摩尔因于 2005 年 6 月 7 日向门罗麻醉品调查办公室的线人杰森·范丁（Jason Vandine）销售维柯丁和阿普唑仑而被认定构成交付管制物品的犯罪。

---

[*] *People v. Moore*, 2007 WL 2609506 (Mich. Ct. App. 2007).
[**] 北京大学法学院博士研究生。

范丁联络摩尔,主动要求购买维柯丁和阿普唑仑药片。2005 年 6 月 7 日,二人在加油站碰头,摩尔以 120 美元的价格将 25 片维柯丁和 29 片阿普唑仑药片卖给了范丁。

【控辩观点】

辩方：

摩尔主张自己陷入了警察圈套。其主要论据包括如下三点：(1) 线人范丁利用了他和被告人之间的友情,引诱被告人实施犯罪行为；(2) 范丁给被告人施加了过分的压力,迫使被告人实施犯罪；(3) 警方没有对线人范丁的活动进行监控。据此,警察的侦查行为是不正当的,成立警察圈套。

【法庭观点】

对于警察圈套的认定,密歇根州采纳了客观检验法。客观检验法关注的重点是警察行为的性质。在满足下列条件的情形下,被告人陷入了警察圈套：(1) 警察实施了被禁止的行为,而这种行为会引诱一个守法公民在类似情形下犯罪,或者(2) 警察实施的行为具有不可容忍的可谴责性。密歇根州最高法院在 *People v. Johnson* 案[①]中提出了下列因素,用于确认警察是否实施了不被允许的行为：(1) 警察是否以朋友的名义,企图滥用被告人的同情心；(2) 被告人是否曾经被查出犯了他被指控的罪；(3) 在调查和逮捕之间是否存在长时间的间隔；(4) 是否存在着诱使一个被假定守法的公民去犯罪的某种非同寻常的吸引力；(5) 是否存在着过分的邀请或者其他诱惑；(6) 警察是否向被告人作出了其行为并非违法的保证；(7) 是否以及在何种程度上存在来自官方的压力；(8) 是否存在性报酬；(9) 是否存在逮捕的威胁；(10) 是否存在可能加剧被告人的刑事可罚性的官方程序；(11) 警方是否对线人进行了控制；(12) 调查是否是有针对性的。

当执法官员所做的仅仅是提供犯罪的机会,那么就不存在警察圈套。被告人是否陷入了警察圈套取决于个案的不同情况,取决于全部具体环

---

① *People v. Johnson*, 647 N.W.2d 480 (Mich. 2002).

境。初审法庭在调查被告人是否陷入警察圈套这一点上并没有明确犯错。被告人和范丁不是朋友,仅仅是熟人。他们在两年间每两周才见一次面。被告人在这段时间内只是偶尔卖毒品给范丁。即便是最多的一次,范丁也仅仅是在四周内每周联络被告人两次,要求购买维柯丁和阿普唑仑。考虑到他们之前的关系,我们不能认为范丁给被告人施加了过分的压力。此外,范丁支付给被告人的货款也不算太高,基本和市场价持平。并且,被告人知道范丁是出于享乐(而非治病)的目的服用维柯丁和阿普唑仑。在案证据并未显示出对被告人同情心的不正当打动、会使守法公民犯罪的非同寻常的诱惑、政府压力、性报酬或逮捕的威胁。基于这些因素,初审法庭认为被告人未遭受警察圈套的裁决并没有明显错误。

被告人提出了三个论据用于支持其警察圈套抗辩。第一,被告人主张,范丁利用了他和被告人之间的友情,以诱使被告人犯罪,而初审法庭并没有考虑这一点。如果警察或线人通过唤起被告人的同情心或友情来诱使他犯罪,那么被告人就陷入了警察圈套。在 *People v. Soper* 案①中,侦查人员是被告人童年时的朋友,他在被告人出狱后,与被告人共叙旧情,声称自己是一个海洛因毒瘾患者,目的是为了让被告人为自己购买海洛因。我们认为,侦查人员利用了他和被告人的友谊,使被告人落入警察圈套。但是,在本案中,被告人和范丁并不是童年好友。他们仅仅是认识了两年的熟人,并且按照范丁的说法,他们大概每个月就见两次面。此外,当范丁接近被告人,让被告人为自己购买维柯丁和阿普唑仑的时候,他并没有乞求被告人。尽管范丁告诉被告人他需要这些药来止痛,但是在案证据显示被告人实际上知道范丁是要用这些药来满足享乐目的的。基于这些事实,初审法庭没有专门审查范丁是否利用了他和被告人的友情这一点,并不会影响他们认为被告人没有陷入警察圈套的最终结论。

第二,被告人主张,初审法庭没有考虑范丁施加给被告人的压力。如果警察持续地给被告人施加压力、促使被告人犯罪,那么被告人就陷入了警察圈套。在 *People v. Duis* 案②中,我们认为,当线人——被告人的一个朋友——为了购买某种迷幻药,在一天之中三次拜访被告人家,给被告人打两次电话,被告人就已经陷入了警察圈套。这种压力将促使一个无辜

---

① *People v. Soper*, 226 N.W.2d 691 (Mich. App. 1975).
② *People v. Duis*, 265 N.W.2d 794 (Mich. App. 1978).

的人实施犯罪。类似的,在 People v. Rowell 案①中,我们主张,当线人每周两三次去公园找被告人,每天三次要求被告人卖毒品给他们时,被告人就遭遇了警察圈套。在本案中,被告人证言称,在 2005 年 6 月 7 日之前,范丁只是在一个月内每周打两次电话给被告人要求购买维柯丁和阿普唑仑。考虑到被告人和范丁之前的关系,这样的联络并不算太过分。此外,范丁也从来没有去被告人家里要求购买毒品。基于这些事实,初审法庭没有专门考虑范丁是否给被告人施加了过分的、足以导致无辜人犯罪的压力这一点,并不影响他们认为被告人没有陷入警察圈套的最终结论。

第三,被告人主张,初审法庭没有考虑到警察对范丁的行为缺乏监控。如果警察没有对线人施加控制,那么被告人就有可能陷入警察圈套。本案中没有证据表明门罗麻醉品调查办公室在 2005 年 6 月 7 日之前监控了范丁和被告人的电话联络。但是,在判断被告人是否陷入警察圈套时,法院必须考虑整体案情。综合考虑案件中的所有具体情况,法院不能明确无疑地断定初审法庭认为被告人没有陷入警察圈套的结论存在明显错误。

综上所述,被告人的警察圈套抗辩不能成立。

【案例评述】

本案是关于警察圈套认定之客观检验法的一个运用实例。联邦最高法院在 Sherman v. United States 案②的协同意见中,对客观检验法的内涵进行了明确:如果警察的行为不满足"合理运用政府权力的共识性标准",则对被告人的有罪指控将不能得到支持。换言之,政府的"引诱"行为不能仅仅是提供单纯的要约或劝说。③ 相反,这种行为必须创设某种能够导致一般的守法公民实施犯罪的实质风险。④ 与主观检验法不同的是,客观检验法并不关注包括犯罪倾向在内的被告人自身所具有的特征:无论被告人是否展现出了犯罪倾向,一个文明社会都不可能容忍某些特定的警察行为。客观检验法的核心是考察警察行为是否可能影响一个抽

---

① People v. Rowell, 395 N.W.2d 253 (Mich. App. 1986).
② Sherman v. United States, 356 U.S. 369, 382 (1958).
③ See "Notes: Entrapment", Harvard Law Review, Vol. 73, No. 7, 1960, p. 1336.
④ See Anthony M. Dillof, "Unraveling Unlawful Entrapment", The Journal of Criminal Law and Criminology, Vol. 94, No. 4, 2004, p. 835.

象意义上的一般社会成员,而不是具体的被告人个人。总体而言,客观检验法认为警察圈套理论的目的是为了约束警察的行动,而非保护无辜的被告人,因此更应当将客观检验法理解为一种对政府权力的约束机制。客观检验法标准下的警察圈套抗辩因而也就成为一种以保护政府及其执法过程之纯洁性为目的的公共政策。

在美国,相对于主观检验法,客观检验法是一种少数说,主要被《模范刑法典》、大多数法律评注以及少数州所采纳。《模范刑法典》§2.13 规定:(1)为获得一项犯罪实行的证据,执法官员或者与其合作的人依照下列方法诱使或者鼓动他人实施构成该犯罪的行为时,为警察圈套:(a)为诱使他人确信该行为不为法律所禁止,明知地作虚假陈述;或者(b)采用的劝说或者诱导手段具有使本无犯罪意图的人实施该罪的实质危险。(2)除本条第 3 款另有规定外,一个受到犯罪追诉的人如果以优势证据证明其行为由警察圈套所引发,则应当被认定为无罪。法庭应当在没有陪审团的情况下审理警察圈套的问题。(3)如果导致或者威胁导致身体伤害是被指控之犯罪的一项要件,并且追诉的根据是对实行警察圈套以外的人导致或者威胁导致该伤害的行为,则不得适用本条规定的抗辩。

美国还存在一种与客观检验法类似的抗辩,也即所谓的正当程序抗辩(due process defense)。正当程序抗辩起源于伦奎斯特大法官(Rehnquist J.)在 *United States v. Russell* 案[①]中发表的意见:"如果有一天,呈现在我们面前的警察行为是如此得令人震惊,正当程序原则就要求我们绝对禁止政府通过利用此种司法程序获致对被告人的有罪判决。"它与客观的警察圈套抗辩的共性在于其审查的对象都是警察的行为。在某些案件中,"反常的政府行为"(outrageous government conduct)被认为是一种不同于警察圈套的独立的辩护事由。成功援引这一辩护事由的前提是证明警察行为已经达到了违背正当程序的程度。[②] 因此,正当程序抗辩的适用条件通常而言都比客观检验法之下的警察圈套抗辩严格——联邦最高法院在 *U.S. v. Restrepo* 案[③]的判决中对此也予以认可——一般来说,

---

[①] *United States v. Russell*, 411 U.S. 423 (1973).

[②] See Ellen S. Podgor, Peter J. Henning, Andrew E. Taslitz & Alfredo Garcia, *Criminal Law: Concepts and Practice* (3rd ed.), Carolina Academic Press, 2013, p. 665.

[③] *U.S. v. Restrepo*, 930 F.2d 705 (9th Cir. 1991).

"反常的政府行为"需要满足政府制造了犯罪以及政府使用了重大压迫手段两个要件。

与主要运用主观检验法的 *Jacobson v. United States* 案[1]不同,本案中,密歇根州上诉法院在对被告人是否陷入警察圈套进行考察时,并不关注被告人是否具有实施相应犯罪的倾向,而将审查的重心放在对侦查人员的引诱行为的性质的分析之上。在此,法院针对被告人的抗辩,从线人是否利用他和被告人的友情、线人是否给被告人施加过分的压力以及警方是否对线人的活动进行监控三个方面,对侦查人员的引诱行为的性质进行了分析。由于线人和被告人之间并不具有熟人以上的友情,线人和被告人之间的联络并不算频繁,线人没有给被告人施加过分压力,尽管警方没有对线人的行为进行监控,但是综合全案证据来看,这一点并不足以说明警察的引诱行为超出了合理范围,因此,被告人的警察圈套抗辩不能成立。

在程序方面,主观检验法之下的犯罪倾向审查一般被认为既包括事实问题也包括法律问题,而客观检验法的审查则通常被认为属于法庭而非陪审团的任务,也即它是一个法律问题而并非事实问题,因为评价被告人是陪审团的职责,而警察则只能由法庭来评价。[2]《模范刑法典》§2.13(2)也作出了同样的规定。因此,被告人应依优势证据的标准,承担证明警察圈套成立的证明责任。

弗兰克福特法官(Frankfurter J.)在 *Sherman v. United States* 案[3]的少数意见中阐述了客观检验法的优越性。首先,客观检验法不关注被告人的犯罪倾向,而只需要对警方所使用的侦查行为的合法性进行评估,因此更具客观性和可操作性。其次,客观检验法有助于规范警察的侦查行为。最后,客观检验法有助于减少在个案中对有前科被告人的偏见。

但与此同时,客观检验法也具有其局限性。第一,客观检验法会放纵罪犯。仅将关注点放在警察行为上、无视被告人的犯罪倾向的做法将使得那些有罪的人逃脱法律的制裁。而法庭的首要任务本应该是使有罪的人受到法律制裁。被告人陷入警察圈套的事实并不会减轻其罪责。一旦警方使用了明显异常的、会导致守法的一般公民实施犯罪的诱惑侦查手

---

[1] *Jacobson v. United States*, 503 U.S. 540 (1992).
[2] See *Sorrells v. United States*, 287 U.S. 435, 457 (1932) (Roberts, J., dissenting).
[3] *Sherman v. United States*, 356 U.S. 369 (1958).

段,那么警察圈套的成立条件即能得到满足。这意味着客观检验法无法区分原本就有意实施犯罪的轻率的犯罪人(unwary criminal)和欠缺犯罪倾向的轻率的无辜者(unwary innocent)。

第二,客观检验法以一系列严苛、具体的规则对警察的行为进行限制。这种做法不仅会导致那些危险的累犯被无罪开释,还能使他们在将来也免受指控。① 因为如果警察在使用诱惑侦查手段时,必须遵守某些规定,以避免被认为构成警察圈套,那么这些规定同样也会被那些危险的累犯所知悉。这样一来,他们就可以通过令与他们打交道的人违反这些规定的方式,制造出警察圈套,从而避免被定罪。②

第三,要设定出一系列行之有效的规定本身就是很困难的。标准化的程序并不能完全控制在侦查人员和嫌疑人交锋过程中出现的各种形形色色的难以预测的事件。即便能够制定出这样的标准化程序,并且这种程序能通过某种方式传授给警方的线人,它们是否能确实地被遵循,也是存在疑问的——尤其是当这些程序同样也被嫌疑人所熟知时。③

第四,一个公平、理性的客观检验标准不可能脱离特定案件的具体情况而存在。在许多情况下,不考虑侦查人员对被告人犯罪倾向的了解状况,就无法对侦查行为的合理性作出公正的评估。④ 这是因为,那些极其危险的累犯对社会构成严重威胁,因此在侦查环节他们本来就不应该受到和那些没有犯罪记录的人同样的对待。

第五,客观检验法可能鼓励警察作伪证。客观检验法的目标是惩罚那些采用了不恰当引诱手段的侦查人员,但一个采用了不恰当引诱手段的侦查人员很有可能对其所作所为作伪证。因为他认为如果不撒谎,那么一个严重罪犯将因为某种"程序性细节"而逃脱法律的制裁。⑤ 这是有

---

① See Ralph Rossum, "The Entrapment Defense and the Teaching of Political Responsibility: The Supreme Court as Republican School Master", *American Journal of Criminal Law*, No. 6, 1978, p. 300.
② See B. Grant Stitt, Gene G. James, "Entrapment and the Entrapment Defense: Dilemmas for a Democratic Society", *Law and Philosophy*, Vol. 3, No. 1, 1984, p. 121.
③ See Roger Park, "The Entrapment Controversy", *Minnesota Law Review*, Vol. 60, No. 2, 1976, p. 270.
④ See Roger Park, "The Entrapment Controversy", *Minnesota Law Review*, Vol. 60, No. 2, 1976, p. 203.
⑤ See Roger Park, "The Entrapment Controversy", *Minnesota Law Review*, Vol. 60, No. 2, 1976, p. 233.

失公平的。

第六,客观检验法引进了一个抽象的一般人标准,即在对警察圈套进行认定时,须考察同样的侦查行为是否会导致一个一般的守法公民实施犯罪。但是何为一般人、一般人标准究竟应当抽象化到何种程度,本身就是存在争议的。例如,当一个处于戒毒期的吸毒者声称他遭到了警察圈套,那么,这种情况下作为参照物的抽象一般人究竟应当是一个原本不打算犯罪的普通人,抑或是一个原本不打算犯罪的处于戒毒期的吸毒者?这一问题的答案很可能影响到客观检验的结论——一个处于戒毒期的吸毒者很有可能积极响应侦查人员对实施毒品犯罪的引诱,而一个没有毒瘾的人在面对同样的引诱时则很可能不为所动。[①]

第七,客观检验法将削弱刑事司法体系的威慑效应。如果公民获悉某些犯罪人可能因警察的违法行为而被无罪开释,那么法律在公民心目中的权威性和效力将大打折扣。

正是因为客观检验法具有上述局限性,因此目前实践中的主流学说仍是主观检验法,也即以被告人在与侦查人员首次接触之前是否具有犯罪倾向,作为判断警察圈套是否成立的主要依据。而在 *People v. Moore* 案中,法庭自始至终都未审查被告人在与线人范丁接触之前,是否就已经具有交付管制物品的犯罪倾向,因此我们不能断言,如果使用主观检验法,本案是否还会得出与客观检验法相同的、否定警察圈套成立的结论。换言之,尽管正如法庭的裁判意见所指出的那样,在本案中警察的侦查行为并不异常、并未创设足以导致一般公民实施违法犯罪行为的实质风险,但如果被告人在与侦查人员接触之前并不具有犯罪倾向,他仅仅是因为意志薄弱、比起一般人更易受他人鼓动才最终实施了犯罪,那么主观检验法和客观检验法就会得出不同结论,也即依主观检验法,被告人的警察圈套抗辩就将因其不具有犯罪倾向而获得支持。由此可见,尽管在大多数案件中客观检验法和主观检验法都会得出相同的判断结论[②],但在一些特殊的个案中,二者也会发生分歧。

[①] See Roger Park, "The Entrapment Controversy", *Minnesota Law Review*, Vol. 60, No. 2, 1976, p. 204.

[②] See Anthony M. Dillof, "Unraveling Unlawful Entrapment", *The Journal of Criminal Law and Criminology*, Vol. 94, No. 4, 2004, pp. 837-841.

第十五章　精神病

案例:克拉克诉亚利桑那州案[*]
(*Clark v. Arizona*)

徐万龙[**]

【关键词】

精神病;主观心态;特殊意图;正当程序

【争议焦点】

可否通过精神疾病或缺陷的证据来否定行为人行为时的特定的意图?

【诉讼进程】

2000年6月21日,埃里克·迈克尔·克拉克(Eric Michael Clark)射击一名警官致后者死亡。经初审,被告人被判构成杀害警务人员的一级谋杀罪,被判处25年不可假释的有期徒刑。

被告人提起上诉。亚利桑那州上诉法院维持了有罪判决。

案件后来进入联邦最高法院。2006年6月29日,联邦最高法院作出裁判:亚利桑那州收紧精神病检验标准的做法并未违反正当程序;不得因

---

[*] *Clark v. Arizona*, 548 U.S. 735 (2006).
[**] 北京大学法学院刑法学博士研究生。

精神疾病或缺陷而排除行为人的犯罪主观心态的做法并未违反正当程序。最终亚利桑那州上诉法院的判决得以维持。

【案件事实】

2000年6月21日,警官杰弗里·莫里茨(Jeffery Moritz)接到了一项投诉:有一辆卡车在住宅区开着吵闹的音乐。当莫里茨查到这辆卡车后,他打开了巡逻车的紧急灯和警报器,让17岁的货车司机克拉克靠边停车。莫里茨警官从巡逻车中出来,告诉克拉克待着别动。不到1分钟之后,克拉克开枪射击了莫里茨警官,后者在呼叫调度员之后很快就死了。克拉克逃跑,但在当天晚些时候被捕。克拉克用的那把枪在附近被找到。克拉克被以一级谋杀罪起诉。2001年3月,克拉克被发现无法接受审判并被送往州立医院接受治疗。2年后,法庭发现他的能力得到了恢复,并命令他接受审判。克拉克放弃了由陪审团审判,案件由法庭进行审判。

【控辩观点】

控方:

第一,检察官提供了间接证据,证明克拉克在行为时知道莫里茨警官是一名执法人员。证据显示,这名警官当时身穿制服,并且他开着具有警察标志和警灯的警车追上了克拉克。克拉克也承认看到了警察的这些标志并且停了下来。控方的证言表明,克拉克故意引警官到现场并杀害了他,而且克拉克在几周前就告诉别人他想要射杀警官。

第二,控方的精神科医生则认为克拉克的精神分裂症不会妨碍他认识到自己行为的错误,这从开枪之前和之后的行为可以看出来。

辩方:

第一,在审判中,克拉克并没有对射击和死亡提出异议,但主张其在行为时患有精神分裂症,借此他认为自己没有伤害执法人员的特殊意图以及他也不能明知自己的所作所为。

第二,在辩方陈述时,克拉克主张自己有精神疾病(mental illness)。首先,他主张精神病的积极性抗辩,此时他承担着关于"在实施犯罪行为时,他患有精神病或者这个缺陷是如此得严重以至于他不知道这个犯罪行为是错的"的说服责任。其次,他的目标在于反驳控方提出的他"蓄意"地或者"明知"地杀死一个正在执法的警官的主观方面的证据。

第三,关于他的精神病,克拉克展示了来自同学、学校负责人和家人描述他这一整年以来越来越怪异的证据。例如,有证人证实,因为被害妄想症,为了提防擅闯者,克拉克在家安装了缠绕着铃铛的钓鱼线;克拉克在汽车中养了一只鸟,以检测通过空气传播的毒药。专家的证言证明,克拉克认为弗拉格斯塔夫(Flagstaff)警局中有外星人,这些外星人想要杀死他,子弹是唯一阻止它们的方式。一个精神科医生证实,当克拉克杀死莫里茨警官时正患有带有外星人幻觉的精神分裂症,并且他得出结论认为,克拉克没有明辨是非的能力,因此他在杀人时是精神错乱的。

第四,克拉克尝试撤销原审。克拉克主张,亚利桑那州的精神病测试和它的依据摩尔规则都违反了正当程序。关于精神病的标准,克拉克主张(正如他之前所主张的),当它去除了由维多利亚时代 *M' Naghten* 案所确立的精神病检测的第一部分时,亚利桑那州的立法机构收紧了精神病检测的标准。

【法庭观点】

初审法院裁定克拉克不能依靠和精神病相关的证据来抗辩主观心态。法庭引用了 *State v. Mott* 案①的判决,这一判决指出"不允许以精神病的证据来否定特定的意图(specific intent)"。据此,法庭认为"亚利桑那州不允许用被告人精神错乱的证据来否定犯罪的主观方面"。

关于他的精神病,克拉克展示了来自同学、学校负责人和家人描述他这一整年以来越来越怪异的证据。而控辩双方各自申请的精神科医生在克拉克的精神分裂症会否妨碍他认识到行为错误上也有分歧。

最终,初审法官拒绝克拉克以对他知道被害人是一个警官的追诉是失败的为由提起的指令裁决的申请。所谓的指令裁决(directed verdict)的意思是,在公诉人举证完毕之后,法官觉得公诉人的证据甚至达不到最低证明标准,任何理性的陪审团(reasonable jury)都不会作出有罪裁决,这时,法官就会直接指令陪审团作出无罪裁决,不用再听取被告人的证据。初审法官作出了一个一级谋杀罪的特殊裁决,判处被告人克拉克25

---

① *State v. Mott*, 187 Ariz. 536, 931 P.2d 1046 (1997).

年不可假释的有期徒刑。

之后,克拉克申请撤销这一判决。他主张,亚利桑那州的精神病测试和它的摩尔规则都违反了正当程序。关于精神病的标准,克拉克主张(正如他之前所主张的),亚利桑那州的立法机构收紧了精神病的标准,当它去除了由维多利亚时代 M'Naghten 案中所确立的精神病检测的第一部分时。亚利桑那州上诉法院维持了对克拉克的有罪判决。上诉法院认为,关于精神病的结论并不是通过滥用自由裁量权得出的,对于精神病的检验也完全符合正当程序。

对于本案联邦最高法院的苏特法官(Souter J.)代表多数法官发表了法庭意见。本案中呈现出两个问题:第一,正当程序是否禁止亚利桑那州进行精神病测试来检验行为人在犯罪时是否有判断对错的能力;第二,因为限制考虑有关精神病的证据,亚利桑那州上诉法院是否违反了正当程序原则。克拉克首先说,亚利桑那州对精神病的定义,只是维多利亚时代的一部分,这违反了正当程序。维多利亚时代的精神病检测包含两部分。第一部分检验认知能力:精神缺陷是否使被告人不知道他在做什么。第二部分检测的是:精神疾病或缺陷是否使被告人无法理解他的行为是错误的。当亚利桑那州首次设立关于精神病的规则时,完全符合 M'Naghten 案中所确立的精神病检测标准,即姆纳顿规则(M'Naghten rule)。1993 年,立法机构放弃了认知能力不足的部分,只将道德认识能力不足作为精神病定义的核心标准。根据现行的亚利桑那州的法律,被告人不会被判定为精神病,除非证明他"在犯罪行为发生时受到了精神疾病或严重缺陷的影响,以至于他不知道他的犯罪行为是错误的"。

克拉克对 1993 年的修正案提出了质疑。他坚持认为,姆纳顿规则中的两部分要求是关于精神病认定的最低限度。他认为消除姆纳顿规则的"性质和质量"违反了根植于本国人民心中的正义原则。对此,苏特法官认为,历史并没有表明,可以将姆纳顿规则提升到基本原则的水平,以至于可以借此限制各州对犯罪行为的定义。即使粗略地检验传统英美法中关于精神病的检验方法,也可以发现,存在四种变体。四种变体分别是认知能力丧失、道德能力缺陷、意志能力丧失以及精神疾病结果测试。前两个变体来自姆纳顿规则。出现于两个世纪之前的意志能力丧失测试或不可抗拒的冲动测试,所询问的是行为人是否因为精神缺陷或疾病而没有意志力控制自身的行为。早在 1870 年就使用的精神疾病结果测试所探讨的是，行为人的行为是否是精神疾病或缺陷的结果。17个州和联邦政府都采用了姆纳顿规则中的认知缺陷和道德缺陷的双重标准来定义精神病。1个州只采用了姆纳顿规则中的认知能力缺陷测试，10个州（包括亚利桑那州）只采用了道德缺陷测试。

在这种多样化的背景下，很清楚的是，并没有证据表明特定的表述已经演变为正当程序的底线，精神病的规则如同刑事犯罪的定义一样，对于各州而言，是完全开放的。实际上，当人们考虑精神疾病或缺陷的法律概念和精神不正常的医学概念的相互作用时，这一点会更加明显。对于被用来治病的医学定义和用来除罪的精神病定义，是很有可能存在分歧和争论的。对于合适的法律和医学的精神病测试应当是怎么样的这一点，正当程序并没有规定。

克拉克关于违反正当程序的主张挑战了在 *State v. Mott* 案中建立起来的规则。在 *State v. Mott* 案中，精神病医生证明被告人患有受虐妇女综合征因此缺少形成被指控犯罪的主观心态的能力。该案法院认为，专业的心理学家或者精神病医生关于被告人由于精神疾病或者缺陷而形成精神障碍的证言是可接受的，也是可以被考虑的，但只针对于精神病辩护中；这样的证据不能在主观心态的要素中被考虑。

理解克拉克的主张需要注意与主观心态有关的证据种类。首先，日常的经验证据（observation evidence），这些证据来自看到克拉克做了什么和听到克拉克说了什么的人；这一种类也包括判断克拉克的行为特征的专家证人的证言。这些证据可能会用来支持精神疾病的专业诊断，并且无论如何这些证据对于揭示克拉克在开枪时的精神的状态而言是相关的。所记录下来的经验证据包括克拉克在家的行为、和朋友们的行为，他相信外星人占据了当地人的身体（包括政府职员）的言论，在警官到来之前他在附近转悠的举动。

精神疾病证据（mental-disease evidence）是指以意见证言的形式证明被告人患有精神疾病。这一证据通常来自但也不一定来自专业的精神科医生或者心理医生。这种证据的作用是，根据客观的报告、专业的观察和测试，认定被告人在行为时是患有精神疾病的。

责任能力证据（capacity evidence）是关于被告人的认识和道德判断的能力（最终也和形成主观心态的能力有关）的。这也是一种意见证据（opinion evidence）。这种证据和精神疾病证据来自相同的专家，这些证据关注在精神正常和精神病之间存在差别的主观特征。在和这些特征相对应的证据中,专家有不同的意见:辩护方的专家认为克拉克的疾病的特征或者影响包括了无法判断他自己行为的性质和分辨对错,然而控方的精神科医生认为克拉克是一个精神分裂症患者,但他依旧能够认识到自己枪杀了一个警官的事实,也知道自己这么做是错的。

很明显,莫特限制(Mott restriction)一般仅仅适用于处理由精神科医生或者心理专家作为专家证人给出的两种证据:精神疾病证据(在行为时被告人是否患有精神疾病或者精神缺陷,例如精神分裂症)和刑事责任能力证据(capacity evidence)(疾病或者缺陷是否会导致他没有能力经历或者完成一个心理过程,这个心理过程被认为对于神志正常例如认识自己行为的性质和知道它是错的而言是必要的)。

在克拉克抗辩中涉及的第三个原则是事关正当程序的被告人呈现对自己有利证据的权利。如前所言,证据倾向于显示被告人患有精神疾病,并缺少形成主观心态的能力,这对于反驳证明他事实上形成了所需的主观心态而言是相关的;这也就是为什么克拉克要求陪审团在判断他是否有主观心态时,考虑关于他有精神疾病和他无责任能力的证据。

"根深蒂固的证据法的规则允许法庭排除证据,如果它的证明价值被特定的其他因素例如不公平的歧视、问题的混淆,或者可能误导陪审团等超过。"而且,该州法律明确指出,精神疾病和责任能力的证据只适用于关于精神病的辩护。所以,这个证据并没有完全被排除,而只是被限制使用了。这样一来,问题就变成了限制使用这个证据的理由是否可以满足正当程序所要求的基本公平的标准。本法庭认为已经符合要求了。

在疑难案件的审理中,与被告人反驳精神正常推定相比,国家必须要能够更容易地否定这种反驳。简而言之,精神正常的推定应当是一种效力较强的推定,推翻精神正常的推定应当是一件困难的事情。但是,如果有精神疾病和无责任能力的专家证言被在主观心态的问题上也有适用的余地,那么那些精神正常的推定的效力将只和那些能引起陪审团关于主观心态合理怀疑的证据的效力一样强;一旦合理怀疑存在,无罪判决就成立,为精神病辩护建立的标准将会被丢弃。

当然,国家也可以在法律中表明接受这种可能性:只要被告人提出了有精神疾病和无责任能力的可信的理由,证明被告人精神正常的责任就会转移到控方。在有这样的精神病规则的国家,立法机构可能愿意允许这样的证据在主观心态中被考虑。

显然,亚利桑那州的莫特规则表现的是前一种选择。联邦最高法院认为国家的选择在这种情况下将会被削弱:如果允许没有责任能力的证据能够引起陪审团对主观心理心态产生合理怀疑,即使行为人没有被证明是精神病。换句话说,如果陪审团可以自由决定多少关于精神疾病和无责任能力的证据可以引起对主观心态的证据的合理怀疑,这在功能上类似于允许陪审员决定受限的服从法律的能力将会成为独立的辩护理由。

最终联邦最高法院维持原判。

【案例评述】

《模范刑法典》§4.01规定,如果由于精神疾病或者缺陷,被告人在实施犯罪行为时缺乏理解其行为的犯罪性(非法性)或者缺乏使其行为符合法律要求的实质能力,则被告人对该行为不负责。精神病辩护的范围仅限于有严重认知混乱或者意志混乱的人①,之所以不处罚精神病人,是因为对于精神病人的处罚是"无意义的或者无效的"②。当行为人根本不知道自己在做什么或者说虽然知道自己做了什么但是根本不知晓其中的意义时,刑罚的威吓对其是不起作用的。因此,在本案中如果被告人真的不知道自己做了什么或者说完全不知道自己所做的事情是错误的,那么对其处罚便完全失去了意义。而且,从一般预防的角度来说,这种观点也是成立的,因为社会一般人并不会因为精神病人所实施的犯罪行为而对法秩序感到失望,因此也就不存在通过刑罚来恢复法秩序的必要了。

本案中最大的争点是关于精神病的测试或者定义。一般而言,有关精神病的测试方法,共有五种方法被大量讨论:分别是姆纳顿规则③、不可抵挡冲动(irresistible impulse)测试、结果测试、《模范刑法典》模式以及联邦的定义。在本案中,重点涉及的是姆纳顿规则。姆纳顿规则是第一

---

① See Joshua Dressler, *Understanding Criminal Law* (5th ed.), Matthew Bender & Company, Inc., 2009, p.345.

② American Law Institute, *Model Penal Code and Commentaries*, Comment to § 4.01, p.168 & fn. 12 (1985).

③ See *M'Naghten's Case*, 10 Cl. & F 200, 8 Eng. Rep. 718 (1843).

个关于精神病测试的标准,由英国上议院在 *M' Naghten* 案中确立。它在英国被迅速地广泛接受。其测试内容包含两个部分,第一个部分是认识能力测试,第二个部分是道德能力测试。在认识能力测试中,被检测的是行为人是否知道自己在做什么;而在道德能力测试中,被检测的是行为人是否知道自己所做的是错误的。

在法庭意见中被重点介绍的结果测试,为 1954 年哥伦比亚州上诉法院所采用。这一测试以 1870 年的 *State v. Pike* 案①为基础,结果测试得到了极大的学术关注并欲使有关精神病的法律和现代医学更好地结合起来。② 虽然这一测试表示获得了学界的高度关注,但是除该上诉法院之外,并无其他法院采用这一标准。

在本案中,被告人主张法院不采纳姆纳顿规则,违反了正当程序。这种观点是站不住脚的。随着科技的发展,关于精神病的医学定义和检验标准也在不断改变,自然这些也会影响到法律中关于精神病的定义。因此,各州完全有权规定精神病的标准,而这并不会违反正当程序。事实上,一些州和联邦关于精神病的定义或者检测标准也发生过多次变动。例如,加利福尼亚州一开始采用的是姆纳顿规则,之后转换到《模范刑法典》标准,然后又回归到姆纳顿规则。③ 再如,联邦议会一开始采纳的也是与姆纳顿规则中相似的精神病定义,后来转而采用《模范刑法典》标准测试中的精神病定义。总而言之,关于法律中精神病定义的转变并不会涉及正当程序的问题。

---

① *State v. Pike*,49 N.H. 399 (1870).
② See Joshua Dressler, *Understanding Criminal Law* (5th ed.), Matthew Bender & Company, Inc., 2009, p. 347.
③ See *People v. Skinner*, 704 P.2d 752 (Cal. 1985).

第十六章　减轻责任

案例：密歇根州诉卡尔彭特案[*]
(*People v. Carpenter*)

蔡　颖[**]

【关键词】

减轻责任；犯意；部分责任；辩护

【争议焦点】

被告人虽不患有法律规定的精神病，却实际存在精神障碍，这样的情况是否可以排除被告人的犯意，或者是否可以用于减轻被告人的刑事责任？

【诉讼进程】

1995 年 7 月 9 日，詹姆斯·A. 卡尔彭特（James A. Carpenter）实施了持枪袭击他人的行为。初审的萨吉诺（Saginaw）巡回法院判决被告人构成多项犯罪，且认定被告人的精神状况不符合减轻责任的条件，并指出，应当由被告人完成减轻责任辩护的举证责任。最终，初审法院判处被告人以下期限的监禁刑：入侵住宅，处 28 个月至 20 年监禁；两起伤害重罪，

---

[*] *People v. Carpenter*, 464 Mich. 223 (Mich. 2001).
[**] 北京大学法学院博士研究生。

处 28 个月至 4 年监禁;持枪重罪,处 28 个月至 5 年监禁;反抗、妨碍警务,处 1 至 2 年监禁。另外,法庭判处的上述刑罚与被告人因在实施重罪时持枪而被判处的 2 年定期刑分期执行。

卡尔彭特提起上诉,密歇根州上诉法院维持原判。

当案件被送到密歇根州最高法院之后,州最高法院经审理维持原判,但指出,减轻责任不是一项独立的辩护事由。

【案件事实】

1995 年 7 月 9 日,奥德丽·托马斯(Audrey Thomas)和阿隆·布雷克利(Aron Blakely)坐在家里娱乐室的时候听到有人按门铃。托马斯发现被告人卡尔彭特在门外,大声喊叫,要求托马斯"出来",并声称托马斯是"他的女人"。托马斯拒绝他的要求后,被告人破窗而入。被告人掏出一把手枪并朝托马斯和布雷克利的方向连开两枪,均未射中。在此之后,布雷克利告诉被告人其准备离开。被告人在为其开门时,布雷克利用拳头击打其面部。尽管被告人最初与布雷克利一道出门,但是其又立即返回屋内与托马斯对峙,并用枪托击打托马斯的头部。这一击打造成手枪再次击发。布雷克利听到枪响后到另一个房间内报警。

被告人逃离犯罪现场,驾车返回其邻近的家中,并用电话联系托马斯对其进行威胁。之后不久,几个警员抵达被告人的家中,与被告人进行对峙。其间,被告人声称要自杀并杀掉任何进入其房间的警察。有警官多次与被告人电话交流,其证明,被告人最初在电话中大声喊叫,冷静下来后又开始谈论"恶魔"以及"被恶魔偷走的钱"。

此时,被告人索要放在其卡车中的心脏病药。警员以交付药物为由诱使被告人去窗口。当警员试图通过窗口将被告人抓住时,被告人挣脱并关闭窗户,使得一名警察的手指被窗夹住。最终,被告人允许警察进入房内并接受逮捕。随后,被告人被起诉一级住宅入侵、两起谋杀未遂、持枪重罪以及反抗、妨碍警务。

【控辩观点】

控方:

作为反驳,控方提交了司法精神中心的乔治·沃森博士(Dr. George

Watson)的证词。尽管沃森博士承认被告人的大脑遭受了物理损伤,但是其不认为被告人陷入了明显且严重的精神错乱。相反,沃森博士认为被告人在临床治疗中有夸大其表现的嫌疑。

辩方:

第一,辩方提出减轻责任的辩护理由。有数个一般证人提供证言证明被告人在事发之前饮酒并表现出醉态,在此基础上,被告人提供了一份医院的报告,以证明被告人事发之后大概1个月在该医院接受了治疗。该报告形容被告人处于"妄想状态",指出被告人的大脑遭受了物理损伤。报告进一步描述了被告人申请入院时的行为:

他声称他的孩子在1995年4月被杀害,还称"他们黑进了我的电脑"。他说有特殊的力量正在保护他,人们从他儿子的档案中偷钱。他还听到一个声音告诉他,人们正在关注并嘲笑他……他很担心有人要毒杀他。他谈到了正在控制他的组织,有人针对他施放"巫毒娃娃"。

第二,被告人还出示了专家证人迈克尔·阿布拉姆斯基博士(Dr. Michael Abramsky)的证词。阿布拉姆斯基博士是一位受到广泛认可的临床和法庭心理学家。阿布拉姆斯基博士认为,被告人在案发时开枪以及对峙的奇怪行为"证明其在当时心理疾病发作"。不仅如此,被告人吸食毒品引发的大脑损伤,加上摄入酒精以及各种处方药品,似乎也是引发其行为并让其声称在案发时丢失了财物的原因。总之,阿布拉姆斯基博士认为被告人的责任能力减弱,不能控制其行为。

第三,被告人上诉时主张,初审法院错误地将证明被告人的精神状态能够减轻其刑事责任的举证责任转移至提出这一辩护理由的被告人身上,并要求被告人提出证明其符合减轻责任的优势证据。

【法庭观点】

初审法院作出裁决,认定被告人卡尔彭特构成反抗、妨碍警务以及持枪重罪。关于两起谋杀未遂,法院认定控方未能提供足够的证据证明被告人具有杀害任何一位被害人的故意。作为替代,法院认为现有证据只能证明被告人构成更轻的故意伤害重罪。最后,法庭认定被告人构成一级入侵住宅以及在实施重罪时持枪。

法庭进一步讨论并否定了被告人提出的减轻责任的辩护。

法庭认为被告人未能完成其举证责任,形成证据优势。被告人的行为似乎是非常具有"目标指向性"的……被告人的行为,诸如驾车前往托马斯家,用枪瞄准,表现出不悦,进入托马斯的家中,射击天花板及附近以威吓被害人,击打布雷克利和托马斯,离开房屋,以及重要的是,他打给托马斯的恐吓电话,这些都是具有目标指向的行为,证明被告人具有控制自己行为的能力。

被告人在之后上诉时认为,初审法院错误地将证明被告人的精神状态能够减轻其刑事责任的举证责任转移至提出这一辩护理由的被告人身上,并要求被告人提出证明其符合减轻责任的优势证据。上诉法院确认了原审法院对被告人的认定和判决。

换言之,初审法院和上诉法院都认为应当由主张减轻责任辩护事由的被告人来承担举证责任,但是,当案件被送到密歇根州最高法院时,州最高法院的多数意见认为,在密歇根州不存在减轻责任的辩护事由。

密歇根州最高法院的多数意见赞同上诉法院对减轻责任辩护的定义,认为所谓的"减轻责任"的辩护,是指即使被告人在法律上属于神志正常的范畴,也允许其提供一些证据证明其精神上的异常,以排除一些构成特殊犯罪所要求的犯罪意图。其依据在于,如果被告人因为其心理上的疾病或者瑕疵而不能形成法律上实质要求的犯罪意图,其只能被评价为不要求该犯罪意图的更低等级的犯罪。

多数意见认为,尽管美国范围内关于减轻责任辩护存在争议,但是密歇根州不必加入其中,因为立法机关已经制定了一个全面的法律框架,终局性地决定了精神障碍何时可以作为减轻被告人刑事责任能力的依据。显然,立法者已经考虑到了被告人虽然在法律上属于神志正常,但实际上存在精神异常的情况。根据现有法律,立法机关确定了一个"全或者无"的精神障碍辩护(all or nothing insanity defense),按照这样的规则,对于法律上属于神智正常,但实际上存在精神异常的被告人,应当与犯同样罪行的正常人进行相同的处置,并对其进行精神评估和治疗。进一步而言,立法机关已经表明了其选择,认为上述情况不能通过排除特别的犯罪意图来减轻被告人的刑事责任。

密歇根州最高法院的凯利法官(Kelly J.)的反对意见认为,立法规定,认定一些具体的犯罪,需要提供证据排除合理地证明行为人在实施具体行为时具有特别的犯罪意图。因此,多数意见拒绝被告人提供其精神障碍的证据以排除其特别的犯罪意图,这并不完全合理。其违背了无罪推定的原则、正当程序原则,以及排除合理怀疑的证据原则。

州最高法院维持原判,但指出,减轻责任不是一项独立的辩护事由。

【案例评述】

在英美刑法中,减轻责任这一概念的运用非常混乱,被告人可能从各种不同的角度来提出减轻责任的辩护,而各个法院对其接受程度也各不相同。比如在本案中,密歇根州最高法院就与上诉法院持不同看法。

如前所述,减轻责任主要适用于法律上属于神志正常,但实际上存在精神异常的被告人提出的,试图阻却或者减少其刑事责任的辩护事由。总体来看,法院大概有三种可能的方式接受减轻责任事由的辩护:接受其成为独立的辩护事由;不接受其作为独立的辩护事由,但是在阻却行为人主观的方面采纳相关证据;不接受其作为独立的辩护事由,但是当相关证据能够证明被告人已经处于精神病时采纳相关证据。①

史蒂芬·J. 摩尔斯教授(Stephen J. Morse)对减轻责任这一混乱的概念进行系统整理,并认为,归根结底,减轻责任仅包含两种类型。其指出,减轻责任的教义学原理在于,其允许刑事被告人在庭审中提供证据证明其精神上的异常,以(1)排除其被控诉之罪的主观要素,使被告人不构成被指控的犯罪(犯意的辩护);或者(2)尽管犯罪人被证明满足更高等级的犯罪的所有要素,但还是在此基础上降低等级对其进行认定(部分责任的辩护)。②下面将主要从这两个视角来分析减轻责任。

(一)犯意的辩护(mens rea variant)

犯意的辩护,是被告人主张其精神异常与犯罪规定中的主观要素相矛盾。③ 换言之,被告人主张其有精神障碍排除了其符合犯罪要求的主观要素的成立。《模范刑法典》也采用了这一规则。根据《模范刑法典》

---

① See Ellen S. Podgor, Peter J. Henning, Andrew E. Taslitz & Alfredo Garcia, *Criminal Law: Concepts and Practice* (3rd ed.), Carolina Academic Press, 2013, p. 692.

② See Stephen J. Morse, "Undiminished Confusion in Diminished Capacity", *The Journal of Criminal Law and Criminology*, Vol. 75, No. 1, 1984, p. 1.

③ See Stephen J. Morse, "Diminished Capacity", in Stephen Shute, John Gardner and Jeremy Horder eds., *Action and Value in Criminal Law*, Oxford University Press, 1993, pp. 240-241.

§4.02(1)的规定,"被告人患有精神疾病或缺陷的证据,在与证明被告人是否具备作为犯罪要件的心理状态有关的任何情况下,均具有可采性"。据此,如果采用《模范刑法典》的规则,则可以将减轻责任的证据用来排除行为人的犯意。

由于缺乏具体的法律规定和通行观点,在司法实践中,犯意的辩护的适用范围是非常混乱的。正如田纳西州上诉法院在 State vs. Phipps 案①判决书中分析的,减轻责任辩护(这里实际上就是指犯意的辩护)主要有两种情况:第一种情况,也是比较常见的,即排除特殊犯意(specific intent)的辩护,是辩方通过主张减轻责任来排除构成犯罪所要求的特殊的主观意图,比如预备犯或者阴谋犯中的犯罪意图。另一种比较极端的情况,即排除一般犯意(general intent)的辩护,是指不仅允许被告人主张减轻责任来排除其特殊的主观意图,甚至还允许被告人主张其因为减轻责任而丧失形成整个主观心态的能力。换言之,犯意的辩护要么用于排除犯罪所要求的特殊的主观意图,要么用于排除整个主观要素。②

从原理上来看,虽然法律条文中并未单独规定减轻责任的辩护,但这并不代表减轻责任的辩护就失去了成立的可能性。联邦第三巡回法院上诉法庭在 U.S. v. Pohlot 案中认可了犯意的辩护,并指出,不论从现有立法还是历史沿革来看,国会应该都只是禁止将减轻责任视为积极抗辩③,而并不是认为所有的精神障碍的证据都不能用于排除被告人的主观要素。尽管《模范刑法典》§4.02(1)的规定常被称为减轻责任辩护,但是其并未提供任何法律定义之外的出罪事由。"准确地说,这并不是辩护,而不过是一项证据规则。"④这样的证据规则被称为"举证不能的抗辩"(failure-to-

---

① State v. Phipps, 883 S.W.2d 138 (Tenn. Crim. App. 1994).

② 实际上,如后文所述,除此之外,还存在一些法院(比如上文提到的密歇根州最高法院)拒绝将其视为一种辩护理由。

③ 积极抗辩(affirmative defense),或称肯定性辩护主张,是指一旦被被告人证明,则能够减轻被告人责任的事实,不是指具体的主张。对于积极抗辩的事由,往往由辩方承担一部分或者全部证明责任,控方在辩方提出支持其积极抗辩的证据之前,不负担证否积极抗辩的举证责任。《模范刑法典》§1.12(2)规定,"(1)除非犯罪的每个要件得到排除合理怀疑的证明,任何人不得被认定为构成该罪。缺乏此等证明之时,推定被告人无罪。(2)本条第一款规定并不:(a)要求证伪一项积极抗辩,除非直到存在支持该抗辩之证据……"积极抗辩主要适用于正当防卫、精神病等辩护事由。

④ U.S. v. Pohlot, 827 F.2d 889, 897 (3d Cir. 1987).

proof defense),其实质是,在控方举证证明行为人符合犯罪构成要件时,辩方通过举证的方式引起合理怀疑,使得控方的指控不能成立,以达到辩护的目的。与之不同,辩护(defense)往往是排除行为的违法性或者证明行为的可宽宥性,从逻辑上来看,我们无法排除一个非犯罪行为的违法性,也不能论证一个非犯罪行为的可宽宥性,而且从法律上来讲,我们也不必如此。① 因此,这样的证据规则不能被称为一般意义的辩护。

一般认为,这一证据规则是由无罪推定原则所得出的当然的结果。比如科罗拉多州最高法院在 Hendershott v. People 案的判决中指出,如果法院接受无罪推定的基本原则,坚持排除合理怀疑的证明标准,则不应当拒绝被告人提出相关可靠的证据来证明其精神障碍导致了其欠缺构成犯罪所要求的主观要素。这不仅是逻辑推理的当然结果,也是基本正义的必然要求。②

犯意的辩护由于其比较符合逻辑,且不会直接与法律规定相冲突,因而受到越来越多的支持。但是,还是有少数一些州并未采纳该规则。比如亚利桑那州就拒绝为了排除行为人犯意而提出的关于精神健康的证据。一些学者认为,这一禁止不仅涉嫌违宪,而且不具有合理性。理由在于,既然相关证据能够用于证明被告人的精神病(legal insanity),为什么不能用于排除行为人的犯意呢?③

但是,联邦最高法院在 Clark v. Arizona 案④的判决书中,表示了对该禁止的肯定态度。联邦最高法院区分了关于被告人主观要素的三种证据:其一是观察证据(observation evidence),这应该从日常意义上来理解,即对被告人的行为及语言进行观察而得来的证据,这包括专家对被告人的思维方式及行为倾向的观察;其二是精神疾病证据(mental-disease evidence),是关于被告人是否陷入精神病的评价性证词,这其中还伴随着一些对疾病特征的描述,这些证据往往是精神科专家基于其鉴定提供的;其三是能力证据(capacity evidence)是关于被告人的认知能力和道德判断

---

① See Joel Samaha, *Criminal Law* (11th ed.), Wadsworth Publishing Company, 2012, p.194.
② See *Hendershott v. People*, 653 P. 2d 385, 393 (Colo. 1982).
③ See Sanford H. Kadish, Stephen J. Schulhofer, Carol S. Steiker & Rachel E. Barkow, *Criminal Law and Its Processes: Cases and Materials* (9th ed.), Wolters Kluwer Law & Business, Aspan Publishers, 2012, p. 1005.
④ *Clark v. Arizona*, 548 U.S. 735 (2006).

能力(实际上最终是关于被告人形成犯意的能力)的证据,这同样是精神科专家作出的评价性证词。与反对意见所言不符,亚利桑那州实际上并没有禁止对观察证据的采纳,而只是禁止了后两者来自精神科专家的证词,而这属于法官的裁量权的范围,因此,亚利桑那州的禁止规则并未违反正当程序原则。

换言之,犯意的辩护中,不仅涉及被告人是否可以因为减轻责任事由排除责任,还涉及如何证明减轻责任事由的问题,更具体地说,即是否采纳以及在多大程度上采纳专家证人证言(特别是精神疾病证据和能力证据)的问题。摩尔斯教授认为,尽管犯意的内涵已经趋于简单和清晰,但专家证人往往对法律存在误解,或者强制推行他们比较推崇的关于犯意的概念,抑或上述两者兼有,这造成了专家证人难以规范地理解犯意相关的概念,使得相关问题更加复杂,进而产生混乱。实际上,尽管心理专家比较敏感,且其证言往往仅被用于比较复杂的案件中,但是,通过客观证据认定行为人是否存在犯意并不是一个科学论证,而是常识上的推断。即使在这些案件中专家证言并不会显得愚蠢或者与事实相悖,但同时其也不具有专业性,为了解决相关专家证言带来的混乱,应当排除相关专家证言。[①]

(二) 部分责任的辩护(partial-responsibility variant)

与犯意的辩护不同,部分责任的辩护是一项积极抗辩,是指被告人主张,即便其完全符合了被控犯罪所要求的主观要素,其也可以因为精神障碍而减轻其刑事责任。[②] 这一辩护最早可以追溯到苏格兰的普通法,于1957年被英国国会成文化,规定在《杀人罪法》(England Homicide Act)中。[③] 1960年,加利福尼亚州最高法院发布该规则的美国版,只有四个其他州的法院采纳了这一规则。《模范刑法典》之后又发展出了一套新的部分责任辩护的教义学版本。[④]

[①] See Stephen J. Morse, "Undiminished Confusion in Diminished Capacity", *The Journal of Criminal Law and Criminology*, Vol. 75, No. 1, 1984, pp.36-50.

[②] See Stephen J. Morse, "Diminished Capacity", in Stephen Shute, John Gardner and Jeremy Horder eds., *Action and Value in Criminal Law*, Oxford University Press, 1993, pp. 242.

[③] See Peter Arenella, "The Diminished Capacity and Diminished Responsibility Defenses: Two Children of a Doomed Marriage", *Columbia Law Review*, Vol. 77, No. 6, 1977, p. 830.

[④] See Joshua Dressler, *Understanding Criminal Law* (5th ed.), Matthew Bender & Company, Inc., 2009, p. 373.

加利福尼亚州最有代表性的判例是 *People v. Conley* 案,该案中,被告人开枪杀死了其前女友及其丈夫。案发后,根据专家鉴定,被告人在案发时处于醉酒状态,这足以影响其肌肉的协调性和大脑的判断能力。辩方提供的专家还证明,被告人在案发时处于精神分裂的状态。在本案中,法院指出,恶意预谋(malice aforethought)是谋杀罪和非预谋杀人罪之界限所在。行为人具有杀人故意并不一定代表其具有恶意预谋,恶意预谋这一概念应当与其他表示故意和预谋的心理状态(wilful, deliberate, and premeditated)相区别。行为人能够具有恶意预谋的心理的前提是,其能够理解社会通过法律赋予每个公民的责任,这被暗含在刑法对暗示恶意(implied malice)的定义中。《加利福尼亚州刑法典》§187(a)规定:"谋杀,是指恶意预谋地非法夺取他人或者胎儿的生命。"其中§188规定:"上述恶意可以被明示或者暗示。若行为人表现出明显的非法夺取同胞生命的意图,则为明示;若行为人没有表现出相当大的怒气,或者杀人时的环境体现出行为人的恣意或者邪恶之心,则为暗示。"因此,如果行为人因为精神缺陷、疾病或者醉态,其无论如何也不能理解法律所要求的控制自己行为的责任,则其没有恶意预谋,不构成一级谋杀罪。① 据此,加利福尼亚州最高法院甚至认为醉态也可以成为部分责任的事由,与英国《杀人罪法》中将减轻责任限定于"内在因素"或者"疾病或者损伤"相比,明显走得更远。② 但是之后,为了回应关于减轻责任辩护的争议判决③,加利福尼亚州立法机关修改了立法,放弃了减轻责任这一教义学原理。④

《模范刑法典》也有关于部分责任的规定。《模范刑法典》§210.3 规定:(1)具有下列情形的刑事杀人,构成非预谋杀人;(a)轻率地实施;或

---

① See *People v. Conley*, 64 Cal.2d 310 (Cal. 1966).

② See George P. Fletcher, *Rethinking Criminal Law* (2nd ed.), Oxford University Press, 2000, p. 252.

③ See Joshua Dressler, *Understanding Criminal Law* (5th ed.), Matthew Bender & Company, Inc., 2009, p. 375.

④ 《加利福尼亚州刑法典》的修正案在§188之后新增一款,该款规定:"如果杀人行为是由于前述的明示或者暗示的恶意而引起的犯意所导致的,则不再需要行为人显现出其他心理状态来证明其存在恶意预谋。不论是对法律为了规范社会而要求一般人所承担的责任之认识,还是无视该认识而实施行为,都不被包含在恶意预谋的定义之中。"判例一般认为,"在此修正案之后,明示的恶意与非法杀人的故意已经完全一样,因此,减轻责任不再是一项有效的辩护事由"。参见 *People v. Saille*, 54 Cal.3d 1103 (Cal. 1991)。

者(b)本来会构成谋杀,但行为人具有合理的解释或者免责事由,表明其是在精神或者情绪极度混乱的影响(EMED)下实施杀人行为的。该解释或者免责事由的合理性,应以一般人在行为人相信存在的情况下具有的看法来加以判断。EMED 规则具有两个目的,一方面,其将普通法中的激愤杀人的教义学规则扩张并成文化;另一方面,其允许但不强求各州法院接受 EMED 的话语来判断部分责任。①

部分责任的合理性也受到过质疑,比如摩尔斯教授就曾认为,抑制犯罪欲望需要的能力极低,其不是要求一个人成为一个优秀的运动员、艺术家、水管工或者医生。因为这并不要求行为人锻炼什么特殊技能,而只要求其克制自己的反社会行为。"只要定罪判刑之基础是行为而不是行为人,在行为人达到负担刑事责任的最低基础时,对实施相同犯罪行为的行为人同等对待,就不会存在不公平的问题。"②不过,事实证明,尽管对行为人来说,要做到不去杀人都很简单,但是这对于患有精神障碍的人来说的确会更难。③ 摩尔斯教授对自己的观点进行了反思,并提出了"有罪但部分责任"(guilty but partially responsible)的责任形态,作为有罪、无罪、因精神病而无罪三者的合理补充。构成该责任形态的条件有二:被告人的理性在犯罪时实质减弱,以及被告人理性的减弱实质影响了其犯罪行为。④ 这实际上承认并扩张了部分责任的原理。

---

① See Joshua Dressler, *Understanding Criminal Law* (5th ed.), Matthew Bender & Company, Inc., 2009, p. 375.

② Stephen J. Morse, "Undiminished Confusion in Diminished Capacity", *The Journal of Criminal Law and Criminology*, Vol. 75, No. 1, 1984, pp. 30–32.

③ See Joshua Dressler, *Understanding Criminal Law* (5th ed.), Matthew Bender & Company, Inc., 2009, p. 377.

④ See Stephen J. Morse, "Diminished Rationality, Diminished Responsibility", *Ohio State Journal of Criminal Law*, Vol.1, No.289, 2003, pp. 299–300.

第十七章 醉　态

案例:米勒诉佛罗里达州案[*]
(*Miller v. State*)

吴安东[**]

【关键词】

醉态辩护;非自愿性醉态;精神错乱;特定故意犯罪

【争议焦点】

醉态辩护是否适用于非自愿陷入醉态但未达到法定精神错乱程度的情形?

【诉讼进程】

约翰·罗伯特·米勒(John Robert Miller)因涉嫌向建筑物开枪、持枪入室盗窃和严重人身攻击被指控。2000年3月17日,在帕斯科郡(Pasco)巡回法院,威廉·R.韦伯法官(William R. Webb, J.)审理此案,并认定被告人米勒犯有持械入室盗窃和向建筑物开枪及在公众地方射击等罪行。

被告人提起上诉并辩称,初审法院不当地拒绝了他的无罪判决请求,不当地排除了某些证词,并在醉态辩护上错误地指示了陪审团。2001年

---

[*] *Miller v. State*, 805 So.2d 885 (Fla. Dist. Ct. App. 2001).
[**] 北京大学法学院硕士研究生。

10月12日，在佛罗里达州第二地区上诉法院，戴维斯法官(Davis J.)审理此案。戴维斯法官认为被告人有权获得陪审团关于非自愿醉态的指示，因此推翻了初审判决，并就持枪入室盗窃和向建筑物开枪的指控重新进行审判。

【案件事实】

被告人米勒是一名海洛因毒瘾患者。为了寻求治疗，米勒前往 PAR 诊所(Parental Awareness and Responsibility clinic)并参加了美沙酮项目。① 几个月后，米勒决定戒掉包括美沙酮在内的所有成瘾药物。他试图通过 PAR 诊所戒掉美沙酮，但没有成功。于是他求助于纽拉德诊所(Neuraad)，这家诊所提供鸦片剂解毒的治疗方法。米勒在一个周二的早上前往纽拉德诊所。工作人员对其进行药物麻醉。大约27个小时后，在仍处于大量药物影响的情况下，米勒被允许离开，并持有额外的处方药物。在米勒离开的3个小时内，他去了 PAR 诊所。当他到达时，诊所已经关门。米勒因无法进入而心烦意乱，便朝门锁开枪。他还在大楼附近走来走去，朝里面开了几枪，之后他打破窗户爬了进去。当警察进来时，米勒向警察自首。

【控辩观点】

控方：
非自愿醉态因为没有达到法定精神错乱的程度而不是一种辩护，允许陪审团宣判被告人非自愿醉态导致的特定故意犯罪无罪的指示是对法律的不准确陈述。为了支持自己的立场，控方援引了 *Brancaccio v. State* 案②，该案中法院最终推翻了初审法院的判决，原因是初审法院未能告知陪审团非自愿醉态可能是判定精神错乱的依据。在该判例的一个脚注中，法院指出，有关精神错乱的陪审团指示本应加以修正如下，即某人精神失常的原因可被查明是严重中毒。

---

① 美沙酮(methadone)，一种镇静剂，常用于戒除海洛因毒瘾。1937年由德国人发明，原来的用途是作为止痛药吗啡的代替品，因为美沙酮有跟吗啡一样的功效，但其高脂溶性使它可以留在人体内长达24小时，更能有效地减轻病人的痛楚，也是一种医治长期吸毒者的解毒药。

② *Brancaccio v. State*, 698 So.2d 597 (Fla. 4th DCA 1997).

辩方：

在审判中,米勒提出了精神错乱和醉态的辩护。他争辩说,由于纽拉德诊所注入其身体的药物使得他没有能力分辨是非,因此当他来到 PAR 诊所时,他属于法律上的精神错乱状态。另一个辩护的理由在于,在有毒药品的作用下他没有能力形成具体的意图,不具备持械入室盗窃和向建筑物开枪的犯意。米勒的辩护律师要求法庭给出关于精神错乱和自愿醉酒的标准指导,同时,米勒的律师还向法庭提交了两项关于非自愿醉态(involuntary intoxication)的指示。

【法庭观点】

上诉法院认为初审法院对陪审团的指示不当,因此撤销了米勒持械入室盗窃和向建筑物开枪的罪名。

首先,法官指出精神错乱辩护和醉态辩护之间的区别。成功的精神错乱辩护导致被告人对所有指控无罪开释,其理论依据是,一个人不能因其不知道的错误行为而被追究刑事责任。相比之下,成功的醉态辩护只会导致被告人对特定故意犯罪的无罪释放,而不是一般故意犯罪。其理由是,虽然处于醉态的被告人可能知道对与错的区别,但他可能无法形成犯下某些罪行所需的特定意图。

其次,法官提出本案争议点:醉态辩护是否适用于非自愿陷入醉态但未达到法定精神错乱程度的情形? 当陷入醉态是自愿的,它被认为是对特定故意犯罪的辩护。然而,在醉态是非自愿的情况下,非自愿醉态的提出通常是在试图进行精神错乱的辩护而不是醉态辩护。精神错乱的定义已扩大到包括由于非自愿的醉酒状态而使人不能分清是非的情况。但法官进一步分析道,如果一个人自愿和有目的地摄入致醉药物,以至于他不能形成某种特定的意图,那么他就可以免除某种特定意图犯罪的罪责,为什么一个人在不知情的情况下摄入致醉药物,就不能得到同样的解脱呢? 从而肯定非自愿醉态情形下的醉态辩护。

法官对控方观点进行了反驳。尽管 *Brancaccio v. State* 案扩大了精神错乱的现有定义以囊括非自愿性醉态,这也不是说证明精神错乱是适用非自愿醉态辩护的唯一目的,也不是说非自愿醉态就不能适用醉态于特定故意犯罪的辩护了。

最后,上诉法院认为,由于初审法院的指示误导和误导陪审团适用的法律,因此推翻米勒特定故意犯罪的定罪,并就持枪入室盗窃和向建筑物开枪的指控重新进行审判。

【案例评述】

本案的关键问题涉及非自愿性醉态作为辩护理由的法律效果。在了解这一问题之前,首先要熟悉美国的犯罪构成模式和合法抗辩事由的范畴。美国刑法理论认为,犯罪行为和犯罪意图是犯罪构成的本体要件。实施了符合法定犯罪要件的行为人被推定是有实际危害和有责任的。合法抗辩则是通过对本体要件予以否定从而出罪。"犯罪本体要件+排除合法抗辩事由"的结构形成了美国刑法犯罪构成的双层次模式。在美国刑法中,常见的合法抗辩事由包括正当防卫、紧急避险、未成年、精神病、醉态等。①

醉态(intoxication)是指饮用酒精、吸食毒品或服用药物而使人在一定时间内减弱甚至丧失辨认或控制能力的状态。早期普通法认为醉态与刑事责任无关,醉态下的犯罪行为与清醒时犯罪负同等责任。而责任主义改变了这一观点,某些案件中醉态证据可以减轻甚至免除其刑事责任,从而发展出英美法系的醉态理论。在大陆法系刑法理论中,则是以原因自由行为来解决醉态下犯罪的刑事责任问题。原因自由行为是指具有责任能力的人故意或过失陷入心神丧失或心神耗弱的状态,并实施了符合构成要件的违法行为。但是否陷入这种无责任能力状态,行为人原本可以自由决定,因此行为人应承担刑事责任。

根据陷入醉态的原因,美国《模范刑法典》§2.08(5)区分了自愿醉态与非自愿醉态。自愿醉态(voluntary intoxication)是指行为人明知或应当知道其服用的是酒、毒品或药物可能会引起醉态仍主动服用,并因此而导致的醉态。非自愿醉态是指行为人没有意识到其服用的是酒、毒品或药物,或没有预见到这些物质的反应而服用后引起的醉态,实践中常见的情形为:(1)因受胁迫而陷入醉态;(2)遵照医嘱服用药物而陷入醉态;(3)因对物质的性质缺乏正确认识而误服以致陷入醉态;(4)病理性醉

---

① 参见储槐植、江溯:《美国刑法》(第四版),北京大学出版社2012年版,第55页。

态。① 很明显,本案被告人米勒为了摆脱毒品而接受纽拉德诊所注射的药物并实施的行为,属于遵照医嘱而陷入的非自愿性醉态,陪审团也作了其陷入醉态是非自愿的认定。

之所以区分自愿醉态与非自愿醉态,是因为二者作为抗辩事由的效果往往不同。正如本案法官所指出的那样,自愿引起的醉态只能否认特定故意犯罪的犯意,而不能对一般故意犯罪作辩护。②《模范刑法典》§2.08(2)规定,自我招致的醉态的证据,只有在构成犯罪要求证明蓄意、目的、明知等情形下才会被采用,但在犯罪主观要求是轻率,而被告人在醉态之下没有意识到其在清醒状态下能够意识到的危险时,醉态不可作为辩护理由。

而非自愿醉态的提出经常是为了证明行为人在实施行为时完全丧失了作出符合法律规范行为的能力,即他并不知道自己在做什么或不知道自己的行为的对错,属于法律上的精神疾病(精神错乱),并由于陷入醉态的非自愿性,从而完全防御犯罪指控。非自愿醉态的认定极其严格。关于非自愿醉态的举证责任,既往判例显示由被告人承担。在 Commonwealth v. Collins 案③中,法院肯定了被告人为非自愿醉态进行积极辩护的举证责任,并且采取优势证据的证明标准。这一规定的考量在于,被告人的精神状态属于被告人控制范围内的特殊信息。

因此,实践中往往以非自愿性醉态证据来证明刑事责任能力的阙如,从而实现对指控犯罪完全抗辩的效果;而以自愿醉态证据来证明犯罪主观要件阙如,从而实现对特定故意犯罪的抗辩效果(但对一般故意犯罪仍然承担责任)。由此可见,英美刑法醉态理论将责任能力与主观罪过作为两种不同的出罪事由。④

但正如《模范刑法典》§2.08(3)规定的,醉态本身并不构成§4.01所指的精神疾病(mental disease)。作为完全抗辩事由的醉态必须达到完全丧失了辨认与控制能力的程度,与法定精神病无异。而非自愿醉态也

---

① 参见陈洪兵、赵晓东:《英美法系醉态辩护述评》,载《北京人民警察学院学报》2006年第3期,第41页。
② 一般故意犯罪与特定故意犯罪是英美法律普遍承认的一种分类方法,但关于分类的标准并没有达成共识。
③ Commonwealth v. Collins, 810 A.2d 698 (Pa. Super. 2002).
④ 参见覃文昊:《醉态下犯罪的罪过形式认定——英美刑法模式的提倡》,载《河北北方学院学报(社会科学版)》2016年第5期,第78页。

可能达不到精神错乱的程度从而无法实现免除责任的抗辩效果。本案中陪审团认定被告人属于无意中陷入醉态,但认为其能够分清对错,因而不适用非自愿性醉态导致精神错乱的抗辩效果。继而需要讨论的,也是本案的争议点,即没有达到心神丧失程度的非自愿性醉态能否构成缺乏犯罪主观要件的抗辩理由?

戴维斯法官认为,有目的地陷入醉态都能豁免特定意图犯罪的罪责,更何况非自愿陷入醉态的情形。笔者认为这种举重以明轻的当然解释是有道理的,即阻却犯罪主观要件的醉态辩护事由包括自陷醉态,也包括非自愿醉态的情形。

首先,非自愿醉态的非自愿性决定了行为人缺少犯罪意图。尽管一般故意犯罪与特定故意犯罪的区分标准模糊,但实践中认为入室盗窃罪需要特定的意图,本案被告人处于醉态之中,很明显不具有入室盗窃的意图,从而其不符合犯罪的主观要件。其次,从责任主义出发,行为人缺乏犯罪的主观罪过,根据无罪过亦无刑罚的原理[1],行为人并无责任。最后,从刑罚的目的来看,行为人丧失辨认控制能力并不是其主动造成的,其无法自由地做出控制自己行为的选择,因而对非自愿醉态的行为人实施刑罚,既缺乏报应的必要,同时也不能实现良好的特殊预防效果。

本案丰富了非自愿醉态的辩护思路,这意味着在美国,被告人以非自愿醉态作为辩护理由,可以从两方面进行论证:首先从责任能力方面,将其醉态之下的行为等价于精神病人的行为,以精神错乱为由进行辩护;其次,从犯罪构成方面,否决构成特定犯罪所必要的主观要件,排除行为构成特定故意犯罪。目前已有立法例肯定这一做法,如《阿拉巴马州法典》(*Ala. Code*)规定:无论是自愿醉态还是非自愿醉态,当其与否定所控犯罪构成要件有关时,是辩护理由。[2]

---

[1] 参见陈兴良:《"风险刑法"与刑法风险:双重视角的考察》,载《法商研究》2011年第4期,第11页。

[2] 参见黄继坤、赵俊新:《英美刑法处理醉态犯罪的一般原则》,载《中国刑事法杂志》2005年第5期,第126页。

第十八章 证明标准

案例:联邦诉杰克逊案[*]
(*United States v. Jackson*)

金曼特[**]

【关键词】

前科;合理怀疑;无罪推定;正当程序

【争议焦点】

当一份先前法院判决书所判处之人与现在审理案件中的被告人名字相同时,这份判决书是否能够排除合理怀疑地证明现在审理案件中的被告人具有犯罪前科?如果被告人对此并未提出异议,控方是否因此达到排除合理怀疑的证明标准?

【诉讼进程】

1999年9月7日,阿隆·杰克逊(Aaron Jackson)因涉嫌非法持有枪支被指控。为了证明杰克逊是事先被定过罪的重罪犯以成功指控杰克逊有罪,控方提供了一份纽约州最高法院作出的判决书副本,这份判决书显示,1984年1月11日,一个名叫阿隆·杰克逊的人因非法持有武器和管

---

[*] *United States v. Jackson*, 368 F.3d 59 (2nd Cir. 2004).
[**] 北京大学法学院硕士研究生。

制药品而被定罪。除此之外,控方再没有提供任何更进一步的证据证明被告人与1984年的判决有关。被告人没有声明也没有传唤证人来为他辩护。在总结时,辩护律师第一次指出控方没有达到证明标准,判决书中的阿隆·杰克逊可能是其他人而非本案审判中的被告人。2001年11月初审的联邦地区法院纽约东部地区法庭最终认定被告人有罪。

后来案件被上诉到联邦上诉法院第二巡回法庭。2004年5月6日,该法庭推翻了初审法院的有罪判决。

【案件事实】

1999年9月7日,在执行职责,调查重罪犯非法持有枪支时,两名联邦特别探员前往杰克逊在布朗克斯区(Bronx)的公寓,询问他是否有任何枪械或弹药,随后杰克逊向他们展示了一个保险箱,里面有大量的弹药。探员们便扣押了这些弹药。

【控辩观点】

控方:

第一,1984年一个名为阿隆·杰克逊的人的有罪判决记录能够排除合理怀疑地单独证明判处之人就是本案的被告人阿隆·杰克逊。

第二,如果被告人没有提供证据予以反驳,一个与本案被告人相似名字的有罪判决记录应当被认为满足了排除合理怀疑的证明标准。

第三,如果不采取前述提出的规则,将等同于前科问题只能通过直接证据(例如指纹)来予以证明。

第四,即使被告人与判决书中定罪之人的名字相似的证据是不充分的,但是被告人与判决书中定罪之人的同一性也可以通过其他证据予以证实。即两个阿隆·杰克逊都持有枪支,无论是1984年被定罪的人,还是本案的被告人。

辩方:

在初审的总结阶段,辩护律师第一次指出控方没有达到证明标准,之前判决书中的阿隆·杰克逊可能是其他人而非本案审判中的被告人。

【法院观点】

　　针对控方提出的四个观点,联邦上诉法院第二巡回法庭在判决书中一一予以驳回。首先,针对控方提出的第一个观点,法院认为:一个对证据充分性挑战的检测,要求任何一个理性的事实审理者都能够认为犯罪的构成要件已经达到排除合理怀疑的程度。换句话说,证据必须具有说服力,使得每一个陪审员都能够依据证据合理地认为犯罪的构成要件都已排除合理怀疑。法院不知道有多少确信程度仅仅依据先前判决书副本而得以证明被告人具有前科。没有任何理由让法院相信被告人是唯一如此命名的人。姓杰克逊是非常常见的,而且源于圣经的名字阿隆也是非常常见的。纽约是一个拥有接近 800 万居民,以及大量游客的城市。如果 A 曾与纽约市一个叫阿隆·杰克逊的人聊天,B 回答:"为什么,昨天在纽约市我也遇到一个名叫阿隆·杰克逊的人。"任何人都不可能十分确定他们所遇到的是同一个人。如果 B 回答说:"18 年前在纽约市我遇到一个叫阿隆·杰克逊的人。"那么他们遇到的是同一个人的可能性可能会更低。

　　将两个涉及相似特征的人认定为同一个人的结论未必能够充分自信地满足排除合理怀疑的标准,除非相似性足够独一无二。因此,当两个被分别观察的个人具有高度独特的共同性时,例如相同的 DNA 或者相同的指纹,法院可以排除合理怀疑地得出这些 DNA 和指纹来自同一个人的结论。然而,当相似性缺乏独特性或特殊性时,要想使两个人被认定为是同一个人则要求更多的相似性特征。没有判决有信心,能跨越 18 年的时间,仅凭不具有独特性的阿隆·杰克逊的名字,在超过 800 万人口的城市中把两个人认定为同一个人。控方没有再提供任何证据来证明两个阿隆·杰克逊是同一种族或者具有相似的身高、肤色、指纹形状,甚至没有一般的体型描述。没有任何证据证明关于先前被定罪的阿隆的年龄,也没有证据证明他是纽约市的居民,更不用说他与被告人居住在同一地方或者他们具有其他重要的相似特征。因此,陪审团没有理由相信会有罕见的概率使得 1984 年判决之人就是现在审判中的人。也不能够当然描述说本案涉及的两个人就是不同的人。简而言之,在现有证据下,陪审员不能排除合理怀疑地认定本案涉及的两个阿隆·杰克逊就是同一个人。

针对控方第二个观点,法院指出:法院必须拒绝控方提出的这项规则。法院也看不出任何支持这项规则的理由。此外,这项规则可能与《宪法第五修正案》的正当程序条款——无罪推定原则,以及排除合理怀疑的证明标准的要求不相符。当法院还没有在宪法层面作出决定时,就已经开始讨论有关该问题的宪法案例了。在一系列主要是20世纪70年代的决定中,联邦最高法院清楚地表明无罪推定原则和排除合理怀疑的证明标准要求长期被认为是刑法的基本原则,是根植于《宪法第五修正案》的要求"任何人不得被剥夺自由除非依据正当法律程序"的。合起来看,为了保障刑事定罪的安全,这些原则强制控方必须提供证据排除合理怀疑地证明被告人有罪。如果没有达到这一标准,那么被告人有权利被宣告无罪,而无须提供证据证明自己无罪。在 *In re Winship* 案①中,联邦最高法院认为正当程序条款是用来保护被告人免受定罪,除非对指控犯罪的所有必要事实都能证明到排除合理怀疑的程度。法院指出这一要求至少可以追溯到国家存在的最初年代,并且与当时的表达相类似。联邦最高法院推断道,使用合理怀疑的标准对于在适用刑法时获得国民的尊重和信任是不可或缺的。联邦最高法院已经承认,无罪推定原则要求被告人获得无罪判决,只要控方没有将所有犯罪构成要件证明到排除合理怀疑的程度,无须要求被告人在辩护时提供证据。这是刑法的原则,如果公诉人在其主诉的案件中失败,被告人有权直接获得无罪宣判,而无须提供自己的证据。

针对控方第三个观点,法院认为:这不意味着只能依据直接证据来证明被告人的前科问题。所需要的是足够有说服力的证据,它可以合理地支持被告人先前被定罪的结论以达到排除合理怀疑的标准。如果事先确定的基本要件是先前的定罪,这种证据通常是间接的。法院的裁决决不会限制可能用来显示被告人先前被定罪的证据类型。如果包括年龄、出生日期、地址、社会保险号等附加细节,就可以在定罪证明书中找到足够的证据。唯一的要求是证据具有充分的说服力,以满足控方在证明犯罪要素时满足了排除合理怀疑的证明责任的要求。

针对控方第四个观点,法院指出:得到承认的是,拥有的枪支使两者相同的可能性稍微增加,但是增加得很少。在纽约市拥有枪支并不罕见。

---

① *In re Winship*, 397 U.S. 358, 25 L. Ed. 2d 368, 90 S. Ct. 1068(1970).

如果两个阿隆·杰克逊拥有一些不同寻常的物品,如蓝色的鹦鹉、恒河猴或者绿色的玛莎拉蒂,这些不同寻常的细节可能会大大增加两个人是同一个人的可能性。但是仅仅拥有枪支显然不比拥有宠物、汽车更具特殊性。两个不同的人,都叫阿隆·杰克逊,在跨越18年间,在纽约市都拥有枪支并非不可能。

最终上诉法庭推翻了初审判决。

【案件评述】

关于有罪判决记录是否可以排除合理怀疑地证明被告人具有犯罪前科的问题,联邦上诉法院第二巡回法庭通过本案给予了否定的答案,即仅仅通过先前的有罪判决记录并不能证明被告人具有犯罪前科,即使被告人未提供证据予以反驳。但是值得我们注意的是在美国司法实践中,仍然有部分法院及巡回法庭依据控方提供的先前有罪判决记录而认定被告人具有犯罪记录。例如在 *Rodriguez v. United States* 案[①]中,被告人被指控进入美国时没有在边界进行登记,这是针对以前被判拥有大麻的公民所要求的。为了证明被告人以前拥有大麻的犯罪,控方提交了一份1956年法院关于"吉尔伯特·罗德里格斯"(Gilbert Rodriguez)的判决书副本,连同被告人的出生证明文件,显示他的姓名为"吉尔伯特·罗德里格斯"。审理此案的法庭裁定有足够的证据证明被告人先前的定罪,依靠没有相反的证据以及被告人没有对收到定罪记录提出异议。又如在 *Pasterchik v. United States* 案[②]中,被告人因运输枪支(先前被处重罪)而被提起刑事起诉。为了证明被告人具有犯罪前科,控方提交了一份1950年蒙大拿州关于"迈克尔·帕斯特奇克"(Michael Pasterchik)的定罪判决书副本。联邦第九巡回法院确认了这一定罪。它指出,虽然"起诉有些粗心",没有提供"更多有说服力的证据"。但是,通过引用 *Chew v. Boyd* 案[③]和 *Bayless v. United States* 案[④],法院裁定"在没有矛盾证据的情况下,姓名足以确定该人的身份",特别是在"没有人反对引用蒙大拿州的判决"时。

---

① *Rodriguez v. United States*, 292 F.2d 709 (5th Cir. 1961).
② *Pasterchik v. United States*, 400 F.2d 696 (9th Cir. 1968).
③ *Chew v. Boyd*, 309 F.2d 857 (9th Cir. 1962).
④ *Bayless v. United States*, 381 F.2d 67 (9th Cir. 1967).

这也就是说，针对本案争议焦点，美国司法实践并未达成一致意见。反思这种现象的原因，可以发现这与排除合理怀疑的证明标准过于抽象和模糊有着巨大关联。正是由于证明标准的抽象和模糊，使得其在司法实践中缺乏可操作性，对其含义的界定也存在冲突。在阿隆·杰克逊所涉及的案件中，虽然上诉法庭认为先前有罪判决记录不足以排除合理怀疑地证明被告人具有犯罪前科，但是判决书对于何为"合理怀疑"或者何为"排除合理怀疑"并没有进行说明，似乎该法庭认为这一概念是约定俗成的，无须进行定义。事实上，美国司法实践中对于是否应对排除合理怀疑进行定义一直存有激烈的争议。支持者认为，排除合理怀疑是宪法的基本要求，是美国刑事诉讼制度的基石，只有对其进行界定，才能确保其作为一项法律规则得以被正确适用。不仅如此，排除合理怀疑作为一个法律术语，其含义并非"排除""合理""怀疑"三个词语日常涵义的简单结合，其基本要求对陪审团而言也并非不证自明的。[1] 而否定者认为，排除合理怀疑是由一些公众普遍理解的普通词汇组成，为公众广泛接受和使用，无须进行定义陪审团就能理解，宪法并没有强迫初审法院必须对排除合理怀疑进行界定。此外，不准确的界定不仅不能使陪审团对这一概念的理解获得大幅度提高，而且往往会造成不必要的混乱，甚至降低宪法所要求达到的有罪证明标准，使得被告人获得公正审判的权利被侵犯。面对无法准确界定的术语，最好的做法是对该术语不进行定义，充分发挥陪审团在构建这一术语中的中心地位，发挥社会一般公众的集体智慧。[2]

---

[1] See Henry A. Diamond: "Reasonable Doubt: to Define, or Not to Define", *Columbia Law Review*, Vol. 90, No. 6, 1990, p. 1716.

[2] See The Harvard Law Review Association, "Reasonable Doubt: An Argument Against Definition", *Harvard Law Review*, Vol. 108, No. 8, 1995.

第十九章　杀人罪

第一节　预谋杀人罪

案例一：亚利桑那州诉汤普森案*
(*State v. Thompson*)

马永强**

【关键词】

预谋杀人；一级谋杀；二级谋杀；恶意预谋；违宪审查

【争议焦点】

在本案中，被告人挑战了亚利桑那州的一级谋杀法令的合宪性。具体存在两个主要的争议：首先，亚利桑那州关于预谋的定义，是否使得一级谋杀(first degree murder)与二级谋杀(second degree murder)之间难以进行有效区分，进而导致一级谋杀法令因违宪而无效。也即，该法令是否需要实际证明行为人存在预谋？其次，如果需要证明，那么时间上的间隔能否作为证明行为人存在预谋的证据？

---

* *State v. Thompson*, 65 P.3d 420 (Ariz. 2003).
** 北京大学法学院博士研究生。

【诉讼进程】

　　1999年5月17日,拉里·汤普森(Larry Thompson)射杀了他的妻子罗贝塔·帕尔马(Roberta Palma)。公诉方起诉后,初审的马里科帕郡(Maricopa)高等法院陪审团作出裁决,认定汤普森犯一级谋杀罪,法官判决他终身监禁并不得假释。

　　2001年10月25日,汤普森提出上诉,亚利桑那州上诉法院第一分庭经审理后维持了定罪和量刑的结论,但就其提出的有关预谋(premeditation)的条款合宪性问题给出的结论是该条款的确具有模糊性。

　　2003年3月12日,亚利桑那州最高法院判决维持原判,但否定了上诉法院有关预谋条款违宪的意见。

【案件事实】

　　本案被告人汤普森与被害人帕尔马是一对感情失和的夫妻。1999年5月17日,汤普森射杀了他的妻子帕尔马。

　　在汤普森枪杀妻子的前些天,妻子曾提出过离婚申请。在枪杀案发生一周之前,汤普森搬离了两人的家。搬离时汤普森威胁他的妻子称,如果敢和他离婚,就杀了她。

　　1999年5月17日早上,汤普森回到了他们家所在的社区。有人看到他走在家附近的人行道上,他的车停在附近的小巷里。两个证人说他们看见一个男人拽着一个女人的头发,把她从走廊拖到了屋中。同样在这一天早上,警察接到了汤普森家的报警电话,电话录音里记录了一个女人的尖叫和4声枪响。这4声枪响跨时27秒,其中,第一声枪响和第三声枪响间隔了9秒,而第三声枪响与第四声枪响则间隔了18秒之久。

　　警察在接到报警后迅速赶到,发现帕尔马已中枪身亡。尸检报告显示,她的身体有多处新增的擦伤,5处非接触性的枪伤,以及1处接触性的枪伤。

【控辩观点】

　　控方:
　　首先,汤普森预谋杀人的证据是压倒性的。公诉人重点强调了几次枪击的时间以及中间的延迟。

其次,公诉人提醒陪审团,在枪杀发生一周前汤普森曾威胁他的妻子,如果敢和他离婚,就杀死她。

最后,公诉人认为其实不需要证明汤普森是否实际进行过思考,只需要证明汤普森是否有思考的时间即可。尽管如此,公诉人还是运用间接证据证明了汤普森实际上已经进行过认真的思考。

辩方:

第一,在初审法庭上,汤普森承认他杀死了妻子,但辩解他是在极度冲动(激情)的状态下实施了该行为,属于非预谋杀人,最多属于二级谋杀。

第二,汤普森坚称,将思考时间长短作为认定预谋的标准会使法律含糊不清并且缺乏强制力。如果法庭认为实际的思考可以包含头脑中短暂的连续思考这种快速的反应,那么一级谋杀和二级谋杀之间的界限实际上就不复存在了。基于上述理由,汤普森的律师认为汤普森是在极度冲动(激情)的状态下犯罪的,当时已经失去了理智。

第三,该州关于预谋的定义,尤其是关于不需要证据来证明行为人实际进行过思考这一条款,减轻了公诉方对预谋的构成要素的证明负担,这是违宪的。

【法庭观点】

目前存在争议的是《亚利桑那州修订成文法注解》(Ariz. Rev. Stat.)§13-1105(A)(1)(2001)关于一级谋杀的法规规定:如果行为人意图杀死他人,或者行为人知道其行为会导致他人死亡的后果而仍然实施杀人行为,则认定该行为人是蓄意杀死被害人。在此案中,汤普森挑战了该规定的合宪性,他提出这一规定使得一级谋杀与二级谋杀之间难以区分。根据《亚利桑那州修订成文法注解》§13-1104(A)(1)(2001),如果行为人是故意地(intentionally)导致被害人死亡,而不存在预谋(without premeditation),则构成二级谋杀。因此,这次上诉想说明的问题是,在这种情况下,除一级谋杀要求预谋之外,一级谋杀和二级谋杀将难以区分。

根据立法机关的定义,所谓预谋,意味着被告人对他将要杀害他人的行为存在故意(intention)或者明知(knowledge)。此种故意或者明知早于杀人行为而存在,使行为人对该行为有所思考。但是并不需要有行为人实际上对此有深思熟虑的证据,而是只要行为不属于受到突然的挑衅或者在极端冲动的状态下实施的,就属于有预谋。

问题的关键在于,这一关于预谋的定义是否完全废止了实际思考(actual reflection)的要求,是否消除了关于实际思考的直接证据的要求,或者是否用对于有充分时间思考的必要证据替代了这一要求。公诉方主张第三种理解,认为立法机关试图减轻国家对于行为人潜在思考过程的证明负担,并且此一关于预谋的定义可以将时间的长度作为深思熟虑的指标。

在该州的大部分历史上,构成一级谋杀需要有预谋的证据,或者能证明被告人实际上进行了思考的证据。因为预谋包含了被告人的心理活动,所以问题就产生了:如何证明行为人实际上事先存在一个杀人决定的考虑。对此,法庭认为允许通过间接证据来证明。确实,在某些情形下,谋杀法(the murder statute)阐明了能够显示预谋的事实类型:下毒、埋伏等待、施加酷刑或者在企图或正在实施重罪的过程中杀人。如果这些因素都不存在,则必须要有特定形式的证据证明杀人是"恶意的、故意的和有预谋的"(wilful, deliberate and premeditated)。

亚利桑那州最高法院认为,直到本案的发生,他们才有机会阐释关于预谋问题的迷思。汤普森竭力主张州最高法院以这一规定违反了宪法要求的明确性,来推翻该案的判决。而公诉方则指出,该规定是合宪的,并且现有的关于预谋的定义很好地区分了一级谋杀和二级谋杀。

法院认为,正如上诉法院所作出的分析,如果一级谋杀和二级谋杀之间的唯一区别仅仅是实施杀人行为之前的思考时间的长度,并且这一时间的长度就像在头脑中瞬间产生连续性想法一样短暂,那么一级谋杀和二级谋杀之间,就没有什么区别了。这样的解释会减轻公诉方对于实际思考的证明负担,并且会让一级谋杀的规定变得模糊不清,并因此违反美国的宪法和亚利桑那州的宪法。

然而,如果可能的话,州最高法院希望以一种不仅可以使立法者的意图得以实现,同时也保持该规定的合宪性的方式来理解这一规定。法官认为,立法者试图减轻公诉方对于被告人思考过程提供直接证据的证明负担。立法者要求预谋的要件,并且对于预谋所需要的思考的证明,不能仅仅依靠时间的长短这一标准。

州最高法院法官称,他们的判决试图将预谋的要件和证明该要件的证据区分开来。虽然时间的长度可能意味着被告人有所预谋,并且公诉人可能以此来劝说陪审团作出推论,但是时间的间隔本身并不意味着实际上存在预谋。如果允许公诉人仅仅通过证明存在充足的时间间隔来证立预谋的构成条件,将会从根本上减轻公诉方在证明一级谋杀和二级谋杀之间核心区别的负担。

仅仅在少数情形下,存在直接证据证明被告人经过了深思熟虑,例如行为人日记中记载的内容。但是公诉人可以使用所有的间接证据来证明预谋的存在。这些证据可能包括:被告人对被害人的威胁,被害人和被告人之间不断升级的暴力,或者被告人在杀人之前购置了武器。总而言之,时间的长短仅仅是其中一个能够证明被告人实际上有思考的因素。问题的关键在于证据,无论是直接证据还是间接证据,必须能够使陪审团对于行为人有深思熟虑排除所有合理怀疑。

州最高法院认为,预谋应当由陪审团来加以定义。但与此同时,预谋的法律定义不应当解释得过于浅显易懂,以至于使陪审团对此产生误解。因此,这样的表述不会被用来指导陪审团:"不需要证明行为人实际上经过深思熟虑。"同时,州最高法院也不会使用"瞬间产生的头脑中的连续性想法"的表述。法院坚持认为,陪审团可能被此类表述所误导。因此,法官在以后的案件中应当做如下的指导:

预谋意味着被告人意图杀害他人,并且在头脑中形成了故意或明知,且对于该决意有所考虑之后实施了杀人行为。正是这一深思熟虑,才是将一级谋杀与二级谋杀区分开来的标准,而不论这一思虑过程所持续的时间长度。如果行为是因为突发的争执或者处于激情状态下实施的,则不属于有预谋的行为。

只有当案件的事实需要或者公诉方提出"思考所需要的时间不必要很长,故意或明知与杀人行为之间可能只需要很短的时间"时,审判法官才应对陪审团作出指导:预谋的事实才是问题的关键,而不是时间的长度。

这一指导并不意味着公诉方必须依赖预谋的直接证据。如上所述,这种证据一般很难获得。这一指导也不意味着公诉方不可以将故意或明知与杀人行为之间的时间间隔作为证明预谋的证据。这一指导仅仅是为了阐明公诉方不能将时间的长度作为预谋的唯一衡量标准。公诉方当然可以认为这一时间间隔意味着预谋,但不能认为时间间隔本身就是预谋。

在本案较早审判阶段的法官曾指导陪审团,并不需要证明行为人实际经过深思熟虑。但州最高法院认为,由于没有进一步的阐明与澄清,这个指导是错误的。本案的公诉方认为不需要证明实际经过深思,但必须证明经过了足够的时间去进行深思。这种理解同样是错误的。但是,陪审团没有得到这样的指导:实际进行深思可能如同瞬间在头脑中产生连续性的想法一样迅速。此外,公诉方提出了有力证据来证明汤普森对于杀害其妻子的行为进行过思虑,包括杀人一周前进行的威胁,每两次射击之间的时间间隔,以及报警电话录音中记录的被害人的尖叫声。州最高法院认为,对于陪审团指导的瑕疵以及公诉人对于这一指导的信赖并未对判决造成影响,因此决定不推翻该案的判决,不改变对汤普森的定罪与量刑。

最终州最高法院维持原判。

法官瑞恩(Ryan J.)部分同意上述观点,并表达了如下分歧意见:"我不认为立法机关关于'消除实际的深思熟虑的证据,部分代之以依赖深思所需的足够时间'的规定是违宪的。对于预谋的定义必须从整体上来理解,这样一来,我认为该规定合理地区分了一级谋杀和二级谋杀。"

立法机关通过用时间的间隔来代替实际的深思熟虑,同时要求这一杀人行为不是因突发的争执或者在激情状态下实施的,从而对一级谋杀和二级谋杀的主观要件作了区分。这完全符合宪法的要求。

【案例评述】

本案涉及诸多谋杀罪认定中的焦点问题,为我们理解和思考英美刑法中的谋杀罪提供了一个很好的素材。本案的被告人抗辩称他是在极端冲动的状态下实施了该行为,属于非预谋杀人罪(manslaughter)或者至多是二级谋杀。因此,在本案的分析过程中,我们也可以从两条线索来展开:第一,行为人的行为究竟属于非预谋杀人,还是谋杀?第二,如果行为人的行为可以认定为谋杀,则是否可以构成一级谋杀?

对于第一个问题的厘清,需要明确谋杀罪和非预谋杀人罪的区别。杀人罪中谋杀罪(murder)和非预谋杀人罪的等级划分,产生于普通法审判实践。最初二者的法效果并无不同,而在演变过程中,谋杀罪最终成为杀人罪罪刑价目表中的"头牌",表达着刑法对于犯罪人的最严厉谴责。①在普通法中,谋杀罪是指有预谋恶意地非法终止他人生命的行为。根据英国法学家科克对传统谋杀罪的定义,谋杀罪是指"在王国的领土范围内,达到法定责任年龄的人,事前有预谋地非法杀害无辜者,破坏了王国和平的环境,而被当事人控告或由法律予以规定以及使被害人受伤,并于一年零一天内死于该伤的情况"②。对谋杀罪只能通过正式起诉程序审判,对谋杀罪唯一的刑罚是终身监禁(life imprisonment)。在美国,大多数州在制定法上规定了谋杀罪的定义,有些州的制定法仍沿用普通法关于谋杀罪的定义。

在普通法中,非预谋杀人和谋杀的区别主要集中在恶意预谋(malice aforethought)这一主观要件之上。恶意预谋这一谋杀罪标准的确立有着悠久的历史,然而"预谋"的概念和"恶意"的概念在发展中丧失了其原有的字面含义。早期的英国法中严格要求预谋,也即必须是一个人在实施杀人行为前有所设计和策划,后来则认为"不必然是真正的预谋"。恶意的概念也必须从法律术语的角度来理解,"恶意本身并非真正是恶意的"③。在美国,严格推敲字面含义也是多余的,除非是制定法为了限制普通法,在立法中要求证明"恶意预谋",否则激情杀人也构成谋杀。本案中,亚利桑那州的制定法规定:"预谋意味着被告人对他将要杀害他人的行为存在故意或者明知。此种故意或者明知早于杀人行为而存在,使行为人对该行为有所思虑。但是并不需要有行为人实际上对此有深思熟虑的证据,而是只要行为不属于受到突然的挑衅或者极端冲动的状态下实施的,就属于有预谋。"这一规定明确了预谋的定义,争议也由此而生:如何理解该制定法对于预谋的理解?是否需要实际证明预谋的存在?

初审法官根据该制定法指导陪审团:不需要有行为人实际上对此有深思熟虑的证据,而是只要行为不属于受到突然的挑衅或者极端冲动的状态下实施的,就属于有预谋。但被告人认为,如果不需要有行为人实际上对预谋有深思熟虑的证据,会使一级谋杀与二级谋杀的核心区分要件

---

① 参见 Joshua Dressler, *Understanding Criminal Law* (7th ed.), LexisNexis, 2015, chapter 31,转引自〔美〕约书亚·德雷斯勒:《美国刑法精解》(第四版),王秀梅等译,北京大学出版社 2009 年版,第 467 页。

② John Smith, *Criminal Law* (8th ed.), Butterworths, 1996, p. 337.

③ *R. v. Doherty*, [1887] 16 Cox C.C. 306.

"预谋"虚化,最终使二者难以区分。该法律规定违反了法律明确性的要求,因而是违宪的。

对此,州最高法院的回应是,可以通过对于制定法的解释,使之符合宪法的要求:该制定法并未否认"预谋"要件的存在,只是基于减轻公诉机关证明负担的立法意图,认为不需要有必须证明存在深思熟虑的直接证据,因为仅仅在少数情形下,存在直接证据证明被告人经过了深思熟虑,例如行为人日记中记载的内容。但是公诉人可以使用所有的间接证据来证明预谋的存在。这些证据可能包括:被告人对被害人的威胁,被害人和被告人之间不断升级的暴力,或者被告人在杀人之前购置了武器。证明"预谋"仍然是必要的,无论是直接证据还是间接证据,必须能够使陪审团对于行为人有深思熟虑排除所有合理怀疑。在本案中,另一争议的焦点是:能否以时间的长短来证明行为人存在预谋?对此,上诉法院也给出了明确的回答:公诉人当然可以认为这一时间间隔意味着预谋,但不能认为时间间隔本身就是预谋。

在实践中,关于预谋(或"蓄意、蓄谋、预谋")的具体含义,并未达成共识。从学术史的角度来看,有学者认为功利主义者的刑法改革运动,促进了对于预谋等概念的简化考虑。也即,将之理解为"杀人的特定意图"或者杀人的故意这一主观心态。[①] 但是,多数观点并不同意这种简化式的理解,而是认为,对于谋杀罪的等级区分意味着,需要一个要件,将那些最值得严厉制裁的谋杀,与那些不是那么严重的谋杀区分开来。而"蓄意、蓄谋、预谋"正是这样一个很好的判断标准。

笔者认为,恶意预谋这一要件至少在两个方面发挥作用:一是用以区别非预谋杀人罪和谋杀罪,二是用以区分谋杀罪内部的一级谋杀和二级谋杀。就前一作用的发挥而言,我们只需要判断行为人是否存在杀人故意,以及行为人是否属于激愤杀人因而可以被降格评价为非预谋杀人(对于此一问题,后文的案例中会详细讨论)。普通法和该州的制定法均认为,如果行为是因为受到了充分挑衅或者极端冲动的状态下实施的,则不属于有预谋的行为。法院基于全案的证据,认为被告人有杀人故意,因而是有预谋的。因而行为人成立谋杀无疑,进一步的问题是行为人是否构

---

① See Markus D. Dubber, Tatjana Hörnle, *The Oxford Handbook of Criminal Law*, Oxford University Press, 2014, Chapter 31.

成一级谋杀。

　　行为人抗辩称自己的行为不成立一级谋杀,这涉及英美刑法中关于谋杀等级的区分问题。早期的英美刑法中,所有的谋杀罪均要被判处死刑。为了减少法律的残酷性,1794 年宾夕法尼亚州将谋杀划分为两个等级:一级谋杀仍然保留死刑,而二级谋杀则可以被判处比死刑较轻的刑罚。这一重要的区分得到了广泛的接受,现今美国的绝大多数州均沿用了这一分类模式。① 对一级谋杀罪判处的刑罚,通常包括死刑(在保留死刑的州);对二级谋杀罪判处的刑罚,通常包括终身监禁,但不处死刑。这种分类的思想在英国《杀人罪法》中也得到了体现。② 在《模范刑法典》中,虽然没有对谋杀进行等级划分,但也延续了这种一脉相承的思想。根据《模范刑法典》§210.6 和 §6.06(1),谋杀被定位为一级重罪,因而最低刑期为 1 年以上 10 年以下,最高可被判处终身监禁或死刑。具体的区分,则借助具体的情节和特定的程序来加以判断。综上可以看出,本案中被告人的抗辩旨在争取自己罪责的减轻,否则一旦被判定为一级谋杀,被告人将承受漫长或严厉的刑罚。

　　在宾夕法尼亚州模式之下,一级谋杀包含如下三种类型:以下毒或静候等特定方式进行的谋杀;恶意、故意或预谋的杀人行为(存在杀人意图的谋杀);在实施或试图实施少量重罪的过程中实施的杀人行为(即重罪谋杀)。除此之外,其他形式的杀人行为构成二级谋杀。例如:没有经过预谋或策划的故意杀人行为;意图对他人身体造成严重伤害的杀人行为;极其轻率的杀人;在实施一级谋杀中列举的少量重罪之外的重罪过程中发生的杀人行为等。

　　从这种分类中,我们可以进一步思考"蓄意、蓄谋、预谋"标准在区分一级谋杀和二级谋杀方面的作用。有观点认为,恶意既包括明示的恶意,也包括默示的恶意。默示的恶意包括由于行为人的极其轻率而导致的他人死亡。这种情形有时也被称为"漠不关心"的谋杀(depraved heart murder)或者表现出"一颗被遗弃的和恶意的心"的谋杀。明示的恶意则要求

---

① 参见〔美〕约书亚·德雷斯勒:《美国刑法精解》(第四版),王秀梅等译,北京大学出版社 2009 年版,第 468 页。
② 具体介绍可参见〔英〕J.C.史密斯、B.霍根:《英国刑法》,李贵方等译,法律出版社 2001 年版,第 390—391 页。

证明有特定的杀人意图,通常表现为:恶意、故意或蓄谋杀人。一级谋杀通常要求有证据证明明示的恶意,而二级谋杀则包括默示的恶意。

在上面的讨论中,我们不可避免地涉及了恶意预谋这一概念的混乱问题,美国《模范刑法典》的规定,很大程度上改变了这个局面。《模范刑法典》规定:有目的地或者明知地实施刑事杀人(criminal homicide)行为,或者在对人的生命价值持极度轻率(recklessly)、冷漠(indifference)之态度下实施的刑事杀人行为,构成谋杀罪。如果行为人单独或者与他人共同实施或着手实施抢劫(robbery)、放火(arson)、夜盗(burglary)、绑架(kidnapping)、重罪脱逃(felonious escape)、强奸或者以暴力或以暴力相威胁之变态性交行为(deviate sexual intercourse)过程中致被害人死亡的,则推定行为人具有上述之极度轻率与冷漠。①

显然,《模范刑法典》通过蓄意、明知、极度轻率等主观心态的具体描述,取代了普通法中的恶意预谋概念。这样一来,对于谋杀罪的主观要件界定就变得明确清晰,而不再是众说纷纭,在评价标准上自乱阵脚。基于类似的考量,英国刑法修改委员会也就谋杀罪的立法定义提出了这样的完善建议:"一个人犯有谋杀罪,如果其造成他人死亡——(1)故意造成他人死亡,或者(2)故意造成他人严重伤害,并且明知会引起他人死亡。"②

案例二:密歇根州诉庞西案*
(People v. Pouncey)

【关键词】

自愿的非预谋杀人;充分挑衅;语言挑衅;即刻的冲动;理性人标准

【争议焦点】

本案的辩护律师请求初审法官向陪审团作出自愿的非预谋杀人罪的

---

① 参见薛波主编,潘汉典总审订:《元照英美法词典》,北京大学出版社2014年版,第937页。
② Law Commission's Draft Code,English Statutes,转引自李韧夫:《英国刑法中的谋杀罪》,载《法制与社会发展》2001年第5期,第89页。
* People v. Pouncey,471 N.W.2d 346,437 Mich. 382(1991).

指导。而争议之处在于,如何区分自愿的非预谋杀人罪与谋杀罪？在本案中,单纯的语言挑衅能否构成充分的挑衅,从而对于行为人的行为降格评价？

【诉讼进程】

1987年5月4日,被告人奥利·庞西(Ollie Pouncey)实施了杀人行为。被告人因此被控犯一级谋杀罪以及在实施重罪的过程中持有枪支。在关于谋杀的指控中,初审法官向陪审团作出了关于一级谋杀罪、二级谋杀罪、过失杀人罪以及疏忽使用枪支致死的指示。法官拒绝了被告人提出的就自愿的非预谋杀人罪做指导的请求,因为审判过程中的证据并不支持这一罪名。1987年9月22日,陪审团认定被告人犯二级谋杀罪以及使用枪支重罪(felony-firearm)。他因谋杀罪被判处10年至15年有期徒刑,并因使用枪支重罪被判处2年监禁。

1989年12月13日,上诉法庭作出裁决。1991年1月8日进行辩论。被告人提起上诉,上诉庭推翻了初审判决,并发回重审。基于被告人与被害人之间争吵的多个证人证言,陪审团认为,该案的记录中有充分的证据可以证明挑衅的存在,因此法官应该向陪审团作出自愿的非预谋杀人罪的指示。

1991年6月24日,密歇根州最高法院推翻了上诉法庭的判决。被告人(即上诉人)被判处二级谋杀罪和在实施或企图实施重罪的过程中持有枪支罪。

【案件事实】

1987年5月4日,被告人庞西和他的两个朋友怀特(Mr. White)、约翰斯顿(Mr. Johnston)一起待在怀特的家中。而后三人离开怀特家,开车到了布兰德(Mr. Bland)家附近,他们指责布兰德偷走了怀特的车。布兰德回应说他并没有偷车,随后被告人和他的两个朋友又驱车返回怀特家。当他们进入怀特家的车道时,布兰德及其哥哥、被害人史蒂文·鲍尔斯(Steven Powers)向他们走来。

布兰德一再向他们说明他对盗车事件毫不知情。就在这时,怀特走进了屋里,直到枪击发生前他都没有出来。被告人、约翰斯顿、布兰德兄弟以及被害人都停留在屋外。

双方的争执一直持续,被害人扬言要教训被告人,他朝被告人走去,但布兰德阻止了他。被告人对布兰德说:"不要碰我。"直到这时,并没有发生什么暴力行为,所有人都没有任何肢体接触。被告人也证实了被害人并没有携带武器。

但是,一番言辞争论过后,被告人走进了屋里,从一个壁橱里取出一把枪。大约30秒后,他带着枪回到屋外。他边走边让约翰斯顿用活动扳手打被害人,约翰斯顿朝被害人抡起扳手,但被害人躲开了。就在这时,被告人开枪打中了被害人的腹部。随后,约翰斯顿和布兰德兄弟都跑回了屋内,布兰德兄弟报了警。被告人与怀特则驾驶汽车离开了。被害人最终因伤势过重而死亡。

【控辩观点】

辩方:
辩护律师要求初审法官向陪审团作出自愿的非预谋杀人罪指导。

【法庭观点】

密歇根州最高法院最终就该案作出如下判决:

首先,关于法官是否需要向陪审团作出自愿的非预谋杀人罪(voluntary manslaughter)指导的问题,该州最高法院认为:法官应当向陪审团作出关于案件的法律适用的指导,不过,除非被告人要求法官作出某种指导,那么即便法官未就一些法律进行指导,也不能由此认为判决无效。

毫无疑问,本案的辩护律师要求初审法官向陪审团作出自愿的非预谋杀人罪指导的请求是适当的。因此,目前的问题是初审法庭拒绝就此作出指导的做法是否是错误的。法官就案件的法律适用问题作出何种指导取决于法庭上所展示的证据。因此,要判断初审法庭在这一问题上是否存在错误,我们必须确认在该案中是否有能支持自愿的非预谋杀人罪的证据。

法院随后对于自愿的非预谋杀人罪的判断标准作了说明。法院认为,谋杀和自愿的非预谋杀人都是杀人并且同属于故意杀人。受到挑衅

(provocation)作为自愿的非预谋杀人的重要特征,将自愿的非预谋杀人与谋杀区分开来,二者属于不同的犯罪。

自愿的非预谋杀人罪包含多个构成要件,作为该罪的判断要点:首先,被告人必须是在激情的状态下杀人;其次,激情必须是因受到充分的挑衅所引起的;最后,所有的正常人面临这种情况都会突然地暂时地失去自我控制。

作为可以使谋杀罪降格为自愿的非预谋杀人罪的必要条件的挑衅,是指被告人是出于激情实施了这一行为,而非出于理性的考量。有观点将该要件解释为,被告人因受到挑衅而使情绪受到了严重的影响,甚至严重到由此阻断了被告人正常的实际思考的程度;并不是行为人受到了任何情绪影响都构成辩护的理由,而是要求被害人的挑衅行为已经达到了使被告人的情绪上升到很难抑制犯罪冲动的地步。这一要件暗含了哲学上对于作为理性选择动因的情绪和对理性选择的过程造成严重干扰的情绪的区分。

除此之外,挑衅必须是充分的,即正常的理性人面临挑衅时都会失去控制。对于脾气原本就暴躁的人,若因为一个极其微小的冒犯,就陷入盛怒,则不属于挑衅。法律并不赞同失去自我控制,相反,它鼓励人们去控制自己的情绪。

对于陪审团来说,认定是否构成充分的挑衅需要根据事实情况来判断。然而,法官在这个过程中也起着实质性的作用。法官提供构成充分挑衅的标准,即这种挑衅足以使任何正常人都会由于被激怒而实施杀人行为,而不是出于某种理由。同时,当陪审团认定不存在可以证明存在充分挑衅的事实时,法官则可以排除关于挑衅的证据。

之后,根据对现有证据的分析,法院认为,本案中行为人的行为并不满足上述自愿的非预谋杀人罪的三个要件。没有证据显示被告人陷入了高度激愤的状态:被告人证实当时他进屋取出了枪,当时他并没有发怒。这表明行为人的理性能力并没有受到挑衅的影响,他的情绪状态没有达到足以使他冲动、轻率行动的程度。而且实际上,被告人声称他当时根本没有发怒。即便他有些惊慌和困惑,他决定去拿枪也是一个蓄意的、理性的行为。

不仅如此,本案中所称的挑衅仅仅是言语上的,这在其他法院一般不被认为构成充分的挑衅。① 并且在某些情况下,法院认为单有言语甚至不能成为认定企图伤害罪和殴击罪的正当理由。② 然而,不仅仅是侮辱,那些包含丰富的信息特征的语言,已然构成充分挑衅。③ 但是本案并非如此,本案中包含了许多侮辱性的语言,但是并不存在包含丰富的信息特征的语言。尽管如此,法院也不会确立一项侮辱性语言在任何情况下都无法构成充分挑衅的规则。相反,我们重申,是否构成充分挑衅是一个事实问题。而在本案中,根据既有事实可得出并不构成充分挑衅。

审判过程中提交的证据为法官展现了一幅包括被告人、被害人在内的六个年轻人之间争吵的场面。被害人侮辱了被告人,但是并没有打斗行为。六个年轻人之间并没有任何形式的身体接触。因此法庭在认定无充分证据证明存在充分挑衅之后作出的判决是正确的。

最后,需要考虑是否有足以使行为人冷静的时间。在经过一番互相侮辱对骂之后,被告人走进了屋子。被告人本可以继续留在屋子里,但是他却选择了从壁橱里拿出枪支并回到外面。没有证据表明行为人是因受他人强迫而回到了屋外。而后,他命令约翰斯顿用扳手伤害鲍尔斯。见约翰斯顿未得逞,被告人便使用枪杀死了鲍尔斯。

基于上述分析,法院最终认为,庭审中的证据并不支持判决被告人犯有自愿的非预谋杀人罪。这也是初审法官当时决定不向陪审团作出自愿的非预谋杀人罪指示的原因。就一个并没有证据支持的罪名向陪审团作出指示,可能扰乱事实调查程序。因此,初审法官拒绝就该罪向陪审团作出指示的做法是正确的。

非预谋故意杀人这一法律规定形成了一种考虑到人性脆弱的方法论。认定这一罪名的关键在于,存在构成充分挑衅的证据,这些证据使得所有理性的事实调查者都会得出在此种情况下,被情绪压倒的被告人无法克制自己不去犯罪的结论。充分挑衅并不是使谋杀正当化的理由,但是表明了自愿的非预谋杀人在罪责上是轻于谋杀的。

基于上述理由,该州最高法院最终推翻了上诉法庭的判决。

---

① See *Allen v. United States*, 164 U.S. 492 (1896).
② See *Goucher v. Jamieson*, 82 N.W. 663 (Mich. 1900).
③ See Wayne R. LaFave, Austin W. Scott, Jr., *Criminal Law* (2nd ed.), West Publishing Company, 1986, §76.

【案例评述】

本案主要涉及的是受到挑衅的非预谋杀人罪(即激情杀人)与谋杀罪的区分问题。在普通法中,充分的挑衅(adequate provocation)的存在可以使谋杀罪被减轻为非预谋杀人罪。这成为被告方在杀人罪辩护中的重要武器。

对于挑衅的辩护理由可以分解为如下四个论证过程:(1)行为人系在极端冲动的情形下实施了杀人行为;(2)这种冲动是由足够的挑衅所引起的;(3)行为人没有合适的机会冷静下来;(4)挑衅、冲动和杀人行为之间必须有实质上的联系。所以,在客观层面,必须存在引起冲动的充分挑衅。而在行为人的角度,必须因挑衅行为引起了极度冲动的状态,且没有机会冷静下来,最终行为人在这种失去自我控制的状态下实施了杀人行为。在本案中,法官也是遵循类似的论证层次来说明行为人的行为无法构成激情杀人的。其中,是否存在充分的挑衅是争议的主要焦点。对此问题的回答,需要以相关的背景知识为铺垫。

在早期的英国普通法中,充分的挑衅被概括为一系列严格的类型:(1)严重的殴打或伤害;(2)相互斗殴;(3)针对被告人近亲属所实施的严重罪行;(4)非法逮捕;(5)丈夫当场看到妻子与他人通奸。同时,在判例中也发展出一系列不构成充分挑衅的行为,例如:(1)轻微的伤害;(2)听说配偶与他人通奸;(3)目击情人或其他未婚性伴侣不忠的性行为;(4)口头攻击,无论多么具有侮辱性和挑衅性。[1]

而随着法律的发展,现在多数观点认为,充分挑衅的认定,必须要由陪审团来具体作出。[2] 而不应仅仅局限于几种判例所确定的"充分挑衅"的类型。因为没有任何一个法庭可以归纳出所有可视为"充分的"不同事实以及不同事实间的联系。[3] 更重要的是,充分挑衅必须是结合被告人所面临的具体情形来判断的,这无法抽象地加以概括。对此问题关键

---

[1] 参见〔美〕约书亚·德雷斯勒:《美国刑法精解》(第四版),王秀梅等译,北京大学出版社2009年版,第493页。

[2] 在传统的理解中,这是应当由法官先行判断的法律问题。参见 George P. Fletcher, *Rethinking Criminal Law* (2nd ed.), Oxford University Press, 2000, §4.2.1。

[3] See *Maher v. People*, 10 Mich 212, 222–223 (1862).

的判断标准应当是:这一挑衅是否足以使一个中等性情的普通人在当时的情况下也无法作出冷静的判断和思考,而是陷于冲动行事。这显然是一个事实问题,因而应当由陪审团作具体的判断。在英国《杀人罪法》中也提到了这一问题:在指控谋杀罪时,需要由陪审团来查明被告人是否是在被激怒的情形下失控,这种挑衅是否足以使正常人也像被指控人那样实施该行为。也就是说,在决定这一问题时,陪审团需要从主观上对于这样一个客观层面的问题作判断:这种挑衅是否足以使社会一般人像他这样行为?

《模范刑法典》在这个问题上也接纳了多数意见,打破了早期普通法的束缚,为被告人的辩护开辟了更广袤的空间。根据§210.3(b),其对激情杀人的界定是:本来会构成谋杀,但行为人具有合理的解释或者免责事由,表明其是在精神或情绪极度混乱的影响下实施杀人行为的。该解释或免责事由的合理性,应以一般人在行为人相信存在的情况下具有的看法来加以判断。这样一来,一方面,主观上要求行为人在精神或情绪上的极度混乱;另一方面,在客观上要求判断一般人在行为人的情形下,是否也会想他之所想。从而为减轻罪责给出法理上的合理解释:法不强人所难。除上述要求以外,《模范刑法典》既没有像普通法那样要求即刻性(不存在合适的冷静机会),也没有对挑衅行为作任何的列举。

在本案中,一个重大疑难问题是,单纯的语言挑衅能否构成充分的挑衅?显然,如果依据早期的普通法规则,只要是口头挑衅,无论多么具有挑衅性或侮辱性,都是无法构成充分挑衅的。然而,如果把这一抽象的标准推而广之,则很可能导致个案的不公正:在某些特定的场合和情形下,言语上的挑衅可能比实实在在的攻击行为更能让人失去理智。

对此,本案的法官并没有坚持早期普通法的规则,而是基于晚近以来的普通法的发展①,承认了单纯的语言挑衅和包含丰富信息特征的语言的区分。也即,信息类的言语可以成为充分挑衅的理由。但是,仅仅是微

---

① 参见 *Commonwealth v. Berry*, 336 A.2d 262, 264(Pa. 1975)(言语传递了一个可以构成充分挑衅的事实信息,当该事实被亲眼目睹时可以构成充分的挑衅);*Commonwealth v. Benjamin*, 722 N. E.2d 953, 959(Mass. 2000)(认为"在特定的情况下,言语可能传递了可以构成充分挑衅的信息",但警告我们说"存在少量例外",这种情况只适用于"当言语对他人的感知而言可构成'一种特定的、严重的罪行'")[引用 *Commonwealth v. Bermudez*, 348 N.E.2d 802(Mass. 1976)],转引自[美]约书亚·德雷斯勒:《美国刑法精解》(第四版),王秀梅等译,北京大学出版社2009年版,第494页。

不足道的语言,则不能构成充分的挑衅。那么,到底什么样的语言才能够达到令陪审团信服的程度,进而构成充分挑衅呢? 这在不同的案例中回答并不完全一致。例如,在 *State v. Simonovich* 案中,法院拒绝承认被害人声称将继续与其他男人通奸的言语构成充分的挑衅。在该案中,被告人和他的妻子(被害人)在床头发生了争吵。被告人证实了他的妻子和其他男人有染,并且她明确表示想继续这种行为。但是没有证据表明被告人捉奸在床,或者发现了蛛丝马迹。因此,法官认为,没有证据证明存在充分的挑衅。相反,被告人自己也证实他之所以用手掐他妻子的喉咙,只是为了让她闭嘴,不让她继续攻击自己,让自己感觉很生气。尽管如此,被告人请求法院超越现有的普通法规则,去考虑这种通奸行为的存在,以及继续通奸的承诺,可能满足充分挑衅的要求。而法院则认为,联邦最高法院在长期的判例法发展过程中,已经明确了充分挑衅的法律类型。然而被告人的行为显然并不在这一范围之内,因此法院无法支持被告人的这一要求。①

而在 *State v. Shane* 案②中,俄亥俄州最高法院则确定了一个规则:在挑衅系指妻子的不贞行为的情形下,通常不构成充分挑衅。该州最高法院认为:在绝大多数情形下,仅仅是语言并不能构成充分挑衅。挑衅必须严重到足以刺激行为人使用致命性的威胁。这一观点类似于通行的普通法规则,但是在以下两个方面又与普通法的规则不同。首先,普通法中认为,夫妻一方告知另一方通奸的情况下,成立充分挑衅,但是充分挑衅的规则不能超越婚姻关系,以至于包括订婚的人、离婚的夫妻以及没有结婚的恋人。然而俄亥俄州最高法院挑战了该规则,认为仅因妻子承认其通奸行为就把她杀死,并不是(对于正常人来说)对承认通奸行为的可接受的反应。此外,法院坚信,在绝大多数情况下,仅仅存在语言,并不足以构成充分挑衅,因此,普通法中婚内通奸行为的告知并不必然成立充分挑衅,而仅仅在少数情况下才构成充分挑衅。在该案中,法庭最终认定,行为人认为,一个理性(普通)的人在本案的情形之下,并不会被激怒,因此行为人的行为不构成充分挑衅。

---

① See Ellen S. Podgor, Peter J. Henning, Andrew E. Taslitz, Alfredo Garcia, *Criminal Law: Concepts and Practice* (3rd ed.), Carolina Academic Press, 2013, p. 313.

② *State v. Shane*, 63 Ohio St.3d 630 (1992).

通过上述案件的介绍可以发现,仅仅通过对于充分挑衅的类型性思考,并不能使此类案件得到明确统一的判决。问题的关键在于,在这些挑衅背后,是否存在一个因刺激而使理性受到重大扰乱,同时又可以被一般人理解、被法律宽恕的具有人性弱点的普通人。或许正是基于此原因,《模范刑法典》并没有列举充分挑衅的法定类型,而是将重点放在行为人的精神或情感上的极度混乱以及一般理性人的看法。

关于理性标准背后的理性人的界定,正如本案法官所分析的那样,是一个普通人的概念,或者说是一个中等性情的具备中等智商的人,他并非全然理性,但也并非好战易怒,以至于遇到任何挑衅时都不能保持冷静。然而,作为客观判断标准的理性人概念,是否意味着摒弃关于犯罪人的具体个人特质的主观的判断?例如,在一个案件中,一个15岁的男孩杀死了被害人,因为被害人对他实施了侮辱并声称要对他进行鸡奸。而被告人在童年有多次被鸡奸的惨痛经历,因而在听到这一语言刺激之后,即刻用刀将行为人杀死。在此种情形下,如果根据一般人的客观标准来判断,是不存在充分挑衅的。再如,在20世纪70年代,一个从中国移民到美国的被告人,杀害了他的妻子,因为她在家族聚会中公然声称自己和其他男人有染,以及被告人缺乏男性的魅力。在此种情形下,是否应该考虑一个在相对传统的中国社会和文化风俗中成长的男性在此种情形下都可能受到充分的挑衅?在一个类似的案件中①,主审法官的判决意见考虑到了被告人的个人经历,因而判决他构成非预谋杀人罪。②

在英国,这一问题得到了深入讨论,在 Director of Public Prosecutions v. Camplin 案中,上诉法院认为,根据英国《杀人罪法》第3条的规定,应当将被告人的个人因素与理性人的概念联系起来,也即作为判断标准的理性人,一方面具备与被告人同样性别、年龄的普通人所具有的自控能力,另一方面又与被告人具有相似的特征,这些特征可能会影响被告人被激怒的程度。如果这样的理性人处于被告人的情境下,也会失去自控能力,

---

① 参见 People v. Dong Lu Chen, No. 87-7774(N.Y. Sup. Ct. 1998)[discussed in Leti Volpp, "(Mis)Identifying Culture: Asian Women and the 'Cultural Defense'", Harvard Women's Law Journal, 1994, Vol.17, pp. 64-77.],转引自[美]约书亚·德雷斯勒:《美国刑法精解》(第四版),王秀梅等译,北京大学出版社2009年版,第496页。

② 弗莱彻教授也认同,挑衅是否充分的判断标准,显然是由传统和习俗所造就的。参见 George P. Fletcher, Rethinking Criminal Law(2nd ed.), Oxford University Press, 2000, §4.2.1。

并且作出同样的反应,则行为人构成非预谋杀人。但在后来的案件中,由于理性人标准的主观化,导致了一系列的认定困难。① 现在一般认为,并非所有的行为人的个人特点都应该加以考虑,仅仅是与挑衅因素的严重程度有关的个人特点才应当予以考虑。而与被告人的自我控制水平有关的个人特点则不应该被考虑。② 在美国,有学者认为,应当借鉴上述英国对于这一问题的讨论,同时应当坚持不应使理性人这一客观的标准完全或不适当地主观化。③

必须认识到的是,在英美法中,理性人概念常常被作为规范性标准,这并不是偶然之举。在《模范刑法典》中,实际上也常常依赖这个概念。④ 正如本案的判决中密歇根州最高法院所指出的,"非预谋故意杀人这一法律规定形成了一种考虑到人性脆弱的方法论"。作为刑法学研究者的我们,如果总是忽视对人性的理解,可能不仅无法深刻理解具体的法律规则,更会难以保持那份思想者孜孜以求的洞明世事的聪敏。

---

① See *R. v. Morhall*, [1995] 3 WLR 330.
② See *Luc Thiet Thuan v. R.*, [1997] AC 131.
③ 参见〔美〕约书亚·德雷斯勒:《美国刑法精解》(第四版),王秀梅等译,北京大学出版社2009年版,第496—497页。
④ See George P. Fletcher, *Rethinking Criminal Law* (2nd ed.), Oxford University Press, 2000, p. 250.

第二节　非预谋杀人罪

案例：华盛顿州诉威廉姆斯案[*]
(*State v. Williams*)

马永强[**]

【关键词】

非自愿的非预谋杀人罪；普通谨慎；简单过失；一般过失；重大过失

【争议焦点】

在本案中，被告人夫妇因为疏忽而未能将生病的孩子送医，导致了孩子的死亡。在这种情形下，是否存在对合理注意义务的违反？这一过失行为又是否严重到成立非自愿的非预谋杀人罪？

【诉讼进程】

1968年10月3日，具有夫妻关系的两位被告人沃尔特·威廉姆斯（Walter Williams，丈夫）和伯尼斯·威廉姆斯（Bernice Williams，妻子）被指控，因没有成功地为他们17个月大的孩子提供必要的医疗救助致使孩子在1968年9月12日死亡，而犯非自愿的非预谋杀人罪（Involuntary manslaughter）。被告人初审被金郡（King）高等法院判有罪，并于1969年4月22日起执行刑罚。

被告人提出上诉。1971年5月3日，华盛顿州上诉法院刑事法庭作出判决，认定被告人成立非自愿的非预谋杀人罪。

【案件事实】

本案被告人是一对夫妻，丈夫沃尔特是一名仅受过6年教育的印度

---

[*] *State v. Williams*, 4 Wash. App. 908, 484 P.2d 1167 (1971).
[**] 北京大学法学院博士研究生。

人,现年24岁,职业是工人;妻子伯尼斯是一名受过11年教育的印度人,现年20岁。在两人结婚之前,妻子已经有了两个孩子(并不是与现任丈夫所生),年龄小的才14个月大。由于两名被告人需要工作,两个孩子由丈夫85岁的母亲代为照顾。两名被告人都很爱这两个孩子,他们共同抚养孩子,共同担负为孩子提供衣服、日常关护和医疗救助等责任。

两名被告人都知道在1968年9月1日至1968年9月12日期间,小儿子威廉·约瑟·塔巴福达(William Joseph Tabafunda)一直在生病。但是由于疏忽,他们没有意识到孩子病情的严重程度。作为非专业人士,他们无论如何也不会想到牙疼会给孩子带来生命危险。为了使孩子病情好转,夫妻二人给他服用了阿司匹林。同时,基于以前的经验,他们明知道他们可以寻求医疗救助,却由于担心福利部门可能会把孩子带走而没有带孩子就医。但是这并非法律上的正当理由。由于夫妻二人的疏忽,最终导致了孩子的死亡。

【控辩观点】

辩方:

被告人辩称,父母为婴幼儿子女提供医疗救助的唯一义务是《华盛顿州修订法典注解》(R.C.W.)§26.20.030中提出的法定义务,《华盛顿州修订法典注解》§26.20.030(1)(b)规定,故意不为其子女提供必需的医疗救助且没有法律上的免责理由,则构成重罪。法院已经认定被告人未犯有"故意的失职行为",即没有违反提供医疗救助的义务,而且相应地,被告人并没有犯起诉书中所指控的非预谋杀人罪。

【法庭观点】

本案中的争议涉及两个基本问题:一是起诉书中指控的被告人未能尽到给孩子提供医疗救助义务的事实是否存在,以及这种违法行为是否达到一定的严重程度;二是从直接原因层面来看,被告人是否认识到,为了及时拯救孩子的生命,应该寻求医疗救助。由于这种义务的自然性和违法行为的严重性是密切相关的,所以华盛顿州上诉法院刑事法庭对第一个问题的讨论将同时涉及这两个方面。

在普通法中,父母为子女提供医疗救助是父母的一项自然义务。在华盛顿州,虽然这一义务没有特定的法律根据,但却得到了普遍的认可,而且时常会被援引。虽然该义务的存在得到了认可,但在特定的刑事和民事法规中并不总是有清晰的界定。在普通法中,对于非自愿的非预谋杀人案件,过失的严重程度不能仅仅是一般过失(ordinary negligence)或简单过失(simple negligence),而是必须达到重大过失(gross negligence)。根据华盛顿州的法规,即使受害者的死亡结果是由一般过失或简单过失直接导致的,该行为也应被认定为犯罪行为。

一般过失或简单过失是指未做到能辩护为可免责的杀人所需要达到的普通谨慎(ordinary caution)。普通谨慎是指任何理性、谨慎的人,在相同或类似的条件下都会保持的谨慎。因此,不论被告人是否出于无知、良好的意图或者是好的信念,如果他不能像一个理性、谨慎的人那样行为,那么他就会因为未做到普通谨慎而被认定为一般过失。如果这种过失直接导致被害人死亡,则被告人成立法定的非预谋杀人罪。

就辩方援引《华盛顿州修订法典注解》§26.20.030(1)(b)提供的意见而言,州上诉法院认为,不应仅仅依据上述理由来作出判决。起诉书中对非预谋杀人罪的指控,没有提及也并未试图将该行为所违反的义务限制为《华盛顿州修订法典注解》§26.20.030(1)(b)所规定的义务。起诉书中指控该夫妻违反了"为未成年子女提供必要的医疗救助的法律义务"。这种生活性的语言表述允许从任何来源中推导出法律义务。州最高法院已经指出,这种为人父母的义务已经在该州的判决中得到承认,并被认为是独立于法规的自然义务。《华盛顿州修订法典注解》§26.20.030(1)(b)中的规定,与普通法中父母为未成年子女提供医疗救助的自然义务是一致的,而非是这一自然义务的替代。因此州最高法院认为,在父母未履行为其未成年子女提供医疗救助的义务,且存在其他能够证明非预谋杀人的因素的情况下,将该行为认定为非预谋杀人罪具有充分的根据。

本案中的另一问题是,被告人丈夫不是该孩子的亲生父亲,他也没有领养该孩子,在这种情形下能否认定他负有医疗救助的义务。尽管存在这些事实,但根据证据显示,他已经承担起与妻子一起抚养、照顾这个他很喜爱的孩子的责任。因此,这种责任承担足以使他有义务为孩子提供必要的医疗救助。

关于直接原因,仍需要考虑的问题是,被告人丈夫需要为该孩子提供医疗救助这一义务的产生时间如何界定。如果直到挽救孩子生命已经为时已晚的时候,提供医疗救助的义务才产生,那么就不能说未提供医疗救助直接导致了孩子死亡的结果。提供医疗救助的及时性也必须以"普通谨慎"为考虑因素。法律并不强制要求孩子一有任何不适就马上就医。因为有些不适症状仅是临时性的或轻微的,比如牙痛或者感冒。如果尽到谨慎和适当注意义务的父母没有意识到孩子的症状达到了需要医疗救助的程度,则不能说该父母违反了给子女提供医疗救助的义务。

在本案中,尸体解剖外科医生兼首席病理学家盖尔·威尔逊博士(Gale Wilson)在证言中指出,该孩子死于因蛀牙而引起的口腔和脸部感染,最终恶化为口颊坏疽。在这种情况下,孩子无法吃饭,身体吸收不到任何营养,进而免疫力降低,最终引发肺炎并死亡。据他推断,感染持续了约两周时间,并且大约在死亡前10天,伴随坏疽产生的臭味就已经出现了。他还认为,如果孩子在死亡前最后一周才开始获得医疗救助,那么为时已晚,无法挽救孩子的生命。因此,孩子在1968年9月1日至9月5日这段关键时期的明显症状,成为确定两名被告人是否尽到了谨慎和适当注意义务的关键。

以上关于该孩子在关键时期的明显症状的证词并不一定是完全准确的,但可以通过以下陈述来佐证。被告人丈夫陈述说,他发现孩子在死亡前两周就生病了。被告人妻子陈述说,在孩子死亡前一周半到两周时,她发现孩子生病了。证据显示,在前述亟待治疗的关键时期,孩子开始挑食并逐渐不能进食,同时脸部开始发肿。有时肿得厉害,有时肿得不厉害,但始终没有消肿。同时,孩子的脸颊变得发蓝。夫妻两人没有意识到孩子实际上病得很严重甚至有死亡危险,为了让孩子减轻一些疼痛,他们在这段关键时期里,直到孩子死亡前一天晚上,始终在给孩子服用阿司匹林。被告人认为肿胀会慢慢消退,他们也一直在等待这个结果。被告人丈夫曾听说,当牙齿周围全都肿了的时候,牙医将无法继续治疗。

夫妻二人表示,他们不敢带孩子去看医生,是因为害怕医生通过观察孩子发肿的脸、头发上的东西,认为他们对孩子照顾不周。他们担心医生可能向福利部门通报,福利部门可能会把孩子从他们身边带走。他们听说被告人丈夫的表弟因福利部门的介入而失去了一个孩子。他们非常害怕失去孩子。

以上证据显示,被告人夫妻并不了解孩子病情的严重性。但是,没有证据表明被告人没有钱、看不起病,也没有证据表明他们不知道去哪儿找能给孩子治好病的医生,更没有证据表明在关键时期症状有所好转。实际上,有证据表明,1968年4月被告人丈夫曾带孩子去医院看过病,但这次生病二人却没有带孩子就医。

基于孩子生病的各种症状以及病情一直未能好转的情况,被告人本应当对孩子病情给予足够的关注与重视。这是任何一个正常的理性人在与此相同或类似情境中应该尽到的谨慎和适当注意义务。对于此案,法庭认为被告人未能像正常的理性人一样尽到这种义务,因此认定本案被告人存在一般过失或简单过失,这种过失足以使被告人被定罪为非自愿的非预谋杀人罪。

最终州上诉法院认定被告人成立非自愿的非预谋杀人罪。

【案例评述】

本案的核心问题是非自愿的非预谋杀人罪的认定。在普通法上,从主观心理状态来区分,非预谋杀人罪可以分为两类:自愿的非预谋杀人罪和非自愿的非预谋杀人罪。在自愿的非预谋杀人罪中,被告人可能存在谋杀的恶意预谋,但由于特定减轻情节的出现,使得罪责被减轻为非预谋杀人。在普通法中,最为典型的情形是行为人由于受到"充分挑衅"而引发的"激情杀人"。在英国,根据《杀人罪法》的规定,在行为人是限制责任能力人以及协议自杀的情形下,尽管行为人存在恶意预谋,也认定为自愿的非预谋杀人。

而在非自愿的非预谋杀人罪中,行为人既无预谋,也没有杀人故意,被害人的死亡结果并非出于行为人的本意。典型的情形有如下三类:第一,行为本身是合法的,但以一种非法的方式实施,或者没有尽到"适当谨慎和注意义务",也即基于过失所实施的杀人行为。第二,在实施或者企图实施非法行为的过程中所发生的非故意杀人,也属于非自愿的预谋杀人。这种情形类似但区别于"重罪谋杀"。第三,轻率的非预谋杀人。普通法中并没有对于轻率和过失做明确的区分,但是非常明确的是,如果一个人应该认识到但却没有认识到行为的危险性,因而给他人生命带来了实质和不合理的风险,则构成轻率。在这种轻率相对轻微、没有达到十分强烈以至于缺乏"明显的恶意"的情况下,这种杀人行为仅仅属于非自愿的非预谋杀人罪。而如果行为人在实施杀人行为时的主观心态为极度轻率,则因为满足了恶意的要求,因而成立极其轻率的谋杀。

在本案中,法官认为两名被告人的行为属于上述非自愿的非预谋杀人罪的第一种,两名被告人作为受抚养子女的监护人,在法律上负有为未成年子女提供医疗照顾的义务,但是他们却疏忽而没有及时将重病的孩子送医。这里存在的问题是:是否所有的违法行为,只要存在一般性的疏忽,一律都有可能构成非自愿的非预谋杀人?对此,该案法庭认为,根据普通法,要求行为人必须存在重大过失。而根据华盛顿州的制定法,则仅仅要求行为人具有一般的过失。

显然,在本案中,如果适用的并非是华盛顿州的制定法而是普通法,则行为人的过失只有在重于民事过失,以至于达到重大和严重的程度时,才有可能被纳入刑事制裁的视野。这一立法也反映了近几十年来疏忽杀人的责任被扩大化的趋势。尽管根据传统的见解,疏忽并不能够被用来解决罪责问题。因为道义上的罪责应以漠视已知的危险为前提。例如,在 Mills v. State 案[①]中,马里兰州特别上诉法庭认为:非故意的非预谋杀人罪的确定,取决于过失地实施了一些违法行为,这种达到定罪程度的过失必须是严重的,或者具有刑事可罚性。例如包含着无视他人生命的恶意或轻率。

值得注意的是,非故意的预谋杀人与恶意预谋的危险行为之间是存在本质差别的。区分二者的关键是行为人的主观心态。在谋杀罪中,行为人已然认识到自己的行为将对他人的生命造成实质的和不合理的危险,但仍然这样行为,从而表明了行为人对他人生命价值的漠视。而在刑事过失的情形下,行为人本该认识到这种危险,但却没有认识到,因而仍然值得刑法的谴责。

《模范刑法典》对于传统的普通法作了许多重要的补充和调整。其中,与非预谋杀人罪相关的是,《模范刑法典》将上述普通法中的非预谋杀人罪的第二类非故意的非预谋杀人罪专条独立规定为罪责更轻的疏忽杀人罪,这种犯罪被视为三级重罪,最低刑期为 1 年以上 2 年以下,最高刑期为 5 年以下。

---

① *Mills v. State*, 13 Md. App. 196, 282 A.2d 147 (1971).

第三节　重罪谋杀规则

案例：海因斯诉佐治亚州案*
（*Hines v. State*）

马永强**

【关键词】

重罪谋杀规则；本质危险；事实错误；抽象检验法；具体检验法

【争议焦点】

本案涉及普通法中极具争议的重罪谋杀规则（felony murder）的适用。被告人在狩猎时错把同伴当成火鸡打死，能否认定存在事实错误？根据重罪谋杀规则，行为人的行为又是否存在本质危险，因而可以构成本质危险重罪？

【诉讼进程】

2001年4月8日下午，海因斯（Hines）在狩猎时错把被害人史蒂文·伍德（Steven Wood）当成一只火鸡而开枪打死了他。2001年8月7日，大陪审团以2项重罪谋杀罪（包括"在实施重罪的过程中持有枪支"和"在狩猎的过程中误用枪支"）、毁灭证据罪以及4项虚假陈述罪，对海因斯提起公诉。而后，公诉人撤销了其中3项虚假陈述罪。2001年8月31日，大陪审团宣告其中1项重罪谋杀罪名不成立，并认定其他几项罪名均成立。审判庭将持有枪支罪的判决合并到了重罪谋杀判决中，并基于重罪谋杀而判决海因斯终身监禁，基于其在实施重罪的过程中持有枪支而判决5年监禁。审判庭将其余定罪与上述两罪合并判决。2001年9月21日，海因斯申请重新审判，并于2002年3月14日修改了他的请求。

---

* *Hines v. State*, 267 Ga. 491, 578 S.E.2d 868 (2003).
** 北京大学法学院博士研究生。

2002年3月26日,法院拒绝了海因斯要求重新审判的请求。

海因斯提起了上诉。2003年3月27日,佐治亚州最高法院维持原判。

【案件事实】

2001年4月8日下午,海因斯和他的几个亲戚朋友一同去狩猎火鸡。他们分成两组,海因斯和他的朋友兰迪·斯托克(Randy Stoker)在一个地区一起狩猎,受害者伍德、伍德的妻子和海因斯的儿子在相距大约四分之一英里的另一地区狩猎。随着天越来越黑,海因斯听到一只火鸡咯咯的叫声,看到它展开翅膀,然后他便开了枪。海因斯的子弹穿过繁茂的树叶,击中了大约80英尺外的伍德。随即,伍德的妻子尖叫道:"你打中了伍德。"海因斯和他的儿子跑去别的地方去求救,但是伍德在救助人员到来之前就死掉了。

在回来的途中,海因斯试图说服他的儿子和斯托克对此射击事件负责,但两人都拒绝了。不过,三人达成了一致口径,即他们不知道到底是谁开枪打死了伍德。在警察到达之前,海因斯把他的狩猎伪装服、隐藏的猎枪和其他狩猎装置转移到了别处。

两天之后,海因斯承认是他射中了伍德,并给警察看了他藏枪的地方。海因斯的儿子给警察看了海因斯的狩猎伪装服和其他狩猎装备,其中包括未开封的啤酒。在海因斯开枪误杀伍德的地点附近,发现了海因斯之前开封的啤酒罐。

【控辩观点】

辩方:

陪审团认定基于"在实施重罪的过程中持有枪支"的重罪谋杀罪名成立,但基于"在狩猎过程中误用枪支"的重罪谋杀指控则不能成立。在上诉中,海因斯主张陪审团的判决是无效的,因为陪审团依据他误用枪支杀死了被害人而判决他无罪,却基于他持有同一枪支而判定他杀死被害人是有罪的,这是相互矛盾的。他还认为,在狩猎火鸡时持有枪支,并非构成重罪要求的本质危险(inherently dangerous),不能成为判定重罪谋杀的理由。

【法庭观点】

佐治亚州最高法院最终作出了如下认定：

首先，关于海因斯所辩称的，陪审团的裁判存在矛盾：陪审团依据他误用枪支杀死了被害人而判决他无罪，却基于他持有同一枪支而判定他有罪。

在佐治亚州，"自相矛盾的裁断"是不被允许的。当案件中的有罪指控事实与另一无罪指控的事实为同一事实时，允许被告人对判决提出质疑。但是，在本案中，对于一个罪名的有罪认定和另一相关罪名的无罪认定可能反映的是陪审团的妥协或仁慈，而不是不一致的事实结论，并且佐治亚州法庭一般不会深究陪审团认定一项罪名或免除一项罪名的原因。因此，海因斯的辩护是没有价值的。

其次，关于持有枪支是否能够构成重罪谋杀。"若要构成重罪谋杀，那么这个重罪必须对他人的生命存在本质危险，这是对构成重罪谋杀的重罪类型的唯一限制。"当一项重罪本身是危险的或者它在特定条件下产生可以预见的死亡风险时，这项重罪才是具有本质危险的。基于本案的事实，在实施重罪的过程中持有枪支可以构成一种存在本质危险的重罪。例如，在 Mettes v. State 案①中，与本案类似，被告人知道窗户对面有人，而对着窗户开枪，因而被认定为重罪谋杀。

在持有枪支的案件中，持有枪支并非一律都会构成重罪谋杀。在 Ford v. State 案②中，被告人在退出手枪子弹时，不小心擦枪走火，子弹穿过地板并杀死了楼下公寓的住户，因而被认定为重罪犯。陪审团基于福特非法持有枪支，判定他构成重罪谋杀。佐治亚州最高法庭推翻了该判决，因为没有证据证明被告人当时知道在他楼下有一间公寓，也不知道被害人就在那里，他虽然持有枪支，但不能构成重罪谋杀。

与 Ford v. State 案相比，海因斯是为了击中他所认定的目标而蓄意地开了枪。在狩猎之前，他喝了酒，并且有证据表明他在狩猎时也一直在喝酒。他知道其他狩猎人也在该地区，但是并不知道他们的确切位置。黄

---

① *Metts v. State*, 270 Ga. 481, 511 S.E.2d 508 (1999).

② *Ford v. State*, 423 S.E.2d 255 (Ga. 1992).

昏时分,海因斯在没有准确无误地确认80英尺远的目标是一只火鸡的情况下,冒失地开了一枪,子弹穿过茂密的树叶。在这些情况下,我们得出结论,海因斯非法持有枪支造成了可预见的死亡风险。因此,海因斯违反"禁止持有枪支罪"的重罪,是一种具有本质危险的重罪,可以据此判定成立重罪谋杀罪。

此外,海因斯认为,根据本案中的证据,陪审团无权否定其事实错误辩护。依据《佐治亚州法典注解》(O.C.G.A.)§16-3-5,"如果犯罪行为(作为或不作为)的成立是由于事实错误导致的,则这些事实可以将行为人的作为或不作为正当化,因而行为人不应被判定为有罪"。但是,一般来说,"只有当行为人设想其实施的行为不是一种存在错误或部分过失的不法行为时,对事实的不知或事实错误才构成刑事控诉的辩护理由"①。在这一点上,海因斯错把伍德当成火鸡,他的错误在于,在不安全的条件下冒失地对目标进行了射击,这并不能被认定为一种合法的娱乐行为。因此,陪审团有权拒绝海因斯的事实错误辩护。

针对上述多数意见,主审法官西尔斯(Sears J.)提出了如下异议:

他的结论是,根据在 Ford v. State 案的界定,海因斯持有枪支实施重罪的情况并不具有本质危险,因此他不赞同大多数人把海因斯定罪为重罪谋杀的观点。

在 Ford v. State 案中,法院认为作为认定重罪谋杀的基础的重罪,其最根本的本质是具有本质危险,或者必须是在造成可预见的死亡风险的情况下实施了犯罪行为。并且,重罪谋杀规则中对恶意的认定,取决于犯罪者在实施潜在的重罪行为时怀有的造成他人生命危险的心理动机。但是,在福特案中,法庭既没有通过分析本质危险的特征来明确说明如何确定一个特定的重罪是否对他人的生命具有本质危险,也没有通过分析犯罪行为的实施来说明这一点。由于被判谋杀罪会面临严重的刑罚,而且将实施一种可预见的不会造成他人生命危险的行为的意图认定为一种重罪谋杀的恶意是不合理的,因此他认为,基于重罪谋杀规则所蕴含的目的,一个重罪本身必须具有本质危险,或者是在实施过程中带来了造成他人死亡结果的高度可能性。这一标准可以确保重罪谋杀规则不会被不适当地扩张适用。

---

① *Crawford v. State*, 267 Ga.543, 544, 480 S.E.2d 573(1997)(punctuation omitted).

在当前的情况下,他得出结论,海因斯的持有枪支行为,并不具有造成高概率死亡结果的本质危险。狩猎是一场危险的运动,在狩猎前他一直在喝酒,他在黄昏时狩猎,当他知道其他猎人在他所在的狩猎地点附近时开枪……上述事实可能会证实海因斯是存在疏忽的,但并不能证明他的行为具有很高的造成他人死亡的概率,或者他存在一个"威胁生命的心态"。而且,海因斯在供述中指出,他确实是在听到一只火鸡咯咯的叫声,并"看到它扇动翅膀",然后才朝目标开枪的。

在这种情境下,即使猎人未能精准无误地识别猎物,也不能得出他人因此死亡的可能性很大,或者猎人怀有"危及他人生命的心态"的结论。在本案中,被害人死亡是一个很不幸的结果,且海因斯射击前后的行为与这一不幸结果有直接关系。但是,因犯谋杀罪而被判处的终身监禁这一刑罚应当适用于那些毫无良知、道德败坏的被告人。在本案中,若认定海因斯犯重罪谋杀并判处终身监禁,则不免有些严厉了。

试想,如果判定海因斯犯重罪谋杀,他将同那些明知公寓里住着人却放火火烧公寓,导致两名儿童死亡的纵火犯或持枪进入商店并杀死一名店员的抢劫犯一样被判处终身监禁。这样严重的刑罚与其罪行并不相适应,因此对海因斯来说,应当以一个较轻的罪名来指控并定罪,比如非自愿的非预谋杀人罪或狩猎时误用枪支罪。

最后,狩猎是佐治亚州的一项历史悠久的娱乐活动,受到许多州民的喜爱。毫无疑问,许多猎人可能会像本案中的情形一样,在狩猎活动中存在疏忽。虽然这种疏忽大意并不应当得到宽恕,但是如果因为猎人们不严格遵守狩猎程序,不小心杀死了其他猎人,而把这些猎人们都定罪判刑,那么他是持反对意见的。

【案例评述】

本案中所涉及的是美国刑法中非常重要且争议频频的一条规则:重罪谋杀规则。这一规则来自英国普通法,并在美国大放异彩。[①] 顾名思义,所谓重罪谋杀罪,是指行为人在实施重罪或企图实施重罪的过程中故

---

① 关于重罪谋杀罪的历史,可以参见 Rudolph J. Gerber, "The Felony Murder Rule: Conundrum Without Principle", *Arizona State Law Journal*, 1999, Vol. 31, Issue 3, pp. 764-765; George P. Fletcher, *Rethinking Criminal Law*(2nd ed.), Oxford University Press, 2000, §4.4.1。

意或非故意地造成他人死亡,应以谋杀罪论处。① 如前所述,谋杀罪的构成要求恶意预谋的要件。但从对于重罪谋杀罪的定义可以看出,重罪谋杀罪对于主观要件未做任何限制。也即,无论是行为人在主观上是故意、明知、轻率、疏忽或是存在不可抗力或意外事件,只要重罪犯实施了杀人行为,一律构成重罪谋杀。这样一来,重罪谋杀规则便具有了严格责任的色彩,以至于可能存在侵犯被告人的正当权利,产生严苛的刑罚的后果。因而在理论和实践中饱受诟病。

为重罪谋杀规则提供正当化依据的一个有力的理由是威慑理论:该规则可以威慑行为人使其在实施重罪的过程中,尽可能地减少因过失或意外所导致的他人死亡的结果。② 霍姆斯法官(Holmes J.)曾指出:"法律不仅仅要让重罪罪犯同普通人一样,承担其预见后果的风险,还承担一般经验不能预见,而为立法者所认同的风险。"③不仅如此,还有观点认为重罪谋杀规则还可以预防犯罪人所欲实施的重罪。例如,在 People v. Washington案④中,与被告人共谋实施抢劫的同伴被实施防卫的被害人杀害,被告人因此被控重罪谋杀。该案中,法院认为:在此类案件中,杀人是可以被合理预见的风险。在每次抢劫中,都存在一种受害者可能会抗拒和杀人的可能性。但是,如果说在被害人抵抗的情况下,如果认定参与抢劫的行为人仍然要为他的同伙的死亡负责,则可能会超出一般人的理解。然而,重罪杀人的本质危险中的的杀人风险包括被害人反抗并杀人。因此一旦这种情形发生,即便是死亡的结果是由被害人的反抗行为所导致的,这种行为仍然是由重罪的犯罪人所引起的。传统的威慑方式,并不足以减少此类案件中的悲剧结果。因而即便是在本案的情形下,被告人仍然要被判定为重罪杀人,以从根本上减少此类案件的发生。

然而,上述见解越来越受到怀疑。实际上,很难期待犯罪人去阻止一个他并非有意实施的行为,特别是在结果是他难以预料和预见的情况下。

---

① See Cynthia Lee, Angela Harris, *Criminal Law: Cases and Materials*(2nd.ed.), West Press, 2009, p. 373.
② See *People v. Washington*, 62 Cal.2d 777, 781 (1965).
③ Oliver Wendell Holmes, Jr., *The Common Law*, Little, Brown and Company, 1881, p. 53.
④ *People v. Washington*, 62 Cal.2d 777, 781 (1965).

从实证研究的角度来看,威慑理论的有效性也是非常值得怀疑的。[①] 因此,在实践中,许多法庭对于重罪谋杀规则在诸多方面进行了限制:仅允许其适用于某些类型的重罪;对于"本质重罪"的限制;对其所要求的近因或法定原因作更为严格的解释;对犯重罪的时间和距离的限制;要求先行的重罪必须独立于杀人罪等。例如,在《加利福尼亚州刑法典》§ 189 中,立法者以列举重罪种类的方式,将适用一级谋杀的重罪谋杀类型明确限制为"放火、强奸、侵入他人住宅、重伤、绑架、倾覆火车、猥亵儿童"等罪名。但是,问题在于,由于重罪谋杀规则是一项普通法规则,那么如果所犯的重罪没有被纳入列举的范围内,是否一律不适用重罪谋杀规则?抑或法官享有解释权,来对重罪谋杀规则予以适用?加利福尼亚州的做法是,采取本质危险的标准来适用重罪谋杀这一普通法规则,从而确定出可以支持二级重罪谋杀罪的重罪。

在本案中,佐治亚州最高法院对于海因斯的多数判决,就是基于本质危险的标准作出的。根据 Ford v. State 案中发展出来的规则,作为认定重罪谋杀的基础的重罪,其本质是"具有本质危险,或者必须是在造成可预见的死亡风险的情况下实施了犯罪行为"。基于这一规则,佐治亚州最高法院的多数意见认为:海因斯在狩猎过程中饮酒,并且在明知其他打猎人也在该地区的情况下,仍向这片区域开枪,其非法持有枪支的行为造成了可预见的死亡风险,因而成立重罪谋杀。

但是,在异议的提出者西尔斯法官看来,这种认定未免过于严苛。西尔斯法官重申了福特案中的结论的重大意义:基于重罪谋杀规则的本身所蕴含的目的,一个重罪必须本身具有本质危险,或者是在实施过程中带来了造成他人死亡结果的高度可能性。这一标准可以确保重罪谋杀规则不会被不适当地扩张适用。但是他认为,在对于可预见的死亡风险的判断方面,必须存在造成他人死亡结果的"高度可能性"。结合本案的案情,海因斯的持有枪支行为,并不具有造成高概率死亡结果的本质危险。海因斯的狩猎过程中的相关举动和情状,只能证明他主观上存在疏忽,但并不能证明他的行为在客观上具有很高的造成他人死亡的概率。此外,西尔斯法官认为,认定海因斯犯重罪谋杀并判处终身监禁,未免过于严

[①] 参见〔美〕约书亚·德雷斯勒:《美国刑法精解》(第四版),王秀梅等译,北京大学出版社 2009 年版,第 481 页。

厅。在本案中被害人的死亡是个不幸的结果,且海因斯应为此负责。但是,因犯谋杀罪而被判处的终身监禁这一刑罚应当适用于那些毫无良知、道德败坏的被告人。

至少在笔者看来,本案的多数判决结论为我们展示了重罪谋杀规则严酷性的一面。除此之外,本案还呈现了关于本质危险判断的方法争议。对此,不同地区的法院实际上践行着不同的检验标准,包括抽象检验法和具体判断法。

抽象检验法认为,应当从抽象层面对本质危险加以判断,也即法庭不应考虑具体案件中的特定事实,而应该从法律规定的犯罪的构成要件来判断,这个犯罪是否会带来死亡结果发生的高度可能性,因而成立本质危险的重罪。而具体检验法认为,应当通过综合考虑特定案件事实和状况,作出重罪是否存在本质危险的认定。在本案中,佐治亚州最高法院实际上采取的正是具体检验法。但是,正如加利福尼亚州的法院在 People v. Burroughs 案的判决中所指出的,具体判断法可能存在导致重罪谋杀范围过宽的问题,从而对被告人造成不公。①

晚近以来,为了更好地限制重罪谋杀罪的适用范围,又发展出抽象判断法和具体判断法的折中。也即,在认定重罪的危险性时,既考虑犯罪的抽象特征,同时也考虑在实施重罪过程中的特殊情况,必须两种检测方法的标准同时满足,才能认定重罪杀人。

所以,我们可以发现,根据不同的标准,同样的案件往往可以得出不同的判决结论。对于前述 People v. Washington 案中,受害者在反抗过程中实施了杀人行为,对于是否要归罪于被告人,认定其属于重罪杀人,实践中也产生了不同的见解。例如,在 State v. Canola 案中,多数意见认为:每个人都应当为自己的行为负责,而非为他人的行为承担刑事责任,除非是在存在代理关系的情形下。因此,由于被害人的抵抗所造成的杀人,不应由被告人来担责。②

由于重罪谋杀规则的在实践中并没有得到普遍的适用,以及这一规则的备受争议,在《杀人罪法》中,英国废除了该规则的适用。而在美国,由于这一规则得到了许多州的成文法的确认,以及来自检察系统的强烈

---

① See People v. Burroughs, 35 Cal.3d 824, 201 Cal. Rptr. 319, 678 P.2d 894(1984).
② See State v. Canola, 73 N.J. 206, 374 A.2d 20 (1977).

反对,致使这一规则虽有争议却难以直接废止。因此,在1962年的《模范刑法典》中,对于该规则采取了折中的方案,部分否定了这一规则。《模范刑法典》§410.2规定:在对人的生命价值持极度轻率(recklessly)、冷漠(indifference)的态度下实施的刑事杀人行为,构成谋杀罪。如果行为人单独或者与他人共同实施或着手实施抢劫(robbery)、放火(arson)、夜盗(burglary)、绑架(kidnapping)、重罪脱逃(felonious escape)、强奸或者以暴力或以暴力相威胁的变态性交行为(deviate sexual intercourse)过程中致被害人死亡的,则推定行为人具有上述的极度轻率与冷漠。一般认为,该条所规定的推定,属于可反驳的推定(rebuttable presumption),这迥异于传统重罪谋杀罪的设计,后者是不可反驳的。因此,如果不能证明罪犯是以一种对他人的生命极度轻率与冷漠的态度实施了该行为,就不能认定成立谋杀罪。

虽然传统的力量是强大的,但是限制重罪谋杀规则,使之朝着更为宽和、严谨的方向发展,却是大势所趋。在笔者看来,上述两部英美刑法中的重要成文法典的见解,反映了英美刑法中功利思想的退潮和对于人权保障的重视。单纯的威慑和功利效果不再是法律适用的最主要考量,对被告人的宽宥和对公正的追求,必将在未来杀人罪的审判实践中得到回应和肯认。

第二十章 强奸罪

案例：堪萨斯州诉布尼亚德案[*]
(*State v. Bunyard*)

徐 成[**]

【关键词】

强奸罪；合并审理；程序性误导；同意撤回；合理时间

【争议焦点】

同意性交的被害人在行为人完成插入之后撤回了之前的同意，行为人没有在合理的时间内停止性交，其行为是否构成强奸罪？

【诉讼进程】

2001年2月，被告人乔赛亚·布尼亚德(Josiah Bunyard)被控于1999年12月、2000年8月和2001年1月分别对三名女子实施强奸，控方将三起事实合并起诉。在庭审过程中，被告人多次要求将三起案件分开审理，但均被法庭驳回。在陪审团评议阶段，首席陪审员请求初审法庭作出指示，若原本同意性交者在生殖器插入完成之后撤回同意，未能停止性交的被告人能否构成强奸罪。初审法庭拒绝对此问题给予指示，并回应称，堪

---

[*] *State v. Bunyard*, 133 P. 3d 14 (Kan. 2006).
[**] 北京大学法学院博士研究生。

萨斯州对于强奸罪的法律规定无法得到进一步细化。堪萨斯州塞奇威克（Sedgwick）地区法院陪审团对三起指控进行合并审理并作出判决，认定被告人对其中一名女子 E. N.构成强奸罪，并同时认定另外两起强奸罪指控均不能成立。

2003 年 8 月，布尼亚德就上述有罪判决提起上诉，堪萨斯州上诉法院维持原判。

布尼亚德向堪萨斯州最高法院提出申诉，要求对堪萨斯州上诉法院作出的认定其成立强奸罪的判决进行重审。2006 年 4 月 28 日，堪萨斯州最高法院审判庭决定撤销上诉法院判决，并对被告人进行重新审判。

【案件事实】

2001 年，21 岁的被告人布尼亚德在一个泳池聚会上认识了 17 岁的被害人 E. N.。E. N.对布尼亚德心生好感，并邀请其参加次日晚间在朋友家举行的聚会。

在第二天的聚会上，布尼亚德与 E. N.进行短暂交谈后，邀请后者和另一位朋友到自己的汽车上观看电影。在观看电影之前，布尼亚德将汽车的折叠敞篷关闭。

不久之后，布尼亚德的朋友离开汽车，布尼亚德遂开始与 E. N.相互亲吻。当被告人试图脱去 E. N.的衣服时，后者并未表示反对。随后，被告人脱掉自己的衣服，并戴好避孕套。此时 E. N.仍然没有表示反对。而当布尼亚德将 E. N.推倒在汽车座椅上，并完成插入之后，E. N.却忽然表示："我不想这么做。"布尼亚德对 E. N.回应道："再过一会儿就好。"并继续实施性行为。E. N.再次要求被告人停止，但布尼亚德仍不为所动，依然继续性交。E. N.事后声称，她当时试图坐起来并通过俯卧在座椅上的方式躲开被告人，但都未能成功。大约 5 到 10 分钟之后，E. N. 开始哭泣，布尼亚德这才停止与被害人性交。

被告人布尼亚德宣称，在自愿性交开始后 E. N.处于自己上方。在性交过程中，E. N.询问被告人是否愿意建立稳定的关系并且第二天是否还会给她打电话。当被告人表示自己无意建立关系之时，E. N.变得十分沮丧。E. N.试图继续亲吻布尼亚德，并要求后者继续待在车里与自己拥抱。但被告人没有继续留在车里，而是选择立即离开。临走之时，还让

E. N. 穿好衣服。

　　E. N. 回到房间之后,沮丧地告诉朋友 K. B.,布尼亚德不顾自己的多次反对,与其发生了性行为。另一位朋友 M. B. 曾试图与正在哭泣的 E. N. 交谈,并证实 E. N. 说过这样的话:"我被强奸了;他插入了;我没有同意。"由于不想让父母知道自己喝醉了酒,当时的 E. N. 并未立即报警。

　　四天之后,E. N. 向警方报案,并在当地医院接受了检查。性侵犯检查人员在 E. N. 的阴道附近发现了一块擦伤和钝器伤。检查人员表示,擦伤出现的部位与通常的性交伤痕吻合。检查人员还证实,尽管自愿性交的可能性不能被完全排除,但上述类型的伤痕在非自愿性交的场合更为常见。

【控辩观点】

　　控方:
　　在初审庭审过程中,控方指出《堪萨斯州成文法注解》(K.S.A.)§21-3501(1)规定任何通过手指、男性性器官或其他物体对于女性器官的插入,无论多么轻微,都足以构成性交。该法的§21-3502(1)(A)规定了与不同意性交之人发生性关系构成强奸的情形之一就是当被害人被暴力(force)或恐惧(fear)压制。控方以此为由多次向陪审团宣称,行为人将阴茎插入女性阴道的力量(the force of the penis entering the woman's vagina)就已经符合该州法律对于"暴力"的定义。

　　辩方:
　　第一,在堪萨斯州最高法院审理期间,就程序而言,被告人认为,初审程序存在重大问题,对于案件的公正审理产生了巨大的消极影响。
　　一方面,将三起事实合并审理的做法,使得陪审团对被告人产生偏见。被告人认为,由于无法将三起指控中的证据加以正确区分,陪审团在认定被告人有罪时,不恰当地采信了其他无关指控中的证据,并因此形成了被告人"具有实施约会强奸之习性"的偏见。反之,根据堪萨斯州证据规定,如果与 E. N. 相关的指控被单独审理,那么有关另外两项指控的证据材料原则上就不会被采信,上述偏见也就不会形成。另一方面,被告人认为,将三起指控合并审理的做法侵犯了自己的沉默权。因为其若任意证明其中一项指控,人们势必会针对另外两起指控,作出对被告人不利的推断。

另一方面,在不公开辩论中,控方错误地解释堪萨斯州的法律规定,对陪审团的判断构成了严重的程序性误导。被告人指出,在庭审过程中,控方多次提到:"阴茎插入阴道的力量就足以符合堪萨斯州法律规定。"由于这种程序性误导的存在,陪审团作出的有罪判决应当被撤销。

第二,实体方面,被告人的辩护理由包括以下两方面:

一方面,堪萨斯州刑法对于强奸罪的定义,不包含在完成插入之后,拒绝停止性交这一行为方式。被告人认为,该州法律仅仅关注,性器官最初进入阴道时被告人是否同意,而不涉及完成插入之后被害人的反应。也就是说,只要妇女同意插入,强奸罪就无法成立。即便相对人在性交过程中撤回了先前的同意,被告人也不能在完成插入之后构成强奸罪。

另一方面,被告人已经在合理的时间内停止性行为。被告人指出,即便在抽象意义上,插入完成之后仍有成立强奸罪的空间,控方也无法充分证明,被告人并未在 E. N. 撤回同意之后的合理时间内及时终止性交。

此外,被告人在上诉审中还提到,初审法庭应当对堪萨斯州法律规定进行更为详尽的解释,即明确告知陪审团,在已经同意性交者中途撤回同意的场合,继续性交的做法是否符合强奸罪的法律定义。被告人认为,初审法庭拒绝提供指示的做法,妨碍了陪审团作出正确判断。因此,有罪判决应当被撤销。但堪萨斯州最高法院并未对这一主张进行单独回应,而是将其作为实体问题的组成部分,予以附带提及。

【法庭观点】

2006 年 8 月 26 日,堪萨斯州最高法院宣告了判决。

就程序问题而言,法庭认为,本案的三起指控依法应当合并审理,被告人的辩护理由不能成立。但另一方面,法庭承认,控方在不公开审理阶段对于法律规定的错误解释,确实会对陪审团的判断造成误导。因此,有罪判决须被撤销,被告人应当得到重新审判。

针对本案的实体法问题,法庭认为,在同意性交者完成插入之后撤回同意,若行为人通过暴力或恐惧压制被害人且并未在合理的时间内停止性交,同样成立强奸罪。至于何时停止性行为属于"合理时间",陪审团应当根据个案事实进行综合考量。法庭应当对插入之后是否还能成立强奸罪以及停止性交之合理时间等法律问题,为陪审团提供必要的指示。

上述判决的具体理由如下:

法庭首先对合并起诉问题作出回应。根据堪萨斯州法律和判例法,将多项事实合并审理需要满足以下条件:其一,不存在法庭滥用裁量权的情形;其二,被合并审理的多个犯罪应当具有相同特征。接着,法庭通过对堪萨斯州判例法的梳理,对第一项条件进行了具体分析。法庭指出,正如堪萨斯州上诉法院审判庭所说,是否合并审理属于法庭自由裁量事项,只有当被告人能够证明,法庭存在滥用自由裁量权的情形时,其主张拆分审理的动议才能得到支持。而证明法庭滥用裁量权的关键,便是证明在合并审理的过程中,那些原本不应当进入诉讼程序的证据材料得到了采纳,从而引发不公正的后果。然而,在本案中,这种情况并不存在。法庭指出,根据堪萨斯州证据规则,每一项指控涉及的证据材料,都应具有证据资格。这样一来,即便将三起指控分开审理,相关事实证据还是能够进入庭审程序,并有可能被陪审团采信。此外,在初审程序中,陪审团被特别指示,被指控的每一个犯罪案件都是一个独立的侵害,陪审团必须根据各自证据和可资适用的法律分别作出判断。况且,就其中的两起指控而言,陪审团已经认定被告人无罪。这充分表明,陪审团完全有能力对三起事实中的证据进行恰当区分,那些不利于被告人的偏见在事实上根本不存在。因此,被告人不能证明,法庭通过合并审理滥用裁量权。然后,法庭对合并审理的第二项条件进行了重点论述。法庭分析道,本案涉及的三起指控,无论是已经出现的事实特征,还是不存在的事实特征,都存在诸多相似之处。例如,三起事实中的女子都与被告人相识,涉及的抗辩事由均为同意,被告人均未使用武器或其他暴力、胁迫手段。法庭强调,在实践中性犯罪与针对儿童的犯罪,总会存在不同程度的细微差异,没有一个犯罪是对其他案件的完全复制。因此,对于合并审理条件的理解不应过于严格。否则,在被告人实施了仅存细微差别的多项犯罪的情形中,案件便会被分开审理。这样一来,司法效率无疑将受到影响。

随后,法庭对程序性误导问题发表意见。为了判断控方的言论是否构成程序性误导,法庭使用了在 *State v. Tosh* 案①中确立的"两步分析法"。首先,法庭对控方言论是否"超越了证据辩论允许的自由限度"进

---

① *State v. Tosh*, 91 P.3d 1204 (Kan. 2004).

行考察。在本案审理过程中,控方多次向陪审团作出如下指示:"将阴茎插入阴道的力量就可以满足堪萨斯州法律对于强奸罪的规定。"法庭认为,上述解释是错误的,而控方显然不享有在不公开辩论阶段错误解释法律的自由。接着,法庭对控方发言的内容是否明显错误加以分析。法庭认为,控方言论是否明显错误,从而构成程序性误导,需要根据以下三个标准进行判断。其一,误导是否重大且骇人听闻;其二,误导是否展示了控方的恶劣意图;其三,对于被告人不利的证据是否具备直接且压倒性优势,以至于相关误导无法对陪审团的判断发挥影响。法庭认为:其一,控方多次陈述错误的解释,有可能导致陪审团作出不公正的认定。尽管控方随后对需要证明的要素作出正确陈述,但由于陪审团未能得到初审法庭的进一步指示,唯一能够指导陪审团作出判断的便是控方的错误解释。因此,法庭认为,控方的错误解释满足第一项条件。其二,尽管多次作出错误解释,但没有证据显示控方具备恶意。其三,由于被害人的体检结果无法排除自愿性交的可能性,无法断言支持被害人"被暴力压制"的证据达到了直接且压倒性的优势。另一方面,在初审辩论中,错误的法律解释被反复重申,初审法庭更是未能就"完成插入后是否还能成立强奸罪"这一至关重要的法律问题给出清晰指示,因此,不能认为控方的误导对于陪审团没有影响。综合考察上述标准,法庭认为,由于控方在不公开审理过程中作出的重大误导,陪审团完全有可能在未证明 E. N. 被暴力或恐惧压制的情形下,认定被告人构成强奸罪。因此,法庭决定撤销有罪判决,并对被告人进行重新审判。

法庭对本案的实体问题发表如下意见:

通过对本案诉讼程序的简要回顾,堪萨斯州最高法院审判庭认为,根据该州法律规定,法庭应针对陪审团的请求就任何法律或证据问题作出答复。但在本案中,初审法庭未能对陪审团提出的问题作出恰当的回答。因此法庭认为,有必要对如下两个实体问题进行分析:第一,行为人完成插入之后是否仍有可能依照堪萨斯州法律成立强奸罪;第二,如果获得被害人同意的插入完成后,仍有成立强奸罪的可能,被告人是否必须在一段合理的时间内停止性交。

第一个问题涉及性交开始之后的同意撤回。法庭首先指出,若想确定插入之后的同意撤回是否会对强奸罪的成立产生影响,就需要对法律规定进行重新审视。法庭强调,如果立法机关的意图能够被确定,则立法意图发挥决定作用。立法意图通过文字得以表述,因而当语言清晰且无歧义之时,法庭便只能按照字面意思解释法律而不必考虑法律应当如何。进一步而言,在进行法律解释时,法庭不能解读出超越规范语义的其他内容,也不应将规范文义清晰包含的内容予以删除。接着,法庭对被告人提出的"堪萨斯州法律只涉及性器官最初进入阴道之情形"这一辩护理由进行了具体回应。

  一方面,法庭注意到,被告人试图援引马里兰州和北卡罗来纳州的两个判例对上述辩护理由加以论证。这两个判例认为,同意只能在首次插入之前被撤回。如果同意在插入完成之后才被撤回,那么即使后续性行为通过暴力或恐惧违反了被害人的意志,被告人也不能构成强奸罪。但法庭认为,这两个判例虽然在结论上对被告人有利,但其既未详尽分析理由,也未能引用权威观点对其观点加以佐证。因此,法庭认为,上述判例不能为被告人的主张提供支持。

  另一方面,法庭认为,被告人对于强奸罪的理解,无法与"性交"这一概念的通常含义相协调。法庭认为,如果被告人的理解成立,堪萨斯州法律仅仅适用于最初的生殖器插入,而不涉及其他后续行为,那么性交在行为人完成插入的那一刻便已经结束。而根据通常的理解,性交指的是一个完整的性行为过程。因此,法庭指出,堪萨斯州法律的相关用语仅仅表明,完成插入是证明强奸罪成立的证据门槛,而不意味着将强奸罪的成立仅限定于最初的插入行为。法庭进一步强调,根据上述通常理解,堪萨斯州法律界定的强奸行为,包括所有通过暴力或恐吓完成的非自愿性交,而非仅限于最初的生殖器插入。因此,若先前同意性交的被害人在插入完成之后撤回了同意,且行为人继续使用暴力或恐惧实施性交,其仍然有可能成立强奸罪。最后,法院总结道,认为插入之后的性交举动仍然可能成立强奸罪的观点,与大多数州的判例观点一致。相当多的判例明确指出,被害人同意最初的插入,并不当然意味着其对此后一切性交举动均予认可,行为人在同意撤回之后通过暴力或胁迫继续性交的做法,依然有可能构成强奸罪。

  第二个问题主要涉及如何具体确定对行为人停止性交的合理时间。通过对加利福尼亚州最高法院 *In re John Z.* 案①的分析,法庭对被告人的

---

① *In re John Z.*, 128 Cal. Rptr. 2d 783 (2003).

辩护理由进行了详细回应。

在 In re John Z. 案中，被害人三次告知被告人其想要回家，但被告人在大约 4 到 5 分钟之后才停止性交。该案被告人宣称，在女性表示反对之后，应当允许行为人在一段合理的时间之内停止性交，因为"在性行为过程中，男性的原始生殖冲动被唤起，法律因而不能期待行为人同意撤回之后立刻停止"。加利福尼亚州最高法院认为，所谓的"原始冲动"理论缺乏权威根据，而且法律根本没有允许行为人在同意撤回之后继续性交。此外，加利福尼亚州最高法院还认为，该案被告人在获知被害人的反对意思之后，事实上拥有充足的时间终止性交，却仍然拒绝停止。最终，加利福尼亚州最高法院未能采纳被告人的主张，并拒绝对停止性交的合理时间进行具体解释。

对此，堪萨斯州最高法院审判庭认为，加利福尼亚州高等法院拒绝承认被告人有权在合理时间内停止性交的观点存在问题。其中最为重要的问题在于，如果依照加利福尼亚州最高法院的判决理由，一概不考虑被告人停止性交的时间是否合理，那么便意味着被告人必须在获悉相对人作出的同意撤回之后，立即控制自己的性冲动，并即刻停止性交。这样的观点忽视了个案中千差万别的事实情形，因而难以令人接受。

有鉴于此，堪萨斯州最高法院审判庭认为，在同意撤回的案例中，被告人应当拥有一段合理的时间，停止已经开始的性行为。只要被告人在这段时间之内停止性交，便不构成强奸罪。进一步而言，陪审团需要根据个案中的具体情形以及撤回同意的具体方式对被告人停止性交的时间是否合理进行综合判断。堪萨斯州最高法院审判庭认为，这种相对的认定方案，既能避免毫无根据的"原始冲动"理论，又能充分考虑个案中的特别事实与特殊情形，因而具备更强的合理性。

法庭特别强调，停止性交的合理时间，应当由陪审团加以判定。具体到本案情形而言，尽管现有事实有可能最终表明，行为人在获知同意撤回之后，通过暴力和威胁实施的，长达 5 至 10 分钟的后续性行为确实超越了合理时间，初审或上诉审判庭也不能越俎代庖直接得出结论。为了让陪审团有能力作出上述判断，法庭指出，初审审判庭便有义务对就以下法律问题向陪审团提供明确指示：首先，根据堪萨斯州法律，强奸罪仍有可能出现在完成插入之后；其次，在相对人撤回同意之后，被告人应当在一段合理时间内停止性行为。

综上,堪萨斯州最高法院判决认为:审判庭应当告知陪审团,自愿性交的被害人在插入完成后撤回同意的,若被告人并未在合理时间内停止,并继续通过暴力或恐吓与被害人发生性行为,其仍然可能成立强奸罪;陪审团应当根据个案中的具体情形,按照一个客观的理性人标准,对停止性交的时间是否合理进行具体判断;由于控方的程序性误导,有可能影响陪审团的判断,法庭决定撤销上诉法院判决,并对本案进行重新审理。

【案例评述】

缺乏法律意义上的有效同意,是强奸罪成立的前提。因而在普通法中,存在有效的被害人同意,是最为重要的强奸罪辩护事由。[①] 在通常情况下,在强奸罪中,一个有效的被害人同意,应当满足以下条件:首先,被害人必须达到法定同意年龄;其次,被害人需要正确理解性行为的内涵与后果。根据某些州的法律规定,诸如暴力等外部因素,也能够作为是否具备有效同意的判定标准。比如《伊利诺伊州法典注解》(*Iowa Code Ann.*) §709.1 规定,当其中一人实施如下行为时,发生于两人之间的性行为属于性虐待:性行为通过暴力或违反另一方意志的方式完成。再比如《加利福尼亚州刑法典》§261 规定,强奸是在下列情形中完成的性交:(1)当某人因为精神错乱、不健全或身体的无能力,不能作出合法同意的;(2)当某人因迷醉或麻醉物质之作用不能反抗的;(3)当某人在性行为发生时对行为之性质缺乏意识的……《模范刑法典》§213(1)也明确规定,可以从压制反抗的物理性暴力、对于即刻重大身体伤害或死亡的威胁、被害人神志不清无法作出同意、药物引发的无同意能力以及未达到同意年龄等因素中推断出有效被害人同意之阙如。

本案主要涉及的实体法问题是,若同意性交的被害人在行为人完成插入之后撤回同意,行为人实施的后续性交是否仍有可能成立强奸罪。根据此前多数判例中的见解,被害人只能在性行为开始之前撤回同意,换言之,若同意的撤回出现在行为人完成插入之后,行为人不会因未能停止性交而成立犯罪。在本案中,堪萨斯州最高法院推翻了上述观点。其具

---

① See Ashley J. Adam, Jenny Junghwa Yoo ,"Rape", *Georgetown Journal of Gender and the Law*, Vol. 6, Issue 3, 2005, p. 493.

体的理由大体上可以被归纳为以下两个方面:

一方面,法庭认为,根据一般语义和通常理解,"性交"是一个完整的行为流程,而非生殖器插入这个特定的动作。如果认为完成插入之后便不可能成立强奸罪,便会与法律规定的通常语义发生冲突。因此,法庭认为,如果相对人在性交过程中撤回了先前同意,被告人就应当尊重其意愿,在合理的时间内停止性交。如果被告人拒绝如此,并使用暴力、威胁或其他方法继续与被害人发生性关系,就有可能成立强奸罪。

另一方面,被害人在性交过程中的同意撤回,不代表被告人必须即刻停止性行为的实施。相反,在法庭看来,只要被告人在一段合理的时间内终止性行为,便不会构成强奸罪。至于多长时间属于"合理时间",不能抽象地一概而论,而是应当根据同意撤回的具体方式与案件发生时的其他特殊情形,从一个理性观察者的视角出发,进行个案判断。

法庭提出的上述见解,扭转了"自愿性交开始之后无强奸"的传统看法,并在法律层面,发展出"完成插入后的强奸"(post-penetration rape)这一强奸罪行为类型。本案对于强奸概念的拓展,得到了部分州立法机关的支持。例如,《伊利诺伊州议会第406号法案》便明确规定,先前同意性交者有权在性交过程中的任意时点撤回同意。[①] 即最初同意对方实施插入式或其他性行为者不意味着必须同意任何在同意被撤回之后,对方作出的插入式或其他性行为。

---

① See e.g., 720 Ill. Comp. Stat. Ann. 5/12-17(c)(West, Westlaw through 2004 Reg. Sess.). See also Brett M. Kyker, "Initial Consent Rape: Inherent and Statutory Problems", *Cleveland State Law Review*, Vol. 53, Issue 1, 2005-2006, p. 163.

第二十一章 财产罪

第一节 盗窃罪

案例:加利福尼亚州诉山侬案[*]

(*People v. Shannon*)

符天祺[**]

【关键词】

盗窃罪;永久剥夺占有目的;拿走他人财物;犯罪既遂

【争议焦点】

意图偷拿在售商品,谎称退货而骗取退款,是否构成盗窃罪的既遂?

【诉讼进程】

1996年7月11日,被告人杰弗里·安特万·山侬(Jeffrey Antwan Shannon)在一家商店里将货架上的一件衣物藏进包里,随后在柜台声称要退掉这条裤子。他在柜员为其办理退货退款手续后离店之际被店里的保安抓住。洛杉矶(Los Angeles)高级法院认定其构成轻微盗窃罪(petty

---

[*] *People v. Shannon*, 78 Cal. Rptr. 2d 177 (Cal. 1998).
[**] 北京大学法学院博士研究生。

theft),并由于其先前至少两次因重罪(felony)受过刑事处罚,所以还触发了"三振出局"规则,导致对其适用25年监禁的处罚。

之后被告人提出上诉,认为自己的行为只是轻微盗窃罪的未遂,并不符合既遂的条件。1998年9月4日,加利福尼亚州上诉法院第二分庭宣告维持原判。

【案件事实】

1996年7月11日,一家商店的员工看到被告人山侬在商店徘徊,带着一个包,里面似乎有两件东西。其接着尾随山侬来到服装部,看到山侬拿起两条裙子和一件毛衣,解下衣架的夹子。衣服掉在地上,离开了该员工的视线范围。山侬弯下腰拿起包走向收银台。这位员工检查了山侬刚才站的地方,发现三个空的衣架。

另一名员工通过监视摄像机也注意到了山侬的行为。她可以肯定山侬起身后向柜台走去时包明显更加鼓了。

当山侬来到收银台把包里的东西拿出放在柜台时,第一位员工给收银员打了电话。在亚拉的提问下,收银员确认了山侬是要求把这些东西退货。第一位员工告诉收银员为其办理。

收银员在操作退款程序时给保安打了电话,然后在保安允许的情况下为山侬完成退款操作。山侬得到了102.83美元退款,在随后离店时被商家抓获。

【控辩观点】

辩方:

山侬认为自己至多是盗窃罪的未遂,根本不是既遂,因此诉请法院将他认定为轻微盗窃罪的未遂,也就是一项轻罪。他举了两个理由:第一,他把在售衣物放进包里然后去收银台要求退款的行为没有达到盗窃既遂,因为他没把它们带离商店;第二,他并没有永久剥夺商店对衣服占有的意图。

【法庭观点】

山侬被指控的罪名是盗窃罪(theft),这个罪名指向的是不法地剥夺他人财产的行为。这罪名包括普通法盗窃罪(larceny)、侵占(embezzlement)、欺诈盗窃(larceny by trick)以及诈骗(theft by false pretenses)。①普通法盗窃、欺诈盗窃和侵占都和以永久剥夺他人财产权的意图在未经他人同意的情况下从他人占有之下夺走财物有关。诈骗并不要求被告人夺走财物,只需要被告人虚构事实引诱他人向其交付财物。法官给陪审团的指示只限于普通法盗窃这个罪名,欺诈盗窃、侵占和诈骗都不在其列。

针对山侬提出的第一点理由,州上诉法院第二分庭援引了 *People v. Khoury* 案②:被告人把价值 900 美元的货物藏在吊灯盒子里带到了验货台借此以盒子上低得多的价格把这些货物买下。不过店员发现了可疑之处并拒绝了交易,被告人因此弃下盒子和里面的商品,离开柜台,在店内被捕。法官的论证是:"盗窃罪的既遂和未遂不同,它必须在行为人带走财物和获取财物的情况下才成立。只有如下事实被证实,才可以说行为人带走了财物:物主的持有和保管被切断,转而由盗贼来占有,并且这种状态改变是永久性而非暂时性的。"然而,根据 *People v. Tijerina* 案③,一个人盗窃商店财物要构成盗窃罪,无须以他将财物从商店中带出为前提;毋宁说只需在永久地破坏物主的所有权的意图下将财物从货架或别的地方拿下并移开。法官根据和盗窃罪有关的《加利福尼亚州模范陪审团指示》(*California Model Jury Instructions*) No.14.02.给陪审团作出的指示中认为,构成"带走"的标准,"并不必然要求物体被实实在在移出其原本放置的场所"。所以山侬提出的他没有把衣服带出商店所以不构成盗窃罪既遂的主张是错误的。

接着看山侬的第二个理由。陪审团受到的指示是,盗窃罪成立需要永久剥夺他人所有权的特殊意图。但是,意图在之后返还财物或者恢复

---

① 按照普通法,欺诈盗窃是指行为人出于窃取的意图先以欺骗的方式获得对他人财物的占有(possession),而后将占有到的财物据为己有的行为。参见刘士心:《美国刑法各论原理》,人民出版社 2015 年版,第 222 页。"larceny"和"theft"虽然经常都被译成"盗窃罪",但是分别是古老的普通法术语和现代制定法术语。从历史来看,后者是在前者基础上增设了侵占和盗窃而形成的综合性罪名;从种属关系看,前者是后者的下位概念。参见刘士心:《美国刑法各论原理》,人民出版社 2015 年版,第 193 页。

② People v. Khoury, 166 Cal. Rptr. 180 (Cal. App. Ct. 1980).

③ People v. Tijerina, 1 Cal. 3d 41, 47, 81 Cal. Rptr. 264, 459 P.2d 680(1969); People v. Buonauro, 113 Cal. App. 3d 688, 692, fn. 1, 170 Cal. Rptr. 285(1980).

原状,并不足以否定以上意图。例如,根据 *People v. Post* 案①,"财物……并不必须为实行犯所保留"(《加利福尼亚州模范陪审团指示》No.14.02.);"出于欣赏目的带走财物也构成盗窃罪,哪怕事后物归原主……盗贼被物主阻止而未能携带财物离去,或他改变主意归还财物以逃避法律制裁并不免其于盗窃罪名的推断……被告人原本计划要用骗局或者诡计的方法获得财物并擅自使用,接着实际上也获得了对财物的占有,即使不保留财物也不为了自己的利益而使用,也不必定就此免除盗窃的罪名"。而且,控方无须证明被告人为自己使用财物而将其盗取;只需要证实被告人有破坏财物的意图并在此支配下剥夺了物主的使用权就足够了。

因此考虑到山侬明显不具备保留衣物的意图,只是想通过说谎的方式在退货过程中窃取商家有关商品的经济价值,当他心怀上述意图把衣服放进包里时犯罪已经既遂了。毫无疑问,山侬的意图是永久地剥夺商店的和这些衣物价值相等的金钱。并无证据表明,山侬在不可能骗取到退款时会弃下这些被偷的衣物。

即便山侬有意在计划落空时弃下衣物,他依然会在为实现从商店处骗得和衣物价值相当的金钱而将衣物装进包时被评价为犯罪既遂。山侬的计划是从商店骗得金钱,还是带走衣服卖给销赃者或别的第三人,用来交换毒品还是其他用来穿着之外的处置方法,都无关紧要。和那些暂时偷开他人车辆并事后还车的人不同,山侬并没有无条件归还衣服的想法,反而是要将衣服"卖"回给卖家以图利。也有观点提到:"一个人在如下情况下可以认为他缺乏盗窃罪所必需的'意图盗窃'的要件:他拿走他人财物时想的是暂时用一下随后会在合理时间内返还,而他确实有条件这么做。"②类似的观点还有:"盗窃的意图,正是永久剥夺物主持有。某人若是拿走他人财物以暂时使用或者藏匿,且不无归还之意,在侵权法上仍负损害责任但并非盗窃之罪。"③

在以上两处论述中,都引用了 *People v. Brown* 案④,其推翻了给予错

---

① *People v. Post*, 76 Cal. App. 2d 511, 514, 173 P.2d 48(1946).

② Wayne R. LaFave, Austin W. Scott, Jr., *Substantive Criminal Law* (2nd ed.), Vol. 2, 1986, West Publishing Company, §8.5(b), p. 359, italics added, fn. omitted.

③ B. E. Witkin, Norman L. Epstein, *California Criminal Law* (2nd ed.), Witkin Legal Institute, 1988, §585, p. 661.

④ *People v. Brown*, 105 Cal. 66, 38 P. 518(1894).

误的陪审团指示的夜盗罪有罪判决。被告人布朗承认,他因之前与房东儿子争吵怀恨在心,意图拿走房东儿子的自行车以报复对方,并在一天内无条件归还。然而,布朗错取走了别人的自行车,在归还前就被捕了。法院组织了新的审判,因为原审陪审团收到的指示中断定他拿走自行车的行为和永久剥夺他人所有权的意图没有必然联系,但其实是有的。

回到本案,山侬并没有无条件归还商店财物的意图。相反,他正是怀着谎称自己是真正物主的不法意图,打算拿走商品再卖回给商店。因此,山侬既不缺乏不法意图,也无意无条件返还财物。以上辩护理由对他不成立。

在 *People v. Stay* 案①中,被告人斯代(Stay)的职员负责回收零售店的推车。这些推车上有所属商店的标识,供老顾客们装货回家然后放在商店附近的街上。回收后,被告人斯代联系商店把推车送回去,要价是每车2.5美元,而其他依法从事该业务的公司要价仅为每车25美分。有些商家不接受他的要价,斯代便将它们推车上的商店店名和编码除下,重新贴标签后转给其他商店。斯代被指控犯有五项重盗窃罪的既遂,包括对付给他送还自家推车商店的盗窃,也包括对拒绝和他合作所以自家推车被改换标识后转给别家的商店的盗窃。上诉法院维持原判。

在 *People v. Stay* 案中,法院并没有接受斯代的主张,即他和上述合法的公司一样,依照准许从事"无偿"归还商店推车,并得到"回收和照管这些财物的合理报酬"的成文法行事,因而既不是盗窃罪既遂也不是盗窃罪未遂。一个具有决定意义的判断是,法院并不接受他没有犯罪是因为没有永久剥夺商店对推车所有权的意图的抗辩。在做这些分析时,法院并没有区分付了推车赎金的商店及拒绝和斯代合作并因斯代将车转给他人而失去了推车的商店。所以尽管斯代从未意图保留这些推车但他意图送回去以换取赎车费而偷走这些车,或者在被拒绝合作后卖给别人的行为,已经足够认定盗窃罪既遂。

People v. Stay 案和本案中被告人的计划不同,但结论没有区别。在这两个案件中行为人意图不法偷走财物并自称物主将其卖回给被害人,最终结果是盗走了金钱而非物这点,并不妨碍盗窃罪成立。当山侬移动了衣服因此以其为犯罪工具意图以欺骗手法卖回给商店时他即应以盗窃

---

① *People v. Stay*, 19 Cal. App. 3d 166, 96 Cal. Rptr. 651(1971).

罪既遂论处。以上均有证据可证明。

州上诉法院第二分庭最终维持山侬盗窃罪既遂的判决。

【案例评述】

普通法的盗窃罪指的是为了永久剥夺（permanent deprivation）他人财物而非法地（trespassory）将其拿走（asportation，也作 carrying away）或夺取（caption，也作 taking）的行为。按照普通法对于盗窃罪的一般理解，获取是指打破他人占有并建立自己占有的行为，拿走则是使对象物位移的行为。这里的位移并不需要很远的距离，甚至两三英寸也符合这个要素。① 但被告人的行为完全没有令物体发生任何移动是不符合这个要素的要求的，进而可以说不存在没有令对象物没有发生任何移动的盗窃罪。就令物体发生位移本身而言，它的功能主要是印证行为人对于占有状态的改变。② 非法拿走并获取财物中的非法，指的是未经财物所有人同意。永久剥夺指的是获取和拿走财物，令原来的占有者永久性失去财物的意图。如果行为人主观上只是暂时拿走财物使用，并能证明其主观上有真诚的返还意愿（bona fide intention of returning），那么就可排除这种主观要件的存在。③ 当然这种永久剥夺目的和拿走行为要具有同时性（concurrence）。此外，为了解决以暂时使用为目的拿走他人财物的行为人后来临时起意遂永久性占有不再归还的问题，普通法发展出了一个持续非法占有的原则（continuing trespass doctrine），即行为人得到财物时是非法的话，那么随后他决心永久保留这件财物时盗窃罪就既遂了。④ 值得注意的是，美国刑法中盗窃罪占有转移的方式与我国刑法"秘密窃取"的通说不同，和德日刑法中"平和取得"十分相近。

本案焦点问题在于被告人的行为是否构成盗窃罪的既遂。辩方的两

---

① See Richard G. Singer, John Q. La Fond, *Examples & Explanations: Criminal Law* (5th ed.), Wolters Kluwer Law & Business, Aspen Publishers, 2010, p. 273.

② See Matthew Lippman, *Contemporary Criminal Law: Concepts, Cases, and Controversies* (2nd ed.), Sage Publication, Inc., 2010, p. 449.

③ See Ellen S. Podgor, Peter J. Henning, Andrew E. Taslitz & Alfredo Garcia, *Criminal Law: Concepts and Practice* (3rd ed.), Carolina Academic Press, 2013, p. 404.

④ See Ellen S. Podgor, Peter J. Henning, Andrew E. Taslitz & Alfredo Garcia, *Criminal Law: Concepts and Practice* (3rd ed.), Carolina Academic Press, 2013, p. 405.

个辩护理由包含的问题指向盗窃罪的两个要件,一是拿走这个行为要件。山侬在本案中有无对商家财物的非法控制和支配?若有,是在何时?二是永久剥夺占有的主观要件。能否证明山侬具有这个特殊的故意?

首先来看拿走要件。盗窃罪的行为要件重在通过移动对象物而将他人占有转化为自己占有,而不在于必须移动或者带离特定场所或很长的距离。前述对于移动财物的距离和程度如此宽松的要求,实际上令拿走这个要件渐渐形式化乃至消解,占有状态的改变在审查时占据了更加重要的地位。拿走财物,不以离开前占有人的场所为前提。

本案法院在审查这一点时,显然是认为,当被告人把货架上的衣物装进包里时,就已经让商店无法对该商品进行控制,永久性失去了占有。结合整个假退货真骗钱的犯罪计划来说,此时行为人的盗窃罪行为已经完成,因为商店损失的要么是对衣物的占有,要么是对相当于衣物价值的款项的占有,盗窃罪的结果已经出现了,只是还没有顺利掩盖犯罪事实而已。对被告人要么成功用店里的在售商品骗取退款,要么在骗取退款不成时偷走衣物的假设,实际上是把既遂时点推到了这两种结果发生的时候,这是对盗窃罪既遂时点的误解。换句话说,不必等待行为人内心计划完全实现才认定既遂,实际上犯罪计划可能会包含实施完成犯罪之后的掩盖行为,而这个行为显然是和既遂无关的。此时法院有效地论证了在有永久性剥夺他人占有意图情况下,把商品藏在包里的行为已经既遂的正确性。

有个疑问是山侬在把衣物偷塞进包里的行为被商家发现之后,后续的假退货退款都是在商家欲擒故纵的"配合"之下进行的。能否认为,在后一阶段商家实际处于可以随时夺回商品的状态,甚至可以以此否认山侬取得了对商品的支配和控制?从前述判例还有本案法院的立场来看,后续行为并不会影响前一阶段山侬已经取得对商品支配和控制的结论。

而辩方提出的第二个理由,则是认为证据无法肯定这种意图存在。本案的棘手之处在于山侬始终没把衣服带走,甚至最后还给了商店,这似乎只是暂时将财物拿走,怎么可能是一种永久剥夺他人占有意图支配下的行为呢?这就犯了把经验素材和规范内容混淆的错误。在美国刑法中,对于盗窃罪中占有破坏意图的"永久性",不是简单的时间概念,而要从一些实质的财产损害和经济损失的角度分析。假设被害人要在某段时间内使用某件物品,行为人违背其意志将其拿走,并在这段时间后才归还。例如,在赛前盗走球赛选手的球杆并在比赛甫一结束就归还;明知对方在丧失股票和债权的情况下不得不宣告破产仍将它们拿走一周时间。表面上看这件财物并没有永久性脱离被害人的占有,但是物归原主时它们之于被害人的效用已经丧失,这一行为给被害人特定时期至关重要的占有或有经济意义的占有造成了损害。实际上也有法院把这些情况认定为符合永久性剥夺他人占有。①

在行为人取得了占有后,接下来的行为既可能说明他没有永久剥夺意图,如偷开他人汽车后及时归还;也可能印证这一意图的存在,例如按照财物通常的使用价值去使用。在前述 People v. Post 案中,被告人在已经盗窃的情况下声称将把以前欠被害人的财物(实际上正是他们所盗的)归还,但在离开现场时被警方控制,在接受讯问之际将财物奉还给被害人,最后依然不免盗窃罪既遂的责任。此外 People v. Quiel 案中,被告人把车停在被害人车辆旁边,拿走了对方车内的钱包,然后驶离现场。虽然离开时被害人的钱包被丢弃在街头,且里面的银行支票没被拿走,但被害人仍构成了盗窃罪既遂。既遂的时点,正是被告人怀着永久剥夺占有的目的把钱包从车里拿出来时,后面放弃钱包的举动,并不能否定这种意图。②

以上判例都表明被告人非法拿走他人财物之后,不管是意图以此为媒介换取等额经济利益,还是放弃被盗财物,都不影响既遂时点的认定,至少不能以这些情况为理由否定盗窃既遂。结合山侬假退货真骗钱的行动过程,山侬的盗窃既遂时点是在把衣物装进包里时,而不是之后得到了退款时。这个思路实际上是把商店的财产损失时点定位在了这个时间点。所以山侬的计划本质上是获得和那个衣物等价的经济利益,至于最后实现媒介是衣物本身还是金钱其实不重要;商家在山侬把衣物收入囊中之际已经永久性丧失了占有,这些都足以表明山侬永久性剥夺占有意图的存在和实现。换言之,山侬后来的骗取退款行为,只是掩盖已经完成的盗窃罪而已。

---

① See Richard G. Singer, John Q. La Fond, *Examples & Explanations: Criminal Law* (5th ed.), Wolters Kluwer Law & Business, Aspen Publishers, 2010, pp. 276-277.

② See *People v. Quiel*, 157 P.2d 446 (Cal. App. 1945).

第二节 侵占罪

案例：联邦诉莱奎尔案[*]
(*United States v. Lequire*)

符天祺[**]

【关键词】

侵占罪；给付义务；信托关系；委托关系

【争议焦点】

合同约定行为人为保险公司代收客户保险费，并定期无条件向保险公司转账的情况下，作为行为人出纳的被告人没有履行转账义务并有私自将保险费账户资金转给他人的行为，是否构成侵占罪？

【诉讼进程】

帕特里奥特公司的出纳莱奎尔(Lequire)拒不履行帕特里奥特保险代理公司(Patriot，以下简称"帕特里奥特公司")对于意志之峰保险公司(Spirit Mountain，以下简称"意志之峰公司")的转账义务，反而将为意志之峰公司代收的保险费所在账户资金私自转出。联邦地区法院亚利桑那州法庭判莱奎尔构成侵占罪。

2012年2月16日，联邦上诉法院第九巡回法庭作出裁判，推翻原判决发回重审作完全无罪判决。

【案件事实】

帕特里奥特公司在前众议院议员里克·伦齐(Rick Renzi)和他的妻子罗贝塔·伦齐(Roberta Renzi)名下，受亚利桑那州保险部(Department

---

[*] *United States v. Lequire*, 672 F.3d 724 (9th Cir. 2012).
[**] 北京大学法学院博士研究生。

of Insurance)监管。该机构从事财产保险和责任保险的经济活动,以团体价为保险公司和非营利组织提供中介服务。在涉案期间,被告人莱奎尔是帕特里奥特公司的出纳。在2002年当选为众议院议员后,伦齐将帕特里奥特公司转移至妻子名下。经查证,伦齐依旧控制着公司:他能够向员工发号施令,决定向谁理赔以及何时理赔。2005年,在莱奎尔的协助下,伦齐设立了意志之峰公司。其目的在于创设一个风险自留集团(risk retention group)为自身抵御风险,就像帕特里奥特公司为非营利组织所做的那样。意志之峰公司登记在哥伦比亚特区,它可以在全国范围内营业。莱奎尔也在其内部从事出纳工作。

意志之峰公司和风险服务公司(Risk Services)有协议,约定该有限责任公司作为意志之峰公司的附属经营者(captive manager)。风险服务公司负责处理意志之峰公司的归档、账单和财务报告,以及对各种法律和行政工作进行监管。风险服务公司同时是意志之峰公司和哥伦比亚特区银行证券和保险部(D. C. Department of Insurance, Services and Banking, DISB)之间的沟通桥梁。虽然该公司和意志之峰公司以及帕特里奥特公司共享同样的董事会成员,但它还是独立于后两个公司。莱奎尔和伦齐夫妇在风险服务公司中都没有职位。

伦齐夫人代表意志之峰公司和代表帕特里奥特公司的莱奎尔签署了一项项目助理的代理协议。作为意志之峰公司在亚利桑那州的项目助理,帕特里奥特公司提供政策相关的服务给意志之峰公司,服务内容包括承保、付清欠款和收取保险费。根据协议,帕特里奥特公司向意志之峰公司的保单持有人收取保险费,然后按月交一笔款项给意志之峰公司。

为了确保实现以上的目的,意志之峰公司和帕特里奥特公司之间的协议中包含如下相关条款:

费用收据;账目

A.作为意志之峰公司的受委托人,帕特里奥特公司应该依该协议保管好其收到的款项。帕特里奥特公司在未经协议授权的情况下决不可将这些款项供个人或公司使用。帕特里奥特公司可以将上述款项存入其总营业账户,该账户内允许存有其他承运人的佣金和帕特里奥特公司的佣金。

B.根据本协议帕特里奥特公司要负责为意志之峰公司收取和本协议有关的商业活动的应缴费交给意志之峰公司。帕特里奥特公司不能以收取保险费不全为由不对意志之峰公司履行完整交付所有的应缴费等其他义务。

按照伦齐的指令,帕特里奥特公司立即将客户的保险费支票存入了自己的总营业账户中,整个 2006 年 7 月,帕特里奥特公司将其收到的保险费支票加盖了这样的标签:"仅用于寄存。帕特里奥特保险代理有限公司,信托账户。"然而实际上不存在这样一个信托账户。2006 年 7 月之后,帕特里奥特公司在存入总营业账户时不再加盖如上字样的橡皮图章。

帕特里奥特公司总是无法按时将保险费交给意志之峰公司。其实,在两年内,莱奎尔把保险费款项转移到伦齐的个人账户下,伦齐将其私用了。有一次帕特里奥特公司的银行账户余额不足以支持其履行对意志之峰公司的给付义务时,莱奎尔反而给伦齐转了超过 75 万美元的一笔钱。

在帕特里奥特公司怠于对意志之峰公司履行转账义务期间,莱奎尔提供了准确属实的报告给风险服务公司,说明了帕特里奥特公司的失职。风险服务公司则把这些拖欠的款项报告给了银行证券和保险部。尽管帕特里奥特公司毫不掩饰上述失职行为,意志之峰公司、风险服务公司和银行证券和保险部都没有激活针对这种失职行为的 1.5% 的罚息条款。

一些对帕特里奥特公司和意志之峰公司的协议没有亲自了解,但自认清楚两家公司关系本质的人作了证。风险服务公司与银行证券和保险部都以官方名义作证声称意志之峰公司和帕特里奥特公司有信托关系,一名银行证券和保险部的官员说她不可能在缺少信托条款的情况下批准项目代理协议。其他人认为,尽管亚利桑那州的法律不要求帕特里奥特公司必须是意志之峰公司的受托人,当地的通行做法还是要求代理人做到"可靠且负责",不将保险费据为己有。

【控辩观点】

控方:
帕特里奥特公司收取的保险费款项本就是意志之峰公司的财产,前者是基于信托关系而对其占有和保管。如此一来,被告人把这些款项擅自转给伦齐,就是侵占罪。

辩方:
莱奎尔根据《联邦刑事诉讼规则》(Federal Rules of Criminal Procedure)

§29(c)作出无罪申请。理由是,从法律和事实角度看,帕特里奥特公司和意志之峰公司之间都没有违反前述侵占罪规定的信托关系,侵占罪的前提并不存在。这里的依据是,如果钱款并不是处于信托关系之下,那就不是意志之峰公司所有,谈不上意志之峰公司的钱款被侵占。

【法庭观点】

侵占保险费的罪名被规定在《美国法典》18§1033(b)(1)之中。但以上法律条文没有给出何谓"侵占"的答案。但有判例将侵占定义为"由信托财产的受托人或者合法取得财物的人在非法剥夺他人财物意图下使用财物"[1]。

尽管联邦法律给出了侵占的定义,但是判断某财产是否被信托,甚至财产是否属于某人这样的问题,还是需要通过州法院来处理。在 United States v. Lawson 案中,法院依照州法律判定保管拍卖所得的拍卖商是受托人还是债务人;如果他是受托者就会被认为是触犯了侵占罪。[2] 同理,本案中上诉法院第九巡回法庭会依据亚利桑那州法律去判断帕特里奥特公司是否因信托之故为意志之峰公司保管保险费,还是仅仅基于一个合同义务按月转账而已。

控辩双方都同意这点:如果意志之峰公司的保险费是基于信托关系而由帕特里奥特公司保管这个事实成立,那么莱奎尔的行为就构成侵占罪。如果否认这个事实,那么其中的法律关系就是债权债务关系(debtor-creditor relationship),便没有侵占罪的空间。上诉法院第九巡回法庭同意莱奎尔的观点:根据亚利桑那州法律,帕特里奥特公司是意志之峰公司的债务人而非信托受托人。

亚利桑那州法律未规定保险经纪人有义务基于信托而为保险公司保管资金。资金是否因为信托而被保管取决于特定合同条款。此处协议载明"作为意志之峰公司的受委托人,帕特里奥特公司应该依该协议保管好其收到的款项。帕特里奥特公司在未经协议授权的情况下绝不可将这些款项供个人或公司使用"。不过协议里缺少"信托""信托财产""基于信

---

[1] United States v. Eriksen, 639 F.3d 1138, 1145 (9th Cir. 2011).

[2] See United States v. Lawson, 925 F.2d 1207, 1209-10 (9th Cir. 1991).

托保存的财产""(帕特里奥特公司)作为信托受托方"等类似意思的语词。

帕特里奥特公司是意志之峰公司的受托人这点并无疑问,但是这不意味着它是信托受托人。根据《信托法重述》[Restatement of Trusts (Third) (2003)]§ 2,信托是"关于财产的委托关系",然而"信托关系是众多受委托关系之一""受托关系还包括监管保护、客户委托、代理和合伙关系"。信托和委托这两个概念是不一样的。尽管信托受托人就是受委托人,但是受委托人却并不一定是信托受托人。

对于控方而言,这里的主要问题是在亚利桑那州法律之下,当保险经纪人依据合同可将资金集中到一个账户,并要履行把相应款项转账给保险公司的义务,但不以保险费实际收缴情况为转移。这时法律上不存在信托关系,只有债权债务关系。这是 *Chicago Fire & Marine Ins. Co. v. Fidelity & Deposit Co.* 案①中受到肯定的结论。类似的,在 *Foothill Capital Corp. v. Clare's Food Market, Inc. (In re Coupon Service)* 案②中,法院也否认了优惠券清算所(coupon clearinghouse)是零售商的优惠券收入的信托受托人,因为不管制造商何时向清算所付钱,清算所都必须在事先安排好的日期里向零售商付一笔钱,而清算所有权利将这些收入和自己的资金存在同一账户下。本案协议是允许帕特里奥特公司将客户支付的保险费存入其总运营账户的。而且帕特里奥特公司必须给意志之峰公司支付所欠的保险费,哪怕帕特里奥特公司自己也没收齐这笔钱。此外,帕特里奥特公司未按时交付保险费还会导致每个月1.5%的利息,这就令本案与这两个案件相比债权债务关系更加明显。如果利息是基于向意志之峰公司按期转账中的未履行金额计算,根据《信托法重述》§ 5"那么这种关系就更加明显是债权债务关系而非信托关系"。

帕特里奥特公司是受委托人的事实并不意味着它是信托受托人。重申一次,许多,甚至是大多数的受委托人并非信托受托人。禁止私自将资金供个人或者公司使用的条款,也不足以支持一个信托关系的成立;相反

---

① *Chicago Fire & Marine Ins. Co. v. Fidelity & Deposit Co. of Md.*, 41 Ariz. 358, 18 P.2d 260, 262 (Ariz. 1933).

② *Foothill Capital Corp. v. Clare's Food Market*, Inc. (In re Coupon Service), 113 F.3d 1091, 1100 (9th Cir. 1997).

这只是一个合同上的限制条款罢了。在 United States v. Lawson 案①中,上诉法院第九巡回法庭认为,即使法律规定拍卖商要把拍卖所得和个人资金分开,拍卖者和财产权利人之间还是债权债务关系,因为他可以把所有拍卖所得集中到一起,也不必区分它们——只要数额不出错。

因为根据事实,委托关系并不必然创立信托关系,控方引用的大多证据——包括证人认为帕特里奥特公司有受委托的义务和要对意志之峰公司尽到"可靠且值得信任"的义务——和该协议是否创设了一个信托关系这个关键问题无关。

一段时间内帕特里奥特公司将有"信托账户"字样的橡皮图章加盖在保险费支票上存入总运营账户,这个事实对本案定性没有影响。首先,不存在什么单独的"信托账户",事实上可以确定的是资金被存入一个集中的总账户之中。更重要的是,本案结果取决于当事人间的合同内容而非帕特里奥特公司的背书印章。举个相反的例子,若协议事实上创设了一个信托关系,那么莱奎尔用背书印章来宣示资金是属于他的也无效。

初审法院还依赖于从意志之峰公司对帕特里奥特公司未来的佣金和费用中的担保物权中找到充分的所有者权益以维持莱奎尔的侵占罪判决。但这个理由不成立,因为意志之峰公司的担保物权设立在未来的佣金和费用上,而不是帕特里奥特公司收集到的保险费上。

总而言之,上诉法院第九巡回法庭同意这一观点:帕特里奥特公司管控下的资金并非基于信托所得,因为协议允许资金混合集中存放,要求帕特里奥特公司在即使收不到保险费的情况下也要交付款项,并许可意志之峰公司在对方未及时履约时收取罚息。因为帕特里奥特公司并不出于信托之故占有保险费款项,莱奎尔不构成侵占罪。

基于前述理由,上诉法院第九巡回法庭决定推翻原裁判,将案件发回作完全无罪判决。

【案例评述】

普通法历史上,侵占罪(embezzlement)的产生晚于盗窃罪,其制定的初衷就是为了填补盗窃罪的处罚漏洞:盗窃罪是侵犯他人对财物的占有

---

① *United States v. Lawson*, 925 F.2d 1207, 1209-10 (9th Cir. 1991).

的犯罪;对于那些将别人委托给自己占有的财物归为己有的行为无法以盗窃罪处罚,且盗窃罪是当时最轻的侵犯财产犯罪,别的罪名也束手无策。因而在16世纪上半叶英国制定法通过扩张了传统的盗窃罪处罚范围,在一定程度上令处罚仆人侵占主人财物的行为有法可依。① 后来英国的 King v. Bezeley 案,即银行雇员未将储户交来的存款存进银行账户而是径直据为己有,最终在上述扩张立法下仍然作出的无罪判决催生了英国法历史上最早的侵占罪立法。② 当今比较公认的侵占罪定义是,将合法占有的(in lawful possession)他人财物(property of another)非法据为己有(fraudulent conversion)。与盗窃罪相比,侵占罪的故意是产生于合法占有他人财物之后的。这种对他人财物的合法占有,通常来自对方对行为人的一项以行为人替其保管、管理财物的委托。③

本案控辩双方的争议焦点是,涉及金钱等款项给付的委托关系得以证实的情况下,如果因被委托人将资金转走导致给付无法完成,就可以认定为侵占罪吗?要解决这个问题得先判断侵占罪的前提,即行为人合法占有他人财产的事实是否存在。能否认为,合同中一方财产性质的给付无法履行,就可以径直认定该方将合法占有的他人财物据为己有?

在本案中这取决于莱奎尔擅自转给伦齐的款项的性质,它们是否就是意志之峰公司将自己的财产通过合同由帕特里奥特公司合法占有的款项。各方达成的共识在于,帕特里奥特公司和意志之峰公司之间要么是信托关系要么是一般的委托关系。假如帕特里奥特公司和意志之峰公司是信托关系,帕特里奥特公司因此合法地保管意志之峰公司的财物。在此情况下,莱奎尔擅自把属于意志之峰公司的资金转账给伦齐,则可以说是侵占了意志之峰公司的财物。

从法院的分析过程来看,表象事实是帕特里奥特公司因为被告人莱奎尔将账内款项转走导致没有完成对意志之峰公司的按时给付,本应属于意志之峰公司的相当于客户交来的保险费款项落空了,似乎符合侵占罪中侵吞财物的要素;深层次还要细究,这个款项的性质是债务履行的对

---

① 参见刘士心:《美国刑法各论原理》,人民出版社2015年版,第214—215页。
② 参见〔美〕约书亚·德雷斯勒:《美国刑法精解》(第四版),王秀梅等译,北京大学出版社2009年版,第525页。
③ See Matthew Lippman, *Contemporary Criminal Law: Concepts, Cases, and Controversies* (2nd ed.), Sage Publication, Inc., 2010, p. 454.

象,还是意志之峰公司通过信托关系交由帕特里奥特公司合法占有的财产。在判断这一点时,法院采用了先从法律强制规定判断,再根据当事人意思自治的合同内容进行分析的思路。

法院根据亚利桑那州的法律查明,保险代理机构并不必然就是保险公司的保险费款项的信托受托人,二者针对这笔款项的法律关系应根据具体条款分析。换句话说,义务人要履行财产给付,不必然可以倒推出权利人事先已经将自己既有的财产委托给对方保管,形成对方对财产的合法占有。本案中协议条款涉及两个理论问题,分别叙述如下。

第一,分账存放与否是判断信托关系的依据吗?根据 *Chicago Fire & Marine Ins. Co. v. Fidelity & Deposit Co.*案,委托方一直允许代理人将委托方的财物存进代理人名下的账户,接受代理人的个人支票作为债务履行的方式。审理法院认为协议既然允许代理人将被代理人的财物和自己的财物存入同一账户,那么二者之间就只是债权债务关系。最终这个代理人没有被判处侵占罪。这是一个重要的参考。可见,帕特里奥特公司把意志之峰公司客户的保险费和帕特里奥特公司自己的财产存入同一个账户,也不能够据此认为两家公司存在信托关系,还需综合别的因素判断。

而即便代理人将自己的资金和要给付给委托人的资金分开存放,是否就意味着存在合法占有他人财物的事实?在 *United States v. Lawson* 案中,按照当地法律规定,拍卖所得不可与拍卖商自己的财产混合在同一个账户,但允许拍卖商将各个委托方的多笔拍卖所得置于同一个账户下,这依旧是债权债务关系。这也说明,存放客户资金于何种账户的方式,既不是证明"合法占有他人财物"的充分条件,也不是必要条件。

第二,合同约定的按时转账义务可以证明信托关系的存在吗?我们注意到,确实存在莱奎尔给伦齐转账,而帕特里奥特公司却没有履行转账义务的情况。可否认为,莱奎尔实际上是把意志之峰公司委托给帕特里奥特公司合法占有的财物不当地使用,已构成侵占罪中的据为己有?其中的关键在于合同约定,按时转账义务的按时足额履行,不以帕特里奥特公司实际代收到的客户保险费数额为限;当履行出现问题时帕特里奥特公司还要承担罚息。就代收款项并转账给委托人这个义务而言,*Foothill Capital Corp. v. Clare's Food Market, Inc. (In re Coupon Service)*案中当事人也有高度相似的约定,并据此排除了侵占的结果。由此不难发现,哪怕说帕特里奥特公司确实合法占有了意志之峰公司的财物,其数额范围也应该是以帕特里奥特公司实际上代收到的款项为限,相应地,这也是莱奎尔所能侵占的限度。但是控方的逻辑却把转账义务所涉金额作为莱奎尔侵占的数额,在帕特里奥特公司应转款项和对保险客户实收款项不具有同一性的情况下,是不能成立的。意志之峰公司作为委托人对于帕特里奥特公司按时足额转账的期待落空,和本应归属于自己的客户保险费的丧失,不是同一回事。

这也就是法院论证委托和信托范围关系的目的所在。本案中帕特里奥特公司和意志之峰公司之间只成立债权债务关系这一点,和其他判例一样,都否定了债务不履行和侵占的同一性。本案法院正是通过宏观方面协议性质、微观方面权利义务具体内容和履行方式双管齐下的方式,肯定了两家公司之间的委托关系,但否定了这种委托关系是信托关系,因而否认了侵占罪中合法占有他人财物这个前提。

第三节　抢劫罪

案例：马萨诸塞州诉博威尔案[*]
（*Commonwealth v. Powell*）

符天祺[**]

【关键词】

抢劫罪；持械抢劫；危险武器；合理相信

【争议焦点】

假称所持为真枪威胁被害人交付财物，但实际上持有的是假枪的行为，是否构成抢劫罪中的持械抢劫？

【诉讼进程】

1998年1月16日夜晚，被告人瓦尔特·L.博威尔（Walter L. Powell）在一家便利店里以一把仿制枪冒充真枪威胁收银员交付财物，并在收到钱后逼迫对方与自己离开商店一段距离之后才放行。三天后被告人被抓获。

初审法院判定被告人成立持械抢劫罪。之后被告人提起上诉。2001年2月22日，马萨诸塞州最高法院宣布维持原判。

【案件事实】

1998年1月16日，被害人特蕾莎·坎贝尔（Theresa Campbell）在普利矛斯（Plymouth）的一个加油站便利店做收银工作。大约晚上十点半时店里没有顾客和其他店员，正在这时被告人博威尔进来走到柜台前似乎要买东西。接着他向被害人要收银机里的钱，被害人以为他开玩笑，就用

---

[*] *Commonwealth v. Powell*, 742 N.E.2d 1061 (Mass. 2001).
[**] 北京大学法学院博士研究生。

开玩笑的口气告诉他她不能这么做,因为这会给她"带来麻烦"。随后被告人在柜台附近走来走去,站到被害人旁边叫她打开收银机,还说自己可是带枪的,让她别跑。他还威胁道,如果她"轻举妄动",他就开枪了。

被害人看到被告人夹克里装了件东西,对方还好几次把手往那里放。她还看到那东西的一头从夹克里伸出至多半英尺到 1 英尺。被害人说它像木棍的一头,但不确定具体是什么:"我不清楚那是真枪还是别的什么,我只确定夹克里有那件东西。"

被告人从收银机拿走了约 170 美元。他离店时要求被害人跟着他。被害人照办了,因为她很害怕,不知道对方会不会向她开枪。走出商店,两人沿着街道走,穿过附近学校的停车场。某一刻被告人转身抓着她,逼迫她紧挨着自己走。走了 5 到 10 分钟,被告人让被害人跑回商店。被害人归店后拨打了报警电话。

警官接完电话后开始在该区域搜寻嫌疑人,他在离店两三百码的铁路上发现一件木制品。这是一件仿制的双筒散弹猎枪。它有位于枪管的两颗木钉,一个木头枪管,还有一个用来转动榔头的夹子。经被害人辨认,这就是她在被告人夹克里看到的东西。

三天后,被害人在红灯下停车时发现被告人从她身边走过。她认出是被告人,于是报警。警方很快将其抓获。

【控辩观点】

辩方:

博威尔持有的是一件假的武器,按照法庭在 *Commonwealth v. Howard* 案中的立场,假的武器或者玩具武器并不能被认定为是持械抢劫中的危险武器。①

【法庭观点】

博威尔构成持械抢劫罪的一个前提是他配备了危险武器。本案控方必须排除合理怀疑地证明被告人在商店里带的东西就是一件危险的武器。何谓危险的武器?它包括本身具有引起严重伤害或死亡的性质的物

---

① See *Commonwealth v. Howard*, 386 Mass. 607, 436 N.E.2d 1211 (1982).

品,也包括以让人合理地相信会引起严重伤害或死亡的方式使用或者展示的物品。所以,某件物品本身不是用于严重杀伤但会在案件过程中让人合理地相信它有这种效果的话,也会被认定为危险武器。这方面的例子有:Commonwealth v. Henson 案[1](尽管被告人的左轮枪里没有子弹,但法院仍维持使用危险武器伤害罪的判决);Commonwealth v. Nikologines 案[2](指控持械抢劫无须证明被告人的枪中有子弹);Commonwealth v. Johnson 案[3](被害人当时有合理理由相信被告人口袋里的就是一把枪,但实际上只是一把毛刷,不妨碍成立持械抢劫罪);Commonwealth v. Garafolo 案[4](意图抢劫而使用玩具手枪,也符合持械抢劫罪的要件);Commonwealth v. Nicholson 案[5](假的塑料枪如果以令人合理相信可以对身体造成伤害的方式出现,也符合持械抢劫罪的要件);Commonwealth v. Perry 案[6](携带黑色塑料手枪抢劫也是持械抢劫);McLaughlin v. United States 案[7](依照联邦的抢劫银行犯罪有关条款在抢劫银行时展示的没有装填子弹的手枪,也是危险武器)。

之前的法官正确地强调了构成危险武器的必要条件,以此为陪审团提供正确的危险武器的定义:"一件物品本身若有没致死或者重伤的功能,也不绝对免其被认定为危险武器的可能——前提是它的出现让人合理地相信会有这种杀伤力。"[8]这个指示和过去判例法的立场一脉相承:如果被害人在当时环境下认为该物品是真的武器,且这种判断是有合理

---

[1] *Commonwealth v. Henson*, 357 Mass. 686, 693-694, 259 N.E.2d 769 (1970).

[2] *Commonwealth v. Nickologines*, 322 Mass. 274, 277, 76 N.E.2d 649 (1948).

[3] *Commonwealth v. Johnson*, 27 Mass. App. Ct. 746, 748-749, 543 N.E.2d 22 (1989).

[4] *Commonwealth v. Garafolo*, 23 Mass. App. Ct. 905, 907, 499 N.E.2d 839 (1986).

[5] *Commonwealth v. Nicholson*, 20 Mass. App. Ct. 9, 17, 477 N.E.2d 1038 (1985).

[6] *Commonwealth v. Perry*, 6 Mass. App. Ct. 531, 533-536, 378 N.E.2d 1384 (1978).

[7] *McLaughlin v. United States*, 476 U.S. 16, 17-18, 90 L. Ed. 2d 15, 106 S. Ct. 1677 (1986).

[8] 法官对陪审团的指示包括如下内容,认定某物品为危险武器,只需要满足以下条件之一即可:其自身构造决定其有严重杀伤力;对它的使用方式有严重杀伤力;理性一般人在意识到它的存在时会感受到严重杀伤力的威慑……这意味着一件物品并不必须本来就有供人实施杀伤的功能才会被认定为危险武器,只要它呈现给一个理性人(reasonable person)时有这种特性就足够了。例如一把未装填子弹的枪或无法发射子弹的枪给被害人以有严重杀伤力的印象,也可以认为满足了持械抢劫罪的相应要件。使用玩具枪或者假武器来抢劫的人,在被害人合理认为那是真枪或者真武器,能导致重伤或死亡的情况下,会被判定为持械抢劫。

理由的,即使这件物品只是仿制的或者假的武器,也不妨碍在法律上认定为是一件危险武器。

博威尔援引的 *Commonwealth v. Howard* 案①,实际上并没有将无法使用的、假的或者仿制的武器从危险武器中排除。*Commonwealth v. Howard* 案中,被告人威胁对方,若对方敢"犯傻"他会"扣下扳机"。被害人并没看到他持有任何枪支或是像枪的东西。警方到场时抢劫还没结束,当行为人被捕时没有机会使用任何武器,甚至身上根本就没有武器。法庭认为,被告人既然没有持有任何武器,也就无"配备危险武器"可言。被告人仅仅是声称有武器,但事实上没有武器,陪审团就不能认定他"配备"武器:"在抢劫者并未携带任何物品的场合,只因为他说自己有枪就说他是持械抢劫是不正当的。"

上述案件的判决指出,持械抢劫的范围并没有扩张到"疑似配备武器"的情形,也就是这种"疑似"对于持械来说并不充分。该判决并没有更改危险武器的基本定义。法院根据成文法认为,被告人持有某物是构成持械的必要条件,当他并未持有某物却对被害人声称有武器,还不足以满足这个条件。② 上述案件的法官承认抢劫者声称有武器对被害人也会造成同样的恐惧,不过还是把判定事实上没有武器可不可以和持械等量齐观的问题留给了立法机关。在他们看来,是否要把"抢劫时疑似配备武器"这点通过修改法律纳入持械抢劫的规定范围内,是立法机关的任务。

Commonwealth v. Howard 案中法院重申了危险武器的定义,基于此,控方需要证明被告人配备了"对理性的具有一般认知水平的人造成了客观危险的威胁的物品"。本案要解决的也正是这个问题:只要有证据证明被告人持有一件物品,就要求陪审团判定它是否符合危险武器的定义。

本案中的陪审团收到的正确指示是,为了认定仿制武器为"危险武器",就要先认定它对于被害人而言可以合理相信它是真正的武器或者有严重杀伤力。本案中陪审团有充分证据得出被害人可以合理相信被告人夹克内的物品就是枪的结论,理由是:被告人说自己有枪;他夹克里确有物品,大小和形状跟枪无异;被告人对着那件物品做着(用枪的)手势;被

---

① *Commonwealth v. Howard*, 386 Mass. 607, 436 N.E.2d 1211 (1982).
② 那个判决把那些被告人可能已经处理掉武器的例子和 *Commonwealth v. Howard* 案作了区分。

害人作证称她之所以听从对方命令,包括让她在对方离店时跟上去,是因为害怕被枪击。在任何情况下,只要该被告人持有的某物体的出现能合理地被认为会导致严重杀伤结果,陪审团就可以得出结论:这件物品就是危险武器,持有它进行抢劫,就是持械抢劫。

州最高法院最终决定维持持械抢劫罪的有罪判决。

【案例评述】

抢劫罪客观上是以暴力或者以暴力相威胁的方式(by force or by threat of force)夺取他人财物(taking someone else's property),主观上是为了永久夺取他人财物而意图使用暴力或威胁立即使用暴力(intent or threat to use immediate force)的行为。① 传统上,抢劫罪被视为加重的盗窃罪。② 亦有观点认为,街头巷尾的劫匪实际上带来了比一般的盗窃罪更为严重的恐慌,是对共同体的严重背离,所以应该给予更为严厉的刑罚。③ 各州刑法根据抢劫行为自身的危险程度、对被害人造成心理恐惧的程度、对被害人人身侵害的程度等标准把抢劫罪划分成普通抢劫罪(simple robbery)和加重抢劫罪(aggravated robbery),持械抢劫(armed robbery)是后者最为典型的类型之一,即在抢劫的过程中持有致命或者危险的武器(dangerous or deadly weapon)等。④ 持械抢劫的行为模型可以如此表示:被告人怀着取得财物的目的威胁使用危险武器——确实存在这件可以被认定为危险武器的物品——被害人合理地从案发时对方的语言和客观情状中认为有这件危险物品的存在——被害人基于这种恐惧交付财物或者被告人利用这种恐惧夺走财物。

本案中辩方援引了一个判例,认为根据那个判例,被告人没有携带真正的危险武器,不构成持械抢劫。这就是本案的最大争议,也是理论上需要探讨的问题,即什么样的物品才能满足持械抢劫中对于危险武器要素

---

① See Joel Samaha, *Criminal Law* (10th ed.), Wadsworth Publishing Company, 2011, p. 385.
② See Frank August Schubert, *Criminal Law: The Basics* (2nd ed.), Aspen Publishers, 2010, p. 339.
③ See Joel Samaha, *Criminal Law* (10th ed.), Wadsworth Publishing Company, 2011, pp. 385-386.
④ 参见刘士心:《美国刑法各论原理》,人民出版社2015年版,第261页。

的要求。

　　当被告人持有一件极具杀伤力的武器并展示给被害人,这是最没有疑问的持械情形;当被告人仅仅声称有枪但没有其他证据表明被害人感知到其存在时,则毫无疑问不是持械。但是实例中存在许多不似这般黑白分明的情形,需要明确入罪标准。对于这个问题,各州方案不一,有的州认为,只要被告人带的某件物品令在场的被害人合乎情理地相信这是一件有致命杀伤力的武器,或者通过口头或其他方式表示自己携带了这样的物品,就可以认为是持械抢劫;有的州则对危险武器的定义进行更为严格的限定,在此条件下只有在依照其设计的用途能够引起死亡或者重伤的物品才有认定被告人持械抢劫的可能。① 前一种方案下,即使被告人并未真正携带真枪等一般语义上的武器,也不必然排除构成持械抢劫的可能性。

　　上述不同立场表面上是针对仿制武器或者玩具枪能否认定为"持械"抢劫中的武器而发,深层次是对应该以客观真实的危险性还是以被害人为基础的理性一般人所感受到的主观危险性来判断持械抢劫的威胁程度。有人主张,仿制武器或者玩具枪等,并没有真正增加抢劫的危险,体现不出加重抢劫罪的本质,因此携带它们抢劫,不是所谓的持械抢劫。② 有人认为,持械是指被告人使用危险武器的情形。即便被告人的枪是没有装填子弹,或者是一把玩具枪,也有入罪可能。③ 控方仅需证明被害人合理相信被告人持枪即可,哪怕其认识有误。有意通过宣称自己带有危险武器而给被害人以近在眼前的暴力威胁者,比起无此意图者,应承受更严厉的谴责。④ 前一种主张完全是一种事后的视角,以事后查证的全部事实资料,判断所持的物品的危险性,并以此作为认定持械的充分条件;而本案的法官采取的是后一种主张,即站在事中被害人的视角进行判断。

　　这体现了判断"持械"的核心规则,那就是被害人是否合理相信(reasonably believe)对方携带的是危险武器。需要确定这里的合理性标准

---

① See Ellen S. Podgor, Peter J. Henning, Andrew E. Taslitz & Alfredo Garcia, *Criminal Law: Concepts and Practice* (3rd ed.), Carolina Academic Press, 2013, p. 425.
② See Wayne R. Lafave, *Criminal Law* (4th ed.), West Group, 2003, p. 1011.
③ 参见〔美〕史蒂文·L.伊曼纽尔:《刑法》,中信出版社2003年版,第309页。
④ See Abby B. Goodstein, "Letting Armed Robbery Get Away: An Analysis of Wisconsin's Armed Robbery Statute", *Wisconsin Law Review*, Vol. 1998, Issue 2, 1998, p. 608.

（reasonableness）究竟为何。依照法院所援引的判例来看，其实这里的第二个环节并非达到装填了子弹的真枪这种现实危险程度的实物才能满足，这就否定了上述的客观真实危险的判断标准。或者说，法院在此更为看重对"一件足以让人合理认为是危险武器的物品的存在"的证明，容许一定范围的被害人实际认知误差。这个误差的范围边界已经由法院援引的判例描述得比较清晰了，可以说只要一件物品在当时的情况下被被害人感知到其存在，从被害人视角来看是可以相信其在行为人的使用下具有一定的杀伤力，那么携带它抢劫就是持械抢劫。当然这个被害人的视角也不是全然主观化的，按照本案法院的看法，也要考虑具有一般认知水平的理性一般人的认识边界。这种立场取舍或许是基于抢劫罪在制造恐慌和身心压迫方面的特点所做的考虑：案中被害人在极度恐惧下是不可能充分审视行为人所带之物是否有客观真实的杀伤力或危险性的；携带假枪等物品的行为人实际上也是利用这种压制实施夺取财物行为，更不会给被害人识破的机会。如果采取客观真实危险的立场，对被害人来说显然是强人所难了，会造成对受到以假乱真的危险武器恐吓的被害人的保护不够周全的局面。

　　本案中被告人显示给被害人的物品，是一把仿制枪。从案件事实呈现的情况来看，被害人尽管无法辨认那是一把仿制枪，但是其受到的心理压制是合乎情理的。因为在当时的情况下，不可能期待被害人克服恐惧，去辨认那件物体。而且被告人借这种恐惧表达了要求交付财物的要求，事实上也实现了。至于被告人所援引的判例未能说服法官，是因为那则判例的无罪理由无法适用于本案：前者无罪是因为行为人在作案时并没有向被害人显示一件与其宣称的危险武器所对应的物品，被害人仅因为口头威胁交付财物，无法在没有"枪械"的情况下最低限度证明行为人夺取财物是通过持械抢劫的方式，或者说"没带真的武器"不能扩张至"没有携带或显示任何与威胁内容相关的物品"。本案构成持械抢劫，是因为"枪械"确实存在，尽管它并不是真的具有枪械杀伤力的危险武器，所以认定被告人持械抢劫是合理的结论。

第四节　夜盗罪

案例：缅因州诉克罗斯曼案[*]
(*State v. Crossman*)

符天祺[**]

【关键词】

夜盗罪；进入；目击证人；间接证据

【争议焦点】

在没有目击证人等直接证据的情况下，能否判定拆卸他人房屋大门的行为属于夜盗罪？

【诉讼进程】

1999 年 7 月 7 日，莫勒·克罗斯曼（Merle Crossman）在格申路（Goshen Road）擅自进入他人住宅并拆除他人的房门带走。初审的瓦尔多（Waldo）郡高等法院判定其构成五级盗窃罪（theft, Class E），判处其 18 个月监禁，对于其中的 5 个月刑期给予 2 年的缓刑期，并返还犯罪所得；构成二级侵入住宅的夜盗罪（burglary of a dwelling, Class B），判处 90 天监禁。随后克罗斯曼提起了上诉。

2002 年 2 月 19 日，缅因州最高法院宣布维持原判。

【案件事实】

本案被告人克罗斯曼是一名男性。案发前，大卫·卡尔彭特（David Carpenter）和妻子南希·卡尔彭特（Nancy Carpenter）住在位于温特波特（Winterport）的格申路。卡尔彭特家还有两幢空房子，已经被银行终止对

---

[*] *State v. Crossman*, 790 A.2d 603 (Me. 2002).
[**] 北京大学法学院博士研究生。

其行使赎回权。该银行禁止任何人入内或者拿走里面的东西。

1997年7月7日晚上,大卫离家办事。经过那幢空房子时,他注意到一辆黑色日产载货卡车停在车道上。大卫知道屋里是没人住的。大约10分钟后,大卫办完事回来,发现卡车还在那儿,就把车停在后面观察动静。一个大卫不认识的女人站在卡车旁边,她告诉大卫她有意买这幢房子。一名男子(经事后确认是被告人克罗斯曼)随后来到房子角落,也跟大卫说要买。此时房子看起来没有什么异常,克罗斯曼的卡车车厢也空荡荡的。这三人随后离开了那栋房子。

大卫回家后,他和南希带着手电筒,向250到300英尺远的那幢房子走去,路上他们注意到一辆深色载货卡车在格申路和他们擦肩而过。当他们到达那幢房子时,发现车道旁边有许多门,它们被一块毯子盖住了一部分。与此同时他们还注意到房子的一些门没有了,包括前门和玻璃拉门。看样子毯子盖住的正是这些门。

卡尔彭特夫妇第三次返回该房屋时,他们听到了压低的说话声和沙沙的声音,并看到了房子旁边黑色载货卡车的驾驶室。他们开着自己的卡车向自家方向驶去。但他们向格申路变道时,发现路末端有车尾灯闪烁但想不起来刚才有谁超了他们的车。他们追上前车,超过了它并把车横停在它前面阻止它继续前进。那卡车正是他们之前见到的黑色日产载货卡车。卡车车厢后挡板打开了,车厢里装有几扇门,此时并没有东西盖着这些门。

大卫认出黑色载货卡车司机正是克罗斯曼。克罗斯曼喝令对方让路,大卫则说自己已经知道克罗斯曼的所作所为。克罗斯曼拐了一个U型弯后向另一个方向驶去。当他转弯时,车厢里的三扇门中有两扇掉在公路上,其中就有那间丢了门的房子的前门和一扇玻璃门。大卫不管那些门而去追克罗斯曼。克罗斯曼把车停下来,下车告诉他:"听好了,卡尔彭特,我知道你住哪儿,但你是找不到我的。你最好忘了你见过我这回事。"

大卫报警陈述自己所见。当晚晚些时候他和警察来到那幢空房子前,发现房子似乎已经被洗劫过,前门和玻璃拉门都不见了。里面其他的门似乎也没了。

【控辩观点】

辩方：

第一，根据记录在案的有关证据材料，夜盗罪的指控中对于"入室"的证明是很不充分的。因为没有证人目击到克罗斯曼在屋里。

第二，他被指控带走的是外面的门，这就更不能用来证明他进入过室内。

第三，克罗斯曼还对盗窃罪的有罪判决提出质疑，认为有罪证据不能排除合理怀疑。

【法庭观点】

在辩方质疑证据充分性的情况下，缅因州最高法院认为需判定一个理性的检察官能否排除合理怀疑地证明了每个犯罪要素都存在。这点可参考 *State v. Turner* 案①。该案中被告人因保护令（protective order）而被禁止与前妻以及他们的孩子进行根据离婚判决载明的受到监督的探视之外的接触。被告人被指控在该保护令生效之后其通过电子邮件和手写信件的方式，继续与其孩子进行非法的联系。法官根据 6 份电子邮件复印件和 1 份手写信件的证据指示陪审团，称这足以查明：是谁写了这些信件并发送；被告人知晓保护令的禁止内容；谁会收到这些信件；这个写信发送行为是在故意的心态下进行的。法庭既可以从已被证实的客观事实或者证词中得出合乎逻辑的推论，也可以采纳某些证人证词而不采纳另一些，还可以有选择地接受或者拒绝证词并以任意方式组合它们。这一点在 *State v. Bartlett* 案②中也有体现。

夜盗罪的成立要件是：(1) 进入或偷偷摸摸地留在建筑物中；(2) 明知自己未被批准、同意或授权而仍为之；(3) 意图在该建筑物内犯罪。如果像本案一样，行为人涉嫌夜盗罪时进入的是居住场所，那么就是二级夜盗罪。就夜盗罪中的"入室"来说，如同 *State v. Liberty* 案③一样，只需要行

---

① *State v. Turner*, 2001 ME 44, P6, 766 A.2d 1025, 1027(2001).
② *State v. Bartlett*, 661 A.2d 1107, 1108 (Me. 1995).
③ *State v. Liberty*, 280 A.2d 805, 807 (Me. 1971).

为人让身体的任一部分,比如一只手,一根手指或者一只脚进入建筑物就可肯定成立。在某些场合,物体的进入也有同样的法律评价——前提是这件东西是伸进去用来实施或者以图实施盗窃的,而不仅仅是作为闯入建筑物的工具。本案被告人克罗斯曼辩称没有目击证人能够证明他的入室过程,而且拆走外面的门表明不存在进入。

对此法院查明,*State v. Liberty* 案[1]曾确认过,间接证据也足以认定夜盗罪中的进入行为。该案被告人称间接证据并不足以指控其打开和进入室内的行为成立。而服务站的人员发现了破碎的屏幕和窗户,并在办公室内发现一块石头。在被告人跑向楼背后的时候,有证人听到玻璃破碎的声音。法院据此认为,被用来破窗的石头以及服务站室内的物品被一阵乱打的声音这些证据足以反驳被告人的观点。而 *State v. Mitchell* 案[2]表明夜盗罪中的"入室"既可以由目击证人通过观察到被告人进入室内来证明,可以由表明他在屋里的物体来加以证明,也可以由其他的通过表明被告人就在室内的间接证据来证明。该案法官认为能证明被告人确在屋内的物证也可用来指控夜盗罪,没有接受辩方认为这个证据无法排除他有进入行为的合理怀疑的抗辩。

本案中大卫的证词表明他看到克罗斯曼持有那幢空屋子的几扇门。陪审团可以做一个合理的推断,即民居的合叶是在住宅内而非住宅外的。克罗斯曼承认他曾经拆了门,且拆除的过程中他必然"在门的内外侧都有动作"。这样法院得出如下推论:克罗斯曼拆卸的过程中,(1)他的身体某些部位肯定进了屋子;(2)他可能把螺丝刀之类的东西伸进屋里以完成盗门的动作;(3)克罗斯曼拆下了房门以便带走。以上推论都可以支持之前陪审团对于他的行为认定为入室是正确的。所以,尽管控方并未提供他入室的直接证据,但这些间接证据也足以证明这一点了。

被告人对于盗窃罪的定罪证据不能排除合理怀疑这一点的质疑也不成立。盗窃罪是未经允许将他人财物拿走或转移的行为,其要素包括:(1)未经他人同意的获取或使用;(2)行为对象是他人财物;(3)意图剥夺他人财产。而五级盗窃罪还有一个要素,就是被盗财物价值低于 500 美元。本案证据足以超越合理怀疑地证明其行为符合五级盗窃罪的以上

---

[1] *State v. Liberty*, 280 A.2d 805, 807 (Me. 1971).
[2] *State v. Mitchell*, 593 A.2d 1047, 1049 (Me. 1991).

要素。

州最高法院的最终结论是维持原判。

【案例评述】

普通法上的夜盗罪传统上是如此表述的:"在夜间打开(breaking/breach)并进入(entry)他人住宅,意图在其中实施重罪(commit a felony)。"[①]所谓"打开",就是使用物理力在建筑物上打开入口排除进入障碍;所谓"进入",就是未经住宅主人允许或者缺乏合法根据而非法进入他人住宅。[②] 一般而言,"打开"是为了方便"进入"所做的令建筑物状态发生改变的行为,包括打开窗户,打开门锁这些不对建筑物造成某种程度的损毁的类型。此外还有一种"拟制打开"(constructive breaking),是指通过欺骗(fraud)或者强迫(force)的方式令屋主(owner)产生有瑕疵的同意行为人入室的意思,从而排除入室障碍。[③] 如今这种排除入室障碍的行为被大多数州制定法从夜盗罪的要素中移出,导致当被告人是直接从开着的门窗非法进入时,夜盗罪也并不因此被排除。[④] 所以现在的夜盗罪通常被表述为一种非法(unlawful)或者未经允许(uninvited)的进入行为(entry)。[⑤]

某种意义上这个罪名可以被看作被告人实施重罪的一种预备犯罪或者是未遂犯罪,其设立的初衷是为了填补夜间侵入住宅但还没有实施重罪时,用其他罪名可能失之过轻,放纵了对住宅安全造成破坏的行为。但这个罪名的存在也有两处导致罪行不均衡的弊病:一是行为人意图在室内实施的重罪一旦完成,则夜盗罪作为其发展阶段之一环的行为,依然要并罚;二是夜盗罪有可能法定刑重于目标的重罪,一旦重罪并未能够实施,便径直按照夜盗罪处理,反而有变向导致不同罪的未遂犯或者预备犯

---

① Ellen S. Podgor, Peter J. Henning, Andrew E. Taslitz & Alfredo Garcia, *Criminal Law: Concepts and Practice*(3rd ed.), Carolina Academic Press, 2013, p. 433.
② 参见刘士心:《美国刑法各论原理》,人民出版社2015年版,第277—281页。
③ See Daniel E. Hall, *Criminal law and Procedure* (5th ed.), Cengage Learning, 2008, p.123.
④ See Thomas J. Gardner, Terry M. Anderson, *Criminal Law: Principles and Cases* (6th ed.), West Publishing Company, 1996, p. 364.
⑤ See Daniel E. Hall, *Criminal law and Procedure* (5th ed.), Cengage Learning, 2008, p.123.

同样处理的可能性。① 但是这个罪名在美国依旧保留,有其深刻的社会和历史背景。美国作为一个移民国家,人民将住宅视为追求幸福生活的基础,这一观念由来已久。北美殖民地时期,英国士兵在无正当理由的情况下闯进民宅并拒不退出,是独立战争的重要诱因之一。美国建国后的《宪法第四修正案》保护公民的住宅和财产不受非法搜查,进一步让"住宅不仅仅是经济投资,而且还是让不受欢迎的侵犯行为无法干涉私人的隐私、人格和兴趣的城堡"的观念深入人心。② 因此刑法有必要设置相应罪名,规制非法进入他人住宅的行为。

本案焦点是,没有证人目击被告人克罗斯曼"进入"的过程以及在屋内停留的情形,法官如何根据其他证据认定其为侵入者(trespasser)? 首先要解释"进入"这个易于抽象概括但外延比较模糊的概念。判例一般认为,身体之一部分进入屋里即可满足这一要件,哪怕只是伸进一只手这种程度也足够了。

接着,要从判例中寻找,过去的法院在处理类似问题的正面思路。本案法院在这一点上援引了大量判例,此处再补充学者的两个例子。第一个案例是,在窗外面用撬杆盗取邮政局的财物,符合夜盗罪的行为要件。即使这个过程没有目击证人加以佐证,但是侦查测试表明被告人衣服上的木头碎片和涂料,和案发现场邮政局窗户的相似,也足以确认被告人的行为满足了这个要素。③ 第二个案例是,警方接到报案后来到车库,这个车库的开门装置旁边被开了一个小洞。被告人藏身于这个门旁边的草垛里,在他身旁是那扇门的一部分。显然可以得出结论,被告人使用某种工具以闯进房内。审理的法院认为,只要证明工具是用来侵入室内,就足以认定被告人成立夜盗罪,不需要再去证明工具本身是否用来偷盗室内的物品或实施其他重罪。理由在于,夜盗罪是在特定意图下实施的犯罪,其成立不依赖于进入室内之后的其他行为的性质。④ 这些判例集中表达了两个重要的参考意义:其一,夜盗罪的进入,在证明上并不依赖于对进入

---

① 参见刘士心:《美国刑法各论原理》,人民出版社2015年版,第276页。
② See Matthew Lippman, *Contemporary Criminal Law: Concepts, Cases, and Controversies* (2nd ed.), Sage Publication, Inc., 2010, pp. 419-420.
③ See *United States v. Edwards*, 415 U.S. 800, 94 S.Ct. 1234 (1974).
④ See Thomas J. Gardner, Terry M. Anderson, *Criminal Law: Principles and Cases* (6th ed.), West Publishing Company, 1996, p. 366.

过程有目击的证人;其二,从经验素材的角度看,为了攫取室内的财物将身体一部分,比如把手臂伸进去这个动作,也构成夜盗罪中的进入。两者结合的阶段性结论就是,只要能证明行为人非法地或未经同意地让身体处于室内,那么就能排除对进入要素的合理怀疑。进入这个在经验上多表现为进程性的动作概念,在证明意义上往往只需证明其结果并以其反推进入行为存在即可。这可谓是一种实体法规范内涵在解释中受程序法证据关联性规则制约的表现。

回到本案。法院对于辩方提出的两个辩护理由所作回应的思路可以分层次剖析。首先,进入行为,并非只有在证人亲眼所见其有从外到内的位移或伸入行为才能得到证明。这就奠定了接下来分析的基础。其次,民居的门合叶位于内侧这个事实,与克罗斯曼拆门带走的事实相结合,表明其不可能在没有入室的情况下就完成这个行为——他至少身体有一部分进入了屋里,至少要用螺丝刀等工具在门内侧进行拆卸活动。所以,法院认定他有进入行为从而构成夜盗罪理由是充分的。